张萍
经济文选

张 萍◎著

社会科学文献出版社
SOCIAL SCIENCES ACADEMIC PRESS (CHINA)

1953年任湖南行政学院经济学教员时留影。

1981年3月，参加薛暮桥主持召开的全国经团联筹备会议（西湖宾馆）西子湖畔留影。

1982年12月，在湖南省政协四届六次会议上，以提案的形式提出建立长株潭经济区和将长株潭建设成湖南综合经济中心的建议。1984年7月，提出《关于建立长株潭经济区的方案》。1984年11月10日，中共湖南省委召开常委会议听取了《方案》的汇报，采纳了《方案》的建议，并形成中共湖南省委常委会议纪要（第六十六次），议定建立长株潭经济区规划办公室，由张萍主持规划办工作，在分管省长的直接领导下，进行了中国第一个区域经济一体化综合改革的试验（1985~1987年）。

1982年12月湖南省政协四届六次会议，分组讨论会上就"提案"主要内容发言。

1985 年 11 月，主持召开长株潭交通局长联席会议，就货运解决相向空驶、客运实现跨市公交通问题，提出会议协商主题意见，并达成一致。

1986 年 3 月，主持召开长株潭银行行长联席会议，就建立区域资金拆借市场和组织跨市银团贷款问题提出协商主题意见，并达成一致。

1986 年 5 月上旬，陪同以国务院发展研究中心孙尚清主任（左六）为首的国务院考察团考察湘江和长株潭。全体合影。

国务院考察团考察长株潭结合部昭山时，与孙
尚清主任合影。右一为湖南省交通厅厅长肖大雍。

1985 年 9 月，在湘潭
钢铁厂就建炼钢高炉供气问
题进行调研和探索，在湘钢
招待所休息时留影。

1992 年 11 月，陪同来长沙参加全国生态城市建设研讨会的部分专家考察长株潭结合部昭山。右二为
中国生态城市研究会会长朱铁臻，右三中国社会科学院经济研究所原副所长冒天启，左一为《经济研究》
原编辑部主任杨长福。

　　我主持的国家"七五"重大课题《省际经济关系发展战略研究》，以湘粤经济关系研究为重点。1990年10月，写出《关于推进湘粤港经济合作若干建议的报告》，提出"湖南与广东建立长期稳定的经济合作关系"，经向中共湖南省委、省政府主要领导汇报，建议被采纳。1991年1月17~28日，以湖南省省长陈邦柱为团长、省委副书记孙文盛为副团长10人组成的高层代表团访问了广东。先后到东莞、佛山、深圳、珠海、中山等五市，顺德和番禺两县及两镇、两村和18个企业考察后，在广州市同以叶选平省长为首的广东省政府领导，就两省建立长期稳定的经济合作关系问题进行了会谈并达成一致。1991年4月，两省在6个方面和77个项目上签订合作协议。代表团考察部分留影。

　　广东省叶选平省长与湖南代表团全体成员合影。右六为叶选平省长，右五为陈邦柱省长，左五为孙文盛副书记。

湖南代表团考察番禺县时与当地领导合影。

在深圳考察时与代表团部分成员合影。

在珠海考察时与孙义盛副书记等代表团成员合影。

在中山考察时与孙文盛副书记等代表团成员合影。

代表团宿深圳市新园大酒店留影。

1990年5月，提出湖南西部也称"西线"开发，得到湖南省政府综合部门的赞同。1990年6月，以《湖南西线开发战略与布局研究》为题，列入湖南省政府科技发展规划的重点课题和省软科学等重点课题。1990年10月，与课题组的成员到西线地区也是湖南老少边穷的主要地区，进行了为时23天的实地考察，听取了地区的各级领导、各有关部门的各种开发建议和资料的搜集。参加全程考察的课题组成员主要有史永铭、姜衡舒、胡梅魁、李军、李英等。

湖南西线考察留影之一（前第一人张萍）。

湖南西线实地考察留影

湖南西线实地考察留影

湖南西线实地考察留影

　　在对湖南西线开发深入实地调查研究的基础上，形成了关于加快湖南西线开发、改革开放的总体性研究报告，以及西线现状诊断、区位环境、开发总体战略和开发总体布局等5个综合性报告，以及12个专项研究报告。1991年11月12～14日，在长沙召开了《湖南西线开发方案》论证会。中共湖南省委副书记孙文盛主持会议并致辞。副省长储波做会议总结性讲话。国务院发展研究中心副主任张磐研究员等多个专家、实际工作者对研究成果进行了充分肯定和提出修改的宝贵意见。论证会部分留影。

　　中共湖南省委副书记孙文盛主持论证会和致辞。左二为张磐副主任，左三为湖南省人大常委会副主任曹文举。

湖南省人大常委会副主任曹文举发言。

国务院发展研究中心副主任张磐研究员发言。

张萍就湖南西线开发研究成果做综合汇报。

湖南省副省长储波对论证会做总结讲话。

全国农村改革与发展研讨会领导和代表合影

前排左起　陈峰云　肖体焕　佘国云　卢　文　余长明　薛忠勇　黄美来　艾云航　武春河　杨泰波　江春泽　张　萍　谢光球　陈宗源　陈志强　黄佩民　吴德刚

　　1994 年 5 月，张萍主持成立了湖南省市场经济研究会和湖南市场经济研究中心。研究会和研究中心会同人民日报社理论部、国家体改委、国家经贸委，于 1994 年 11 月 11 ~ 13 日，在长沙召开"全国国有企业产权制度改革研讨会"。1996 年 7 月 13 ~ 15 日，会同国家体改委研究室、经济日报社理论部，在衡阳市召开了"全国推进两个转变与国有企业发展改革研讨会"。1997 年 6 月 3 ~ 5 日，会同人民日报社理论部在怀化市召开了"全国农村改革与发展研讨会"。1998 年 8 月 17 ~ 19 日，会同《人民日报》海外版编辑部、国家外经委、国际贸易合作研究院，在郴州市召开了"全国对外经济关系跨世纪发展战略研讨会"。同时，举办多个省级研讨会。部分留影。

　　1997 年 6 月，湖南省市场经济研究会、研究中心会同人民日报社理论部在怀化召开"全国农村改革发展研讨会"全体代表合影。

　　2002 年 11 月 15 日，在长沙召开"全面建设小康社会加快推进湖南现代化进程研讨会"，中共湖南省委常委、常务副省长王克英（左四）、湖南省人大常委会副主任罗海藩（左五）出席会议并做重要讲话。

　　1997 年 7 月，湖南市场经济研究中心在长沙举办现代企业管理制度研习班，美国哥伦比亚大学市场系系主任、湖南市场经济研究中心特约研究员邓胜梁教授研习班主讲后，参观马王堆汉墓陈列馆时与张萍合影。

　　适应长株潭经济一体化发展需要，2001年6月组建了长株潭经济研究会，借鉴"博鳌论坛"模式，创办了"长株潭经济论坛"。首届论坛于2001年12月14~15日在长沙召开，主题为"入世后长株潭经济一体化发展。"张萍做论坛主题汇报。中共湖南省委原书记熊清泉（左三）、原国家体改委副主任乌杰（左四）、湖南人大常委会副主任高锦屏（左五）、湖南省政协副主席范多富（左一）、省长助理张明泰（右三）出席论坛。

熊清泉书记做重要讲话。

乌杰副主任做重要讲话。　　　　　　　　　　中国城市发展研究会副会长朱铁臻教授做学术发言。

　　第三长株潭经济论坛于2004年9月24~25日在长沙召开，主题为"长株潭产业集群发展与园区建设"。中共湖南省委原书记熊清泉（左三）、湖南省人大常委会副主任罗海藩（左四）、湖南省政协副主席范多富（左二）、中共湖南省委宣传部巡视员郑佳明（右二）出席。湖南省社会科学院院长朱有志（左一）主持会议，熊清泉书记做重要讲话。

张萍做论坛主题汇报。

2007 年 9 月，就与长沙毗邻的湘阴县纳入长株潭经济一体化问题进行实地调研。

第六届长株潭经济论坛暨《长株潭城市群发展报告（2009）》蓝皮书首发式于 2009 年 8 月 29 日在长沙召开。

中共湖南省常委、省委宣传部长路建平讲话。

湖南省长株潭城市群研究会会长张萍教授做主题汇报。

原中国环保局副局长、中国环境与发展国际合作委员会秘书长、中国可持续发展学会副理事长张坤民做学术报告。

第七届长株潭经济论坛暨《长株潭城市发展报告(2011)》蓝皮书首发式于2010年8月30日在长沙召开。中共湖南省委常委、常务副省长于来山（左五）、湖南省人大常委会副主任刘莲玉（右四）、中国社会科学院城市发展与环境研究所所长潘家华（右三）、社会科学文献出版社社长谢寿光（左三）、中共湖南省委副秘书长、政策研究室主任段林毅（右二）、中共湖南省委宣传部巡视员李湘舟（左二）出席论坛。

于来山副省长做重要讲话。

张萍做主题汇报。

中国社会科学院城市发展与环境研究所所长、国家应对气候变化委员会委员潘家华研究员做学术报告。

湖南省政府两型办公室副主任陈晓红教授介绍长株潭试验区"两型"社会改革建设。

会议举行赠书仪式。左一为社会科学文献出版社社长谢寿光。

第八届长株潭经济论坛暨《长株潭城市群蓝皮书（2011）》首发式于 2011 年 12 月 10 日在长沙召开。

湖南省人大常委会党组副书记、副主任陈叔红致辞。

长株潭城市群研究会会长张萍做主题汇报。

国务院发展研究中心发展战略和区域经济部部长李善同同志做学术报告。

第九届长株潭经济论坛暨《长株潭城市群蓝皮书（2012）》首发式于 2012 年 10 月 26 日在长沙召开。

湖南省人大常委会党组副书记、副主任陈叔红讲话。

张萍主持论坛并做主题汇报。

中共中央党校国际战略研究所副所长、中国城市发展研究会副会长周天勇教授做专题学术报告。

　　《湖南两型大典》专题论证会于2013年在长沙召开。湖南省人大常委会党组副书记、副主任陈叔红主持论证会并做重要讲话。湖南两型社会建设研究中心主任张萍就编辑《湖南两型大典》做专题说明。9个省支持厅局单位的领导和专家学者与会。会议对编辑出版《湖南两型大典》的现实意义和历史意义进行了充分肯定，并对编好《湖南两型大典》提出宝贵意见。

　　2006～2012年，接受了包括中央电视台、中央广播电视台、《人民日报》、《经济日报》、《光明日报》及北京其他多个媒体，新加坡《联合早报》和香港凤凰卫视、香港商报，以及湖南、广东、湖北、河南、江西、安徽、云南、四川等地区的媒体记者共282次的采访。其中2007年12月8日接待了6个媒体记者的采访。
　　2012年2月8日，深圳特区报记者就长株潭试验区"两型"社会改革建设、国家各类试验区的共同点和深圳市发展的方向等问题进行了两个半小时的采访，以《为全国探路是试验区的历史责任》为题发表于2012年1月11日深圳特区报第一版。同时搜狐网、新浪网、深圳特区新闻网、大洋网等多个网络转发。

　　2008年3月，受香港特区政府驻成都经济贸易办事处委托承担了《加快CEPA在湖南实施》课题。即中央政府与香港特区政府签署的《内地与香港关于建立更紧密经贸关系的安排》在湖南实施的现状、重点及对策措施研究。2008年5～6月，课题组分别到长沙、湘潭、郴州等市召开了有关部门和港资企业代表的座谈会，并到典型企业进行了实地考察和访问。

2009 年 3 月 25 日，加快 CEPA 在湖南的实施研究结果新闻发布会在长沙召开。张萍做"研究结果"发布并答记者问。

　　2007 年 11 月 17 日，张萍研究员区域经济学术思想研讨会在长沙召开。中共湖南省委常委宣传部长蒋建国、省人大常委会副主任唐之享出席并讲话。省社科院领导，省委宣传部、省发改委、省政府经济信息中心、长株潭经济一体化办公室、省商务厅等单位的领导、知名专家学者及相关部门老同志等近 50 人与会。会议部分留影。

中共湖南省委常委
宣传部长蒋建国讲话。

　　湖南省人大常委会
副主任唐之享讲话。

　　湖南省社科院院长
朱有志教授发言。

　　湖南省优秀社会科学专家、
湖南师范大学刘茂松教授发言。

　　湖南省政府经济信息
中心副主任唐宇文发言。

张萍向会议致谢。

部分与会者合影。自左至右为罗波阳、李静、刘建华、唐宇文、刘怀德、刘友金、姜衡舒。

中央领导同志接见全国哲学社会科学"八五"规划工作会议和中国社会科学院工作会议代表留念。1991年12月

1991 年 12 月，张萍参加全国哲学社会科学"八五"规划工作会议，受到党和国家领导人的接见。

2006 年 4 月 29 日省委会
议室，张萍同中共湖南省委书
记张春贤同志握手留影。

2009 年 9 月 11 日，
习近平接见全国先进离
退休干部支部和离退干
部先进个人代表合影。
合影前按标明位次张萍
在前排就坐留影。

　　2013 年 2 月 7 日，中共湖南省委常委宣传部长许友声同志一行看望张萍合影。后排为湖南省社会科学院领导。

　　许友声部长（左一）在张萍家居亲切交谈合影。左三为部巡视员李湘舟同志、右二为常务副部长李发美同志、右一为魏委副部长。

张　萍同志因负责

《长株潭区域经济研究》的研究

在全省理论文艺新闻出版工

作授奖大会上光荣获奖

特颁此证

中共湖南省委
湖南省人民政府
一九八五年十二月

证　书

张萍 同志：

　　为了表彰您为发展我国

__科学技术__ 事业做出的突

出贡献，特决定从一九九二年十月

起发给政府特殊津贴并颁

证书。

国务院

政府特殊津贴第(92)4430505号　　　　一九九二年十月一日

1985 ~ 2010 年部分奖励证书

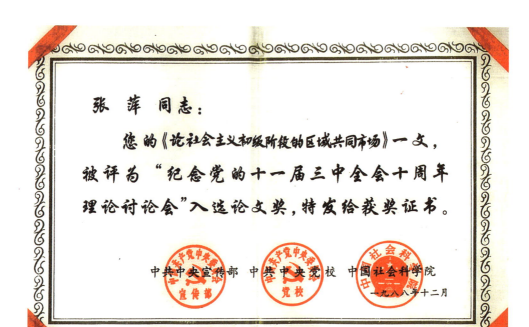

张萍同志:

您的《论社会主义初级阶段的区域共同市场》一文,被评为"纪念党的十一届三中全会十周年理论讨论会"入选论文奖,特发给获奖证书。

中共中央宣传部　中共中央党校　中国社会科学院

一九八八年十二月

荣誉证书

张　萍同志:

经湖南省社会科学成果评审委员会通过,并报省委、省政府批准,授予"湖南省荣誉社会科学专家"称号。特发此证,以资鼓励。

中共湖南省委办公厅
湖南省人民政府办公厅
一九九八年二月十六日

1985～2010年部分奖励证书

1985～2010 年部分奖励证书

作者简介

张萍，1928 年生于河北省藁城县（市）屯头村。1949 年 8 月于华北大学（中国人民大学前身）学习结业南下工作，先后任湖南省行政学院、中共湖南省委党校经济学教员，湖南财经学院讲师，湖南省社会科学院经济研究所副所长、所长，副院长，研究员，湖南省社会科学界联合会主席团主席，湖南省人民政府科技顾问委员会委员，中国社会科学院特约研究员等职；并先后任中国宏观经济学会常务理事，中国生产力学会常务理事，中国横向经济研究会常务理事，中国城市发展研究会特约理事，中国区域经济研究中心副主任，中国南方国际金融学会顾问以及湖南省市场经济研究会会长，湖南市场经济研究中心主任，湖南省生产力学会会长，湖南省长株潭城市群研究会会长，湖南两型社会建设研究中心主任等职。

1953 年以来从事经济学教学科研及科研组织工作，撰写、主编出版专著 20 部，发表论文 200 余篇，涉及众多层面及领域。

宏观经济研究方面。在多家报刊发表多篇论文，1989 年 8 月，提出宏观经济分层调控理论及职权划分的建议；1991 年 8 月，提出计划与市场两种手段结合是公有制的实现形式，搞好国有大中型企业改革及建立新体制框架是最重要的基础条件等观点。

市场经济研究方面。1987 年 11 月，提出有计划商品经济实质是国家宏观经济计划指导下的市场经济的观点，提出并系统论述了商品经济与市场经济的区别与联系；1994 年 1 月，对中国从计划经济到市场经济改革的特点、规律性和发展阶段在全国第一次全面系统地做出了理论概括和剖析。

区域经济研究、区域规划方面。1982 年，提出把长沙、株洲、湘潭从经济上连接起来建立湖南综合经济中心及经济区的建议，引起社会多方面关注；1984 年，提出建立长株潭经济区方案，为中共湖南省委和省政府采纳，并于 1985～1987 年，主持长株潭经济区规划办公室工作，进行了中国第一个区域经济一体化综合改革试验，取得突破性进展；1988 年 1 月，提出建立湘南改革开放过渡试验区建议，经湖南省政府采纳报国务院批准付诸实施；1990 年 10 月，提出建立湘粤长期稳定经济合作关系的建议，1991 年被两省政府采纳和实施；1992 年，主持并完成《湖南西线开发战略与布局研究》，被中共湖南省委省政府采纳；2007 年 12 月，长株潭经济一体化上升为国家战略，被批准为国家"两型社会"建设综合配套改革试验区。

战略研究方面。提出了多个战略性建议，2009 年，提出《关于长株潭"两型社会"建设全面启动　突出低碳科学跨越思考与建议的报告》；2010年，提出《关于加快转变发展方式　推进"两型社会"建设与绿色低碳道路的建议报告》；2011 年，提出《关于数字湖南建设实施云计算工程的建议报告》；2012 年，提出《关于加快推进信息化与城市化全面融合　建设智能、绿色、低碳环长株潭城市群的建议报告》，中共湖南省委主要负责同志均做了重要批示，并进入决策程序。

文化组织方面。2008 年开始主编以"两型社会"改革建设为主题的《长株潭城市群发展报告》蓝皮书，已出版五卷；2008 年，参考亚洲博鳌论坛模式创办长株潭经济论坛已举办 9 届，自第五届论坛开始，论坛主题定位于"两型社会"改革建设，并举行蓝皮书首发式；2009 年 3 月，创办开通国内国际注册域名的"两型社会"建设网，构建为"两型社会"改革建设服务的三大平台，产生了广泛社会影响。

获奖情况。20 世纪 90 年代以来，荣获省部级和国家多项奖励及荣誉称号。除多项科研成果获奖外，1992 年，被授予国家有突出贡献专家并享受国务院特殊津贴，1993 年，被授予湖南省优秀理论工作者，1998 年，被授予湖南省荣誉社会科学专家，2007 年，获湖南第六届十大杰出经济人物特别贡献奖，2008 年，获"改革开放 30 年湖南杰出贡献人物称号"，2009 年 9 月，获"全国离退干部先进个人荣誉称号"，2009 年 11 月，被评为"文化强省建设有突出贡献先进个人"。

代　序

主题的话：我的学者生涯从 1953 年任湖南行政学院经济学教员算起，到 2013 年 5 月就是 60 周年。"60 年的学者生涯"是在 2001 年撰写的"50 年的学者生涯"基础上追记而成的。虽然追记起笔的时间距 60 年还差数月，但到补充后《张萍经济文选》再版时也就是 60 周年了。

一　风浪中的平淡

1949 年 8 月我于华北大学学习结业后南下到湖南工作，迄今已经 63 个年头有余了。回首往事，心潮翻腾，很难平静下来。20 世纪 50 年代初，当我怀着十分激动的心情，读完《钢铁是怎样炼成的》这部闪耀着不可泯灭的革命光辉的名著时，主人公那种像燃烧的烈火永不熄灭的革命奋斗精神，深深地感染了我。

保尔曾有过一段深刻概括他革命精神或钢铁誓言的内心独白："人最宝贵的是生命。生命每个人只有一次。人的一生应当这样度过：回忆往事，他不会因为虚度年华而悔恨，也不会因为碌碌无为而羞愧；临死的时候，他能够说：我的整个生命和全部精力，都献给了世界上最壮丽的事业——为人类解放而斗争。"

---

*　"50 年的学者生涯"是为"华北大学入湘校友回忆录"《风雨征程》一书出版而做（湖南教育出版社，2001）。2005 年 8 月对"离休了但不能离开学者的岗位"部分做了增补。"60 年的学者生涯"重点是对长株潭国家"两型社会"建设综合配套改革试验区获批后，不平凡的五年经历做了追记。2000 年 4 月写于长沙跃进湖畔湖南省社会科学院，2005 年 8 月做了增补，2012 年 10 月为再版做了补充。

　　我的人生道路和生活工作的年代，同保尔大不相同了。我的一生有过不少的过错，更不能同保尔的献身精神相比。但他那种永不熄灭的拼搏精神却永远激励着我。我经常想，如果我在临死的时候，也能够给自己做出一个这样的结论：不会因为虚度年华而悔恨，也不会因为生活碌碌无为而羞愧。就了无遗憾，心满意足了。这种念头可以说已支配我60个年头！"小车不倒只管推"，这句话迄今仍然支配着我的行动。

　　1949年9月至1951年秋，我在湖南革大（抗大式学校）青年团学校团委会任宣传委员兼校俱乐部主任。该年10月，到学校第三部（财经部）任学习辅导员，开始转向教学工作的生涯。

　　1952年，是新中国成立后第一个转折的年头，民主革命遗留下来的任务和国民经济的恢复工作完成了，经济的发展将转向第一个五年计划的建设和社会主义改革。与此相适应，在干部教育方面，提出了进行正规的马列主义理论教育的任务。可是理论教员从哪里来？中共湖南省委决定举办一年制理论教员培训班。可是教员的教员呢？1953年春，学校（当时已更名为湖南行政学院，任务转为培训在职干部）党委决定从南下的青年干部中选拔20多人自己培养。在曾任中共中央马列学院教员、时任湖南行政学院副院长方克的指导下，采取自学为主类似在职研究生那种学习方式进行培养。我由财经部的学习辅导员调到院业务教研室经济学教研组，任教研组长和教员。可是我在华北大学，比较系统地学习了哲学、社会发展史和中国革命史，没有学过马克思主义的经济学，在任部学习辅导员期间，也只结合工作学习了一些部门经济理论。怎么办？只有一个选择，就是刻苦、认真、专心致志，或者说用保尔的精神拼命地去学。在一年多的时间里，我夜以继日，如饥似渴地通读和精读了已经译成中文的《资本论》等马恩列斯的所有经济论著和将俄文译成中文的政治经济学教程16个分册，以及一些古典经济学著作、经济学说史与中外经济史。读书笔记写了厚厚十几本。当时，由于用电有困难，晚上10点就把除路灯外的灯全关掉了。炎炎夏日的夜晚，学校的同事们三三两两在门外坪里和草地上，有的聊天，有的拉胡琴……，我仍在办公楼一楼走廊微弱的路灯下，旁若无人聚精会神地读书，一边读，一边用手帕擦拭额头上流下的汗珠，一直到深夜。就这样，我终于系统地掌握了政治经济学理论，1954年秋，在全省理论教员培训班的讲坛上登台授课了，成了教员的教员，开始了近60年的经济学理论的教学与科研生涯。

1956年7月，湖南行政学院合并到中共湖南省委党校，我继续任经济学教员。为适应经济建设的需要，中央规定党政机关干部要进行政治经济学系统学习，我承担了省级机关干部学习的绝大部分授课任务，由于讲的内容新、教学效果好，也就小有名气了。1958年春初，一个以粮食和钢铁为中心的"大跃进"浪潮在农村掀起。为了使干部特别是知识分子干部得到锻炼，学校领导决定将党校干部分批下放到农村参加劳动，或到基层参加工作和锻炼。我是第一批下放到平江县瓮江乡参加为期一年的劳动锻炼的。从该年3月始，高指标、瞎指挥和浮夸风愈演愈烈。我们下放在一起的十多位同事，一方面对浮夸风进行了抵制，并积极向省有关领导部门反映了情况；另一方面又不得不积极参加白天下田、晚上上山的"大跃进"运动。我在参加劳动的同时，由于抽出部分时间，协助乡政府创办了一所农业技术学校和颗粒肥料厂，被通知参加了该年10月在长沙市召开的湖南省农村技术革新者代表大会，并被授予"湖南省农村技术革新工作积极分子"的称号。之后，由高博导演、上海电影制片厂制作的《峡谷里的钟声》一片，把我改姓黄，加了一副眼镜和一条扁担，塑造成一个知识分子干部下放农村劳动锻炼的典型形象。

1960年12月，我由党校调到湖南财贸学院任教，这使我幸免了像党校其他同事那样，连续数年在"以阶级斗争为纲"的农村社教运动中耗费时光。1966年，从《五一六通知》开始，带给中国人民一场大灾难的"文化大革命"开始了。特别是在1967年的"夺权风暴"中，由于我属于"保皇派"，该年7月，我和妻子携带4岁的幼儿和在母胎中7个月的女儿，经历了从长沙到韶山，再到衡阳乘火车到重庆，由重庆到西安的"大逃亡"。需要说一说的是，当火车驶入重庆时，激烈武斗的枪炮声震撼了街头和山谷，外逃的人群拥挤在车站内外，我只好在车站外的地面上铺上随身携带的草席和毛巾被，让幼儿和怀孕已7个多月的妻子休息一下，从下午4时起我就参加排队购票的"长龙"，到第二天上午9点多，当时前面只有七八个人，很快就能购到票了，心想终于有望可以离开这里了。然而，我突然发现后右裤袋里的钱全被扒走了。天啊！我在重庆没有一个认识的人，这可怎么办？我怀着一线的希望，拿着工作证找到了车站的负责人和军管会，恳求能借几十元的车票钱，但无济于事。真是"叫天天不应、叫地地不灵"，全家几乎陷于绝境！后来，在一个候车的人的指点下，我冒着战斗的炮火，敲开了一家拍卖行的大门，经再三恳求，一块一百多元买的手表，折为65元卖掉了。用60元买了继续西行的车票，余下的5元钱作为全家乘车的生活费，终于脱险了。待第二天黎明走出西安车站时，经历了7个日日夜夜的"逃亡"生活，4岁的幼儿已经变成了一个"小泥人"。待女儿出生满月，回到长沙时，已是10月的深秋了。

在"文化大革命"的惊涛骇浪中，虽然也给我戴上了一顶"反动学术权威"的帽子，但由于我学习刻苦，工作认真，教学效果好，受到学生们的尊敬和呵护，给我封了一个"反动学术权威队"的队长，没有受到大的冲击，比较而言，还算平安。

在这近30年的岁月里，从1957年"反右派"到1959年"反右倾"，从农村"社教运动"到"文化大革命"，政治运动的浪潮一浪盖过一浪。由于我把主要精力埋头于书本，对于这些"政治斗争"关心很少，能不参加的就借故请假。虽然不时有些人也给我戴上半顶或一顶"重业务轻政治"或"不问政治"的帽子，但我也听之任之，我行我素。因此，我既没有成为什么"运动"的积极分子或骨干，也没有成为挨批斗的对象，在风浪中总算比较平淡或平安地度过来了。

二　影响波及全国的长株潭经济一体化的建议

1978年2月，我由湖南财贸学院调入湖南省社会科学院（当时的名称是湖南省哲学社会科学研究所），从事经济研究工作（1981～1982年任经济研究室副主任）。1978年12月，党的十一届三中全会标志着我国一个伟大的历史转折，开创了改革开放和经济发展的新时期。1982年，中央提出在深圳、珠海等沿海四个城市建立特区的设想，第一个改革开放的浪潮开始从南海滚滚而来。湖南如何利用机遇加快发展？区域经济发展的规律性是以城市为中心，以交通要道为依托，由点到线及面，逐步形成网络。湖南没有大型、特大型的经济中心城市，但有长株潭这个城市群。三市是沿着湘江中下游自然形成的一个"品"字形的城市群体，两两相距30～50千米，较之大的中心城市与其卫星城镇的距离还要近得多，从历史和现实看，三市都有着不可分割的经济和社会的联系，实际上是一个城市综合体。如果三市联合，实行一体化发展，就可以形成带动全省经济发展的综合经济中心或增长极。根据这种探索和思考，1982年12月，我在湖南省政协四届六次会议上，以提案的形式提出：把长沙、株洲、湘潭在经济上联结起来，逐步形成湖南综合经济中心的建议，[①] 得到许多与会代表的热烈赞同。当时，虽然还没有形成具体方案，但其基本构想是十分明确的：方式是三市"经济联结"，即经济一体化；目标是构建湖南多功能的综合经济中心；目的是能够通过各种渠道，发挥工业中心、科技中心、金融中心、贸易中心、情报中心和服务中心等综合功能的作用，带动全省城乡经济的发展，促进四化建设。多年之后的今天看来，这个建议基本观点和框架构想仍然是正确的。

1983年5月，在机构改革中，我被推上湖南省社会科学院副院长兼经济研究所所长的岗位，成了"双肩担"。该年9月，我在院经济所组成了"城市及经济区——长株潭区域经济研究"课题组，并列入国家"六五"重点课题《中国经济体制改革的理论与实践》的专项研究课题，及省软科学的重点课题。

1983年冬天和1984年春、夏季，我和课题组的十多位同事用了约4个月的时间，先后深入三市的主要部门和基层单位，进行了调查研究，召开大、小座谈会50多次，收集了三市经济、社会、科技的大量数据，200多篇文字材料，400多个企业的卡片，积累了丰富的第一手材料。在这个基础上，向中共湖南省委和省政府提出了决策建议性的总体和专项实施方案。

1984年10月上旬，在枫林宾馆一次由省委领导召开的会议上，时任省委书记毛致用对我说："省委准备召开专题会议，听取你的方案的汇报。"1984年11月10日，省委召开了常委会，省委、省政府和省政府主要职能部门及三市的主要领导人，听取了我《关于建立长株潭经济区方案》（总体方案）（以下简称《方案》）的汇报。会议一致认为"这项建议是可行的"，决定把建立和搞好长株潭经济区，营造湖南多功能的综合经济中心，"作为振兴湖南经济的战略重点"。同时，议定了建立长株潭经济区经济技术协调

---

① 参见《湖南日报》1982年12月30日。

会议制度和三市市长联席会议等事宜，决定成立长株潭经济区规划办公室，并就《关于建立长沙、株洲、湘潭三市经济区的问题》，发出《中共湖南省委常委会议纪要》（第66次）。1985年1月24日，在时任副省长陈邦柱的主持下，召开了第一次三市市长联席会议，进入了《方案》的实施阶段。

在省委常委会对《方案》的讨论中，我再三提议规划办公室的工作应由戈华主任负责（时任省计委主任），我作为专家提出方案，省委、省政府采纳了，我的任务也就完成了。但戈华主任坚决不干，建议由我负责，最后议定由我主持规划办的日常工作，省计委协作处和三市计委、课题组各抽调两人参加办公室的具体工作。1985年1月至1986年6月，在省政府分管领导的主持下，先后召开了三次市长联席会议。为贯彻"联席会议"的决定，三市先后有机械、交通、金融、城建、商业等12个部门，就行业的发展联合、协调和开发举行了联席会议。根据省委常委会议纪要的精神，启动工作着重抓了包括金融改革、电信、供电、交通、供气、经济技术开发区选址，以及城市合理布局、环境治理、组建企业集团和银团贷款等十大工程，在五个方面取得了突破性的进展：一是实现了三市银行结算票据的直接交换和建立同业资金拆借市场，突破了纵向封闭的资金管理体系；二是推进了跨区企业集团的组建和相应银团贷款的支持；三是制定了实现三市电话同城化和与全国30多个城市的电话直拨工程建设计划，初步筹集了工程建设资金；四是从三市城市群总体合理布局的高度，逐市研究了各市城市规划的修改意见，并进行了综合论证；五是在三市结合部建立统一的经济技术开发区的选址工作，提出了三个不同的方案，并进行了初步的比较论证。同时，在解决三市的煤气供应问题上，就分建与合建进行了比较测算，三市电厂改造的时序与规模，以及合作治理环境特别是湘江严重污染的治理等方面进行了磋商。在《方案》实施不到两年时间里，不仅取得了突破性进展和显著的经济社会效益，而且产生了广泛的社会影响。

长株潭经济一体化是我国第一个内陆省区域经济的一体化，这种以城市为中心和依托建立经济区的思路，当时在全国也引起了很大反响。新华社提供中央领导的参阅件《国内动态清样》，于1984年7月15日以"经济专家张萍建议建立长株潭经济区"为题，出了专期。《世界经济导报》两次（1984年5月14日、1986年5月19日）、《中国日报》（英文版1985年1月

22 日)、《经济参考》(1985 年 1 月 19 日)、《经济学周报》(1985 年 1 月 21日)、《湖南日报》(1985 年 1 月 23 日)、《富民周报》(1984 年 9 月 4 日)、《长江开发报》(1986 年 5 月 11 日) 等报刊先后向国内外做了报道。1986年 5 月,日本国土研究中心干事长平田干郎来华考察,从东北到上海、从南京再到长沙,就建立长株潭经济区的研究进行了交谈和考察,他对这项研究和《方案》中提到的"探索出发挥城市中心作用的新路子"给予了很高的评价。1986 年 10 月,北京市 10 个政府部门组团来湘考察建立长株潭经济区的问题,之后,参考我们的《方案》,组成了以北京为中心包括河北省的廊坊、张家口、承德等市的环京经济协作区。

1985 年的第五次省党代会,到 1986 年的省人代会,都有一些代表提出不同意见,认为"长株潭是湖南经济最发达的区域,还作为发展的战略重点,这太不公平了"等,由于这种观念的影响,从 1986 年秋开始,省里有关领导对长株潭经济一体化的实施就逐渐不过问了。规划办公室的工作也就无法开展。1987 年 5 月,我向省政府提出辞去这项兼职的报告。"金三角"经济一体化就此夭折。

长株潭经济区的建立和实施探索的曲折过程,给人以深刻启示和历史的教训。其他方面不说,如果按照当时的设想,从 1985 年起,在三市结合部的最佳区位筹建一个统一而不是分割、分散的经济技术开发区,实行统一规划,合理布局,分片开发,滚动式发展,就能抓住和充分利用沿海辐射的最好机遇,经过十几年的努力,一个新结构、新布局的市区将会屹立在三市结合部的湘江之畔,不仅长株潭区域的发展面貌与今大不相同,对全省经济的发展也会产生重大影响。

1995 年 10 月,在省第七次党代会期间,在陈叔红的提议下,时任三市市委书记的秦光荣(长沙)、陈叔红(湘潭)和程兴汉(株洲)经过磋商,决定重提长株潭,对长株潭经济一体化做进一步的探讨和实质性的推动。1996 年 11 月由三市市委、市政府和省社会科学院在株洲市联合召开了"长株潭经济区发展研讨会"。1997 年 3 月,也就是在 13 年之后,长株潭经济一体化重新提到省委和省政府决策的议事日程,成立了由储波省长任组长的长株潭经济一体化领导小组,并由省计委牵头制定专项实施规划。1999 年 2月,省委书记杨正午、省长储波主持召开专题会议,会上明确提出长株潭经济一体化是湖南迈入新世纪、发展经济的一项重大决策与战略举措，必须统一认识，科学规划，重点突破，加快实施。会议认真研究讨论了交通、电力、金融、信息和环境 5 个专项规划，① 它标志着长株潭经济一体化迈入一个新时期。在我提出这项建议的第 17 个年头，大家终于达成了共识，重新启动了此项计划，这使我感慨万千，兴奋不已，人生有几个 17 年啊！

三 牵动两省领导的湘粤经济关系研究

20 世纪 80 年代，我国实施沿海地区改革开放试验的主要地区是广东，最有条件利用沿海改革开放带动效应的是毗邻广东的湖南。但是，两个地区由于市场发育的程度不同，特别是较大的政策差异，给湖南也带来了"南海潮"的猛烈冲击。毗邻广东的湖南怎么办？有两种截然不同的战略措施可供选择。

一是，"封锁门户"。如 20 世纪 80 年代中期的几年，从湘北的岳阳地区到湘南的郴州地区，近千千米通向广东的公路线上，设有上百个封锁的关卡。关、卡、堵与反关、卡、堵的"战争"相当激烈。

二是，"打开门户"。撤卡停"战"，打开门户，以开放对开放，以开放促开放，既充分利用机遇，又尽可能地化不利为有利。究竟采取哪种措施？又采取什么方式和如何具体化？城乡议论纷纭，这是当时湖南面临的一个重大战略选择和实际的难题。正在"湖南工资和广东物价"的矛盾反映十分强烈的时候，1987 年 11 月，中央领导提出广东省作为全国的综合改革试验区。这对湖南震动很大，特别是城市有点"火上浇油"的浓烈气氛。在这个紧迫时刻，1987 年 12 月 21 日，时任湖南省省长熊清泉向我布置了任务，要我带一个"小部队"，也就是精干的调研小组立即赴粤调查研究，其任务是三句话：（1）广东全面综合改革试验究竟准备怎么搞；（2）广东全面改革试验对湖南会带来什么影响；（3）湖南应该怎么办？熊省长并嘱咐：要采取"侦察"的方式，不要直接找"官方"，并要求在 1988 年 1 月 10 日前返回汇报。但当时国家建委周干峙副主任主持的一个城市规划课题，要组织

---

① 即"交通同环、电力同网、金融同城、信息同享、环境同治"等"五同"规划。

评审鉴定，邀我去参加，我说明立即去广东有困难。熊省长说，那就先把你的"侦察兵"派去，你在北京开完会立即乘飞机直接飞往广州，不要再在长沙停留了。随我去考察的三位同志于 1987 年 12 月 23 日去广州，我于 12 月 26 日由北京赶到广州。我们采取"走亲访友"的方式，找在广东省委、省政府工作的湖南"老乡"，找研究单位的朋友、同行，运用多种灵活的方式，边调查、边分析研究、边整理材料，按时完成了任务，形成了《关于广东作为综合改革试验区的考察与对策思考》的调研报告。1988 年 1 月 8 日回到长沙。1988 年 1 月 9 日上午和 1 月 11 日上午，我向熊省长进行了汇报。根据调查分析，我认为广东综合改革开放试验对湖南的发展会产生双重影响：有利有弊，利大于弊。应采取的对策方针是：因势利导，趋利避害，提出了五条对策建议，其中具有长远意义的有：一是以长株潭为核心，以衡阳和岳阳为南北两翼，逐步形成京广和湘江沿线的城市开放带和产业密集带，形成湖南自己实力比较雄厚的经济核心和内外辐射源基地，即现在的"一点一线"。二是建立以衡阳为中心，以郴州、永州、冷水滩为次中心的湘南改革开放试验区。在汇报过程中，边汇报、边议论、边修改即将向省人大所做的《政府工作报告》的初稿。汇报议论的一个结果是，在"试验区"前面加个"过渡"，熊省长认为建立改革开放过渡试验区的建议十分重要，在《政府工作报告》中提了出来。之后由湖南省政府正式上报国务院，国务院于 1988 年 5 月 11 日，做了同意的批复，并付诸实施。

　　之后，我增加了"论"的部分，以《论改革目标的分区到位与过渡区的改革》为题，发表在《经济研究》1988 年第 9 期。

　　该项研究成果，不仅产生了较大的社会经济效益，在改革理论上也有了较大突破。一是，1987 年 11 月在广州召开的商品经济与市场经济研讨会的大会发言中，提出有计划商品经济实质上是宏观计划指导下的市场经济的观点，以及对商品经济与市场经济的区别和联系的阐述，在此文中予以公开发表；二是在国内外第一次提出了"改革过渡试验区"的概念、区域、依据、功能及其意义；三是第一次提出了过渡区改革必须从其作为沿海市场与内地市场衔接点这一区位特点出发，实行适应性的双向衔接的弹性政策和灵活措施，为国家和过渡性省区制定过渡区的政策措施提供了科学依据。由此，就把湘粤经济关系的研究，作为我主持的国家"七五"社会科学规划重点课题《省际经济关系发展战略研究》的重点部分。

为了促进湘粤经济合作关系的全面发展，1988 年 5 月，我提出了《建立湘粤共同市场的建议方案》，呈报中共湖南省委和省政府领导。该年 6 月，课题组同广东省社会科学院经济研究所在长沙共同组织了"湘粤经济关系研讨两省对话会"。在时任湖南省委副书记刘正、常务副省长陈邦柱的领导下，对该方案进行了论证。① 熊清泉省长打电话向李鹏总理做了汇报，得到赞同。根据这一思路和客观需要，1988 年 7 月，在田纪云副总理的参加下，湘、粤两省政府达成了一项关于广东对湘南开发投资 3 亿元、湖南每年供应广东 3 亿斤大米的协议。1988 年 11 月，深圳只有三个月的储备粮食，广东省副省长刘维民到湖南具体洽谈调供大米的问题，湖南分管该项工作的政府领导，认为湖南遭了水灾，供应 3 亿斤有困难，只能供应 6000 万斤。由此终止了"协议"，广东转向泰国订购了 10 亿斤大米，湖南失去了广东这个粮食大市场，两省经济关系在省级这个整体层次上出现了矛盾和摩擦。对于两省经济关系出现的这种急剧逆向变化，我感到十分焦急，往返于湘粤之间对各有关方面做了调查，在这个基础上，1990 年 10 月上旬，写出了《关于推进湘粤港经济合作若干建议的报告》，并先后向时任省委副书记孙文盛、省委书记熊清泉和省长陈邦柱做了汇报，得到赞同和采纳。

报告提出了 10 个方面的认识和建议。主要内容是建立湘粤长期稳定新型的经济合作关系。1991 年 1 月 17～28 日，省长陈邦柱、省委副书记孙文盛率湖南代表团访问广东，我作为《方案》的建议者也参加了代表团。当广东省委、省政府得知湖南派了这样一个高层次的代表团访粤时，采取了极为友好的态度，1 月 15 日，派省委常委方秘书长和刘维明副省长来长沙接代表团。17 日晨 7 时，当我们乘坐的火车缓缓驶入广州车站时，看到叶选平省长迎上前来，亲自到车站来迎接代表团。在车站用完"早茶"后，我们先到东莞、佛山、深圳、珠海和中山五市，顺德和番禺两县及两个镇、两个村和一个企业进行了考察。之后，在广州市，同以叶选平省长为首的广东省政府领导，就两省建立长期稳定的经济合作关系问题进行了会谈。叶选平省长友好地再三表示过去的问题都已经说清楚了，了结

---

① 参见《湘粤经济关系研究》。

了，并赞成湖南与广东建立长期稳定的经济合作关系，消除了前嫌，达成了意向性的协议。

1991 年 4 月 11 日，广东省政府发出"关于广东、湖南两省建立长期经济技术协作建议的函"，致函湖南省政府，建议从六个方面加强两省的经济技术协作，1991 年 5 月 13 日，湖南省政府复函，完全赞同广东省政府的意见，表示衷心欢迎广东省领导在方便的时候尽快到湖南访问指导，进一步商讨湘粤经济技术合作。为落实两省政府达成的合作协议，1991 年 6 月 21 ~ 28 日，广东省派出一个 13 人的代表团到湖南进行了考察和洽谈。双方在共建资源基地、合作开发资源、开办窗口企业、联合办企业、进行技术协作、进行物资协作等六个方面，签订经济技术项目合同和意向书 55 项，物资协作项目 22 项。

《建议报告》被省政府采纳和实施，第一，在一个关键的时刻，使两省在省一级之间持续达两年多的矛盾和摩擦得到友好的解决；第二，把两省的经济技术合作从整体上推向一个新水平。我提出和主持的这项国家"七五"社会科学规划重点课题，由于在改革理论、改革政策、改革实践上均有突破性进展，国家社科规划基金资助项目《成果要报》第 19 期出了专期，呈送中央领导和中央有关部门。《光明日报》1996 年 8 月 24 日《国家社科规划基金项目成果选介》第 30 期，也进行了专题介绍。新华通讯社《经济参考》《湖广信息报》《湖南日报》等报刊进行了多次报道。郴州行署 1989 年还创办《过渡区改革探索》（双月刊）进行了报道。

四　湖南西部如何开发——第一个系统工程

1990 年 5 月，我向时任省计委主任汪啸风提出对湖南西部也称"西线"的开发，进行整体性、系统性研究的建议。他非常赞同。提出这个问题的基本考虑有四点：一是我国重要铁路干线——焦柳铁路贯穿西线地区，是湖南省继京广铁路之后的又一条重要的纵向出海通道。如何充分利用和发挥这条通道的带动作用，对湖南省经济的发展极为重要。同时，南边柳州北边襄樊的经济发展速度都远远高于湖南的西部城市。如果不加快西线包括怀化、张家界和吉首的城市经济发展，培育几个区域性的经济中心，用汪啸风的话来说"不挂上几个重锤，湖南就只能望车而过"。二是西线是湖南相对贫困的地区和少数民族的主要聚居地。这一区域共有 15 个少数民族自治县（市），占全省少数民族自治县（市）的 88.2%，共有 17 个由国家及省地市扶助的贫困县（市），占全省总数的 60.7%。西线开发实际上是一个重大的扶贫工程。三是西线发展对开拓湖南省外市场，促进湘鄂川黔桂五省边贸大市场的形成，具有不可替代的作用。四是新中国成立以来，对洞庭湖、长株潭和湘南等区域的开发整治，都进行过系统研究，并相应制定了区域开发规划或发展战略，而湘西或西线的广大区域，则从未做过整体性的系统研究，尚没有明确的开发思路、布局方案或发展规划。

1990 年 6 月，"湖南西线开发战略与布局研究"，列入湖南省政府科技发展规划的重点课题和省软科学重点课题。1990 年 9 月，组成了以汪啸风副省长为组长，向德武（省政府副秘书长）、王贤怡（省计委主任）、潘奇才（省科委副主任）和我为副组长，有 14 个委办厅局领导，三个地、市和怀化铁路局领导参加的西线开发研究领导小组，以及由我任组长的课题组。

1990 年 10 月，我和课题组的成员到西线地区的石门、怀化、张家界、吉首、花垣、靖州等地、县、市进行了 23 天的实地考察，听取了各地区领导和各有关部门对开发西线的各种建议。在这个基础上，我们收集和分析了大量的本区域的历史、现状和各地县规划等资料，对区域的外部环境也进行了调查，特别收集和分析了鄂、川、黔、桂与西线毗邻地区的历史、现状及发展态势的各种资料。经过研讨和分析，形成了由我执笔的《关于加快湖南省西线开发、改革开放研究的综合报告》，以及西线总体现状诊断、区位环境研究、开发总体战略、开发总体布局方案 4 个综合性研究报告，以及 12 个专项研究报告。

1991 年 11 月 12 ~ 14 日，由省委副书记孙文盛主持，在长沙市召开了"湖南西线开发方案论证会"。国务院发展研究中心、国家计委、8 所高等院校和科研单位的有关领导、专家、教授，省直相关委办厅局及有关地区的领导、实际工作者共 80 余人参加了会议论证。国务院发展研究中心副主任张磐研究员在讲话中，认为"这一研究成果是重要、及时的，在省内填补了空白，它是跨行政区划的战略，适度超前，对其他省也有很大参考价值"。

与会者对研究成果给予了充分肯定，同时也提出要进一步补充和修改的宝贵意见。储波副省长在会议总结讲话中，要求"进一步完善方案，把研究成果尽快转化为开发效果"。1992年4月，湖南西部如何开发的第一个系统工程终于完成了。我将修改后的课题研究成果提请省委、省政府领导审定和决策，并提交有关部门和地区作为组织西线开发，并制订具体实施方案或发展规划的依据。

1993年3月，西线开发研究成果进入省委、省政府的宏观决策，"加快西线开发"，构成湖南省开放开发总体战略的重要组成部分。

1993年下半年，根据省委领导的指示，由省政府农村办和省计委牵头，以西线研究成果为基础，制定了至2000年西线开发的总体规划。

1994年4月，根据省委领导的要求，由省农村办和省计委牵头，以西线开发研究成果为重要依据，制定了至2010年全省丘岗山地的开发规划。

辛勤劳动的"成果"终于产生了深远的社会效果。

五　湘鄂川黔桂省际边境区域开发的设计与构想

通过对湖南西线开发的系统调查研究，我对同湘西相毗邻的鄂、川、黔、桂省际边境区域的基本状况有了较全面的了解。这一广大区域不但山水相连，有着基本相同的民族、语言文化和生活习俗，有着历史悠久的经济和社会交往联系，而且还有着迫切开发的共同愿望，特别是在一些林同山、水同源和矿同脉的共有资源开发上，以及有关各省利益的重大项目布局上，如储量占全国1/3的湖南花垣、四川秀山和贵州松桃三县的锰矿开发，湖南石门和湖北鹤峰等地的磷矿开发，以及各省区相关水系流域的水库电站建设等，均需要统一规划、联合开发和取得国家支持。该区域的经济发展水平相当落后，不仅与我国东部地区差距很大，也明显低于中部各省的平均水平，属五省的"谷底"。但是，它具有极为丰富的自然资源，其中在农林资源、水能资源、旅游资源及磷、锰、锡、铝等矿产资源方面，在全国甚至世界上占有重要地位，开发潜力极大。加上该区域还具有我国多重过渡地带"结合部"的区位优势，和以湘黔、焦柳铁路为主干的铁、公、水、空综合交通优势，其开发条件在我国几大贫困地区中相对最优。因此，加速该区域开发，不但对相关各省经济的协调发展和整体实力增强有重要意义，而且对我国大西南的开发和中部地区的振兴，也有着重要的促进作用。同时，在这一区域中，山区县市占到90%以上，贫困县市占到75%以上，少数民族自治县市占到65%以上，老区县市占1/4左右，是五省乃至全国著名的"老少边山穷"地区，加强这一区域的开发，也具有重大的社会意义。基于上述思考，1991年12月，我向鄂、渝、黔、桂四省、市社会科学院发出邀请函，建议就五省边境区域联合开发研究进行磋商，得到强烈响应。

1992年1月15～16日，由我牵头和组织，在长沙市召开了湘鄂黔桂四省社会科学院联席会议，就联合开展五省边境区域开发研究进行协商。参加会议的有湘鄂黔桂四省和重庆市社会科学院的领导及相关研究人员共20多人。会议认真讨论了我撰写的《湘鄂川黔桂五省边境区域开发研究课题设计》。与会同志一致认为，五省联合起来，对省际边境区域进行研究和开发，不仅具有重大现实意义，而且还有重大理论意义。认为该项课题研究十分重要和必要，应当联合进行研究。赞同积极争取纳入国家社科规划，在国家资助下尽快开展工作。1992年6月通过评审，这项研究被列为国家社科"八五"规划的重点课题。

1993年4月8～9日，由我主持在长沙市召开了有五省市社科院研究人员参加的课题组会议。与会同志一致表示，该课题意义重大，并已得到国家的大力支持，一定要协同搞好研究工作。同时，经反复协商讨论，对课题研究的几个重要问题，如区域范围的具体界定，主要研究文本及基本内容的确定，研究成果、工作步骤和经费安排使用等，均达成了一致并做出相应的决定。在研究成果和内容方面，除了形成区情诊断报告、区域开发战略报告和区域布局方案报告等三个综合性研究报告，还要形成关于湘川（渝怀）铁路建设、湘黔桂边区林业基地建设、湘川黔边区锰矿开发、湘鄂边区磷矿开发和五省区旅游开发等五项专题报告。

1993年，基本上按计划完成了两项研究，一是各分区区情调查，并整理出相应的材料；二是我写出了区域开发的基本构想，即总体报告的基本框架。这个构想以《联合开发、走出封闭——加快湘鄂川黔桂省际边境区域开发的初步设想》为题，发表在《学习导报》1993年第11期，并编入广西出版社出版的《加快大西南出海通道建设战略》一书，《湖南1993优秀成果理论文集》全文转载。专项研究报告，拟首先进行从重庆至怀化的川湘铁路建设方案设计，并分别在重庆和怀化组织论证。1994 年春，我还到北京向国家计委国土地区司主要领导进行了汇报，得到了明确支持，并应诺参加论证会和研究采纳课题成果。

然而，到了 1994 年秋，情况发生了变化，承担分课题任务的重庆市、广西壮族自治区、湖北省社会科学院的研究人员先后发生了工作的变动，无人继续这项研究工作，经过几次协商得不到解决，课题任务无法全部完成。1995 年冬，我向国家社科规划办写了课题结项报告，并将课题研究已取得的阶段性成果和剩余课题经费，经湖南社科规划办转报国家社科基金规划办公室。未能全面完成这一重大科研任务，是我近 50 年学者生涯中的一大遗憾。

随着世纪更替的钟声，我国也吹响了西部大开发的号角。湖南西线也搭上了西部大开发的列车。在新形势下，省科委牵头对湖南西部的开发，开始做进一步的研究，在国家计委协调下，五省边境区域的联合开发，也已启动。十年前，我提出的振兴湖南西部和五省边境区域开发的构想，也要变成现实了，这是多么令人兴奋和激动啊！

六　离休了，但不能离开学者的岗位

1996 年 5 月，也就是 68 岁的时候，我办理了离休的手续。我想：在经济理论教研的岗位上，日夜攻读、刻苦钻研、深入调查、艰苦思考近 50 年，经历了两种不同经济体制的建立、形成和更替的历程，积累了理论、制度和改革实践等多方面的知识和经验，对于社会来说也应算是一种"财富"。离休了，是离开了职位，但科研这个岗位可不能离啊！我决心以"小车不倒只管推"的精神，沿着已经走过的路走下去，为民族振兴、祖国富强"添砖加瓦"，以度余生。尽管这只是沧海中的一粟。

其实，这种想法在两年多前，也就是 1993 年冬我就进行了思考。

经过半年多的筹备工作，1994 年 5 月，我主持成立了湖南省市场经济研究会和湖南市场经济研究中心。研究会的顾问和研究中心的名誉主任、全国人大常委、中国社科院顾问、著名经济学家刘国光，国务院发展研究中心副主任、研究员张磐，特地由京来湘祝贺，并做了学术报告。省委副书记杨正午代表省委省政府到会致贺，并发表了热情洋溢的讲话，180 多名代表参加了成立大会。

为了促进国有企业改革的深化，由我发起，研究会和研究中心会同《人民日报》理论部、国家体改委、国家经贸委联合主办，于 1994 年 11 月 11～13 日，在长沙市召开了"全国社会主义市场经济与国有企业产权制度改革研讨会"。全国的学术界、企业界、党政机关和新闻宣传部门的 140 多名代表参加了研讨会。国家体改委副主任洪虎、中国体改研究会副会长杨启先、著名青年经济学家樊纲等做了重要学术发言，湖南省政协主席刘正、常务副省长王克英到会祝贺并讲话。《人民日报》《中国改革报》《湖南日报》等多家报刊发了报道或发表了"综述"，产生了广泛的社会影响。对国有企业产权制度的改革，进行系统全面的探讨，这算是全国性的、最早的一次研讨会。之后，1996 年 7 月 13～15 日，研究会同国家体改委研究室、经济日报社理论部，在衡阳市联合召开了"全国推进两个转变与国有企业改革发展研讨会"；1995 年会同湖南日报社联合开展了"企业改革与企业家队伍建设"的征文活动；1996 年会同省委宣传部、湖南日报社联合主办了"实现两个根本性转变"的征文活动。同时，还召开了多次"深化国有企业改革"的座谈会、学术讲座和研修班等。为了推进农村改革和农业产业结构的调整，由我发起，研究会和研究中心会同人民日报社理论部共同举办，于 1997 年 6 月 3～5 日，在怀化市召开了"全国农村改革与发展研讨会"，来自中央有关部委及全国专家学者、政府官员 70 多人参加了会议研讨。与会代表实地考察了怀化地区农村山地开发试验区，并就农业产业化、农村可持续发展和农村小康建设等进行了深入的探讨。《人民日报》《经济学动态》《湖南日报》等多家报刊做了报道或发表了"综述"。

从 1997 年，我国进入由 20 世纪向 21 世纪转变的关键时期。21 世纪的主要经济特征包括：一是全球化，二是信息化。如何应对经济全球化趋势带来的机遇与挑战？由我发起，研究会和研究中心同《人民日报》（海外版）编辑部、国家外经委、国际贸易经济合作研究院，于 1998 年 8 月 17～19 日，在郴州市共同举办了"全国对外经济关系跨世纪发展战略研讨会"。来自北京、上海、天津、南京、广东等地的专家学者 80 多人参加了会议。研讨会围绕如何促进我国对外开放水平和开放效果的提高，更好地发展开放型经济，以及对我国对外经济关系跨世纪发展的战略策略、相关政策、措施等问题，进行了广泛而深入的探讨。《人民日报》《国际经济合作报》《国际商报》《大公报》《湖南日报》和《经济学动态》等多家报刊做了综合报道，产生了较大的社会影响。同时，如何适应 21 世纪经济转型的客观要求，应对经济知识化趋势的挑战和机遇，探讨湖南经济发展的新思路，于 1998 年 12 月和 1999 年 12 月，在长沙市分别举办了"知识经济与湖南发展""湖南创新体系与企业创新"研讨会，在湖南省产生了较好的社会反响。

为促进长株潭经济一体化的推进，2001 年 6 月，由我发起、会同三市老同志——原株洲市委书记程兴汉、原长沙市人大常委会主任陈香成、原湘潭市人大常委会主任谭景阳以及原省计委副主任肖大雍、原省建委副主任邱安吉等，以及学术界的湘潭大学党委书记、教授彭国甫，湖南商学院教授柳思维，湖南师大教授朱翔、刘茂松等组建了长株潭经济研究会，创办了"长株潭经济论坛"，也是中国第一个城市群"论坛"。

长株潭经济论坛举办的主旨是借鉴"博鳌论坛"的模式，打造一个非官方、非营利、开放性的多方面、多层次、多领域讨论和共同探索的机制，搭建政府、专家、工商界，实际工作者等对话的平台，为党和政府科学决策提供智力支持，为党和政府工作大局服务，创造一个社会参与的好形式。

2001～2006 年，"论坛"举办了四届。其主题分别为："入世后长株潭经济一体化发展""长株潭高新技术产业发展与新型工业化""长株潭产业集群发展与园区建设""长株潭经济一体化推进方式创新"。结合"论坛"主题，并先后组织进行了"长株潭结合部开发战略与布局研究""长株潭产业集群、园区建设与区域国际竞争力研究""长株潭经济一体化的发展回顾与展望""长株潭暨一点一线地区在中部崛起中的定位与战略""长沙国家高新区"二次创业"发展战略研究"等省级重大项目的调查研究，出版了《2001·长株潭经济论坛》《产业集群与园区建设》《长株潭经济一体化推进方式创新》三本成果文集。上述研究成果，不仅成为有关咨询机构制定区域规划和发展战略的重要参考文献，并在实践中得到体现，周边省区包括广东、香港、湖北、江西等地的媒体、研究机构、政府机构也索要"文集"等材料，其重要观点和内容在省内外多个媒体得到反映，产生了广泛的社会影响，对提高长株潭经济一体化的知名度产生了重要的品牌效应。

七　服务"两型社会"建设　搭建三大服务平台

党的十六届五中全会首次提出，要加快建设资源节约型、环境友好型社会，促进经济发展与人口、资源、环境相协调。2007 年 12 月，国家批准设立长株潭城市群"两型社会"建设综合配套改革试验区，要求以改革创新的办法，率先形成有利于资源节约、环境友好的新机制，率先积累传统工业化成功转型的新经验，率先形成城市群发展的新模式，切实走出一条有别于传统模式的工业化、城市化的发展新路，为推动全国体制改革、实现科学发展与社会和谐发挥示范和带动作用。

这是国家落实科学发展观、转变经济发展方式、促进区域协调的重大战略部署，也是赋予湖南先行先试、探索开辟"两型社会"建设新路子的重大责任和历史使命。我作为长株潭经济一体化的首倡者和综合改革初步试验的主持者、推动者，个人的喜怒哀乐早就同长株潭一体化的曲折发展联系在一起了。20 多个年头的梦想终于成真，在激动兴奋之余，我觉得也承担起一份沉甸甸的历史责任。为此，不仅长假短假，就是中华民族最大的节日春节的"大年初一"、中秋团圆节的"八月十五"有时也在办公室度过，几乎付出全部的精力。首先，我将主持出版文集改为编辑出版以"两型社会"改革建设为主题的《长株潭城市群》蓝皮书——《长株谭城市群发展报告》，记载先行先试历史，探索改革转型路径，展望未来发展前景，2008～2012 年已出版年度报告五卷，对展示先行先试效应，提高长株潭的知名度和影响力，产生了重要的品牌效应和广泛的社会影响。同时，将长株潭论坛的主题重新定位，为政府、专家学者和实际工作者就试验区改革建设提供一个对话交流、共同探索的平台，创建一个社会参与的新形式，2008～2012 年已举办了五届。2009 年 3 月，经注册国内和国际域名的"两型社会"建设网开通，就网上有关"两型"的论文，研究报告和相关信息的质和量来说，在全国同类网中居于首位，搭建了服务于长株潭试验区"两型"改革建设的三大平台。

应省委主要领导的要求，在服务决策方面，五年来向省委和省政府的主要领导和相关领导，提供了多个有关"两型"改革建设的战略性建议报告，既具有重要现实意义，又具有深远意义的有三篇。

一是，2009年6月5日呈送时任省委书记张春贤和省长周强的《长株潭"两型社会"建设全面启动突出低碳科学跨越思考与建议的报告》。春贤书记于2009年6月20日批示："发展低碳经济是我省'两型社会'建设的需要，是实现湖南省科学跨越、培育新的经济增长点、抢占战略制高点的需要。请周强、克保、来山同志阅研。"《建议报告》作为《长株潭城市群发展报告（2009）》蓝皮书的总报告予以发表，并根据《总报告》，该卷蓝皮书的主题定为"两型社会"建设与发展低碳经济。2009年8月29日以"两型社会"建设与发展低碳经济为主题的第五届长株潭经济论坛暨蓝皮书首发仪式在长沙召开。论坛邀请了全国著名的研究低碳经济的专家，原国家环保局副局长、环保部科技委员会委员张坤民，中国社会科学院可持续发展研究中心秘书长崔大鹏研究员，中国社会科学院城市与环境研究所研究员庄贵阳（中国第一本低碳经济论著的作者）等参加了会议。与会专家认为"长株潭城市群蓝皮书2009卷开创了由城市群推动'两型社会'建设和发展低碳经济，是一个创举，是里程碑式的著作"①，对其给予了充分肯定和较高评价。

二是，2011年8月15日呈送省委周强书记及相关领导的《关于数字湖南建设实施云计算工程的建议报告》。周强书记于2011年8月31日批示："肇雄同志②：张萍同志《关于数字湖南建设实施云计算工程的建议报告》具有前瞻性、战略性，同时具有可行性。望认真研究，将云计算工程列入"数字湖南"、长株潭"两型社会"试验区建设的重要内容。"2007年，云计算作为一种新概念在我国业界引起热议，2009年步入应用阶段。云计算是前沿性新一代信息技术和科技革命的重要组成部分。《建议报告》从云计算是IT产业第四次革命，是"两型"绿色发展的必然趋势，是信息化升级的引领者和推动社会经济发展的新引擎，论述云计算应用及产业化的战略性和深远意义。从国际视野与湖南实际相结合出发提出：坚持需求导向、应用为先；立足资源整合、注重资源节约；既要有国际视野，又要注重和找准本土特色；突出重点试点示范等四项原则。建议启动"两型"云工程，把长

---

① 中国网2009年6月25日全程直播。

② 中共湖南省委常委、时任长株潭试验工委书记。

株潭建设成为国内外有重要影响的云计算产业基地，构建云服务平台。具体建议在"数字湖南"建设中重点实施云计算发展的八大工程。2011 年 9 月29 日，省重点项目办公室向周强书记、守盛省长、肇雄书记呈送了《对张萍同志"关于数字湖南建设实施云计算工程的建议报告"的办理意见》。《意见》首先说明：根据你们的批示，我们对张萍同志提出的《建议报告》进行了认真的研究，并专门征询了省经信委、省通信管理局的意见。认为张萍同志提出的《建议报告》，对进一步修改完善《数字湖南规划（2011 ~2015）》具有非常重要的指导意义。我们将会同省直有关部门在"两型社会"重点建设项目和投资安排上，对云计算有关内容予以倾斜支持，加快云计算技术的推广应用和产业化步伐。建议相关部门在征求《数字湖南规划（2011 ~ 2015）》意见过程中，应充分吸收和采纳相关的内容和建议。

　　三是，2012 年 6 月 21 日呈送周强书记、徐守盛省长等省领导的《关于加快推进信息化与城市化全面融合建设智能、绿色、低碳环长株潭城市群的建议报告》。周强书记于 6 月 29 日批示：肇雄同志：张萍同志的建议报告视野开阔，论证充分，对推动长株潭城市群"两型社会"建设很有参考价值，请工委认真研究吸纳。如何实现城市数字化、信息化，使传统城市化向新型城市化转型？《建议报告》认为也是第一次提出新型城市化，就是要实现信息化与城市化的全面融合，走智能、绿色、低碳发展的道路。信息化与工业化的融合必然体现和带动信息化与城市化的融合，并向经济和社会各个领域扩散，从而提高全社会的信息化水平，使城市化扩大内需的最大潜力"倍增"地释放出来，继工业化之后，成为推动我国经济社会发展的巨大引擎。并认为当今全球化的核心是信息的全球化。随着全球化和信息化的发展，将逐步形成新的多极化、多层次世界城市网络体系。从国际视野和长远发展的角度来看，长株潭必将成为全球信息化网络、经济网络、市场网络的中国江南腹地的重要聚合点、集散点、支撑点和增长极，极大地提升其吸引力、辐射力和国际影响力。

八　尾声的话——简短的体会与小结

　　60 年，对于历史长河来说只是一瞬间。但对于一个人一生走过的路来说，也算是漫长的了，难有第二个 60 年啊！回顾往事，环顾当前，展望未来，深有"夕阳无限好，只是近黄昏"之感！在这人生路上将近尾声的时候，说几句什么话为好呢？简短地谈一点体会，也许对后来者是有益的。

回顾近 60 年的学者生涯，特别是后 30 年，如果说有什么体会的话，可概括为三个字：争、实、学。

首先是一个"争"字。1983 年 12 月，《湖南经济》杂志的两位记者对我进行了专访。问我："您在理论研究中是很有个性的，您对个性问题是如何理解的呢？"我答："所谓个性就是特殊性，共性就是普遍性。就理论研究工作者而言，搞研究必须有个性，不能人云亦云。"从个人研究风格上来说，我就是喜欢"争"。

第一是争是非。理论是非要争，真理越辩越明，模棱两可，跟风转，这就叫无个性，就不可能去探求真理。这种理论是非之争的事例很多。1988 年 5 月，我写了一篇题为《论改革目标的分区到位与过渡区的改革》的文章，[①]"认为我国经济体制改革的最终目标，是实现国家宏观计划指导下的市场调节体制"，或"国家宏观调节下的市场经济"，并认为"市场经济可以同资本主义私有制相结合，被资本主义利用和为资本主义服务；也可以同社会主义公有制相结合，被社会主义利用和为社会主义服务"。1989 年 9 月，在山东淄博市国家计委召开的一次座谈会上，有的"权威"人士就点着我的名字说：这种观点"是政治问题""是不能讨论和不允许讨论的"。帽子实在不小！但我毫不相让，据理力争，得到与会者大多数人的赞同。

第二是争创新权。我认为搞理论研究就要有自己的见解、观点，也就是说有所创新，反对东拼西凑，并主张把研究的着力点放在把握事物发展的趋势和规律性上，做超前性研究，这样才会对实践有指导性作用。我提出的"长株潭经济一体化"的观点和构想，"湖南加速西线开发"的主张和构想，尽管在当时也有许多不同意见甚至强烈反对，但在十年、十几年之后，终于证明它的正确性，实践是检验真理的唯一标准，历史毕竟是最公正的。

我争的第三个东西是应用权，即研究成果的被采纳。为什么这也要争呢？因为有些观点和主张不一定很快能被人理解和接受，即使接受了，也未

---

① 发表在 1988 年《经济研究》第 9 期。

必能很快付诸实践。这就需要去争，争取理解……说实在一些，就是去求人理解，求人采纳，求人能付诸实践。谁不渴望看到自己的科研成果能被社会承认呢？我的一些建议被采纳和进行决策，就是这样"争"来的。所以，有时候我对老朋友说，"我是求人干革命"。辛勤耕耘的研究成果，一旦得到社会的承认，产生社会效果，我感到兴奋、激动和满足，但也总伴有几分辛酸！任何前进的路都不是平坦的。

第二个字是"实"字。在全国经济学家行列中，我算是一个务实的经济学家，我常对学术界的朋友们说，我是个"务实派"。所谓"实"，就是在理论研究中坚持理论与实际的统一。早在1942年，毛泽东在《改造我们的学习》一文中，就批评过"只懂得希腊，不懂得中国"，经济学教授不能说明边币和法币的问题。我们不能用教条式的态度对待马克思主义的理论，也绝不能照搬西方的经济学说。凡是对于解决我国改革开放和现代化建设中的实际问题有益的理论与学说，我们都应该去学习、去应用，但必须从中国的国情出发，从实际出发，不能照搬硬套。如果说我的治学道路有什么特点的话，概括起来就是三部曲：第一步，深入实际调查研究；第二步，形成方案进入决策；第三步，理论升华形成体系。我提出和主持的"长株潭一体化"的研究课题，在做了理论和组织的准备工作之后，第一步，就是和课题组成员先后深入三市的主要部门和基层单位，进行调查研究，掌握大量的第一手资料。在这个基础上，进入第二步，经过反复研讨，向省委提出总体建议性的实施方案、战略研究报告和专项实施方案，并进入决策。同时，把这些成果汇集主编出版了《经济区理论与应用》一书。但我并没有停留在这一步，而是进一步进行了系统的理论思考，提出了建立"城市经济区学"学科的设想，并设计了它的框架，得到了国务院有关部门的赞同和支持，主编出版了《城市经济区学》专著，初步形成了城市经济学和区域经济学一个新的交叉学科的结构和理论体系。我主持和完成的其他重要研究课题，也基本上是按照这样一个"三部曲"的路子运作的，在研究的过程中把理论与实际、应用研究与理论研究、为决策服务和丰富理论结合起来。

第三个字是"学"字。60年的学者生涯，如果说取得了一些成就，那完全得益于"学"字。60年来，我孜孜不倦地学习，如饥似渴地学习，在学习中不断充实和更新自己的知识，革新自己的观念，不断地超越自我。从我的经历中深切地体会到"学到老才能干到老"的真正含义。我记得1981年2月上旬，我第一次带着我的妻子和儿女，回到了阔别30多年的故乡，儿时的许多长者和一些学友已不在人世了，年轻人也都不认得，我不禁想起"少小离家老大回，乡音无改鬓毛衰，儿童相见不相识，笑问客从何处来"的诗句，感慨万千！30多年前，当我离开家乡的时候，母亲正是中年，现在已是满头白发，到了暮年了，看到久别的儿子，不禁老泪横流，我也不由自主地跪在老母的面前，失声痛哭。但在拜见久别的父母之后，我就埋头在狭窄的土坯房里，边学习、边思考、边写作，继续一篇未完成的文章。一直到除夕的晚上，当我写完最后一个字的时候，看了看手表上的指针，已经是22点差2分，我才搁下笔来，到幼时好友的家里，喝了几杯除夕酒，聊聊几十年来故乡发生的变化。春节刚过，我就告别父母，先在北京停了几天，向《光明日报》编辑部交了"卷"，就赶到秦皇岛市参加第一次全国商品流通改革研讨会。现在已过古稀之年了，在浩如烟海的新知识面前，越是感到自己的不足，我总是像对待吃饭喝水那样，渴求获得新知识，仍然刻苦不间断地学习新经济的知识、国际通行规则的市场经济知识、信息网络化的知识、新科技和产业革命的知识。2000年3月24～25日，我在韶峰集团干部学习会上，连续一天半、未带片纸讲了市场经济、国企改革、知识经济与企业发展战略等。离开时，集团公司总经济师深有感触地说，听了你一天半的讲课，我真正懂得了三句话：什么是知识，什么是水平，什么是健康。这对我来说是一个很大的鼓励。已经进入21世纪了，我们生存的这个新世纪，是世界从旧经济到新经济大转型的世纪，知识更新的周期越来越短，时代的车轮在飞速前进，谁要是不能坚持终身学习，谁就将被时代的洪流淘汰，这算是对年轻人告诫的一句忠言吧！

　　光阴易逝，似水流年。60年的岁月已流逝。迄今几十年来，我几乎没有休息过一个完整的假日，但社会也给予了我充分的肯定和不少的荣誉。

　　在人生路上，我也有过不少的过失或错误，但从总的方面来说，在临死的时候，可以给自己做出这样一个结论："回忆往事，不因虚度年华而悔恨！"

目　　录

第一篇　城市与区域

■ **城市经济理论** ……………………………………………………………… 3

《城市经济区学》序言 ……………………………………………………… 3

《城市经济区学》导论 ……………………………………………………… 5

城市中心作用与经济区 …………………………………………………… 10

城市经济区的性质与形成的基础 ………………………………………… 24

城市经济区的组织与管理 ………………………………………………… 39

城市经济联合体是商品经济发展的产物 ………………………………… 53

我国城市经济联合体的探讨 ……………………………………………… 58

世界城市化进程与湖南城市化道路论纲 ………………………………… 65

■ **长株潭经济一体化** ……………………………………………………… 74

历史回顾与展望

——长株潭经济一体化的由来、曲折和发展新阶段 ………………… 74

建立经济研究中心,加快经济体制改革,建设长株潭经济区

——省政协委员张萍提出三点建议 ………………………………… 89

关于建立长株潭经济区的方案 …………………………………………… 91

关于加快建设长株潭经济区的建议 ……………………………………… 96

长株潭经济区发展战略总体构想 ………………………………………… 107

长株潭结合部的功能定位与布局 ………………………………………… 125

长株潭一体化要构建经济共同体实现经济运行同城化

　　——湖南在中部崛起核心战略思考与建议报告之一 ··········· 129

论中部崛起之路与经济南引擎 ············· 134

关于长株潭一体化发展基本态势与相应决策建议的报告 ·········· 144

长株潭城市群：25 年曲折发展历程 ············· 153

■ **省际经济关系战略理论研究** ············· 168

《省际经济关系发展战略研究》序言 ············· 168

省（区）际经济关系现状分析与发展战略理论基础 ············· 171

省（区）际经济发展战略的任务和特点 ············· 184

省（区）际经济关系与区域市场 ············· 197

■ **湘粤经济关系研究** ············· 210

《湘粤经济关系研究》序言 ············· 210

适应沿海经济发展战略的湖南对策 ············· 213

关于推进湘粤港经济合作若干建议的报告 ············· 220

关于建立湘粤共同市场的设想 ············· 226

坚定灵活地办好改革开放过渡试验区 ············· 231

关于建立湘南改革开放过渡试验区经济协调会的建议方案 ············· 240

■ **湖南西线开发** ············· 244

湖南省西线开发战略与布局研究的工作总结报告 ············· 244

关于加快湖南省西线开发、改革开放研究的综合报告 ············· 251

联合开发　走出封闭

　　——加快湘、鄂、川、黔、桂省际边境区域开发的初步设想 ········· 266

第二篇　市场与计划

■ **市场经济** ············· 275

社会主义市场经济若干问题探析 ············· 275

中国从计划经济到市场经济改革的特点、规律性和发展阶段 ············ 284

增强社会主义市场经济观念 ·················· 297

略论社会主义商品流通的作用 ·················· 300

关于建立社会主义商品经济新秩序的几个问题 ·············· 305

■ **计划机制与市场机制** ···················· 310

论计划机制与市场机制的转型和结合 ··············· 310

计划与市场结合形式的合理组合 ·················· 321

论计划经济和市场调节的结合与完善宏观调控机制 ·········· 324

论实现计划与市场有机结合的基础和途径 ·············· 333

■ **区域市场** ························ 343

论社会主义初级阶段的区域共同市场 ··············· 343

宏观经济的分层调控与区域市场 ·················· 351

建立湘粤共同市场的建议方案 ·················· 359

第三篇　改革与发展

■ **经济体制改革** ······················ 369

对我国社会主义初级阶段若干问题的探索 ·············· 369

我国经济体制改革的战略思考 ·················· 377

我国改革发展的阶段性与 20 世纪 90 年代改革的主要任务 ········ 390

论改革目标的分区到位与过渡区的改革 ·············· 401

国企改革攻坚的难题与对策思考 ·················· 411

新阶段区域经济发展与政府行政体制改革 ·············· 420

■ **发展战略问题** ······················ 428

湖南全面实现小康社会目标加快推进现代化的战略思考 ········ 428

湖南工业化的道路与战略选择 ·················· 444

湖南城市化的道路与战略选择 ·················· 455

努力走出一条超常规发展湖南经济的新路子 ·············· 468

《产业集群与园区建设》序言 ···················· 473

长沙高新技术产业开发区"二次创业"发展战略研究综合报告·········· 476

第四篇　"两型"建设与改革

■ "两型社会"建设战略思考 ···················· 509

"两型"建设若干战略思考与建议 ················ 509

重大历史使命　重大发展机遇 ················ 514

"两型社会"建设与发展低碳经济的背景、出发点及路径 ·········· 517

转型创新发展处于一个新的转折点和关键点 ············ 523

■ "两型社会"改革建设问题 ···················· 526

"两型社会"建设与发展低碳经济 ················ 526

"两型社会"建设要走突出低碳科学

跨越发展的路途 ···················· 532

建设"两型社会"转变发展方式与绿色低碳道路 ·········· 557

"两型社会"建设新阶段与转变发展方式攻坚研究 ·········· 577

关于数字湖南建设实施云计算工程的建议报告 ············ 594

"两型社会"建设与转型创新发展研究·············· 605

附篇　社会效应

关于建立长沙、株洲、湘潭三市经济区的

问题 ···················· 中共湖南省委常委会议纪要 / 629

经济专家张萍建议建立长株潭经济区 ········ 新华社《国内动态清样》/ 632

把长株潭三市建成多功能综合经济中心 ········ 《湖南日报》/ 635

湖南省制定一个包括三市的区域规划 ········ 《中国日报》/ 637

湖南建立长沙株洲湘潭经济区 ········ 新华社《经济参考》/ 639

内陆省第一个省内经济区

　　——长株潭经济区规划前期工作已展开 ……《世界经济导报》/ 641

湖南的金三角长株潭经济区不断拓展 …………《长江开发报》/ 644

《长株潭区域经济研究》成果喜人 ……………《社会科学报》/ 645

长株潭经济区工作总结报告 ………… 长株潭经济规划办公室文件 647

湖南省政府采纳《省际经济关系发展战略研究》课题建议，并报国务院

　　批准实施 ……………… 全国哲学社会科学规划办公室《成果要报》/ 654

省际经济关系发展战略 …………………………《光明日报》/ 656

湘粤两省酝酿建立共同市场 ……………… 新华社《经济参考》/ 658

湖南注重老少边穷地区开发 ……………………《经济日报》/ 659

省委省政府召开"西线"开发方案论证会 …………《湖南日报》/ 660

14 年前就提出开发湖南西线 …………………《湖南经济报》/ 662

中部崛起：城市群强势发力 ……………………《经济日报》/ 666

这里，澎湃着崛起的豪情 ………………………《经济日报》/ 675

值得期待的中部 ………………………………………………… 677

长株潭：中部未来大都市 ………………………《学习与实践》/ 679

张萍是怎样炼成的

　　——听张萍教授讲述其人生体会和治学心得 …………《企业家天地》/ 687

张萍研究员区域经济学术思想研讨会在长召开 ……《湖南社会科学报》/ 706

省人大常委会副主任唐之享在张萍区域经济学术思想研讨会上的讲话 …… 708

湖南省社科院院长朱有志在张萍区域经济学术思想研讨会上的致辞 …… 710

张萍研究员区域经济学术思想研讨会综述 …………………………… 712

"张萍区域经济学术思想"大家谈 ………………………………………… 716

柳思维教授给张萍区域经济学术思想研讨会的贺信 …………………… 722

省社会科学院举办"呼唤 21 世纪张萍"青年演讲

　　比赛 ………………………………………《湖南社会科学报》/ 724

献身科研事业　书写无悔人生

　　——听张萍同志学术报告的心得体会 …………………… 726

梦想与腾飞

　　——为张萍在实践中升华的理论梦想喝彩 ……………… 729

坐　　标 ……………………………………………………………… 732

遵从学者之治学态度 ························· 734

仰望星空　社科闪烁 ························· 737

树立"学术人生"的精神 ························· 739

老当益壮，桑榆未晚

　　——读《张萍文集》有感 ················· 742

增强职业的自豪感 ························· 744

直面真理的快乐 ···············《湖南社会科学报》/ 747

手捧鲜花载誉归

　　——访长株潭专家张萍 ···········《中国改革报》/ 750

莫道桑榆晚　为霞尚满天

　　——湖南省社会科学院离休干部张萍先进事迹 ·········红网/ 752

为全国探路是试验区的历史责任

　　——访湖南省长株潭城市群研究会会长张萍 ····《深圳特区报》/ 755

"试验区的历史责任是为全国探路"

　　——专访长株潭城市群研究会会长张萍 ·······《时代周报》/ 758

长株潭崛起 ···············《时代周报》/ 762

决胜中部体现梯度推进 ···············《香港商报》/ 767

把理论研究植根于实践的沃土

　　——访省社会科学院教授张萍 ···········《湖南日报》/ 771

"我没有时间老"

　　——访省社会科学院原副院长张萍 ·······《七彩晚霞》/ 775

第一篇

城市与区域

- 城市经济理论
- 长株潭经济一体化
- 省际经济关系战略理论研究
- 湘粤经济关系研究
- 湖南西线开发

《城市经济区学》序言 *

城市经济区是我国经济体制改革中诞生的新事物，其理论也是在改革的实践中产生和发展起来的。1981 年 11 月，全国五届人大四次会议的《政府工作报告》指出：要"以大中城市为依托，形成各类经济中心，组织合理的经济网络"，并把它作为我国社会主义经济建设的一条方针提了出来。全国六届人大一次会议的《政府工作报告》强调："按照社会化大生产的要求组织生产和流通，发展统一的社会主义市场。主要是：以城市为中心，根据经济发展的内在联系组织各种经济活动，打破地区间、部门间、城乡间的分割。逐步形成跨行业跨地区的经济区和经济网络"。1984 年 10 月，中共十二届三中全会通过的《中共中央关于经济体制改革的决定》明确指出："实行政企职责分开以后，要充分发挥城市的中心作用，逐步形成以城市特别是大、中城市为依托的、不同规模的、开放式、网络型的经济区。"1986 年 4 月，全国六届人大四次会议批准的《中华人民共和国国民经济和社会发展第七个五年计划》，把我国的城市经济区网络划分为三级，即以特大城市为中心的一级经济区网络、以省会城市和一批口岸与交通要道城市为中心的二级经济区网络、以省辖市为中心的三级经济区网络。

从 1983 年国务院决定建立上海经济区、以山西为中心的能源基地和东北经济区以来，随着经济体制改革的深入和横向经济联合的发展，至 1987 年，我国已经建立各种类型的区域合作与经济网络组织达 103 个。其中大多数属于以大中城市为依托，紧密、半紧密和松散的经济区。经济改革的实践需要改革的理论。城市经济区在我国建立的时间虽然不长，但它丰富的实践

---

* 原载《城市经济区学》，知识出版社，1990。

为我们进行创造性的理论概括提供了取之不尽的源泉。同时，新的区域经济网络在全国的逐步形成和完善，也迫切需要加强这方面理论上的研究和形成新的理论体系。1982 年 12 月之后，我国的理论界对城市经济区的一些基本问题，进行了积极的探索，开展了学术交流，取得了重要的成效，为形成新的理论体系奠定了基础。

我们对城市经济区问题的探索，是从 1982 年 12 月开始的，系统的调查研究在 1983 年 8 月之后。该年 8 月，我们承担了"六五"期间国家重点研究项目"中国经济体制改革的理论与实践"的专题研究课题"城市及经济区：长株潭区域经济研究"。我们在深入长沙、株洲、湘潭三市进行系统的调查和占有大量材料的基础上，先后提出了《关于建立长株潭经济区的初步方案》① 和 6 个专项建议方案，撰写了《长株潭经济区发展战略总体构想》（研究总报告）和 12 个专题研究报告，并编写出版了《经济区理论与应用》一书。1986 年 12 月，我们提出建立"城市经济区学"学科的设想，并作为"城市及经济区"课题的最终理论成果，得到了国务院有关部门的赞同和支持。在这个基础上我们对全国已经形成的各种类型的经济区网络进一步做了比较系统的分析，并吸取了我国社会主义城市经济学和区域经济有关的研究成果，编写出这本《城市经济区学》。城市经济区网络在我国的形成和完善还需要有一个实践和探索的过程，我们对于它的理论体系还只是做了初步的研究，难免有一些缺点和错误。我们希望这本书的出版，能够引起更多改革研究者的兴趣，有助于丰富发展具有中国特色的城市经济区学。

---

① 1984 年 11 月 10 日，中共湖南省委召开常委会讨论了这个"方案"，并决定建立长株潭经济区——我国内陆省第一个经济区。

《城市经济区学》导论 *

一 城市经济区学的研究对象

我们认为，城市经济区学是研究社会主义城市经济区的建立、发展及其网络体系形成的过程和规律的科学。它着重研究中心城市与区域的经济联系及其规律，城市经济区在国民经济分层次管理中的地位、作用，以及按照有计划商品经济的规律来优化区域资源配置、发挥区域优势的战略和规划。其内容包括以下几个方面。

（1）城市经济区形成的基础、性质和特征。我国的城市经济区是在劳动地域分工的基础上，适应社会主义有计划商品经济的发展和经济体制改革的要求形成的，具有自身的特有属性。它既与古代小生产条件下，主要以自然条件和自然资源的开发、利用为依托形成的封闭式的农业自然经济区根本不同；也与大生产条件下，在自发的市场调节下形成的资本主义工业专业化经济区有原则区别；还有别于在政企职责不分的体制下，以生产力布局为主要任务和自我循环为主的苏联区域经济综合体。我们所研究的经济区，既是空间的商品经济活动的区域层次，又是以大中城市为依托的区域性网络型经济联合体，突出特征是充分发挥中心城市在经济区域组织生产和流通方面的功能。

（2）城市经济区的划分。城市经济区与行政区不同，它主要是按照城市经济的吸引和辐射的范围及区域商品经济活动的内在联系形成的，既具有相对的稳定性，要有一个大致的划分，又随着城市经济实力和辐射范围的变化而变化。而且，由于各中心城市的辐射影响力会重叠交叉，各经济区之间

* 原载《城市经济区学》，知识出版社，1990。

必然会存在相互交织、渗透和犬牙交错的状况。城市经济区的划分，既允许重叠交叉，又可以有空白点。同时，由于城市经济实力的大小和联系的区域范围不同，不同的中心城市及其所联系的经济区域又有不同的特点，经济区也就有不同的规模、类型和层次。

（3）城市经济区的网络。城市经济区是由以城市为中心，城乡结合的区域网络系统联结起来的有机体。它的形成要靠各种渠道加强区内商品经济活动的紧密联系，建立多种经济网络。而交通网络、电力网络和通信网络是各种经济网络的物质基础。有了三大基础设施网络，还必须充分利用这些条件，积极发展横向经济联合，建立开放式的区域市场网络体系，如生产协作网络、商品流通网络、科技市场网络、资金融通网络、信息交流网络等。

（4）城市经济区规划。为了在综合区内经济系统、科技系统和社会系统的基础上形成一种有机的最佳整体结构，发挥区域的综合经济优势，必须制定能够充分发挥本区有利条件和整体效应的经济发展战略，对关系到区域经济全局，非区内一地一市或一个部门能够解决的重大经济问题，实行统一规划，合理布局，专业分工，优化组合，扬长避短，协调发展，以达到区域经济的共同繁荣。

（5）城市经济区管理。经济区不是一个行政层次，但也必须建立一种以规划、联合、协调为基本职能的，有权威的区域联合组织和协调机构。城市经济区管理是国民经济间接管理的中间层次。要积极探索和逐步适应社会主义商品经济发展规律要求的区域经济运行机制和调节手段，关键是要发挥城市多功能的经济中心作用，扩大城市综合运用经济杠杆的权力。

二　城市经济区学的研究方法

（1）综合、比较法。在我国建立城市经济区的基本要求是，依据城市与区域客观存在的经济联系，在坚持改革的条件下，逐步形成以劳动地域分工为基础的、专业化协作和综合发展相结合的区域性经济联合体系。这就必须对于各个区域的自然条件、经济条件和社会条件进行综合的对比分析，运用比较成本或最低成本原则，找出各个区域能够在相互交换中获得比较利益的区域经济优势，据此以确定各个区域的主导产业或专业化部门，与之相适应的辅助产业和基础产业部门，从而在各种经济区之间、各经济区内部的地区之间，做到各扬所长、各避其短、专业分工、优化组合、相互补充、协调发展，逐步形成科学、合理的国民经济地域结构、网络结构和产业结构，以及具有中国特色的社会主义区域经济的新体制。

（2）系统论的方法。由不同规模的多层次经济区构成的城市经济区网络体系，是国民经济的一个系统，而每一个经济区本身又是一个大系统。从它的空间结构或纵向结构来说，经济中心城市、城市圈、次城市圈、次城市圈周围的地区，是城市经济区的四个空间层次。前、后层次的经济发展都是相互影响制约、层层关联的；从它的产业构成结构或经济横向结构来看，主导产业、配套产业、基础产业之间存在着相互作用、相互依存、相互促进的关系，是一个有着密切联系的有机系统。城市经济区学，既要把全国城市经济区网络体系作为国民经济中的一个子系统来研究，科学地分析它在合理组织地区经济、实行分层次间接管理中的地位和作用；又要把各具特色的经济区作为一个相对独立的大系统来研究，通过对它构成结构中各个子系统的地位、作用，以及区内外经济联系的分析，使各区域中的资源、物资、资金、技术等各种经济因素得到优化组合，以充分发挥它们各自的特色、优势和发展它们之间的横向经济联系。

（3）定性分析与定量分析适当结合的方法。城市经济区学的研究，需要运用马克思主义关于城市和城市中心的理论，关于劳动地域分工的理论，关于商品经济的基本理论，特别是发展了有计划商品经济的理论；运用辩证唯物主义和历史唯物主义的世界观、方法论，对于城市经济区的性质、特征、类型做出定性的分析，揭示城市与区域的内在联系及其规律，城市经济区形成、发展变化的规律性。同时，为了能够比较科学地确定经济区的大致范围，也应当对中心城市的经济引力和辐射力的强度进行定量的计算，并对经济区系统的整体性做出定量的描述，还可以通过建立区域—部门投入产出模型，定量地了解和分析区际经济联系、区内经济结构、各部门行业的关联，以及区域的生产技术发展水平。在对经济区的系统分析中，也可以根据有关统计数据建立各种经济计量模型和计算机仿真模型，以预测区域经济开发的前景，探求最优区域经济发展战略。

三　城市经济区学与相关学科的关系

城市经济区学是社会经济科学，是经济科学的一个分支学科。在学习和研究它的过程中必然会直接涉及其他经济学科的一些问题，特别是会同城市经济学和区域经济学发生交叉和重合。

城市经济区学的研究是以发挥城市的多功能和各种经济活动中心的作用为出发点的。它所研究的经济区域是以大中城市为依托的、网络型的区域经济结构。每一个区域都必须有自己的经济中心城市或城市群，没有围绕着经济中心而展开的区域经济网络，就没有城市经济区。因此，从这个意义上说，城市经济区学可以说是城市经济学的一个分支学科。但是，城市经济区学不同于城市经济学。在城市经济学的内容中必然要涉及城市经济区网络问题，但这只是作为城市外部社会经济关系的一个方面，而不是作为专门的研究对象。城市经济学研究的中心和侧重面是城市经济活动的规律，而不是城市与区域的联系。

城市经济区本身是一个区域概念。作为一种理论体系的城市经济区学，它研究的是一定空间的经济活动或区域层次的商品经济关系，因而也可以说它是区域经济学的一个组成部分。但城市经济区学也有别于区域经济学。苏联科学院院士涅克拉索夫在《区域经济学》一书中，对区域经济学的研究对象和主要内容做了如下概括："社会主义区域经济学，作为经济学的一个学科，是以社会主义经济规律为依据研究那些对有计划地建立并发展全国区域体系及各地区生产力和社会过程有决定意义的经济因素、社会因素与现象的总和。区域经济学研究区域生产力发展的战略观点，从而完善全苏的地区经济组织。生产力的合理布局是区域经济的基础和主要组成部分。"① 在区域经济学的内容中也涉及城市体系问题，但它是侧重于从完善人口分布体系要求的角度来研究城市的分布和发展，而不是以城市体系的等级系列为中心来进行区域经济的层次分析。城市经济区学的研究要以劳动地域分工的理论为指导，要涉及区域经济因素的优化组合和生产力的合理布局问题，但它研

---

① 涅克拉索夫：《区域经济学》，东方出版社，第 14～15 页。

究的出发点是城市的经济中心作用，中心内容是城市与区域的商品经济联系，侧重点是依据区域商品经济的联系形成经济区的网络体系，实践任务在于适应社会化大生产和发展统一社会主义市场的要求，逐步建立具有中国特色的社会主义区域经济新体制。

由此可见，城市经济区学与城市经济学、区域经济学，既有密切的联系、部分交叉和重合；又在研究内容的中心和侧重面上有区别。它的研究，既要综合地运用城市经济学和区域经济学的某些原理和方法，又具有自身特有的属性，特有的研究对象。城市经济区学应当说是城市经济学和区域经济学交叉形成的一个新学科。

城市中心作用与经济区 *

一 经济中心与经济区域的关系

（一）城市是经济区域的中心

城市是一定经济区域的中心，也就是说城市在一定的地域范围内居于"心脏"的地位，起着核心的作用。经济中心，是指生产、分配、交换和消费等社会经济活动的集中地和枢纽。从历史上看，它是伴随着商品经济的发展而形成和发展的，又是商品经济活动的中心和枢纽。中心是相对于周围而言的，也就是相对于它通过商品经济活动所紧密联系的周围区域而言的。从类型上说，经济中心可分为单一型的和综合型的。有的中心只是某一个方面经济活动的集中地，其他方面的经济活动只起着辅助的作用，或者尚未发展起来，如商业中心、工业中心、金融中心、行业中心、外贸中心等，在某一个方面发挥着经济中心的作用，有些中心是各种经济活动相辅相成综合进行的集中地，对周围区域在多方面具有深刻影响，发挥着综合经济中心的作用。从层次上说，经济中心可区分为大、中、小三个层次。有的是全国的或跨省区的大经济区域的中心，有的是省区或省以下经济区域的中心，有的是县区经济中心等。经济中心是依托于城市而存在的，这是由城市的特征和功能决定的，它又是城市经济功能的体现。城市对区域经济发展的核心作用集中表现在三个方面：第一，它是一定区域的现代工业生产基地和科学技术基地，为区域提供技术装备、科学技术研究成果、先进的生产方法和工艺等，从而带动区域经济的发展。第二，它拥有比较完善的生产服务系统和生活服

---

　　* 原载《城市经济区学》，知识出版社，1990。

务系统，为区域提供交通、通信、信息、商业、金融、科技、文教等各种服务，为区域经济的发展提供各种保证条件。第三，它拥有比较完善的市场体系，在区域的商品经济发展中发挥着先导的作用。城市和市场是分不开的。它不仅是区域的各类实物商品流出、流入的中心枢纽，而且是具有比较发达的货币资金市场和非实物商品的技术市场、信息市场。城市的实物商品市场，构成城市与它联系的区域的社会生活的基础。城市的资金市场和信息市场，在城市和区域的市场运行中起着导向的作用，对区域经济的发展具有主导全局的作用，是国家调节市场的关键。因而，城市市场是区域各种经济联系和交流的枢纽，通过城市的经济活动，不仅可以沟通一定地域内的城乡之间、城镇之间的经济联系，还可以实现各个不同经济区域之间的经济联系，为区域社会再生产的顺利进行提供实现条件。城市的这种核心作用，反映了在商品经济条件下社会经济活动一种空间联系的规律性。在商品生产条件下，一定的地域范围内和不同的地域之间的各种经济活动的空间联系，是以城市为中心并通过城市有机地联结起来，形成一个网状的有机体。这个经济有机体就是经济区。城市的经济实力越强，经济效益越高，基础设施和综合服务功能越完善，它所辐射和吸引的区域范围就越大。在此基础上形成的经济区域的相对规模就越大。

（二）经济区域是城市形成和发展的基础

城市经济中心是商品经济发展的产物，商品生产和商品交换发展到一定程度必然要形成经济中心。但是，在什么地方形成城市经济中心，就形成什么类型的经济中心，要受到区域的各种具体条件的决定。城市经济中心与经济区域是互相依存，不可分割的。城市是经济区域的核心，没有城市经济中心，就形不成统一的经济区域；经济区域是城市经济中心的腹地，任何一个城市和城市经济的产生和发展，都要受一定区域范围内的自然、经济、人口、历史等多种条件的制约。自然条件和经济地理条件优越，如在资源丰富、交通枢纽或海上运输的门户等地方，就容易形成经济中心城市。纵观我国和国外中心城市的状况，大多处于河口或河流出海口，有土地辽阔、物产富饶的广阔腹地。例如，上海市虽然比处于南北大运河口上的扬州兴起要晚得多，但由于它处于长江的出海口，有富庶的长江三角洲和太湖流域为腹地，连接着华东以至中原的广大区域，这种得天独厚的地理位置和广泛的国际、国内经济联系，使它在各方面的条件比扬州优越，因而发展成为我国最大的经济中心。又如武汉市，由于它地处长江中游和汉水的入江口，长江横贯东西，京广铁路纵穿南北，又有物产丰富的江汉平原、鄱阳湖和洞庭湖为其腹地，地理条件优越、交通便利、市场广阔，逐渐发展成为中南地区的经济中心。

不仅城市经济中心在什么地方形成是有条件的，城市经济结构的形成也与周围地域的经济条件有着密切的关系。区域的地理位置、资源条件，包括土地、矿产、水、生物等自然资源，劳动力、物质生产技术基础等社会资源，人文要素与自然风光相结合的旅游资源，以及区内和区际的经济联系等因素决定了城市经济结构的特点。当然，城市经济结构一旦形成，又反过来对区域经济产生重大影响。两者相互依赖、相互促进，从而形成统一的区域经济结构。例如，沈阳市，它是依据东北丰富的自然资源，特别是铁、有色金属等矿产和煤、石油、天然气等能源的资源优势，形成了重化工业为主体的经济结构。随着沈阳市经济结构的形成，带动了区域经济的发展，在其周围地区建立了包括我国最大的钢铁联合企业——鞍钢、最大的石油化纤公司——辽化、最大的炼油联合企业——抚顺石油公司、最大的火力发电厂——清河电厂等钢铁、石化、煤炭、建材以及粮食一系列生产基地，使得沈阳与其周围区域形成了配套的经济结构，由此形成了具有地区经济特色的辽中经济区域。又如，以广州市为核心的珠江三角洲城市群，它依据珠江三角洲地区农产品资源丰富、毗邻港澳、华侨众多，但能源缺乏的区域条件，形成了以轻纺工业和供出口需要的各种加工工业为主体的综合轻型产业结构，并带动了周围区域经济的发展和结构的调整，形成了以轻型工业和创汇农业为特色的粤中经济区域。可见，区域经济的发展必须发挥城市经济中心的作用，城市经济的发展又必须以区域经济的发展为基础。两者密切结合，就形成了规模不等、不同类型的城市经济区。

（三）城市经济对区域的吸引力和辐射力

城市的经济中心作用，城市同区域的经济联系，都是通过城市对区域的吸引力和辐射力来实现的。城市经济的吸引力和辐射力主要表现在：第一，城市拥有密集的人口和大规模的加工制造业，作为巨大的生活消费市场和生产消费市场，对于区域的粮食、肉类、副食品等农产品和各种工业原料、工业初级产品等，具有巨大的吸引力。第二，城市是社会再生产的集中地，作为巨大的经济实体，为区域提供各种日用工业品、化肥、农药、机械等生产资料，向周围区域扩散自身的商品、技术、资金等，对区域具有巨大的辐射力。第三，城市拥有大量的商业网点，多种形式的商品流通渠道，先进的信息收集、加工、储存、传播设施和大规模的仓储设施，发达的金融机构和四通八达的交通网，作为流通网络的核心和巨大的信息库，把城市和乡村之间、区域内外之间、城市和城市之间的各种经济活动联系起来，发挥着区域经济中心和国民经济网络枢纽的作用。同时，发达和比较发达的城市市场机制，通过各种商品经济的联系，对于城市经济自身及其所辐射的区域经济的运行起着调节作用。总之，城市在流通、工业、科技和基础设施等方面积聚起来的巨大的物质能量，必然按照商品经济运行的规律和社会分工的客观需要，沿着各种形式的商品经济的渠道，冲破行政区域的界限，对周围区域产生经济吸引和经济辐射作用。

城市经济吸引力和辐射力的大小，是由城市的经济实力，市场发展和开放的程度、综合服务的能力等因素决定的。大、中、小城市由于各自的经济实力不同，它们的经济吸引力和经济辐射力的强度和作用的范围也就不同。大城市的经济吸引和经济辐射的范围，不仅包括周围的农村地区，也包括周围的中等城市和小城市。一般来说，城市的规模越大，经济实力越强，其经济吸引和经济辐射的区域范围也就越大。但是，有一些城市，就经济技术实力的大小而言，相差不多，却由于市场的发展程度和开放的程度不同，综合的服务能力不同，对周围地区的影响、吸引，辐射的强弱相差很大。因此，对城市的经济中心作用及其所辐射的区域范围，必须做动态、综合的分析。

二　依托中心城市形成经济区网络

（一）中心城市在经济区形成中的作用

从历史上看，以城市为中心的经济区域，是在工业化和城市化相互作用的过程中，资本主义社会自发形成的。城市经济区的产生必须具备以下条件：第一，生产社会化的发展引起了社会劳动地域的分工；第二，同生产的商品化和社会化相适应，形成了统一的市场和较完善的市场体系；第三，城市商品经济对区域起着吸引和支配的作用。这些条件只有当商品经济发展到资本主义阶段时才能具备。

在古代，曾经存在与小生产方式相适应的自然经济区域，也就是范围不等的、封闭的、自给自足的农业经济区。这种自然经济区域是按地理条件，主要是水资源、气候和生物资源的分布及开发利用自发形成的。我国的著名学者冀朝鼎曾提出，在我国的秦汉之际，在黄河流域已大致形成泾水、渭水、汾水与黄河下游等农业区。秦时蜀郡守李冰父子所主持的都江堰水利工程，引岷江水灌溉川西平原，形成了被后人称为"天府之国"的成都农业经济区。各个农业区域之间虽有一定的商品交换，但并没有形成区际的专业化分工与协作以及地区一级的贸易往来，基本上是一种封闭型的自给自足的经济区域。当时的城市，手工业和商业虽有一定的发展，但主要是政治中心和军事中心。

18世纪30年代，首先在英国开始，而后在法、美、德、日等国于19世纪内完成的工业革命，即由工场手工业向机器大工业的转变，促进了生产的社会化、商品化和一系列的工业中心和城市的迅速发展。18世纪蒸汽机的发明，及其在纺织、冶金、采矿、机器制造等领域的广泛应用，火车、轮船等先进的运输工具和先进的通信设施的问世，促使了近代大工业在城市的集中。同工业的聚集过程相适应，相关的各种社会服务行业，如交通运输、商业、金融、信息以及教育、卫生、文化娱乐也相继得到发展，使城市人口不断增长，新城市不断产生，城市数目迅速增加，城市的聚集效益和规模效益显著提高。伴随工业化，开始了城市化过程，即农业人口转化为工业人口及其他非农业人口的过程。如英国在1801年，5000人口以上的城镇只有106个，城镇人口只占全国总人口的26%。1851年，城镇数目增至265个，城镇人口所占比率上升到45%。1891年时，城镇数目达到622个，人口占到68%。伦敦在1800年时还只有10万人口，到1841年增至187万人，到1891年达到423万人。美国在1790~1890年的100年中，城镇数量从24个增加到1348个，增加了55倍，城镇人口占总人口的比重从1800年的

6.1%，上升到 1890 年的 35.1%。城市工业、贸易、金融等中心地位的形成和人口的增加，一方面为周围区域提供了一个不断扩大的市场，把外部的经济活动吸引到城市中来；另一方面，通过提供产品和各种服务，把周围地区的市场、原料产地和工业联结起来，并促使区域农业生产结构的变化，形成各种经济网络，在空间上形成一个以城市为中心的综合化的区域经济体系、区域性的统一体。

（二）发挥城市系列的作用形成经济区体系

在工业化时代，城市的发展是同工业和交通的发展与布局分不开的。在工业、交通和商品经济比较发达的地区，城市系统不断完善和发展，城市化的区域范围不断扩大，形成了以一个或某几个大城市为核心，若干个中等城市为中介和众多的小城镇为基础的城市系列或城市群。例如，在英国有以曼彻斯特和利物浦为中心的，由 60 座城市组成的城市地带。在日本，第二次世界大战后，逐步形成了以东京、名古屋和大阪三大城市为核心，由 301 个城市组成的 3 大城市经济圈。在我国东部，由于沿海现代工业发展较早；商品经济较发达，形成了辽宁中部、京津唐地区、沪宁地区、珠江三角洲地区 4 片城市密集地区。这几个地区在 1983 年的人均工农业产值分别为全国平均数的 2.7 倍、2.6 倍、4.2 倍和 1.8 倍，城镇人口占地区总人口的比率分别为 55.1%、43.7%、26.7% 和 33.9%，比全国 15.8% 的平均数高得多。每一个城市都同一定的区域有着紧密的经济联系，并作为一定区域的经济中心而存在。城市规模和交换规模越大，经济实力越强，开放程度越广泛，它所联系和辐射的区域范围就越广。从我国城市布局的现状和发展来看，可分为全国性和具有国际意义的中心城市、跨省区的中心城市、省域中心城市、省下经济区域的中心城市、县域中心城市。如上海，是全国最大的经济中心，最重要的工业基地，也是我国最大的港口、贸易中心、科技中心和重要的金融中心、信息中心。香港是国际性贸易中心和自由港，世界重要的金融中心之一。广州、武汉、重庆、天津、沈阳、大连、西安等是跨省区的经济中心城市。这些城市的经济发展主要是采用先进技术，改造传统工业，开拓新兴工业，发展第三产业，改善城市基础设施，推动社会技术进步，充分发挥中心城市的多功能作用，从多方面联系和支援全国或附近省区的经济建设。省域中心城市我国约有 35 个，一般每省（自治区）一个，大多为本省的省会（上述跨省区中心城市，也兼为本省省域中心城市），少部分省有两个以上省域中心城市。如山东省有济南、青岛；浙江省有杭州、宁波；福建省有福州、厦门；广西壮族自治区有南宁、柳州等。这些省域中心城市，经济都有一定基础，但产业结构不尽合理，基础设施薄弱，今后，按照各城市的职能和性质，扬长避短，调整产业结构，发挥各自的优势，加强第三产业如基础设施的建设，改善交通运输条件，才能更好地发挥城市的中心作用。省以下经济区域中心城市我国约有 90 多个，一般一省有 3～4 个，有的省更多些，少数位于几省区的交界地区，其吸引范围跨几个省区，如徐州市。这类城市，目前多数为中等城市，它们一般同国家的交通干道直接相连，城市发展的有利条件较多，但基础设施相当薄弱，需要充分发挥有利条件，加强基础结构和服务设施建设，才能增强吸引力和辐射力。县域中心城市，我国约有 2200 多个。一般是指县（包括县级市、旗）人民政府所在地，是全县的政治、经济、文化、科技中心，也是城乡联系的纽带。在我国社会主义现代化建设的过程中，加强城市经济的建设，逐步形成以各级中心城市为核心，大、中、小城市相结合，不同规模、不同职能分工的多层次的城市体系，把我国各级城市逐步建设成为开放型的、多功能的，社会化现代化的经济活动中心，发挥城市系列的作用，与之相适应，才能逐步形成以地域专业化分工为基础，以城市为中心，不同层次、规模不等、各有特色的经济区网络。

三　中国城市经济区的产生

（一）我国城市经济区是经济体制改革中诞生的新事物

　　如前所述，城市经济区是在商品经济发展到资本主义阶段产生的。如美国东北部从波士顿、纽约到华盛顿沿海带状城市经济区，日本以大阪为中心、神户和京都为两翼的京阪神城市经济区，都是在资本主义的工业化和城市化的发展过程中，在市场机制支配下自发形成的。在我国，组织区域经济经过了一个曲折的发展过程。新中国成立初期到 1954 年，实行了大行政区的制度。当时把全国划成东北区、华北区、华东区、中南区、西南区、西北区 6 个大行政区。这种大行政区的划分，是与我国民主革命走武装夺取政权的道路分不开的，适合我国解放初期的国情，对于在全国建立各级人民政权和恢复国民经济都起到了积极的作用。但是，由于在中央和省、市之间增设了一级行政层次，它不适应国家开展大规模的经济建设的要求。因此，当我国发展国民经济的第一个五年计划开始之后，便取消了大区的行政建制，实行中央直接领导省的体制，重要的大、中型企业和建设项目都以部门的条条管理为主。1958 年，"大跃进"开始以后，提出了不但在全国范围内建设独立、比较完整的工业体系和国民经济体系，而且"地方应该想办法建立完整独立的工业体系，首先是协作区，然后是许多省，只要有条件，都应建立比较独立的但情况不同的工业体系"。① 在这种指导思想下，国家计委将全国划分为七大经济协作区。1961 年又将华中区、华南区合并为中南区，从而又形成了同大行政区范围相同的六大经济协作区。与此相适应，又在经济协作区设立了中央局和大区计委。协调区内各省、市之间的经济关系。"文化大革命"期间，这种协作区撤销，但基本的指导思想不但没有变而且更具体了，在全国进行"大三线"建设，各大区和省进行"小三线"建设，基本建设还是按原来的六大协作区部署的。这种基于建立几个独立完整的经济体系的需要而形成的六大经济协作区的划分，不利于实现地域间的专业化分工，不利于发挥城市的经济中心作用，阻隔了区际的商品经济联系。

1978 年 12 月，中共十一届三中全会在决定把全党工作重点转移到经济建设上来的同时着重指出，为了实现社会主义现代化，必须对经济体制进行改革。如何解决条块分割的矛盾，按照商品经济的联系组织生产和流通是经济体制改革实践中遇到的一个十分突出的问题。1982 年冬，国务院决定成立以上海为中心的长江三角洲经济区（1985 年初，国务院又决定将上海经济区范围扩大到包括上海市、江苏省、浙江省、安徽省、江西省，共计 4 省 1 市），和以山西为中心的能源、重化工经济区。② 1984 年成

---

① 《毛泽东在天津》，《人民日报》1958 年 8 月 6 日。

② 1982 年底，国务院决定成立以山西为中心的能源基地办公室。当时基地规划的范围是：山西省、河南省西部、陕西省北部和内蒙古准噶尔地区。1986 年，经国务院批准，把原"国务院山西能源基地规划办公室"改名为"国务院能源基地规划办公室"。其规划范围是：山西省、河南省京广线以西、陕西省秦岭以北、内蒙古中西部和宁夏回族自治区。

立了东北经济区。之后,又成立了西南"四省(区)五方"经济协调区、武汉经济区、淮海经济区、渤海经济区、长株潭经济区、辽宁中部城市群经济技术联合体等。

我国的城市经济区与行政区以及过去的协作区有着质的区别,是不同的区域概念。

第一,从划分的基础和范围来说,协作区是按行政区来划分的,而行政区是从便于国家管理为基础划分的。城市经济区也要考虑行政区的相对完整性,特别是县级单元的相对完整,但它是以中心城市为核心,根据地理位置、资源分布和城市经济功能及其经济实力所辐射的区域范围来划分的。行政区具有明确的界限和范围,在行使行政职权时必须严格遵守行政机关不能越界处理行政事务。经济区也有一个大致的地理范围,但它是一个开放的系统,在分工协作下,各个经济区之间互相交织、互相渗透,形成犬牙交错的状况。同时,由于中心城市经济实力的大小和紧密联系的区域范围不同,不同的中心城市及其所联系的区域又有不同的特点,因而经济区也就有不同的规模、类型和层次。

第二,从组织形式来说,行政区和协作区都是一级行政或准行政机构、行政层次。城市经济区则主要是一种区域性的经济联合体,它也需要采取适当的组织形式,设置必要的工作机构,但它不是一级行政机构和行政层次,而是一种联合、协商和协调性质的机构。

第三,从运行机制和管理手段来说,行政区是依靠行政机制来发动和运行的,主要依靠政令、法规和政策来实现管理。经济区则是依靠经济机制来发动和运行的,是运用经济办法,通过区域规划和组织各种经济网络,主要是横向的经济网络系统联结起来。

为了便于制定和实施经济区域的发展规划,在划分经济区时,需要适当照顾行政区的完整,特别是县级行政区的完整。但是,就是在经济区和行政区重合的情况下,两者仍然存在着质的区别,在组织形式、管理体制和手段,以及经济联系的方式等方面都有不同。

(二) 城市经济区具有强大的生命力

我国城市经济区组成的数量虽然还不多,诞生的时间也不长,但已显露出强大的生命力，具有广阔的发展前景。

第一，它有利于按照扬长避短、发挥优势的原则，正确处理区域经济发展的关系，促进区域经济布局的合理化。我国经济分布客观上存在着东、中、西部三大地带，① 并且在发展上呈现逐步由东向西推进的客观趋势。逐步建立以大、中城市为中心的、不同层次、规模不等的经济区网络，明确我国沿海经济区与中、西部经济区的分工协作关系，充分发挥它们各自的优势，就能把东部沿海的发展同中、西部的开发很好地结合起来，做到互相支持，互相促进。例如，上海经济区，包括上海市、江苏省、浙江省、安徽省和江西省。这一区域大约有 2 亿人口，其中，大约有 6000 万人口生活在沿海地带。全国最大的经济中心上海市，富庶的长江三角洲，现有的 5 个对外开放城市和全国最大的长江三角洲经济开放地区，都在这一区域中。这个区域还具有由沿海港口和沿长江港口构成的、深浅配套的优良港口群，形成了水运、铁路、公路纵横交错，四通八达的交通网。这里工业配套能力强，科学技术先进，智力资源丰富，信息灵通，经营管理经验丰富，具有许多突出的独特优势和有利条件。但也存在着若干不利条件，比如，人口多，耕地少，能源和原材料紧缺，交通运输跟不上经济发展的需要等。而西南"四省（区）五方"经济协调会（包括云南省、贵州省、四川省、广西壮族自治区以及重庆市），② 同上海经济区以及京津唐经济区相比，在交通、信息等条件上处于绝对劣势，在智力、人才、技术条件上处于相对劣势。但包括水资源、天然气资源、金属矿产资源、煤炭资源等自然资源丰富，开发潜力大。其水能蕴藏量共计 2 亿千瓦，占全国总蕴藏量的 51%，天然气储量仅四川省达 1000 亿立方米，产量占全国的 45%，全区铁矿石储量约 90 亿吨，占全国总储量的 20% 左右。这里工业发展较晚，但四川、贵州列为三线重点地区以后发展迅速，特别是机械、化学、冶金等重工业发展很快，在全国占有重要地位。根据因地制宜、发挥优势的原则，上海市作为全国的经济中心，应面向全国，面向世界，发挥对内、对外两个扇面的枢纽作用，区域内

---

① 按照经济技术发展水平和地理位置相结合的原则划分，东部沿海地带包括沿海地区的 12 个省、市、自治区，未包括台湾。西部地带包括西南、西北地区的 9 个省、自治区；其余省、自治区为中部地带。

② 1986 年西藏自治区参加协调会。

的各城市特别是长江三角洲各城市，要在合理分工协作的基础上，大力发展出口产品和高、精、尖、新的加工工业，积极参加国际交换和国际竞争，并为周围地区和全国各地提供高质量、多功能的服务，如向全国输送高级技术和管理人才、传送新技术、提供咨询和信息等。西南"四省（区）五方"经济协调区，则应重点开发煤炭、水电、火电、钢铁、有色、化工等主要产业和扩大交通运输的建设，使本区逐步成为具有重工业特色的，农业、轻纺和科学文化协调发展的一级经济区网络。

第二，它有利于按照专业协作和提高经济效益的原则，调整工业组织结构和产业结构，促进区域经济结构的合理化。在我国，长期以来，在纵向封闭型条块状的管理体制下，企业隶属于行政的条条块块，人为地割断了它们之间的横向联系，造成了工业组织结构和产业结构的严重不合理。城市经济区建立之后，在自愿互利的基础上，积极组织跨城市、跨部门、跨产业、跨行业的联合，发展区域经济的横向联系，开始突破旧的经济模式的严重阻碍，促进了对内搞活和对外开放。如湖南的长株潭城市群，其间相隔仅 30～50 千米，但在旧的体制模式下，三市市属以上企业 803 个，分别隶属于中央的 14 个部，省 27 个厅、局，市 23 个局、办。由于这种错综复杂的条块分割造成了严重的分散、浪费，严重制约了支柱产业优势的发挥。1984 年 11 月，长株潭经济区成立之后，1985 年三市之间共确定了 30 多个开发项目，在机械、军工、冶金、运输、金融和商品流通等方面进行了广泛的联合。经济区的各个工业行业联合体，引导企业按照平等互利、自然结合的原则，打破城市、城乡、部门、军民等界限，组建了各种不同类型的企业群体和企业集团。如以湘潭电机厂为龙头，以长、株、潭三市相关的 16 个企业、科研院所为核心，横跨 8 个省、市、自治区的 28 个企业组成了多元配套型的南方电工集团。相应的企业集团所在地区的工商银行，联合组成了跨地区的中国工商银行南方电工集团的银团贷款。这种工业集团和金融集团的结合，是在我国经济体制改革中出现的一种新型经济组织。经济区的农业银行打破了城市、城乡的界限，建立了以长株潭为核心的长、株、潭、衡、邵五市资金横向融通网络，1986 年融通资金达 5 亿元，银团贷款达 7000 万元，资金融通已达 30 个县。经济区的工商银行协作会议，联合开拓信托业务（从租赁开始），联合筹集融通资金（从联合进行有奖储蓄和资金拆借开始），由异地转账结算改为同城结算（从建立票据交换站开始），逐步形成银行经济信息中心，还联合培养金融人才，并决定建立业务处理的计算机网络，从而突破了纵向、封闭的资金管理体制。

第三，它有利于统筹规划区域的基础结构建设，促进经济协调发展和增强经济发展的后续能力。不论是我国经济比较发达的东部地带，还是自然资源比较丰富但经济发展落后的西部地带，都存在能源供应不足，交通、通信等基础设施落后的问题，这严重地制约了经济发展。要改变这种状况，就需要国家增加对能源、原材料工业和交通、通信建设大型骨干工程的投资，调整国家的投资结构，同时，还必须打破行政区划和部门的界限，从各个不同经济区域的特点出发，进行区域的统筹规划、合理布局，并充分调动区域各方面发展基础设施的积极性。如太湖的整治问题，涉及航运开发、码头建设、地质勘探、污染治理、农田水利、渔业水产等多个部门，涉及江苏、浙江、安徽、上海等3省1市的经济利害关系。过去搞了20年，由于条块分割，结果是寸步难行。1983年，上海经济区成立后，在经济区规划办公室的组织下，各有关部门和省、市，打破了条块界限，查勘了几乎所有有争议、有矛盾、有问题的点和面，行程3000千米，达成了一致的意见，编制了太湖流域治理规划，使这个久拖不治的大难问题得到了解决。东北经济区成立了东北地区水陆空联运代理公司，编制了区域"七五"能源交通、技术改造和节能等规划。以山西为中心的能源基地办公室为联合开发晋东南和焦作地区的煤、电、水、铝，举办了联席会议。为合理利用晋东南无烟块煤资源，建立了由山西省和国务院有关部门共同组成的化肥用煤基地领导小组，提出基地铁路建设规划建议，并开展了晋东南—焦作地区小区的规划。西南经济协调区成立之后，就如何发挥西南地区的资源优势，把西南经济区逐步建设成为一个以水电为主体，水火电协调发展的强大的能源基地；一个综合开发利用矿产资源，既提供原材料，也可进行深度加工的军民结合型的重工业基地，一个结合利用生物资源、优势突出的轻工业基地和粮食充分自给基础上的林牧业基地；并在改变交通运输落后状况等有关区域发展战略问题上取得了一致意见，制定了一些联合开发的重点工程规划和协议。处于湘江三角洲的长沙、株洲、湘潭三市，虽相距很近，但通信落后，三市之间电话不畅，打电话比跑一趟还慢；交通比较发达，但条块分割严重。长株潭经济区成立后，三市和省就共同集资兴办电话直拨和数传工程达成了协议。这一计划完成后，可以实现三市之间和与全国 30 多个主要城市的电话直拨。同时，以长株潭为核心的长、株、潭、衡（阳）、邵（阳）、岳（阳）、常（德）、益（阳）8 市交通运输部门实行了跨地区联合，建立了 8 市交通运输协作中心客、货联运网络等。上述事实都显示了经济区的生命力。

第四，它有利于在宏观控制上实行分层次管理。适应发展社会主义商品经济要求的宏观管理制度，是以间接控制为主，主要运用经济手段和法律手段，并采取必要的行政手段，来控制和调节经济运行。但是，这种新的宏观管理制度也必须实行分层次管理。这是因为：（1）存在经济地域的差异性。我国地域大、人口多，不同的经济地带和同一经济地带的不同地区，在地理和资源、商品经济和技术发展水平等方面都有不同，甚至存在很大的差异。因此，不同的经济地带和不同的地区，它们的经济发展目标和任务，经济结构和产业结构，宏观控制的措施和其他经济政策，也必须因地制宜，有所区别。（2）存在经济运行的层次性。社会主义商品经济的运行要求形成全国统一的开放的大市场。但是，社会主义的统一市场又是分层次的。不同品种的生产资料和消费资料的需求和供应，产、供、销的衔接，生产的专业化和联合，生产力的布局等都是在一定的空间进行的，是有区域性的。有的是全国性的即在全国范围内实现供求的平衡和布局；有的是在跨省、市的较大区域内，实现供求的平衡和布局；有的是在一个省内的较小的区域内实现产需的平衡和布局。适应商品经济运行的层次性，宏观控制措施在不同的层次上，也必须有适当的灵活性和差异性。不同规模、不同类型的城市经济区，是在不同区域的各种自然资源和社会经济资源的差异性和商品经济运行层次性的基础上形成的。它不受行政区划的限制，不受条条块块的束缚，可以更超脱地按照客观经济规律和自然规律，从宏观上和战略上进行条块结合的综合区域规划，或单项的区域合作规划和行业规划，从而把国民经济全局的要求和充分发挥区域优势更好地结合起来，把国家的行业管理和区域管理贯通起来。它可以按照商品经济内在的紧密联系，在一个较大的空间领域，组织不同层次的各种经济联合体和四通八达的经济网络，通过各种网络系统，运用经济手段，把纵向和横向的、微观和宏观的经济联系有机地结合起来。这样，就可以更好地协调部门之间、地方之间和部门与地方之间的关系，使地区的经济发展与全国的经济发展紧密结合起来，同时，也能够既加强企业的独立地位和法人地位，减少行政上不必要的干预，促进政企职责分离，又有利于加强宏观上的计划指导和间接控制。

城市经济区的性质与形成的基础 *

一　城市经济区的性质

（一）城市经济区的含义

经济区是经济区域的简称。城市经济区是以城市特别是大、中城市为依托，以区内紧密的商品经济联系和地域分工为基础，开放式、网络型的区域经济联合体。在这个含义中包含四个密切相关的因素，即大、中城市是依托和核心，商品经济的紧密联系和地域分工是基础和前提，众多的小城镇是联系城乡的桥梁和纽带，大片农村是广阔的基地。工业化和社会化大生产，导致专业化协作的广泛发展，使城乡间、城镇间、城市间、各经济部门间的联系日益紧密，逐步形成以城市为联系中心的商品经济的各种网络，以致使城市与区域趋向一体化，形成城市区域统一体，这就是城市经济区形成的客观性。

资本主义国家的经济区，一般都是在市场机制下自发形成的，国家也做了一些有限度的干预和引导。如日本国土厅制订了全国综合开发计划，将全国划分为 7 个经济圈，法国领土整治委员会将全国分成 21 个经济区，分别制定了区域整治规划，英国将全国划分为 11 个标准区；西德、意大利、荷兰、瑞士等国也都成立了有关机构，广泛开展了经济区划工作。但这种经济区一般都是经济地理概念上的经济区，没有国民经济组织的含义。社会主义国家实行生产资料公有制为主体，国家能够在全社会的规模上，自觉运用价值规律和其他经济规律对国民经济实行调节，可以依据不同区域生产条件的

* 　原载《城市经济区学》，知识出版社，1990。

差异和特点，区域内商品经济的内在联系和客观规律，组织合理的地域分工和经济网络体系。

社会主义国家组织经济区，是从 1920 年苏联第 8 次全俄苏维埃代表大会通过的、根据列宁倡议而拟定的《俄罗斯国家电气化计划》（以下简称"计划"）开始的。"计划"指出，为了做出合理的国民经济发展计划，必须"将全国分成各个独立的经济单位——区"。"计划"根据列宁关于合理配置全国生产力的指导思想和动力原则，划出 8 个经济区。1921 年，在苏联国家计委之下，成立了经济区划委员会。经济区划委员会拟定的"提纲"中，给经济区下的定义是："基本经济区是具有全国规模专门化和发达的内部生产联系的地域生产综合体"。并根据经济原则，对各地区的自然资源、工业和技术状况，交通条件和经济中心的分布，人口密度及其分布等，进行了详细的调查研究，在此基础上将全国划分为 21 个经济区，在大经济区中又分为若干个亚区和小区。苏联从 20 世纪 20 年代起，对经济区一直使用"生产地域综合体"这个概念。20 世纪 50 年代末，有人提出用"经济综合体"来代替"生产综合体"。当前，在我国书刊上发表的一些有关经济区定义的观点，通常认为经济区是"地域生产综合体"，或"地域经济综合体"。这种看法就是沿用了苏联所使用的概念。当然，从生产力布局出发考察问题，经济区首先是具有一定空间范围的地域生产综合体，它反映了生产的地域差异性和区域内的综合性。苏联、西德、法国、日本等国家搞的经济区划，也主要是以生产力的合理布局出发来调整已存在的地域生产综合体。但是，城市经济区作为我国改革中出现的新生事物，它具有独特的含义。它是为了充分发挥城市，特别是大、中城市组织经济的作用而建立起来的地域性的经济联合组织。我们所说的组织、建立经济区，就是指它作为一种国民经济的区域组织形式而言的。它既同传统的以生产力布局为主的地域生产综合体的概念有区别，也不是离开社会劳动地域分工这个基础的，而是建立在客观的地域生产综合体基础上，以大、中城市为依托，开放式、网络型的区域性经济联合体。

二　城市经济区的性质

从上述城市经济区含义的分析说明，城市经济区是一种商品经济的地域组合体，是我国社会主义条件下一种新型的国民经济管理体制。

第一，城市经济区是一种商品经济的地域组合体。城市经济区既是商品经济发展到一定阶段的产物，又是以商品经济的联系为纽带而形成的网络状的地域单元或地域系统。只有当商品交换和流通的发展突破了分散的、封闭的、自给自足的自然经济的格局，市场由分割的地方市场发展到国内统一市场以至世界市场，不同的地域依据相互之间在经济要素方面的差异，依靠自身发展经济的有利条件，扬长避短，发展优势产业和优势产品，才能够在相互交换中获得高于社会平均利润的超额利益，获得比较利益。这样，在商品经济的基本规律——价值规律和竞争规律的作用下，各个地区都会着重发展独具特点的专业化生产，形成各具特色的地域经济结构，使区域的自然资源、经济、技术、资金、劳动力等各种生产要素得到合理的区域配置和最优组合，从而形成不同类型、规模不等的经济区。各个经济区之间既有合理的区域分工，又互为市场，相互依存，使各个经济区的区域市场与全国的统一市场联系在一起，从而通过商品交换和市场在区内和区际之间形成错综复杂的经济联系，构成统一的商品经济网络的地域系统。所以，城市经济区是商品经济关系的区域层次，是商品经济的地域组合体。

第二，城市经济区是一种新型的国民经济管理体制。资本主义经济区是以资本家私有制为基础的商品经济发展的产物，是资本主义商品经济的地域系统。资本主义国家虽然对它的形成也进行了某些行政干预，但是，社会经济的无政府状态对资本主义经济区的内部结构和外部经济联系都具有很深的影响。经济区内的经济不可能在一个统一的区域规划指导下协调发展，各个经济区之间也难以形成合理的分工。社会主义经济区是在以公有制为主体基础上的有计划的商品经济的区域层次，是社会主义国家自觉地认识商品经济运动的内在规律并运用它作用于社会经济生活的结果。国家可以通过计划指导和市场机制的调节作用，使不同的地区都能够各展所长，发挥具有本地特色的优势，形成合理的区域分工和地区经济结构，使各个经济要素得到最优的区域配置，在这个基础上实现整个国民经济的高效益和协调发展。所以，城市经济区既是有计划的商品经济发展的地域系统，又是国民经济组织体系的重要环节。它的发展不仅要考虑本区经济结构的合理化，还必须根据国民经济发展的整体需要，来考虑和确定区域经济的发展方向和生产力的布局，把国家宏观经济的客观要求和发挥本区的局部优势恰当地结合起来。因而，城市经济区是我国以间接控制为主、横向为主的新型宏观管理体制的一个重要组成部分。

三　城市经济区的特征

城市经济区既具有一般区域经济的特性，又具有自己的特征。城市经济区的特征是由其性质决定的，又体现了它的性质。

第一，城市经济区突出了城市在社会主义现代化建设中的主导作用。城市是现代工业集中的地方，拥有雄厚的物质基础和强大的生产力，能为实现城乡的工业化和现代化建设提供先进的技术装备；城市是科学技术力量荟萃的地方，不仅科技、文化教育事业比较发达，而且有一大批老企业，科技人员管理队伍力量雄厚，技术熟练的老工人多，是大量培养人才，集中开发智力资源，传播和交流先进科学技术的重要基地，具有推动城乡产业技术进步、管理水平和经济效益提高的巨大力量；城市是商品交换的中心市场，不仅拥有发达的商业，集中的金融业，而且有灵敏的信息传播体系，方便的交通运输条件，因而是商流和物流的集散地、是城乡之间、城市之间和地区之间经济联系的枢纽。所以城市是国民经济运转的轴心。城市经济区，由于是以城市为核心，依据城市的经济功能及其经济实力所辐射和紧密联系的区域范围来划分的，就能够充分发挥城市在社会主义现代化建设中的主导作用、充分有效地利用这种经济形式组织生产和流通，就能够打破行政区划的限制，跳出条条和块块的束缚，按照经济的自然规律和商品经济的内在联系，组织合理的经济网络，发展区内外的商品交换和经济技术交流，从而带动整个区域经济的发展。同时，由于城市是一个比较完整的社会经济、政治、科技文化的综合体，也是国家各类机构集中的地方，依托城市多方面的综合性功能组织经济区的各种活动，就能够把计划指导和市场机制、纵向经济联系和横向经济联系、行政管理手段和经济调节手段、宏观经济的组织协调和微观经济搞活结合起来，组织合理的社会主义经济体系。

第二，城市经济区突出了城乡经济一体化。我国在社会主义初级阶段，发展社会生产力所要解决的历史课题，是实现工业化和生产的商品化、社会化、现代化。而国家工业化的实现，不仅取决于城市工业产值比重，还必须包括农村现代化物质要素的发达程度和现代产业就业的比例，必须有发达和比较发达的农业的支撑。农业的稳定增长和农村产业结构的改善，是整个国民经济长期稳定发展的基础。如果传统农业不能过渡到现代农业，农村经济得不到全面发展，农村人口的就业结构不能根本改变，劳动力转移不出来，国家工业化和生产的商品化、现代化也就难以实现。因此，城市必须为周围农村服务，有计划、有步骤地组织城市生产力向农村扩散，向农村提供更多、更好的生产资料和生活资料，向农村扩散科学技术、人才和信息等。同时，城市工业和其他各种事业的发展，对农村的发展也提出新的更高的要求，特别是要求农村提供数量更多、质量更高和品种更加丰富的各类农产品和原料。但是，长时期以来，城乡分治的体制，人为地割裂了商品经济所要求的城乡互为市场、互为依托的自然联系和经济的内在联系，城乡经济基本上处于自我循环状态，束缚了生产力的发展。建立城市经济区，就有利于打破城乡分割和地区、部门之间的重重壁垒，根据城乡结合、优势互补、因地制宜、协调发展的原则，通盘考虑城乡优势和潜力，制定综合发展规划，合理配置生产力，共同开拓新的发展领域，就能够以大城市为中心，以小城镇、小集镇为纽带，联结广大农村，利用城乡各自的优势，开展联合经营，组织城乡通畅，互相渗透的流通网络、工业网络、交通网络、信息网络、科技网络、金融网络等，发展多成分、多形式、多层次城乡结合的社会化服务体系，使城市和农村互为市场、互相支援、互相促进，正确发挥城市的中心作用和农村的基础作用，逐步建立社会主义新型的城乡之间既有分工、又有紧密协作多层次的产业结构，实现城乡经济发展的网络化和一体化，促进城乡经济的协调发展和逐步融合。

第三，城市经济区是一个区内外实行全方位开放的区域经济系统。商品经济的本质是等价交换。以等价交换为内容的商品经济的联系是横向展开的，表现为横向的运动。它要求打破任何地区的分割和封锁。因此，作为有计划商品经济的地域系统的经济区，它既不同于行政区、自然区，也不同于传统的强调综合发展、自我平衡和自我循环的地域生产综合体。它不是新的封闭块块，而是一个空间开放的经济系统。不仅经济区内的企业之间、部门之间、城市之间、城乡之间要打破种种限制和封锁，相互实行开放，也要按照平等交换和提高经济效益的原则，广泛发展对外地区的经济技术协作和交流，对其他经济区和外资实行开放。经济区内的各个城市和行业，既可以联合起来对外开放，也都可以自主地对外开放。为了搞活经济区的城乡经济，需要建立和完善具有本区特色的区域市场体系，不仅包括消费品和生产资料等商品市场，还包括资金市场、技术市场、信息市场、劳务市场和房地产等生产要素市场。但是，这种区域市场不是封闭的和分割的，而是竞争的和开放的，通过各种形式的网络和联合同全国的统一市场联结起来，成为国内统一的社会主义市场体系的一个有机构成部分。所以，按照城市经济区调整地区经济布局和产业结构，就能够在扩大区际之间相互开放和平等交换的过程中，在价值规律的作用和比较利益的基础上，逐步改变自给自足的"大而全""小而全"的地区经济结构，实现区域生产要素的优化组合，使各个地区在发挥各自特色的基础上结合起来，形成合理的区域分工和地区产业结构。

四　组织经济区的客观依据

（一）适应了社会劳动地域分工的要求

以城市为中心的社会劳动地域分工是城市经济区形成的重要基础。马克思主义认为，社会劳动地域分工是社会分工发展的高级形式。它的产生和发展受生产力的水平所制约，又促进了生产力的发展。马克思指出："一个民族的生产力发展的水平，最明显地表现在该民族分工的发展程度上。任何新的生产力，只要它不仅仅是现有生产力的量的扩大（如开垦新的土地），都会引起分工的进一步发展。"他又说：这种分工包括"把一定生产部门固定在国家一定地区的地域分工。"①

人类历史上最早的分工，是原始人类主要根据性别、年龄和劳动的自然条件而进行的自然分工。"男子作战、打猎、捕鱼、获取食物的原料。并制

---

① 《马克思恩格斯全集》第 3 卷，第 24 页。

作为此所必需的工具。妇女管家，制备食物和衣服——做饭、纺织、缝纫。男女分别是自己活动领域的主人，男子是森林中的主人。"① 在原始社会后期，出现了社会分工，首先是农业和畜牧业的分离，形成了农牧业两大生产部门和相应的原始农业区和牧区。社会生产的进一步发展，出现了金属工具，使手工业与农业逐渐分离。当人类进入奴隶制的时期，由于手工业的发展和商品交换的扩大，出现了一个不从事生产只从事商品交换的商人阶层，商业从手工业中分离出来。在手工业、商业和防御中心，形成了早期的城市，在社会生产地域分工中出现了城乡的差异和对立。上述人类历史上的三次社会大分工都促进了社会生产力的发展。

在封建社会里，商品经济虽有一定程度的发展，但社会基本上是由众多的单一经济单位，如宗法式的小农、封建领主和原始村社所组成，农业与手工业相结合的自然经济长期处于统治地位。这种基本上是自给自足的经济，在各个地区之间形成了相互孤立和封闭的系统，缺乏内在的经济联系，因而严重地阻碍社会生产地域分工的发展。

资本主义工场手工业的出现，促进了社会分工和商品经济的发展。各个生产部门逐渐相互独立，各种生产商品形式的特种产品并同其他一切生产部门进行交换。"这样，商品经济的发展使各个独立的工业部门的数量增加了；这种发展的趋势是：不仅把每一种产品的生产，甚至把产品每一部分的生产都变成专门的工业部门；——不仅把产品的生产，甚至把产品制成消费品的各个工序都变成专门的工业部门。"② 由工场手工业发展所造成的部门和企业专业化趋向，引起了地域间的分工。自然的、资源的和技术条件等方面所造成的地区之间经济发展条件的差异，使各个区域依据本地区的特点选择适当的生产部门，先后形成了各具特色的专业化生产，并彼此互为市场。这样部门分工和地域分工就密切联系在一起，构成了错综复杂的地区经济体系。这种不同地区间的专业化分工，就是社会劳动地域分工。列宁指出："地域的分工并不是我国工业的特点，而是工场手工业（包括俄国和其他国家）的特点，小手工业没有造成这样广大的地区，而工厂却破坏了这种地

① 《马克思恩格斯选集》第 4 卷，第 155 页。
② 《列宁全集》第 3 卷，第 17 页。

区的闭塞性，促使作坊和大批工人迁移到别的地方。工场手工业不仅造成了广阔的地区，而且在这些地区内实行了专业化（按商品的分工）。"① 这就是说，社会劳动地域分工是人类社会发展到资本主义历史阶段所出现的一种经济现象。同地域分工的产生相适应，也就形成了初级阶段的规模不等的经济区域，即资本主义的经济区，如英国的东英格兰毛纺工业经济区、日本著名的阪神纺织工业经济区。

资本主义工业革命以后，大机器工业的建立，交通运输业尤其是铁路运输的发展，科学技术的广泛应用，使部门分工和地域分工不断加深，生产社会化和专门化程度不断提高，以至在现代社会中，每一个地区的各个生产部门经济的发展都离不开相互间的交往与协作，地区经济日趋一体化。所有这些，都促使了资本主义经济区的形成。一方面，形成了工矿业高度发达的资本主义工业区。如美国的东北工业区、德国的鲁尔区等，另一方面，也形成了商品性较高的农业区，如美国的南方区、英国的东部农业专门化区、俄国的北高加索区等。同时，在城市化程度较高的区域，形成了以多功能的大城市为中心，以交通要道为依托的综合经济区，如英国的大伦敦区、法国的大巴黎区、日本的东京经济圈等。其实，这种由生产部门专业化分工而造成的社会劳动地域分工，不仅发生在一国经济发展过程之中，而且社会化大生产的发展，打破了国家、地区和民族间的界限，使世界经济成为互相联系、互相依赖的统一体，形成了国际间的区域性分工。与此相适应形成了跨国的区域经济联合体，例如，欧洲经济共同体、苏联和东欧十国的经互会、拉美地区经济一体化协会、东南亚五国经济联盟等。

我国近代，随着资本主义经济的发展，在工农业比较发达的地区，形成了以大城市为中心的低级阶段的经济区。在每一个经济区内部也都形成了专业化分工与协作的地区经济结构。如东北三省，从地理条件上说，具有相似的地理环境。日、俄帝国主义势力入侵东北，兴建铁路、港口和建立冶金、炼矿和军事工业等，区内有了密切的经济联系。新中国成立后，在工业进一步发展的基础上，东北成为我国最大的重工业基地，三省之间的经济联系更加紧密，形成了明显的地域分工结构。辽宁省在钢铁、有色金属冶炼、重型

---

① 《列宁全集》第3卷，第389～390页。

机械、石油化工、建材等生产上占优势；黑龙江省在石油、天然气、木材、粮食、铁路货车、内河船舶、发电设备的生产上占优势；吉林则在汽车、农机制造、基本化工、森工、造纸等生产上占优势。内蒙古东部三盟一市逐步成为以煤、电、木材加工为主的工业基地。这样，东北三省一区（三盟一市）就形成了一个既有分工又需紧密协作的地域经济体系。又如，上海和江苏、浙江等省，历史上就有密切的多形式、多渠道的经济联系，客观上是一个相互联系、相互依存的有机整体，形成了一定的地域分工结构。

地域分工既是生产力发展的结果，又是生产力进一步发展的条件。依据社会劳动地域间的分工组织经济区，就能够根据不同区域间在自然资源条件、社会经济条件和地理条件上的差异，进行生产力地区的合理分布和生产要素的地域优化组合。如尽可能地在原料产区发展原料加工工业；尽可能地在缺乏能源和资源的地区不发展或少发展耗能高、耗资源多的加工工业。又如尽可能在技术力量雄厚、管理水平高的地区，发展智力、技术密集型的产业，产品向高、精、尖方向发展；而在经济技术水平比较低的地区多采用适用技术，更多的发展传统产业，等等。这样，就可以使不同的经济区域，都能充分利用自己的有利条件，发展自己的长处和优势，而克服和改造自己的不利条件，或避开自己的短处和劣势，从而使不同的经济区域之间和区域内部的各种生产要素，如原料、能源、资金、技术等得到最佳的组合和有效的利用，达到节约社会劳动消耗，提高劳动生产率，最大限度地提高社会经济效益。各个经济区域的特色和优势发挥得越充分，国民经济的地域结构就越合理，社会主义经济发展的也越迅速。经济区的形成，就是由各个地域经济要素及其组合的差异性，以及以城市为中心的区域内经济要素间的紧密联系决定的。

（二）适应了有计划商品经济发展的要求

以城市为中心的经济区域是商品经济发展的必然产物。以社会化大生产为基础的城市与周围区域间商品经济内在的紧密联系，是组织城市经济区的又一重要依据。

劳动地域分工是生产社会化的一种形式。它的存在，是以各地域不同的、有差别的劳动为前提的。但是，各个地域种类不同的、有差别的劳动产品只在区内消费，这还不是劳动的地域分工。只有各个地区之间由于交换而产生经济联系，以及由于各地区不同类别的劳动成为相互依存的统一体的组成部分时，才形成了劳动地域分工。从历史上看，在资本主义以前的社会，自给自足的自然经济居于主导地位，商品经济很不发达，经济的地域分工很薄弱，当然不可能形成以城市为中心的经济区。在资本主义生产方式出现之后，随着生产的社会化、商品化和统一市场的形成，才逐步形成了以大工业为主体的中心城市和以城市为中心的各种类型的工业区、专门化的农业区以及生产专门化与综合发展相结合的综合经济区。

同时，在社会生产力的发展水平比较高、商品经济比较发达，相应的城市化程度也比较高的区域，形成了由若干个城市组合的城市群体和由大、中、小城市紧密结合的城市系列。每一个大、中、小城市各有与其相联系的不同地域范围。大城市具有较广阔的地域范围，中、小城市各有与其相适应的区域范围。中心城市作为区域经济中心的作用越大，就能够把周围更大的地区的经济活动吸引过来，并同众多的中、小城市组成有机的网络体系，沟通城市内外纵向和横向的经济联系，形成一个较大地域范围的多层次的经济区体系。在资本主义制度下，商品经济是自发发展的，劳动地域分工与其相适应的城市经济区，主要是在市场机制的作用下自发形成的。我国社会主义经济仍然是商品经济，同时，又在生产资料公有制的基础上实行计划经济，是计划经济和商品经济的统一体。社会主义商品经济是计划指导下的商品经济。因此，能够依据价值规律的要求，按照比较利益原则，促进地区经济布局的调整和各个区域特色与优势的发挥，使各经济要素得到最优的区域配置；能够依据商品经济发展客观上所要求的横向联系，以城市为中心，按照区域内在的商品经济联系，发展生产的和销售的、行业内部的和跨行业的、运输的和通信的、金融的和信息的、科技的和教育的多形式、多渠道的协作和联合，组成区域的横向网络结构和经济网络的地域系统；还能够把国民经济的全局要求和区域的实际相结合，制定区域的经济社会发展战略，协调区域的各个城市间、城乡间、部门间、企业间的发展规划，商定区域的资源、技术、智力联合开发的方案等，有计划、有目的地逐步建立以大、中城市为中心的不同层次、不同规模、各具特色的经济区网络。在扩大不同区域之间的分工协作的基础上，使各个地域的资源的、技术的、产品的等多方面的优势能够充分发挥出来，把潜在的生产力释放出来，提高社会的综合经济效益，加速我国社会主义现代化建设的进程。

（三）　适应了社会再生产空间平衡的要求

经济区作为生产力的空间存在和组织形式，是实现社会再生产的重要条件。

马克思指出："不管生产过程的社会形式怎样，它必须是连续不断的，或者说，必须周而复始地经过同样一些阶段。一个社会不能停止消费，同样，它也不能停止生产。因此，每一个社会生产过程，从经常的联系和它的不断更新来看，同时也就是再生产过程。"[1] 他又说："要想得到和各种不同的需要量相适应的产品量，就要付出各种不同的和一定数量的社会总劳动量。这种按一定比例分配社会劳动的必要性，绝不可能被社会生产的一定形式取消，而可能改变的只是它的表现形式，这是不言而喻的。自然规律是根本不能取消的。"[2] 这就是说，生产和再生产是人类社会最一般的属性，是社会存在和发展的基础。而社会再生产的生产、分配、流通、消费各个环节之间及其各环节的内部，都存在着一定数量的依存关系，即比例关系，只有不断地实现了这种比例关系，社会再生产才能周而复始地进行。

根据马克思关于社会生产的原理，物质资料生产在社会再生产中起着决定性的作用。社会总产品按其最终用途可分为生产资料和生活资料，社会生产也划分为第一部类的生产资料生产和第二部类的生活资料生产，两大部类之间保持协调的比例关系，社会再生产才能顺利进行。在我国现阶段，农业产品和轻工业产品，主要是用于生活消费，基本上属于第二部类；重工业产品，主要是用于生产消费，基本上属于第一部类。尽管两大部类的分类和农轻重的分类是有所不同的，但农轻重的比例关系基本上可以反映两大部类的比例关系。在现实生活中，两大部类的比例关系大体上是通过农轻重的比例关系来实现的。具体来说，农业内部还有农、林、牧、副、渔五业的比例关

---

[1] 《马克思恩格斯全集》第 23 卷，第 621 页。
[2] 《马克思恩格斯选集》第 4 卷，第 368 页。

系，工业内部的原材料与加工工业的比例关系。能源、交通、通信对整个国民经济的发展具有重大的制约作用，它的发展，必须同工农业生产和国民经济的其他部门保持适当的比例，并且处于"先行"的地位。科学技术是生产力，是提高经济效益的决定性因素，科学技术和教育事业的发展必须与国民经济的发展相适应，并应放在突出的战略地位。在商品经济存在的条件下，国民收入货币形态的分配，存在着积累基金与消费基金的这一十分重要的比例关系，积累基金内部的生产性积累与消费性积累的比例关系，消费基金内部的个人消费与社会消费的比例关系。从国民经济的产业结构上说，又可分为第一、第二、第三产业，等等。社会生产的两大部类，以及其具体化的各个生产部门所生产出来的各种产品和劳务，只有通过相互交换在实物上得到替换，在价值上得到补偿，也就是说只有实现了各个部门之间和产业之间的实物平衡和价值平衡，社会再生产才能顺利进行。

　　但是，只有部门之间的平衡还是不够的。马克思指出："空间是一切生产和一切人类活动的一个要素。"① 劳动总是在一定的时间和空间，也就是在一定区域中进行的。各个部门、行业企业的布局最终要落实到各个区域，若干个行业的具体单位在一起，就组成了区域经济。因此，国民经济的各种比例都要落实到地区，国民经济本身就是由各个部门和地区分工协作组成的有机整体。各个部门和地区之间存在着相互联系、相互制约、相互依存的关系。事实上任何一个部门都有适宜与不适宜的区域，任何一个区域也都有适宜与不适宜的部门。部门选择地区，地区也同样选择部门。部门比例最终要落实到一定的区域，部门比例的平衡要靠地区比例的平衡又要通过部门比例平衡来表现，两者比例不协调，地区再生产就难以顺利进行。例如，第二个五年计划以后，我国铁路建设的重点摆在了内地，但运量增长最快的地区是在沿海。如果从部门间的比例关系来看，这个时期的铁路建设和运量增长之间是保持了适当比例的。但在现实生活中却出现了运力增长最快的内地，特别是大西南地区，运量的增长并不大。而运量增长最快的沿海地区，运力却没有得到相应的加强，部门比例与地区比例相互脱节。社会再生产如果出现了价值不平衡和实物不平衡，比较容易纠正，在下一个年度或第二、第三个

---

① 马克思：《资本论》第3卷，第904页。

年度就可以得到调整。如果因为空间布局不合理，造成部门比例与地区比例失调而导致地区经济结构不合理，在短期内是很难改变的。企业和设备一旦固定在某一区域，即使发现不合理，在短时间内也很难改变，这方面的事例是很多的。因而空间结构是否合理，空间比例包括地区之间和地区内部的比例关系是否平衡，是社会再生产能否顺利实现的重要条件。合理的空间结构和空间比例能够促进社会再生产的实现。不合理的空间结构和空间比例则会阻碍社会再生产的实现。

在处理部门和地区的关系上，可以采取两种布局方针。一是不顾各个地区自然条件和社会经济条件的差异与特点，实行"一刀切"、一个模式，强调各个地区都要建立独立完整的国民经济体系，都搞自我平衡的"大而全"，结果是少煤缺铁的地区要大上钢铁项目，无煤或少煤地区要大打煤炭翻身仗，科学技术条件落后的地区，要大上电子工业，搞高、精、尖产品，如此等等，造成人力、物力、财力的极大浪费和损失。而另一种方针则是把国民经济的总体要求与地区的特点结合起来，一方面根据各个经济区域的自然、经济、技术、区位等条件因地制宜地确立各个地区发展的重点和专业化生产部门，使各个经济区域能够扬长避短，施展地方特点，发挥本地区的比较优势，使地区之间有一个合理的分工，又能够使这种布局与各个区域的发展方向符合全国发展战略的总要求，在全国较好地实现国民经济各个部门间的协调和平衡。各个区域都应以本地区的专业化生产部门为主体，建立相适应的辅助生产部门、基础部门和综合性的生产部门，使区域的主导产业与为主导产业配套的非主导产业，以及为前两种产业提供基础服务的产业之间，保持适度的比例。这样就不是搞自给自足的"大而全"，而是搞专业化与综合化相结合的"大而特"。各个区域之间通过交换，发挥本身的相对优势，各扬所长，互补所短，求得区域内和全国的各个部门、区域间的经济均衡发展。各个区域在全国的地域经济体系中，既各有特色，为其他区域所不能代替，又是整体结构中的一个有机组成部分，从而使各种经济要素在地域上得到最佳结合，实现全国经济布局的合理化和协调发展。

城市是区域的核心，是区域生产力的聚集地，地区再生产的各个环节都与城市有着密切的联系，因此，城市是协调部门比例和地区比例的空间联结点和中枢环节。它可以协调部门和地区的比例，使两者实现有机的结合。因此，组织城市经济区是实现社会再生产空间平衡的客观要求。

（四）适应了我国经济体制改革发展的要求

现代社会化大生产和商品经济的发展，必然冲破部门和地区的界限，在各个部门之间和地区之间形成分工协作关系。各个部门和地区生产的发展，既要依据自己的特点和生产的有利条件，发展部门和地区间的分工和专业化生产，又必须充分利用部门和地区间的经济联系，开展协作和联合，相互取长补短，以求得共同发展，提高国民经济的整体效益。生产社会化的程度越高，商品经济越发展，部门、行业间的分工就越细，区域分工也就越复杂，部门、城乡间、区域间的横向经济联系就越紧密。

但是，我国旧的经济管理体制是建立在行政系统、行政层次和行政区划基础上的全国统一集中的管理体制。这种体制割断了商品经济的内在联系，排斥经济手段的运用，造成条块分割、城乡分割、流通堵塞、领导多头等弊端，束缚了生产力的发展。按条条（行政系统）管理经济，割断了不同行业的经济联系，形成了部门所有制，造成部门间、部门与地区间的各种矛盾，按块块（行政区划）管理经济，割断了部门与地区间、地区与地区之间的经济联系，形成了地区所有制。这种条块分割、地区封锁的管理体制，阻隔了经济的横向联系，使企业产、供、销之间的生产过程和流通过程不能实现有机结合，阻隔了城市和农村之间的经济联系，使城乡经济不能协调发展，使中心城市和经济区域的综合功能不能发挥。在这种不合理的经济管理体制下，各个城市和区域都形成了封闭型的经济结构，并朝着"大而全""小而全"的方向发展，造成重复生产，盲目建设。就是在一个城市和区域内，对资源也不能进行联合有效的开发和综合利用，从而大大降低了社会经济效益，并造成巨大浪费。

解决我国管理体制中这种条块分割、城乡分割的矛盾，需要进行经济体制的全面改革，"充分发挥城市的中心作用，逐步形成以城市特别是大、中城市为依托的，不同规模的、开放式、网络型的经济区"①。组织城市经济

---

① 《中共中央关于经济体制改革的决定》。

区网络，就可以以城市中心协调城市与所联系的区域之间的经济活动，协调城市和区域的各个部门、企业之间的经济关系，真正按照专业化协作的原则推进企业组织结构的合理化和产业结构合理化，按照各类企业的特点和不同情况，组织跨部门、跨城市、跨地区的经济协作和联合，使条条、块块相互协调，从而把条条管理与块块管理、城市管理与农村管理结合起来。

城市经济区的组织与管理 *

一　城市经济区的组织形式

（一）城市经济区组织结构的不同形式

人类社会要进行生产，必然要结成一定的经济关系，形成一定的经济组织形式。城市经济区也是一样，它也是在一定的社会经济组织形式下进行活动的。

社会的经济组织形式和结构是随着生产力的发展水平以及生产资料所有制性质的变化而变化的，在不同的生产力水平和所有制条件下有着不同的经济组织形式，即使在同一社会形态下的不同阶段，经济组织形式也会发生变化。它经历了由简单到复杂，由单一到多层次的发展过程。原始社会有原始群、氏族公社，村庄和私有制的家庭个体形式，奴隶社会有奴隶主庄园、奴隶主手工作坊和平民的个体形式，封建社会有封建主庄园、作坊、农民、手工业和商业的个体形式，资本主义社会有手工工场、工厂、公司以及卡特尔、辛迪加、托拉斯、康采恩和跨国公司等组织形式，社会主义社会有基层企业、厂矿、商店和各种专业公司、联合公司、技术服务公司等组织形式。可见，一个社会采取什么样的经济组织形式，不取决于人们的主观意志，而是由社会生产力的发展水平所决定。因此，衡量一种组织形式是否先进合理，就看它能否推动生产力的发展。

城市经济区采取什么样的组织形式，经济区的各个成员之间以何种形式

---

*　原载《求索》1988 年第 9 期，《新华文摘》1988 年第 12 期部分转摘，1990 年编入《城市经济区学》。

实现一体化，应当以社会生产力的发展水平为前提，要适应生产社会化和商品经济发展的要求。具体来说，经济区的组织形式应服从于建立经济区的目的。要根据建立经济区的目的和要解决的主要问题来设计最佳组织形式。建立经济区的目的，是要突破条块分割的管理体制，打破行政割据和行业壁垒，以城市为中心在经济区域和经济网络中组织社会经济活动。因此，经济区的组织形式要有利于区域资源的综合开发利用以及深度加工和专业化协作；有利于生产力合理布局和统一协调区域内的主要经济活动；有利于协调各方面的利益关系，使经济区内各生产要素达到最佳组合，有利于区内小经济区的形成和发展，以及各种经济网络的形成和完善，有利于经济区同区外、国外发展多层次、多渠道、多种形式的经济联系，形成开放式的区域经济体系。

经济区域的组织形式，从世界范围划分，有两大类型：一类是跨国度的区域经济联合体。随着国家间的经济技术交流和文化合作的广泛开展，出现了一些国际性的经济合作组织，如苏联东欧的十国经互会、欧洲经济共同体、拉美地区经济一体化、东南亚五国经济联盟等；另一类是国家内部按区域结成的经济联合体。如荷兰的莱茵河三角洲地区，日本的经济圈、生活圈，苏联的经济综合体，我国各种不同类型、不同等级的城市经济区，城市经济技术联合体等。当前，我国正处在从按行政区划组织经济向按经济区域组织经济的过渡过程。这个过程反映在区域这个层次上，就是从带有浓厚自然经济特色的产业经济向有计划商品经济的转变和过渡。这个转变和过渡，既要以生产商品化和社会化的发展为条件，又要受到计划、财政、税收、金融等经济体制和行政体制改革的影响和制约，因此，这个过程将会很长。从目前来看，我国城市经济区的组织形式主要有下列几种。

（1）规划办公室。建立经济区规划办公室，作为城市经济区常设的组织协调机构。一级经济区，如上海经济区规划办公室、东北经济区规划办公室；二级经济区，如黑龙江省的三江平原经济区规划办公室，湖南省的长株潭经济区规划办公室。一级经济区规划办公室是国务院的派出机构，二级经济区规划办公室是省人民政府的派出机构①。各级规划办公室既不是行政上

---

① 长株潭经济区规划办公室是由湖南省政府和三市政府有关职能部门派出人员联合组成的。

的一级组织，也不受条条块块的束缚。因此，它可以更超脱地从宏观和战略上进行规划，协调区域各方的经济关系，提出重大建议，促进参加经济区的各方向优势互补、互惠互利、统一规划、全面合作的方向发展，发挥区域的综合经济优势，促进区域经济的共同繁荣。

城市经济区规划办公室的基本职能是规划、联合、协调。第一，从国民经济全局和发挥区域经济综合优势出发，着重组织编制对区域经济和社会发展关系重大的规划。如上海经济区的外贸发展规划、城镇布局规划和能源交通规划，东北经济区的能源交通规划和老企业技术改造规划等。这些规划不仅要提出目标、项目的建议，而且要提出实现规划的经济政策、措施和体制改革的建议。第二，要积极推动区域的横向经济联合，按照自愿、平等、互利的原则，促进企业之间、行业之间、地区之间建立多种形式、不同规模的经济技术联合体。并对横向经济联合的各种新形式、新经验，进行认真总结，按照经济规律的客观要求，加以引导，逐步提高。第三，在编制经济区规划和促进经济联合过程中，要充分发挥经济区规划办公室的协调功能。很好地协调部门之间、地区之间和部门与地区之间的关系，总揽区域全局，兼顾各方利益，使区域经济的发展与全国的经济发展紧密结合起来。

为了加强城市经济区规划办公室的规划、联合、协调功能，有些经济区还建立了与规划办公室相结合的各方政府行政首长会议制度。如由四省一市的省长、市长和经济区规划办公室主要负责人组成的上海经济区省、市长会议制度。它是国务院领导下的上海经济区最高层次的指导、协调和决策机构。

规划办公室的组织形式，适应于综合性的、区内分工协作联系较紧密的城市经济区。这种经济区的特点：一是生产力的发展水平和生产商品化，社会化的程度较高，客观上要求对全区范围内的重大社会经济活动，进行统一规划；二是区域内有一个或几个中心城市，已经发展到相当规模，能够以它为依托形成合理的联结全区域的经济网络系统；三是区域内的主要经济社会活动趋向于一体化。

（2）经济协调会。这是由一定区域内的某些城市和地区联合起来组成的跨地区、开放式、松散型的区域经济协调组织。这些城市和地区由于受生产力发展水平和生产社会化、商品化程度的制约，在经济发展的主要方面，还不具备形成紧密联系的条件，但从长远发展和生产力合理布局来看，这些城市和地区具有重要的一致性和互补性。可以联合组成一个经济协调区。并由参加联合各方的政府主要领导人组成协调会，即区域高层次的协商机构。协调会的主要任务是：第一，依据国家改革、开放的基本方向，商讨和协调搞活区域经济的政策和措施；第二，在国家计划指导下，广泛开展多边和双边的经济技术协作；第三，根据扬长避短、发挥优势的原则，研究和探讨生产、流通、科技等领域打破地区界限、部门界限，按经济流向和经济合理的要求，推进经济的横向联合；第四，研究和探讨经济开发中带有共同性的重大问题，并找出解决问题的途径。

我国西南"四省（区）五方"经济协调会就是这种类型的区域联合组织。协调会由各方派出的包括主要党政领导在内的三位代表组成。会议的原则是：平等互利、轮流坐庄，各方都有否决权。会议每年召开一次，由参与各方轮流担任主席。协调会设立联络处，在主席领导下，处理协调会闭会期间的日常联络工作，了解情况、传递信息等。经济协调会是一种松散型的区域经济协调组织，它推动了区内经济网络的形成和发展，加强了不同经济区之间的横向经济联系。

（3）理事会或经济协调委员会。这是我国城市经济联合体所采取的一种紧密型的区域经济组织形式。城市经济联合体，是地理位置相近的若干个城市依据相互之间商品经济内在的紧密联系建立起来的区域经济联合组织。它的特点是：在扩大各城市间分工协作和发挥各自特色的基础上，能把分散的优势转化为群体的综合优势，能把资源、技术的优势转化为商品生产的优势，并根据市场的需要和城市群体的条件联合开发和组装新的优势，把潜在的生产力释放出来，形成新的群体生产力。

由于城市群体的生产力发展水平和社会化程度较高，商品经济较发达，相互间经济联系紧密，且依赖性大，因而可以采取一种比较紧密型的区域联合组织形式，即理事会或经济协调委员会。如辽宁中部城市经济技术联合体，即采取理事会作为最高决策机构。理事会包括各市市长，有关综合经济部门负责人和一部分大型企业、企业集团的领导人。理事会设理事、常务理事、秘书长和副秘书长，各市市长任常务理事，各常务理事每年轮流主持工作。秘书长由沈阳市担任，副秘书长由坐庄市担任。联合体办事机构设办事处和联络处。

城市经济联合体理事会或经济协调委员会的职能是：组织、协调、服务、指导。主要任务有以下几方面。

第一，从联合体各个城市的自然条件、经济基础和各自特点出发，依据国家宏观计划的要求，生产力合理布局和商品经济的客观规律，协调各个城市的中长期发展规划，制定城市群的总体发展战略和经济科学社会发展规划。

第二，充分发挥各城市的优势，联合开发资源，研究制定联合体关于搞活经济、对外开放、发展科学技术和鼓励企业生产、联合经营等具有共同性的政策、措施。

第三，根据扬长避短、互惠互利的原则，在人才、技术、物资、资金等方面进行广泛合作，推进多层次、多形式、多渠道的横向经济联合，组织合理的经济网络。

第四，广泛开展联合体内外多边的社会经济和科学技术的协作活动，研究和商讨如何增强联合体的经济吸引力和经济辐射力，加强联合体的综合服务功能。

在我国市管县的体制下，城市群经济联合体本身既是一个经济区，又是更大经济区域的核心。如长株潭城市群联合体，既是一个二级经济区，也是推动湖南省城乡商品经济发展的综合经济中心。又如，以沈阳市为中心的辽宁中部城市经济技术协作联合体，既是辽中经济区，也是东北大经济区的核心。随着我国生产商品化、社会化和现代化的发展，城市化程度的提高和新城市的出现，在城市化比较密集的区域，必然会形成更多的城市经济联合体和相应的经济区网络。它们之间又将在分工协作的基础上，通过多种形式、多种渠道的经济技术联合，逐步形成全国的以大城市为中心，以交通要道为依托的多级、多层、多段辐射式发展的，跨地区、跨部门、跨行业的经济网络；形成向全国开放的社会主义统一市场体系；形成全国范围的新型横向经济联合体制。

（二）城市经济区组织形式的层次和特征

城市经济区是一个多层次的区域经济协作体系，其组织形式也是多层次的。

（1）高层次的区域联合，协调组织。如上述的规划办公室与政府领导联席会议相结合的组织形式，经济协调会议的组织形式，以及理事会或经济协调委员会的组织形式。从目前看，由于城市经济区联合体是由参加联合的各城市、各地区政府之间建立起来的，因此，其最高层次的联合、决策组织基本上是采取区域行政联席会议的形式。随着我国生产商品化、社会化、现代化的发展，产品经济将向有计划商品转换，以城市为中心的区域经济联系也会逐渐加强，经济区的行政联席会议应逐步发展为协调委员会，以便在区域规划和经济技术联合协作中发挥更大的作用，促进区域经济逐步向一体化发展。

（2）中间层次的区域行业联合、协调组织，即经济区内按行业组织的行业联合体或行业联席会议制度。它是在经济区的指导下，由各城市、各地区同行业的主管部门或行业协会在自愿的基础上，通过平等协商建立起来的区域行业联合、协调组织。如上海经济区，首先在化工系统建立了联席会议，先后组织起来的还有轻工、纺织、机械、电子、港口，四行（中国人民银行、中国农业银行、中国银行、中国建设银行）、统计、交通、邮电等各个跨省、市的行业联席会议。辽宁中部城市经济技术联合体是以组织行业联合为突破口，使横向联合网络化；先后在城市群内组成农业、林业、工业、商业、物资、交通、科技、外贸、旅游、计量标准、环境保护、新闻、高教等28个行业（系统）联合体或行业联席会议。区域行业联合体是企业联合的桥梁与纽带，它的主要任务是：研究和制定行业的重点发展战略，组织编制跨地区同行业的协调发展规划，研究行业发展的重大经济技术政策，组织和促进行业，企业间的对口联合协作，组织信息交流，组织技术交流和开发新技术、新产品，组织人才培训和交流，协调和解决行业发展中具有共同性的重大问题。

（3）基层的区域企业联合体或企业集团。它是在经济区或行业联合体的指导下，由经济区内外、相互有着密切联系的企业在自愿互利基础上，通过平等协商建立起来的跨城市、跨地区企业的联合组织。据辽宁中部城市群的统计，目前，区域内共组建各种类型的企业联合体和企业集团700多个。它们的特点：一是在规模上向大跨度、高层次、全方位方向发展。例如中国北方有色金属黄金联合集团，是以沈阳冶炼厂为依托，横跨 8 个省、市、自治区，包括区域内外 28 家大中型厂矿、公司的，从开采、冶炼、深加工到销售一条龙的大型企业集团。二是实行全行业联合，向集团化方向发展。例如：辽宁中部石材储量丰富，石质好、品种全，但开采能力差、技术力量不足、产品质量低。为了形成集团优势，由区域内的地质勘探、矿山开采、科研机构、生产企业等 24 家单位组成"沈阳北方装饰材料开发公司"，做到统一规划、合理开采，共同设计，配套生产，统一检测，联合销售。三是组织一批区域性的农工商、产供销一条龙的新型经济联合体，向城乡一体化方向发展。四是出现了一些股份制形式的企业联合体，向紧密型方向发展。

（4）有些经济区还成立了一些民间的区域性组织，如上海经济区研究会。该会是一个群众性的咨询研究机构。它的主要活动是通过每年 1～2 次的综合性或专题性的研讨会，组织各方面的研究力量为经济区的规划，联合献计献策。

城市经济区既然是区域经济联合体，它的组织机构也就具有不同于行政组织的特征。

第一，城市经济区的组织机构，不论是经济协调会还是行业联席会议，都不是一级行政组织。而是在自愿互利、平等协商的基础上建立的，具有比较密切和稳定的经济联合、协调组织。它的职能主要是经济方面的，因而它同经济区各个成员之间、同国家之间各种关系的处理不能靠行政的办法，而是要按照经济发展的内在联系，借助一定的经济手段和经济组织来协调部门之间、地区之间的经济活动。一方面，这种协调组织不是一级行政组织，因此，无权对各成员单位的经济活动进行任何强制性的行政干预。各成员单位可自由退出联合组织，也可申明该组织的某些协议与自己无关。另一方面，它也不同于咨询性机构，它在统一规划、利益协调、政策协调等方面具有相当的权威性，即对经济区活动的各有关方面有相应的约束力，共同达成的协议，各方都必须遵守和执行。

第二，城市经济区的组织不是一个封闭性地方行政"块块"，而是一个多层次、多形式的开放性的组织系统。经济协调会、行业联席会议，虽然是由区内各方政府领导或行业主管部门的负责人所组成，是政府间的联合，但它突破了按行政区划和行政办法管理经济的老框框，在承认现存条块管理的基础上，打破了各个地区、各个城市、各个部门相互封锁、条块分割的旧格局，在发挥各自特色的基础上，初步建立了地区间、城市间、部门间、城乡间、区内与区外，相互联系、相互补充、协调发展的区域经济新格局。

二　城市经济区的组织原则

（一）平等性原则

城市经济区是按照城市间内在的商品经济联系而组成的地域性经济合作组织。发展城市之间、城乡之间、部门之间、地区之间的经济联系不仅要遵循互助合作的原则，而且还要在各项经济活动中兼顾各方经济利益，实行平等互利的原则。平等互利，是商品经济的基本规律——价值规律的客观要求，是等价交换在区域经济中的体现。因此，参加经济区的成员不论其城市、地区大小，实力强弱，都应当处于平等的地位，都有平等的权利和义务。参加联合还是退出联合，应该完全自主决定，联合的内容和形式，也必须平等协商，谁也不能强加于谁。从行政方面说，它们之间的联系，是平等互助和民主协商的关系，不存在主次，不存在上下级的从属关系。从经济方面说，要充分尊重价值规律，按照商品经济的原则，用经济办法来处理相互间在生产、流通等各个领域中的合作和联合，实行互利互惠。在此基础上，制定经济技术协作政策要体现"谁出力谁得益"的原则，对企业间、行业间的各种联合，要本着"谁有优势，谁当龙头"的原则，对经济技术协作和各种联合过程中的投资、产品，产值、赢利等如何计算和分配，也要认真调查研究逐步完善，依靠政策导向，处理好相互之间的利益关系。

（二）开放性原则

以中心城市为依托的经济区既是社会化大生产的协作中心，又是一个中心市场。它的开放性是城市经济的本质属性，这种开放性表现在：第一，联合体内部打破地区、部门、行业的限制，按照等价交换和提高经济效益的原则，广泛发展相互间的经济技术协作和联合。从已成立的经济区联合体看，它们都打破了地区、部门和行业的限制，广泛组织了多层次、多渠道、多形式的经济技术协作和联合。从联合的结构看，已由企业、部门之间的联合，发展到地区或省市之间的联合，由工商企业间的联合，发展到科技、文化、新闻、卫生等事业单位间全方位的联合，由单个企业间的联合，发展到责、权、利紧密结合的企业群体、企业集团的联合。从联合的内容看，由单项协作发展到以物资、技术、资金、人才四位一体的综合性协作联合；由一次性或短期的单项协作发展到长期、稳定、全面的联合协作。第二，经济区各个城市、地区可以联合起来对外开放，发展国外地区以及国外的经济技术交流。如在运输方面，以湖南省长、株、潭三市为核心成立的八市联运网络，实现了客货运联营；在金融方面，以长、株、潭三市为核心，组成了长、株、潭、衡（阳）、邵（阳）五市农行协作网，和长、株、潭、后（阳）四市工商行协作网。另外，上海经济区五省一市和京、津二市8家工商银行建立了资金横向融通联络网等。第三，经济区各成员单位可以自主地参加跨经济区的各种联合及协作。如长江沿岸中心城市经济协调会，是由横跨西南、华中、华东三大区域、六个省、市的23个城市自主组成的。环渤海地区经济联合市长（专员）联席会议，是由横跨东北、华北、华东三大区域、三省二市的15个市、地自愿联合的。第四，按照商品经济的联系和自愿结合的原则经济区内部的企业实行开放式的多边联合，既欢迎外地企业参加联合，又可以参加外地区的企业联合。

（三）整体性原则

城市经济区要在综合各成员的经济系统、科技系统、社会系统和生态系统的基础上形成一种最佳的整体结构和群体功能，使经济区的各个城市和地区由分散的自我循环系统，逐步走向一个既有统一规划，又有科学分工和合理布局的经济共同体。这样，就必须着眼于区域经济的全局，服从国家宏观经济的要求，贯彻整体性原则，摆脱行政区划和部门隶属关系造成的狭隘眼界，正确处理国家与区域的关系，区域与城市的关系，并做到子系统目标服从大系统目标。为此，第一，要使经济区的经济社会发展战略和发展规划，符合国家总体发展的战略部署和全国经济的合理布局。第二，经济区各城市、地区的经济社会发展战略和发展规划，要适应发挥区域综合优势的需要，并同经济区的总体规划相衔接。第三，经济区内各种经济关系的处理，既要互利互惠，又要从全局的利益出发做到互利互让。

（四）特殊性原则

虽然，经济区的各个城市、地区之间在自然、经济、社会等方面有许多共同点，具有普遍性。但由于各地在经济发展水平，自然资源的分布以及开发利用程度等方面存在差异，再加上各个城市和地区又各有其优势和劣势，因而形成了各自的特殊性。根据这一特殊性，经济区各城市，地区之间的专业化分工协作，经济区经济社会发展战略和发展规划的制定，区域生产力的布局都必须坚持扬长避短的方针，着重发挥他们各自的优势，建立各具特色的，优势互补的经济结构。这样才能形成区域合理的产业群与总体优势，较大幅度地提高区域的综合经济效益和劳动生产率。

三 城市经济区的管理系统

（一）城市经济区管理系统的过渡模式

管理是指管理者或管理机构，在一定范围内，通过计划、组织、调节和监督等方式对人力、物力、财力进行合理的配置和有效的使用，为实现预定目标而进行的一系列活动。经济管理是一种最基本的社会管理。在社会共同劳动中，人们要合理的组织生产力，适时调整生产关系，不断完善上层建筑，以适应经济发展的需要，在客观上就产生了管理的要求。正如马克思所说："一切规模较大的直接社会劳动或共同劳动都或多或少地需要指挥，以协调个人的活动，以执行生产总体的运动——不同于这一总体的独立器官运动——所产生的各种一般职能。"[1] 社会主义经济的发展更是要求生产、分配、交换、消费四个环节之间和四个环节内部诸方面之间相互协调、社会化程度越高，分工协作越细，再生产的各个环节，国民经济的各个部门、各个地区的联系越紧密，依据经济内在联系和运行规律进行的科学管理就越加重要。

---

[1] 《马克思恩格斯全集》第23卷，第367页。

经济管理从层次上可分为宏观经济管理，即国民经济总体的管理；中观经济管理，即区域经济和行业的管理；微观经济管理，即企业的生产和经营的管理。城市经济区是一个相对独立的商品经济活动层次，它是由众多复杂因素组成的经济运动过程。因此，科学管理十分重要。第一，经济区是建立在社会劳动地域分工基础上的，各个地区生产要素能不能得到合理的利用并进行科学的流动，以形成更大的综合优势，都需要有科学的管理。第二，现代区域经济活动的内容极其复杂，区内外、国内外各种联系非常广泛。有些经济活动，可以在省、市、县行政区域统筹安排，但更多的经济活动必须按照经济内在的自然联系，跨行政区域组织分工协作，才能使各生产要素、各生产环节实现最合理的组合并在发挥区内外各种因素独特作用的基础上，形成一种强大合力，推动各经济区域系统的协调发展。这就要求打破旧的行政区划管理系统，冲破条块分割的管理体制，按照商品经济和现代化大生产发展的客观要求，组织管理经济区的经济活动。

由于经济区不是一级行政层次、行政"块块"，因此，经济区的管理也就具有以下不同于行政区管理的特点。

第一，它不是从行政区"块块"出发，而是在发挥不同地区特色的基础上，形成相互补充、相互协调的区域商品经济层次，因地制宜地规划和布局生产力。

第二，它不是依靠强制性的行政干预，而是依靠民主协商、经济协调的原则管理经济，并运用经济手段处理区域联合体各成员之间的关系，组织区域的经济管理。

第三，它不是按照自上而下的纵向行政层次和行政系统实施管理，而是依据纵向导航、横向联系和条块协调的机制，通过经济区网络式的经济组织体系实施管理，从而实现区域经济预定的发展目标。

依据有计划商品经济发展规律的要求，从按行政区组织生产和流通，过渡到按经济区域组织生产和流通，要受到生产商品化、社会化发展的制约，市场体系发育和完善程度的制约，产品经济体制向有计划商品经济体制转换的制约，等等。因此，在一个相当长的时期内经济区的管理只能采取一种过渡的模式。我国学术界有人认为，这种过渡将经历三个阶段：第一阶段，以行政区组织生产和流通为主，以经济区组织生产和流通为辅；第二阶段，以行政区组织生产和流通与以经济区组织生产和流通并存；第三阶段，以经济区组织生产和流通为主、行政"块块"只是起服务和保障作用。我们目前处于第一阶段，在某些方面已开始具有向第二阶段转化的趋向。

在一个较长的时期内，我国经济区的管理，还只能采取行政的和非行政的，纵向和横向相互交叉、相互结合的过渡模式。这种过渡模式在经济区的不同层次上又呈现不同的特点。在一级和二级经济区，首先，虽然它是横向的、跨行政区的非行政层次的区域经济联合体，但它又表现为区域联合体各成员单位政府之间的联合。非行政层次的经济区协调组织，无论是采取行政性联席会议的组织形式，还是采取经济协调委员会或理事会的组织形式，各成员单位的政府首长都是协调组织的主要成员。其次，经济区是打破了现有的行政隶属关系，依据紧密的商品经济联系而组成的经济区域单元，但每个经济区的范围又要尽可能同参加区域联合的各行政区的边界相一致。再次，经济区联合协调组织按照民主协商原则所做出的决定，又需要通过各成员单位的政府去组织实施。以省辖市为中心的三级经济区，是全国经济区网络的基础。这种基层经济区的范围同城市政府所管辖的行政区的边界，一般来说是一致的。因此，这种区域类型的城市政府，具有管理行政区和管理经济区的双重职能，这种地域单元可称作经济行政区或行政经济区。

（二）建立各种开放式的区域市场网络

商品经济的发展就其本性来说，是要求打破任何地域的界限，形成全国统一市场和世界市场。但商品经济的运行又是分层次的，因而市场也是有层次性的，如集镇市场、城市市场、以城市为中心的区域市场、全国统一市场。离开社会主义市场统一性的制约，层次性就会转化为地区间的相互分割性，离开城市市场和区域市场，统一的社会主义市场也就失去了基础。因此，国家宏观管理体制的建立和完善，既要以统一的社会主义市场体系的形成和完善为条件，又要以分层次的市场体系为中介。区域经济是介于宏观经济与微观经济之间的中观性经济，是商品经济的地域系统，因而它是宏观分层次管理中一个十分重要的中间层次。区域经济的发展，区域经济调控体系的建立和形成，都依赖于开放式的区域市场体系的建立和完善。这种区域市场体系，不仅包括消费品和生产资料市场网络，而且包括资金、技术、信息和劳务等各种要素市场网络。许多城市经济区的建立，从组织各具特色的开放式区域市场开始，已经取得了十分显著的效果。如西南"四省（区）五方"经济协调会建立后，在恢复和发展相互间传统经济联系的基础上，朝着共同市场发展。商品流通已从零星、专业的交易发展为大宗、综合的市场交易，从城市分散的独立市场发展为点、线、面相结合的区域市场网络。1986年，举办各种区域性或专业性的商品交易会、展销会、订货会和物资协作会25次，成交额超过32亿元，比1985年增加3倍多。已形成规模不等的资金融通市场74个。1986年，"四省（区）五方"间以及与其他地区之间相互拆借资金达60多亿元，还代为重庆钢铁公司和桂林、昆明等地的企业发行债券和股票4亿多元。区域金融系统之间，普遍开展了商业票据承兑贴现、旅游支票等7个方面的业务。又如，跨江苏、安徽、江西三省的16个地市组成的南京区域经济协调会，1986年6月建立后，就着手建立了消费品市场、物资市场、金融市场、科技市场四个区域性市场。一年间，在物资市场上，通过各种形式，成交总金额达2.3亿元，互相融通资金达9亿多元。在科技市场上，1986年9月，通过黄山市召开的"南京区域科技成果信息供求会"，提出可供转让的科技成果达1906项，成交609项。各地市带去的230项需要解决的重点难题，在会上有100多项得到解决。目前，这些区域性的市场，还处在形成阶段，还很不完善，但对区域的生产和建设起到了促进作用。

四　充分发挥城市在区域经济中的组织和协调作用

组织区域经济，调节区域经济的运行，必须依托中心城市，充分发挥城市在区域经济中的主导作用。这是由于：第一，城市经济本身是一个开放性的经济系统，再加上各方面的集聚优势，各大、中城市都影响、吸引和辐射着一定的区域范围，小至几个县，大至几个省及全国。城市可以利用这种自然形成的经济联系，组织和协调区域的各种经济活动。第二，城市拥有相当规模的商品交换场所和比较完善的市场体系，城市市场是区域市场体系的核心和主体。城市可以利用市场的这种中枢和主导地位，组织区域市场网络。第三，城市拥有比较完善的运输、仓储、通信等设施，还拥有金融、信息、咨询等调节、服务系统。城市可以通过完善各种调节、监督和服务功能，加强对区域的经济辐射力，并运用市场机制调节区域经济的运行。

为了发挥城市在区域经济中的组织、协调作用，必须进一步完善和加强城市的多种功能。

第一，完善城市的组织功能。要建立和健全城市对经济区建设的组织功能，就应当给予中心城市在区域横向经济联系中的牵头协调权，由中心城市牵头，制定区域经济社会发展战略，编制区域和区内重点行业的发展规划；制定联合开发区域资源、合理布置重点工程建设的方案；组织行业协作、建立行业联合体、促进企业联合、发展企业群体和企业集团；汇集和传递经济信息等。

第二，完善城市的市场功能。加强城市贸易中心和批发市场的建设，增强城市对商品、物资的吞吐能力，扩大以城市为中心的商品、物资交流，以城市银行为主体，发展跨地区、跨城乡的资金拆借业务，组织区域的票据清算和贴现；在各经济中心城市建立企业资信评估机构和专门从事股票、债券的代理发行、承购包销和买卖的证券公司，并逐步在大中城市设立外汇调剂中心，等等。还可以由中心城市牵头，组织区域的商品流通网络、资金市场网络、科技市场网络、交通运输网络、通信信息网络等。

第三，完善城市的调控功能。发挥中心城市在调节区域经济运行中的作用，就必须使城市拥有运用价格、信贷、外汇、税收等经济杠杆的机动权，扩大中心城市利用市场机制的能力。可在中心城市设立区域性、股份化的开发投资银行或综合性商业银行。它的主要职能是对影响区域经济发展的骨干工程项目、重大建设项目、技术改造项目等进行投资或贷款，调剂区域内的各种资金，通过控制区域金融中心的方式来调节区域的经济运行。

第四，完善城市的服务功能。发挥城市在区域中的中心作用，关键在于要改变那种局限于建设工业基地，局限于经济上内部循环的传统城市经济发展战略，增强城市对区域经济的服务功能，大力发展第三产业，加强基础设施建设，使中心城市真正成为经济区的贸易、金融、交通、流通中心，成为科技开发和转移中心，信息传输和咨询服务中心，智力开发培训中心。通过发挥多种服务功能调节区域经济的运行。因此，城市建设不能仅为城市本身考虑，而必须面向整个经济区。

城市经济联合体是商品经济发展的产物 *

一　城市经济联合体已显示出强大的生命力

城市经济联合体和我国横向经济联系是党的十一届三中全会以来在我国经济发展中出现的新事物，也是经济体制改革的一项重要内容。当前，这种经济联合体组成的数量虽不多，但它已经显示出强大的生命力。

第一，它有利于打破部门、地区、军民间的界限，按照专业化协作和经济合理的原则，调整城市工业的产业结构和产品结构，促进经济结构和地区布局的合理化。在充分发挥各自优势的基础上，做到互相取长补短、相互补充，逐步形成城市群体的发展重点、支柱产业和支柱产品，提高专业化程度和社会经济效益。

第二，它有利于发展计划指导下的商品市场，逐步完善市场体系。按城市间商品经济内在联系的客观要求，组织横向的生产和流通的网络，开辟多种市场，变分割封闭的市场为统一开放的市场。这就为建立资金市场创造了条件。

第三，它有利于增强城市的辐射力、吸引力和综合服务的功能。城市经济联合体，按照城市自身的功能和相互间的内在联系，着手组建的流通、交通、金融、信息等横向的网络系统，使城市群变成了一个有机结合的既相互依存、又有科学分工的综合经济体系，形成整体的综合服务功能，从而增强城市群体的辐射力和吸引力。

第四，它有利于国家对企业管理逐步由直接控制为主转向间接控制为主，促进微观搞活和宏观控制的有机结合，增强企业活力、搞活微观经济；

＊　原载《经济日报》1986 年 3 月 15 日，《经济学文摘》1986 年第 6 期部分转摘。

从管理方式上说，主要在于经济手段的综合运用；从空间地域上说，主要在于发挥中心城市组织生产和流通的作用；城市经济联合体在一个较大的空间领域，能够通过各种网络系统，运用经济手段，把纵向的和横向的、微观的和宏观的经济联系有机地结合起来。

二　城市经济联合体形成的基础

社会主义生产是以社会化大生产为基础，城市之间商品经济内在的紧密联系是城市经济联合体形成的客观基础。

从历史上看，随着社会分工和商品交换的扩大，逐步形成了贸易集散中心等综合性功能的城市。同时，在社会生产力的水平比较高、商品经济比较发达的城市，形成了由若干个城市组合的城市群体。群体的城市之间，由于地理位置接近，区域的商品经济发达，客观上存在着商品、物资、资金、技术、人口、信息的相互流动和相互吸引。城市的功能就是在城市之间和城市与其他地区之间的经济联系中实现的。马克思在谈到城市间的分工与联系时曾指出："城市彼此发生了联系，新的劳动工具从一个城市运往另一个城市，生产和商业间的分工随即引起了各城市间在生产上新的分工。在每一个城市中都有自己的特殊的工业部门占据优势。最初的地域局限性开始逐渐消失。"从我国已经组建的城市经济联合体来看，如由辽中七个城市组成的经济技术联合体，湖南省沿着湘江中下游"品"字形分布的长沙、株洲、湘潭城市经济协作联合体，江苏省以长江为纽带的南京、镇江、扬州、南通等城市的经济联合体，都是处在商品经济比较发达、工业基础好、交通便利、城市化程度较高的区域。

但是，长时期以来，由于经济工作受自然经济的传统观念影响较深，管理体制上搞产品经济模式，造成了条块分割、城城分割和地区封锁，城市间横向的经济联系被阻隔，各个城市和地区都是封闭型的自成体系，搞"大而全""小而全"，严重削弱和限制了城市功能的发挥。

党的十一届三中全会提出实行对外开放、对内搞活的方针，并反复强调对外要开放，国内各地区之间更要互相开放，要打破封锁，按照发挥各自优势、扬长避短、形式多样、互利互惠、共同发展的原则，发展横向的经济联系和各种经济技术合作和联合。根据改革开放的方针，我们首先在农村全面推行了联产承包责任制，调动了 8 亿农民的社会积极性，促进了农村经济向专业化、商品化和现代化转变。同时，在城市也进行了改革的试验和探索，进而发展到目前正在进行的以城市为重点的全面经济体制改革，使整个经济生活开始出现了新的局面。城乡商品生产和商品交换的迅速发展，开始冲破各种封锁，把地区间、城市间、城乡间分割的市场，变为开放的社会主义统一市场。

社会主义商品经济的发展，要求地理位置接近的群体城市之间，按照其紧密的经济联系，发展多渠道、多层次、多形式的协作和联合，组成横向网络结构，形成开放的城市经济联合体。现在，有些城市经济联合体已经开始共同制定联合体的经济社会发展战略，协调联合体的各个城市、部门、企业间的发展计划，商定区域的资源、技术、智力联合开发的方案，通过各种网络系统把"条条"管理和区域管理、行业发展规划与城市群体发展规划结合起来，从而在扩大它们之间的分工协作和发挥优势的基础上，把分散的优势转化为群体集中的、综合的优势，把资源、技术的优势转化为商品生产的优势，并根据市场的需求和城市群体的条件联合开发和组织新的优势，把潜在的生产力释放出来，形成新的群体生产力，加速我国社会主义现代化建设的进程。

我国的城市经济联合体，就是在贯彻执行改革开放的方针的过程中，适应社会化大生产和有计划商品经济发展的客观要求而诞生的。

三 城市经济联合体的性质和发展趋势

城市经济联合体是以大、中城市群为基础的开放式、网络型的区域经济联合组织。

城市群和城市联合体是既密切联系又相互区别，城市群体是城市经济联合体形成的基础，而城市经济联合体是发挥城市群体功能的组织形式。前者是城市空间分布的一种自然形态，后者是城市经济区域性的综合组织形式。城市经济联合体与经济区，也是既相互联系又相互区别的。前者主要是通过城市间相互辐射的经济联系，合理地组织城市之间的专业分工和协作，形成城市群体横向的网络结构，后者是根据经济中心城市或城市群体的功能和经济实力所辐射的范围，通过城市间、城镇间、城乡间、部门间、企业间的经济联系，所形成辐射式的城乡结合的区域网络结构。城市经济联合体是经济区的核心，它对经济区经济发展的方向、速度和水平起着主导的作用，而经济区是城市经济联合体的腹地，是城市联合体赖以存在和发展的基础和条件；两者是互相依存、互相促进的。城市经济联合体的基本特点有以下几点。

（1）它是在发挥各自优势的基础上，相互补充、相互协调发展的新的体制模式。城市经济联合体是从组织形式上巩固和发展城市群体成员之间的经济联系和专业化协作，促进它们之间合理的分工协作和生产力布局，从而形成和发挥城市群体优势的一种国民经济组织管理体制，是我国今后的经济体制模式的一个重要构成部分。同时，它也是一种通过网络系统联结起来的逐步走向一体化的区域性的经济协作体系。

（2）城市经济联合体不是一级行政的层次、行政的"块块"，因而联合体同它的各个成员之间，联合体同国家之间各种关系的处理，不能主要靠行政的办法，而是要以计划指导与市场机制相结合的方法，以运用市场机制的经济手段为主。

随着我国社会生产力的发展，在城市比较密集的区域，将会涌现出更多的城市经济联合体和相应的经济区网络、相应的统一市场，并逐步形成全国以大城市为中心的多级、多层、多段辐射式发展的跨地区、跨部门、跨行业的经济区网络。这将是我国的一种新型的横向联系的经济体系。

（3）城市经济联合体组合的原则和组织形式问题。城市经济联合体的组合和发展，应当遵循下述四项原则。

①平等性原则。参加联合体的成员，不论其城市大小，都应当本着平等和民主协商的精神，用经济的办法来处理相互间在生产、流通等各个领域中的合作和联合，实行互利互惠。

②开放性原则。城市经济联合体是一个开放的系统，联合体内部组成的每一个经济网络也都应当是一个开放的子系统，在联合体内部要打破地区和部门的限制，按照等价交换和提高经济效益的原则，广泛发展国外地区的经济技术协作和联合。

③整体性原则。城市经济联合体要在综合各成员城市的经济系统、科技系统、社会系统和生态系统的基础上，形成一种最佳的整体结构和群体功能，使联合体的各个城市由分散的自我循环为主的"大而全""小而全"，逐步走向一个既有统一规划、又有科学分工和合理布局的经济共同体。

④特殊性原则。城市经济联合体的各个城市都有自己的特点和优势，因此在组织联合体各城市之间的专业分工和协作时，要立足于发挥和发展它们优势的基础上，进行相互协调和相互补充，逐步形成联合体的支柱产业和支柱产品，以及合理的产业群体优势。同时以总体的优势弥补和抑制它们的劣势，提高社会的综合经济效益。

城市经济联合体不是一级行政层次，但也需要一种适当的组织形式。根据联合体的性质，建立一种有权威的协调会议制度和相应的协调性质的机构为宜。

我国城市经济联合体的探讨 *

党的十一届三中全会以后，在执行改革开放方针的过程中，出现了"城市经济联合体"这种新事物，例如由沈阳、本溪、抚顺、辽阳、铁岭、鞍山、丹东等市组成的辽中城市经济技术联合体，江苏省以长江为纽带的南京、镇江、扬州等城市经济联合体，湖南省沿着湘江中下游"品"字形分布的长沙、株洲、湘潭经济协作联合体。目前，城市经济联合体组成的数量虽不多，诞生的时间也不长，但已显露出强大的生命力：它有利于打破部门、地区、军民间的界限，按照专业化协作和提高经济效益的原则，调整城市的工业组织结构和产业结构，促进经济结构和地区布局的合理化；有利于发展计划指导下的商品市场，逐步完善市场体系，促进开放的社会主义统一市场的形成和发展；有利于增强城市的辐射力、吸引力和综合服务的功能；有利于国家对企业的管理逐步由直接控制为主转向间接控制为主，促进微观搞活和宏观控制的有机结合。

本文拟对我国城市经济联合体的若干问题进行一些探讨。

一　城市群与城市经济联合体

城市经济联合体和城市群是既有密切联系又有区别的两个概念。近代和现代的城市、城市群，都是商品经济发展的产物；而以社会化大生产为基础的城市间商品经济内在的紧密联系，是城市经济联合体形成的客观基础。

从历史上看，随着社会分工和商品交换的扩大，逐步形成了贸易集散中心、生产协作中心、交通运输中心、金融信贷中心、科技交流中心和信息情

＊　原载《学习与实践》1986 年第 7 期。

报中心等综合性功能或单一性功能的城市。同时，在社会生产力水平比较高，商品经济比较发达，相应的城市化程度也比较高的区域，形成了由若干个城市组合的城市群体。群体的城市之间，由于地理位置接近，区域的商品经济发达，客观上存在着商品、物资、资金、技术、人口、信息的相互流动和相互吸引。城市的功能就是在城市之间和城市与其他地区之间的经济联系中实现的。马克思在谈到城市间的分工与联系时指出："城市彼此发生了联系，新的劳动工具从一个城市运往另一个城市，生产和商业间的分工随即引起了各城市间在生产上新的分工，在每一个城市中都有自己的特殊的工业部门占着优势。最初的地域局限性开始逐渐消失。"① 从我国已经结成的城市经济联合体来看，它们都是处在商品经济比较发达、工业基础好、交通便利、城市化程度较高的区域。

但是，长时期以来，由于在经济工作的指导思想上自然经济的传统观念影响较深，在管理体制上采取了产品经济模式，造成了条块分割，城城分割，地区封锁，城市间横向的经济联系被阻隔，各个城市和地区都是封闭的，自成体系，搞"大而全""小而全"，严重削弱和限制了城市功能的发挥。

党的十一届三中全会以后，党中央提出了改革开放的方针、多种经济形式和经营方式共同发展的方针，强调对外要开放，国内各地区之间更要互相开放，都要打破封锁，打开门户，按照发挥各自优势、扬长避短、形式多样、互利互惠、共同发展的原则，大力促进横向的经济联系，发展各种经济技术合作和联合。整个经济生活开始出现了多年未有的活跃局面。城乡商品生产和商品交换的迅速发展，迫切要求打破各种封锁，把地区间、城市间、城乡间分割的市场，变为开放的社会主义统一市场。

商品经济内在的经济联系，在空间上所表现的横向运动，是以城市为中心，从内向外，由近及远展开的。社会主义商品经济的发展，首先要求地理位置接近的群体城市之间，打破分割和封锁，按照其紧密的经济联系，发展生产和销售、行业内部和跨行业、运输和通信、金融和信息、科技和教育等多形式、多渠道的协作和联合，形成开放的城市经济联合体。在扩大它们的

---

① 《马克思恩格斯全集》第 3 卷，第 60 页。

分工协作和发挥各自特色的基础上，把分散的优势转化为群体集中的、综合的优势，把资源、技术的优势转化为商品生产的优势，并根据市场的需求和城市群体的条件联合开发和组装新的优势，把潜在的生产力释放出来，形成新的群体生产力，以加速我国社会主义现代化建设的进程。

我国社会主义经济仍然具有商品经济的属性，同时，又在生产资料公有制的基础上实行计划经济，是计划经济和商品经济的统一。城市经济联合体共同制定联合体的经济社会发展战略，协调联合体的各个城市、部门、企业间的发展计划，制订区域的资源、技术、智力联合开发的方案，通过各种网络系统把"条条"管理和区域管理、行业发展规划与城市群体发展规划结合起来，这样，就能够逐步消除分割所带来的种种弊端，按照客观经济规律和国民经济发展的总体要求，组织社会化大生产。

我国的城市经济联合体，就是适应社会化大生产和有计划商品经济发展的客观要求而诞生的。

二　城市经济联合体的非行政层次性质与必要的适当组织形式

城市经济联合体是以大中城市群为基础的开放式、网络型的区域经济联合组织。它不是行政的一级层次、行政的"块块"。联合体同它的各个成员之间，联合体同国家之间各种关系的处理，不能主要靠行政的办法，而是要计划指导与市场机制相结合，以运用市场机制为主，运用经济手段为主。

城市经济联合体虽不是一级行政层次，但也需要一种适当的组织形式。根据联合体的性质，以建立一种有权威的协调会议制度和相应的协调性质的机构为宜。联合体协调会议的主要任务应是以下几方面。

（1）依据党的十二大提出的总任务、总目标的要求和改革、开放的基本方针、商讨、协调和制定联合体搞活经济、对外开放、发展科学技术和鼓励企业联合的政策措施。

（2）依据扬长避短、平等协商、互惠互利的原则，研究和解决如何在生产、流通、科技等领域，打破行政区域和企业隶属关系的限制，加强横向的经济联系，由浅入深，由近及远，由易到难，由低级到高级，逐步推进多层次、多形式、多渠道的横向经济联合，组织合理的经济网络。

（3）在国家计划指导下，广泛开展联合体内外多边的社会经济和科学技术的协作活动，研究和探讨如何增强联合体的经济辐射力和吸引力，加强联合体的综合服务功能系统。

（4）从联合体各个城市的自然条件、经济基础和特点出发，依据生产力合理布局的客观经济规律，协调各个城市的中长期发展规划，制定联合体的总体发展战略和经济科技社会发展规划。

协调会议的具体组织形式，应分为决策、执行和咨询三个层次。

协调会议的最高组织形式和决策机构是市长联席会议。不分城市的大小，各市市长每年轮流担任联席会议的执行主席，联合体的大政方针和重点开发，联合项目，都应当由市长联席会议共同讨论，民主协商。

协调会议的执行机构是规划协调委员会。联合体的日常工作由协调委员会处理，其办事机构为联合办公室。为了便于协调纵横各个方面的经济关系，协调委员会可由各个城市政府分管这项工作的副市长、综合经济管理部门的一名负责人、省政府有关职能部门的一名负责人以及联合办公室的负责人组成。

由于城市经济联合体的组建是一项开拓性的工作，是经济体制改革中出现的新事物，需要边实践、边探索，探索和实践相结合，因此需要建立综合性的咨询机构，或者由联合体区域内的某个经济研究机构兼并联合体的咨询任务。

三　城市经济联合体与企业经济联合体

城市经济联合体和企业经济联合体是既有联系又有区别的两种横向经济联合的形式。城市经济联合体，由一群一群地理位置接近，有着紧密的经济内在联系的城市，自愿联合，协调行动，扬长避短，相互补充，以形成和发挥城市群体的综合优势和综合服务的功能，是一种区域性联合的综合组织形式。企业经济联合体或企业集团，由一群一群相互依存，有着紧密联系的企业，自愿联合，互相服务，扬长避短，互相补充，以形成一种新的企业群体优势，比较全面的综合优势，是一种企业联合的综合组织形式。

但是，两者又有着不可分割的联系，互相依存，互相促进。城市经济联合必须以企业联合为基础，企业联合是横向经济联合的基本形式。这是由于：

第一，企业是城市经济的细胞，资金、物资、技术、劳动力等生产要素在企业结合，企业经济联合体的形成和发展，能够使生产诸要素在城市间进行合理的流动和得到优化的组合，可以产生新的经济效益和形成新的生产力，从而增强城市群体的经济实力和经济辐射力、吸引力。

第二，企业横向经济联合的发展，必然会冲破城门，打破条块分割和地区封锁，逐步改变企业和城市经济布局的"大而全""小而全"，促进城市群体的企业组织结构、产业结构和区域经济布局的合理化。

第三，企业经济联合体的形成和发展，必然会冲破旧的行政隶属关系，有利于逐步实现政企职责分开，促进城市政府的主要职能转向搞好综合服务，推动城市的各项改革和城市间横向经济联合的发展。因此，企业联合体是城市经济联合体的支柱、核心和基础。

同时，城市经济联合体的形成和发展，又为企业横向联合的发展和各种企业经济联合体的形成，提供了良好的外部条件，发挥服务、引导和协调的作用。

第一，城市经济联合体可以依据整体性原则和生产力合理布局的客观要求，制定区域规划，并把行业规划和区域规划有机地结合起来，引导企业的横向经济联合尽可能符合国家宏观经济发展的需要。企业横向联合的自主权是要维护的，联合不联合，参加联合还是退出联合，都由各企业自主决定。但是，在发展经济联合中，也要切实加强宏观管理和指导，以避免盲目性。要着重鼓励通过联合发展能源、交通和短缺的原材料工业，发展出口产品和市场短缺产品。特别要提倡加工企业与原材料生产企业的联合，军工企业与民用企业的联合，生产企业与科研设计单位、大专院校的联合，以及农、工、商、外贸企业的联合。这就需要既发挥政策的鼓励作用和法律的保障作用，又发挥中心城市和城市经济联合体的支持、引导与组织协调作用。

第二，城市经济联合体是更高层次的横向经济联合组织，可以适应企业横向联合发展的需要，组织城市间、城乡间、地区间配套的经济网络，促进以企业联合为中心的多层次、多渠道、多形式的横向经济联合的发展和各项经济体制的改革。如办好物资贸易中心，吸收生产、物资、商业、外贸企业参加，组织城市联合体的开放型的物资协作网络，串换搞活物资流通；建立金融中心，组织城市联合体的开放型的资金融通网络和组织银团贷款，运用各种信用方式支持企业的横向经济联合，等等。

第三，城市经济联合体可以在更广泛的领域里，如基础设施、通信交通、公用事业、环境治理、咨询信息等方面，进行统筹规划，联合协作，形成网络，加强综合服务功能。同时，城市经济联合体还可以按照国家宏观经济发展的要求，依据优化组合的原则，对联合开发的重点工程项目和企业联合体组合的经济、技术的合理性，进行可行性论证。这些都为企业的横向经济联合提供了有利条件，为搞活企业创造了良好的外部环境。

四　城市经济联合体与经济区

我国城市经济联合体的发展，必将促进以城市特别是大中城市为依托的，不同层次，规模不等，各有特色的经济区网络的形成。城市经济联合体与经济区，也是既相互联系又相互区别的。前者主要是通过城市间相互辐射的经济联系，合理地组织城市之间的专业分工和协作，形成城市群体横向的经济网络结构。后者是根据经济中心城市或城市群体的功能和经济实力所辐射的范围，通过城市间、城镇间、城乡间、部门间、企业间的经济联系，所形成的辐射式城乡结合的区域网络结构。城市经济联合体是经济区的核心，组织和领导者，它对经济区经济发展的方向、速度和水平起着主导的作用。经济区是城市经济联合体的腹地，是城市联合体赖以存在和发展的基础和条件，两者是互相依存、互相促进的。

城市、城市群体及其组织形式——城市经济联合体是分层次的，经济区也是分层次的。不同层次的城市经济联合体是不同层次的经济区的核心。但是，它也可以通过城市体系中的多级、多层、多段的网络系统，既成为本经济区的核心，又成为更大区域的经济中心。如以沈阳为中心的辽中城市经济联合体是辽南经济区的核心，也是东北大经济区的核心；长沙、株洲、湘潭城市经济联合体是长株潭经济区的核心，也是带动和服务于湖南省城乡商品经济发展的综合经济中心。同时，在我国市管县的体制下，一些城市经济联合体也就是一个经济区。但在步骤上应当先主要地从组织城市间的网络结构开始，适应有计划的商品经济和改革的深入发展，通过它伸展到小城镇和广大农村的各种经济活动，形成一个城乡结合的，城市群、小城镇、农村集镇多层次、网络状的区域经济结构，即经济区。长株潭城市经济联合体就是如此。

随着我国社会生产力的发展，城市化程度的提高和新城市的出现，在城市比较密集的区域，必然会形成更多的城市经济联合体和相应的经济区网络，相应的统一市场。它们之间又在分工协作的基础上，通过多种形式、多种渠道的相互交织、相互渗透的经济技术合作和联合，逐步形成全国的以大城市为中心，以交通要道为依托的多级、多层、多段辐射式发展的，跨地区、跨部门、跨行业的经济区网络，形成和发展全国开放的社会主义统一市场，形成我国新型的横向联系的经济体制。

世界城市化进程与湖南城市化道路论纲 *

这是一个大课题，涉及面很广，由于时间限制，只能有选择地讲几个主要问题。

一　城市与不同时代城市的主要特征

（一）城市内涵与设市标准

什么是城市？从起源上说，是"城"与"市"的组合与统一。在现代社会，城市是国家或地区的政治、经济、文化中心，是工业和服务业的集中地，在国民经济和社会发展中起主导作用。

设市的标准。由于世界各国国家的大小不同，人口多寡相差悬殊，设市标准的规定也不相同，特别是人口规模标准的低限相差很大。

表1　各国设市人口标准最低限额

单位：人

国　家	人口低限	国　家	人口低限
丹麦、瑞典、冰岛	200	马来西亚、瑞士	10000
南非、巴布亚新几内亚	500	挪威、荷兰	20000
加拿大、新西兰、澳大利亚	1000	日本	30000
美国、墨西哥、泰国	2500	中国	60000
荷兰、南斯拉夫、英国	3000		
印度、伊朗、奥地利、土耳其	5000		

---

*　2002 年 9 月湖南省首届社会科学宣传月报告会印发。

为便于各国研究，联合国区域开发中心规定"市"的人口数量最低标准为 20000 人。世界上大多数国家设市的标准定为 2000～20000 人的范围。

（二）农业化与城市的起源和发展

城市是什么时候产生的？在距今 7000～10000 年，在原始社会后期新石器的中期阶段，采集经济开始过渡到原始的农业（锄耕农业），狩猎逐步过渡到畜牧业，人类社会产生了第一次社会大分工，开始了农业革命、农业化。相应的人类从没有定居点到出现半永久的村舍，然后过渡到定居的乡村，开始了乡村化。

在距今 5000～6000 年，在原始社会的末期，金属工具逐步代替石器，使手工业从农业中分离出来，产生了第二次社会大分工。相应地产生了商品生产。一个只从事交换的阶层——商人逐步出现了，产生了商业——第三次社会大分工。商人和手工业者自然地趋向有利于加工和交易的交通便利的地点聚集，从而产生了固定的商品生产与交换的居民点，逐渐形成城市最初的雏形。

从城市产生的社会基础来说，随着生产力发展，剩余产品增多、私有制和阶级的形成，相应地产生了国家。从而使统治中心的"城"与交易的"市"走向合一，形成了城市。

在公元前 3500 年前后，在幼发拉底河和底格里斯河流域，产生了第一批城市。之后在尼罗河流域、印度河流域和中国的黄河流域也产生了早期的城市，如中国河南的商都、殷墟。城市孕育于原始社会到奴隶社会过渡的时期，形成于奴隶制时代。从公元前 1360 年到公元 1800 年的 3160 年，10 万人口以上规模的城市从 1 个发展到 65 个。从整个世界范围来看，城市的数量还是太少，城市的总水平一直很低，且兴衰起落很大，发展很不稳定，自给自足的自然经济始终占统治地位。因此，它只能说是城市化的前期准备阶段，还谈不上城市化。

（三）不同时代城市的主要特征

城市从产生以来，有 5000 多年的历史，在其漫长的发展岁月里，经历了几个不同的经济时代，从而体现出不同的自然特征和经济形态。

（1）农业经济与农业文明占主导地位时代的城市。这个时代包括奴隶社会和封建社会时期，时间跨度达四五千年。这一时期的城市，主要经济功能是农产品的集散地和手工业生产的集中地。城市规模小，数量也少。

（2）工业经济与工业文明占主导地位时代的城市。这一时期的城市，主要经济功能是机器大工业的生产中心和商业贸易中心，是城市规模和数量猛增的时期。

（3）后工业经济时代的城市。发达国家和地区在20世纪70年代完成工业化，经济发展和城市出现了新的特点：一是服务业成为占主导地位的产业；二是科技创新迅速，高技术产业占到一定比重；三是城市成为人类主要的聚居区，城乡融合。从20世纪70年代到20世纪末，所谓后工业经济时期，实际上是发达国家从工业经济时代到信息时代的过渡或转变时期。

（4）走向信息时代的城市。信息时代的城市将成为"智能城市"或"数字城市"，即高度信息化和全面网络化的城市。它的主要经济功能是信息流通、管理与服务中心，知识、信息、高技术开发创新、生产和传播、流通的中心。

二 世界城市化进程的一般规律和发展趋势

（一）城市化的内涵与发展

什么是城市化？城市化、城镇化、都市化只是译法上的差别，本质上是乡村城市化。基本含义是指一个国家或地区的人口由农村向城市转移、农业人口向非农业转移的过程。广义的理解，它包括乡村人口的城市化；农村生产方式、生活方式、居住方式的城市化；产业结构转变和居民消费水平提高的过程；城市文明向农村地区扩散和传播的过程，也是人口素质整体提高的过程。综合地说，城市化是经济发展和社会进步的综合体现，是乡村城市化和城市现代化的统一。

世界城市化起步于18世纪的工业革命。工业革命实现了工场手工业向大机器生产的飞跃，人类社会开始了由农业社会向工业社会，由乡村时代向城市化时代的转变。工业革命起源于英国，英国也是世界上最早实现城市化的国家，1850年，英国城市化水平就超过50%，开始初步进入城市化社会。

那些先期接受工业革命并迅速实现工业化的国家，成为今天的发达国家和地区，它们在 20 世纪 70 年代进入成熟的城市化社会。

表 1   世界城市化进程及区域差划

单位：百万人，%

年　份	全世界			发达国家和地区		发展中国家和地区	
	总人口	城镇人口	城市化水平	城镇人口	城市化水平	城镇人口	城市化水平
1800	978	50	5.1	20	7.3	30	4.3
1825	1100	60	5.4	25	8.2	35	4.3
1850	1262	80	6.3	40	11.4	40	4.4
1875	1420	125	8.8	75	17.2	50	5.0
1900	1650	220	13.3	150	26.1	70	6.5
1925	1950	400	20.5	285	39.9	115	9.3
1950	2501	724	29.0	449	52.5	275	16.7
1970	3693	1371	37.1	698	66.6	673	25.4
1975	4076	1564	38.4	753	68.6	811	27.2
1990	5246	2234	42.6	877	72.5	1357	33.6
1997	5829	2681	46.0	880	77.3	1801	38.4

（二）世界城市化进程的一般规律性

世界城市化的产生和发展，在不同区域和不同国家具有不同的特点，但也具有共同的规律性，呈现由初级阶段（30% 以下）到中期阶段（30% ~ 7Q%），再到高级阶段（70% 以上）上升的过程。

（1）经济增长与城市化互促共进的规律性。经济增长是城市化的动力和基础，城市化又促进和带动经济的发展，两者是互动互进的，其相关性见表 2。

表 2   世界城市与人均 GNP 的关系（1989 年）

单位：美元

城市化水平	人均 GNP
30% 以下	1000 以下
30% ~ 50%	1000 ~ 3000
50% ~ 70%	3000 ~ 7000
70% 以上	7000 以上

（2）产业结构演进与城市化发展阶段的规律性。城市化的实质是由生产力的变革所引起的人口由农村向城市转移、农业人口向非农业转移的过程。表现在生产方式上就是产业结构大规模的调整，即农业比重下降，工业和服务业比重上升。因此，产业结构的变动必然体现为城市化的变动，其相关性见表3。

表3　世界城市化与产业价值结构的变化

单位：%

国　家	内　容	1960 年	1965 年	1980 年	1985 年	1987 年
低收入国家	城市化	13	17	17	22	30
	农　业	50	42	36	32	31
	工　业	18	28	35	33	37
	服务业	32	30	29	35	32
中等收入国家	城市化	33	36	45	48	57
	农　业	24	21	15	14	15
	工　业	30	31	40	34	36
	服务业	46	47	45	52	49
高收入国家	城市化	68	71	78	75	78
	农　业	6	5	4	3	3
	工　业	40	39	37	36	36
	服务业	54	56	59	61	61

（3）城市空间形态变化与城市化发展阶段性的规律性。在城市化发展过程的不同阶段，城市的数量、密度及其相互联系都有很大不同，城市空间形态或分布的变化必然也反映城市化发展的阶段性。城市化初期阶段，城市数量少、规模小，呈散"点"状分布；中前期阶段，城市沿交通轴线量的发展迅速，呈"线"状分布；中后期阶段，城市由"线"向"面"扩散，大城市化趋势显著，逐步形成大、中、小城市规模不等、职能不同的城市体系；后期阶段，城市呈密集的"网"状分布，城乡融合，形成城市化地区。

（三）世界城市化的特点与趋势

世界城市化，特别是第二次世界大战之后的城市化，呈现以下主要特点和发展趋势。

（1）发展中国家城市化成为世界城市化的主流。1950 年早期工业化的发达国家城市化水平达到 52.5%，已初步进入城市化社会，1975 年城市化水平达到 68.6%，进入城市化的高级阶段、即成熟的城市化社会。发展中国家的工业化和城市化大都起步于第二次世界大战之后。1950 年发展中国家城市化水平为 16.7%，相当于发达国家 1875 年的水平，落后 75 年。1980 年城市化水平达到 29.2%，步入城市化的快速发展时期，成为世界城市化的主流。据联合国统计资料预测，到 20 世纪末，全球有一半人口生活在城市里，到 2010 年将达到 55%，2025 年将达到 65%，21 世纪，全世界大多数国家和地区将进入城市化的高级阶段。所以说 21 世纪是"城市世纪"。

（2）大城市、特大城市快速发展。1900 年，世界上 50 万人口以上的大城市只有 49 个，1980 年，已发展到 476 个。其中 50 万~100 万人口的城市增长 5.6 倍，100 万~250 万人口的城市增长 18.5 倍，250 万~500 万人口的城市增长了 20 倍，500 万~1000 万人口的城市也增长了 20 倍，呈现出城市规模越大增长越快的趋势。

（3）大都市连绵带相继崛起，并成为世界最具有活力的地区。20 世纪 50 年代以来，世界城市化进程大大加快，在一些经济发达国家，出现了城市化区域，形成规模巨大的大都市连绵带。如美国东北部大西洋沿岸的波士顿—华盛顿大都市带、中部东北地区的五大湖芝加哥—匹兹堡大都市带；英国伦敦—伯明翰大都市带；欧洲巴黎西部大都市带；日本东海岸东京—名古屋—大阪大都市带。从 20 世纪 70 年代以来，在许多发展中国家经济发达、工业化、城市化程度高的地区，也出现了向大都市连绵带发展的趋势。如中国的长江三角洲、珠江三角洲、京津唐和辽中南地区已具有大都市连绵带的雏形。

（4）向心型城市化与离心型城市郊区化相结合的趋势。一般来说，向城市中心集聚的向心型城市化和从城市中心向外离心扩散的离心型的城市郊区化，贯穿于城市发展的全过程。但从城市化发展的进程来看，城市发展的初期和中前期阶段主要是向心型的，城市发展的中后期阶段，主要是离心型的。

（5）已出现建设生态城市、数字城市的浪潮。从 20 世纪 80 年代以来，社会环境意识大大增强，信息化、网络化的快速发展，已出现建设生态城市和高度信息化、网络化的数字城市的浪潮。

（6）适应经济全球化，城市体系和城市功能调整趋势明显。自 20 世纪 80 年代世界冷战时期结束以来，迅速出现了经济全球化的趋势，经济全球化要求重建世界经济秩序，形成全球经济网络。全球经济网络的节点是城市。城市的等级和发展在一定程度上，将取决于参加经济全球化的程度，已出现适应经济全球化，构造新的城市网络体系的趋势。

三　湖南城市化的道路

中国是文明古国，在古代很长时期内城市发展一直居世界前列。但由于封建主义的长期统治，尤其是帝国主义的入侵，传统农业的发展处于停滞状态，民族工商业成长遭到抑制和摧残，到 1949 年新中国成立时，全国城镇人口只有 5765 万人，城市化水平仅为 10%。新中国成立后，1953～1975 年的第一个五年计划时期，是中国工业化的起步时期，也是中国城市化正常发展的起步时期。

50 年来，我国的城市化经过了一个曲折的发展过程。1949～1979 年的 30 年，城市化水平由 10.6% 增长到 19%，仅增加 8.4 个百分点，增长很慢。1979～1994 年的 15 年，由 19% 增长到 28.6%，增加了 9.6 个百分点，我国城市化的速度开始加快。1995 年城市化水平上升到 30%，中国城市化步入了中期发展阶段，也就是加速发展时期。到 2001 年底，我国的城市化率达到 37%，据预测，到 2010 年将达到 42%～45%，2020 年将达到 55%～60%，初步进入城市化社会。2050 年将达到 70% 左右，也就是进入城市化的高级阶段和成熟时期。

湖南省的城市化道路如何走？有的主张走发展小城镇为主的路子；有的主张走发展中小城市为主的路子；有的主张采取大中小城市相结合、多元推进的城市化发展模式；也有的主张搞现代化应走以大城市为主的路子。2001年湖南城市化水平为 30.8%，比全国还低 6.2 个百分点。总的说湖南城市的数量偏少，规模偏小，质量偏低。因此，加快湖南城市化，我认为应采取分类指导，多元推进，坚持以发展小城镇为基础，以提升大城市的中心功能并合理发展大城市为核心，以发展中小城市为主体，走出一条符合湖南省情的大中小城市和小城镇协调发展的城市化道路。

（1）加快小城镇建设是城市化的基础。小城镇是城市体系的基础层次，沟通城市与乡村的桥梁，是农村地域的政治、经济、文化中心，农民就地向小城镇转移的社会成本也最低。湖南的建制镇由 1978 年的 154 个增加到 2001 年的 1086 个，发展速度较快。主要问题是规模偏小，质量偏低，结构趋同，对投资者、就业者和迁移者吸引力不大，农村地域的中心作用不强。因此，湖南省在小城镇的发展上，必须由重数量轻规模转到重内涵、重建设、重质量、突出特色，把建设小城镇的重点放在县城和中心镇，并做到合理布局，科学规划，注重实效。

（2）提升大城市中心功能并合理发展大城市是城市化的核心。在经济全球化、竞争国际化的新形势下，由于城市是人才资源的聚集地和先进产业的聚集地，只有城市，才具有国际竞争的人力资源和产业基础，因而，在21 世纪，国际竞争的基本单位定位于城市。中心城市也是连接中国与世界经济、全球经济网络的节点，地位和作用空前重要。因此，通过长株潭经济一体化，能够在武汉与广州、重庆与上海之间这个江南腹地、四方交汇之处，东南沿海经济区与长江沿岸经济带的结合部，形成和组建一个同周边大都市既能相抗衡、相竞争，又能在平等竞争的基础上建立新型合作关系的区域级、超大型、组团式的中心城市，或复合型的区域经济中心，并相应地形成一个区域性的城市圈，即更大规模的城市群体，这对长株潭三市，对湖南及更大区域乃至全国都是一件大好事。

同时，在未来五年内，对区位重要、基础好的中等城市可发展为 60万~80 万人口的大城市。如怀化市可发展成为湘鄂渝黔省际边境区域的重要经济中心，岳阳可构筑成为湘鄂赣边境区域的经济中心，衡阳发展成大型的湘南重镇，强化和扩大湖南省大城市的辐射带动作用。

（3）积极发展中小城市是城市化的主体。中等城市，一般来说，是地一级的政治、经济、文化的区域中心。小城市是城市经济与农村经济的联结点。中小城市是湖南省城市体系中的骨干。因而，加快中小城市的发展，扩大中小城市的人口规模，完善提升中小城市的地区经济中心功能，是 21 世纪湖南省城市化的重要任务。对于在地区经济发展中能够起到枢纽作用的中等城市，可重点培育发展成为 40 万～50 万人口的骨干城市和大城市，基础好、潜力大的小城市，可重点培育使其发展成为 30 万～40 万人口的中等城市，形成合理的城市规模结构。

历史回顾与展望 *

——长株潭经济一体化的由来、曲折和发展新阶段

引言　经济一体化的理性思考与长株潭的应用

长株潭经济一体化，从 1982 年 12 月提出，迄今已经 20 个年头。它经历了由提出和进入决策、《方案》组织实施和出现曲折，以及新启动和发展新阶段这样一个曲折发展过程。现在，对其战略意义的认识已无异议，但对经济一体化的含义和实质的理解，还存在一些误区，需要首先进行探讨和取得共识。

据周八骏在《迈向新世纪的国际经济一体化》一书中，对国际经济一体化理论所做的评析和《牛津英语词典》记载，"经济一体化"一词是在 1620 年首次在出版物中被赋予"将各部分结合成一个整体"的含义。20 世纪 30 年代，在经济学著作中曾在"将各个独立的经济结合成一个更大的区域"这一意义上使用这一概念。1961 年，美国经济学家贝拉·巴拉萨提出："我们建议将经济一体化定义为既是一个过程，又是一种状态。就过程而言，它包括旨在消除各国经济单位之间的差别待遇的种种举措；就状态而言，则表现为各国间各种形式的差别待遇的消失。"从对定义的这一概括来说，经济一体化的实质可以理解为：商品和生产要素的跨国流动"差别待遇"的消除，即其差别性的制度成本等于零或接近于零。之后，有的经济学家对"过程"和"状态"做了不同的解释，把一体化的"过程"，解释为"导向全面一体化的成员国间生产要素再分配"；把一体化的"状态"解

---

* 原载《2001·长株潭经济论坛》，红旗出版社，2002。

释为"业已一体化的国家间生产要素的最佳配置"。① 我同意把两种不同的解释结合起来，理解经济一体化的内涵及其意义。前者应是就其内容来说的，后者应当从其功能和效应来理解。生产要素跨国的充分自由流动，其效应必然使生产要素得到再配置和最佳配置，促进劳动地区的合理分工和经济结构的调整，从而产生加和乘数规模效应并提高整体效率。这一定义虽然讲的是国家间的经济一体化，但从其实质而言，也适用于一国之内地区间的经济一体化。

经济一体化的效应或功能既然是通过"消除差别待遇"，实现生产要素的自由流动和最佳配置，那么，经济一体化的过程实质上是一个制度或体制改革的过程。这种改革和改变不论是国家间的还是地区间的都不可能一蹴而就，而是一个复杂的系统工程，是一个渐进的过程。这样，经济一体化就其内容而言，就有单一性的行业或部门的一体化，如关税同盟、贸易自由化、金融自由化、共同市场等，也就是部分或某一领域的消除差别待遇；又有综合性、全面性的经济一体化，如经济共同体、经济区、经济联盟等，也就是全面的消除差别待遇。由此，不同国家之间、不同地区之间、不同发展阶段的经济一体化，就有不同的类型或不同的组织形态，它是一个由单一走向全面、由低级走向高级、由经济联盟走向政治联盟或政治统一的经济社会历史过程和变动的状态。

根据以上理解和分析，经济一体化的推进和实现，必须包括以下三个主要方面：一是，消除商品、人员、资本、技术等跨国、跨地区流动的任何制度性的限制，做到内部无边界，这是经济一体化的基本要求和基础。二是，建立统一的新的制度规范，制定和实施共同的经济和社会政策，共同的经济发展目标和社会福利目标以及相应的规划，这是经济一体化的核心。三是，组建超国家或超地区的经济一体化的机构，这是推进经济一体化的必要条件和前提。经济一体化越是深化，越是发展到较高阶段，越需要建立一体化的各种机构，并相应地扩大其权力。

1984 年 7 月，笔者向中共湖南省委、省政府提出的决策建议，是把"建立长株潭经济区"作为经济一体化的综合组织形式提出来的。其主要内

---

① 参阅周八骏著《迈向新世纪的国际经济一体化》，上海人民出版社，1999。

容包括以下几点。

第一，长株潭经济一体化的类型和形式定位于经济区。也就是建立以城市为中心的经济区作为长株潭经济一体化的综合组织形式。目的是打破传统经济体制下所形成的城城分割、条块分割和城乡分割，逐步但是全面地消除商品和生产要素在经济区流动的任何差别待遇，通过制定共同的中长期发展规划和产业整合，实现生产要素的最佳配置，形成能够带动湖南省经济发展的综合经济中心。

第二，经济一体化的发展模式定位于开放式、网络型的区域经济联合体。所谓网络型，即它不是一级行政层次，而是打破行政区划，把横向的经济联系用网络联结起来的区域经济联合体。

第三，经济一体化的超地区机构定位于由省分管领导主持，省直综合部门负责人和三市党政主要领导参加的经济技术协调会议，工作协调机构为长株潭规划办公室。

第四，经济一体化的指导思想或推进的基本思路是，从长远着眼，近期见效的产业整合和组织各种经济网络入手，边行动边规划。[①]

1997 年，长株潭经济一体化重新启动，其指导思想、思路和框架与之前基本是相同的，都是只搞经济一体化，搞综合性的经济一体化，不搞行政一体化。主要区别有以下几点。

第一，新启动使用了"经济一体化"这个综合性概念，没有对长株潭经济一体化个性化的组织形式和类型进行定位。

第二，建立了更具有行政权威性和更高效率的超地区机构。新启动成立了以省政府主要领导为组长，其他相关领导和省直有关部门负责人，三市党政主要领导参加的经济一体化协调领导小组，以及领导小组的协调办公室。

第三，新启动采取了新思路。新启动采取了"总体规划启动，基础设施先行"的指导思想，起点更高，思路更具有整体性。

近两年来，有些专家学者认为经济一体化是一个大综合的概念，不同区域、不同阶段的经济一体化，都有一个发展方式和类型的个性定位，长株潭

---

① 张萍主编《经济区理论与应用》，《关于建立长株潭经济区的方案》，湖南人民出版社，1986。

经济一体化也应如此。我认为这个意见是有道理的，当今世界上一百多个区域经济一体化组织都有一个体现其个性特点的发展形式的定位，长株潭也不应例外。但从另一方面来说，不明确也是一种明确，它说明长株潭经济一体化不是行业性、局部性的，而是综合性、全面性的，不过这终究是一个在今后实践中有待具体探讨和解决的问题。

一　长株潭经济一体化的提出和进行决策

讲到长株潭经济一体化的由来，人们就想到关于"毛泽东城"的议论。据笔者就这个"议论"向多位老同志进行过访问和了解，在 20 世纪 50 年代初，长沙市在讨论制定第一个城市发展规划时，时任长沙市城建局局长的潘基颐就提出把湘潭县划归长沙市建设"毛泽东城"的意见，并进行了议论。[①] 1952 年春，湘潭县召开各界人民代表会议时，也有两位代表提出将湘潭县更名为"毛泽东县"的建议。据说 50 年代末，毛泽东在湖南第一师范学校读书时的同学，时任湖南省副省长的周士钊到北京去看望毛泽东主席时，也曾提出建设"毛泽东城"的意见，但被否定。这些传说虽然迄今并没有任何文字资料可查，其出发点是基于从政治角度对领袖人物的崇敬和长远纪念提出来的，但也反映了湖南人民渴望湖南有一个知名度较高的大都市的强烈愿望，以及它的可能性。可以说是长株潭经济一体化提出的前奏曲。

1978 年 12 月，党的十一届三中全会标志着我国一个伟大的历史转折，开创了改革开放和经济发展的新时期。1982 年，经中央批准创办的深圳、珠海、汕头和厦门四个经济特区已经启动和兴起，第一个改革开放的浪潮开始从南海而来。湖南怎么办？如何推进改革和加快发展？区域经济发展的规律性是以城市为中心，以交通要道为依托，由点到线及面，逐步形成网络。湖南没有一个如广州、武汉那样大型、超大型的经济中心城市，最大的城市是省会长沙，但从其综合经济实力来说，当时在全国城市排位已排到了 30 位之后，从中心城市对区域发展的带动力而言处于弱势。但是，湖南有一个

---

① 1952 年前，现在的湘潭市是湘潭县的城关区，现在的株洲市是属于湘潭县所辖的一个只有 7000 人口的小镇。

稀缺的城市资源，这就是长株潭城市群。三市不仅相距很近，且呈"品"字形分布，在空间上相互交叠，从历史和现实看，都具有不可分割的经济和社会联系，实际上是一个城市综合体。如果三市整合，实行一体化发展，就可以形成能够带动全省经济发展的综合经济中心，在城市的经济功能上由分力转化为合力，由弱势转化为强势。根据这种思考，1982 年 12 月，我在湖南省政协四届六次会议上，以提案的形式提出："把长沙、株洲、湘潭在经济上联结起来，逐步形成湖南的综合经济中心"的建议。在 12 月 28 日大会发言之后，立即得到许多与会代表的赞同，反响十分强烈。1982 年 1 月 30 日的《湖南日报》，摘要发表了"提案"的基本观点和思路框架。当时，虽然还没有形成可操作的具体方案，但其基本构想是十分明确的：方式是"三市经济联结"，即经济一体化；目标是构建湖南省多功能的综合经济中心；目的是能够通过各种渠道，发挥工业中心、科技中心、贸易中心、金融中心、情报中心和服务中心等综合功能作用，带动全省城乡商品经济发展，促进"四化"建设。[①] 会后，这个《建议》引起了多方面的关注。1983 年 9 月，我把它具体化为《城市及经济区——长株潭区域经济研究》课题，列入由国家体改委承担的国家"六五"重点课题《中国经济体制改革的理论与实践》的专项研究课题和省软科学重点课题。

1983 年冬天和 1984 年春、夏季，笔者和课题组的 10 多位同事用了 4 个多月的时间，先后深入长株潭三市的主要部门和基层单位进行了调查研究，召开大小座谈会 50 多次，收集了三市经济、社会、科技相关的大量数据，200 多篇文字材料，400 多个企业的卡片，积累了丰富的第一手资料，在这个基础上，向中共湖南省委和省政府提出了决策建议性的总体和专项的实施方案。

1984 年 7 月，在我撰写的《关于建立长株潭经济区的方案》（以下简称《方案》）中，对于为什么要提出建立长株潭经济区，即推进长株潭经济一体化的依据和意义，从以下四个方面做了概括。

第一，长株潭三市是沿着湘江中下游自然形成的一个"品"字形城市群，两两相距 30～50 千米，较之大的中心城市同其卫星城镇的距离还要近

---

① 《张萍委员提出三点建议》，《湖南日报》1982 年 12 月 30 日。

得多，从历史和现实看，都有着不可分割的经济和社会联系，实际上是一个城市综合体。

第二，三市是湖南省最发达的核心地带，三市联合可以形成能够带动全省经济发展的综合经济中心。同时，三市只有在加强为全省经济发展服务的过程中，才能得到更快的发展。

第三，三市联合在全国经济网络中也具有重要的战略位置。从地理上看，三市北是武汉，南是广州，东是上海，西是重庆，地处江南腹地，四方交汇之处。从经济实力看，三市整合成一个整体，1983 年工农业总产值和总人口在全国中心城市中排第 9 位，城区工业总产值排第 11 位，可形成强大的经济合力，对外既增强吸引力，又增强竞争力，既可以加快湖南省"四化"建设，又可以促进邻近省区经济的发展。

第四，三市面临许多需要共同解决的重大的经济社会问题，诸如克服能源的限制，湘江水域污染的治理，城镇体系和重大项目的合理布局，现有工业的联合和技术改造，对外的经济技术合作等，客观上都需要统筹规划解决，才能获得较好的社会经济效益。经济一体化的基本途径概括为：（1）联合。发展多层次、多形式的横向经济联合，组织各种经济网络。（2）规划。根据三市的特点，共同制定区域的总的发展战略，在条条块块规划的基础上，通过协调制定出区域的中长期发展规划。在扬长避短、避免重复建设，充分发挥三市特点和优势的基础上，形成综合优势，同时组装新的优势。（3）在三市的结合部划出一块，联合建立经济技术开发区。

同时，对长株潭经济区即经济一体化的性质、组织形式和运行机制也都提出了具体的建议。

1984 年 10 月下旬，在长沙枫林宾馆一次由省委领导召开的会议上，时任省委书记的毛致用对我说，省委准备召开专题会议，听取我的《方案》的汇报。该年 11 月 10 日，中共湖南省委召开了常委会议，省委、省政府和省政府主要职能部门及三市的主要领导人，听取了我《方案》的汇报。会议一致认为这项"建议是可行的""具有长远战略意义"，并形成了《中共湖南省委常委会议纪要（第 66 次）》，题目是《关于建立长沙、株洲、湘潭三市经济区的问题》（以下简称《纪要》），议定以下几点。

（1）建立长株潭经济区，可以通过联合和发展规划，取长补短，发挥综合的经济技术优势，对内增强内聚力，对外增强竞争力和吸引力。同时把三市建设成湖南的多功能的综合经济中心，对于带动全省城乡商品经济的发展，加速湖南省四化建设，关系极大，因而要把建立和搞好长株潭经济区作为振兴湖南经济的战略重点，要求省直各部门都要给予支持。

（2）要从长远着眼，近期见效着手，立足开发，要面向全省、面向全国、面向世界、面向未来；又要从近期见效快、收效大的经济技术联合和开发的项目入手，边规划边行动；要勇于探索，敢于改革，扎实工作，开拓前进，探索出一条发挥城市中心作用的新路子。

（3）建立长株潭经济区规划办公室。

（4）建立长株潭经济技术开发协调会议制度。

会议《纪要》强调："要根据三市的特点，制定经济区的总体战略和中长期规划。三市可根据选择有利于引进外资和技术的地方搞经济开发区。"《纪要》还明确肯定了《方案》对其性质的界定，"即它不是一级行政层次，而是打破行政区划，把横向的经济联系用网络联结起来的经济联合体"。

二　长株潭经济一体化《方案》的实施和曲折

1985 年 1 月 24 日，在时任副省长的陈邦柱主持下，召开了第一次三市市长联席会议，《方案》进入了实施阶段。

在中共湖南省委常委会议对《方案》的讨论中，笔者再三提议长株潭规划办公室的工作应由戈华主任负责（时任省计委主任），笔者作为专家提出了《方案》，省委、省政府采纳了，笔者的任务也就完成了。但戈华主任一再建议由笔者负责，最后议定由笔者主持规划办公室的日常工作，省计委协作处和三市计委与课题组各抽调两人参加办公室的日常工作。从 1985 年始，长株潭经济区的建设，即经济一体化的推行和发展，进入了实践探索的阶段，经历了一个曲折的过程。

从 1985 年 1 月至 1986 年 6 月，在省政府分管领导的主持下，先后召开了两次三市市长联席会议。为贯彻"联席会议"的决定，三市先后有机械、城建、金融、邮电、商业、交通等 12 个部门，就行业发展的联合、协调和开发举行了联席会议。根据省委《纪要》的精神，启动工作着重抓了包括城市合理布局、组建企业集团和银团贷款、金融改革和有关电信、供电、供气、交通、经济技术开发区选址、环境治理等十大工程，在五个方面取得了突破性进展：一是在我国首次实现了银行结算票据异地的直接交换和建立同业资金拆借市场，突破了纵向封闭的资金管理体制；二是推动了跨区企业集团的组建和首次异地银团贷款的支持；三是制定了实现三市电话同城化和与全国三十多个城市的电话直拨工程建设计划，并筹集了第一期工程建设资金；四是从长株潭城市总体合理布局的高度，逐市研究了三个城市规划的修改意见，并进行了综合论证；五是在三市结合部联合建立经济技术开发区的选址工作，提出了三个不同的方案，并进行了初步比较论证。同时，在解决三市的煤气供应问题上，就分建与合建进行了比较测算，并提出可节约 1 亿多元资金合建的初步设想；还就合作治理环境、特别是湘江严重污染的治理问题进行了磋商。根据省委的决定，在《方案》实施不到两年的时间里，不仅取得了突破性的进展和显著的经济社会效果，而且产生了广泛的社会影响。

由于长株潭经济一体化，是我国第一个内陆省区域经济的一体化，这种以城市为中心和依托建立经济区的思路，当时在全国也引起了很大的反响。新华社提供中央领导的参阅文件《国内动态清样》，以《经济专家张萍建议建立长株潭经济区》为题，1984 年 7 月 15 日出了专期。《世界经济导报》（1984 年 5 月 14 日、1986 年 5 月 19 日）《中国日报》（英文版 1985 年 1 月 22 日）、《经济参考》（1985 年 1 月 19 日）、《经济学周报》（1985 年 1 月 21 日）、《湖南日报》（1985 年 1 月 23 日）、《富民周报》（1984 年 9 月 4 日）、《长江开发报》（1986 年 5 月 11 日）等报刊先后做了报道或发表了评论。1986 年 5 月，日本国国土研究中心干事长平田干郎来华考察，从东北到上海、南京再到长沙，就建立长株潭经济区的研究进行了交谈和考察，他认为这项研究"探索出发挥城市中心作用的新路子"，并给予了很高的评价。1986 年 10 月，北京市 10 个政府部门组团来湘考察建立长株潭经济区的问题，之后，参考我们的《方案》，建立了以北京为中心包括河北省的廊坊、张家口、承德等市的环京经济协作区，即北京经济圈。

然而，1985 年召开的中共湖南省第五次党代会和 1986 年的湖南省人代会，都有一些代表提出不同意见，认为"长株潭是湖南经济最发达的区域，还作为战略重点，这太不公平了"等。由于这种不同认识和意见的影响，从 1986 年秋，规划办公室的工作就难以开展。1987 年 5 月，笔者向省政府提出辞去这项兼职的报告，长株潭经济一体化也就此夭折了。

1991 年，省国土局规划处利用国家计委提倡编制区域性国土规划的契机，提出了长株潭区域规划的编制工作，获得国家计委国土地区司和省政府的同意与批准。1992 年，组成了以省政府有关领导为组长的长株潭区域规划领导小组、专家顾问组、规划领导小组办公室和规划编辑委员会。经过一年的努力，1993 年完成了区域规划的编制工作。这项规划具有较强的全面性和系统性，把长株潭区域作为重点区域的开发工作推向了规划的编制阶段。但由于"规划"是按照国土规划的要求编制的，着眼于区域的"国土开发、利用、整治、保护"，虽然这是一项重要的基础性工作，但不可能、也没有把培育和建设湖南区域经济发展的增长极作为中心，没有解决规划实施的主体问题，因而规划虽编制了，却未能落实。

长株潭经济区的建立和实施探索的曲折过程，给人以深刻启示和历史教训。

三　长株潭经济一体化的新启动与新阶段

1995 年 10 月，中共湖南省第七次党代会期间，时任中共湘潭市委书记的陈叔红基于对当代国内外大环境、大市场的分析，从湘潭发展看湖南经济走势出发，认为湖南经济的发展，从区域经济的角度说，关键是要充分发挥长株潭这个城市群体的带动作用和辐射作用，做好长株潭经济一体化这篇大文章。这种分析得到了时任长沙市委书记秦光荣、株洲市委书记程兴汉的极力赞同。三市市委书记商定重提长株潭，对长株潭经济一体化做进一步的探讨和实质性的推动。省党的七大刚刚开过，笔者和秦光荣书记在蓉园宾馆大厅偶然相遇，秦光荣书记将他们的这个意见告诉了我，并邀我到他的办公室，就长株潭经济一体化如何进行新启动的问题交换了意见。

经过一年的酝酿和筹备，1996 年 11 月，长株潭中共三市市委、市政府和湖南省社会科学院联合在株洲市召开了"长株潭经济区发展研讨会"。参加这次会议的有三市市委、市政府的主要领导和实际工作者、省直有关部门的负责人和专家学者共 86 人。中共湖南省委常委、省委宣传部长文选德在会上讲了话，省委常委、常务副省长王克英①为会议做了总结发言。这次会议引起省委决策者的重视，1997 年 3 月，中共湖南省委、省政府主要领导主持召开了有三市党政主要负责人和省直有关部门领导参加的"长株潭座谈会"。

会议提出加快发展优先区域带，只靠长沙这一点还不够，要从经济的角度放大这一点，以长沙为中心，进一步突出长株潭城市群的作用，把长株潭建成湖南经济发展的核心增长极、现代化的网状城市群和高新技术产业聚集区。之后，成立了以时任省委副书记的储波为组长的长株潭经济一体化协调领导小组，领导小组办公室设省计委。并确定按照"总体规划启动，基础设施先行"的思路和指导思想，由省发展计划委员会牵头组织省直有关部门编制推进长株潭经济一体化的交通、电力、金融、信息和环境保护五项网络规划。

1999 年 2 月，中共湖南省委书记杨正午、时任省长的储波主持召开长株潭经济一体化专题座谈会，会议认真讨论研究了已编制完成的五项规划，并决定付诸实施。在振兴湖南经济的区域发展的战略重点，构建能够带动全省经济发展的综合经济中心或增长极这一重大问题上，经历了由 1984 年的一点——长株潭；到 1992 年的"五区一廊"，即建设岳阳、长沙、株洲、湘潭、衡阳五市高新技术开发区，沿京广线形成一条高新技术产业走廊；到 1995 年的"一点一线"，即京广铁路和京珠高速公路湖南段的沿线地区，作为湖南优先发展的区域带，省会长沙市重中之重是建成这一区域带的多功能综合中心；再到 1997 年的"把这一点放大"，由长沙市放大为长株潭城市群。经历了这样一个否定之否定的曲折探索过程，终于在把长株潭城市群构建成为湖南经济发展的增长极这一重大战略问题上取得了共识，在一个新的起点上，在更高的基础和更大的规模上"起而行"了，这是一个历史性的跨越。

近三年来，长株潭经济一体化根据"总体规划起步、基础设施先行"的指导思想，按照三市交通同环、电力同网、金融同城、信息共享、环境共

---

①　均为当时任职。

治的要求，在五个网络规划的实施上取得了显著成效。交通方面，完成了黄花机场新航站楼、京珠高速湘末段、湘江航道二期治理、天台山至易俗河高等级公路等项目。电力方面，三市22万伏双回网改造基本完成，50万伏环网已开始建设。金融方面，开通了三市同城票据交换业务，全面推广了电子联行异地转账"当日通"，完成了金融IC卡试点工程。信息方面，中国联通率先实现了三市移动通信同城，三市安全、高效、快捷、立体传输网络已基本完成，省政府和三市相继开通了政府网络，基本完成了长株潭城乡综合地理信息系统。环境保护方面，湘江流域环境污染治理利用日元贷款的13个子项目已完成了65%的工作量，等等。同时，已编制完成"十五"长株潭经济一体化的专项规划、产业发展规划，三市城市总体规划和湘江生态经济带规划、岳麓山大学城总体规划都正在编制。

随着长株潭经济一体化的有效推进和宣传力度的加大，长株潭在国内外的影响力和知名度也在不断扩大。国家"十五"城镇化专项规划已把长株潭城市群列入全国重点引导和培育的七大城镇密集区之一，标志着长株潭城市群已进入了国家决策的视野。世界银行把长株潭城市群列入其在华首批开展城市发展战略研究（CDS）的合作对象，使长株潭城市群的整体概念和项目融资提到了世界银行等国际金融组织的重要议事日程。"一带一城"——湘江生态经济带和岳麓山大学城规划的国际咨询，得到了16家世界著名咨询机构的积极响应，说明了国际专家看好长株潭的发展潜力和发展前景。2001年港交会上，通过采取专题新闻发布会、专题展览等方式的系列宣传，向海内外整体推介了长株潭，树立了长株潭的新形象，引起了海内外的投资者和传媒对长株潭的高度关注。长株潭的影响力不断扩大，发展空间不断拓展，发展条件越来越好。

长株潭经济一体化的新阶段，进行了新思考，提出了新思路，在运作方式上有许多创新，在实践上取得了显著进展。但正如张云川省长在2001年长株潭经济一体化工作会议上所指出的，应当看到长株潭经济一体化在总体上还处于初始阶段，或者说刚刚起步阶段，有些方面还刚刚起步，甚至还没有破题，还有许多问题需要进一步研究探索，正在实施的很多工作也需要进一步深化和细化。

四　长株潭经济一体化的前景展望

这里所说的前景，是长株潭经济一体化长远目标的定位问题。长株潭是搞有限的经济一体化，还是搞完全的经济一体化？从国际区域经济一体化发展的趋势或规律性来看，呈现出一种由自由贸易区、关税同盟、共同市场、经济联盟到完全经济一体化这样一个由初级形式到高级形式多种类型逐步演进的历史过程。长株潭经济一体化不同于国家之间的区域经济一体化，但也有一个发展模式和目标定位问题，选择不同，其发展的方向和前景也不相同。

第一种思路或指导原则是只搞经济一体化，发展模式是城市独联体，也就是行政独立、经济联合或联盟。1984 年，笔者向中共湖南省委、省政府提出的决策建议《关于建立长株潭经济区的方案》中，就是这种只搞经济一体化的区域经济联合体的模式。从 1985 年 1 月至 1987 年 5 月，根据省委的决定，长株潭经济区规划办公室组织对《方案》的实施，就是按照这一思路或发展模式推动长株潭经济一体化的。1999 年开始实施的五项规划启动，也基本是按照这一思路、指导原则来推进的。已经制定的《长株潭经济一体化"十五"发展计划》，"把长株潭构筑成为现代化的网状城市群，使其成为带动湖南经济快速发展的核心增长极"，定位为未来 5～10 年长株潭经济一体化的发展的战略目标。显然，这是一个阶段性目标，不是终极目标。长株潭经济一体化发展的终极目标是什么？这既是阶段性目标也是终极目标，还是根据经济一体化的发展趋势再设定终极目标？这虽不是一个需要很快明确和做出决定的问题，但它是一个关系长株潭经济一体化的发展方向和全局性的重大战略性问题，早设定比晚设定要好。

第二种思路和指导原则是先经济一体化后行政一体化，也就是搞完全的经济一体化。这一思路是 1996 年 11 月，笔者向在株洲召开的"长株潭经济区发展研讨会"提交的第二个《建议方案》中提出来的。在这个方案中，笔者第一次把"构建大都市"作为长株潭经济一体化的长远或终极目标提出来。战略步骤分为三个阶段：一是用三年时间，作为经济一体化的全面启动和重点突破阶段；二是用五年时间，基本实现经济一体化；三是再用五年时间，完善经济一体化和相应的改革行政管理体制，建成新型大都市①。

1984～1996 年，笔者经过继续探讨和思考，觉得 1984 年提出的思路有它的局限性，难以适应经济全球化新形势下国内外日益激烈竞争的需要，应该调整一下思路。由于城市是人才资源的聚集地和先进产业的聚集地，只有城市，才具有国际竞争的人力资源和产业基础，因而，在新世纪，国际竞争的基本单位定位于城市。如果在武汉和广州、重庆和上海之间这个江南腹地、四方交汇之处，东南沿海经济区与长江沿岸经济带的结合部，通过经济一体化的途径，能够组建一个同周边大都市既能相抗衡、相竞争，又能在平等竞争的基础上建立新型合作关系的大长沙，一个区域级、超大型、组团式的中心城市，并相应地形成一个区域性的城市经济圈，即更大规模的城市群体，这对三市、湖南更大区域乃至全国都是一件大好事。这可能是在新世纪塑造湖南新未来的一个重要战略选择。

这种前景目标定位是否可行、能否实现？其可行性的根据有：其一，它可能是一种趋势。从"本体"论的角度和发展趋势看，经济一体化的各个方面、各个阶段或形式之间存在着相互联系、相互制约和相互推动，发生着"溢出"效应，即一些方面的一体化会自动地扩及其他方面和形成"自我积累"的倾向。也就是说，经济一体化一旦形成了势头，就会从一些方面或部门扩及其他方面或部门，从局部扩及全局，从其自身要求和发展倾向看，形成一种"不到完全一体化不罢休"的发展趋势。三市经济一体化，实质上是区域管理体制的深刻改革，是经济运行秩序的改变，它要解决的主要问题，是在传统体制下形成至今尚未根本改变的，三市之间的城城分割、条块分割、城乡分割和自成体系，以及由此而导致的种种弊端，从而形成整体规模优势，从总体上提升城市的集聚与辐射，吸引与带动的功能。实际上每一项功能和网络的"三合为一"，特别是牵动全局的重大工程项目的建设，都必须对原来的管理体制和运行秩序做相应的调整和改革。随着经济一体化由突破、基本完成到进一步发展，"三市合一"，也许就成了大势所趋和人心所向、水到渠成了。

---

① 禹舜主编《湖南长株潭经济区发展研究》，参见张萍《加快建设长株潭经济区的建议方案》，湖南出版社，1997。

　　其二，欧盟走过的路和基本经验是佐证和借鉴。欧盟发展的历史说明，它走的就是先经济一体化后政治一体化、适应经济一体化进行制度性改革的路子。当今的欧盟，不仅拥有超国家的单一货币和统一的中央银行体系，在区域经济一体化的发展上进入高级阶段，在政治体制上也相应地进行了重大改革。它不仅拥有超国家的常设行政机构如欧盟执行委员会，而且建立了超国家的欧洲议会和欧洲法院，并着手组建欧洲军队，实际上已经形成政治上的"欧洲邦联"。同时，早在1986年签署的《单一欧洲法案》，就明确规定欧共体和欧洲政治合作的共同目标是实现欧洲统一。欧洲一体化的基本经验证明，企图超前先搞政治一体化或经济、政治同步一体化，都是难以获得成功的，但完全的经济一体化必须以政治或行政的统一为条件。搞经济一体化，就必须建立一个超国家或超地区的机构来推动，从这个意义上说，经济一体化就包含着政治或行政一体化的因素。经济一体化的发展阶段或形式越高，所包含的政治一体化因素就越多，越要求政治或行政的一体化。① 所以，完全经济一体化就意味政治或行政体制的统一。欧盟一体化与长株潭一体化，一个是国家之间的，一个是国家内部地区之间的，在区域的层次上相差甚远，但在地理上相邻、自然经济社会联系密切，以及为提升区域集团国际竞争力的紧迫需要等这些基本点来说，确有类似之处，是值得借鉴的。

　　前两种思路和模式都是搞经济一体化，适应经济一体化相应地进行制度性的改革，差异在于前者是在不改变国家主权或辖区行政权的前提下，推进有限度的经济一体化；后者是把完全经济一体化和政治或行政一体化的合一作为终极目标。

　　第三种思路和指导原则是借鉴大都市区的体制模式，构建以长沙为核心，长株潭三结合的复合型区域经济中心——长株潭大都市区，或称大长沙都市区。市场经济成熟的发达国家，在其发展过程中，由于城市化水平的提高，城市密集区的各个城市之间的边界区域，既分属于各个不同的行政区，又相互交错重叠、相互依赖。由于地方主义，形成一系列复杂的经济社会矛盾，需要统筹共同解决。适应这种要求，从20世纪50年代以来，西方发达国家对城市行政管理体制，进行了近半个世纪的探索和改革。通常的做法是

---

① 参阅周八骏著《迈向新世纪的国际经济一体化》，上海人民出版社，1999。

采取大都市区的组织结构和体制模式。即，既保留独立的城市自治政府，又组建大都市区的联合政府或联合政府性质的行政管理机构，实行双层次的行政管理体制和组织结构。这种城市政府联合体性质的大都市区联合政府，在不同的国家有不同的类型，有综合职能型的，也有专项职能或特殊职能型的。实践证明，比较成功的是那些具有专项职能或特殊职能型的大都市区行政组织结构和体制模式。其主要职能是协调各城市之间的矛盾，着重解决跨区界的公共服务和管理问题，如涉及大都市区的交通、环保、水利、治安、消防、卫生等问题，以及制定大都市区的战略规划等。长株潭经济一体化新启动的时间还不长，但却取得了显著的成效，其主要原因是由于在1997年，组建了湖南省长株潭经济一体化协调领导小组，及其设在湖南省发展计划委员会的协调办公室。这种组织结构，虽然还不规范、不完善，还没有形成稳定的体制结构，但实际上却发挥了大都市区联合政府性质的某些职能作用，特别是在区域战略性规划的编制，区域基础设施的建设，重大项目的推进等方面发挥了更加突出和富有成效的作用。

中外历史的实践均证明，经济一体化发展到一定程度，如不根据它的要求，对行政管理体制作相应的改革，经济一体化的推进就会陷入停滞，甚至发生逆转。这也是上层建筑要适应经济基础和生产力发展的根本要求，是人类社会发展基本规律作用的一种反映。具体到长株潭经济一体化的目标定位来说，究竟选择哪一种模式？这需要从长株潭的基本区情出发，根据迎对经济全球化挑战、提高区域国际竞争力的需要，在实践中探索和创新。

建立经济研究中心，加快经济体制改革，建设长株潭经济区 *

——省政协委员张萍提出三点建议

1982 年 12 月 28 日上午，省经济学会副理事长张萍委员就关于建立省经济研究中心和体制改革等提出了三点建议，引起了与会者的浓厚兴趣。张萍说："我省过去经济效益差，经济建设上犯的一些错误，主要是长期受'左'的错误影响造成的。但是，在生产力布局、综合经济区划、重大经济政策等宏观决策上，没有从战略上进行综合性的调查研究和科学论证，盲目性大，是一个重要原因。为了适应全面开创社会主义建设新局面的需要，加强经济科学和管理科学的研究和应用，成立湖南省经济研究中心是十分必要的。"

张萍的第二点建议是：进行行政管理体制和经济体制改革的综合试点。他说："改革经济体制，是全面提高经济效益，实现宏伟战略目标的重要保证。但是经济体制和行政管理体制是相互联系、相互制约的。建议把改革行政管理体制同改革工业体制，如企业的改组联合，改革流通体制和建立以城市为依托的经济区，综合起来进行综合规划、综合试点。如果离开经济体制的改革和建立以城市为依托的经济区，行政管理体制的改革就会失去依据和意义；如果不同改革城乡分割、条块分割的行政管理体制紧密结合，经济体制也改不动，许多合理的事情就办不通，经济结构的合理化也难以实现。由于这种改革牵动面广，难度相当大，建议组织经济研究机构和有关部门的同志，一起进行调查研究，提出几种综合改革试点方案，征求各方面的意见和讨论，从中选择最佳方案，有步骤地进行改革试验，摸索经验，然后逐步推广。"

---

* 原载《湖南日报》1982 年 12 月 30 日。

　　张萍的第三点建议是：把长沙、株洲、湘潭在经济上联结起来逐步形成湖南综合经济中心。他说："以城市为依托建设各种不同类型的经济区，从全省来说，应该根据经济条件，有一个能够发挥多种经济功能的综合经济中心。长沙市是省会，科学文化、金融、贸易比较发达，但工业基础较薄弱，难以承担综合经济中心的作用。而长、株、潭各相距四十千米左右，地理位置相距很近，是自然形成的一个区域城市群。如果把三市建设成具有明确的分工，各有其自身特点的经济区，互相补充，联结成一个有机的综合经济体，就会具有工业基础比较雄厚、门类比较齐全，协作面广，贸易发达，交通便利，信息灵通，科技力量集中，各种基础设施比较齐全等特点。它能在湖南省经济发展中，通过各种渠道，发挥工业中心、科技中心、金融中心、贸易中心、情报中心和服务中心等经济综合功能的作用，这对于带动全省城乡经济的发展，逐步形成以城市为依托的多层次的合理的经济网络，促进四化建设，有十分重要的作用。"

关于建立长株潭经济区的方案[*]

一　建立长株潭经济区的依据和意义

现代城市是商品经济发展的产物。随着社会分工和商品交换的扩大，逐步形成了具有贸易集散中心、生产协作中心、交通运输中心、金融信贷中心、科技交流中心、信息情报中心等综合性功能或单一性功能的城市；同时，它又是在发挥经济中心作用，为发展商品经济提供各种服务的过程中得到发展的。城市，从其本质上说，是开放型的经济社会综合体。社会主义经济是计划性和商品性相统一的经济。以城市特别是大、中城市为依托，逐步形成不同规模的，开放式、网络型的经济区，既打破了条块分割、城乡分割，沟通和加强了横向的经济联系，又有利于加强宏观计划的指导，是社会主义有计划的商品经济发展的客观要求，是对我国现行经济管理体制的重大改革。

从湖南省的省情来说，首先需要建立长株潭经济区。这是由于以下几方面原因。第一，长、株、潭三市是沿着湘江中下游自然形成的一个"品"字形的城市群体，两两相距 30~50 千米。较之大的中心城市同其卫星城镇的距离还要近得多。从历史和现实看，都有着不可分割的经济和社会的联系，实际上是一个城市综合体。

第二，三市联合可以形成能够带动全省城乡商品经济发展的多功能的综合经济中心。三市是湖南省经济最发达的核心地带。1983 年，三市的工农

---

　*　1984 年 11 月 10 日，中共湖南省委召开了常委会议，听取了张萍关于这个建议《方案》的汇报，采纳了这个《方案》，并就《关于建立长沙、株洲、湘潭经济的问题》，发出《中共湖南省委常委会议纪要》（第 66 次）。后载《经济区理论与应用》，湖南人民出版社，1986。

业总产值 105.63 亿元，为全省的 29.1%，工业总产值 74 亿元（不含军工），为全省的 36.25%；完成社会零售总额 32.5792 亿元，为全省的 26.08%；完成外贸收购总额 4.6691 亿元，为全省的 40%；全民所有制单位各类科技人员 93990 人，为全省的 1/3，其中中级以上科技人员 18115 人，为全省的 50.5%。从交通看，湘江贯流三市，北入洞庭，通过长江可连武汉、重庆、上海，京广、湘黔、浙赣等铁路在此交汇，株洲是我国八大铁运枢纽之一，有四条公路国干线交叉通过本区，以及有可直达 14 个大中城市的空运航线，交通运输十分方便。三市联合可以在全省形成和发挥工业中心、贸易中心、交通中心、金融中心、信息中心、科技中心等多功能的综合经济中心的作用，为发展全省的城乡商品经济服务，成为湖南省振兴经济的基地，新技术、新产品的开发和推广的中心，带动全省经济腾飞的"龙头"。同时，三市在加强为全省商品经济发展服务的过程中，能得到更快的发展。

第三，三市联合在全国经济网络的总体格局中也具有重要的战略位置。从地理上看，三市北是武汉，南是广州，东是上海，西是重庆，地处江南腹地，四方交会之点。从经济实力看，三市如果不联合成一个经济综合体，就省会长沙市来说，在全国城市中也只能排在第 30 位以后。如果联合成一个城市群体来计算，1983 年三市工农业总产值达 105.63 亿元，在全国中心城市中可排第 9 名；城区工业总产值 62 亿元，接近重庆，高于成都、哈尔滨、西安、杭州、兰州、长春、太原、福州，可排第 11 名；城区总人口达 153.77 万人，可排第 9 名。三市联合实行"内联外挤、外扩、外拓"和"内联外引"的方针，形成强大的经济合力，对外（国外、省外）既增强吸引力，又增强竞争力，既可加快湖南省"四化"建设的发展，也可促进邻近省区经济的发展。

第四，三市面临着许多需要共同解决的重大的经济社会问题。由于三市有着一个自然形成城市群体的地理位置和紧密的经济社会联系，许多重大的经济社会问题诸如克服能源的限制，湘江水域污染的治理，城镇体系和工业的合理布局，现有工业的改组联合和技术改善，对外经济技术合作，等等，客观上都需要统筹规划解决，才能获得较好的社会经济效益。

二 长株潭经济区的性质、目标和原则

长株潭经济区，是以长沙、株洲、湘潭大中城市群为依托的，开放式、网络型的区域经济联合体。所谓开放式，即它不是新的块块，不仅三市之间是开放的，也欢迎外省其他地、市以及外省、市、区参加协作和联合；所谓网络型，即它不是一级行政层次，而是打破行政区划，把横向的经济联系用网络联结起来的经济联合体。

明确经济区的性质，需要分清经济区同行政区，以及过去的协作区的区别。

第一，行政区、协作区都是按行政区来划分的。经济区的特点是以中心城市为核心，根据城市的经济功能及其经济实力所辐射的区域范围来划分的。它既具有相对的稳定性，又随着中心城市的经济实力和辐射范围的变化而变化。而且经济区是一个开放的系统，在分工协作下，各个经济区之间存在着互相交织、渗透，形成犬牙交错的状况。同时，由于中心城市经济实力的大小和紧密联系的区域范围不同，不同的中心城市及其所联系的区域又有不同的特点，因而经济区也就有不同的规模、类型和层次。

第二，行政区、协作区，都是一级行政机构、行政层次。经济区是一种区域性的经济联合体，它也需要采取适当的组织形式，设置必要的工作机构，但它不是一级行政机构和行政层次，而是一种联合、协商和协调性质的。

第三，行政区、协作区主要是采用行政手段，经济区主要是用经济办法，通过组织各种经济网络、主要是横向的经济网络系统联结起来。

根据经济区的性质，长株潭经济区的原则应当是：平等互利、自愿协商、形式多样、共同发展。实行这一原则的关键，一是平等协商，二是互惠互利。也就是说，在平等协商、互惠互利的基础上，发展多方面、多层次、多渠道、多形式的联合，形成经纬交织的经济网络。

从长、株、潭区域经济的实际出发，应当把它建设成具有内陆省特色的综合型的经济区。其主要目标是：充分发挥长、株、潭这一城市群组织生产和流通的多功能综合中心的作用，变条块分割为条块结合，变城乡分割为城乡结合，形成和发挥出经济"内联外挤"和"内联外引"的综合优势，统筹开发和利用自然资源、经济资源、社会资源，促进地区经济结构和生产力布局的合理化，提高区域的社会综合经济效益，使整个经济区经济的发展能够提前实现"翻两番"的战略目标，并把全省经济带活。

三 长株潭经济区建设的基本途径和措施

组建长株潭经济区从何着手？应根据从长远着眼、近期见效着手、立足开发的指导思想，采取一些有效的措施和过渡的办法。主要包括以下几个方面。

（1）联合。组织联合是建立经济区的首要步骤。经济区体制的形成，是发展多种形式的横向经济联合，组织各种经济网络的结果。比如，在工业方面，可在三市的机械、电子、冶金、纺织、化工、建材、食品等优势行业，围绕发展名优产品，开发新产品、新技术和原有企业的技术改造，以及深度加工和综合利用，发展多种形式、多层次的联合，逐步建立企业联合体和行业协作会议或联席会议。与此同时，逐步组织科技协作网络、商品流通（包括物资协作）网络、综合运输网络、邮电通信网络、经济信息网络、金融信贷网络等。根据三市的特点，从最迫切、最需要、优势最明显的方面开始，需要共同解决什么问题，就先在那个方面联合起来，逐步扩大。组织横向联合的过程，也就是一个打破条块分割的过程，对现行经济管理体制改革的过程。

（2）规划。为了避免新的重复建设、盲目的发展，使三市能够扬长避短、相互取长补短，在充分发挥三市的特点和优势的基础上，形成经济区的配套的综合优势，同时组装新的区域优势，提高区域的综合经济效益，需要根据三市的特点，共同制定出经济区的总体发展战略，在"条条"和"块块"规划的基础上，通过协调，制定出区域的中长期发展规划。

（3）联合建立经济技术开发区。为了加速湖南省四化建设的发展，需要进一步扩大对外经济技术交流和合作，在湖南省设置经济技术开发区。长株潭经济区是湖南省经济发达的核心地带，不论是工业基础，还是交通、电信、经济、金融、商业等方面的条件，都是设置经济技术开发区条件较好之处。一个城市单独搞，势力单薄。三市联合搞，可以做到投资少，上得快，收到事半功倍的效果。可以在三个市的结合部划出一块作为经济开发区，也可在三市区域中选择其他更适当的地方，提出几种方案，经过论证，选择有利于引进外资和技术的最佳方案。

四　长株潭经济区的组织形式

经济区不是一个行政层次，但也必须建立一种有权威的协调会议制度和建立协调机构，以统筹、协调、规划需要共同解决的重大经济社会科技问题。经济区协调会议的主要任务包括以下几方面。

（1）依据党的十二大提出的总任务、总目标的要求，商讨、协调和制定经济区的搞活经济、对外开放、鼓励联合和发展科学技术的共同性的政策措施，以加快区域的"四化"建设的发展，提高区域的综合经济效益，使三市人民尽快地富裕起来。

（2）依据扬长避短，互惠互利的原则，从三市的实际情况出发，研究和解决在生产、流通、科技等领域，打破行政区域和企业隶属关系的界限，加强横向的经济联系，按照经济合理的原则，由浅入深，由易到难，由低级到高级逐步推进各种形式的联合，组织合理的经济网络。

（3）在国家计划指导下，广泛开展经济区内外的多边的社会经济和科学技术的协作活动，研究和探讨如何发挥三市城市群体在全省的综合经济中心作用，加强为发展全省城乡商品经济服务的综合功能。

（4）从三市的社会自然条件、经济基础和特点出发，依据生产力合理布局的客观要求，协调三市的国民经济发展五年计划和长远规划，制定区域的经济社会科技发展规划。

经济区协调会议的最高组织形式和决策机构是市长联席会议。市长联席会议由三市市长和长株潭经济区规划办公室负责人组成。会议至少每年举办一次，实行轮流坐庄、协商一致的原则，即轮流在三市举行，由会议所在市的市长担任主席。

经济区协调会议的经常工作协调机构，为长株潭经济区规划办公室。办公室由省的有关部门和三市各抽调一定的人员组成，规划办公室负责人由省从有关部门选派能够超脱于条块利益，便于协调各方面经济关系的人担任为宜。

关于加快建设长株潭经济区的建议 *

1984 年 11 月 10 日，中共湖南省委常委第 66 次会议，听取了《关于建设长株潭经济区的方案》的汇报并做出实施决定，距今已经 12 年。10 多年来，它的实践探索经历了一个热冷交互的曲折过程。1995 年 10 月，长株潭三市的市委主要领导又重新提出这个重大课题，并于 1996 年 11 月 17 ~ 18 日在株洲召开了"长株潭经济区发展研讨会"，这反映了对这个重大战略性问题认识的深化和共识，反映了三市经济社会发展的必然趋势，反映了振兴湖南经济和适应国内外市场竞争集团化的紧迫需要。现在已不是建立问题，而是如何把加快形成和建设长株潭经济区作为振兴湖南经济的重大战略举措，使其能够尽快形成整体优势，在实现湖南省现代化建设新高潮中发挥"龙头"作用。为此，提出《关于加快建设长株潭经济区的建议》，供省委和政府领导决策参考。

一　简要回顾

"把长沙、株洲、湘潭城市群在经济上联系起来，形成湖南省的多功能的综合经济中心。"是 1982 年 12 月，我在湖南省政协四届六次会议上，以提案的形式提出的一项决策性建议。1993 年 9 月，这项建议具体化为：《城市及经济区——长株潭区域经济研究》，被列入国家"六五"社会科学规划重点课题《中国经济体制改革的理论与实践》的专项研究课题和湖南省科技规划重点课题。

1984 年秋，我和课题组的同志在深入三市调查研究、充分占有材料的

---

　　*　原载《湖南长株潭经济区发展研究》，湖南人民出版社，1997。

基础上，经过反复研讨，向省委和省政府提出了建议性的实施方案，包括《关于建立长株潭经济区的方案》和六个专项建议方案。

1984年11月10日，省委召开了常委会，省委、省政府和三市主要领导人听取了我关于《建立长株潭经济区建议方案》的汇报，会议一致认为这项建议是可行的，并议定了以下几点：（1）建立长株潭经济区，可以通过联合和发展规划，取长补短，发挥综合的经济技术优势，对内增强内聚力，对外增强竞争力和吸引力，同时把三市建设成湖南的多功能的综合经济中心，对于带动全省城乡商品经济的发展，加速我省四化建设，也关系极大，因而要把建立和搞好长株潭经济区作为振兴湖南经济的战略重点，要求省直各部门都要给以支持。（2）要从长远着眼，近期见效着手，立足开发，要面向全省、面向全国、面向世界、面向未来；又要从近期见效快，收效大的经济技术联合和开发的项目入手，边规划边行动；要勇于探索，敢于改革，扎实工作，开拓前进，探索出一条发挥城市中心作用的新路子。（3）建立长株潭经济区规划办公室。（4）建立长株潭经济技术开发协调会议制度。并在内容上强调："要根据三市的特点，制定经济区的总体战略和中长期规划。三市可联合选择有利于引进外资和技术的地方搞经济开发区。"① 通过制定和实施统一的总体战略和发展规划，把长株潭建设成湖南的综合经济中心和区域经济发展的增长极，其实质就是把三市行政分割、自成体系的外部经济关系转化为内部经济，即一体化发展，从而形成和发挥综合经济优势和集团竞争力。

从1995年始，长株潭经济区建设，即经济一体化的形成和发展进入了一个实践探索的阶段，它经历了一个"两热两冷"的曲折过程。

从1985年1月至1996年6月，在省政府分管领导的主持下，先后召开了两次三市市长联席会议。为贯彻"联席会议"的决定，三市先后有机械、城建、金融、邮电、商业、交通等12个部门，就行业发展的联合、协调和开发举行了联席会议。根据省委《纪要》的精神，启动工作着重抓了包括城市合理布局、组建企业集团和银团贷款、金融改革和有关电信、供电、供气、交通、经济技术开发区选址、环境治理等十大工程，在五个方面取得了

---

① 《中共湖南省委常委会议纪要》（第66次）。

突破性进展：一、实现了银行结算票据的直接交换和建立同业资金拆借市场，突破了纵向封闭的资金管理体制；二、推进了跨区企业集团的组建和相应银团贷款的支持；三、制定了实现三市电话同城化和与全国三十多个城市的电话直拨工程建设计划，初步筹集了工程建设资金；四、从三市城市一体化总体合理布局的高度，逐市研究了原订城市规划的修改意见，并进行了综合论证；五、在三市结合部建立统一的经济技术开发区的选址工作，提出了三个不同的方案，并进行了初步比较论证。同时，在解决三市的煤气供应问题上，就分建与合建进行了比较测算，并提出可节约一亿多元资金合建的初步设想；还就合作治理环境、特别是湘江严重污染问题进行了磋商。根据省委的决定，在《方案》实施不到两年的时间里，不仅取得了突破性的进展和显著的经济社会效益，而且有多家报刊向国内外作了报道，产生了广泛的社会影响。然而，由于社会认识的不一致等原因，经济区规划办公室在工作了两年多之后，1987 年 5 月结束了它的使命。

1991 年，省国土局规划处，利用国家计委提倡编制区域性国土规划的契机，提出了长株潭区域规划的编制工作，获得国家计委国土地区司和省政府的同意与批准。1992 年，组成了长株潭区域规划领导小组、专家顾问组、规划领导小组办公室和规划编辑委员会。经过一年的努力，1993 年完成了区域规划的编制工作。这项规划具有较强的全面性和系统性，把长株潭区域作为重点区域的开发工作推向了新阶段——规划的编制阶段。由于"规划"是按照国土规划的要求编制的，着眼于区域的"国土开发、利用、整治、保护"，虽然这是一项重要的基础性工作，但不可能也没有把培育和建设湖南区域经济发展的增长极作为中心，没有解决规划实施的主体问题，因而规划编制了，鉴定通过了，又由热转冷了。

长株潭经济区的建立和实施探索的"两热两冷"的曲折过程，给人以深刻启示和历史的教训。其他方面不说，如果从 1985 年起，在三市结合部的最佳区位，筹建一个统一而不是分割、分散的经济技术开发区，实行统一规划，合理布局，分片开发，滚动式发展，就能够抓住和充分利用沿海辐射的最好机遇，经过 10 多年的努力，一个拥有新的结构、新的布局的新市区将会屹立在三市结合部的湘江之畔，不仅长株潭区域的发展面貌与今相比大不相同，对全省经济的发展也会产生重大影响。这是一个深刻的历史教训。

现代经济实质上是城市经济，区域经济的发展必须以城市为中心和依托，中心城市通过集聚和扩散、吸引和辐射的极化效应带动区域经济的发展。城市的规模实力和功能决定其辐射和带动的区域范围。就湖南省现有城市的现状来看，任何一个单个城市都还不能起到带动全省经济发展的极化作用。长沙是湖南的省会城市，近些年来，经济增长明显加快，城市面貌改变较大，在全国城市排位中前移。但就其规模势力和城市功能而言，尚不能起到能够带动湖南经济发展增长极的作用，也还不具有能够同周边省区的中心城市如广东的广州、湖北的武汉、重庆相抗衡的竞争实力。长株潭三市是沿着湘江中下游自然形成的一个"品"字形的城市群体，两两相距只有30～50千米，较之大的中心城市同其卫星城镇的距离还要近得多，从历史和现实看，都有着不可分割的经济和社会联系，三市一体化发展，由分力转化为合力，就可以进入全国特大型经济中心城市的行列，市区国内生产总值和工业总产值在全国中心城市中均排第12位，从而形成和发挥整体的规模优势和带动湖南区域经济发展的"龙头"作用。

有一种意见认为，依靠长沙市的自我拓展也可以形成湖南区域经济发展的增长极。这是一种思路。但是，第一，它需要较长时间，有的测算需要20年；第二，长沙市本身对要素的集聚效应和产业创新能力也是有限的；第三，在地域毗邻、经济相连、空间规模比武汉市还要小的城市群体之间，行政分割、产业同构、自成体系、过度竞争，不仅造成严重的互耗，影响三市自身和本区域的发展，而且也会影响全省经济的快速发展；第四，由于自然地理条件，三市规模的拓展必将形成一体——江南的第二个"武汉"，这是历史的必然。事实上，近些年来，由于三市经济的发展，市域的扩大，在其结合部位已经相连接，如果任其在各自自成体系的基础上，自发扩展连成一体，其结果在总体上势必导致城市布局杂乱，生产布局重复，资源浪费巨大，环境质量恶化，再进行统一优化和调整，将会付出沉重的历史代价，并受到后人谴责。

同时，长株潭由分转合，一体发展，具有更广阔的空间意义。从地理位置上看，三市北是武汉，南是广州，东是上海，西是重庆，在这个地处江南腹地，东南沿海经济区和长江沿岸经济带的结合部，四方交会之点，尚没有一个特大型的经济中心城市，区域发展增长极处于断档。三市一体，就能够形成新的大都市的集散功能、管理功能、服务功能和创新功能，不仅发挥带动湖南区域经济发展增长极的作用，而且成为能够承担承东启西、连接南北的重要支撑点和跨省区的生产中心、流通中心、信息中心和服务中心，并相应地形成一个新的辐射经济圈。

二　基本思路和战略目标

根据三市实际和区域经济发展的客观要求，到 2010 年，长株潭经济区建设的基本思路或总体战略是：在充分发挥各自特色和优势的基础上，以解决地区分割和生产力布局、城市布局的合理化为中心，以形成和发挥区域整体优势，提高集团竞争力和宏观经济效益为目标，实行经济发展外向化、产业结构高度化、城市功能现代化、区域经济一体化相结合的经济发展总体战略。基本思路要点包括以下几点。

（1）经济发展外向化。三市联合实行"内联外挤、外扩、外拓"和"内联外引"的方针，以集团竞争的合力参与国际分工和国际竞争，通过外向循环，实现资源转换和促进技术进步，走出发展外向型经济的新路子。同时，面向全国市场，合力发展具有区际意义的产业部门、名优产品，占有和扩大国内市场的覆盖率。以此作为调整区域产业结构与企业进行战略性改组的核心。

（2）产业结构高度化。在充分发挥三市各自特色的基础上，进行区域性产业结构优化，把发展第三产业（重点是金融业、房地产业和贸易）、特色工业和高新技术产业（重点是电子信息产业）、创新产业优势作为区域新的经济增长点，推进产业结构升级和城市极化效用的增强。

（3）城市功能现代化。形成和发挥长株潭城市群体的整体功能和带动效应，必须逐步实现城市的现代化和城市功能的现代化，也就是在进行城市布局合理化的基础上，着力于建设高质量的城市环境、高效能的服务设施和发达的城市精神文明。

（4）区域经济一体化。通过经济区的统筹规划、协调发展，实现产业结构、城市结构和布局的合理化，形成规模优势，提高整体竞争能力，求得最大的比较利益，逐步形成长株潭一体化的经济与相应的管理体系和管理体制。

依据长株潭城市群的重要战略地位和发展基本思路，总体奋斗目标是：到 2010 年，三市由分割向一体化发展转变，劳动密集型产业为主向资金、技术密集型产业为主转变，计划经济体制向比较完善的社会主义市场经济体制转变。把长株潭经济区建设成为经济快速增长、产业结构优化、社会分工合理、科教事业发达、基础设施完善、生态环境优良，具有高度精神文明的特大型中心城市和比较发达的经济区域。成为带动全省经济腾飞的"龙头"和振兴中部经济的示范区。主要目标构成包括以下几点。

（1）人均国民生产总值达到 20000 元，其中城市人均国民生产总值达到 45000 元。

（2）基本实现工业化和城市经济现代化。

（3）区域核心城市人口达到 400 万人，区域城市化率达到 50% 以上。

（4）基本实现中部经济振兴示范区的目标。

（5）初步建立适应区域一体化发展的新的行政管理体系及管理体制，并形成规范的经济运行机制。

三　重点领域和实施步骤

依据三市经济社会发展的客观趋势与奋斗目标，从以下几个主要方面或重点领域推进和实现一体化发展。

（1）建立大市场。城市是市场的载体和区域市场网络的枢纽。实现经济一体化，首先要打破市场分割，着力培育内联两接（与全国市场和国际市场接轨）比较完善的区域市场体系。对于大型的生产要素市场，如资本市场、建筑市场、技术市场、人才市场、房地产市场和专业批发市场的建设，进行统筹规划、合理布局，并组建区域的合作银行、发展银行，争取和吸引国外金融机构在本区设立分支机构等，实现区内及区域与国内外市场之间商品、资金、技术、人才、信息的流动和组合，成为湖南以至更大区域的商品和生产要素大流通的中心，为湖南经济发展与更大区域经济的交流服务。

（2）建设大交通。经济一体化的重要条件是交通一体化，尽快建设一个内环与外环相结合的道路网，建立内外衔接和陆、水、空、地（地铁）衔接的综合交通体系和现代立体交通运输网络。对内缩短城市之间的时空距离，使区域经济发展结成有机整体；对外进出便捷，四通八达，充分发挥城市交通中心的作用，提高本区与国内外经济交往的通达能力。

（3）组建大企业。当今发展经济，我们面临的不只是地区之间和国内企业之间的竞争，而是国际跨国公司、区域集团的竞争和挑战，以各市的单独力量来对付这些竞争是远远不够的，只有集三市各家之长，以大型骨干企业为核心，组建一批跨地区、跨行业、跨所有制的企业集团，才能冲出三湘，走向全国，走向世界。同时，区域经济一体化也要以这些企业集团为核心，进行资产重组，组合新的优势。

（4）形成大产业。三市在产业发展上，一方面各具特色；另一方面，又存在严重低水平的重复建设，企业组织结构小而散，产业结构趋同化，导致部门内过度竞争，既造成资源巨大浪费，又不能形成规模优势。因此，要在各展所长的基础上，统一优化企业资本结构，有计划、分步骤地进行产业结构战略性大调整，形成区域性的大产业和特色规模经济。

（5）构建大都市。城市是凝固了的历史，城市布局上的失误，改变很难，会付出巨大历史性的代价。因此，要依据城市一体化的要求，构建特大型中心城市的长远目标，对三市市区的发展进行统一规划、合理布局。城市总体布局，有两种基本方案可供选择：第一，三市用地相向连片发展，逐渐变城市群体结构为单一型特大城市。第二，仍取"三足鼎立"组团的布局模式，即以三市市区为中心，以昭山为核心的风景旅游区和森林保护区为间隔，采取"一市多片"或"一市三镇"的组团式布局模式。这既可以形成综合整体优势，又能避免集中连片布局的某些弊端，做到宏观经济效益、社会效益和环境效益的统一，真正形成具有山水特色的大都市。

三市的交会地段，位置适中，交通方便，环境良好，又称小"金三角"，有近百平方千米的区域可以开发，需要进行总体设计、合理布局、超前规划。根据这一地段的区位特点和环境条件，可以采取"一心三区"的模式进行布局设计，即行政文化中心（从长远设想，省行政中心和新的市政中心可设于此）、高科技工业园区、金融贸易区和旅游度假区，不宜布局大工业和劳动密集型产业。

　　三市由分割转为一体化发展，是城市结构、产业结构、管理体制的大调整和深刻变革。在转变过程中，不可避免地会出现一些矛盾和摩擦，这正是有些同志所担心的。但是，第一，经过实践探索和舆论工作，对其客观趋势和重大意义，在三市干部和群众中已达成共识，有了一个较好的思想基础；第二，可以同体制改革、机构改革、结构调整、企业改组紧密结合进行；第三，可以从三市共同需要解决的紧迫问题入手，由易到难，渐进式发展，分阶段实施，从而使各种关系和矛盾得到较好处理，使变革能够顺利进行。具体分以下三步实施。

　　第一步（1997～2000年），全面启动，重点突破。有以下几个基本目标。

　　（1）建立过渡性的区域管理协调体制和经济调控机制。

　　（2）制定到2010年区域一体化发展的规划纲要，并依据《规划纲要》修改三市的城市建设规划和经济社会发展规划。

　　（3）在完善区域基础设施建设和推进区域产业结构优化方面取得突破性进展。

　　第二步（2001～2005年），基本实现经济一体化，进行管理体制的初步改革。有以下几个基本目标。

　　（1）基本实现区域经济的一体化发展。

　　（2）初步形成城市一体化和特大型中心城市框架，相应地对管理体制进行初步改革。

　　（3）基本形成区域性的产业规模优势和新的产业优势，综合经济实力有较大提高。

　　第三步（2006～2010年），完善区域发展一体化，实现《规划纲要》的总体目标。有以下几个基本目标：

　　（1）完善区域发展一体化，建成新型大都市。

　　（2）基本实现城市化、城市经济现代化和区域农业产业化、农村工业化。

　　（3）新的大都市的集散功能、服务功能和创新功能，既能够有效发挥湖南经济发展增长极的作用，又成为能够承担承东启西、连接南北的重要支撑点和振兴中部经济的示范区。

四　过渡性的协调体制和调控机制

采取渐进式、分阶段推进，必须建立一种超行政区过渡性的决策协调体制和调控机制。基本模式可概括为：计划指导、行政协调、市场调节、立法趋一相结合。主要内容包括以下几个方面。

（1）建立以官方权威为主与多重权威参与的规划编制、实施和管理的协调机制。实现三市一体化发展，涉及地区之间、部门之间、企业之间、近期利益与长远利益、局部利益与全局利益之间复杂的利益协调问题，必须建立一个具有很高权威性的管理协调机构。名称可以是长株潭经济区管理协调委员会，主要职能是负责区域一体化发展的规划编制、管理与实施，区域性重大经济社会问题的协调和相关政策的协调与制定等。委员会应由省委和省政府的一位领导牵头，三市和省市综合部门各一位领导参加。同时，由于这是一项深刻改革和探索，需要吸收一部分专家参与。委员会下设规划办公室作为经常性工作的办事机构。

（2）形成市场与计划的合力机制。区域性产业结构优化、企业战略性改组和资源优化配置，都必须遵循市场经济规律的要求，发挥市场调节的基础性作用。但是，单纯的市场机制不能兼顾区域一体化发展的整体性和长远性目标，不能克服市场调节固有的盲目性、自发性和滞后性。因此，必须加强计划指导，形成计划指导、政策引导、市场导向相结合的合力机制。特别是在关系全局性的生产力与城市的合理布局，区域性基础设施的合理布局，环境的整治与教育建设等，以及紧密相关的城市土地的合理利用，都必须有强制性的行政干预。

（3）建立地方法规制定的统一与规范机制。区域经济的一体化发展，必须相应的有地方法规和政策的统一作保证。但目前地方立法机构是分立的，因此，需要建立有省立法机构参与的区域立法协调机制，可采取长株潭经济区立法协调委员会或联席会议，主要负责地方法规制定的协调与统一工作。

（4）建立由官方、半官半民到市场中介性质的区域行业协调的自律性机制。经济一体化是由行业或产业一体化构成，因此，必须建立和发挥行业协调机制的中介作用。从目前经济体制和政府机构设置的现状出发，可先建立有省专业部门参与的三市部门或行业联席会议制度，作为第一步。随着政府机构的改革，逐步成立区域的行业协会，主要负责行业内部的计划实施、利益关系等磋商和协调工作。

（5）逐步建立户籍迁移内部化的户籍管理制度。适应区域资源的优化配置，人才、资金等生产要素的自由流动，需要对现行的户籍管理办法进行改革，逐步实行户籍迁移的内部化。

五　几点建议

（1）加强舆论宣传，求得社会共识是前提。我们正面临一个新的机遇和挑战。国家宏观区域政策逐步向中西部倾斜，长江沿岸经济带形成步伐的加快，香港 1997 年回归和我国将要加入世界贸易组织，以及新的经济增长周期到来等，使湖南和长株潭区域经济的发展面临新的机遇。同时，也面临新的挑战。竞争的压力不仅来自东南沿海，而且中西部将会有更多的省区和城市迅速崛起，巨大的地区竞争压力和"夹击"将来自四面八方，经济发展水平相对滞后的江西、安徽和广西经济增长迅速超越湖南就是明证。湖南怎么办？长株潭怎么办？使湖南经济发展的核心区域——长株潭经济区尽快实现一体化发展，把分力转化为合力，把互耗转化为一致对外，形成整体规模优势和集团竞争力，成为湖南经济腾飞的"领头雁"，就能冲出省门、国门，走向全国、走向世界，把来自四方的竞争压力转化为发展经济的巨大动力。对这样一个重大战略性问题，应该加强舆论宣传，求得领导与广大公众的社会共识。

（2）省委、省政府领导的决心和举措力度是关键。这是一项艰巨复杂的系统工程，也是一项既有重大现实意义，又造福后人的伟业。建议省委、省政府领导如广东省委、省政府领导抓珠江三角洲经济一体化那样，下大决心，举大手笔，下大力度，迎着可能遇到的种种困难，把实现长株潭一体化发展一抓到底。我们失掉了一次最好的机遇，不能再失掉第二次了，机不可失，时不再来，一万年太久，只争朝夕。

（3）在已有成果的基础上，制定一个到 2010 年长株潭经济区建设的

"规划纲要"是实现区域经济一体化发展的总纲。建议尽快组织一个精干的有省、三市有关综合部门的同志和部分专家参与的"三结合"规划编制组，在已有成果的基础上，适应国内国际经济格局变化的新趋势，以新思路、新起点、新高度，用较短的时间制定一个简明、可行、操作性强的《规划纲要》，为实践的指间上提供一个总体框架，做到总揽全局，既勇于探索，坚持改革，加快步子，开拓前进；又循序渐进，分步实施，做到改革、发展与稳定的统一。

（4）地方法规和经济政策的统一是实现区域一体化发展的保证。三市的地方法规和经济政策应当通过协调力求统一。因此，根据《规划纲要》，制定统一的产业政策和投资政策，促进区域产业结构整体性优化，创造、组合新的区域产业优势和规模优势。

（5）成立一个具有广泛性、经常性、群众性的区域研究咨询组织，为加快长株潭经济区的建设提供智力支持。长株潭经济区的建设和一体化发展是一个边实践、边探索的过程，在实践过程中会不断地出现新情况，提出问题。借鉴长江三角洲经济研究会的组织模式，成立一个长株潭区域经济研究会，将省、市有关研究这方面问题的理论工作者、政策研究工作者和实际工作者用学术团体的形式组合起来，对于不断提出的问题，从不同的侧面进行调查、研究、比较、论证，从而求得最佳的解决问题的方法、方案或政策，作为省、市领导提供决策的依据和参考，从而提高决策的科学性和可行性。

长株潭经济区发展战略总体构想[*]

长株潭经济区位于湖南省中东部、湘江中下游,是湖南省的省会所在地。其地域范围,包括长沙、株洲、湘潭三个大、中城市和所辖11个县(市)。全区面积28938平方千米,人口1050.36万人(1984年末),分别占全省的14.16%和18.89%,平均人口密度为每平方千米363人,为全省人口密度的1.38倍。1984年工农业总产值为120.72亿元,占全省的30%,其中工业总产值86.72亿元,为全省的37.80%;社会商品零售额占全省的26.75%,外贸收购额占全省的40%左右,是全省的经济中心地区。

一 区域经济发展的有利条件和优势

1. 开发历史悠久,城市化水平较高

长沙市,公元前211年,秦始皇在此置长沙郡,汉代时为长沙国国都,之后为历代长沙郡治和湖南省治。湘潭市为历史上湘潭县城所在地。株洲市在三国时代为建宁县城所在地。区内的易俗河、靖港,曾为湖南闻名的米市,铜官为千年陶都。新中国成立以后,随着社会主义建设的发展,一些新型的工矿城镇脱颖而出。例如,株洲市解放时是湘潭县的一个小镇,仅有7000人口,工业产值58万元,到1983年发展成为拥有32.24万城市人口、18.82亿元工业产值的中等工业城市。这样就形成了沿湘江中下游分布的长、株、潭三市"品"字形城市群结构。全区有建制镇53个,未设建制镇的工矿区镇2个。1984年末全区市镇人口281.28万人,城市化水平为26.8%,高于全省3%。长株潭经济区是全省城镇聚集程度和城市化水平最

---

* 原载《经济区理论与应用》,湖南人民出版社,1986。

高的区域。城市化程度的提高和新城镇的出现，是社会生产力和商品经济发展的产物，又为区域经济的进一步发展创造了有利的条件。

2. 地理位置适中，交通运输发达

本区位于我国南部的中心腹地，是连接华北、华南、华东、西南的交通要冲。有沟通南北、东西的京广、湘黔、浙赣三大铁路干线在此十字交会，并有江南最大的枢纽编组站；有沪昆、京广等四条公路国干线在此交叉通过，水路则内连湘、资、沅、澧四水，外接长江，直通海洋；空运有我国对外开放的 17 个航空口岸之一的长沙港，航线可直达全国的 14 个大中城市。四通八达的铁运、汽运、水运、空运的综合交通运输网络，使本区北连京、汉，南接穗、港，东联沪、宁，西通川、黔，在江南和全省地区经济布局中具有十分重要的战略地位，是实行全方位对外开放的天然条件。

3. 农业自然条件优越，农业生产水平较高

本区处于湘江中下游河谷盆地及低丘陵区，年平均气温为 16 ~ 18℃，年平均降雨量在 1400 ~ 1600 毫米，全年无霜期为 281 ~ 312 天，土地肥沃，气候温湿，光照充足，在河谷盆地及低丘陵区，适种粮食及多种经济作物，东南部中高丘陵有发展林业的较好条件。

本区的农业生产历来高于全省的平均水平，是全省重要的粮食、生猪、瓜果、蔬菜生产基地。1984 年，本区乡村人口 769.08 万人，占全省乡村人口的 18.14%，耕地面积 816.18 万亩，占全省耕地面积的 16.14%；播种面积 1895.8 万亩，占全省播种面积的 16.54%，粮食总产量 1045428 万斤，占全省粮食产量的 20%，平均亩产 769 斤，为全省平均亩产的 1.19 倍；生猪年末存栏数 477.36 万头，占全省比重的 20.43%，出栏数 563.84 万头，占全省比重的 25.51%；农业总产值 34 亿元，占全省比重的 19.93%。农业主要产品产量和农业总产值占全省的比重均分别高于本区的农业人口比重、耕地面积比重和播种面积比重。本区及邻近的洞庭湖区较为发达的农业，是本区工业和城市发展的良好基础。

4. 工业基础比较雄厚，是全省最大的工业基地

本区工业起步较早，煤、锰、铁等矿产开采，有色金属冶炼，陶瓷业、纺织业的生产都有百年以上的历史。新中国成立后的"一五"期间，本区是湖南的投资重点，工业投资占全省工业投资的 57.82%，五年内，全省建

成和部分建成的 28 个大、中型项目中，三市有 20 项，占 71%。在这些大、中型企业的带动下，全区工业有了很快的发展。到 1957 年底，三市的工业总产值由 1949 年的 6705 万元增加到 6.56 亿元，开始形成省内门类较齐全的工业中心，又经过 20 多年的建设，1984 年，三市的工业产值达到 86 亿多元，占全省工业总产值的 37.82%。其中机械、冶金、电子分别占全省同行业的 52.85%、52.07% 和 52.82%，纺织、建材、化工分别占全国同行业的 41.74%、40.59% 和 38.33%；工业固定资产原值（独立核算工业企业）、职工人数分别占全省的 30.46% 和 34.57%；大、中型企业个数占全省的 34%。成为工业布局基本合理，工业部门结构具有综合性特点的全省最大的工业基地，不少产品在全国同行业中居领先地位。

5. 文化、科学技术具有重要的优势

1983 年，本区共有自然科学研究机构 201 个，占全省总数的 73.63%。全区各类科技人员占全省的 32.3%，平均每万人口中科技人员数为 167 人，为全省 98 人的 1.7 倍。1984 年，本区共有高等院校 21 所，占全省的 48.84%；高校在校学生人数占全省的 64.95%。中等专业学校 54 所，占全省的 45.76%；中专在校人数占全省的 46.75%。

二　区域经济发展的主要制约因素

1. 能源短缺，基础设施落后

冶金、机械、化工、建材四个部门是本区具有区际意义的工业主导部门，四个部门的产值占全区工业总产值的 63.6%。这四个部门一个显著的特点是能耗高，运量大。可是，本区的能源自给率低，1983 年本区实际耗电 28.85 亿度，自发电量 16.68 亿度，仅占 57.8%。电力、煤炭及炼焦、石油工业产值占全区工业总产值的比重分别为 1.26%、1.62% 和 0.14%。能源缺口大是制约本区经济发展的一个重要因素。耗能多的有色冶炼企业开工率仅 1/3，其他工厂有 20% 左右的生产能力不能发挥。交通运输方面，虽地理条件优越，但运力仍然严重不足。铁路负荷过重；公路主要干线通过能力已近饱和；主要港口码头基础设施薄弱、技术装备落后，且不配套；机场简陋，大型飞机不能起落。通信设施和手段落后，远远不能满足现代化建设的需要。这些不利因素，直接制约着本区主导工业部门的发展，并影响到整个经济的搞活和对外开放的扩大。

2. 三市工业布局自成体系，缺少综合规划、统筹安排

长、株、潭三市，地理位置毗连，经济社会联系密切，完全有必要进行综合规划、统筹安排。"一五"时期，比较重视三市的统筹安排：第一，注重利用原有的工业基础，改建、扩建和新建了一批企业，如长沙纺织厂、湘潭电机厂、田心机车厂等大中型企业，较快地形成了生产能力。第二，注重利用铁路枢纽的优越条件布置重型大工业，株洲位处京广、浙赣、湘黔铁路的交会点，便配置了株洲洗煤厂、株洲冶炼厂等大运量的企业。第三，注意按照协作配套要求建立工业系列，如在湘潭电机厂边建了电线厂，利用株洲冶炼厂废气，建了化工厂等。第四，注意按三市的特点明确分工，长沙作为省会城市，是政治文化中心，其建设重点是科技、教育和轻纺工业，避免一般省会城市盲目搞重工业综合化的弊病；株洲是铁路交通枢纽，以有色冶金、机车制造和化工为其特色；湘潭以电工为重点。

1958 年以后的 20 多年里，三市工业项目上的较多，发展较快，相互之间的经济联系增多了。但是，三市在生产建设上都强调各自独立配套、自成体系，搞"大而全""小而全"，从而造成盲目布点，重复建设。如省冶金部门在湘潭布点中型企业湘潭钢铁厂的同时，三市又各建一个小钢厂。三市已有相当规模的纺织工业能力，在纺织、印染过程中已建立起一定的生产协作关系后，又各搞自我配套平衡，重复新建棉、毛、化纤纺织工厂。此外，电视机厂、电扇厂、半导体厂、无线电厂、塑料厂等，三市都是重复设置，小批经营，既浪费了资金、产品又缺乏竞争能力。总之，没有充分利用三市工业的良好基础，没有分工协作、合理布局新的工业项目。

3. 封闭型条块分割的管理体制，阻隔了企业间、城市间、城乡间横向的经济联系

1983 年三市市属以上的 808 个工业企业，分属于中央 14 个部、省 27 个厅（局）和专业公司、市局（办）等共 64 个"条条"，和中央部、省、市、区（县）、乡（镇、街）、村（居委会）六个层次的"块块"所有，条条块块都搞重复建设，造成不合理的产业结构、企业组织结构和地区布局，使资金、物资、技术和人才不能合理流动和得到最佳结合。此外，值得注意的

是，交通运输部门的条块分割情况更为严重。1983 年，长株潭经济区有货车近 1.7 万辆，约有一半的富余车辆，但是，由于"条条""块块"之间互不开放和互不协作，互相争抢和把持货源，一方面相向空驶严重，另一方面又人为地加剧了一些线路上的紧张状态。造成了"运量不足"和"运力不足"并存的突出矛盾。公路客运的站运不分、相互封锁；水运的机构重叠、港航不分。这些都造成了运力结构的不合理和运力与运量的比例失调。

4. 城市建设缺少统一规划，工业"三废"污染严重，环境质量下降

长期以来，三市的城市建设没有作为一个城市群体来进行统筹规划。其一，在建设项目上，重复建设、重复投资的情况严重。三个城市职能分工不够明确，发展方向具有重叠性，既影响了各自特色的发挥，又未能形成相互取长补短的综合优势。其二，在生态环境上，工业"三废"污染严重。株洲市的清水塘地区，集中了污染严重的冶炼北工、氮肥、农药等厂，它虽处于株洲市的下游，但在湘潭市、长沙市的上游。三市污染源共达 297 个，约占湘江工业污染源的 40%，使三市之间 80 千米的江段成为湘江水体污染最严重的江段。其三，在城市的延伸上，互相割据，框架拉得太大，从而拉大了三市之间的空间距离、时间距离和经济距离，不利于城市群体的综合发展。

除上述问题外，传统行业的技术设备落后和资金不足。也是制约本区经济发展的重要的因素。

三　战略地位

对于长株潭经济区的战略地位，要从湖南省、华中区和全国三个地域层次的经济总体布局来认识。从湖南省经济分布的现状来看，在客观上存在着以长沙市、株洲市、湘潭市城市群体为中心的经济最发达的核心地区，以衡阳市、邵阳市、岳阳市、常德市、益阳市为中心的中间地区，和以怀化市、吉首市、永州市等为中心的边远地区，构成三个圈层和三级梯度，在经济发展上，呈现出由核心地区向边远地区逐步推进的基本趋势。因此，把长株潭经济区建设好，可以有效地推动和加速全省经济发展和繁荣。从华中地区来看，由于新中国成立以来交通条件发生了很大的变化，历史上素称"九省

通衢"的武汉市的地位已经改变；华中区的北部郑州、洛阳、平顶山城市群的经济实力有了很大的增长；华中区的南部长、株、潭三市已经形成一个城市经济联合体，其经济实力相当于南京市。因此，华中地区的联合就不应是以武汉市一个城市为中心，而应当是把以武汉为核心的武汉、郑洛平、长株潭三个支撑点视为中心。所以，长株潭城市群在华中地区经济网络中具有十分重要的战略地位。从全国地区经济的总体布局来看，长株潭城市群地处江南腹地，是上海、重庆、广州、武汉等东、西、南、北四大中心城市经济辐射交汇之点，是华中区域和华南开放区域的结合部，是我国的经济发展重点由东部地带向西南部地带实行重大战略转移时，中间地带南部支援开发西部边远地区的强大支点和基地，在全国以大城市为中心，以交通要道为依托的经济区网络中也具有重要的战略地位。

四　战略目标

依据长株潭城市群在湖南和全国所处的战略地位，总的战略目标应该是：把本区建设成为依托三市、服务全省、联结四方、面向全国、进入世界的综合型、开放式、网络状的经济区。

其一，应把长、株、潭三市有机地结合在一起，共同组成全省和华中地区南部最强大的工业基地。要按照专业化协作原则，推动三市企业的改组、联合，逐步使经济区的产业结构、企业组织结构和技术结构的合理化，建立经济区内以优势产业为支柱的产业结构群，大大增强三市工业基地的作用。

其二，必须发挥三市以服务对内和对外开放为重点的城市群体多功能的中心作用，使本区成为全省利用外资，引进、消化、转移先进技术的基地；成为全省最大的商品集散地和重要的金融市场和经济信息中心，成为培训科技人员、经济管理人员和向全省提供咨询服务的基地；成为我国江南腹地的经济枢纽。

其三，为了发挥长株潭经济区在全省、全国的战略作用，其经济发展速度应高于全省其他地区，提前实现工农业年总产值翻两番的宏伟战略目标，以带动全省经济的发展，成为全省社会主义现代化建设的先锋。到20世纪末，应把本区建成产业结构和布局合理，经济繁荣、科技发达，文化昌盛，环境良好，外拓力强的核心地区。

五 经济发展方向

1. 重工业和轻工业、传统产业和新兴产业并重的同时，加速轻工业和新兴工业的发展

本区物质生产部门结构的特点是什么呢？从工业和农业的关系来看，1984 年，区内工业产值占全区工农业总产值的 71.84%，农业产值占 28.16%，工业居主导地位；从重工业和轻工业的关系来看，1984 年，区内重工业产值占全区工业总产值的 57.32%，轻工业占 42.68%，重工业占主导地位；从传统产业和新兴产业的关系来看，新兴产业还刚刚起步，传统产业占绝对优势。本区战略重点的选择，如果不顾产业结构的这些特点，只着眼于能源、交通、资金和污染等压力，便降低以重工业为主体的传统产业的发展速度，把发展轻工业和新兴产业摆在突出的和中心的地位，显然是不恰当的。第一，这种选择离开了现有的以冶金和机械、化工、建材工业为主体的重工业优势；第二，能源交通问题的解决有赖于重工业的发展；第三，随着国民经济的发展，对于原材料的需求量将会有较大增长；第四，"七五"期间以至更长的时间里，传统产业仍将是本区国民经济的主体。正确的选择应当是：第一，在主要依靠对现有企业进行技术改造、改建扩建，以继续发挥重工业优势的同时，加快轻工业的发展；在提高和发展传统产业的同时，积极发展新兴产业，并把开发新兴产业和改造传统产业结合起来。第二，在保持农业、轻工业、重工业稳定协调发展的条件下，根据国民经济发展和人民生活水平提高所引起的社会需求结构的变化，着重调整农轻重内部各自的结构，使本区多层次的产业结构逐步实现合理化。

2. 重点发展具有区际意义的工业部门，进一步发挥长株潭经济区的工业基地作用

工业的发展要从全省和全国的总体布局出发，按照社会主义劳动地域分工的原则，对于那些可以充分利用本区的优势，其产品除供本区的需要外，并有部分或大部分供销国内外广大市场的工业部门，应重点发展。

第一是机械、电子工业。机械、电子工业是国民经济的技术装备部门，也是本区的优势部门。1984年本区机械工业产值占全省机械工业总产值的52.84%，且有一批大中型骨干企业和优势产品。发挥本区机械工业的优势，要继续调整服务方向和产品结构，围绕加快能源开发和节约的需要，大力加强电工设备和采矿设备生产的发展，如电器、电机、电线电缆、高压电瓷、矿山电动轮自卸车和大型工矿电机车等；围绕交通运输业发展的需要，着重发展铁路机车、货车、客车、轻型汽车、汽车配件和起重设备等；围绕机械电子工业自身技术改造和技术发展的需要，调整机床工业产品结构，重点发展数控、精密、高效机床和拉床、锯床新品种等。1985年全区电子工业产值已占全省电子工业总产值的60%，是湖南省电子工业最集中的地区。当前，就电子工业的基础条件来看，在全国虽居中等水平，但本区电子科研的实力雄厚，国防科技大学的电子科研在全国处于领先地位，成功地研制了具有20世纪80年代国际先进水平的银河亿次电子计算机、银河全数字仿真及超级小型计算机等电子产品。中南工业大学、湖南大学等院校和三市的电子研究所，也都具有较强的实力。应当集中科技优势力量，实行科研与生产结合，重点发展和开发微型计算机和外部设备，广播电视产品和电子元器件，加强现代化通信设备的开发和生产，把长株潭经济区建设成中南地区最大的电子工业基地、科研实验基地和新技术、新产品开发基地。

第二是原材料工业。冶金、建材、化工等基础工业，是本区的优势行业，1984年，其产值分别占全省同行业产值的52%、41%和38%。发挥这些行业的优势，主要是利用现有基础，通过技术改造，扩大短线产品的生产能力，增加品种，提高质量，搞好综合利用。要在较大幅度地增加生铁、钢产量的同时，着重发展小型线材、金属制品、铁合金产品等；有色冶金工业要重点发展硬质合金、铝、电铜、电铝、锌品等。建材工业主要发展平板玻璃、高标号水泥、工业陶瓷等，大力发展和开发新型轻质、高强度、多功能的建筑材料生产。化学工业着重发展烧碱、纯碱、硫酸、乙烯等基本化工原料，继续发展具有传统优势的染料、油漆、农药等产品，大力开发在轻工、纺织、电子、建材、科研等方面有着重要用途的精细化工产品。

第三是消费品工业。本区消费品工业应着重发展食品、纺织、服装、耐用消费品、日用陶瓷、工艺品工业。要在发展日用生活必需品生产的同时，把主要力量放在求质、求新上，大力增加名优产品、适销对路产品和中高档产品，积极促进产品的升级换代，把本区整个消费工业提高到一个新水平。本区食品工业在全省食品工业中的比重虽然不大，但本区的农业资源丰富，食品工业发展的潜力很大。要积极生产各种方便食品和名优特食品，重点发展啤酒、饮料、名烟等市场短线产品。全区纺织工业拥有较大的优势，纺织服装工业，要适应国内市场和出口的需要，调整产品结构，更新品种，增加花色，重点发展麻纺、化纤制品。耐用消费品工业，重点发展彩色电视机、电冰箱、洗衣机等家用电器的生产；积极发展中高档成套家具和厨房用具。陶瓷工业要增加细瓷和成套瓷的比重，开拓国内市场，积极扩大出口。同时积极发展湘绣、羽绒、烟花鞭炮等传统的工艺美术工业产品。

3. 加强城市基础设施建设，加快发展第三产业

第三产业发展的程度，决定着中心城市对周围地区提供各种经济、技术服务的能力、质量和效率。因此，必须把发展第三产业，提高第三产业在国民经济中的比重，作为本区一个战略重点。要大力发展生产资料和消费资料的内外贸易，积极开展跨地区的商业联合、工贸联合、农贸联合，使本区成为全省、江南以至全国各地进行商品交换的一个重要基地。要充分重视发展金融业，建立资金市场，逐步形成面向全省的金融中心。要发展信息、咨询服务业，逐步形成能够提供软件设计、科技开发、企业管理、商业技术、工程承包、人才交流、环境保护以及会计、法律等，多门类、多层次的咨询服务行业，使本区成为江南的经济、技术信息的一个重要中心。要加速发展旅游业，扩大旅游网络。还必须积极发展邮电通信业、仓储业、运输业、装卸业和城市其他公用事业，较快地改变城市基础设施严重落后的状况。

4. 加快发展农业，建立强大的副食品和外贸生产基地

本区农业是以粮、猪为主的农业。1983年，本区粮食总产量占全省的1/5，平均亩产为全省平均亩产的1.22倍，人均产量1210斤；生猪年末存栏数占全省比重也是1/5，人均饲养量为0.92头。但林业、渔业的产值占全区农业总产值的比重只有2.63%和1.19%，水产品、牛奶、水果，人平均分别只有8斤、6斤、3斤。因此，必须适应城市、工业和外贸发展的需要，进一步调整农业生产结构。一是，要继续保证粮、猪的稳定增产，提高质量，改善粮食结构，发展饲料工业，促进饲养业的全面发展；二是，根据各地距城市的远近、土壤等自然条件，因地制宜，合理布局，建立强大的蔬

菜、水产品、水果、牛奶、食用菌等生产基地和农副产品外贸生产基地。要充分发挥工业和城市的经济技术优势，加强对农业的支援，提高农业经济的专业化、商品化和现代化的水平。

六　三市的性质、分工和发展方向

长沙市是湖南省会和我国重要的历史文化名城，是全省的政治、文化中心。从秦汉起，长沙即为包括湖南省主要地区在内的长沙郡、长沙国的郡治、国都，迄今一直是湖南省的政治中心。同时，也是全省的文化中心，南宋朱熹创办的岳麓书院是当时全国四大书院之一。目前，全市有高等学校18所，中等专业学校34所，自然科学研究机构129个，全省的科技情报机构也集中在长沙。此外，长沙市还是湖南的贸易、金融中心和轻纺、机械电子工业基地。

株洲市是以有色冶金、铁路机械、重化工和建材等工业为主体的中等工业城市。1984年，株洲市以机械、冶金、化工、建材为主体的重工业产值占全市工业总产值的73%。占市区工业总产值的81.4%。株洲市也是我国江南最大的铁路交通枢纽，京广、浙赣、湘黔在此交会。

湘潭市是由一个古老的米市发展成为以电工为特色，以机械、冶金、纺织工业为主体的中等工业城市。1984年，电工厂66家，初步形成了以电器、电机、电材为主，系列比较齐全的电工产业群，总产值达37259万元，是全国第六个低压电器生产基地，赢得了"江南电工城"之称。该市拥有全省最大的棉纺厂和钢铁厂，亦有"钢城""纺城"之称。

城市性质是城市分工的基本出发点，也是确定城市发展方向的依据。长沙市今后的各项建设，应以省会中心城市的作用为出发点，首先要保证全省性的政治、文化和贸易等活动的需要，省党政机关开展工作的需要，各地、市到省工作的需要。为此，要相应地加强市政公用和生活服务设施的建设，增建文化活动场所，大力发展第三产业。长沙市今后工业发展的方针应是：第一，为省会服务。长沙市城市非农业人口，1985年已经达到95.92万人，其中收入高的职工、科技人员的比例大，流动人口多，对工业品需要的数量大、品种多、质量高，而当前这些方面的产品还不能满足需要，所以必须加强食品、服装、纺织、日用化学、家用电器以及印刷、文化用品等多项工业的发展；第二，积极发展现有的优势行业，包括汽车配件、金属切削机床、工业泵、矿山设备等机械产品，荣获国家质量奖和畅销国内外的陶瓷产品，具有多年历史的湘绣等工艺品；第三，应特别重视利用长沙强大的科研力量，大力发展和开发知识技术密集型工业。重点发展集成电路、铬板、微处理机、小型计算机等电子产品，开发激光、光导通信、信息技术等，引进国外先进技术，建立光导纤维生产基地；第四，对现有耗能高、运量大、占地多、污染重的冶金、化工、建材等工业，要进行重点改造并严格控制其发展。

株洲市要围绕发挥铁路交通枢纽和重工业基地的作用，重点发展以有色冶金、化工、建材为主体的基础工业原材料生产和以电力机车、铁路货车车辆、油罐车、摩托车、汽车配件、起重设备等交通机械商品；同时，要大力发展以麻纺、陶瓷、烟花、皮革为主体的轻纺工业，并成为全省的一个重要的出口商品基地；适应工业基地和交通枢纽的需要，要做出较大努力来发展仓储业、运输业、装卸业、邮电通信业、商业、服务业以及金融、信息业，使工业、商业、服务业和对外贸易有一个全面的发展，改变第三产业严重落后的状况，做到第一、第二、第三产业相互促进。

湘潭市应发展作为"江南电工城"的特色和发挥黑色冶金工业基地的作用。机电工业要开发机电组合成套设备为主的新型优势产品，黑色冶金工业重点发展线材、小型材和锰系列铁合金、铝铁合金等在全国有重要地位的产品；同时要加强作为湖南省纺织印染中心的建设，大力发展皮革、日用玻璃等轻工业优势产品和啤酒等食品工业；要适应城乡建设发展的需要，扩大高标号水泥等建材的生产能力，积极开发和生产新型建筑材料。

应根据二市不同的性质、特点、生产基础和分工协作条件，确定各自的文化科技发展方向。长沙市应进一步加强全省性的科技情报中心和技术储备基地建设，重点设置和发展综合性的自然科学和社会科学的科研机构、尖端性的科学试验中心；株洲市和湘潭市应配置和积极发展与两市工业有关的、技术协作条件较好的科研机构和大专院校，如机械、纺织、建工、轻工等工业院校。

七　城镇体系的布局与调整

城镇布局与生产力布局特别是与工业交通布局是互相制约、互相依存的。生产力布局决定城镇布局，而城镇布局是否合理，又直接影响生产力和社会经济的发展。因此，搞好长株潭经济区的城镇布局是本区现代化建设的一项综合性并具有重大战略意义的任务。

1. 长株潭城市群体的总体布局

长株潭城市群的总体布局，一方面它类似一个分散布局的特大城市的总体布局。由于三市紧邻，各方面的联系十分紧密，对于它们之间的分工、协作和发展方向，工业布局、交通与道路系统，区域环境及城市间小城镇的规模和发展方向等，都必须作为一个整体来统一规划、合理布置；另一方面，它是由三个独立的城市组成的城市群体，其总体布局又是不同于单一城市的分散布局。各个城市规模的发展是相向还是相背？各个城市自身的用地结构和用地安排，既应服从城市群总体布局的要求，又必须以各自城市的性质、功能、城市基础和发展条件为依据。具体来说，有两种基本方案可供选择：

第一种方案，三市用地相向连片发展，逐渐变城市群体结构为单一特大城市。这种方案的好处是：第一，现在三市已经向交界处竞相布置项目，有逐步靠拢的趋势，有部分基础设施可供利用；第二，变成单一的城市，便于统一管理。但是，这种方案的主要弊端是：第一，城市骨架拉的太大，既在城市建设投资上造成巨大的浪费，又使生产和生活有许多不便。第二，根据三市城市人口的预测，到 2000 年，城市人口将增加到 275 万人左右，如果采取相向连片布局模式，必将带来一些特大城市所共有的如交通、住房紧张、环境质量下降等弊端以及其他社会问题。

第二种方案，仍取"三足鼎立"组团布局模式。根据三市的客观条件、原有基础和发展方向，采取以三市市区为中心，以铁路和公路干线为联结轴线，以农田和绿化带为间隔的多中心分散布局。三市的主体部分实行集中布局，每一个城市都以其主体部分为核心，以经济区统一规划的工业布局和交通布局为依据，以原有建设条件好的工业点、镇为基础，建立若干个与城市主体部分交通联系便捷的工业和文教片区，采取"一城多片"组团式布局。

易家湾位于三市交界点，又有昭山濒临湘江的自然景观，可以把它建设成为城市群体的风景旅游区和森林保护区。这样，对于城市群体的工业布局、交通运输布局、城镇布局作为一个整体进行统一规划，避免盲目发展和重复布点，形成综合优势。同时，在城市群体总体布局上，仍然采取"三足鼎立"的结构形式，又能避免集中连片式布局的某些弊端，从而做到宏观经济效益、社会效益和环境效益的统一。本区城镇规划以第二个方案作为基点较好。

2. 控制长沙市中心区的人口规模，适当发展株洲和湘潭市，积极发展几个小城市

1949 年长沙市非农业人口 34.42 万人，1985 年达 95.92 万人，增长 1.8 倍，年平均递增率为 28.8%，近五年来，城市人口递增速度达 34.3‰。按年递增率 28.9‰ 推算，2000 年城市人口规模将达到 147 万人。如果按 34.3‰ 的年递增率推算，到 2000 年人口规模将达到 159 万人。为了避免中心城区人口过渡膨胀，应采取控制措施。株洲和湘潭市的骨架较大，建成区内各有插花地数百公顷可资利用，尚有较大的发展潜力，一些新的占地较多的工业项目、教育和科研单位，可适当分散到湘潭、株洲二市。

要把地理位置适中、城建条件较好的几个城镇，建设成为次级区域经济中心。一是醴陵市，位于三市的东部，距株洲市 45 千米，浙赣铁路干线和醴茶、醴浏地方铁路线，106 公路和 320 公路国干道在此交会，沟通湘、赣两省的重要水道——湘江支流渌江穿过市区，是湘东重要的交通枢纽和物资集散地，也是联结湘、赣两省的纽带城市，是全国陶瓷八大产区之一，素有"瓷都"之称。该市按其用地条件人口规模可发展到 15 万~20 万人，城市性质是湘东物资集散中心和以陶瓷工业为主的工业城市。二是湘乡县城，位于三市的西部，湘黔铁路和 320 干道由此通过，现有大、中型企业如铝厂、铁合金厂、水泥厂、啤酒厂，用地、用水、电路条件好，适宜于大工业布点，可以升级为市，人口规模可发展到 10 万~15 万人，城市性质可定为以冶金、建材、食品工业为主的工业城市。三是宁乡县城，位于三市的北路，距长沙市 42 千米，是长常公路的咽喉，与湘东地区、洞庭湖腹地以及湘西区域的联系都较便捷，工业以机械、轻工为主体，农副产品资源丰富，除粮食外，生猪和茶叶是两大优势，伪水环绕县城，地下水资源丰富，城市用

地、用水条件好，近期可升级为市，发展成为长沙市分流的，以机械、轻工、食品加工业为主的工业城市，人口规模可规划为 10 万～15 万人。

3. 积极促进县城和重要建制镇的发展

县城是全县的政治、经济、文化、科技中心，是城乡之间联系的纽带。加强本区的县城建设，有利于区域城乡人口的合理布局，控制长、株、潭三市人口规模，逐步形成以长株潭城市群体为核心的城乡结合的经济网络，实现城乡一体化。在县城以下，分布着数量众多，规模不等的县属建制镇和集镇。这些农村集镇，是农村发展工商业的主要阵地，农村一定区域的经济、文化中心，吸收农业剩余劳动力的主要场所。在促进其普遍发展的基础上，要重点发展区域中心的建制镇，有步骤地进行一些必要的城镇建设，更好地发挥地方中心镇的作用。

这样，逐步形成以长株潭城市群为中心、以县城为纽带、以建制镇为基层环节的，相互之间有着一定职能分工、城乡结合、多层次的区域经济网络和城镇网络。

八　建立开放型的经济区网络

城市经济区就是以大、中城市为中心，以交通要道为依托，依据商品经济的紧密联系和城市经济辐射的范围，形成的区域经济网络。建立经济区，就是要组织多层次、多种形式的横向经济联合，形成四通八达的经济网络。以长株潭城市群为中心的经济区网络，其基本构成应当是：以企业联合为基础，以行业性的联合为骨架，以资金横向融通为纽带，以城市群体的联合为主导。

企业是国民经济的细胞，经济区的各种经济网络系统都必须以企业的联合为基础。本区是湖南省最大的工业基地，积极引导和推动以名牌优质产品为"龙头"的专业化协作的企业联合和以资金、原材料、厂房、设备、技术、劳动力等各种生产要素为内容的企业联合，以本区的名优产品、支柱产业为对象，或以外贸出口为目标，组建各种企业经济联合体，逐步形成经济区开放式的工业生产协作网络；本区也是湖南省商品生产和商品交换最发达的区域，从区域城乡商品经济的特点出发，以商品购销为主要内容，以独立经营的企业为基础，积极促进工商、商商之间的联营，农商联营以及主要产品和主要市场的联合经营，逐步形成区内外结合、城乡结合的流通网络；本区是江南最大的铁路交通枢纽，公路运输和水上运输也都比较发达，积极组织公路、铁路、水运以及空运的联运，和陆运、水陆运输企业的联合，逐步形成经济区水、陆、空立体交叉型的综合运输网络；本区拥有比较雄厚的智力资源，积极促进企业与科研、教学单位之间的联合，科研单位之间、科研与教学单位之间的联合，发展科研生产联合体，发展技术型、知识型联合体，逐步形成经济区的科研生产结合、多学科结合和城乡结合的技术开发网络，等等。

行业主管部门要维护企业横向联合的自主权，要在企业横向联合中发挥引导、促进和服务的作用。三市已经建立的几个行业联席会议或协作会议，开始显示它的作用，但还需进一步健全和完善。尚未建立联合的行业，应当以行业联合会、协会或协作会议等形式，逐步组建经济区的行业性联合体。行业联合体不是经济实体，不同于企业联合体。但是，这种打破条块分割的行业性联合组织，可以共同制定区域的行业经济技术发展战略和行业规划，为企业的联合指明方向和重点，避免企业联合的盲目性和重复建设；共同调整有关政策，改革有关体制，为企业的联合消除障碍；共同为企业联合提供信息，牵线搭桥，协调和解决联合中的矛盾；共同按照国家宏观经济发展的要求和经济技术的合理性，为企业联合组织可行性论证；共同总结和传播企业联合的经验等，在维护企业自主权的基础上，促进企业横向经济联合健康发展。

资金的横向融通是社会主义商品经济的血液、横向经济联合的纽带。各种横向的经济联合，必须有信贷的参与和各种金融企业的联合支持，必须在国家控制的固定资产投资规模和贷款额度内，允许金融企业跨地区、跨部门的横向经济联合组织发放固定资产贷款，允许跨地区、跨专业组织银团联合投资、联合贷款、联合租赁，允许经济联合组织签发的商品票据，经过付款企业或有关银行承兑后，可以跨地区、跨专业向金融机构办理贴现，等等。否则，各种跨地区、跨部门的经济联合体的形成和发展是不可能的。因此，必须在本区已经形成的开放型的工商银行、农业银行横向资金融通的基础上，进一步发展跨专业的资金融通网络，组织跨地区、跨专业的金融信托投资公司银团，运用多种信用形式，逐步形成面向全省的金融中心、资金市场和金融网络，充分发挥资金融通在横向经济联系中的纽带作用。

中心城市是各种商品经济活动的中心，是多层次经济网络的依托。加强长沙、株洲、湘潭三市的联合，对于形成本区的各种经济网络系统起着主导和枢纽作用：（1）可以打破条块分割，联合制定区域的经济社会发展规划，并把区域规划和行业规划结合起来，把城镇体系的调整、布局与区域生产力的合理布局、交通运输布局结合起来。（2）能够对本区的基本情况、特点和优势共同做出科学的论证和综合分析，促进行业联合体的形成和发展，发挥行业性联合体为企业横向联合的服务作用。（3）可以引导企业联合按照国家宏观经济发展的要求，发挥本地区的综合优势，合理地开发本区的自然资源和社会经济资源，促进区域产业结构的调整和生产力布局的改善。（4）有利于改变城市的"大而全"和企业的"小而全"状况，促进区域企业组织结构的合理化和商品、资金、技术、人才和信息的合理流动，加速社会主义统一市场的形成。（5）有利于逐步实现政企职责分开，促进三市政府自身管理体制的改革和经济职能的转变。

九 几点建议

（1）健全经济区领导体制，加强办事机构。城市经济联合体和经济区不是一级行政层次，不是一个新的块块。但是，逐步建立跨城市、跨部门、城乡结合的经济区网络，制定区域经济发展战略和区域规划，不仅涉及长沙、株洲、湘潭三市，还涉及省内的各个有关部门。各种矛盾相当复杂。必须建立一个具有很高权威性的综合协调机构，以便协调城市间、部门与城市间、部门间的关系，使横向经济联合能够健康地发展，区域规划更好地反映社会主义商品经济的规律和生产力合理布局的客观要求。为此：第一，在进一步健全经济区联合体的决策机构——市长联席会议制度的同时，建立一个由三市分管这项工作的副市长和有关职能部门的负责人、省政府有关职能部门的负责人、联合办公室负责人等组成的协调委员会，作为经济区联合体协调会议的执行机构，联合体日常工作中的重要问题由协调委员会处理。第二，加强常设办事机构——规划联合办公室的工作。考虑到常设办事机构工作的连续性，办公室应设立一名联合体常务秘书长，由省计委选派一名处长担任，由坐庄城市的一名计委副主任担任副秘书长。省计委应派两名工作人员、三市计委各派一名工作人员参加办公室工作和固定一名得力干部担任联络员。第三，由于城市经济区的组建是一项开拓性的工作，是经济体制改革中出现的新事物，需要边实践、边探索，因此需要建立一个综合性的研究咨询机构，暂时可由省社会科学院的长株潭区域经济研究课题组作为经济区联合体的研究室，承担此项任务。

（2）积极促进和推动经济区的横向经济联合，对已经出现的各种新型横向经济联合的形式认真总结，按照客观经济规律，加以引导，逐步提高。从本区的经济特点和发展现状出发，根据专业化协作和提高经济效益的原则，联合的重点应是：①以名优新产品为"龙头"，大中型企业为骨干，联合组织专业化生产，发展系列产品，搞好产品深加工和综合利用；②联合开发新技术、新产品和新兴产业，联合引进先进技术、设备，并组织消化、吸收、翻版、创新；③在企业和教学、科研单位自愿的基础上，积极发展各种生产、科研、教学联合体；④积极发展多种经营、联购、联销、发展工商、商商、农商联合，发展工贸、技贸、农贸联合，扩大外贸产品的生产，联合向外开拓市场；⑤进一步发展金融联合和横向资金融通，逐步形成面向全省的金融中心和资金市场；⑥联合组织重大科技攻关和人才培养，加强经济区的科技、经济信息交流；⑦联合发展交通、通信，加强其他基础设施的建设，发展咨询服务事业。

（3）进一步开展经济区发展战略的研究，共同制定区域经济社会发展规划。现在，长株潭区域经济研究课题组为制定本区规划已进行了大量的前期工作，株洲市和长沙市已经制定本市的（包括所辖县）长期规划，三市城市规划的修订工作也已开始。应当在这个基础上，对于经济区的发展战略进一步开展研究和做出论证，先重点抓好对本区经济和社会发展关系重大的专业规划，例如区域的城镇规划、综合交流运输规划、工业合理布局规划、湘潭市长期发展规划、建设电子工业基地和电工基地规划等，待条件基本具备时，再制定经济区的总体长远发展规划。

（4）联合制定鼓励经济区内横向经济联合的互惠办法。为了进一步巩固和发展区内各种横向经济联合，应在国家政策允许的前提下，共同制定出优惠的办法。例如，对联合开发或共同受益的重大建设项目，三市可组织跨专业银团贷款，优先给予信贷支持；开展技术转让、产品扩散和工程招标等方面的经济技术联合和协作时，在同等的条件下，应优先安排给区内的企事业单位；对列入国家计划的区内的重大经济联合项目，在征用土地、建筑施工、物资供应等方面，项目所在地应提供方便，酌情给予优惠；区内各成员联合协作项目投产后增产的原辅材料、技术装备和工艺装备等，应优先满足区内各成员的需要；区内优先转让科研成果和软件技术时，收费要给予适当优惠；对于引进技术设备的消化、吸引、复制、创新等要互相提供方便，积极开展联合协作，在安排项目上做到优先，在利益上给予优惠；区内高等院校、中等专业学校和科研院所在完成国家计划的前提下，统筹安排代培短缺人才，代培费用应适当优惠等。

长株潭结合部的功能定位与布局 *

长株潭结合部在城市群一体化发展中具有重要的战略地位，一个新的经济增长点以出乎人们所预料的发展速度凸显出来。

"结合部"特别是其中心区域具有三个突出的优势：一是区位优势。由于它处于"金三角"的中心地带，它的发展，既可以接收三个市的扩散，又能够面向三个市的大市场，在城市群一体化发展中具有最好的发展机遇。二是交通优势。区内京广铁路和湘江贯通南北，107 国道、320 国道、京珠高速公路和即将修建的上瑞高速公路纵横交错，是国内少有的一个重要的高速交通枢纽点。同时，它还紧邻黄花机场和大托铺机场，水、陆、空交通都十分方便。三是生态资源优势。这里山峦叠翠，山地植被丰富，湘江环绕，水资源有保障，具有良好的自然生态和环境的开发条件。

它的区位特征决定了这一区域选择什么样的开发战略和布局方案，直接牵动和关系到长株潭城市群的总体发展模式与框架结构，关系到城市群的总体风貌和特色的形成，以及市场和产业的合理布局，战略地位十分重要。

它选择什么样的功能分区和布局架构较为合理和符合实际？1984 年，我在提请省委讨论决策的《关于建立长株潭经济区的方案》中，建议在"结合部"三市联合建立一个经济技术开发区。我认为长株潭是湖南经济较发达的核心地带，设置经济技术开发区的条件较好，"一个城市单独搞，势力单薄。三市联合搞，可以做到投资少、上得快，收到事半功倍的效果。可以在三市的结合部划出一块作经济开发区。"这一建议得到省委的肯定，也得到三市政府的支持。1985 年，在组织《方案》实施的过程中，三市各自提出了一个"开发区"选址的方案，并落实到图纸上，进行了初步的比较

* 原载《湖南日报》2000 年 7 月 6 日。编入本书的是"原稿"。

论证。同时,在我撰写的《长株潭经济区发展战略总体构想》的战略报告中,我认为长株潭城市群的总体布局,仍应采取"三足鼎立"组团式的结构模式,易家湾位于三市的交界点,昭山濒临湘江,自然景观优美,可以把它建设成城市群体的风景旅游区和森林保护区,这种结构形式,既可以避免连片发展的某些弊端,又能做到宏观经济效益、社会效益和环境效益的统一。

经过进一步思索,1996 年 11 月,在株洲召开的"长株潭经济区发展研讨会"上,我在大会的发言和提交的《建议方案》中,对于"结合部"开发的功能分区和布局架构,明确地提出了"一心三区"的设想。我认为三市的交会地区,位置适中,交通方便,环境良好,有近百平方千米的区域可以开发,需要进行总体设计、合理布局、超前规划。根据这一区域的区位特点和环境条件,可以采取"一心三区"的模式进行布局设计,即行政文化中心、高科技工业园区、金融贸易区和旅游度假区,不宜布局大工业。这就是在从易家湾到暮云镇等结合部的中心区域建设一个新的金融贸易区,以昭山为中心,建设一个集旅游、度假、休闲为一体的旅游区,以岳麓山大学区为依托,突破行政区界的限制,沿湘江向南拓展,建设一个高科技工业园区,即湖南的硅谷。这只是一个框架设想,还没有具体化,具体的定性定位要在空间上落实,还是一个复杂的系统工程。同时,这个架构设想是否合理,还有待进一步研究和论证。

但是,最近两年"结合部"的发展态势,部分的证实这一设想还是有一定的科学性的。位于"结合部"中心点的"长株潭批发大市场",今年可完成 30 万平方米的建设面积,三年内可完成 60 万平方米。同时,占地 30 亩的农资批发大市场也已开始兴建。对于这一区域的开发,还有一个十分重要的因素,需要充分考虑,就是我国加入世贸组织(WTO)在即,加入 WTO 之后,外国的批发商以致银行家也会看中这块"风水宝地"。依托区域的三大优势,根据国家给予西部的优惠政策也适用于中部的规定,制定国内最优惠的政策,提供最方便的服务,加大对外招商力度,也是加快该区域开发应采取的战略措施。看来,以新的商业业态——批发业、仓储等业为主,辐射力越过三市、跨越三湘、波及全国的贸易中心、物流中心,不久将屹立在"结合部"的湘江之畔。随着商贸区或金融贸易中心的发展,必然带动其他第三产业的发展和相关加工业基地的建设，发展前景和带动的区域十分广阔。旅游业的开发也在紧锣密鼓地进行，石燕湖生态公园已初具规模，现正在进行完善设施和拓展新景点的建设，4000多亩仰天湖退田还湖的工程也已经启动，横跨长沙与湘潭的沿江风光带的建设正在分段推进。同时，与"结合部"连接的长沙大道南拓工程也将于今年国庆节之前完成。"结合部"内或靠近"结合部"，电子工业园、民营科技园、以花卉生产为特色的高效农业园等新兴产业也形成一定规模，区域的主导性产业也已逐步凸显出来。有的同志把"结合部"开发的热潮特别是其中心区域开发建设兴起的历史作用，概括为"融城之城"是有道理的。

　　当前，"结合部"的各区、乡、镇开发的积极性都很高。需要注意的是，如果只是从本区域的局部利益、近期利益去确定开发项目和进行开发建设，就有可能重新出现低水平的重复建设，不仅难以形成规模效益，还会导致布局的杂乱和资源的浪费，若干年后再去调整和改正就难了，就会付出重大的历史代价。"结合部"的开发，不仅要做到统筹规划与合理布局，还必须坚持高标准，力求做到"两最"，也就是要具有最优的生态环境和最突出的山水特色。在经济开发中不只是要注意保护已有的自然生态资源，而且要把经济建设的开发与建设最优的生态环境相结合，不论是商贸区、工业园区还是住宅小区，都应要求具有花园式的特色，并尽可能地富有文化内涵。还要做到"三高"，即项目的高水平、建设的高质量和文化的高品位。实行"两禁"，禁止布局环境污染性项目，区内已有的污染性的企业应外迁，同时禁止布局占地多的大工业项目。尽可能地充分利用这一区域良好的自然生态条件，把它建设成特色突出、环境优美、产业效益好、市场吸引力大、辐射力强、居民生活质量高的生态性的新市区。为此，我们应该遵循市场经济运行的客观规律性，打破行政分割，着眼长远，立足当前，着眼全局，立足本区，既要从"结合部"的区情和区域特征的实际出发，又要站在远处和高处进行思考和探索，把两者结合起来，把"结合部"作为一个整体性的系统工程来研究，探求和选择开发和发展的最佳战略思路、布局方案以及规划纲要。城市是凝固化了的历史，城市布局上的重大失误其历史代价是沉重的，甚至是不可挽回的。20世纪50年代，北京如何建设？曾经有过两种截然不同的方案供选择和争论：一种主张把北京城完好地保存下来，另建立一个新北京，像罗马那样；另一种则坚持要把城墙、牌楼拆除，按照现代模式改造旧北京。如果选择前一种方案，北京城的历史价值将是不可估量的，现在想用高价从市民中收购城墙大砖来恢复一段城墙都办不到了。这在城市规划建设上应该是一个深刻的历史性的教训。澳大利亚的悉尼市现在的城市发展，仍然循着 60 年前制定的城市规划的框架。无论是长株潭城市群体的总体布局规划，还是"结合部"的布局规划，就其架构而言，至少应该能管30 年，最好是 60 年，或更长一点的时间。我们应当对历史负责，对子孙后代负责，在事关长远性、战略性的重大问题上，力戒"本届政府"的思维定式。长株潭经济一体化的建议，我已提出 18 年了，现已年逾七旬，但是，在有生之年，我想继续坚持"小车不倒只管推"的精神，为之奋斗不息，尽可能地贡献自己的微薄力量，尽管它只是沧海中的一粟！

长株潭一体化要构建经济共同体实现
经济运行同城化 *

——湖南在中部崛起核心战略思考与建议报告之一

一 长株潭经济一体化已步入新阶段

长株潭经济一体化的发展，与国际区域经济一体化所呈现的发展趋势或规律性类似，也要经历一个由初级阶段、中级阶段到高级阶段逐步演进的历史过程。

1997 年，长株潭经济一体化启动的时候，省委省政府提出的思路和指导思想是："总体规划启动，基础设施先行。"之后又加了一句"重大项目跟进"。总之，统领这一阶段经济一体化的是"总体规划启动"。按照这一思路，从 1998 年开始制定 5 个专项规划，到 2003 年基本完成区域发展总体规划，共完成了 10 项规划的编制工作，形成了一个完整的区域规划体系。专项规划的边研制、边启动也已取得明显的成效。

2004 年，区域总体规划经过专家评审后在三市公示，湘江生态经济带重大项目开工建设，这标志着"总体规划启动"阶段（即经济一体化的初级阶段）已基本结束。从 2005 年开始，长株潭经济一体化步入一个规划实施、重点突破、全面推进的新阶段。"十一五"是这个新阶段的关键时期。

二 新阶段的直接目标是构建长株潭经济共同体

新阶段统领经济一体化是规划全面落实，直接目标是构建城市经济共同

* 原载《湖南省情要报》2005 年第 1 期。

体。这是加快区域整合、形成整体聚合力和规模竞争力的基本途径，也是长株潭赶超大武汉、率先在中部崛起的必要条件。

就长株潭来说，构建经济共同体就是实现经济运行和经济秩序的同城化，因为与长株潭相对应的武汉，是一个单一行政主体的超级大都市。主要内容包括以下几方面。

（1）共同规划建设市际之间的公交、供水、供电、供气、治污等市政基础设施建设，并构建共同的安全防范与应对体系。

（2）制定和实施共同的地方性经济政策、社会政策，以及共同或接近的地方性法规和条例。

（3）实现商品、人员、资本、技术等经济要素流动的内部无边界。

（4）统一规划产业发展的合理布局和差异化定位及集群化发展，在充分发挥市场配置资源基础性作用的同时，加强政策引导和政府推动，共同构建几个区域性的国际知名品牌产业高地，形成几大块状经济和规模竞争优势。

（5）统一规划、合理布局区域性大市场（包括商品市场、要素市场、服务市场）和现代物流园的建设，建立和完善统一的市场体系、统一的市场环境和市场机制。

（6）组建和完善经济共同体的组织机构，形成规范高效的运作机制。

目前，长株潭经济一体化的组织机构是适应启动时的需要建立起来的，带有临时性和不规范性，难以形成制度化和规范化的运作机制。因此，适应一体化由启动阶段步入全面推进阶段的转变，需要进行组织创新和机制创新。

一是，组建经济共同体委员会，以代替临时性的长株潭经济协调领导小组。委员会主任由省长或常务副省长兼任，配一位副省级领导干部主持委员会的工作。委员会办公室（即执行机构）定为正厅级，为方便工作归口省发改委，仍由发改委主任兼任办公室主任，配厅级专职副主任。委员会及其办公室的工作，可用"条例"的形式赋予和明确界定其职权范围和职责，形成规范化高效率的运作机制。这是搞好长株潭经济一体化的前提条件。

二是，建立和健全一体化行业性自协调、自律性的互动机制。其具体形式可根据不同领域、不同行业的特点采取不同的组织形式。有些可采取委员会的形式，如长株潭市政建设委员会、环境委员会、安全防范委员会以及长株潭生态经济带建设和保护委员会等。有些宜采取制度化、规范化行业联席会议的形式。还有些可采取组建非官方或半官半民的商会和行业协会的组织形式，因领域和行业制宜，调动和发挥多方面搞一体化的积极性。形成这种一体化行业性的自协调机制，就形成了一体化网络中的纲，推进一体化就有了"具体抓手"，抓住了纲，就会纲举目张，出现"万马奔腾"搞一体化的活跃局面。发挥多个积极性，关键是充分发挥作为一体化主体三个市的主动性和积极性，特别是在一体化过程中发挥长沙市的主动性和龙头作用。长株潭经济一体化说到底是长沙中心城市功能的扩展、外延和提升。

三 新阶段的发展战略为赶超人武汉率先在中部崛起

2004 年 10 月，在省委省政府召开的"长株潭经济一体化暨'一点一线'地区加快发展座谈会"上，对长株潭经济一体化的发展提出了新思路新目标：长株潭要全面赶超武汉，率先在中部崛起，在中部城镇圈上形成增长极。这个新思路新目标提得好，恰逢其时。在认识上，实现了由就湖南论长株潭到跳出湖南论长株潭的飞跃，在实践上抓住了湖南崛起的核心，也为长株潭一体化的发展注入了新的动力。

但是，要实现这个新目标是一个艰巨复杂的系统工程，要进行多方面的努力、探索和奋斗。由于受篇幅所限，本文仅就如何科学界定赶超目标这一前提性问题，做一些比较分析并提出相应建议。

目标的界定必须建立在可比性的基础上，才具有实在的意义。就长株潭与武汉的对应性来说，可做三种比较（见表 1）。

表 1　2003 年长株潭与武汉综合经济指标比较

	武 汉	长株潭 （含 12 县）	长株潭 （3 市）	长株潭 （含 4 县）
总人口（万人）	781.19	1257.39	372.68	572.86
差额		+476.20	-408.51	-208.33
占比（%）		+60.96	-52.29	-26.67
GDP（亿元）	1662.18	1580.26	891.33	1170.28

	武 汉	长株潭 （含 12 县）	长株潭 （3 市）	长株潭 （含 4 县）
差额		- 81.92	- 770.85	- 491.90
占比（%）		- 4.93	- 46.38	29.59
人均 GDP（元/人）	21278	12568	23919	20429
差额		- 8710	+ 2641	- 849
占比（%）		- 40.93	+ 12.41	- 3.99

表 1 显示：

第一种比较，其可比性是以行政区经济比行政区经济，其不可比性是长株潭的 GDP 中含有不属于城市的 12 个市辖县（市）的 GDP。比较的结果是：武汉的 GDP 总量为 1662 亿元，长株潭为 1580 亿元，相差 82 亿元，长株潭比武汉只低 4.9%；人均 GDP 武汉为 21278 元，长株潭为 12568 元，相差 8710 元，比武汉低 41%，差距较大。

第二种比较，其可比性是以市比市，其不可比性是武汉市从 1992～1998 年，先后将所辖的四个县并入市改为区。县改为区，但大量的农业人口和农业经济改变的并不多。2003 年，在武汉市 781 万的人口规模中含有 322 万的农业人口；在城市 8494 平方千米的土地面积中，2002 年的建成区面积只有 214 平方千米，比长株潭建成区面积 250 平方千米低 14.4%。因此，武汉市在城市的人口规模和 GDP 的总量上，以城市经济的标准来衡量，在一定程度上缺乏实在性和可比性。这种比较的结果是：长株潭的 GDP 总量为 891 亿元，与武汉市的 1662 亿元相比，相差 771 亿元，比武汉低 46%，差距较大；人均 GDP 长株潭为 23919 元，与武汉市的 21278 元相比，高 12.4%。

第三种比较，具有较强的对应性和可比性。长株潭三市所辖的长沙县、望城县、株洲县、湘潭县等 4 县，均属近郊县，其相当部分甚至主体部分已与市区相融，虽未改变行政体制，但实际情况与武汉近似，也基本符合长株潭区域规划所界定的核心区域，即城市发展区域，具有较大的可比性。这种比较的结果是：长株潭 GDP 的总量是 1170 亿元，与武汉市的 1662 亿元相比，相差 492 亿元，比武汉低 29.6%；人均 GDP 长株潭为 20429 元，与武汉市的 21278 元相比，相差 849 元，仅比武汉低 4%。

　　通过上述三种比较，我认为长株潭与武汉之比，应以可比性较大的为主，即以人均 GDP 为主。也就是说既比经济总量，更比人均 GDP。因为人均 GDP 是联合国组织规定、国际通用的判定一个国家或地区经济发达或不发达程度的综合性经济指标。珠三角经常与长三角比高低，比的也是这个过硬的综合性经济指标。将长株潭赶超武汉的主要经济目标界定为人均 GDP，有利于引导和促进长株潭经济增长质量和效益的提高，有利于促进长株潭产业结构的升级，有利于城市聚集力和核心竞争力的提升。就赶超目标的界定来说，"十一五"期间应是经济总量缩小差距，人均 GDP 超过武汉。但也可以反过来，以第一种比较为基础，界定为经济总量超过武汉，人均 GDP 缩小差距。还可以第一种和第三种两种比较为基础，制定两套赶超方案，界定两种赶超目标，在指导实践上结合运用。哪种选择最佳，需要进行具体方案的比较和论证。

论中部崛起之路与经济南引擎 [*]

一 中部崛起必须是多极带动

由于城市是人才资源的集中地和先进产业的集中地，是政治、经济、文化中心，区域的发展必须由中心城市带动。

中部如何崛起？自 20 世纪 80 年代中期，就有"单中心"与"多中心"之争。主张单极带动者认为，武汉历史上就是"九省通衢"，是中国的第四大商埠，武汉则应成为继长三角、珠三角、京津冀之后的第四增长极，带动中部崛起的龙头。主张多极带动者认为，武汉在历史上的区位优势，即中部数省区的农产品和工业品的集散地，是依托水运为主的交通条件而形成的，随着现代交通运输网络的形成和发展，这一优势已发生了很大的变化，或者说已成为历史。毫无疑问，目前，武汉仍然是中部人口规模最大、工业发展基础最好、科教优势最突出的超级大城市。但是，它的资本积累和产业积累还远远未能达到"外溢"辐射带动数省区发展的程度，在今后一个相当长的时期内，其聚集力仍然会大于辐射力。郑州也在争中部崛起的龙头地位，但从其中心城市的综合经济实力和辐射力而言，较多的弱于武汉，更是无能为力。

目前，在中部区域已有郑州、武汉、长沙、合肥、南昌、太原六大中心城市，其中较具区域经济核心实力、潜力和前景的主要有武汉城市经济圈、长株潭城市群和中原城市群。但这三个城市群或城市带各自扮演的角色和辐射范围又有所不同。因为在中部地区这一广阔区域内，各省实际分属的经济区域就有所不同。其河南、山西处在黄河中游或陇海经济带上，湖南、湖

---

* 2005 年 11 月"中国生产力第十三届年会"和"中国生产力发展国际论坛"论文。

北、江西、安徽处在长江经济带上,同时河南、湖北、湖南又处在京广经济带上。这三大经济带由"双十"结构联系在一起,但它们分受不同的沿海经济中心的吸引,在我国东、西部之间的传递作用也有不同。因此,中部崛起必须发挥多核、多支点的带动作用,在发展和发挥三大城市群极核作用的同时,充分发挥江西的昌九工业走廊、安徽的皖江城市带和山西省会城市太原等战略支撑点的功能和地区中心作用。并且随着中部工业化和城市化的推进,到 2020 年将会沿着京广铁路、京珠高速等纵向交通主轴线,逐渐形成郑(州)—武(汉)—长(株潭)京广城市经济带,成为中部崛起和中东西联动发展的脊梁。

二 中部崛起必然要走由分到合、分中有合的发展路径

中部不可能如长三角或珠三角那样"结块"而起。这是由于以下几点。

第一,国家区域倾斜政策从 20 世纪 80 年代以来,由东到西,由南转北,由于中部"居中"的区位,这些倾斜政策虽然不是直接惠及中部区域,但从总体上说会对中部的发展产生积极的影响,并部分地延伸至中部。国家实施"促进中部崛起"战略,会在基础设施建设和产业如农业发展上给予政策支持,但不会再给予区域性的特殊政策。

第二,中部省区大多在资源禀赋上相似,产业要素雷同,差异性小,互补性差,而互补正是区域合作的基础。不能实现互补,就不能产生共赢,政府也就缺乏推动区域合作的动力。

第三,中部缺少一个能够带动数省区加快发展的大都市及比较发达的城市密集的核心区。

第四,中部省区不仅中心城市综合经济实力较弱,辐射力不强,且城镇体系发育很不健全,城市间被大片落后的农村经济相隔离,经济社会联系较弱,二元经济结构突出,因此形成区域性统一的市场配置资源的机制体系尚需一个相当长的时间。地区之间争夺短缺的要素如引资,争抢同类产品销售市场的竞争大于合作,以邻为壑的现象严重,地区之间制度性的交易成本过高,它严重地制约中部之间的经济合作和区域经济一体化的发展。

由上述分析,可见中部崛起要充分发挥"居中"的区位优势,走由分

到合、分中有合，由外源为第一推动力到内外源相结合的发展路径。

　　中部独特的区位优势就在于它的"居中"。由于"居中"，它的发展既可以"借南"，也可以"借北"，既可以"借东"，又可以"借西"，回旋的余地很大，这是中部省区的一大崛起优势。如湖南既属于长江流域，但也属于珠江流域，是两江流域的重合省区，与广东地域相接、山水相连，可以充分"借南"，融入泛珠三角，也就是"借南而起"。1999～2003年，湘粤实施协作项目267项，到位资金227亿元，占同期湖南全省实际引资总额的34%。广东吸纳湖南转移的劳动力400万人，每年到湖南休闲、度假、旅游的也达300多万人。2004年7月，在广州召开的首届"泛珠三角经贸洽谈会上"，湖南签约项目39个，引进资金总额为309.2亿元。这种区域性合作将会对湖南的崛起发挥十分重要的推动作用。

　　江西省正在充分利用其中部偏东南的地缘优势，把承东融南作为其经济发展的第一推动力。2003年夏提出了"接轨长株闽，融入全球化"的发展战略，还就对接珠三角提出了"赣南先行，企业为主，产业对接，错位发展"的具体思路。在中部几省来说江西经济发展的基础较差，但发展的态势很好，2003年国内生产总值增长为10.5%，工业增加值同比增长为21%，在全国排第10位。特别是省会城市南昌正在全方位利用其东联"长三角"、南通"珠三角"、紧临"闽东南三角"的独特的地缘优势，在实施"对接长株闽"战略的过程中提出和具体实施以"南昌制造"为"推进器"的开放型经济崛起战略，围绕打造"成本最低、效率最高、信誉最好、回报最快"的投资品牌，创新优异的综合环境。2003年南昌实际利用外资达5.8亿美元，实际利用内资136亿元，分别增长52%和140%，国内生产总值增长15.5%，规模以上工业增加值增长32.2%。增速位列全国省会城市前茅，居中部六省省会城市之首。

　　中部的北部与大北京地区相毗邻的山西省，2004年在国家发改委提议下各方达成的"廊坊共识"的框架下，已纳入环渤海经济圈。与江浙相邻的安徽省已在实施融入"长三角"、带动"大皖江"的战略，并力图通过建设以制造业为主体的"马芜铜安经济圈"，成为与"长三角"一体的密集的制造业经济带和城市带，"借东而起"。地处中原的河南省，利用郑州市居亚欧大陆桥发展轴与京广发展轴交通枢纽的居中优势，已开始构筑以郑州市为中心包括洛阳、开封、新乡、焦作、许昌、平顶山、漯河、济源在内的"8+1"的"中原城市群隆起经济带",以连云港为出海口,自立门户。在经济全球化的推动下,中国区域经济合作格局发生了重大变动,中部最大的中心城市大武汉发出了"武汉在哪里"的感叹,深有被孤立之感。湖北怎么办?大武汉怎么办?2002年,湖北、武汉放弃了寄希望于以大武汉为中心带动中部"结块而起"的战略构想,做出了符合实际的正确选择,建立包括黄石、鄂州、孝感、黄冈、咸宁、仙桃、潜江、天门等"8+1"的武汉城市经济圈,构筑中部核心区,带动湖北崛起,并逐步扩大对周边省区的影响。中部省区已走上了一条具有"居中"特点的因省制宜分散、分步崛起之路。这是符合中部区情和经济全球化条件下产业转移和市场经济发展规律的。

但是,中部各省毕竟共处于一个大的区域,在空间上相互毗邻,自然条件和资源禀赋结构相近,历史和现实均有较密切的联系,面临相同或近似的发展问题,因此,必须有分有合,寻找互补的空间,形成和充分发挥共同的区位优势,并逐步由分到合,形成区内外双向互动的机制,走竞合多赢的路子。

中部地区作为我国政治经济的战略腹地,其连南接北、承东启西的"居中"区位优势,已经形成了全国的交通中心优势,初步建成了四通八达的综合交通网络和信息高速公路网络,并相应地形成我国的人流、物流、商流和信息流的重要枢纽,这种共同的区位优势,就为中部省区相互间的协作发展,凸显中部在全国的重要地位和取得共赢的效果,提供了基本的条件和现实基础。因此,中部省区之间的经济合作,应从进一步完善区域的交通枢纽和统一的市场体系建设入手。一是要大力推动综合交通运输体系的配套建设,进一步改造和完善省区之间的通道和节点枢纽,使之不仅更加有利于中部各省区之间的交流沟通,还更加有利于全国东、中、西之间的交流沟通。二是凭借"居中"全国的交通核心枢纽地位和便捷通达的运输条件,大力发展商贸服务业和新兴的物流产业,统筹建设好中部省区的市场中心体系和现代物流体系,完善商贸服务的协调运作机制与合作机制,彻底消除相互之间的市场壁垒,发展大流通。设有中部统一完善的区域市场体系,也就不可能形成全国统一完善的现代市场体系。

三　长株潭暨"一点一线"是中部崛起的经济南引擎

长株潭城市群的经济一体化由于提出较早，进展较快，已被人们熟知，但长株潭暨"一点一线"在中部崛起中的重要战略地位和作用，往往被人们忽视。

湖南没有一个区域级的大都市，但有一个长株潭城市群，三市之间不仅距离近（长沙到株潭时距为 30 分钟，株潭之间时距只有 15 分钟），而且沿湘江呈"品"字形分布，实际上是一个独特的城市综合体。长株潭经济一体化的基本目标，就是三市联合打造一个区域性的综合经济中心，即区域级的经济大都市，与武汉、重庆等相对应。不仅湖南的崛起需要一个这样的经济大都市，在武汉以南、广州以北、上海以西、重庆以东这一广大区域空间里也缺少，也就是需要形成一个这样的经济大都市。

表 1　2003 年中部六省区经济核心主要经济指标

指　标	长株潭	武　汉	南　昌	郑　州	合　肥	太　原
GDP（亿元）	1580.27	1662.18	641.02	1102.28	484.96	515.71
GDP 增长速度（%）	12.8	12.1	15.5	14.8	13.3	15.5
工业总产值（亿元）	1028.98	1334.49	415.32	927.05	534.9	518.32
进出口总额（亿美元）	28.48	31.36	13.42	8.72	30.18	20.04
实际利用外资（亿美元）	7.03	9.32	5.37	1.57	2.6	1.19
地区财政收入（亿元）	86.78	80.44	31.41	65.87	35.87	33.35
全社会固定资产投资（亿元）	689.81	645.06	219.73	373.39	244.57	197.32

表 2　2003 年中部城市群主要经济指标

单位：亿元，%

指　标	一点一线	武汉城市经济圈	中　原城市群	昌九工业走廊
GDP	2845.18	3295.76	3884.16	1088.5
GDP 增长速度	11.9	10.7	13.54	15.4
GDP 占全省比重	61.3	59.4	55.1	38.27

续表

指　标	一点一线	武汉城市经济圈	中　原城市群	昌九工业走廊
三次产业比例	15.6∶41.6∶42.8	12.28∶45.77∶41.95	11.7∶53.5∶34.8	10.7∶50.3∶39
社会消费品零售总额	1150.93	1475.04	1379.93	923.21
消费品零售总额占全省比重	63.4	62.5	56.87	35.14
地方财政收入	143.79	127.79	172.69	53.31
地方财政收入占全省比重	53.5	49.2	51.1	31.7

湖南的"一点一线",即以纵贯湖南全境的京广铁路、京珠高速、107国道、湘江以及正在修建的武广快速客运等交通主轴线为依托,分布的岳阳、长株潭、衡阳、郴州等6市,还有布局在各大城市之间的34个中小城市为一线,以长株潭为核心构筑一个城市密集带和产业密集带。2004年沿线6市的GDP总量达3420.28亿元,占湖南全省总量的60.94%,较2000年,年均增长13.18%,高于全省平均水平2.14个百分点,城市化率37.5%,比湖南省的平均水平高出3.9个百分点。以上述交通主轴线为依托的城市经济带已显雏形,它可以同正在形成的武汉城市经济圈和中原城市群等城市密集区或城市带相对应。

如果说武汉或武汉城市经济圈是中部崛起的中引擎,郑州或中原城市群是北引擎,那么,长株潭或湖南的"一点一线"则是中部崛起的南引擎。其主要依据包括以下几方面。

1. 区位优势明显,交通四通发达

"一点一线"地区位于我国京广大动脉和长江黄金水道"十字"交汇处南部,北枕长江,南邻粤港澳,既是中部内陆腹地通向两广等南沿海地区的枢纽地带,又是长江经济带和华南经济圈的结合部,上海、武汉、重庆、广州等特大中心城市交汇的中心区域。目前,珠三角地区经过二十多年的快速发展,土地、劳动力等资源日趋紧张,内部扩张空间很受局限,其资本、技术以及产业急需向内地寻求更广阔的发展空间,而"一点一线"地区与同处一线的武汉城市经济圈和中原城市群相比,更靠近华南经济圈,在承接珠三角的经济辐射及产业的梯度转移方面,具有得天独厚的区位优势。

"一点一线"地区交通十分发达,现有京广、浙赣、湘黔、湘桂、长石

5 条铁路和京珠、上瑞、长常、衡昆 4 条高速公路,以及 106、107、320 等多条国道干线纵横贯通,湘江流域连接南北,黄花国标机场已开通 35 条航线,岳阳城陵矶两个 5000 吨级码头经长江上可至成渝经济区,下可直达长三角大都市带,基本形成了以铁路、公路为主体,水运、航空、管道等共同发展的立体综合交通网络,为"一点一线"地区连南接北、通江达海,成为中部省区重要的经济中心奠定了坚实的交通运输枢纽基础。

2. 起步早、整合力强

早在 20 世纪 80 年代初期,湖南就提出将长株潭三市经济发展联结在一起,构成湖南的综合经济中心,建立长株潭经济区。到 20 世纪 90 年代又进一步实施"长株潭经济一体化"和"一点一线"开发战略,走过了二十多年历程。目前,"一点一线"已成为湖南的优势发展带,其核心长株潭正进一步由"交通同环、电力同网、金融同城、信息共享、环境共治"规划起步,进入城市群区域总体规划全面实施的快速推进阶段,三市产业发展"错位"明显,群体效应较强,基本实现了成为"一点一线"地区及全省的核心增长极的目标。

从中部其他城市群发展情况比较看,最早提出武汉城市群的是 2002 年,目前武汉城市经济圈的 9 个城市中仅武汉一城独大,缺乏第二层次的城市配套,周边 8 市除黄石外基本上是二三十万人口的中小城市,城市圈体系断层明显,衔接配套能力弱。"中原城市群"的概念是 2003 年提出的,规划设想中的中原城市群体系虽比较大,但其核心城市郑州规模不大、首位度偏低,对周边城市的辐射和带动能力较弱。主要问题还在于城市群的区域范围界定过宽,以郑州为中心达 500 千米,各城市之间融合发展的可操作性难度很大,在今后相当长的一段时间内,就整体而言,很可能限于概念性或计划性的城市群。此外,虽然"昌九工业走廊"于 20 世纪 90 年代就已提出,发展态势较好,但由于南昌和九江之间的距离太远,中间没有大城市接力支撑,至今尚未形成较强带动和辐射周边地区的功能作用。与"一点一线"及长株潭一体化蓬勃发展的情况相比,中部其他的城市群,目前除了在交通建设上成效明显外,实质性建设还有漫长的路要走。正因为如此,国家发改委的一项调查结果认定,长株潭地区是湘鄂赣三省区域内最具有发展爆发力的。

3. 经济基础较好、发展潜能较大

近年来，"一点一线"地区经济稳步增长，为下一步发展打下了坚实的基础。从经济总量来看，2003 年 GDP 达到 2845.18 亿元，增长速度为 11.9%。由表 2 可见，"一点一线"地区 GDP 总量虽低于武汉城市经济圈及中原城市群，但 GDP 占全省的比重排名第一，并且 GDP 增长速度比武汉城市经济圈要高 1.2 个百分点。从地方财政收入来看，"一点一线"实现地方财政收入 143.79 亿元，也高于武汉城市经济圈，且地方财政收入占全省比重也比其他几个城市群明显要高。这说明"一点一线"地区经济社会发展具有较大的潜能和较好的发展态势。从市场繁荣程度来看，自古长沙、衡阳、岳阳等就是江南商业重镇，商贸传统底蕴深厚，市场繁荣，是中南地区重要的商贸城市。从表 2 中也可看出，"一点一线"地区第三产业所占的份额，以及社会消费品零售总额占全省的比重，都比中部其他城市群要高。

4. 南靠北接、联结四方

（1）"一点一线"的长株潭是湖南的经济核心，也是长江中游经济区增长的"双核"之一。

经过多年的努力，长株潭一体化已步入快速发展的轨道，成效显著，其影响和带动作用正逐步显现。2003 年，长株潭实现 GDP 1580.27 亿元，占湖南全省比重达 34.1%，较上年增长 12.8%，比"一点一线"地区和全省分别高出 0.9 个和 2.8 个百分点。实现工业增加值 511.84 亿元，占全省的 36.2%，增长 16.1%，比"一点一线"地区和全省分别高出 0.5 个和 3.5 个百分点。实现地方财政收入 86.78 亿元，占全省比重为 32.3%，增长 24.3%，比"一点一线"地区和全省分别高出 2.5 个和 8.1 个百分点。实现进出口总额和实际利用外资分别为 24.48 亿美元和 7.03 亿美元，占全省的比重分别达到 76.23% 和 39.3%，等等。通过主要经济指标的比较可见，长株潭主要经济指标占湖南全省的份额，除地方财政收入之外其他均超过 1/3，各项指标的增幅也都要高于"一点一线"地区和全省的水平，说明长株潭已成为"一线"地区和全省的经济核心，是湖南发展的龙头。

同时，长株潭也是长江中游经济区增长的"双核"之一。长江是我国的第一大江河，流经中部的湖北、湖南、江西和安徽，四省区构成了长江中游经济区。由表 3 可见，长株潭城市群作为湖南的省域经济核心，目前在长江中游经济区的规模实力和辐射带动作用与湖北的武汉大体相当。其中，仅GDP总量、工业总产值及对外经济稍弱于武汉，但GDP增长速度、地区财政收入以及全社会固定资产投资等指标，长株潭均高于武汉。因此，未来长江中游经济区必将是以武汉和长株潭为双核增长极，以南昌及合肥为双支点的模式带动整个区域经济的发展。

表3　2003年长江中游经济区四省区核心城市（群）主要经济指标

指　　标	长株潭	武　汉	南　昌	合　肥
GDP（亿元）	1580.27	1662.18	641.02	484.96
GDP增长速度（％）	12.8	12.1	15.5	13.3
工业总产值（亿元）	1028.98	1334.49	415.32	534.9
进出口总额（亿美元）	28.48	31.36	13.42	30.18
实际利用外资（亿美元）	7.03	9.32	5.37	2.6
地区财政收入（亿元）	86.78	80.44	31.41	35.87
全社会固定资产投资（亿元）	689.81	645.06	219.73	244.57

（2）"一点一线"的岳阳是湖南与长江沿岸经济带的连接点和北出海口。

岳阳北靠长江，南接长沙，是湖南唯一的临江口岸城市，是一个资源丰富、区位优越、风景优美的地方。地处"一湖"（洞庭湖）、"两原"（江汉平原、洞庭湖平原）、"三省"（湘、鄂、赣）、"四线"（京广铁路、京珠高速公路、107国道、长江）、"四水"（湘、资、沅、澧）的多元交汇点，与武汉隔江相望，同处于长江水道与京广干线交汇的"金十字架"上，是我国南北交流、承东启西的重要水陆枢纽。

（3）"一点一线"的衡阳是湖南内地连接南方沿海区域两条出海通道的中转点。

衡阳位于湖南省南部，因地处南岳衡山的南面而得名。自古就是一座文化古城、军事重镇和商贸重镇，"扼两广，锁吴荆"，有京广、湘桂铁路在此分叉，区位优势明显。尤其是吉衡铁路建成后，东与京九、赣龙铁路相连，西与京广、衡南、株贵、怀渝铁路相接，成为沟通"两线"（京九线和京广线）、连接"两南"（东南和西南）铁路大通道的中转地，往东南可通往广州、深圳和香港，往西南则通达南宁、北海和东盟。这种便利的湘南水陆运输中心和沟通南北的交通枢纽地位，加之产业经济的快速发展，构成了湖南内地连接东南、西南出海通道及"一点一线"区域经济增长的一个强力支点。

（4）"一点一线"的郴州是湖南与大珠三角的连接点和桥头堡。

郴州是湖南的"南大门"，紧临珠三角经济发达城市和南沿海开放地区，是国务院批准的湘南"改革开放过渡试验区"。京广铁路和107国道等干线纵贯南北，106国道和郴（州）茶（陵）、郴（州）道（县）等公路横跨东西，既是扼江西赣州转往广西桂林之要冲，又是中部内陆腹地连接粤港澳的必经之地，是湘南、赣南、粤北交通枢纽和物资集散要地。

综上所述，湖南的长株潭暨"一点一线"地区现已基本具备了成为中部区域性重要经济增长极的基本条件，并具有南靠北接、联结四方的区位优势，其相对优势和有利的发展条件，使之具有成为我国中部区域和长江中游经济区"南引擎"的现实基础。

关于长株潭一体化发展基本态势与相应决策建议的报告 *

就长株潭一体化发展的基本态势、面临的"瓶颈"制约及相关决策建议报告如下。

长株潭经济一体化从建议案的提出至今已经历了 1982～1996 年的舆论准备与初步试验阶段；1997～2005 年的总体规划启动和边规划边实践阶段；2006 年步入规划落实、全面推进的新阶段。

在新阶段长株潭经济一体化面临的主要问题是三个方面：一是内聚；二是外延；三是内聚与外延的结合。

一　内聚

从长株潭城市的形成和分布来看，株洲、湘潭原本就是在湘潭县同一个县域内的两个小城镇基础上成长起来的大城市，株洲市的郊区也是于 1958 年由湘潭县和长沙县划出的 28 个乡所构成的。目前两个城市区间的边际时距只有 10 分钟，基本上融合在一起了。长沙同株、潭两市之间的边际时距也只有 20 多分钟，实际上是我国一个独特的城市综合体。通过一体化将三个分割、自成体系的地方级经济中心整合为区域性的综合经济中心，即区域级的经济大都市，与武汉、重庆等相对应，不仅是湖南崛起的需要，在武汉以南、广州以北、上海以西、重庆以东这一个广大区域空间里也缺少、也就是需要形成这样一个经济大都市，作为承东启西、连南接北的战略支撑点。

---

* 本报告是作者于 2006 年 7 月 16 日呈送省委、省政府主要领导的决策参考。省委书记张春贤同志于 2006 年 7 月 25 日做了重要批示，不少观点和建议被采纳，后载于《长株潭经济一体化推进方式创新》，中央文献出版社，2007。

实际上我们已经把三市作为一个单一的区域经济主体，与武汉等大都市作比较和相对应。

目前，从一体化进展的程度来看，经过 8 年的推进，在区域规划的编制方面，已完成了由 11 个规划构成的区域规划体系；在湘江生态经济带的建设上，已有突破性的进展；在"五同"建设方面成效显著；在城市的相向发展方面，城市群形态发生了明显的变化，缩短了三市的空间距离。众多媒体，在对全国、中部的城市群调查、采访之后，对长株潭经济一体化做出了较高的评价："长株潭是我国第一个自觉地进行区域经济一体化试验的区域，而且率先公布了中国内陆第一个区域总体规划长株潭城市群区域规划，走在了中部乃至全国的前列"（《经济日报》2005 年 11 月）；"长株潭一体化是中部六省城市中，甚至是全国城市群中先行者。长株潭：一体化的样本"（《经济视点报》2005 年 6 月）；"长株潭一体化的进展，使珠三角和长三角也深受启发"（《南方日报》2004 年 5 月）等等。总之，从区域经济一体化的进展程度说，长株潭处于全国区域经济一体化的前列。

在新阶段，一体化能否做到又快又好地全面推进？能否仍走在全国城市群的前列？"促进中部地区崛起战略"的实施提供了良好的机遇，但也面临严峻挑战。从相对意义上说，规划的编制是易于做到的，深入推进则十分艰难。将行政分割的三个区域经济主体，整合为一个共同的区域经济主体，实质上是一个体制改革和制度安排的问题，是经济运行秩序的改变，深层次是区域利益格局和权力格局的调整。新阶段一体化推进面临的制约瓶颈正是这一难题。2005 年 7 月，我到株、潭两市进行座谈调查，并对三市做了问卷调查，有些反映发人深省："长株潭经济一体化听到讲，但没有感觉到"；"三市交往对有车者来说是更方便了，对无车的广大百姓来说是更不方便了"；"一体化说得多，但感觉总是空空的"等。三市老百姓期盼已久，提出已久的"公交同城""通信同城"8 年未能做到；城市道路的建设，长沙市芙蓉南路与湘潭市的韶山大道对接，只余下 4 千米，因体制阻隔拖了近三年之久迄今未通；产业一体化的规划虽然做了，仍是各行其是，互补合作确实是"空空的"。

面对日趋突出的行政分割的体制障碍，程度不同的地方保护，招商引资的恶性竞争，在一部分干部、群众、专家以至领导干部中，出现了一种要求

"行政合并"的强烈呼声。"要搞一体化必须行政合并,行政不合并就难以经济一体化……",甚至成为一些会议的主流声音。这个问题我认为不需回避,也难以回避,这种不满意一体化进展现状的压力会转化为促进加快一体化的动力。但它涉及一个根本性问题,就是长株潭经济一体化的终极目标究竟是什么?经济一体化的发展路径究竟应该怎样走?

不论是国际的还是国内的区域经济一体化,在目标上都有高有低,规模有大有小,结合范围有广有狭,组织形式多种多样,而目标高低的不一样,决定其发展的路径不一样,结合的范围不一样,组织的形式不一样。从目标定位质的差异性来说,基本上可分为两类:一类是大多数的区域经济一体化,其前提是在不改变国家主权或地区行政主体、区域经济主体地位的条件下,搞经济一体化。这种类型的一体化由于国情或区情的差异,一体化的紧密程度、范围宽窄、组织形式也都不同,但它的发展没有高低阶段之分,一体化也只能在一定的限度内进行,不可能搞同体化或同城化。另一类是极少数的一体化,其终极目标是多体变一体,实现完全的经济一体化。在国际上区域经济一体化的组织有一百多个,属于第二类典型的只有欧盟。欧共体早在1986年签署的《单一欧洲法案》中,就明确规定欧共体和欧洲政治合作的共同目标是实现欧洲统一,建立欧洲大联邦。欧洲国家既地理相邻,又都是中小型国家,分散的欧洲,在经济上没有国际竞争力,政治上没有地位和影响力。只有建立大欧洲联盟或联邦,形成整体实力,才能在国际多极化的整合过程中形成重要的一极,提升在国际上的经济和政治地位。目标上质的差异,决定了其发展路径有一个从低级阶段、中级阶段到高级阶段渐进的发展过程。在中国诸多的大小城市群中,属于第二类典型的就是长株潭。欧盟一体化与长株潭一体化,一个是国家之间的,一个是国内地区之间的,在区域层次上相差甚远,但在地理相邻,自然经济社会联系密切,以及为形成区域整体实力,提升其经济政治地位和竞争力这些基本点来说,却有类似之处,其基本思路是值得借鉴的。

这个基本思路或一体化的发展路径,可以概括为先经济一体化后行政一体化,适应经济一体化的要求进行制度性改革,由量的积累到局部的质变到质的突变,这样一个由低级阶段到高级阶段演进的过程。目前三市"行政合并"的条件尚不成熟,经济的融合、城市的融合尚未达到这种程度。当前迫切需要的是要设定一个过渡性的一体化目标，并形成相应的运作机制。2005年5月，我在一篇研究报告中提出"新阶段长株潭一体化的直接目标是构建城市经济共同体，实现经济运行同城化"。也就是说按照"经济共同体"的总体目标，加速三市经济社会资源的整合，立足"同城化"进行体制机制创新和制度建设。

目前，已初步形成由两级政府、四个层次构成的一体化的组织结构和运行机制的框架，关键问题是要适应新阶段的需要进一步完善和规范，逐步形成纵横结合、有序高效的运作机制和制度安排。基本的思路和方略可以概括为：弱化地区间的差别待遇。相关决策建议有以下几个方面。

1. 完善决策机构

建议在经济一体化协调领导小组的基础上，组建长株潭规划建设委员会，作为长株潭经济一体化的决策机构。这样做：一是便于规范化制度化运作；二是三市政府可各委派一位代表参加委员会、参与决策，形成省市结合、以省为主的决策机制和制度安排。委员会每年召开一至两次，必要时根据委员会办公室的提议召开临时会议。其主要职能包括以下几点。

（1）制定经济一体化的发展战略，决定编制区域的中长期发展规划以及规划的完善和滚动式修正。

（2）制定关于经济一体化的有关政策措施，协调三市之间的产业政策、财政政策、社会保障与就业政策等。

（3）决定和提出需要由省人大立法的重大事项和由省政府颁发的条例、政策等。

（4）从一体化的整体层面决定区域重大工程项目的布局。

（5）对三市跨区之间的其他重大问题进行协调并做出相应的决定。

2. 强化职能机构

省长株潭办公室是委员会的办事机构，也是一体化的常设职能机构。主要职能包括以下几点。

（1）根据委员会的决定和要求，牵头制定和修正区域的经济社会发展战略，编制、完善和修正区域发展的中长期发展规划。

（2）根据委员会的决定和要求，起草和提出由省人大立法和由省政府颁发的法规、条例、政策、措施的建议案。

（3）根据委员会的决定、区域发展规划和有关法规政策，协调省政府各有关职能部门的关系，共同做好一体化推进的服务和指导工作。

（4）根据委员会的决定和一体化推进的需要，协调三市之间产业、财政、社会保障与劳动就业等政策。

（5）对已颁发实行的区域一体化的法规、政策、规划等的落实进行监督、检查和督办。

由于长株潭办公室处于一体化运作机制纵横结合的连接点和枢纽点，其工作成效关系全局，建议从组织上加强这个机构，从地位上提高其权威性，使其成为一个能够独立依法行政、规范高效的运转机构。

3. 健全三市党政联席会议的协调机制，构建平等协调、共同发展的平台

2006 年 6 月 27 日，召开了自 1997 年一体化启动以来"第一届长株潭三市党政领导联席会议"，共同签订了《长株潭党政领导联席会议议事规划》《长株潭区域合作框架协议》和工业合作之间的协调机制和合作协商、共同发展的平台，在一体化新阶段的制度机制建设上有了一个良好的开端。问题的关键是要把共同签订的"协议"落实到"地上"，产生实实在在的效果，并不断扩大合作领域，提高合作程度，健全合作机制，从而弱化行政区经济，强化大都市区经济。

4. 建立行业和领域性的自协调互动机制和合作共同体

一体化面临的体制性、机制性障碍能否突破？前提是在区域层，关键在行业领导的中间层。在区域层，签订的《合作框架协议》，达成的一致和做出的决定，能否落到实处？就取决于能否在各个相关行业突破条块分割的管理制度，创建新的跨行政区的协调合作的管理制度，相应的在运行上改变旧秩序、建立新秩序。因此，建立行业或领域性的自协调机制和合作共同体就十分重要。其具体形式可根据不同领域、不同行业的特点采取不同的组织形式。

（1）在产业领域，可建立规范化、制度化运作的行业联席会议制度，或更紧密的行业合作共同体。三市科技局在签订的《长株潭科技合作协议》中，提出建立"长株潭科技合作工作协调小组"和季度召开的"联席工作会议制度"，讨论具体合作事宜，检查实施情况，协调解决合作中的问题。同时，共同出资建立"长株潭科技合作发展基金"，用于三市重大关键技术

的攻关和高新技术产业发展以及优势传统产业提升改造。如果这个《协议》都能落到实处，就在行业这个中间层次上，实实在在地突破了行政分割的体制障碍，形成了科技合作共同体。

（2）在基础设施领域，建立更加经常化的沟通合作组织，如长株潭市政建设合作委员会，共同规划建设市际之间的城市道路、公共交通、供电、供水、供气、治污等市政基础设施建设；建立安全防范合作委员会，形成共同的应对突发事件的应急协同机制；建立长株潭湘江生态经济带保护与建设合作委员会，形成自协调的共管体制和运作机制等，基础设施一体化不仅是经济一体化的支撑，更是直接关系到三市数百万人民的经济社会交往、生存和生活环境。这个基础层面的一体化工作做好了，就会使三市广大百姓从切身利益中体会到一体化给他们带来的好处，感觉不再是"空空的"了。

（3）除了政府引导推动的合作机制，要鼓励和倡导组建市场化运作的民间与半官半民的行业协会组织，如长株潭商会、民营经济协会、文化协会、旅游业协会、新闻媒体协会等。因领域和行业制宜，调动发挥多个方面搞一体化的积极性。

二　外延

随着长株潭一体化的整合，初步形成聚合型的整体实力，其外延是必然的趋势。对此，省内外理论界曾提出"3+3""3+4""3+5"等众多的主张。在一体化进入新的发展阶段的转折或关键时期，张春贤书记在"全省新型工业化座谈会"上的报告中提出要省发改委牵头启动"3+5"的研究，正当其时，是一个重大的战略举措。

在"启动研究"中，建议考虑将郴州市也纳入长株潭城市群。理由是，这既符合中央在《关于促进中部地区崛起的若干意见》中提出的要以"中心城市为依托，加快发展沿干线铁路经济带和沿长江经济带"的要求，也有利于城市群形成承东启西、南融北接的整体优势。岳阳居于北向连接长江与京广十字架的支撑点和连接点，郴州是南向融入泛珠三角的支撑点和连接点。两市均纳入，就能够把城市群的延伸，与沿京广铁路主干线经济带的建设完整地结合起来，形成联结四方的整体优势，在全国区域经济网络的格局中，成为江南承东启西、连南接北的战略支撑点，中部崛起的经济南引擎，湖南率先在中部崛起的增长极和脊梁。

同时，从通勤时距的要求来说，郴州也应该纳入长株潭城市群。有一种观点认为郴州之所以不能纳入，其重要理由是距长沙太远，有 300 千米之遥。但这里所根据的是通勤的时距，即时距的计算不能依据一种交通客运方式。如应因地制宜选择最快捷的客运方式，武广铁路高速客运开通之后，郴州距长沙的通勤时距同常德相同均为 90 分钟。

三　内聚与外延的结合

外延后的"3 + 5"或"3 + 6"城市群如何运作？应根据其经济联系的程度，区分为三个层次：一是核心层。通勤时距为 30 分钟，即《长株潭城市群区域规划》中的中心城市区，也就是长株潭的城市发展区、规划中心的核心区。这一区域需要按照构建城市经济共同体，实现经济运行同城化的目标，加快三市经济社会资源的整合，其资源聚合的程度越高，整体的经济实力越强，对区域发展的辐射力和带动力就越大。二是紧密层，通勤时距为 60 分钟，包括周边的如益阳、浏阳、醴陵、湘乡等中小外围城市，这一区域可作为核心都市区的资本、技术外溢和产业链接延伸布局的第一个圈层。三是辐射层。通勤时距为 90 分钟，包括" + 5"或" + 6"的城市区域范围。核心层与辐射层的结合，首先需要在"三个基础"上找到对接点，在产业上找到互补点，在重大项目布局上找到连接点。据此，进行城市群总体的统筹谋划，在战略、规划的措施上做出分层次推进的安排。显然这是一个艰巨复杂的系统工程，需要在多个方面进行探索、创新和开拓。因此，在运作层面，既需要充分发挥政府的引导、协调和推动的作用，也需要组建一个专门从事城市群调查研究工作的智力支撑机构，同时需要搭建一个社会各界能够参与博取多家之言的社会平台，形成政府主导、智力机构支撑、社会参与平台功能互补三结合的中心运作机制。

（1）智力支撑机构。2006 年 4 月 6 日，省发改委副主任也是长株潭办公室副主任的毛腾飞等同志到省社会科学院，同院有关领导和专家，就组建湖南长株潭城市群研究中心问题进行了广泛协商，达成了一致意见，已筹备就绪。

（2）社会参与平台。2001年6月，由我发起、会同三市、省直厅局的一部分老同志，高等院校、科研机构的部分学者，组建了长株潭经济研究会，创办了"长株潭经济论坛"，这也是中国第一个城市群论坛。

长株潭经济论坛举办的主旨是借鉴博鳌"亚洲论坛"的模式，打造一个非官方、非营利、开放性的多方面、多层次、多领域讨论和共同探索的机制，搭建政府、专家、工商界、实际工作者对话平台，为党和政府的决策服务，为长株潭经济一体化的推进创建一个社会参与的好形式。并逐步把"论坛"办成具有全国性意义的不同层次、不同类型城市群一体化交流的场所，在打造长株潭城市群品牌，促进城市群国际竞争力的提升中做出贡献。

从2001年开始，"论坛"已举办三届。主题分别为"入世后长株潭经济一体化发展""长株潭高新科技产业发展与新型工业化""长株潭产业集群发展与园区建设"。结合"论坛"主题作了一些战略性和专题性的调查研究，并出版《2001·长株潭经济论坛》《产业集群与园区建设》两本文集。上述研究成果，不仅成为国内外有关咨询机构制定长株潭区域规划和发展战略的重要参考文献，并在实践中得到体现。周边省区包括广东、香港、湖北、江西等地的媒体、研究机构、政府机构也索要"文集"等材料，其重要观点和内容在省内外多个媒体得到反映，产生了广泛的社会影响，对提高长株潭经济一体化的知名度产生了重要的名牌效应。

但从几年的实践来看，不论是长株潭城市群研究中心，还是举办了三届"长株潭经济论坛"，没有省委和省政府的支持均难以办好。正在筹建的"研究中心"没有固定的经费来源，如果只是依靠向有关方面申报课题的方式来支持，可能陷于就事论事的应急研究，难以对一些深层次的或前瞻性、战略性的问题自主地进行调研工作，为省委和省政府提出具有全局性决策价值和具有历史价值的成果。就"论坛"来说，更是面临难以为继的局面。博鳌"亚洲论坛"虽定性于"非官方"……这样定位能起到政府举办所不能起到的作用，但它是以中央政府的支持为前提的。长株潭三届论坛的举办，所需费用都是靠去说好话"讨要"来的。2005年应举办第四届论坛，但由于没有去"讨要"，也就没有办成。国内、国际的实践表明，论坛的作用明显，影响很大，是社会参与的一种极好的形式，在长株潭一体化推进过程中能够起到政府起不到的补充作用，弃之，实为可惜。因此，恳请省委和省政府领导，一是给予指导和提出要求；二是创造条件，给予必要的支持。

最后想说的是，在长株潭一体化的推进过程中，只要我们能够敢于和善于探索创新，敢于和善于引用新概念和进行新规范、构建新制度，如欧盟是国际区域经济一体化的典范那样，长株潭一体化也能够成为中国区域经济一体化的典范，我们已经有 20 多年理论的实践及正面和反面的历史经验的积累，相信这个目标一定能够实现，这是湖南数千万人民的期盼。

长株潭城市群：25 年曲折发展历程[*]

一 城市化主体形态的理论思考

什么是城市化？城市化、城镇化、都市化只是译法上的差别，本质是上乡村城市化。基本含义是指一个国家或地区的人口由农村向城市转移、农业人口向非农业转移的过程。广义上理解，它包括乡村人口的城市化；农村生产方式、生活方式、居住方式的城市化；产业转变和居民消费水平提高的过程；城市文明向农村地区扩散和传播的过程，也是人口素质整体提高的过程。综合来说，城市化是经济发展和社会进步的综合体现，是乡村城市化和城市现代化的统一。

世界城市化起步于 18 世纪的工业革命。工业革命实现了由工场手工业向大机器生产的飞跃，人类社会开始了由农业社会向工业社会、由乡村时代向城市化时代的转变。

世界城市化的产生和发展在不同区域和不同国家具有不同的特点，但也具有共同的规律性，呈现由初级阶段（城市化率为 30% 以下）到中期阶段（城市化率为 30%~70%），再到高级阶段（城市化率为 70% 以上）上升的过程。其共同的规律性可概括为以下几方面。

1. 经济发展与城市化互促共进的规律性

经济发展是城市化的动力和基础，城市化又促进和带动经济的发展，两者是互动共进的。

2. 产业结构演进与城市化发展的规律性

城市化的实质是由生产力的变革所引起的人口由农村向城市转移、农业

＊　原为《长株潭城市蓝皮书（2008）》代序，社会科学文献出版社，2008。

人口向非农业转移的过程。表现在生产方式上就是产业结构大规模的调整，即农业比重下降。工业和服务业比重上升。因此，产业结构的变动必然体现为城市化的变动。城市化初级阶段，工业是城市化的根本动力，但农业经济仍占主导地位；城市化中期阶段是城市化的快速发展时期，工业仍然是城市化的基本动力或第一动力，经济结构以工业为主，服务业的比重迅速上升，成为城市化的后续动力；城市化高级阶段，服务经济成为占主导地位的经济形式，但工业并不是被代替，而是高技术化和深加工化，工业产值仍然不断增长，工业产值高于农业产值增长速度，但低于服务业增长速度。

3. 城市空间形态变化与城市化发展阶段的规律性

在城市化发展过程的不同阶段，城市的数量、密度及其相互联系都有很大不同，城市空间形态或分布的变化必然也反映城市化发展的阶段性。城市化初级阶段，城市数量少，规模小，呈散点状分布；中前期阶段，城市沿交通轴线发展迅速，呈线状分布，并在地理区位优越的区域，出现城市群的雏形；中后期阶段，城市由线向面扩散，大城市化趋势显著，以交通网络为依托，逐步形成大中小城市规模不等、职能不同和有着密切的经济社会联系的城市群体；后期阶段，城市呈密集的"网"状连绵分布，城乡融合形成城市化地区。

可见城市化发展的过程，从一定意义上说，也就是城市群体形成的过程。当然，由于受到地理区位、资源、交通等诸多条件的限制，在区位较优、交通便利、地势平坦的区域将首先出现人口和经济的聚集点——城市，并随着由多种运输方式组成的交通网的形成和经济的发展，由点到线及面形成网状的城市群体——高度城市化的区域，也就是人口和经济高度聚集的区域。而那些资源条件差的地区，如山区和沙漠地带等人口分散的地区，仍需发挥散点状分布的城镇的中心带动作用。所以，城市化的主体形态是城市群。大都市或大城市带、都市或城市圈，都是由城市群体组成的，这是其共性。区别是城市群体在空间分布上的规模大小及形态结构的差异。沿一条或多条交通轴线分布的巨型的由多中心、多等级、多职能城市群体构成的高度城市化区域，一般称作城市带。以交通网络为依托，以一个或两个特大城市为核心，向周边城镇呈圈状辐射形成的城市群体空间结构的城市化区域，一般称作城市圈。城市圈实际上并不是同心圆状的，它可能是近似椭圆状、扁圆状或方块状的，因区情的差异而不同。笔者同意城市圈是巨型城市带基本单元的观点，不同意把各种结构不同、规模有别的城市群体均统一为"圈"的概念；也不同意把"带""圈""群"并列并赋予其不同的概念和内涵的观点。

二 长株潭城市群区域一体化的提出和初步试验

城市群，我认为具有自然的和社会的二重属性：从地理层面说，它是城市空间分布的自然形态；从社会层面说，它是人口和经济的聚集地。同时，群体城市之间由于地理位置接近，区域的商品经济发达，客观上存在着商品、物资、资金、技术、人口、信息的相互流动和相互吸引。城市的功能就是在城市之间和城市与其他地区之间的经济联系中实现的。因此，城市群体之间客观上存在着经济一体化的趋向①。

从经济的角度与决策建议的层面，提出把长沙、株洲、湘潭联结为一体，形成湖南省多功能的综合经济中心这个重大战略性问题，是在1982年12月。

1982年，经中央批准创办的深圳、珠海、汕头和厦门四个经济特区已经启动和兴起，第一个改革开放的浪潮开始从南海而来。湖南怎么办？区域经济发展的规律性是以城市为中心，以交通要道为依托，由点到线及面，逐步形成网络，从而从不发达走向发达。湖南却没有一个如广州、武汉或重庆那样大型、特大型的经济中心城市，最大的城市是省会长沙，但从其综合经济实力来说，当时在全国城市排位到了30位之后，从中心城市对区域发展带动而言处于弱势。但是，湖南有一个稀缺的城市资源，这就是长株潭城市群。三市不仅相距很近，且呈"品"字形分布，在空间上相互交叠，从历史和现实看，都有着不可分割的经济和社会联系，实际上是一个城市综合体。如果三市整合，实行一体化发展，就可以形成能够带动全省经济发展的综合经济中心，在城市经济功能上由分力转化为合力，由弱势转为强势。根据这种思考，1982年12月，我在湖南省政协四届六次会议上，以提案的形

---

① 张萍：《城市经济联合体是商品经济发展的产物》，《经济日报》1986年3月15日。

式提出："把长沙、株洲、湘潭从经济上联结起来，逐步形成湖南省的综合经济中心，建立'长株潭经济区'"的建议（以下简称"建议"），这一"建议"立即得到许多与会代表的赞同，反响十分强烈。当时，虽然还没有形成可操作的具体方案，但基本构想是十分明确的：方式是"三市经济联结"，即经济一体化；目标是构建"湖南多功能的综合经济中心"，即经济增长极；目的是"通过各种渠道，发挥工业中心、科技中心、金融中心、贸易中心、情报中心和服务中心等综合功能的作用"，带动全省城乡商品经济发展，促进"四化"建设①。

会后这项"建议"引起了多方面的关注。1983 年 9 月，"建议"者把它具体化为《城市及经济区——长株潭区域经济研究》，列入由国家体改委承担的国家"六五"重点课题"中国经济体制改革的理论与实践"的专项研究课题和湖南省软科学重点课题。

1983 年冬天和 1984 年春、夏季，我和课题组的同事用了 4 个多月的时间，先后深入长、株、潭三市的主要部门和基层单位进行了调查和研究。在掌握了丰富的第一手材料的基础上，向中共湖南省委和省政府提出了决策建议性的总体和专项的实施方案。

1984 年 11 月 10 日，中共湖南省委召开了常委会议，听取了我执笔撰写的《关于建立长株潭经济区方案》（以下简称"方案"）的汇报。会议一致认为这项"建议是可行的""具有长远战略意义"，并形成了《中共湖南省委常委会议纪要（第 66 次）》，题目是《关于建立长沙、株洲、湘潭三市经济区的问题》（以下简称"纪要"），议定了以下几点内容。

（1）建立长株潭经济区，可以通过联合和发展规划，取长补短，发挥综合经济技术优势，对内增强内聚力，对外增强竞争力和吸引力。同时把三市建设成为湖南多功能的综合经济中心，对于带动全省城乡商品经济的发展，加速湖南省"四化"建设，关系极大，因而要把建立和搞好长株潭经济区作为振兴湖南经济的战略重点，省直各部门都要给予好评。

（2）要从长远着眼，近期见效着手，立足开发，要面向全省、面向全国、面向世界；又要从近期见效快、收效大的经济技术联合和开发的项目入

---

① 《张萍委员提出三点建议》，《湖南日报》1982 年 12 月 30 日。

手，边规划边行动；要勇于探索，敢于改革，扎实工作，开拓前进，探索出一条发挥城市中心作用的新路了。

（3）建立长株潭经济区规划办公室。

（4）建立长株潭经济开发协调会议制度。

"纪要"强调："要根据三市的特点，制定经济区的总体战略和中长期规划。三市可根据有利于引进外资和技术的地方搞经济技术开发区。""纪要"还明确肯定了"方案"对其性质的界定，"即它不是一级行政层次，而是打破行政区划，把横向的经济联系用网络联结起来的经济联合体"。

1984 年 12 月，组成了由省计委协作处和三市计委与课题组各抽调两人参加日常工作的长株潭规划办公室，办公室在分管副省长的直接领导下，进行协调工作。

1985 年 1 月 24 日，在时任副省长陈邦柱的主持下，召开了有省直有关部门领导参加的第一次三市市长联席会议，标志着长株潭经济区的建设，即经济一体化的推进步入"方案"实施和实践探索的阶段，经历了一个曲折的发展过程。

当时，在我国既没有比较完整的关于城市群理论的著述，也没有"先行者"可以借鉴，只能边实践边探索，探索与实践结合，"摸着石头过河"。

从 1985 年 1 月至 1986 年 6 月，在省政府分管领导的主持下，先后召开了三次三市市长联席会议。为贯彻"联席会议"的决定，三市先后有机械、城建、金融、邮电、商业、交通等 12 个部门，就行业发展的联合和开发举行了协调会议。根据省委"纪要"的精神，启动工作着重抓了包括城市合理布局、组建企业集团和银团贷款、金融改革和有关电信、供电、供气、交通、经济技术开发区选址、环境治理等十大工程，在五个方面取得了突破性进展：一是在我国首次实现了银行结算票据异地的直接交换和建立同业资金拆借市场，突破了纵向封闭的资金管理体制；二是推动了跨行政区企业集团的组建和我国首次异地银团贷款的支持；三是制定了实现三市电话同城和与全国三十多个城市的电话直拨工程建设计划，并筹集了第一期建设资金；四是从长株潭城市总体合理布局的高度，逐步研究了三市城市规划的修改意见，并进行了综合论证；五是在三市结合部联合建立经济技术开发区的选址工作，提出了三个不同的方案，并进行了初步比较论证。同时，在解决三市的煤气供应问题上，就分建与合建进行了比较测算，并提出可节约 1 亿多元资金合建的初步设想；还有合作治理环境，特别是对湘江严重污染的治理进行了磋商。根据省委的决定，在"方案"实施不到两年的时间里，不仅取得了突破性的进展，而且产生了广泛的社会影响。

经济区、经济共同体是经济一体化的综合形式。由于长株潭一体化，是我国第一内陆省区域经济的一体化，这种以城市为中心和依托建立经济区的思路，当时在全国也引起了很大的反响。新华社提供给中央领导的参阅件《国内动态清样》中，1984 年 7 月 15 日以《经济专家张萍建议建立长株潭经济区》为题，出了专期。1984 年 5 月 14 日《世界经济导报》，以《内陆省第一个省内经济区——长株潭经济区规划前期工作已展开》为题，向国内外做了报道。1986 年 5 月 19 日，该报又以《长株潭经济区正在开步走》为题，做了跟踪报道。1985 年 1 月 22 日《中国日报》（英文版）、1985 年 1 月 19 日新华社主办的《经济参考》、1985 年 1 月 21 日《经济学周报》、1985 年 1 月 23 日《湖南日报》、1984 年 9 月 4 日《富民周报》、1986 年 5 月 11 日《长江开发报》等报刊也先后作了报道或发表评论。1986 年 5 月，日本国土研究中心干事长平田干郎来华考察，从东北到上海、从南京再到长沙，就建立长株潭经济区的研究进行了考察，他认为这项研究"探索出发挥城市中心作用的新路子"，给予了很高的评价。1986 年 10 月，北京市 10 个政府部门组团来湘考察建立长株潭经济区的问题，之后，参考我们的"方案"，建立以北京为中心，包括河北省的廊坊、张家口、承德等市的环京经济协作区，即北京经济圈。

在"方案"的实施过程中，对于这种"试验"也从理论、制度和机制上进行了探索，提出了"城市经济联合体"，即"城市经济共同体"和"一体化"的概念。我认为："城市群体是城市经济联合体形成的基础，城市经济联合体是发挥城市作用，健全和完善城市群体功能系统的组织形式。"并对它的性质和发展方向作了如下概括①。

（1）它是由城市相互封锁、自成体系发展的体制模式，逐步转变为在

---

①　张萍：《我国城市经济联合体的探讨》，载张萍主编《经济区：理论与应用》，湖南人民出版社，1986。

发挥各自特色基础上相互补充、相互协调发展的新体制模式，是我国今后经济体制模式的重要构成部分。

（2）它是一种通过网络系统联结起来的逐步走向一体化的区域性的经济体系，是能够使各个成员获得优化经济效益的城市经济共同体。

（3）它不是一级行政的层次，而是打破行政区划，因而各个成员之间、联合体同国家之间的各种关系的处理，不能主要靠行政的办法，而是要计划指导与市场机制相结合，以运用市场机制为主，运用经济手段为主。

然而，1985年召开的中共湖南省第五次党代会和1986年的湖南省人民代表大会，有一些代表提出不同意见，认为"长株潭是湖南经济最发达的区域，还作为战略重点，这太不公平了"等。由于这种不同认识和意见的影响，从1986年冬开始，规划办公室的工作就难以开展。1987年5月，我向省政府提出辞去长株潭规划办公室兼职负责人的报告，7月政府批准，工作移交给省政府协作办公室。长株潭经济一体化的推进也就停顿下来。

1991年，省国土局规划处利用国家计委提倡编制区域性国土规划的契机，提出了长株潭区域规划的编制工作，获得国家计委国土地区司和省政府的同意与批准。1992年，组成了以省政府有关领导为组长的长株潭区域规划领导小组、专家顾问组、规划领导小组办公室和规划编辑委员会。经过一年多的努力，1993年完成了区域规划的编制工作。这项规划具有较强的全面性和系统性，把长株潭区域作为重点区域的开发工作推向了规划的编制阶段。但由于"规划"是按照国土规划的要求编制的，着眼于区域的"国土开发、利用、整治、保护"，虽然这是一项重要的基础性工作，但不可能、也没有把培育和建设湖南区域经济发展的增长极作为中心，也没能解决规划实施的主体问题，因而规划虽编制了，但未能落实。

长株潭经济区的建立和实施探索虽然只有两年多时间，但是它的实践探索以及1992～1993年所完成的区域规划的编制均做了大量的工作，可以说是中国内陆省第一个区域一体化综合改革的初步试验，加之它在国内外所产生的重大社会影响，应该说为1997年新形势下提出经济一体化与总体规划启动，奠定了良好的基础。

三 总体规划启动，边规划边实践

1995 年 10 月召开的湖南省第七次党代会提出：京广铁路和京珠高速公路沿线地区作为湖南省优先发展的区域带，率先缩小同沿海发达地区的差别，省会长沙应作为重中之重，更快发展，建成这一区域带的政治、经济、文化、通信、金融、商业、科技、人才、信息中心，即"一点一线"战略。

也就是在这次会议期间，时任中共湘潭市委书记陈叔红基于对当代国内外大环境、大市场的分析，从湘潭发展看湖南经济走势出发，认为湖南经济的发展，从区域经济的角度说，关键是要充分发挥长株潭这个城市群体的带动作用，做好长株潭一体化这篇大文章。这种分析得到了时任长沙市书记秦光荣、株洲市委书记程兴汉的极力赞同。三市市委书记商定重提长株潭，把长株潭经济一体化做进一步的探讨和实质性的推动。

经过一年的酝酿和筹备，1996 年 11 月，中共长株潭三市市委、市政府和湖南省社会科学院联合在株洲市召开了"长株潭经济区发展研讨会"。参加这次会议的有三市市委、市政府的主要领导和实际工作者、省直部门有关负责人和专家学者 86 人。中共湖南省委常委、省委宣传部长文选德在会上讲话，省委常委、常务副省长王克英为会议做了总结发言。这次会议引起省委决策者的重视，1997 年 3 月 30 日，中共湖南省委、省政府主要领导主持召开了有三市党政主要负责人和省直有关部门领导参加的"长株潭座谈会"。

会议提出加快发展优先区域带，只靠长沙这一点还不够，要从经济的角度放大这一点，以长沙为中心，进一步突出长株潭城市群的作用，把长株潭建成湖南经济发展的核心增长极。1998 年，成立了以时任省委副书记储波为组长的长株潭经济一体化协调领导小组，领导小组办公室设在省计委，并确定按照"总体规划引导，基础设施先行"的思路和方针，省计委牵头组织省直有关部门编制推进长株潭经济一体化的交通、电力、金融、信息和环保等五个网络规划。

1999 年 2 月，时任中共湖南省委书记杨正午和时任省长储波主持召开了长株潭经济一体化专题座谈会，会议认真讨论研究了已编制完成的"交通同环、电力同网、金融同城、信息同享、环境同治""五同"规划,并决定付诸设施。在振兴湖南经济的区域发展战略重点,构建能够带动全省经济发展的综合经济中心或增长极这一重大问题上,经历了由1984年一点——长株潭;到1992年的"五区一廊",即建设岳阳、长沙、株洲、湘潭、衡阳五市高新技术开发区,沿京广线形成一条高新技术产业走廊;到1995年的"一点一线",一点即把省会长沙市作为重中之重建成这一区域带的多功能综合中心;再到1997年的"把一点放大",由长沙市放大为长株潭城市群。经历了这样一个否定之否定的曲折探索过程,终于在把长株潭城市群构建成湖南经济发展的增长极这　重大战略问题上取得了共识,在一个新的起点上,在更高的基础和更大的规模上重新启动。

1997～2005年的8年多时间里,在中共湖南省委、省政府领导下,全省上下特别是三市和省直有关部门,通过坚持不懈地边规划、边实践,长株潭经济一体化取得了显著的成效,发展势头令人鼓舞。其主要成就可总结为以下几个方面。

第一,区域规划体系基本形成。在编制并实施长株潭交通、电力、信息、金融和环境五个网络规划的同时,2000年,世界银行把长株潭作为中国首批城市发展战略研究(GPS)的两个城市群之一,启动GPS研究。之后又相继编制了湘江生态经济带概念性规划和开发建设总体规划、岳麓山大学城规划、产业一体化发展规划以及2004～2010年长株潭老工业基地改造规划纲要,在此基础上于2005年8月完成了《长株潭城市群区域规划》,即区域的总体规划和长株潭经济一体化"十一五"规划,基本形成了长株潭经济一体化区域的规划体系框架,为当时和之后长株潭经济一体化的发展提供了具有权威性的指导纲领性的科学依据。

第二,五个网络建设较快先行。按照网络规划,相继先行建设共享的重大基础设施项目。交通方面,主要是构筑快速便捷、立体交叉的交通网络。对外已形成6大出口,内部高速公路相连,大外环线已显雏形,市际交通正在向公交化方向发展。电力方面,建成了三市550千伏环网、220千伏环网构架,所辖12个县(市)农网改造全部完成。信息方面,已建成覆盖三市各个县(市)、乡(镇)以光缆为主、数字微波为辅的纵横交错和立体交叉的传输网络,电子政务、财税、劳动和社会保障、远程教育等各项信息化重大工程，均由三市起步向全省推广。移动通信同城化的目标已经实现。金融方面，建成一体化的存取款体系，居民储蓄实现通存通兑；一体化的支付与资金结算体系，实现同城交换；一体化的"贷款证"管理系统，实现金融机构贷款信息资源共享，金融同城重点目标基本完成。环保方面，三市统一治污取得新进展，各个治污项目相继竣工，还加大了扬尘污染防治力度。目前，三市工业企业污染排放达标率已达97%以上，城市空气质量总体上稳中有升。长株潭城市群已初步形成交通同环、电力同网、信息同享、金融同城、环境同治的基本格局，为推进经济一体化构筑了坚实的基础平台。同时，还建立了重大建设项目库，一批重大项目正在相继动工建设。

第三，产业结构调整不断推进。按照产业一体化发展规划，在推进经济一体化进程中不断进行产业结构调整，三市产业分工已显雏形。长沙以电子信息、工程机械、食品、生物制药为主，株洲以交通运输设备制造、有色冶金、基础化工为主，产值占当地规模工业的比重都在70%以上。同时，围绕优势产业，推进产业集群发展，重点培育了轨道交通设备制造、汽车及零部件、工程机械等装备制造业、电子信息、生物医药和新材料等高新技术产业，形成了产业集群，出现了各具特色、竞相发展的态势。同时，大力发展现代物流、金融、信息等生产性服务业及商贸旅游业。

第四，城市空间布局拓展创新。三市积极呼应经济一体化，运用城市现代化发展的先进理念和经验，修编城市总体规划，对城市空间布局进行重大调整，改变过去"单中心"和"摊大饼"式的发展思路，构建起有利于区域集约式发展的组团式城市空间结构。长沙形成了一主（河东主城区）、两次（河西新城和河东星马新城）、四组团（暮云、捞霞、高星、含浦）等组团式发展布局。特别是积极向株潭方向的南向拓展。规划和正在建设的天心生态新城区，西临湘江，东靠韶山路，南接暮云镇，面积约55平方千米。其道路网络、房屋建筑、园林绿化等基础设施已初具规模，省政府、天心区政府等一批单位已迁入新城，一个新的行政文化、商务与商贸中心，正在形成。株洲在河西向湘潭方向拓展。天台—粟西组团，规划建设成13平方千米的新城区。同时，沿长株潭高速，发展龙头铺镇，北上与长沙对接。湘潭在河东则向北边长沙方向拓展。沿江开辟的新城区规划建设为20平方千米。

同时，东向加快易俗河发展。改造天易高速湘潭段，与株洲对接。株潭两市将新城区建设成行政、文化、商贸中心，两市政府等许多单位已先后迁入新城。三市城区距离已大为缩短，城市形态发生了很大变化，城市面貌日新月异。

第五，"一带一城"建设有目共睹。湘江纵贯长株潭，系三市的母亲河。两岸和江中秀美的自然风光和众多的人文景观，是三市共享的重要资源。按照规划建设的湘江生态经济带，北起长沙月亮岛，绵延 128 千米，有 100 多座山峦，15 个洲岛，连接 3 个城市和 12 个小城镇，是湘江的黄金水域。要把这条连接三市经济一体化的天然纽带，建设成为一条可与欧洲莱茵河、多瑙河相媲美的集景观道路、防洪堤岸、旅游观光、园林绿化、高新科技、高尚住宅、特色城镇的带状生态经济综合体。以湘江发展为主轴，在三市沿江相向地域布局的十大重点建设工程，均已全面开工，大都初具规模交付使用。湘江长沙城区段东岸的湘江大道和西岸的潇湘大道，建成了美丽壮观的城市防洪景观大道，使湘江两岸成为一道亮丽的风光带，为城区增光添彩，游人如织，交口称誉。湘江株潭两市城区段的建设也已动工，三市正在朝相向地段推进。岳麓山大学城已开发建设，规划建成集名山、名水、名洲、名院于一体，融千年学府与当代文明于一身的全国一流、国际知名的大学城。

长株潭经济一体化虽取得很大进展，但在实际运作中，遇到的制约瓶颈，依然是行政体制分割，难以突破现有利益格局。不仅在交通、国土、物价、城建、城管、房地产、工商管理等方面，也出现无序竞争等不良现象，严重制约经济一体化更好、更快的发展，急需采取综合配套的改革措施加以解决。

四　全面推进与外延拓展

2005 年 8 月，《长株潭城市群区域规划》经湖南省人民政府批准，以湘政发［2005］16 号文件下发，要求长株潭三市政府和省直有关单位，认真组织实施，加快长株潭经济一体化进程。这标志着总体规划启动阶段的结束，从 2006 年即"十一五"开始，长株潭经济一体化在总体规划指导下，全面推进，加速发展的新阶段。

经济一体化新阶段，从时间上来说可定为 10 年。据预期，这 10 年，长株潭区域的发展，将会全面实现小康，建成小康社会示范区；基本实现新型工业化和新型城市化，率先在中部崛起；建成城市共同体，实现经济运行同城化和初步建成资源节约型和环境友好型社会。

2006 年，长株潭三市实现 GDP 占全省 37.7%，增长 14%，高出全省 2 个百分点；全社会固定资产投资占全省 47.6%；社会消费零售额占全省 42.5%；一般预算收入占全省 38.2%；利用外资占全省 61%，出口占全省 73.3%，湖南经济发展核心增长极的功能初步形成。为了全面推进长株潭经济一体化又好又快的发展，《长株潭经济一体化"十一五"规划》提出新时期要着重推进"六个一体化"，即区域布局一体化、基础设施一体化、产业发展一体化、城乡建设一体化、市场一体化、社会发展一体化。基础设施一体化在原"交通同环、电力同网、金融同城、信息同享、环境同治"的"五同"基础上，根据形势发展提出了"新五同"建设，即"交通同网、能源同体、信息同享、生态同建、环境同治"。长株潭公交一体化规划的 18 条线路，于 2007 年 1 月 26 日已先开通了 6 条，2007 年 2 月 6 日，长潭西高速建成开通，长株高速开工建设，三市大外环已接近完成。在"环境同治"规划的基础上，又制定《长株潭区域产业发展环境准入规定》和《目标责任考核办法》，由省政府发文实施，并在省环保局组建了专事三市环保监测的执法支队，强化了三市环境执法。2007 年 9 月 29 日，湖南省第十届人民代表大会常务委员会第二十九次会议通过了《湖南省长株潭城市群区域规划条例》，在经济一体化的法制建设上迈出了重要的一步。同时，数十个基础设施和产业一体化的重大工程项目均已开工启动，全面推进的态势强劲，成效显著。

随着长株潭城市经济区对内聚集力增强，对外辐射力扩大，必然相应形成一个更大规模的大都市经济圈或城市群、城市带。早在 1988 年 1 月，为应对广东优先综合改革开放对湖南带来的冲击和机遇，我们在对广东进行实地调研的基础上，向中共湖南省委、省政府呈送了考察报告，提出了系列对策建议，其中重要的一条就是"从湖南省的经济全局上说，应逐步形成以长株潭为重心，以衡阳、郴州和岳阳为南北两翼，为南连广州、广东，北连武汉、湖北的接力站，形成京广和湘江流域城市开放带"①，即"3+3"城市开放经济带，以开放促开发带动全省经济的发展，2003年12月，秦尊文《长江中游经济区建立与发展》一文中提出："在继续抓好长株潭一体化的同时，要以此为突破口，使岳阳、益阳和常德与长株潭整体推进，建立湘东北城市群"②的建议。影响较广的是受国家发改委规划司的委托，由中国宏观经济学会课题组于2004年5月完成的《到2030年中国空间结构问题》的研究报告，并在国家发改委网站上发布。该报告提出"到2030年建立20个大都市圈的设想"，其中长沙都市圈是以长沙为中心，包括长沙、株洲、湘潭、衡阳、常德、益阳、娄底和江西省的萍乡8市，将湖南的岳阳划入武汉都市圈。2005年9月完成的《长沙市经济社会发展"十一五"规划基本思路》中提出："加快三市对接地区道路网络建设，形成以长沙为核心，以长株潭城市群为中心，岳阳、常德、益阳、娄底、衡阳等周边城市为区域协作范围的一小时经济圈。"2005年12月完成的《长株潭经济一体化"十一五"规划》，也提出了类似的目标，"十一"期间要"形成以长株潭城市群为中心，辐射岳阳、常德、益阳、娄底、衡阳等周边城市的一小时经济圈。"2007年1月上旬，"湖南城市蓝皮书"课题组③在呈送中共湖南省委、省政府主要领导的《湖南省城镇化发展战略报告》中，进一步提出"构建城市群，是解决湖南目前大城市不大的一个重要战略。通过实施城市群战略，以长沙、株洲、湘潭城区为基础构建长株潭都市区，从而形成具有省际或全国影响力的中心城市，再以此为基础构建包括益阳、娄底、岳阳、常德、衡阳在内，能够一小时通勤的大长株潭城市群"的建议，得到中共湖南省委张春贤书记等省领导的肯定。2006年5月10日，张春贤书记在"抓住中部崛起机遇，加速推进湖南新型工业化座谈会"上的讲话中提出："要启动长株潭为中心的'3+5'城市群建设研究，即以长株潭为中心、一个半小时通勤为前赴半径，包括岳阳、常德、益阳、娄底、衡阳在内的城市群建设。"并要求"由省发改委牵头启动研究"。同时，将加快以长株潭为中心"3+

---

① 考察报告的对策部分，以《适应沿海经济发展战略的湖南对策》发表于《湖南城市金融》1988年第1期。

② 《江汉论坛》2003年第12期。

③ 课题负责人：童中贤、韩未名；执笔人：童中贤、韩未名、余小平、屈莉萍。

5"城市群的建设，写入 2006 年 11 月 8 日召开的中共湖南省第九次代表大会的报告中。

长株潭城市群由其核心"3"拓展为"3 + 5"，2005 年，城市群的面积为 9.69 万平方千米，占全省的 45.74%；人口 4025.63 万，占全省的 59.8%；GDP 4876.65 亿元，占全省的 75.30%；人均 GDP 12114 元，为全省平均水平的 1.26 倍，较大地提升了城市群的规模经济实力和影响力。

五　建设"两型"社会综合配套改革试验区

长株潭区域正处于工业化和城镇化的快速发展时期，也是湖南省工业化和城镇化发展水平最高的区域，为加快推进新型工业化和新型城市化，把长株潭区域的发展提升到国家支持的战略层面，经过近两年的酝酿，2006 年 6 月，正式向国家发改委提出以建设"两型"社会为中心的综合配套改革试验区的申请。2007 年 12 月 14 日，经国务院同意，国家发改委正式发文批准，长株潭城市群与武汉城市圈成为全国资源节约型和环境友好型社会建设综合配套改革试验区。这是国家大力促进"中部崛起"的重大战略举措，也是国家促进东、中部协调发展的重大战略布局。这是长株潭的发展，也是湖南富民强省前所未有的重大机遇。

2007 年 12 月 15 日，中共湖南省委召开常委扩大会议专题研究布置综合配套改革试验区建设，张春贤书记、周强省长作了重要讲话。12 月 16 日，省政府召开了新闻发布会，省长周强发布了长株潭城市群获批全国资源节约型和环境友好型社会建设综合配套改革试验区新闻，并接受了记者的现场提问。省发改委主任陈叔红和长沙市市长张剑飞、株洲市代市长陈君文、湘潭市市长余爱国也就大家感兴趣的问题做了回答。

同时，根据资源节约型和环境友好社会建设的要求，全面推进各个领域的改革，在重点领域和关键环节率先突破，大胆创新，尽快形成有利于资源节约和生态环境保护的体制机制，加快转变经济发展方式，推进经济又好又快发展与人口、资源、环境相协调，切实走出一条有别于传统模式的工业化、城市化发展新路，为推动全国体制改革，实现科学发展与社会和谐发挥示范和带动作用的基本思路，启动了长株潭城市群综合配套改革总体方案和

12 个专项改革方案的编制工作，以及《长株潭城市群区域规划》的提升修编工作，综合改革配套试验区的建设已经有了一个良好的开端。实现了从经济区到综合配套改革试验区的历史性跨越。

《长株潭城市群发展报告（2008）——区域经济一体化政策研究》，[①] 主要是对于区域经济一体化的政策做了系统的研究，为建设"两型"社会制定综合配套改革政策提供基础，同时兼顾"3 + 5"城市群的战略研究。

---

① 社会科学文献出版社，2008。

《省际经济关系发展战略研究》序言[*]

　　进行省区际经济关系研究，是 1986 年 5 月，我在河南省郑州市召开的中南五省（区）社会科学院联席会议上，作为一个协作科研项目提出来的。在中共十一届三中全会以后，随着改革的深入和开放的扩大，在长期集中的计划经济体制下形成的计划分配、纵向调拨的旧秩序和相互封锁、自我循环的地区经济格局被打破了，省际特别是沿海省区与其内陆毗邻省区，如湘粤之间经济交往迅速扩大，贸易量急剧增加，这种改革带来的新变化有力地促进了两省商品经济的发展。但同时，由于广东地处沿海，两省在市场发育程度特别是政策、体制上存在着显著的差异，也不可避免地产生了一些突出的矛盾。如何发展沿海的省区与内陆省区相互促进、相互补充的方面，合理解决区际经济交往中的矛盾和摩擦，既是一个重大的实际问题，也是一个重大的难题。提出和研究省际经济关系这个课题，是试图为建立符合社会主义商品经济运行规律的新型省际经济关系提供科学的依据，并探讨社会主义商品经济条件下省际经济关系的理论体系。

　　1986 年 7 月，我们邀请了湖南省 13 个部门的实际工作者和理论工作者对这个课题进行了论证。与会者一致认为，开展这项研究不仅是必要的，也是极为紧迫的，并愿意承担研究任务。1986 年 11 月，这项研究具体化为"省际经济关系发展战略研究"，列为国家"七五"社会科学规划重点研究课题。为适应实施沿海地区经济发展战略和广东省实行综合改革试验的新形势，为完成原湖南省省长熊清泉交给的要深入研究湘粤经济关系的科研任务，我们确定把研究湘粤经济关系作为课题研究的重点。为此，在组织进行

---

　　* 原载《省际经济关系发展战略研究》，知识出版社，1999。

大量调查研究的基础上，课题组于 1988 年 5 月 6~9 日在衡阳市召开了"湘粤经济关系研讨会"。出席会议的有湖南省各有关经济部门的领导、理论工作者和实际工作者，湘南二地一市和长沙、湘潭等市的同志以及部分大专院校的专家、教授共 105 人，原中共湖南省委副书记、省政协主席刘正自始至终参加了会议，听取大家研究成果的交流，还在大会上发表了题为《关于迎接"南海潮"的对策研究》的讲话。

1988 年 6 月 28~30 日，课题组在长沙市又同广东省社会科学院经济研究所，共同组织召开了"湘粤经济关系研讨两省对话会"。出席"对话会"的有两省有关政府部门、公司、科研单位、大专院校以及湘南地区、广州市和韶关市的经济理论工作者和经济实际工作者共 80 多人，刘正同志以及原省委常委、副省长陈邦柱到会讲话，省人大常委会副主任曹文举出席了开幕式并参加了讨论。

两次会议遵循四项基本原则和改革开放的基本方针，发扬理论联系实际的学风，坚持"百家争鸣"，各抒己见，畅所欲言，从实施沿海发展战略过程中如何正确处理沿海与内地、沿海与"过渡区"之间的经济关系出发，探讨了在社会主义商品经济条件下，如何积极发展两省相互统一、相互促进、相互补充的方面，合理解决市场衔接中的矛盾和摩擦，在实现两省共同发展的方向、途径和合作对策等问题上，也提出了一些新的观点和有重要实用价值的建议方案。

两次会议收到论文、建议方案、研究报告共 80 余篇。我们从中选取了 50 篇，汇编成《湘粤经济关系研究》一书，作为课题研究的综合性阶段成果，1988 年 12 月由湖南人民出版社出版。

在课题研究过程中，我们坚持深入实际、调查研究；拟订方案、进入决策；理论升华、形成体系的"三部曲"，把理论与实际、应用研究与理论研究，为政府决策服务和建立新的理论体系紧密结合起来。1988 年 1 月，我们在对广东省综合改革试验及其对内陆省区的影响做了系统考察和分析之后，认为合理解决沿海与内地由于体制、政策上的差异和现有基础与承受能力不同而产生的各种矛盾，衔接好沿海市场与内地市场，其重要的途径是在沿海综合改革试验区的毗邻省区建立一个改革开放的过渡试验区，实行适应性的双向衔接的弹性政策和灵活措施，使过渡地区市场成为沿海地区市场与内地市场的衔接点和结合部。我们认为毗邻广东省的湖南省湘南地区（包括衡阳市和郴州、零陵地区）就需要建立一个这样的改革开放过渡试验区。这一基本设想，1988 年 1 月经湖南省政府领导采纳，报国务院批准，于 1988 年 5 月付诸实施。

1988 年 6 月，我们提出了《建立湘粤共同市场的建议方案》，引起了两省政府领导、国务院有关部门及经济理论界的重视。中国经济体制改革研究会会同相关省市体改部门就"建立华南共同市场"进行了探讨和磋商。此后，根据情况的变化，我们于 1990 年 10 月将这一"建议方案"修改为"建立湘粤两省长期稳定的经济合作关系的建议"，两省政府领导于 1991 年 1 月在广州就这个问题进行了会谈，在达成共识的基础上，两省政府职能部门于 1991 年 6 月进行了工作会谈，在共建资源基地，合作开发资源，相互进行技术协作，加强物资协作，联合在沿海和内地办企业以及开办窗口企业等六个方面达成了联合协作的协议，扩大了合作领域，进一步发展了两省的横向经济联合。

同时，我们就如何建立商品经济、市场经济条件下新型的省际关系，进行了系统的理论探讨，撰写和发表了一批质量较高的论文，编著了这本《省际经济关系发展战略研究》的理论著作，从战略一般到省际经济关系的战略特殊，从战略理论基础到方法论原则，从中心城市、区域市场、经济地带、经济区域与省际经济关系，到如何建立省区之间的各种经济网络等，构建了新的理论体系。

建立具有中国特色的社会主义商品经济，以及市场经济条件下的新型省际经济关系和省际经济秩序，是一种探索性的工作；它的形成和完善还需要随着改革的深化，适应社会主义市场经济体制的建立，有一个实践和探索的过程，我们对于它的理论体系还只是做了初步的研究，加之书稿的主要部分完成于 1991 年，缺点和错误在所难免，敬请广大读者指正。

省（区）际经济关系现状分析与
发展战略理论基础*

一　我国省（区）际经济关系发展现状

（一）省（区）际经济关系是区域经济的一个特殊组成部分

省（区）际经济关系是指以省为区域的区际经济关系，是各省区之间经济联系的范围、频率、强度和方式的总和，它是一种特定的区际经济关系，这种省（区）际经济关系是区域经济的一个特殊的组成部分。区域经济就广义而言，是指一定地域空间的经济活动，它是一个不断发展着的多层次空间系统，是各个地区生产力与生产关系的总和，是各个地区国民经济整体和社会再生产全过程（生产、流通、分配、消费）的总称。由于区域具有不同的类型，相应的区域经济也可划分为若干类型。

按照区域的内容结构，可以划分为自然区域、行政区域和经济区域三种基本类型。自然区域是按照全国地理、气候、水分、地貌等划分的。如按地貌和流域来划分，有山丘地区、平原地区、高原地区、长江流域、黄河流域、珠江流域等，相应地就有不同类型和地域的山区经济、湖区经济、流域经济。行政区域通常是以一省或数省来表示，它有明确的地域，是国家组织各种活动，管理共同事务的基本形式和地域单元。按照行政隶属关系，我国的行政区域分为五个层次：一是省、市、自治区；二是地区、自治州、省辖市；三是县、自治县和县级市；四是乡镇；五是村。相应地就有不同类型和地域的省域经济、市域经济和县域经济。经济区域则是以生产专业化协作为

---

　*　原载《省际经济关系发展战略研究》，知识出版社，1993。

基础，以商品经济的联系为纽带，以大、中经济中心城市为依托形成的区域，它没有非常明确的地域，可以是指一个省区之内的某部分，也可以是指几个省的若干部分经济活动的联结。相应地也就形成多层次的经济区域经济，如东、中、西三大经济地带，以山西为中心的能源重化工基地，以上海为中心的长江三角洲产业密集区以及南京、武汉、辽宁中部城市经济协作区等。可见，省域经济与自然区域经济、经济区域经济，既有一致性，又有差异性；既有相重合的部分，又有相错位的部分。它是具有区域特色的国民经济，区域内不仅有农业，而且有着门类繁多的各种工业部门、企业、有着与工农业发展相适应的第三产业，如商业流通、金融信贷、邮电交通、科技开发以及城镇建设等。因此，就省域经济的空间存在来说，它是区域性的经济，是存在于某个区域内的国民经济。但其地域范围是以行政区划分界线的，就行政区这个方面说，它又是国民经济管理的基本地域单元，是国家经济调控系统中的一个重要层次。它不仅具有一系列规划、组织、协调、管理经济的职能和机构，而且有相应的上层建筑。所以，省际经济关系是在地方政府控制和干预下的区际关系，它既是不同省区之间经济发展互补性的客观要求，又受地方政府行为制约。

（二）省（区）际经济关系发展现状简析

在传统的高度集权的指令型计划经济体制下，中央政府是资源配置的唯一主体，人财物区际的流动主要是通过计划调拨来实现的，省区经济基本上是一个纵向循环的封闭系统，中共十一届三中全会以后，随着改革的深入和开放的扩大，产品半产品经济向商品经济、市场经济转变，中央政府单一性经济决策向中央、地方、企业多元决策转变。在长期的传统体制下形成的计划分配，纵向调拨的旧秩序和相互封锁、自成体系的地区经济格局打破了，省区经济与省际横向经济联合相结合，省际经济联合与国际经济合作相结合，省际的区域合作得到蓬勃发展。仅"七五"期间，全国完成经济技术协作项目43万多个，新增产值2125亿元，利税329亿元。1992年与1991年相比，协作项目又增长了12%，产值增长了29%，利润增长了24%，已初步形成不同形式、规模不等、各具特色的经济协作区100个，其中跨省区的有60个，如东北和内蒙古结合的东北区，西南四省区一市组织的黄河上游沿岸经济区，长江沿岸中心城市经济协调会等。截至 1989 年底，已组成了各种形式的跨区企业集团 1600 个。实践证明，跨区的横向经济联合与协作的发展，对于打破条块分割的僵化体制，促进生产要素的合理流动、优化组合和资源的合理配置，推动区域经济的发展和整体效益的提高，发挥了重大的作用。同时，使经济发展水平不同的地区相互取长补短，既发挥了经济发达地区的先导作用，带动不发达地区的资源开发和经济增长，又为发达地区产业的扩散和高技术产业的兴起创造了条件。

但是，另一方面，我们也应该看到，目前我国省（区）际还存在着显著的差异，在经济关系方面还存在一些突出的矛盾和摩擦。第一，随着改革开放政策的逐步实施，全国各个地区的经济都有较快的增长，但在共同增长的同时，东部与中西部特别是与西部的经济差距有扩大的趋势。国民收入按人均计算，1978 年东西部的绝对差距为 206 元，1988 年扩大到 514 元。同期内东部地区占全国工农业总产值的比重由 55% 上升到 59%，中、西部地区的产值比重则分别由 30% 和 15% 下降为 28% 和 13%。这种以农业、能源、原材料等基础产业为主的中、西部地区的相对滞后增长，加剧了资源供给的紧张状况，使国民经济结构性矛盾日益激化。第二，区际贸易摩擦和竞争加剧。市场经济是竞争性经济，市场竞争机制可以激发企业的活力，促进企业改进生产技术和经营管理，提高企业自身素质，有利于区域经济要素的重组和产业产品结构的调整，推动整个国民经济和社会主义事业的发展。但是，社会主义条件下的市场竞争，应当是适度和有序的，以有利于资源的有效利用和区域产业结构的合理化为基本前提。那种不择手段、无序的过渡性竞争，只会激化区际的贸易摩擦和利益冲突，起消极的破坏性作用。从前段省际竞争来看，普遍存在着过渡性的竞争，如省区间争夺稀缺资源的种种"大战"；在外贸工作中的各种互相压价（主要指出口）或抬价（主要指进口），致使外商从中获利，我方受损，"肥水流入外人田"等。第三，省际互相封锁形成非贸易的区域壁垒。有些地方政府采取地方保护主义政策，用行政干预阻止本地原材料、物资、资金、人才等的流出，阻止外地商品销入，使省区间产业要素的流动受阻，造成我国一般加工工业、主要耐用消费品工业的区域趋同。从 1987 年的各地区工业部门结构来看，除矿产资源区外，几乎所有的省区都以纺织、机械、食品、化工这四大部门为工业主体，电视机、电冰箱、洗衣机、复印机等"热点产品"各省区齐头并进，生产建设中重复引进、重复布局现象十分严重。它不仅削弱了区域分工，导致区域产业结构、产品结构的不合理，加剧了我国加工工业与基础产业的矛盾，而且大大削弱了规模经济，造成国民经济的整体效益下降和人、财、物的严重浪费。

我国省（区）际经济交往中出现的种种矛盾，是在实施改革开放政策的前进过程中出现的新问题，需要在深化改革的过程中，总结经验，肯定成绩，纠正偏向，逐步加以解决。其原因主要有：一是地区经济利益最大化的追求，由于计划、财政、投资、外贸等方面一系列改革措施的实施，宏观经济管理由过去的中央高度集中逐步向中央、地方分权转变，确立了地区独立的经济利益，扩大了地方的权限。这样，一方面增加了区域的经济活力、刺激了区域经济的增长；另一方面，产生了追求地区经济利益最大化的倾向，特别是财政包干后，财政状况如何，直接关系到地区经济各项社会事业的发展，因而财政收入最大化就成为地方政府追求的主要目标。为此，竞相发展利润大、附加值高的加工工业，对资源特别是短缺资源采取行政性垄断，对在区际竞争中处于劣势的企业采取保护性措施，这就不可避免地导致国家与省区、省区与省区之间的利益摩擦，从而出现了阻碍商品经济发展、阻碍市场发育的现象，如相互封锁、地区垄断、市场分割等。二是区域倾斜政策过度。为了加快地区经济的发展，充分发挥地区的比较优势，合理调整地区经济布局，在对于农业、能源、交通和原材料等基础产业和基础设施，实行适度的产业倾斜政策的同时，也需要对那些经济、区位条件较好，对国民经济增长和产业结构转换影响较大的地区实行倾斜政策，使之真正成为经济的增长极。但是，这种倾斜必须适度，如果倾斜过度，不但不利于经济的发展，还会影响社会的稳定。1979 年以来，我国实施的包括计划、建设项目审批权限、税务、外汇留成和使用、外贸、价格、信贷等一系列向沿海地区倾斜的政策，有力地促进了沿海地区对外开放带的形成和经济高速持续增长。但由于政策倾斜的面过宽，梯度差过大，抑制了内地省区优势的发挥，导致区际比较收益差距的扩大和区际贸易战的发生。同时，在实施区域优先增长政策，支持沿海地区发展的同时，缺乏必要的具有较强约束力的先决条件，也就是说权利和义务对等，在享受优惠政策的同时也应履行必要的义务。三是价格体系扭曲。长期以来我国的资源产品与加工工业产品的比价不合理。即能源、农矿产品的价格偏低，加工工业产品的价格偏高，在加工工业中初级产品与深加工的产品的价差则更大。由于在资源丰富的中、西部省区以资源产业和初级加工工业为主，在东部沿海省区则以轻纺工业和制造业为主，在我国产品的区际交换中，每年通过中、西部向东部大量输出能源、原材料、初级产品，又由东部返回价高的制成品。随着改革的深入，特别是财政体制的变化，各省区企业的效益如何，直接关系到本区域经济发展和生活环境的改善；加工工业在中、西部省区出现了超越性、跳跃式的发展，"双重利润"追求成为不同地带省区的共同经济行为，这就不可避免导致争夺资源产品的区际贸易战，出现了市场封锁和地区产业结构趋同的现象。

（三）省（区）际经济关系的宏观性和战略性

省际经济关系的现状说明，省区间的经济关系既具有区域经济的中观性，又具有国民经济整体的宏观性。

首先，全国生产力和经济结构的合理布局，必须落实到地区空间，建立在地区经济的合理分工和协调发展的基础上。只有各个地区充分发挥比较优势，包括自然资源的优势，人才、资金、技术的优势和区位优势，形成优势互补合理分工和相互协作的地区经济结构，才可能建立起合理、高效宏观平衡的产业结构体系。如果各个省区都采取自求平衡的经济发展战略，追求自成体系、自给自足，势必导致宏观产业结构状况的恶化，加剧国民经济中的结构性矛盾，降低产业结构的整体效益。

其次，在社会主义商品经济、市场经济的条件下，国民经济的运行是以计划为指导，市场为载体，纵横结合、横向为主的运动和循环，区际各种生产要素交换和流动的网络，则是宏观经济循环的渠道和脉络。如果区际的商品交换受阻或中断，经济资源不能在区际流动和优化配置，各省区的比较优势就不能发挥，宏观经济的循环就会被肢解，处于一种分块运行的状态，从而导致国民经济的整体素质下降，宏观经济运行无序。

最后，省域经济相对于辖区的市、县域经济也是一个全局，其整体性发展的根据在于其内部经济的活力，而发展的条件则取决于外部同其他区域以至国外经济联系的广度频率和质量。如实行地方保护性的区域发展政策，看起来似乎得利，实则由于缺乏同区外的资金、技术、信息、人才等生产要素的交流，不同地区之间不能互补，既不能扬长，也不能避短，甚至抑长扬短，只能使本区经济的发展处于低效落后，甚至停滞状态，使区内企业失去活力和竞争能力。

可见，正确处理省区之间的经济关系，充分发展省际经济交往，规范省区之间的经济交易法则，是我国经济发展的一个大的战略问题。

从国家来说需要有一个统筹谋划、全局性的科学指导；从省区经济发展来说要立足本省，但必须面向全国，面向世界，着眼长远，科学制定发展省际特别是同周边省区间经济关系的开放型战略。

二 省（区）际经济关系发展战略的理论基础

（一） 社会劳动地域分工理论和社会化大生产的规律

社会劳动地域分工是制定省（区）际经济发展战略的重要基础。社会分工的发展是生产力发展水平提高的表现，分工协作效应的扩大又能产生新的生产力。马克思曾指出："一个民族的生产力发展的水平，最明显地表现在该民族分工的发展程度上，任何新的生产力，都会引起分工的进一步发展，因为它不仅仅是现有生产力的量的增加（例如开垦新的土地）。"①

在人类历史上，社会劳动分工的演变经历了自然分工阶段、部门分工阶段和地域分工阶段。自然分工是人类劳动分工的第一阶段。自然分工产生于原始氏族社会，原始人类主要根据性别、年龄和劳动的自然条件进行劳动分工，故称为自然分工。部门分工是人类劳动分工的第二阶段，它的主要特征是历史上的三次社会大分工，即农业和畜牧业的分离，手工业与农业的分离，商业从生产劳动部门分离出来。这三次社会大分工，使社会劳动分布在几个主要的经济部门中，因而称为部门分工。劳动分工的第三阶段是地域分工，这种分工是以地域为基础的，是一个地区相对于另一个地区而言的劳动分工，其基本特征是"各个地区专门生产某种产品，有时是某一类产品甚

---

① 《马克思恩格斯全集》第 3 卷，第 24 页。

至是产品的某一部分"①。劳动地域分工是在生产力发展的基础上,适应社会化生产和商品经济发展要求的产物。在封建社会里,商品经济虽有一定程度的发展,但社会经济基本上是由众多的单一的经济单位,如小农、自由农或依附农业和城市手工业所组成。农业与手工业相结合的自然经济长期处于统治地位。这种基本上是自给自足的经济,在各个地区之间形成了相互孤立和封闭的系统,缺乏内在的经济联系,因而严重地阻碍社会生产地域分工的发展。资本主义工场手工业的出现,在个体生产旁边出现了社会化的生产,促进了社会分工和商品经济的发展,各个生产部门逐渐互相独立,各自生产商品形式的特种产品并同其他一切生产部门进行交换。由于客观上存在着自然、资源和技术条件等方面所造成的地区之间经济发展条件的差异,各个区域依据本地区的特点选择适当的生产部门,从而形成了各具特色的专业化生产,并互为市场,这样部门分工和地域分工就密切联系在一起,构成了错综复杂的地区经济体系。这种不同地区间的专门化、专业化分工,就是劳动地域分工。马克思指出:工场手工业的发展,使"同一个生产部门,根据其原料的不同,根据同一种原料可能具有的不同形式,而分成不同的有时是崭新的工场手工业"。这样,"把一定生产部门固定在国家一定地区的地域分工,由于利用各种特点的工场手工业生产的出现,获得了新的推动力"②。列宁在《俄国资本主义发展》一书中也曾指出:"地域的分工并不是我国工业的特点,而是工场手工业(包括俄国和其他国家)的特点;小手工业没有造成这样广大的地区,而工厂却破坏了这种地区的闭塞性,促使作坊和大批工人迁移到别的地方,工场手工业不仅造成了广阔的地区,而且在这些地区内实行了专业化(按商品的分工)"。③

特别是产业革命后机器大工业代替工场手工业,一些全新的生产部门,一些新的劳动领域,或者直接在机器生产的基础上,或者在与机器生产相适应的一般工业变革的基础上形成起来。这些新的生产部门和劳动领域的出现,有力地促进了经济领域以至社会其他领域的专业化、专门化和分工的扩大,冲破了种种地域封界,不断地加深地域间的经济联系。任何地区的生产

---

① 《列宁全集》第 3 卷,第 389 页。
② 《马克思恩格斯全集》第 23 卷,第 3 页。
③ 《列宁全集》第 3 卷,第 389~390 页。

专门化都存在于本地域之内，但它的形成和发展却以同其他地区间的能量、物质的交换为条件，也就是依赖于区际之间的经济联系、协作与联合，生产越是社会化，这种相互依赖性就越强，这是社会化大生产发展的客观趋势和要求。

马克思主义关于社会劳动地域分工理论的基本观点可概括为：第一，社会劳动地域分工是社会分工发展的高级形式，它是生产力发展到一定阶段的产物，又促进生产力的发展，技术进步是地域分工的推动力；第二，工场手工业的出现使地域分工成为各国经济的特点，产业革命进一步扩展地域分工的范围，地域生产专业化和分工协作的发展是社会化大生产发展的客观要求；第三，地域分工是在广阔的区域按商品实行生产的专门化，商品经济的发展是劳动地域分工广泛、深入发展的重要条件。

我国是一个地域辽阔，自然地理条件、经济社会条件地域差异显著的国家。不同区际的经济关系，既是区域经济的组成部分，也是跨区域的宏观经济活动。从国家的宏观经济角度看，按照社会劳动地域分工的理论和社会化大生产的要求，处理地区间的经济关系，就是要从国民经济的整体性出发，加强对地区经济和布局的科学统一规划和引导，合理布局重大的工业项目、农业项目、基础设施项目和其他建设项目，进行生产力地区的合理布局和生产要素的地域优化组合。

依据社会劳动地域分工的理论，制定省（区）际经济关系发展战略，必须着眼于专业化协作与分工，在国家计划的指导下，充分发挥不同地区的比较优势，包括自然资源优势、资金和人才优势、技术优势以及区位优势，按照获取最佳的比较收益的原则，选择和发展本区专门化的主导产业，而省区的生产专门化不是孤立的而是与其他省区之间的协作联合相并存，"分"与"合"是相辅相成的。在发挥比较优势的基础上，大力推进不同地区间的专业化协作，通过各地区间禀赋不同的生产要素的合理流动与组合，就能取得宏观的分工效应，实现经济资源地域间的合理配置。

（二）社会主义市场的理论和价值规律

我国社会主义经济是社会主义国家宏观调控下的市场经济这一论断，是制定省区经济发展战略的基础。过去长时期把计划经济同商品经济对立起来，认为社会主义只能是计划经济。中共十二届三中全会通过的《关于经济体制改革的决定》，根据我国经济体制改革的实践经验，做出了社会主义经济是公有制基础上的有计划商品经济的论断，这是理论上的一个重要突破。这一理论的确立有力地推动了我国的改革和经济的发展。但是，它没有明确揭示在经济运行或资源配置中计划和市场谁是基础性的机制，在发挥市场作用时，还受到市场经济等资本主义这一传统观念的束缚，影响了改革的深入和商品经济的充分发展。邓小平南方谈话进一步指出："计划经济不等于社会主义，资本主义也有计划；市场经济不等于资本主义，社会主义也有市场。计划和市场都是经济手段。"这从根本上解除了把计划经济和市场经济看作属于社会基本制度范畴的思想束缚，使我们在认识、理论上有了一个新的重大突破。

　　其实，商品与市场是不能分割的，市场经济是生产社会化、商品化发展的必然产物，是发达和比较发达的商品经济存在和运行的形态，因而承认社会主义经济是社会化大生产基础上的商品经济，也就必须承认社会主义市场经济。而商品经济、市场经济的基本规律是价值规律。恩格斯曾经指出："劳动和劳动根据平等估价的原则相交换，这句话如果是有意义的话，那么就是说，等量社会劳动的产品可以相互交换，就是说，价值规律正是商品生产的基本规律。"[1] 在有商品和商品存在的地方，也就必然有商品经济的基本规律——价值规律存在和发生作用。省（区）际经济关系在市场经济条件下，实质上就是按照社会分工发展的商品交换关系、市场关系。发展省（区）际经济关系的最终目的，是要依据社会主义市场经济横向运行的客观要求，在平等权利的基础上，遵循等价原则，加强省（区）际的横向经济联合与协作，推动地域社会分工和专业化的发展，充分发挥各省区的比较优势，以加速地区经济的发展和提高国民经济的整体效益。长期以来，由于在经济工作的指导思想上自然经济思想严重，习惯于封闭式的经营，在管理体制上产品经济模式造成条块分割，阻隔了省区间的横向经济联系，各个地区都是封闭型的自成体系，造成经济的低效益和资源的严重浪费。因此正确处理和发展省际的经济关系，必须从根本上转变战略思想，将其置于社会主义

---

① 《马克思恩格斯选集》第3卷，第351页。

市场经济理论的基础上。

按照市场经济运行的内在要求制定省（区）际间的经济发展战略，要做到以下几点。

第一，必须打破地区垄断和分割，把省区之间封闭、半封闭的市场变为开放统一的社会主义市场。一个省区进行自身资源的合理配置，调整产业结构，实现经济发展的战略目标，不仅要以满足本省区的市场需求为出发点，预测本省区的市场变动趋势，而且要以满足其他相关省区的市场需要为目标，预测全国大市场供求变动的趋势，掌握其规律和特点，善于利用国内市场和国际市场发展本省区的商品经济，增强地区经济的活力和在国内外大市场上的竞争与应变能力。

第二，必须按照价值规律的要求坚持等价交换原则。省区经济既是统一的国民经济的有机组成部分，又各有其自身区域发展的特殊利益。因此，省（区）际经济关系是在市场机制作用下的商品流通关系，各省有权按照自身的利益处理它们相互之间的协作和经济交往。只有贯彻自愿互利、等价交换的原则，建立在价值规律优势互补的基础上，才能使省区间的经济联系得以顺利进行和健康发展，求得共同富裕和繁荣。

第三，省区之间必须实行全方位的相互开放。市场经济的运行，是以城市为中心，以交通要道等要素为依托而展开的，是横向的经济运动。因此制定省（区）际经济发展战略，必须强调对外开放，要根据市场经济的自然联系和运行规律，相互发展生产的和销售的、行业内部的和跨行业的、运输的和通信的、金融信息和科技教育的等多形式、多渠道的协作联系，相互实行全方位的开放，使技术、资金、产品、资源、人才等突破地区、部门和所有制的界限，实行合理的流动和形成网络，从而在不断扩大相互之间的分工协作和发挥特色的基础上，把分散的优势转化为群体的综合的优势。

（三）社会再生产空间平衡理论与地区经济发展不平衡的规律

社会的生产过程，作为一个连续不断更新的过程来考察，同时就是一个再生产过程。马克思指出："不管生产过程的社会形式怎样，它必须是连续不断的，或者说，必须周而复始地经过同样一些阶段。一个社会不能停止消费，同样，它也不能停止生产。"① 他又指出："要想得到和各种不同的需要量相适应的产品量，就要付出各种不同的和一定数量的社会总劳动量。这种按一定比例分配社会劳动的必要性，绝不可能被社会生产的一定形式取消。而可能改变的只是它的表现形式。这是不言而喻的。自然规律是根本不能取消的。"② 这就是说，生产和再生产是人类社会最一般的属性，是社会存在和发展的基础。而社会再生产的生产、分配、流通、消费各个环节之间及其各环节的内部，都存在着一定数量的依存关系，即比例关系，只有不断地实现了这种比例关系，社会再生产才能周而复始地进行。

根据马克思关于社会再生产的原理，社会总产品按其最终用途可分为生产资料和生活资料。社会生产也划分为第一部类的生产资料生产和第二部类生活资料生产，两大部类之间保持协调的比例关系，社会再生产才能顺利进行。在我国现阶段，农业产品和轻工业产品，主要是用于生活消费，基本上属于第二部类；重工业产品，主要是用于生产消费，基本上属于第一部类。尽管两大部类的分类和农轻重的分类是有所不同的，但农轻重的比例关系基本上可以反映两大部类的比例关系，在现实生活中，两大部类的比例关系大体上是通过农轻重的比例关系来实现的。具体来说，农业内部还有农、林、牧、副、渔五业的比例，工业内部的原材料与加工工业的比例关系，能源、交通、通信对整个国民经济的发展具有重大的制约作用，它的发展，必须同工农业生产和国民经济的其他部门保持适当的比例，并处于"先行"的地位。科学技术是第一生产力，是提高经济效益的决定性因素，科学技术和教育事业的发展必须与国民经济的发展相适应，并应放在突出的战略地位。从国民经济的产业结构上说，又可分为第一、第二、第三产业，等等。社会生产的两大部类，以及其具体化的各个产业部门所生产出来的各种产品，只有通过相互交换，在实物上得到替换，在价值上得到补偿，也就是说只有实现了各个部门之间和产业之间的实物平衡和价值平衡，社会再生产才能顺利进行。

但是，只有部门之间的平衡是不够的。马克思指出，空间是"一切生

① 《马克思恩格斯全集》第 23 卷，第 621 页。
② 《马克思恩格斯选集》第 4 卷，第 368 页。

产和一切人类活动的一个要素"。劳动总是在一定的时间和空间，也就是在
一定区域中进行的。各个产业部门、行业、企业的布局最终要落实到各个区
域。因此，国民经济的各种比例都要落实到地区，国民经济本身就是由各个
部门和地区分工协作组成的有机整体。各个部门和地区之间存在着相互联
系、相互制约、相互依存的关系。事实上，任何一个区域也都有适宜与不适
宜的部门，部门选择地区，地区也同样选择部门，部门比例最终要落实到一
定的区域，部门比例的平衡要靠地区比例的平衡，地区间比例的平衡又要通
过部门比例平衡来表现。两者比例不协调，地区再生产就难以顺利进行。社
会再生产如果出现了价值不平衡和实物不平衡，比较容易调整，如果因为空
间布局不合理，造成部门比例与地区比例失调而导致地区经济结构不合理，
在短期内是很难改变的，因而空间结构是否合理，是否协调，是社会再生产
能否顺利实现的重要条件。合理的空间结构能够促进社会再生产的实现，空
间结构和空间比例不合理则会阻碍社会再生产的实现。

社会再生产要求空间结构的相对平衡，但就地区经济来说，由于各个地
区的自然资源条件、经济条件、社会条件以及区位条件的差异，它们的经济
结构和产业体系不可能是平衡的。在我们这样一个幅员辽阔发展中的社会主
义大国更是如此。事实上每个地区都有自己的长处和短处、优势和劣势，也
都有适宜于和不适宜于自己发展的产业和产品。不平衡是地区经济发展客观
规律，社会再生产在整体空间上的结构平衡，每一个地区的产需平衡，只有
通过区际的商品交换，在充分发挥各个地区的比较优势，在长短互补的基础
上实现。

依据社会生产空间平衡的理论和地区经济发展不平衡的规律制定省
（区）际经济发展战略，首先，要处理好部门和地区的布局关系。无论是一
个国家还是一个省区其发展战略目标的实现，归根结底都要通过相应的布局
体现在具体的地表空间，因而它是地区布局的内容。而地区布局总是体现在
具体的产业部门，因而它是部门布局存在的基础，在处理部门和地区的关系
上，应该反对那种把部门和地区割裂开来，不顾各个地区自然条件和经济社
会条件的差异与特点，实行"一刀切"、一个模式的做法，而是应该坚持根
据各个省区的自然、经济、技术、区位等条件，因地制宜地确立各个地区发
展重点产业和专业化生产部门，实行产业倾斜与区域倾斜相结合的产业政策

和专业化生产部门，使各个省区都能够施展地方特点，在相互扬长补短的基础上，使地区布局和部门布局得到适当结合，使省区之间有一个合理的地域分工。其次，要把国民经济的总体战略与地区的特点结合起来，处理好省区经济结构与整体经济结构的关系。各省区经济都有自己区域的特殊性，并拥有一定的自我发展的条件和能力。同时省区经济又是统一国民经济整体的有机组成部分，分担着整体发展中的某种职能。要为整体的发展做出自己的贡献。因此，各个省区都应在国民经济全局中找到自己的位置，根据比较利益原则，正确选择自己的主导产业和支柱产业，从而建立起既能够体现各自经济特点和发挥各自优势、具有不同特色的地区经济结构，又使各个省区经济发展的方向符合全国总体发展战略的基本要求，有利于提高国民经济整体效益，使国民经济统一性与发挥地区特色适当地结合起来。这样，才能在合理的地区经济结构的基础上形成全国最优的经济结构，在地区经济专业化和协作化的基础上达到综合平衡，实现国民经济的高效、高速的良性循环。再次，要使不同省区特别是毗邻省区的布局和规划相协调。相邻省区之间山水相连，客观上自然、经济和社会交往的联系较密切，经济交往的运输成本较低。因此，在考虑本省区经济发展布局、发展战略时，必须考虑邻省区的布局状况、发展战略和经济发展趋势，做到相互适应、相互衔接，并形成若干个开放型一体化经济区域，从而既避免相互间的过度竞争，又更好地实现地区间的优势互补，逐步形成合理的区域分工和促进产业结构的现代化。

省（区）际经济发展战略的任务和特点*

一　省（区）际经济发展战略的任务

现代市场经济是开放性国际性的市场经济，各个省、市、自治区为了使自己的局部地区获得稳定的发展，就必须树立"大市场"的观念，具有通观全局的战略眼光。省（区）际经济发展战略，是指一个省（区）为了获得本区稳定的发展，如何协调与另一些省区的经济关系所采取的战略决策。其战略任务，总的是在国家统一规划指导下，合理分工、联合协作、优势互补、共同发展，促进生产要素的合理流动和全国经济布局的合理化。主要有以下四个方面的任务。

1. 打破封锁，开通市场，实现货畅其流，联合外向

在市场经济条件下，区际经济关系的核心和联结的纽带是市场，正确处理省际经济关系，制定区际经济战略，首先必须牢固地树立市场观念，研究国内和国际两个市场。经济特区及有关省区的经济之所以发展快，重要的原因在于坚持了市场导向，着眼于开拓两个市场。例如，目前广东省产品的市场是三个1/3，即1/3销往国外市场，1/3销往省外市场，1/3在省内销售。从国内市场看，每个省区各有长短，如果局限于一个省区的内部，就会制约经济发展的活力和效益，经济发展就会受到很大的限制。如果打破地区封锁，开通省区之间的市场，建设开放型的区域市场网络，就可以拓宽市场，实现互补，经济发展的潜力可以充分地发挥出来。同时，打破行政区划，联合走向国际市场，就可以形成和发挥整体优势，提高国际竞争能力。东北三省由于取消了相互间的一切封锁，实行跨省联合，不仅迅速地建立了全东北

---

　　*　原载《省际经济关系发展战略研究》，知识出版社，1993。

地区的大流通、大市场，而且联合参与东北亚地区的经济大循环；西南五省七市，利用独特的地缘、人缘优势，实行省际的联合，就能同时发挥广西沿海港口和西南能源、矿产资源的优势，共同走向南亚和东南亚市场；西北地区各省市打破区界，协力进行能源、交通建设，通过欧亚第二大陆桥，联合起来走"西口"，就形成合力，加快了走向中亚和中东市场的步伐。这样，就使分散的地区优势变成了整体优势，扩大了对外开放，激发了地区经济的活力，加快了国民经济的发展。

2. 协调省区与省区之间生产空间的合理布局，推动生产要素的优化组合

生产布局是生产的空间存在形式，是生产力要素在地表空间的组合和分布，它反映了物质资料生产的地理分布，反映了生产的空间位置形成和规模。由于不同地区在地理位置、自然资源、经济技术发展水平上存在着差异，甚至较大的差异，因而在不同的地区应当布局哪些生产部门，应当具有什么样的经济结构，应该从各个地区的特点和发挥各个地区的优势出发，按照"优中选优""劣中选优"的原则充分发挥各自的优势，实现劳动地域分工的合理化，取得地区经济发展的最佳效益，并在相互交换产品和互补的基础上实现全国宏观经济的平衡。因此，地区经济的发展既要遵循市场经济原则，又要在国家计划指导下，纳入国民经济发展的总体格局，受到区域分工各因素的制约。一个地区必须处理好与全国以及其他省区的关系，区际之间的布局应考虑是否能促进生产的专门化和区域合理分工。各个不同的省区应根据各区的自然条件、经济、资源的状况和差异进行适当的专业分工，建立与之相适应的经济部门，使各地经济结构各有侧重点。例如，在同类型省区（经济发展水平、要素禀赋和产业结构大体类似），通过区域协调，实行"协议性"分工；在异类型省区，通过区域协调和联合，实现"互补性分工"，尽可能合理配置经济与生产要素，发挥各地区的相对优势，各展所长，互补长短，避免重复建设、重复生产和重复引进，实现规模经济、提高国民经济整体素质，保持整个国民经济持续稳定和协调发展。因而在制定省（区）际战略时不仅要从本地区的实际和特殊性出发，对省区内的生产发展条件和因素按照省区内的发展战略要求来进行布局，而且要求把本区放在国际、国内经济大循环中，从本区与其他省区的关联，特别是与毗邻地区的关联来进行生产的布局，才能形成和充分发挥区域的整体优势。例如，沿海省

区应充分利用其毗邻国际市场的区位优势和商品经济较发达的有利条件，重点发展价值高、创汇高、技术含量高，能源和原材料消耗低的产业和产品，大力发展外向型经济，同时有计划地将消耗能源和原材料高、运量大的产品的发展项目，转移到能源充裕和资源富余的内陆省区，以逐步缓解能源、交通紧张的状况。内陆省区，要发挥资源丰富的优势，加快能源、原材料工业建设和农牧业的开发，加强基础设施建设，特别要注意发展本地有特殊资源优势、面向国内市场的行业和产品，根据市场经济的要求，加快对内、对外开放的步伐，有条件地也要积极发展外向型经济。

3. 正确处理省区之间的产业关联与协调

产业结构既是社会生产力发展的结果，又是社会进一步发展的前提和基础。在社会再生产过程中，每个产业既是生产产品的产业，也是消耗产品的产业，任何一个产业，既制约着其他产业的发展，又受其他产业的制约。从产业之间的发展联系来看，呈现出产业链式的连锁反应。例如，区域主导产业的配置要求或促成辅助产业的发展，并引起各种生产服务，而各种生产服务又产生新的产业服务；从产业的关系看，区域产业的主体是主导产业和辅助产业，两者既能互相促进又能相互制约。主导产业部门是指在区域经济发展中的一定时期，有一个或几个产业部门对区域的经济结构和经济的发展起着促进和导向的作用，它是在社会劳动分工的基础上形成的区域专门化生产部门。主导产业部门是区域经济的核心，它的性质和规模决定了区域经济的发展方向，决定了区域经济的性质、功能和类型，体现出某一区域在全国劳动地域分工中的地位。例如，山西省之所以能成为能源基地，主要是由于它的煤炭储藏占全国的 1/3，居全国第一位而成为主导产业。辅助产业是指围绕主导产业发展起来的相关产业部门，即主导产业产前、产中和产后的一些相关产业，如为主导产业提供机器设备、原材料和燃料等生产资料的产前服务的产业和为主导产业提供产后服务的产品加工、"三废"综合利用部门。主导产业与辅助产业之间是区域生产专门化与综合发展的关系，它们之间的联系不局限于一个地区范围之内，而在很大程度上是跨区的。产业功能也可以在区域之间互相借用，特别是在经济不发达的区域要走功能借用式的发展道路。因此在制定省（区）际发展战略时，既要引导本省区内的各生产要素按国民经济各部门再生产的各个环节进行优化组合，以实现本省区资源的最佳配置和整体功能的最大化，也要以经济的自然联系与资源、区位优势互补为纽带，协调本省区与其他省区特别是与邻近省区的生产要素的优化组合，各省区围绕优势部门发挥各自优势发展适宜的主导产业。在确定各省区的主导产业时，应按劳动地域分工，商品交换的原则和比较成本经济效益原则，从省区情况出发，破除"大而全""小而全"的自然经济观念，不应追求本区域内各产业部门的平衡发展和自给自足，而应该利用本区最有利的生产要素来确定主导产业，发展自己的优势产业和产品。同时，围绕主导产业，建立相关的产业、相配套的结构、相协调的共有较高经济效益的区域经济有机体，以带动相关地区的经济发展。例如，甲区的主导产业依赖于乙区的后向联系产业提供生产资料，而甲区主导产业的产品又输往丙区满足前向联系产业的需要。这样，甲地区的主导产业成为丙地区的辅助产业，而乙地区的主导产业又可成为甲地区的辅助产业。如西南省区的优势是能源和矿产资源，西南地区可开发的水能资源占全国的54%，已开发量仅为其中的3%，我国规划建设的十大水电基地有七个在西南地区。因此大力开发西南能源资源，可以使西南成为我国唯一能源自给有余的地区，可以西电东送，西煤东运，缓解华南、华东地区能源短缺的矛盾。

　　4. 调节各省区之间生产力的合理时序

　　时序是生产力经济学的普遍范畴，无论在宏观经济、中观经济中，还是在微观经济中都普遍存在着生产力的时序问题。作为宏观生产力时序的各个经济地带、经济地区之间的发展时序，如我国东部沿海较发达地区、中部次发达地区、西部不发达地区之间的发展时序，各大经济区域之间以及各省区之间的发展时序等的合理化，对节约劳动时间具有十分重要的意义。任何事物在其发展运动中都有一个从始到终的持续过程，这个过程有长有短，作为整个国民经济系统中的各个经济地带，各个省区的经济过程的许多活动和时序之间是紧密联系相互依赖的，它们之间的相互依赖也表现在时间上的承前启后的衔接关系上，只有保证相互联系的各个环节之间在时间上的继起和衔接，才能提高国民经济的整体效益。这种时间上的连续性在社会化、现代化生产过程中尤其重要。生产的现代化程度越高，对时间上的继起和衔接关系要求越高。因此在制定省（区）际经济发展战略时，要依据生产力因素时间组合方式发展变化规律的要求，自觉地利用区域规划和市场调节优化生产力因素的时序配置，从而获得国民经济整体的时序经济效益。

二 省（区）际经济发展战略的特点和原则

（一）省（区）际经济发展战略的特点

省（区）际经济发展战略是指在一个较长时间，对省与省之间的经济发展关系的全局性重大问题的科学谋划和决策，它是经济发展战略在省（区）际之间经济关系上的具体运用。省（区）际经济发展战略除具有一般经济发展战略的特点外，还具有其本身鲜明的特点。

1. 横向性

省区之间的经济关系是建立在区域差异和地区优势基础上的省与省之间的经济联系，它是顺应商品经济规律和现代化大生产的客观要求，是生产力蓬勃发展所要寻求的一种地区经济合作与分工的关系。我国过去长期否定和排斥商品经济、市场经济，在经济管理体制上，按照行政区划和行政隶属关系对经济实行高度集中的行政管理，国民经济活动只有单纯的纵向经济联系，割断了经济的横向联系，妨碍了社会主义经济的发展。而省（区）际之间的经济联系则反映了商品经济运行的内在联系，它突破了地区、部门所有制关系的狭隘界限，要求各个省区、部门、企业之间相互开放，商品、物资、技术、资金、人才自由流动。

省（区）际之间的经济关系有别于省、地、县的纵向经济关系，它是一种横向的经济关系。随着商品经济的发展，市场交换的频繁，各个省区的各个部门、各个企业为着共同利益，按分工协作关系及其经济的内在联系联结在一起，形成一个有整体结构功能的经济大系统。横向经济关系是与纵向经济联系相关的。纵向经济联系一是指直接的行政隶属关系；另一种是指经济上的指导与被指导、监督与被监督的关系，如经济调节部门对经济单位的指导关系，工商行政管理部门对企业的监督关系等。省（区）际经济发展战略的横向性特点，是它打破行政、自然的地理分界，具有跨区域的空间存在特点。它突破了按行政隶属关系和所有制关系组织经济活动的传统观点和方法，具有多元经济主体的组织特点，能够消除单一的纵向经济联系的弊端，给国民经济的发展注入新的生机和活力，促进各省区的部门和企业之间在生产要素上实现互补交流，有利于各生产要素优化组合和得到充分有效的利用。

2. 开放性

省（区）际之间的经济关系是一个开放的系统，这种开放性表现在每个区域经济相对于国民经济总体来说都只是一个子系统，都必须通过区际的交换与联合协作纳入国民经济运动的总体。在社会化大生产与商品经济条件下，地区经济内部结构的变化，总是要打破其封闭和孤立状态，同区外发生广泛的经济交换关系。区域经济系统如果不与外界发生经济交换关系，这个系统的经济运动就处于相对静止的状态，并将逐渐衰退。这是因为市场经济的横向运行，生产力发展的优化推进，将打破各种各样的地理范围，促进生产要素的地域流动。商品经济越是发展，越会打破"自给自足"的地区经济格局，推动省区之间商品交换规模的日益扩大。同时，一个地区总是有优有劣、有长有短，区域要扬长避短，就不能封闭。区际之间在经济发展过程中相互取长补短，从而形成多方面的联系，就能实现相互间的协调和补充，就有可能形成国民经济总体巨大的经济合力与综合优势。如果地区之间相互封锁，缺乏有效的产业联系和市场融通，每个区域都形成同构化的经济结构，就必然会切断区域间的自然经济联系，削弱区域优势的发挥，降低整个经济系统的活力。

3. 权益性

省区是一级行政单位，它不仅有一系列经济协调管理的职能和机构，而且有相应的政治上层建筑，以此来组织整个地区的社会生活。而省区的经济发展与该地区的社会生活有直接的联系，由此就产生了作为相对独立的经济和社会系统的权益问题。因此，省（区）际经济发展战略就带有较强的地区权益特色，这就决定了区际之间的经济活动都有各区域自身的经济利益以及与此相联系的目的和任务，这种区域权益的谋求是省（区）际经济协调发展的一个基本的推动力。它要求省区之间的经济往来，一方面要坚持由各区域自主决策；另一方面又要坚持平等互利，使区域之间在平等互利的基础上互相协作、统筹规划、合理发展。这种权益性与过去的所谓"地方主义"、条块分割不同；它是在打破地区封锁，充分发挥市场机制调节基础作用的前提下，充分发挥本地区的优势，扬长补短，正确处理好全局性和局部性的关系。在确定区域开发方案时，既要充分考虑地区的特色，又要考虑更大的区域或全国全局的合理性，在宏观调控和计划指导上把地区优势和全局的合理性统一起来，做到既有利于地方也有利于国家。

（二）省（区）际经济发展战略的原则

1. 最佳效益原则

发展省（区）际之间经济关系的目的，是为了尽可能合理配置和节约使用各种生产要素，充分发挥各地区比较优势，促进区域合理分工和全国经济布局合理化。因此，要有一种最佳发展方式，使省区经济发展和全国经济发展处于最佳状态。就一个省区经济增长来说，它不仅表现为增长的速度，而且同时要表现为增长的效益，增长的速度必须建立在经济效益不断改善和提高的基础上。坚持速度和效益统一的原则，根本的问题在于优化区域经济系统结构，把速度和效益建立在优化的经济结构、技术结构、产业结构、投资结构等基础上。为此，各个省区就必须打破行政区划，按照因地制宜、合理分工、优势互补的原则，制定地区经济的发展规划和发展省际的经济关系，促使各种生产要素在省际合理流动和优化配置，从而取得最佳的地区经济效益。

2. 机会均等、共同发展的原则

省（区）际经济关系是按照商品经济和市场的联系展开的，因此参与联合协作的各方不论大小都应是平等的地位，它们之间的关系应该是兄弟省区平等合作的关系。省区之间的经济活动其出发点和归宿是为了更好地发挥各个地区拥有的优势，借助联合与协作的形式形成一种合力，扬长避短，去兴办那些应当兴办而自身无力兴办的事业。但是，这绝不应该成为某一地区特有的机会，必须尽量做到机会均等，使参与联合协作的省区都能借助这种合力开发和促进本地区的经济发展，如合资合作建设有利于共同发展的铁路、高速公路干线和港口设施，集资协作建设各种能源、原材料乃至农副产品基地等。实践证明，只有坚持这条原则，省区之间的经济活动才能建立在稳定的基础之上。

3. 互惠互利、等价交换原则

在我国，中央、省、市、县都构成一个空间的经济层次，这些或大或小的地区经济层次都作为一级财政成为国家整个经济活动、经济生活的组成部分。除中央一级有权对全国做出统一部署外，其他各个层次的地区经济只具有相对独立的权利。各个地区经济的相对独立性，决定了在省区之间的经济活动中都有各自的经济利益，以及与此相联系的目的和任务。因此，省区与省区之间发生的任何经济行为都必须贯彻互惠互利、等价交换的原则，认真处理好相互之间的经济利益关系。否则，区域经济活动就失去了物质利益的保证，缺乏合理结合的基础。

4. 各展其长、分工协作原则

在制定省（区）际关系发展战略时应充分考虑生产的专门化和劳动地域的合理分工。首先各个不同省区应根据自己省区的自然资源状况、地理位置、交通条件、经济技术发展水平和国民经济总体发展的需要进行适当的专业分工，形成规模不等、功能各异、分布合理和互相连接的专业化地域经济体系，充分利用本地区的优势（包括资源、技术、人才、区位等优势），发展面向国内市场和国外市场的优势产品，充分展其所长，不搞低水平的重复建设，不追求"大而全"的地区经济体系。其次，要在地域分工的基础上进行密切的协作，根据分工协作的原则，按照各个省区的自然条件、经济、社会诸要素组合的不同特点，在宏观上统筹规划，充分利用各地区的长处，调整社会劳动地域分工，促进经济发展水平不同的地区相互取长补短，以优补劣，协调发展。

三 省（区）际经济发展战略模式对策

（一）省（区）际经济发展战略模式

所谓经济发展战略模式，是指经济发展战略的类型，它是对一定战略体系中那些最基本的规定性和最主要特点的高度概括。省（区）际经济发展战略模式是指省（区）际对外关系模式，是省区经济中与外部其他省区经济联系的总格局。决定省区对外关系模式的因素，总的来说就是省区的优势和劣势两个方面。具体包括：地区所处的地理位置，地区的自然资源状况，地区的基础设施状况、市场状况，地区现有生产能力以及对资金、技术的吸收和消化能力等。从全国发展战略的总态势出发，各省区结合本地区的情况，可以有多种战略模式的选择。目前，各省区实行的发展战略在指导思想和基本模式方面，大体有以下几种类型。

从市场模式划分，有内向型和外向型发展战略模式。内向型发展战略模式，主要是以开拓省区内的市场为主，以满足区域内的市场需要为出发点，多数部门、行业和企业的生产互为条件和市场，省外市场占的比重很小。采取这种发展战略模式，一般是在那些较大的省区，人口较多，资源较为丰富，市场容量较大，而且交通又不够发达。外向型发展战略，是指一个省区推动区域经济的发展而面向其他省区市场建立的经济结构和经济运行体系，其主要标志：一是主要依据其他省区市场的需求结构建立区域经济的产业结构，在国内市场中实现产业关联均衡的基本要求，使本区域的产业结构成为全国产业结构体系的组成部分；二是以全国统一的大市场为依托，实现本区域的商品生产和商品交换。外向型模式是省际交往中发展到比较成熟时期的一种发展方式，在我国的沿海地区和一些经济比较发达的地区实行这种战略。

从与外部的经济联系看，有封闭式和开放式发展战略模式。封闭式发展战略，是我国旧经济体制下实行的一种模式。过去的省际经济关系，在实行高度集权的计划经济条件下，经济联系以纵向管理为主，生产要素的分配由国家统一掌握，人为地割断了省际的经济联系，省区经济的发展被封闭在狭小的本区范围内，从而形成了封闭式发展模式。开放式发展战略，体现在各个经济领域里与外部包括省外、国外发生广泛的经济联系，强调地区间的平等竞争和分工协作，不搞封锁，打破了"条块"行政分界，加强了生产要素在省区间的流动。开放型模式通常与外向型经济相联系，改革开放以来许多省区都在实行这种模式。

从部门关系划分来看，有平衡发展和不平衡发展两种战略模式。平衡发展战略模式是指省区经济的各主要部门，如农业、工业、商业、基础设施与生产建设以及工业内部、农业内部等，都必须保持合理的比例关系使之平衡发展。这是一种自求平衡、自成体系、自我循环的发展模式，它与封闭式、内向型经济相联系。不平衡发展战略模式，是在经济弹性和外界条件允许的范围内，不同阶段突出经济发展的不同重点，这从一个省区的经济发展来看是不平衡的，但通过省区间的经济交往和优势互补则是平衡的，因此，这种发展战略实质上是一种长期平衡发展战略。不平衡发展战略有两种不同的类型：一是相对不平衡发展战略，是指在整个战略时期，根据区域的客观条件，从充分发挥省区优势出发，突出发展某种经济部门和某种优势产业。如沿海某些地区突出发展新兴产业，某些煤田、石油产区突出发展能源工业，由此形成了经济部门的不平衡，这种不平衡要由全国和大经济区范围内进行协调。二是时序不平衡发展战略，是指一个省区在整个战略时期的不同阶段，强调重点发展某一个或某几个经济部门，以带动其他经济部门的发展。

从经济发展的态势看，有内聚式和外促式发展战略模式。外促式发展战略是指积极利用省区外部的各种条件，包括生产的社会化的区域分工和合作，区际经济联系的广泛协作、联合与竞争，技术发展的地域推进等，积极利用省区外和国外的资金、技术以至人才等生产要素的流入，促进本区经济的发展，使这些外部条件转化为区域经济发展的巨大推动力，以促进区域经济的蓬勃发展。内聚式发展战略，主要是依靠内部条件运用聚集方式，通过区域内部的多种条件的发掘、组合、提高，从而获得聚集效应。这种内聚式发展模式并不排斥对省区外部发展条件的吸引和消化，把两者结合起来则可以促进对外经济交往与经济技术的联合协作，反过来又加剧内聚，促进本区经济的发展。

从产业结构的角度说，可分为各产业同步发展的平推式结构模式和突出重点的倾斜式结构模式。平推式结构模式，是通过政府进行计划干预，使区域各产业以相同或比较接近的速度平行发展，并力求使差别逐渐缩小，实现区域各产业的"均衡"发展。倾斜式结构模式，是强调重点发展主导产业，在诸多产业中选择几个主导产业，从投资上、政策上对这些产业给予重点扶持，使之获得高速发展，然后再依靠这些产业的前向拉动或后向推进来推动整个区域经济的发展。

选择省（区）际经济发展战略模式，应立足于发挥本区优势，着眼地区经济的合理分工，各展所长，优势互补，协调发展，加强横向经济联合，实行全方位开放，促进全国统一市场的形成与发展。

（二）省（区）际经济关系发展战略措施

1. 我国地区发展政策的演变

地区发展政策是国民经济发展总政策的一个重要组成部分。回顾 1949 年以来我国地区发展政策的演变，大体经历了两个阶段：第一个阶段是 20 世纪 50～70 年代末，我国宏观区域政策属于均衡发展阶段。新中国成立前，我国近现代经济，主要工业和交通运输设施集中在狭长的沿海一带。解放后，为了改变这种不合理的布局状况，把建设重点放在了内地。这个阶段，地区发展政策的指导思想是以内地为投资和建设的重点，以缩小沿海与内地之间的差距，实现社会生产力的均衡布局为目标，追求地方经济的同步发展和自成体系。这一时期又可分为两个小阶段。第一个小阶段，是既要发展老工业区建设，又要大力建设内地新工业基地，如"一五"时期，我国工业建设的 156 项重点工程，有 54 项摆在东北老工业区，占 1/3 强，其余重点工程在内地分布很广，围绕包钢、武钢等新工业基地为中心铺开了一批基础工业的新建项目。第二个小阶段，是 20 世纪 60～70 年代向内地倾斜阶段，出于备战考虑，支援三线建设，国家拨出近 70 亿元资金用于三线建设。从 20 世纪 60 年代中期至 70 年代末期，国家在三线地区的陕西、河南、湖南、湖北、四川、云南、贵州、广西等省区累计投资 1300 多亿元，占同期全国基建投资的 70% 以上。在均衡发展战略的指导下，20 世纪 50～70 年代，我国将一半以上的基本建设资金投入内地和少数民族地区，建成了一批新的工业基地，修建了宝成、兰新等 8 条铁路干线，建立起比较完整的工业体系和交通运输网络，形成了比较发达的经济地域和经济中心。但同时也存在不少问题，诸如资源配置和地区经济结构的效率低、效益差，许多省区结构开始朝着"异质同构"方向发展，不仅丧失了对比较优势的利用，甚至放弃了对绝对优势的利用，产业布局的区位成本增高，区域经济效益呈下降趋势，以特殊的分工协作关系和不合理的价格体系为基础，形成了不平等的区际利益格局。传统的高度集权的管理体制，使地区经济缺乏横向联系和自组织能力。

第二个阶段是 20 世纪 80 年代的非均衡发展阶段，也就是沿海倾斜战略实施阶段。为了加快社会主义现代化建设进程，我国地区经济发展重点逐步从内地向东部沿海地区转移，运用区域经济发展不平衡规律，充分利用梯度差的经济势能按东、中、西三大地带的顺序安排投资和建设项口，把东部沿海地区作为国民经济发展的重点，通过投资倾斜和某些特殊的优惠政策，促进沿海地区率先发展，然后循序渐进，由东向西，由高梯度向低梯度逐步推移。因此，"六五"时期，国家对西部地区的投资仅占总投资的 17.2%，比"三五"期间的 34.9% 降低一半多，固定资产投资用于东部地区比中部地区多 63%，比西部多 1.8 倍。1986～1988 年，国家在东部沿海地区的投资比重分别是 51.89%、55.47%、57.6%；而西部地区只有 12.31%、11.9%、13.9%，维持在较低的水平。非均衡发展战略的实施，是在改革开放的新形势下形成的，随着改革的深入，宏观经济管理逐步由过去的中央高度集中控制向分层调控过渡，地方政府管理权限扩大，地区经济的自组织能力和区域经济活力得到增强，跨地区、跨行业的横向经济联合蓬勃发展，经济布局和资源配置的效率比前 30 年有了较大幅度的提高。但同时也拉大了区域间经济发展的差距和导致区域经济秩序的紊乱。由于地区政策的显著差异，在沿海的竞争下，内地发展十分艰难，同沿海的差距不断扩大。同时，由于原来的利益格局被打破了，引起了地区间的利益摩擦，导致互相攀比、互相封锁，地方保护和"诸侯经济"，不利于经济稳定、协调地发展。

1944～1990 年，我国区域经济的发展经历了一个从均衡战略到非均衡战略的过程。区域经济增长的均衡与非均衡问题，是各国经济发展中面临的普遍性问题，是区域经济长期增长中两个不同的时空过程。在社会主义市场经济条件下，区域经济发展中存在着非均衡化与均衡化的矛盾，即公平原则或社会主义制度本身要求缩小差距和效益原则或追求利润最大化要求非均衡发展。根据 41 年来我国区域经济发展的历史经验，20 世纪 90 年代我国改革和建设的主要任务，在产业政策上应实行适度倾斜与地区协调发展相结合的方针，把产业政策和区域政策有机结合起来，实现产业政策区域化。所谓适度倾斜，是指应根据产业政策区域化的原则使不同产业分别向其优势区位倾斜，以形成区域间合理的分工协作体系，促进不同产业重心的形成和不同地区主导产业的成长。国家对重点产业的扶持，应重点支持那些资源配置条件好的优势地区，把产业优惠政策同地区优惠政策结合起来，效益原则和补偿原则统一起来，在保证国民经济总体效益最大化的前提下，对经济相对落后的地区实行补偿和扶持。

2. 正确制定省（区）际经济关系发展政策

从国家层次看，区域经济是国民经济的空间侧面，协调区际经济关系，促进地区经济的合理布局和高效高速发展，必须制定统一的适用于各个区域活动经济主体的经济法规、条例，制定科学的方针政策，规划和正确引导区域经济活动。制定省（区）际经济发展政策必须注意以下几个方面的问题。

（1）充分发挥地区优势，合理布局生产力。生产力布局是经济发展的基本条件，因此充分发挥各地区优势，合理布局生产力，使生产要素的地域配置和空间组合最优化，是国家制定省区经济发展政策的关键。

（2）促进区域之间的横向联合。发展横向联合，一方面可以增强区域经济功能；另一方面又可以增强区际的互相推动。由于横向联合是跨行政区的行为，这就需要国家在区域经济发展宏观政策上，重视对区际经济利益的协调，强化区域发展的公平竞争原则，创造良好的外部条件。

（3）促进区域经济结构的合理调整。国家应针对各个地区在劳动区域分工中的地位和作用，对其经济实行差别化的空间和产业取向的双重指导政策，对那些制约国民经济空间结构合理化的"关键区位"实行重点投入，以促进区域发展的专门化或产品、产业结构的高级化，以利于提高国民经济的整体效益。

（4）有利于区域经济在均衡与非均衡的矛盾中协调高速发展。国家决策部门制定区域经济政策，要着眼于正确处理地区经济发展中均衡与非均衡的矛盾，充分发挥各类地区经济发展的潜能，既要放手促进经济较发达的地区高速发展，又要采取有力措施帮助少数民族地区、贫困地区在增强其造血功能的基础上，加速发展，大力发展两类地区的联合协作，逐步缩小经济发达与不发达地区之间的差距，使各类地区有先有后地富裕起来，最终走向共同富裕。

省（区）际经济关系与区域市场 *

一　社会主义初级阶段与区域市场

（一）社会主义初级阶段市场发育程度

中共十三大报告中指出："因为我们的社会主义是脱胎于半殖民地半封建社会，生产力水平远远落后于发达的资本主义国家，这就决定了我们必须经历一个很长的初级阶段，去实现别的许多国家在资本主义条件下实现的工业化和生产的商品化、社会化、现代化。"这既说明了我国的社会主义还处在初级阶段的根本原因，又指明了社会主义初级阶段的基本任务。

发展我国的社会生产力，就是要实现工业化和生产的商品化、社会化、现代化，而生产的商品化与生产的社会化、现代化又是在其相互作用的过程中实现的。一方面，发达的商品经济是建立在以机器劳动为特征的社会化大生产基础之上的，生产的商品化是在机器劳动代替手工劳动的过程中实现的；另一方面，生产的商品化又是实现生产的社会化和现代化的基本条件，自然经济的特点是自给自足，其本性是排斥社会化和科学技术的应用。历史经验证明，商品经济是社会主义阶段，特别是初级阶段发展生产力的最适宜的经济形式。要发展生产力，实现社会主义现代化，就必须使商品经济有一个充分的发展，这是一个不能逾越的阶段。而商品经济是通过市场进行交换的经济，社会主义商品经济的发展同样不能离开市场的发育和完善，列宁曾经指出："哪里有社会分工和商品生产，哪里就有'市场'。市场量和社会

---

　　*　原载《省际经济关系发展战略研究》，知识出版社，1993。

劳动专业化的程度有不可分割的联系。"而生产的商品化，也就是产品和生产要素的市场化，也就是市场经济的形成。因此，承认社会主义经济是社会化大生产基础上的商品经济，也就必须承认社会主义市场经济，市场经济是发达和比较发达的商品经济存在和运行的形态。但是，由于我国社会主义初级阶段生产力落后，存在多层次的状况，自然经济和半自然经济所占的比重不小，决定了商品经济和国内市场很不发达，在我国建立和完善社会主义市场经济新体制，是一个较长时期的发展过程，是一项艰巨复杂的社会系统工程。

我国市场很不发达的主要表现是：①市场体系不健全。发达的商品经济是以存在一个产品市场、要素市场、金融市场等多层次构成的完整的市场体系为其存在条件的。在我国的市场体系中几乎只有单一的商品，主要是消费品市场，生产资料市场还没有充分发展起来，其他要素市场尚处在萌发状态。②市场机制不健全。市场机制是指价格、供求、竞争之间互为因果的相互关系和相互作用。它是市场自我协调市场主体的经济关系和经济利益的作用形式，在商品经济的运行中起着调节生产和流通，调节供给和需求，调节资源配置和生产要素组合的基础性作用。在我国，不仅作为形成市场机制的基础条件——市场要素结构不完善、不配套，就市场机制的基本因素来说，大体合理的价格体系尚未形成，平等竞争的市场环境条件还不具备，作为市场主体的企业还不能做到自主经营、自负盈亏。因此，一个健全的竞争型的市场机制的形成，还需要经历一个较长的过程；③市场功能不健全。由于市场体系残缺不全，还不能形成完整的市场导向功能。市场还只能起到实现商品主要是消费品交换和分配的功能，还不能有效地发挥资源配置和生产要素组合的功能。同时，由于市场机制不健全，市场信号经常发生严重的扭曲，因而也很难及时向企业反馈供求变化的准确信息。④市场结构不平衡。不仅市场体系的要素结构不平衡、不完善，市场的空间结构也不完善，很不平衡。在经济比较发达的地区，广大不发达地区、贫困地区之间，城市和城市之间，城市和乡村之间，商品经济和市场的发育程度处在不同、甚至有极大差异的层次上。这种市场结构的不平衡，不利于市场竞争机制的形成及其调节作用的发挥。

（二）社会主义初级阶段的两种市场

在我国社会主义初级阶段，由于商品经济不发达、市场机制不健全，又是一个大国的国情，应当允许两种市场同时存在：一种是全国统一市场；另一种是与全国统一市场相协调的各具特色的区域性市场。

市场的发育不仅受到商品经济发展状况和生产力水平的制约，而且还受到生产力发展在各地区的不平衡性的制约。我国幅员辽阔，从东到西相距5000千米，从南到北相隔5500多千米，各地区的地理和资源状况，商品经济、市场和技术发展水平都有所不同，甚至有很大的差异。因此，要达到资源空间的合理配置，生产要素的地域优化组合，区际经济利益关系的妥善处理，客观上需要分区协调。在商品经济条件下，区际经济关系实质上是市场关系，逐步形成一个与统一市场相协调的分区协调的市场机制体系，才能持续保持空间要素配置的效率，因而在相互依存性强，经济联系较紧密的地区之间，采取合同和契约的形式建立区际共同市场，进行合理交换和联合协作，在此基础上实现互利互补，形成地区之间互惠互利的经济循环新格局，是符合市场经济规律的分区协调的有效形式。

我国地域大、人口多，决定了市场规模特别是潜在的市场规模巨大。10亿多人口所需要的基本消费资料和生产资料是一个十分庞大的数字，加之，我国的交通运输不发达，通信设施落后，市场结构和机制不完善，市场环境所必需的各种基本条件尚未形成。这类生产部门的布局不宜过于集中，在相近的互补性较强的地区之间建立区域市场，使产、供、销各个环节在地区上相互衔接，可以减少大宗物资的长距离运输，大量减少交易费用，提高宏观经济效益。

经过10多年的改革，过去产品经济那一套传统的经济秩序打破了，但是社会主义市场经济的新秩序尚未建立起来，在许多经济领域呈现出商品经济发展初期阶段那种自发、分散、无序而盲目的状态。这种"无序"在省际经济联系，特别是沿海省区与其毗邻地区的经济联系上表现十分突出。它既不利于沿海地区经济发展战略的实施，也不利于内地特别是过渡性地区生产的稳定发展和市场的稳定；既不利于生产者，也不利于消费者；另外，也不利于形成合理的地域分工和产业结构的合理调整。建立区域性市场，提高市场的组织程度，并把它置于法制的基础上，是建立社会主义市场经济秩序的客观需要。

二　宏观经济的分层次调控与区域市场

（一）宏观经济调控划分层次的必要性

我国的宏观经济调控选择什么模式？我们认为必须从我国的基本国情出发。在我国，社会供给和社会需求总量的基本平衡和基本结构协调，是国民经济长期稳定发展的必要条件。因此，必须坚持宏观调控的统一性，也就是说，宏观调控的大权要集中在中央。中国是一个区位条件差异很大，生产力和商品经济发展很不平衡的国家，宏观调控也就必然具有层次性。要逐步实行分层次管理，主要有以下几个方面的原因：第一，经济地域的差异性。我国地域大、人口多，不同的经济地带和同一经济地带的不同地区，在地理条件、资源状况、经济技术发展水平和商品经济发达的程度等方面都有所不同，甚至有很大的差别。因此，不同经济地带和不同地区，它们的经济发展目标和任务应当不同，宏观调控的政策和具体措施也应有所区别。第二，经济结构的特殊性。经济地域的差异性决定了不同地区经济结构的特殊性。在我国实现工业化和生产的商品化、社会化、现代化的过程中，不同的区域必然会形成各具特色，甚至有较大差异的产业结构和所有制结构。国家的宏观经济政策，应当在统筹全局的条件下，促进各个地区优势的发挥，在地区经济非均衡发展的基础上，求得国民经济宏观高效益的综合平衡和协调发展。第三，经济运行的层次性。社会主义经济是社会化的商品经济。商品经济的运行要求形成全国统一的开放的大市场。但是，在我国这样一个大国，社会主义统一市场必然是分层次的，不同品种的生产资料和消费资料的需求和供给，供、产、销的衔接，生产的专业化协作和联合，生产力的布局等，都是在一定的空间进行，是有区域性的：有的是全国性的，即在全国范围内实现供求的平衡和布局，有的是在跨省区的大区域内，有的是在一个省区的较小区域内实现平衡和布局。在商品经济从不发达向次发达和发达阶段的发展过程中，这种层次性就更加明显和突出。要适应商品经济运行的层次性，宏观调控的政策和措施在不同层次上也应当有一定的差别性和灵活性。第四，发挥"两个积极性"。对于宏观经济管理的决策、调控和监督，在中央和地方之间适当的划分事、责、权、利，使地方在维护国家法制、政令的统一，服从全国宏观经济管理目标的前提下，承担一定的责任，拥有一定限度灵活的权限和相应的经济利益，就能够把国家的宏观经济政策、调控措施和方式同各个地区的实际结合起来，做到因地制宜，避免"一刀切"；就可以增强地方的责任感和主动性，发挥地方这个层次在宏观经济管理目标和微观经济具体活动之间的决策传导、信息反馈的作用，提高宏观调控的时效性，减少宏观调控的"时空差"，发挥中央和地方两个积极性，比只有一个积极性好。

宏观调控的层次如何做科学的划分，各个层次的职责、权限又是什么？这是一个十分困难、复杂而又存在众多分歧的问题。在我国，宏观调控可分为中央主体层、地方中间层和区域协调层三个层次。

1. 中央主体层

国家宏观经济调控的主体或主导层是中央管理。宏观调控的经济目标，应当是通过实现总供给和总需求总量的基本平衡和结构协调，以促进和保证国民经济长期稳定、高速高效的发展。为此，有关国民经济全局的重大问题都应当由中央做出决策，并制定必要的法规。具体地说，应由中央管理层承担的职责是：①制定全国的经济和社会发展战略及其实施方案——中长期发展规划，作为实施宏观调控的主要依据；②根据国力的可能安排固定资产投资规模，消费需求的增长幅度，货币发行量和信用总规模，确定经济适当的增长速度，以实现经济总量的平衡；③制定实现总量平衡和结构协调的相关政策；④从全国宏观经济的全局出发，按照因地制宜、合理分工、各展所长、优势互补、共同发展的原则，规划和促进区域经济的合理布局与健康发展。

2. 地方中间层

国家各种宏观调控政策、措施的落实，不断变化的微观经济活动信息的反馈，都需要有一个中间层。同时，由于我国幅员辽阔，地区的差异性大，任何一项统一的调控措施，都不可能适合千差万别的不同地区的具体情况，更需要有一个地方的管理层把各个地区的实际结合起来，从而逐步做到宏观调控的科学性、合理性和及时性。这个中间层以省级行政区，包括省级市和计划单列市为宜。因为省级行政区既有一个相对独立的较大的经济活动空间，又拥有较完整的经济调节手段和相应决策权力。地方中间层的主要职责应是：①根据国家的总体战略和中长期规划所提出的目标和原则，从本地区的实际出发，制定本地区的经济社会发展战略和中长期规划；②根据国家产业总体配置的要求，区域经济专业化分工协作和比较利益原则，从发挥本地区的资源优势、产业配置优势出发，拟定产业政策的地区实施细则，规划和部署本地区产业结构的发展方向；③在税率、利率、价格、工资等经济参数的运用上，拥有结合本地区的实际情况以灵活运用的幅度和范围的权力，从而能够运用自身的政策手段，引导和干预区域内的产业发展过程，使本区的资源配置和经济结构合理化；④具有相应的立法权和完善的地区监督检查体系，能够对各个经济主体贯彻执行中央和地方的各种经济调控政策措施加以监督，保证国家宏观经济调控目标的实现。

3. 区域协调层

宏观经济调控必须与各地区的特点相结合，发挥地方的积极性、主动性。但是，商品经济、市场经济的运行是横向运行的经济运动，它的本质是开放。商品经济运行的层次同行政区划的层次不可能是一致的。因此，不仅不能从中央和地方的权利再分配出发，而应从商品经济的运动对中央和地方的要求出发，划分中央和地方宏观调控的职责和权限。而且应当按照商品经济运行的经济区域，采取适当的协调方式和协调措施，建立区域市场或市场型的经济区，作为宏观调控的区域协调层，以打破地区间的分割，建立区际稳定的经济联系和经济合作。区域协调层不是一级行政机构和行政层次，而是一个以不同的行政区之间的经济互补和分工为基础的，跨越行政区界的市场经济组织，其主要功能是：①从扬长避短、互利互补出发，推进区际之间的物资、资金、人才、技术和信息的交流，发展多形式、多渠道的横向经济联合，逐步建立开放型的区域市场体系；②根据国家的中长期发展规划和地区经济布局的要求，协调各相关地区的中长期发展规划，充分发挥各地区优势，联合开发资源，促进地域分工和区域产业结构的合理化；③制定区域市场或经济区的规则，逐步实现区际经济联系的契约化，在区际建立一种长期、稳定的经济联系，形成稳定的市场环境，实现市场运行空间的有序化。

宏观调控的层次，既不应完全按照行政管理的层次来划分，也不能脱离行政管理的层次，而应是纵横结合，计划指导与市场调节结合，各种调控手段结合的分层次宏观管理体系。

（二）完善的市场体系是宏观调控机制发挥作用的基本前提

我国的宏观经济管理由直接控制为主转变为间接调控为主，也就是国家由直接组织企业转变为主要综合运用经济手段和法律手段间接调控和组织市场，间接地通过市场信号和市场参数引导企业的生产经营决策。市场既是引导企业的主体，又是宏观调控的客体，是连接宏观经济调控和微观经济活动的关键环节。因此，完善的市场体系是宏观调控机制正常有效发挥作用的基本前提。国家宏观分层次调控体系的建立和完善，既要以统一的社会主义市场体系的形成作为条件，又要以开放性的区域市场体系为中介，综合运用市场机制来实现。

完善的市场体系是由商品市场和生产要素市场组成的有机整体，因而全国竞争开放的统一市场形成的基本标志，不仅包括消费品和生产资料等商品，而且包括资金、劳务、技术、信息等生产要素在内都可以在全国自由流通。为此，它的形成和完善必须具备以下条件。

第一，市场的参与主体必须真正具有独立的利益和独立自主经营的权利。只有市场的参与主体——企业，具有独立的合法权益，做到自主经营、自负盈亏，才能作为真正的法人直接面向市场，通过市场并以市场的信号导向进行经营，市场的机制才能充分发挥作用。

第二，形成了健全的市场体系。不仅消费品、生产资料等各种产品都转化为商品，进一步发展了社会主义的商品市场，各种生产要素也已转化为商品并形成了市场，而且各类市场之间建立了紧密的联系和具有联动的功能，统一的社会主义市场体系才能形成。

第三，市场机制能够有效地发挥作用。市场机制是指价格、供求、竞争之间互为因果的相互联系和相互作用，它是市场自我协调市场主体在交换活动中的经济关系和经济利益的形式。只有市场机制的基本因素和大体合理的价格体系已经形成，平等竞争的市场环境条件已经具备，市场要素结构比较完善，市场机制才能够在全国商品经济的运行中有效地发挥调节作用。

第四，建立了以法律手段维护的统一市场规则。只有建立了全国性的包括市场进出规则、市场经营规则、市场竞争规则等统一的市场规则，并把它置于法律的基础上，才能逐步打破地区封锁和垄断，促进资源的合理流动和各种要素市场的形成，才能形成一种机会均等、公平交易、平等竞争的市场环境，形成完整的市场导向功能。

（三）区域市场是分层次调控的重要基础

在我国要形成全国统一、完善的市场体系需要经历一个较长的过程。由于在不同的经济地带、不同的地区，生产力的发展水平、商品经济和市场发育程度均处在不同的层次上，甚至有很大的差异，健全的市场体系和市场机制不可能在全国同时形成。因此，在商品经济发展程度较高和区位条件较好的经济区域，建立若干跨行政区、开放性的区域市场，在此基础上，随着生产商品化、社会化的发展，沿着商品经济的自然联系，逐步形成全国性统一的大市场，是我国市场发育的一个必经的过程。我国沿海地区由于特殊的区位条件，同内地相比，历史上工业就较发达，商品经济发展的程度较高，经过10多年的改革开放，已从不发达的商品经济向中等发达的商品经济发展。商品经济的发展，既为形成健全的市场体系创造了有利的条件，又客观上要求加速建立完善的、竞争的市场体系。同时，随着沿海地区经济发展战略的实施，它的经济结构正在由内向型经济为主转变为外向型经济为主。外向型经济是一种参与国际交换的市场经济，因此，这就要求沿海地区市场机制要与国际市场机制相衔接，加快提高自身的市场发育程度，形成配套的市场体系，在体制上适应国际市场经济的运行。沿海地区商品经济和外向型经济的发展，在它同内地，特别是毗邻省区间的经济关系必然会发生一系列的变化。一方面，它必然给内地让出部分沿海市场和内地市场，并可以把从国际市场获取的信息、先进技术和科学管理经验向内地转移，也要求内地、特别是毗邻地区在改革开放和发展上有相应的梯次配合，以便有一个实施外向型发展战略所需要的国内经济环境，从而带动内地的开放和经济的发展。另一方面，由于沿海和内地在市场的发育度、对外的开放度等方面存在差异，也必然会产生一系列的矛盾，这在沿海与其毗邻地区之间的经济交往中表现得比较突出。如何加强沿海与内地之间的经济联系和合作，发展其相互统一、相互促进的方面，合理解决相互之间发生的各种矛盾和摩擦？有效的途径是在沿海地区与内地毗邻地区之间，建立内、外向相结合的区域市场，使国际市场、沿海市场、内地市场有机地衔接起来。

从商品经济发达程度、科学技术发展水平、综合经济效益指标和人均国民收入来看，我国的东、中、西部的梯度差异是客观存在的。但是也不能把它绝对化。生产力发展水平、经济技术发展水平，是一个综合概念，在综合指标——生产力水平较低的地带，也一定会有一部分较优或优区位。不仅在我国的中部，就是在经济不发达的西部地带，也已形成了若干个工业基础较雄厚、交通较方便、市场发育程度较高和经济辐射力较强的中心城市，如西安、兰州、重庆等。特别是三线建设时期，国家先后在西部地区投资约2000亿元，建设了一批生产和科研基地，从而使我国的西部也有了若干个"增长极点"和"增长区"。同时，在西部的一些地区与苏联和南亚、西亚的一些国家相毗邻，也可以利用这种区位条件扩大西部地区的对外开放，建立一些试验性自由贸易区。因此，随着商品经济的发展，改革的深化和开放的扩大，在我国的西部以"增长点""增长区""贸易区"为基础，也可以逐步形成几个区域性的市场。

全国统一市场的形成必然要经历一个从点到面，从单一到复杂的渐进发展过程。从市场的要素结构说，要从一般的商品市场到各种特殊的要素市场，逐渐形成体系；从市场的空间结构说，必然是从分割的地方市场到开放的区域市场，逐渐发育为全国统一市场。任何的经济活动及它们之间的相互联系都要落实到地域的空间。宏观的国民经济体系是由区域的经济体系所构成的，社会主义的统一市场体系是由各具特色的开放性的区域市场体系联结起来的。社会主义的市场体系既具有统一性，又具有区域性。离开社会主义市场统一性的制约，区域性就会转化为地区间的分割性；离开区域市场，统一的社会主义市场也就失去了基础。建立和完善宏观经济分层次调控体系，既要积极培育社会主义统一的市场体系，又要加速建立开放性、非垄断的区域市场体系，区域市场是分层次调控的重要基础。

三 建立省际区域市场

（一）省际区域市场是区域市场体系的重要组成部分

建立和完善我国的区域市场体系，关键的问题是建立各具特色的省际区域市场。

1. 建立省际区域市场，有利于消除以省级行政区域为界限的地方市场的封闭性和垄断性

我国市场空间构成的现状大体上有三种类型：①不完善的全国性统一市场。虽然完善的社会主义市场体系在全国的形成需要经历一个较长的过程，但大部分商品即供求基本平衡或供大于求的消费品和生产资料，可以在全国自由流通，这并不是说其中的每种产品都可以达到或占领全国市场，而是说它没有地方性的封锁和干扰，可以在全国的各个地区之间进行自由的交换。②开放性的区域市场。适应商品经济开放性的客观要求及其运行的内在联系，在以中心城市为轴心的经济区域和省际边界区域，形成了一些开放式的区域性商品市场和初级形式的资金、科技市场。③封闭性和垄断性的地方市场。在传统的产品经济体系下，各行政区经济都是一个自我服务、自我循环、自成体系的封闭性经济系统。在 10 多年改革的过程中，随着跨地区横向经济联合的展开，地方市场逐渐向全国统一市场发育，地方市场的封闭性开始被打破。但同时，财政包干、外贸包干等体制的实施，地方自主权的扩大，一方面调动了地方理财和发展外贸的积极性，增加了地区经济的活力，刺激了地区经济的增长；另一方面又强化了地方政府经济行为的本位利益考虑，导致对重要生产资料和某些重要农副产品的强化、封锁和垄断，发展了一种以省级行政区划为界限的封闭性区域市场，激发了中央和地方、地方和地方的利益矛盾和贸易摩擦，加剧了地方市场的封闭性和垄断性。

可见，完善宏观调控体系和建立统一市场，一方面，要通过综合配套改革，进一步实施政企职责分开，明确企业产权关系，培养市场主体；完善市场组织和发育市场机制；制定统一的市场规则和流通规则，使越来越多的商品能够在全国范围内统一流通。另一方面，就是要利用各个行政区，特别是

毗邻地区之间在经济联系和经济交往中相互提供的市场空间，发展开放性的区域性市场，建立省际的农产品和重要生产资料的区域市场，采取合同和契约的形式各自维护自己的合法权益，解决短缺产品的互通有无和互利互补，打破地区经济割据和封锁。在此基础上进一步发展商品市场和资金、技术、劳务、信息等市场，逐步形成各具特色的开放性区域市场体系。

2. 建立省际区域市场，有利于在省际经济关系上打破管死——"大战"——管死怪圈，建立区际市场经济新秩序

在省际经济关系的处理上，我们面临着三种战略性的选择：一是听凭市场"无形的手"的自发拨动。在封闭型的地域经济体系中，省际相互需要的重要产品是由国家计划统一调拨进行调剂。随着商品经济的发展和市场调节范围的扩大，突破了计划分配、纵向调拨的旧秩序，省区之间打开了门户，许多产品放开了产销。可是，放开之后，省际商品交易却经常处于一种自发、分散、不稳定、无序而盲目的状态，无论是经营者、运销者，还是生产者，都听凭市场"无形的手"的自发拨动。短缺的产品争相抬价收购，曾导致种种"大战"如蚕茧、烟草、苎麻、羊毛以及粮食、生猪和有色金属紧缺资源等各种"大战"。供大于求的产品压级、压价甚至无人问津。其后果是既导致了物价的盲目上涨，破坏了市场的稳定，又导致了生产的盲目发展，破坏了生产的稳定增长，既不利于生产者，也不利于消费者。四川的"蚕茧大战"、湖南的"苎麻大战"曾导致数亿元的经济损失。二是强化了地区分割。许多省区为了避免"大战"所造成的损失，保护自己的资源和地区利益，重新恢复封关设卡等"死办法"，既分割了国内市场，压抑了商品生产者的积极性和地区经济活力，又不利于合理的地域分工的形成和地区产业结构的调整，并成为形成统一市场的一个主要障碍。三是建立省际区域市场。实践证明，"大战"不行，管死也不行。在扬长避短、发挥地区比较优势的基础上建立区域市场，能够充分发挥各个地区的地理、资源优势和经济优势，依据国家宏观经济布局的要求，在大的区域优化资源配置，把经济区域产业结构的优化组合和地区产业结构的合理调整结合起来，逐步形成合理的区域产业结构和生产力的布局。同时在自愿、平等、互利的基础上，合理解决地区经济发展中的利益矛盾和摩擦，逐步建立起区际市场经济新秩序。

3. 建立省际区域市场，有利于建立新的宏观调控体系和提高宏观经济效益

地方经济是宏观经济的一个层次，宏观经济调控必须发挥地方主要是省级行政区管理的积极性。但地方经济也都具有自身发展的特性，也必然相应地存在着独立于整体的地区利益，比如它要考虑地方的财政收入、基础设施建设、人均收入水平等。因此，这又容易滋生狭隘的地方观念和地方保护主义，导致地区封锁和分割。而省际区域市场是跨越省界的市场体系，它的建立本身就是对封闭性的地区经济格局的突破和否定，从而使宏观分层次调控，既能够发挥地方的主动性，又能避免地方的分割性，使宏观管理的改革循着"国家调控市场，市场引导企业"的方向前进，促进宏观管理体制由直接控制为主向间接调控为主的转换。

（二）省际区域市场的性质、功能和原则

1. 区域市场的性质和功能

我国国内的区域市场，有别于以关税同盟为前提的、排他性的国际区域共同市场，如西欧共同市场。这是一个内外双向开放、双向衔接的区域市场体系，是统一市场的一个区域层次和组成部分。有人担心建立区域市场会强化地区分割，这种担心是不必要的。一是区域市场是以不同的行政区之间经济的互补和分工为基础的，是一个跨越行政区界的市场体系，它本身就是对过去传统的各行政区经济自我循环封闭型的地区经济格局的否定；二是区域市场是以各相关区域获得比较利益为前提，以搞好沿海地区市场与内地市场的衔接和实现市场运行空间的有序化为重要目的，体现了商品经济运动的基本规律；三是区域市场是以国家的宏观计划为指导，以符合国家总体的地区经济布局和区域发展战略为条件的，因而它是与全国性的统一市场相协调，是它的一个组成部分和空间层次。

区域市场的基本功能是协调，即通过建立和实施区域市场规则，协调政策，联合开发，以达到如下目的：①在区际之间逐步建立一种长期稳定和有序的经济联系和合作关系；②促进地域分工和区域产业结构的合理化；③形成一个梯度衔接、比较合理的市场价格和稳定的市场环境；④增强联合外向的竞争能力，实现经济的共同发展和共同繁荣。

2. 省际区域市场应遵循的主要原则

（1）优势互补。区域市场的基础是经济互补，不论是沿海省区，还是内地省区，不论是经济比较发达的地区，还是经济落后的地区，都各有自己的特点和优势，都有有利的区位条件和不利的区位条件。建立区域市场就是要形成一种较强的转换能力，促使生产要素的合理流动，使不同地区之间的区位条件能够相互补充，相得益彰。

（2）互惠互利。互惠互利是区域市场的基本原则。互惠互利，是商品经济的基本规律——价值规律的客观要求，是等价交换，在区域经济关系中的体现。在商品经济条件下，不论是国际间，还是国内各个地区之间的联合和协作，都是为了发展经济，获得利益。因此，区域市场规则的制定与协调，均应贯彻互惠互利原则，兼顾各方面的合法利益。

（3）着眼长远。着眼长远是建立省际区域市场的根本出发点。区域市场的各个地域单元之间要做到优势互补，形成合理的地域分工和产业结构的优化组合，必须立足当前，协调中期，着眼长远。要以国家的宏观计划为指导，以符合国家总体的地区经济布局和区域发展战略为前提，从实现各方长远规划发展目标的相互需要出发，进行联合开发。同时，要充分发挥区域市场的中介作用，就必须有效地克服跨行政区的市场组织与各行政区的种种矛盾，为此，就需要从各方的长远利益和共同繁荣出发，在局部的短期利益上做到互让互利。

《湘粤经济关系研究》序言 *

　　进行湘粤经济关系以及其他省际经济关系的研究，是1986年5月，我在郑州市召开的中南五省（区）社会科学院联席会议上，作为一个协作科研项目提出来的。在党的十一届三中全会以后，随着改革的深入和开放的扩大，在长期产品经济体制下形成的计划分配、纵向调拨的旧秩序和相互封锁、自我循环的地区经济格局被打破了，省际特别是湘、粤两省的经济交往迅速扩大，贸易量急剧增加，这种改革带来的新变化有力地促进了两省商品经济的发展。但同时，由于广东地处沿海，两省在市场的发育程度和政策、体制上存在着显著的差异，也不可避免地产生了一些突出的矛盾。如何发展两省相互促进、相互补充的方面，合理解决区际经济交往中的矛盾和摩擦，既是一个重大的实际问题，也是一个重大的难题。提出省际经济关系这个研究课题，是试图解决这个难题，为建立符合社会主义商品经济运行规律的新型省际经济关系应采取的方针、政策、原则、途径和形式提供科学依据，从而建立社会主义商品经济条件下省际经济关系的理论体系。

　　1986年7月，我们邀请了湖南省13个经济部门的实际工作者和理论工作者对这个问题进行了论证，与会者一致认为，开展这项研究不仅是十分必要的，也是极为紧迫的，并愿意承担这项研究任务。1986年11月，这项研究具体化为"省际经济关系发展战略研究"，列为国家"七五"社会科学重点科研项目。为适应实施沿海地区经济发展战略和广东省实行综合改革试验的新形势，为完成湖南省省长熊清泉交给的要深入研究湘粤经济关系的科研任务，我们确定把研究湘粤经济关系作为课题的研究重点。为此，在组织进

---

　　*　原载《湘粤经济关系研究》，湖南人民出版社，1988。

行大量调查研究的基础上，课题组于 1988 年 5 月 6 ~ 9 日在衡阳市召开了湘粤经济关系研讨会。出席会议的有湖南省各有关经济部门的领导、理论工作者和实际工作者，湘南两地一市和长沙、湘潭等市的同志以及部分大专院校的专家、教授共 105 人，中共湖南省委副书记、省政协主席刘正自始至终参加会议听取大家的研究成果，还在大会上发表了题为《关于迎接"南海潮"的对策研究》的讲话。

1988 年 6 月 28 ~ 30 日在长沙市，课题组又和广东省社会科学院经济所，共同组织召开了"湘粤经济关系研讨两省对话会"。出席"对话会"的有两省有关政府部门、公司、科研单位、大专院校以及湘南地区、广州市和韶关市的经济理论工作者、经济实际工作者共 80 多人。中共湖南省委副书记、省政协主席刘正，省委常委、副省长陈邦柱到会发表了讲话，省人大常委会副主任曹文举出席了开幕式并参加了讨论。

两次会议遵循四项基本原则和改革开放、搞活经济的基本方针，发扬理论联系实际的学风，坚持"百家争鸣"，各抒己见，畅所欲言，从实施沿海经济发展战略过程中如何正确处理沿海与内地，沿海与过渡区之间的经济关系出发，探讨了在社会主义商品经济条件下，如何积极发展两省相互统一、相互促进的方面，合理解决市场衔接中的矛盾和摩擦，在实现两省共同发展的方向、途径和对策等问题上，也提出了一些新的观点和有重要实用价值的见解。

两次会议收到论文、建议方案、研究报告共千余篇。由于篇幅有限，我们从中选辑了 50 篇，汇编成《湘粤经济关系研究》一书。其内容包括三个部分：第一部分，省际经济关系发展的理论探讨和发展湘粤经济关系的综合对策研究；第二部分，发展湘粤经济关系的部门、行业、产品对策研究，包括提出建立我国第一个区域共同市场，做好国际市场、沿海市场、内地市场的"接轨"，建立区际社会主义商品经济新秩序等；第三部分，发展湘粤经济关系的地区对策研究，包括过渡试验区的改革与发展，建立湘南改革开放过渡试验区经济协调会，发展粤北、湘南的经济合作关系等。本书的各类研究成果，是作者们搜集丰富的资料和深入实际调查研究的基础上写成的，因此，具有理论与实际紧密结合的特点，既有理论性的探索和创新，又有较大的实用价值，不仅可供湘、粤两省各级政府、各部门、各地区领导决策和经济理论工作者研究参考，而且也为新形势下研究和处理其他沿海地区与内地省区、沿海与过渡区的经济关系提供了理论基础和实际借鉴。

建立具有中国特色的社会主义商品经济条件下新型的省际经济关系和省际经济秩序，是一项探索性的工作。我们对这一问题的研究还仅仅是开始。由于我们的水平有限，缺点和错误在所难免。敬请广大读者批评指正。

适应沿海经济发展战略的湖南对策 [*]

面对沿海地区经济发展战略的实施，特别是广东综合改革试验的新形势，湖南怎么办？我认为从总的方面说，应采取扩大开放、深化改革、因势利导、趋利避害的基本方针。其基本思路包括以下几个方面。

一 实行双向开放型战略

面临着沿海地区经济发展战略的实施，面临着广东的综合改革试验，首先应确定湖南的基本发展战略。我认为应当充分发挥湖南省过渡区位的优势，积极参加两个大循环，实行双向开放型战略。不论是沿海省区，还是内地省区，不论是经济较发达地区、次发达地区，还是贫困地区，都各有自己的位置、特点和优势，都应当采取符合自己特点的方式来发展本地区经济。把湖南放在国际、国内大环境里看一看，湖南处于什么位置？湖南是我国从沿海地区到内陆纵深地区的一个过渡省区。一头连着沿海，一头连着内地，这是湖南省区位的特点，也可以说是一大优势。当然面临着区际竞争和挑战的形势也是严峻的。湖南经济应面向两个市场，向两头开放，参加两大循环。一方面面向国内市场。沿海地区经济发展战略的实施，在国内市场上为我们提供了一个良好的机遇。如广东是出口第一，按照出口导向，逐步调整它的产业结构和实行产业转移。省内市场怎么办？湖南省市场的平衡就是通过与兄弟省的商品交换来填补，他不搞自给自足，不搞"大而全"，外向型经济越发展，省内自我供应的商品缺口就越

---

* 这是 1987 年 12 月，根据熊清泉省长的指示，赴粤考察后向省委省政府呈送的《考察报告》的对策部分。后载于《湖南城市金融》1988 年第 1 期和《湘粤经济关系研究》。

大，给我们的机会就越多。我们离广东最近，交通最方便，瞄准广东市场的变化，注意它的缺口。对其他沿海省份，如长江三角洲地区也是一样。我们可以采取三个字的方针，一个是挤，一个是联，一个是避。能挤进去的我们就挤，有空缺我们就填，能联合的就跟他们联合，通过联来挤；是我们的短处，碰不过的我们就躲避。挤、联、避，采取这三字方针，对广东如此，对长江三角洲也是如此。从内地来讲，沿海商品在全国市场的覆盖率是很高的，湖南省长沙市也到处是江苏、浙江、广东和上海的商品。随着他们外向型经济的发展，他们在国内市场的商品覆盖率会逐步下降，会让出一块市场，这就给我们提供了机遇，所以我们要多方位、多方式、多渠道开拓国内市场，积极参加国内分工大循环。另一方面，面向国际市场，积极发展外向型经济。我们不是沿海，但我们毗邻沿海，我们同沿海比较，有劳动费用更低、土地价值更低的优势，我们可以利用这些优势发展外向型经济。怎么发展呢？一个是直道走，我们在国外、在港澳畅销的商品，能够直接打出去的，要想尽办法直接打出去。第二个办法是借道走，可以在深圳、珠海、海南等地开设窗口，办分厂、分店，借它们的政策优势，借它们的口岸打出去。还有一个办法是绕道走，通过和沿海地区搞各种联合，借它们的牌子，搭个桥打出去。另外，还可以采取更优惠的办法引进外资，发展"三资"企业，搞"三来一补"。根据湖南省的情况，不能吊死在一棵树上，不搞外向为主，也不搞内向为主，要搞双向，一方面积极打出去，参加国际经济大循坏；另一方面开拓国内市场，参加国内分工大循环，充分发挥湖南省过渡地带的区位优势。

·　湖南省 1987 年外贸出口总额只占工农业总产值的 3.2%。要改变这种传统的内向型结构，向双向开放战略转变，必须在发展外向型经济上下工夫。为此，第一，要发展和完善出口生产体系。出口商品生产体系，是一个多元化、多层次的外向型经济体系，要以国际市场多层次、多需求为导向，根据湖南省不同地区、不同行业的特点和优势，确定不同的发展重点，做出全面规划；第二，要发展和完善出口销售体系，特别要完善内联港澳、外联远洋的"四点一线"和"三点一线"的销售网络和信息网络；第三，建立几个对外加工区和科技开发区。可首先在郴州、衡阳各筹建一个对外加工试验区，也是投资试验区。这些加工区除申请和运用国家给予的优惠政策，还要简化行政审批和进出口管理，并在基础设施、生产和生活服务、交通通信等各方面创造更为方便的条件，逐步发展成为综合性的出口加工基地。同时，利用长株潭的科技优势，在长沙市建立一个科研与经济结合型的科技开发试验区。向国家申请和制定各种优惠政策，采取灵活多样的形式引进外资、技术和人才，并用两联的方式（长沙市与株洲、湘潭两市联合，与大专院校、科研机构、国防企业联合），组织较强的科技队伍做后盾，全面规划、逐步实施；第四，进一步改革和完善外贸体制。可逐步将大部分商品出口的业务经营权下放到地市甚至县和出口值大的大中型企业，充分调动地区、部门和企业出口创汇的积极性。

二　调整产品、产业结构，优化资源组合

按照上面讲的战略思想，必须调整我们的产品结构、产业结构和企业组织结构，不管工业、农业，都要按双向开放型发展战略调整结构。这样就必须深化改革。从农村来讲，我认为湖南省农村当前存在四大矛盾。一是土地的小规模经营和规模经济效益的矛盾，土地分散，小块经营，形不成规模效益。二是粮农的收入低和需要加强发展粮食生产的矛盾。三是加强农业发展的后劲和投入不足的矛盾。四是农村剩余劳动力的转移和资金、技术不足的矛盾。这些问题怎么办？一是下决心、花力气建设一批农业商品生产基地。一方面积极发展创汇型农业，开发型农业，能打得出去的农业；另一方面，建立面向国内其他地区特别是广东市场的农副产品基地。农副产品面临一个高购买力的市场，广东对农产品的需求量很大，而且买得起。广东是不想种粮食的，中央也同意他们实现70%～80%的粮食自给，还有30%左右要向外省购买。到20世纪末，广东要发展到7000万人，每年需要从外省购买约125亿斤粮食。看来，粮食价格的提高是肯定的，大概3～5年的时间，粮食收购价格要达到接近市场价格。我认为，可以看广东需要什么粮食，它越缺的我越多种，价格可以高点，从生猪来看，广东每年要从外省购进700万头，湖南1987年流入广东的约350万头。广东是一个广阔的市场，我们可以摸透，建立相应的基地。第二是下决心建设一批能够逐步做到多品种、常翻新、快交货、成本低、高素质、

外向型的乡镇企业。第三是下决心加强农副产品的后处理和深加工。我们有丰富的原料，为什么不可以搞食品和其他农副产品的深加工呢？广东和四川绵阳联营搞腊肠供应广东，我们为什么只能卖活猪，不能搞加工？可以派人到广东去学，或者重金聘请广东人来传授技术。农副产品深加工问题要下决心解决。第四是逐步、积极而慎重地解决规模经营和集约经营的问题，现在的农民是农副兼业。农户兼业化，青壮年平时在外面搞，农忙时又回去。一家一户一小块土地兼着搞，实际上还是一种自然经济、半自然经济的农业。不改变这种状况，就不能形成规模经营，不会有规模效益，不会有集约化经营，不能搞现代化，不能提高农副产品的商品率。当然，解决这个问题要慎重，我们可以提倡办家庭农场、联户办农场，股份化农场，采取一定的政策发展规模经营。特别是城郊，可以办养鸡场、养鸭场、奶牛场等，鼓励在自愿的基础上发展专业合作。

工业也一样，工业的产品结构、产业结构，企业组织结构都不适应发展双向型或双辐射经济，特别是外向型经济。一方面，我们有优势企业，有不能满足国内外市场需求的名优产品，但受到资金、场地、设备的限制，优势不能充分发挥出来。另一方面又有许多企业的产品没有销路，工资发不出，亏损严重，但却占用了大量的固定资产和流动资金？怎么办？两句话，"鼓励企业兼并，发展企业买卖"。鼓励优势企业去兼并劣势企业，优势企业购买劣势企业，发展企业买卖。这又不要国家投资，不要添置设备购买土地，把劣势企业并到优势企业中去，这就调整了企业组织结构、产品结构、产业结构。长沙已有18家优势企业兼并了30户劣势企业。有5个商业企业兼并了7个商业企业。估计一两年，会出现一个企业兼并的浪潮。如何兼并？一种是产权转让，用折价买卖，分期付款，抵押加赎买等办法。另一个就是转让经营权，同一个主管部门的企业可采取接收的办法，还可以搞法人承包租赁兼并，再就是采取股份化的办法兼并。企业兼并可以使优势企业的优势较快的得到充分发挥，劣势企业的问题得到解决，把改革与发展结合起来。

同时，要形成一批高质量的重加工业出口产品的生产基地。要以出口商品为龙头，积极引进先进技术，实行工、农、技、贸各类企业多形式、多层次的经济联合，逐步向集团化、联合化的方向发展。

三　建立多层次的对外开放的区域格局

从湖南的实际出发，在区域开发战略上应有个总体布局。我认为应以湘南为前沿，以长株潭为重心，形成多层次的对外开放的区域格局。

第一，要以湘南为前沿。广东提供的机遇，它能利用的更多，广东的冲击对它的影响更大。因此，应给湘南地区灵活的特殊政策，叫作"亚广东政策"，建立湘南改革开放过渡试验区。建立湘南试验区，要解决几个方面的问题：一是要有政策，国务院要给湘南以过渡区的特殊政策。二是战略问题，不要以为有了政策就可以了，有了政策是前提，关键是政策怎么用，路子怎么走，湘南的战略要解决好。三是解决投资环境问题，包括软环境（如政策、效率、法规）和硬环境（交通、通信等）。四是湘南的两地一市要联合，建立湘南过渡试验区的经济协调组织，加强区域内联外接、内联外引的竞争能力，从而为湘南的开发和振兴创造更多的有利条件。

第二，以长株潭为重心，加快长株潭城市群的综合改革，提高其开放度。长株潭城市群是湖南省的工业、交通、贸易、金融、科技和信息等综合中心。它拥有四通八达的铁、公、水、空立体的综合运输网络。它的工业总产值、外贸收购额、社会商品零售额，1987年，分别占全省的36%、25%以上，各类科技人员占全省的1/3，中、高级科技人员占85%以上。如果扩大长株潭城市群的开放度，使其能够掌握和运用更加灵活的政策措施，加快综合改革的步伐，将会对搞活全省经济发挥重要的带动作用。

第三，从湖南省经济的全局上说，应逐步形成以长株潭为重心，以衡阳、郴州和岳阳为南北两翼，为南联广州、广东，北联、武汉、湖北的接力站，形成京广和湘江流域城市开放带，同时发挥其他城市的核心作用，提高全省的开放度，以加快湖南省城乡商品经济的发展。

四　加快市场的发育和成长

市场是商品经济活动的中心。广东省的综合改革试验，就是"以加快培育和国内外、省内外市场有机结合、相互协调的市场体系为中心，相应进行宏观经济调节体制和企业经营机制的配套"。同时，随着商品经济的发展，经济的货币化、信用化是必然的趋势，金融渗透经济、推动经济的作用日益显著和重要，适应这一要求，广东的全面改革试验把金融改革，即"在国家金融宏观计划指导下，加快建立起一个以市场调节为主的、与国际金融市场密切联系的、多形式、多层次、多渠道融通资金的金融体制"。作为带头的改革目标和措施。适应改革发展的新形势，湖南省的改革也必须加快市场的发育和成长。

在金融体制改革、搞活资金市场方面，第一，湖南省的金融中心和融资网络应以长沙为中心，长株潭经济区为基地，衡阳、郴州和岳阳为南连广州、北连武汉的接力站，并在怀化、常德、邵阳等城市建立次一级金融中心，从而形成覆盖全省、联结四方开放式的融资网络。第二，在"七五"期间应在湖南省全面建立短期资金市场。当前，同行业的资金拆借发展很快。这对加速各专业银行系统内的资金流动起了重要的作用，但仍存在着城乡、条条分割的倾向，可由各地市的人民银行牵头，组织联结各系统拆借网的拆借中心或融资公司，开展城乡和各系统的相互融资，改革各系统内的资金自我循环状态。同时，当前的资金拆借也只限于银行之间，可以发行短期企业债券，进一步把资金搞活。第三，长期资金市场，目前应以开拓债券发行市场为主，在有条件的城市如长沙可以成立从事股票、债券的代理发行、承购包销和买卖的证券公司，在衡阳和岳阳设立分支机构，试办证券转让业务，推动股票发行和做好企业资信评级工作。第四，争取首先在长沙，而后在其他中等城市设立外汇调剂中心，本省留成创汇均可进入市场调剂。第五，发展多种经营机构，加快银行企业化改革。在农村，一方面推进农村信用社管理体制的改革，一方面可试办其他形式的金融组织。在城市，除大力发展城市信用社，还可发展股份制的综合性商业金融组织，不论是城市还是农村，除办好国营保险机构，还可试办地区性、专业性和集体性的保险组织。

开展城市土地有偿使用，开辟城市地产市场，推进住宅商品化、私有化，开放商品房市场，这既可以引导社会消费结构，把部分消费基金转化为城市建设基金，改善城市的投资环境，又能减轻商品市场的压力，平抑市场物价，可先在一部分城市进行试点。

　　其他方面改革的步子也还可以迈得更大一些，放得更开一些。例如在工业方面，在推进承包制的同时，可以积极推行股份制。全民所有制大中型企业和企业集团不仅可以互相参股、控股，也可以向社会、个人发行股票。湖南省的企业集团可以到外省市参股、控股，也允许外省市企业到湖南省参股和控股，并积极探索把承包制和股份制结合起来的机制和方式。农村实行以户为单位的联产承包制，调动了农民发展商品经济的积极性，推动了农村商品经济的大发展。但是，从发展的观点来看，过小的经济规模不能发挥农业规模经济的效益。深化农村改革，可以通过农村土地使用权有偿转让和农产品价格改革，推动个人承包的土地向农业专业户集中，也可以在有条件的地区创办各种形式的农场、养殖场，包括以家庭自有劳力、资金为主的私人经营的农场，合伙经营的农场，农民入股集资经营的农场。同时，鼓励城乡个体经济和私营企业的发展，制定相应的管理法规，保护投资者、经营者和职工的合法权利。

关于推进湘粤港经济合作若干建议的报告 *

省委、省政府领导：

如何推进湘粤港经济合作，为振兴湖南经济服务，提出以下认识和建议。

一、今后 10 年的发展，不论是从实现我国社会主义现代化建设的第二步和第三步战略目标来说，还是从国内外的经济、政治环境来说，都是关键的 10 年。对我国来说是如此，对湖南省来说亦是如此，或者说更具有紧迫性。

二、湖南省 40 年特别是改革开放的 10 年，尤其是近几年，所发生的深刻变化和取得的巨大成就有目共睹。但还不够理想，湖南省经济工作有一个通病，我认为是"不适应市场症"，不适应社会主义商品经济规律运行的客观要求。在"经济过热"、通货膨胀的条件下，其症状还不十分明显。随着国内外市场竞争的激烈、特别是部分买方市场的出现。这种顽症就显得日益严重。企业的生命在产品，而产品的生命在市场，在于能否及时适应市场需求的变化和创造新的市场需求。商品经济再生产实现的条件是市场，这是马克思和列宁多次讲过的，由于湖南省在历史上是一个商品经济很不发达的农业省，新中国成立后的几十年，又实行带有浓厚自然经济特色的产品经济体制，因而自然经济思想、产品经济思想的影响很深，而商品经济意识、市场意识、竞争经营意识薄弱。这是这一"病症"历史的和思想的根源。中央一再要求我们的干部要适应社会主义有计划商品经济发展的要求，学会组织

---

* 本报告主要建议被省委、省政府采纳。1991 年，陈邦柱省长、孙文盛省委副书记率湖南代表团（作者是成员之一）赴粤考察访问，与时任广东省省长叶选平等省领导商谈，就湘、粤两省建立长期稳定的经济合作关系，达成了共识和意向。1991 年 7 月，两省政府职能部门，就 6 个方面的经济技术合作签订了协议，见《湖南日报》1991 年 7 月 22 日。

和领导大规模发展商品经济的能力。但是，我们有一些同志组织产品经济的办法不少，而组织有计划商品经济的办法不多。

三、商品经济的运行是横向展开的。它的本质是开放，就它开放的本性要求说是没有国界的。因此，开放是发展商品经济的基本条件。开放就要改革，我们的改革就是要由过去的"封闭型"经济改革成为对内、对外"开放型"的经济。熊清泉书记在省党六次代表大会的报告和陈邦柱省长的开幕词中指出：只有继续推进开放，才能实现湖南省20世纪90年代稳定和发展的目标，要进一步解放思想，要坚决保护干部群众改革开放的积极性，大胆探索计划经济与市场调节相结合的新路子；要把向国外开放和向国内开放结合起来，密切同兄弟省市特别是沿海省市的联系，善于利用他们的开放优势和优惠政策，增加经济活力。我认为针对性很强，对湖南省20世纪90年代的发展具有基本的指导意义。对外开放应当是全方位的，但必须有重点：一是东——上海；二是南——粤港，由于地缘关系，加强同粤港的经济技术合作尤为重要。

香港既是一个庞大的市场，又是一个国际特别是亚太地区的金融和转口贸易中心，而其再出口贸易中有80%以上是源自国内或输入国内市场的，是我国的主要出口渠道，也为我国发展对外经济技术合作提供重要服务，而且这种地位和作用日益加强。广东经济的迅速发展在很大程度上是由于充分利用了香港。① 同时，加强和国内市场的紧密联系与合作也是香港进一步发展的重要基础。受香港经济调查有限公司委托，美国斯坦福国际研究所用一年半时间，于1989年完成了名为《建设繁荣香港前途五点经济策略》的香港经济研究报告。报告指出："与中国紧密相连是香港在21世纪的竞争环境中取得成功的最好出路。"强调香港应同华南建立一种新型互补性关系，"这种新型的互补能够使华南的大量土地和劳动力资源与香港独特的企业家精神和资本资源相结合，完成（香港）由劳动密集型的制造业向高附加值的设计和生产过程的转型。并把那些新的技术与华南的低成本生产线联系起来。与此同时，应努力形成这样一种战略——在华南发展高附加值制造业，

---

① 广东引进外资项目的90%（约147亿美元）来自香港，出口80%到香港市场或经港转口，目前有18000多家企业为香港进行加工，年获工缴费6亿多美元。

而香港则着重发展高附加值的金融业、技术和服务行业"。随着互利的经济联系的进一步发展，逐步形成一个"把台湾的技术和制造业、连同香港的市场营销技术和资本与广东和福建丰富的土地和劳动以及海南的矿藏资源联成一块，包括福建、海南、广东、澳门及香港在内的'华南经济区'"。这个研究报告的基本战略思想，已经被香港政府和工商界接受。今年7月27～31日，先在广州后到深圳举行了有粤港政府高层人士参加的"粤港经济合作前景研讨会"。会议强调：要改变"两地经济前店（香港）后厂（三角洲）的合作格局，共同努力扩大合作领域，克服薄弱环节，由目前的互补性合作逐步实行高层次合作，即结构性经济合作"。并提出近期可考虑在如下领域展开：①共同兴办能源、交通、通信等基础设施；②共同发展双方目前需求最为迫切或对今后发展具有重要意义的原材料、元器件工业；③在农业领域开拓合作的新途径；④加强两地科技开发和营销方面的合作，为产品的多元化和提高设计档次创造条件。提出的措施：①抓紧建立一个由两地政府支持的工、商、金融各界相结合的有权威的组织协调机构；②制定相应的引导和扶持政策，引导目前分散的投资向行业性、集团化投资过度；③建立两地密切联系的技术市场，共同组织新技术开发中心；④建立市场信息网络，双方共同出资组织跨国公司，扩展销售渠道，共同开拓市场，确立广货和港货在世界市场中的稳定地位等。

我认为，应当从湖南省的长远发展的根本利益和需要出发，充分重视这一新动向和新趋势，对于如何充分利用这一新趋势？采取研究长远的战略对策思路和研究近期的策略对策措施相结合的方法，制定出相应的战略、策略和措施，并分步骤的采取有效行动。

四、当前，建议在以下方面研究措施、调整政策和采取行动，以加强同粤港特别是广东的经济联系与合作。

（一）湘、粤两省领导通过互访在下述基本方面达成共识。

1. 湘、粤两省在10年的改革开放中，形成的互补互利、唇齿相依的经济关系证明，加强合作两利、分割封锁两伤。两省进一步调整关系、加强协调，扩大合作领域，提高合作层次，有利于形成合理的地域分工与协作的区域产业体系和经济布局，实现互利互惠，提供、高区域的宏观效益。同时，加强湘粤合作，也为加强粤港合作提供了有力的支持系统和战略依托，有利于湘粤港经济的共同发展和繁荣。

2. 加强湘粤合作应确立：立足当前，着眼长远，加强中期协调，建立稳定关系，开创合作新格局的指导思想。也就是说，从两省长远发展的整体性需要出发，从当前处于自发分散的、短期和贸易为主的合作格局，逐步提高到加强计划指导和政策协调的、长远性和结构性的合作，形成一种长期、稳定的新型合作关系和更加富有成效的合作新格局。

3. 加强两省合作应坚持：扬长补短，充分发挥比较优势的原则，互补、互利、互惠和互让的原则，计划指导、政府协调与市场调节相结合的原则。

为了调整关系达成共识，建议陈邦柱省长干今冬明春亲率代表团访问广东。黄道奇主任对林茂同志访湘的邀请，最好能做好准备、如期实现，陈邦柱省长在访粤之后，如能接着访问港、澳，则更具有重要意义。

（二）把两省以至同港澳之间的合作扩大到原材料生产、科技产业开发，基础设施建设、机械电子行业以及农业等领域具有现实的可能性和广阔的前景。为此，建议组织各有关部门进行整体性的系统、具体研究，确定近期、中期和远期的合作目标要求，探讨合作的方式和途径，制定相应的策略措施，然后由政府指定有关职能部门进行汇总，形成正式方案或专项规划，经过科学论证，组织协调和分步骤落实。

（三）在流通领域逐步形成开放型的区域市场体系，提高市场的组织程度。在两省合作中应稳定和发挥主渠道的作用，放开多渠道，双方拆除各种"篱笆"，相互提供各种服务；建立有领导有组织的区域性批发交易市场和专业市场，发展两省间期货贸易和各种代理业务，逐步建立既是开放的，又是有规范的、有计划的商品经济区际新秩序。

（四）以推进湘粤港经济技术合作关系为目标，在做好充分准备的条件下，有计划地组织各种较高层次的行业性代表团赴粤港访问和考察，进行对口交流，探讨和商定加强合作的途径、方式和措施，增进友谊和理解。例如，可以派出企业家代表团、工、农、商、行业性代表团和科技专家、经济学家代表团等。近期，在省长出访之前，可选择几个扩大合作可能性较大的行业先行去考察，为省长访问粤港做好充分准备。

（五）扩大开放，推进湘粤港经济合作需要在政策上作相应的调整。在我国，先是广东向外商投资实行了比其他省、市更灵活、优惠的政策，后是海南、福建，近是上海浦东推出更加优惠的政策。湖南省要进一步扩大对外开放，吸收外资和港资，需要进一步研究、探讨和制定近似的具有吸引力的政策措施和优惠条件，否则将是很困难的。就是扩大同广东的合作也需要遵循比较利益的原则，作整体性的利弊权衡，图长远发展的大利，让小利。

（六）效率高、经济生活的节奏快，是香港经济发展成功的重要因素。我们的办事效率很不适应扩大对外开放的需要，必须相应地采取有力措施加以解决。不论是合作项目的谈判和审批过程，还是合作生产的时间和交货的期限，都应尽量缩短和讲究信誉。同时，以现代科技开发新产品，加速产品更新换代，不断提高产品品质，不仅对于开拓国内外市场是至关重要的，也是关系湖南省企业的生存与发展的紧迫任务。湖南省产品在国内外市场竞争力不强，占有率下降，其主要原因：一是制造技术落后。二是设计概念、设计技术落后。三是管理特别是质量不严。上海通过对其产品市场占有率下降原因的调查分析，提出"质量是上海的生命"，把提高产品质量摆在工业生产的第一位，值得我们借鉴。我们应当采取切实有效的措施，吸取国外先进的制造技术、新款的设计概念、现代的管理和经营经验。使产品质量和设计不断提高档次，能够有更多的产品达到国际水平，努力在国内外市场争取优质形象。

（七）推进湘粤港经济合作是一项具有战略性的系统工程，需要进行整体性，长远性的系统研究。广东为了充分利用港澳，在广东社会科学院成立了港澳研究中心、中山大学港澳研究所，暨南大学成立特区、港澳经济研究所，还成立了广东港澳经济研究会、粤港科技产业促进会等学术和半官半民的团体，进行了多层次的深入研究。湖南省欲加强湘、粤、港经济关系，充分利用粤港为振兴湖南经济服务，也需加强对粤港经济的系统研究。为此，建议成立湖南粤港经济研究中心，放在省社科院"中心"，实行干事会领导体制，社科院的有关所和有关部门研究机构的负责人参加干事会，以便统一制订和协调研究计划，组织研究力量，对粤港经济和湘粤港经济合作进行战略性、系统、深入和经常性的研究，为省委和省政府决策，以及制定有关规划、政策提供依据。

（八）通过必要的酝酿和协商。由各方有广泛影响的知名人士牵头，建立湘粤或湘粤港经济技术合作促进会，以开辟半官方的沟通渠道，动员社会各界力量，推动多方面、多层次的交流，促进合作关系的发展。促进会成员可以包括热心于湘粤经济合作发展的工商企业家、经济和科技专家、半官方人士，以及少量以个人身份参加的官方人士。

（九）在舆论宣传方面，建议湖南省的《湖南日报》、《学习导报》及其他专业报刊，在加强坚持四项基本原则、反对资产阶级自由化宣传的同时，加大对深化我省经济改革、扩大对外开放，以及增加改革意识、开放意识和市场竞争、经营意识的宣传，扩大湘粤港经济合作的宣传，也可以召开有关专题座谈会，进行集中报告，以发挥舆论导向的作用。

（十）扩大两省合作的领域，提高合作的层次，需要加强协调和指导，建议通过酝酿协商，建立一个由两地政府领导牵头，有关部门领导和工商、金融界人士参加的协调组织。这个组织的主要任务是协调和商定符合两省长远发展利益的合作规划、产业政策、区域建设、资金融通和贸易合作等事宜。

以上建议不知当否？请批示。

张　萍

一九九〇年十月十三日

关于建立湘粤共同市场的设想[*]

一 建立湘粤共同市场的客观基础及其战略意义

第一，建立湘粤共同市场是实现两省互利互补的客观需要。湘粤两省山水相依，水陆相通，在诸邻省区之间，两省的交通最便利，经济的互补性最强。从产业结构来说，1986 年，两省农轻重的比例，湖南为37.6∶28.5∶33.9，广东为 32.7∶43.5∶23.9。其顺序是：湖南是农轻重，广东是轻农重。两省轻重工业的比例，湖南为 45.7∶54.3，广东为 64.5∶35.5。工业的部门结构，广东是轻纺主导型，湖南是重大于轻。从矿产资源来说，湖南是著名的有色金属和非金属之乡，有色金属保有储量在全国各省、市中，锑、钨、铋居第一位。十种有色金属产量占全国产量的第二位，其中锑、铅、锌居第一位。非金属矿极为丰富，已探明矿种有 30 余种。矿种较广东多，有些矿种储量大，质量优，煤炭保有储量就全国来说，属于少煤省份，但在长江以南各省区中则名列前茅。从农业说，湘、粤两省同属亚热带气候，均是我国著名的"鱼米之乡"。但广东大部分地区属南亚热带，具有发展南果、南药、糖蔗等得天独厚的条件，按照比较利益原则，大力发展高附加价值的热带、亚热带作物，比种粮有更高的收益。因此，随着对外开放的扩大，粮食种植面积减少，产量下降。预测到 2000 年，广东省粮食总产量为 200 亿公斤，需要量为 262.5 亿公斤，自给率 76.2%，缺口为 62.5 亿公斤，需从省外购入。湖南的农业在全国具有明显的优势。1986 年，粮食产量达 2631.5 万吨，居全国第四位，其中稻谷产量为 2464.3 万吨，居全国第一位，人均占有粮食为广东人均水平的 1.71 倍。肉猪出栏数为 2471.8 万

* 原载《学习导报》1988 年第 10 期。

头，居全国第二位，猪牛羊肉产量为广东人均水平的 1.5 倍。其他农产品：
苎麻为 9.37 万吨，居全国首位，为广东的 55.1 倍；茶叶为 7.31 万吨，居
全国第二位，为广东的 2.8 倍；烤烟为 9.2 万吨，居全国第五位，为广东的
5.5 倍；黄红麻为 4.8 万吨，居全国第七位，为广东的 1.3 倍。经济互补是
建立湘粤共同市场的客观基础。

第二，建立湘粤共同市场是合理解决两省市场衔接中的矛盾和摩擦的客
观需要。我国地域辽阔，地区间经济发展很不平衡，区位环境条件差异大，
在改革和发展上不可能采取同步推进、均衡发展的战略，而只能实行从沿海
到内地，梯次推进改革开放和区域优先发展的战略。实施这一战略需要解决
的一个重要难题，是沿海与内地的市场衔接问题。沿海与内地既不能搞人为
封锁，这对整个经济发展和改革不利；但两者在市场的完整性，对外开放度
和价格放开度的时序等方面均存在差别，甚至较大的差异，因此，必然会带
来一些摩擦和矛盾。这种矛盾和摩擦突出表现在沿海与内地结合部的省区，
如广东和湖南的经济关系中。广东在深化改革、扩大对外开放继续先走一
步，对湖南的改革、开放和发展起了很大的带动作用；但也产生了一些突出
的矛盾，特别是由于价格体系的不一致，影响和冲击较大。建立湘粤共同市
场，实行梯次结合的市场政策，不仅有利于合理解决两省由于开发力度差别
和政策差别所带来的矛盾和摩擦，也有利于全国经济的稳定和改革的有序
推进。

第三，建立湘粤共同市场是建立市场经济新秩序的客观需要。近几年
来，适应广东产业结构向外向型转移和市场的扩大，湘粤之间的贸易量、特
别是农业产品的贸易量迅速增长。仅据宜章、汝城、江华三个口子的统计，
销往广东的生猪，由 1985 年的 196 万头，增加到 1987 年的 320 万头。调供
广东出口的茶叶，由 1985 年的 12550 吨，增加到 1987 年的 17500 吨。调往
和流向广东的粮食年达 10 多亿斤，两省农产品贸易量的增长，有力地促进
了两省商品经济的发展和产业结构的调整。但是许多农产品的交易、尚处于
商品经济初始阶段那种完全自发的、分散的小商品生产的贸易方式，很不适
应商品经济社会化发展的需要，许多矛盾和摩擦也是由此而生。建立湘粤共
同市场。采取合同和契约的形式，开展农产品的期货贸易，提高市场的组织
程度，即使广东对农产品日益增长的需要有一个稳定的货源保证，又有利于

湖南农业生产的稳定增长和市场的稳定。

二 共同市场的性质、任务和原则

湘粤共同市场不同于以关税同盟为前提的、排他性的国际区域共同市场，如西欧共同市场，而是一个双向开放、双向衔接的区域市场体系，是统一市场的一个区域层次和组成部分。

共同市场的任务是通过建立和实施共同市场规则，进行政策协调，发展相互统一、相互促进的方面，合理解决由于改革开放不同步而发生的矛盾和摩擦，在两省之间逐步建立一种长期、稳定和更加密切的经济联系和合作关系，以促进地域分工和产业结构的合理化，增加参与国际交换和竞争的能力，实现经济的共同繁荣。

为了实现上述目标，应该遵循下列原则。

（1）平等互利。平等互利是等价交换在区域经济关系中的体现，共同市场规则、政策的制定和协调，应贯彻平等互利原则，兼顾各方面的合法利益。

（2）优势互补。共同市场应建立在发挥各自特色的基础上，从扬长避短、发挥比较优势、相互补充、协调发展出发，使双方都能够在相互交换中获得比较利益，并形成联合外向的总体优势。

（3）着眼长远。两省要做到优势互补，形成合理的地域分工，必须立足当前，协调中期，着眼长远。要从实现两省长期规划发展目标的相互需要出发，进行联合开发，使两省的经济联合和交流得以持续、稳定的发展。

三 建立以粮食为中心的农产品共同市场

依据近期两省经济交往发展的需要，湘粤共同市场可从建立农产品共同市场和省际边界共同市场起步。

农产品共同市场的目标是：①在粮食等重要农产品双重购销体制并存条件下，既有利于湖南订购合同的完成和市场的稳定，又能优先增加对广东的供应。②联合开发湖南农业资源，通过联营、合同和契约的形式，使湘粤以粮食为主的重要农产品的购销关系，有一个长期稳定的增长，既使广东有一个农产品供应的战略后方基地，又能加速湖南农业资源的开发和生产的发展。③通过价格政策的协调，形成一个相互衔接的、对于生产者和消费者来说比较合理的市场价格。

建立湘粤粮食联营购销公司，作为粮食共同市场的主渠道。联营公司可以是紧密型的，也可以是半紧密型或松散型的，还可以先从松散的联营开始，逐步走向紧密型的联营。联营公司可在广东的主要粮食销区和湖南的主要粮食产区设立分公司。

在湖南一些交通便利、农产品资源又比较丰富的中心城市，如衡阳、郴州、长沙、株洲、常德、岳阳等建立以对粤贸易为主的农产品批发和交易市场。如农副产品贸易货栈、信托服务部、专业或综合性贸易公司等，期货、现货并重，以合同和契约的形式，开展期货交易为主，并积极发展代购、代销、代运、代加工等各种代理业务，实行灵活多样的经营方式。也可以在广东农产品的主要销区，如广州、佛山、东莞、深圳等城市，共同建立各种类型的农产品批发市场和交易所，期货、现货并重。

由于湖南增加对广东的粮食批量供应，减少了广东进口粮食的用汇，其用汇减少部分的一定比例支付给湖南，湖南用这部分外汇进口农业生产资料，以促进农业生产的发展和增加对广东的供应，实现粮食共同市场的良性循环。

联合在湘南建设农业生产基地，是农产品共同市场的重要组成部分。湘南的土地资源人均达 5.7 亩，与广东紧接的地区有可垦荒地 900 万亩，且大都集中连片，只要改善水利条件，就能开垦出 200 万亩稻田、400 万亩经济作物，初步匡算，每年可生产粮食 20 多亿斤，加上改造低产田土，可增产粮食 50 多亿斤；扩种经济作物每年可增值 20 多亿元；增加出栏肉猪 500 万头，出栏草食牲畜 40 万头。且交通运输方便，光、热、水资源和开发经济效益好。联合投资在湘南建立粮食、油料、烤烟、生猪等商品生产基地，可以采取股份化、产供销一体化紧密型的联合开发形式，也可以采取补偿贸易和单独投资开发的形式。新开发的农副产品，实行不交合同订购粮、油、烟和 5 年内免征农业税等优惠政策。

为了建立农产品市场的新秩序，提高重要农产品，特别是粮食市场的组织程度，禁止粮食的无证经营。粮食批发企业必须经双方政府按照规定的条件批准，从事合法经营。为了避免对湖南粮食定购计划的冲击和有利于市场的稳定，粮食经营者不再到批发市场和交易所以外的农村采购粮食，违反规定的，由工商行政管理部门处以罚款。

四　建立省际边界区域共同市场

粤北和湘南接壤，经济交往密切，具有共同的利益。为了加强这一区域的发展和联合开发，可建立包括广东省韶关市、清远市和湖南省郴州地区、零陵地区、衡阳市在内的省际边界区域共同市场。

1986 年，韶关、郴州、赣州的物资经营部门打破行政地域，建立了"韶、赣、郴物资经济联合区"，三地市之间在互利、互惠、互助的基础上，进行物资的直接购销、代购代销、协作串换，取得了较好的效果。适应加速开发湘南、粤北的需要，物资共同市场可拓宽联合地域，即扩展到整个粤北、湘南；拓宽经营领域，由区内物质贸易扩展到协调、组织、办理区内物资进出口业务。

同时，建立边界共同市场联合开发公司或联合开发协调小组，联合开发区内的矿产资源、林产化工资源、有色金属加工等，共建原材料和终端产品生产基地；协调区内产业政策，优化产业结构，合理配置资源，提高开发效益。

建立边界共同市场的融资网络。现行的金融体制已不适应建立共同市场的需要。建议广东发展银行在边界共同市场设立分行（韶关和衡阳），其主要职能是对联合开发的骨干工程项目、较大建设项目、技术改造项目等进行投资贷款，并成为共同市场资金融通和调剂的一个重要渠道。同时，改革专业银行跨区的结算方式；试办省际信用卡业务；组织集体金融组织跨区联网等。

坚定灵活地办好改革开放过渡试验区 *

我今天讲两个问题：一是为什么要创办改革开放过渡试验区，二是讲讲怎样创办改革开放过渡试验区。

一 为什么要创办改革开放过渡试验区

这个问题的提出，是在 1988 年 1 月 11 日。自从 1987 年中央决定在广东进行全面的综合改革开放试验后，震动最大的是湖南，很多同志向省里领导提出：湖南怎么办？当时遇到的阻力是"怕"，有人认为改革开放对湖南只有害没有利。在这种情况下，当时的省长熊清泉同志 1987 年 10 月 21 日向我交代了一个任务，对我说：你带一个精干小分队到广东考察，任务是三句话：搞清楚广东的改革开放试验区怎么搞？广东搞改革开放试验会给湖南带来什么影响？湖南怎么办？我们于 1987 年 12 月 27 日去，1988 年 1 月 9 日回，1 月 11 日向清泉同志作了汇报。当谈到广东的改革开放对湖南有什么影响时，我归纳为 8 个字：有利有弊，利大于弊。湖南应该怎么办？也是 8 个字：因势利导，趋利避害。怎么样因势利导，趋利避害呢？我提出了五条建议，其中有一条，就是建立湘南改革开放试验区。早在 1987 年 11 月省委召开的扩大会上，做了一个决定：湘南的郴州、零陵地区，叫弹性地带。我认为"弹性地带"的提法不太准确。"弹性地带"怎么个"弹"法呢？所以提出在湘南建立一个"亚广东改革开放试验区"，因为完全学广的政策我们学不到。但怎么个"亚"法呢，所以在汇报时讨论的结果是在试验区前面加个"过渡"。这个

---

* 本文为 1991 年 5 月在改革开放过渡试验区创办三周年研讨会上的讲话，原载《过渡试验区探索》1991 年第 3 期。

过渡试验包括了郴州、零陵、衡阳。"改革开放过渡试验区"就是这样来的。针对广东全面改革开放对湖南的有利和不利影响，通过因势利导，趋利避害，达到发展经济、搞活经济的目的；通过过渡区试验地带充分地利用广东全面改革开放试验对湖南带来的有利因素；对来自广东的不利因素，也通过这一地带化不利为有利，把不利冲击缩小到最低限度；通过搞活湘南，发展湘南，来推动湖南经济的发展。这就是当时创办过渡试验区的初衷和目的。以后由省政府正式上报国务院，国务院于 5 月 11 日正式做了批复。

后来我们又认为过渡试验区不应该只是湘南，因为全面改革开放也不只是广东在搞，而是整个沿海铺开，所以过渡区应该是毗邻沿海的整个过渡地带。建立全国性的改革开放过渡地带的根据是什么？根据是我国是个社会主义的大国，经济发展很不平衡，在这种情况下进行改革，改革的目标不可能同步到位，应该是分区到位。为什么要分区到位呢？因为我们的目标是要建立有计划的商品经济新体制。但我们的国情是在宏观上有四大不平衡。第一大不平衡，是生产力发展水平、商品经济发展的程度在不同地带存在着极大的不平衡。第二是市场的发育程度在不同地带存在着极大的不平衡。第三是不同的地区区位条件存在极大的不平衡。第四是各地区在改革的承受力上存在着极大的不平衡。所以全面的改革开放从沿海到内地有一个梯度推进的过程。沿海的改革开放对内地的经济发展自然会带来很多的有利条件，也会带来一些冲击。所以在过渡地带进行过渡试验，是属于梯度推进的过程，这是客观存在的。这样就有了一定的理论高度，1988 年就此我写了一篇文章：《论改革目标的分区到位与过渡区改革》，这个材料拿到 1988 年北京国家三个部门（中宣部、国家体改委、中国社科院）联合召开的全国改革开放研讨会上，做了发言，影响比较大。发了简报，送到了李鹏总理那里，送到了当时的党中央负责同志那里。可见过渡试验区理论得到了全国的承认。

以上是创办过渡试验区的大概过程。

二　怎样办好改革开放过渡试验区

（一）坚持以经济建设为中心，全面贯彻党的基本路线

怎样办好试验区，从大的方面来讲，还要坚持以经济建设为中心，全面

贯彻党的基本路线。首先，要坚持以经济建设为中心，一定要坚持这个中心。这个问题还解决得不够，现在我们坚持以经济建设为中心总是没有以前"以阶段斗争为中心"那么突出，有人讲以"阶级斗争为纲"一抓就灵，而以经济建设为中心就很难突出这个中心。我们省里曾开展了以是否有利于生产力的发展作为我们检验一切工作的根本标准的讨论，现在有人说搞错了，是自由化。我说没错，用生产力作为检验的根本标准，不是自由化，这是马克思主义历史唯物论的最基本的原理，是社会发展最一般的规律，怎么是自由化呢？生产力决定了生产关系，进一步决定上层建筑，最终决定人类社会的发展。生产力的发展最终决定人类社会的发展，生产力的发展最终决定社会主义社会的发展，决定社会主义优越性的发挥。毛主席也讲过：看一切政党的政策正确与否，是看它有利于生产力的发展还是不利于生产力的发展。所以说坚持以经济建设为中心，就是要坚持以发展生产力为中心，坚持评价各项工作的根本标准要看是否有利于生产力的发展。这是马克思主义的一项基本原理，不是自由化。

那么，如何才能发展生产力，如何才能发挥社会主义的优越性？答案只有一个：改革开放。改革开放是发展生产力的动力，旧的体制非改不行。要发展生产力，要发挥社会主义优越性，就要改革旧的体制。社会主义优越性为什么没有得到发挥？是什么阻碍了社会主义优越性的发挥呢？是什么阻碍了社会主义生产力的发展呢？原因在于我们的管理体制和运行机制不行。为什么我们建立和运行了几十年的体制和机制不行呢？原因在于认识问题没有解决，从根本的认识上来讲，在于我们过去在理论上、认识上、观点上把社会主义模式理想化了，这种理想化的社会主义模式违背了社会主义初级阶段生产力发展的客观规律。因此，我们依据理想化的社会主义模式建立起来的管理体制脱离了社会主义的客观实际，因而阻碍了生产力的发展，阻碍了社会主义优越性的发挥，所以要改革这种体制，不改革就没有出路。这种理想化的社会主义模式的基础就是社会主义只能够是单一的公有制，这就是我们过去脑子想的、嘴上讲的、宣传的社会主义，如果有一点非公有制，那就不叫社会主义，谁主张社会主义社会还含有一点私有制，谁就是修正主义，就应该打倒，这是我们过去几十年的信条。到了"文化大革命"，这种观点被推上了极端，家庭副业、自留地也变成资本主义尾巴。当时大寨有一句名言："劳力归田"。劳动力只能种粮食，不能做生意，不能做木匠、蔑匠、裁缝，凡是不种田的都叫资本主义。轻则批判，重则戴上资本主义分子的帽子。后来又有一句名言："宁要社会主义的草，不要资本主义的苗"。这是违背了马克思主义的，是形而上学的。为什么是形而上学？我们翻开五千年的历史，人类从原始社会后期到目前为止，没有哪一个社会只有一种所有制。现在的美国是最发达的资本主义社会，占主体的是资本家所有制，但也有多种成分，在美国的农业中，农民的个体经营占有相当大的比重。有一个叫韩丁的，同中国很友好，就是一个个体农民，周总理说过，如果按照我们土改时的做法，给韩丁划分的话，最多只能划一个下中农。社会经济制度划分的标准是什么呢，只能看是哪种所有制占主导地位，这是马克思主义的一条原理，为什么在社会主义社会就只能有一种所有制呢？这不是辩证法嘛。所以，这种越大越好、越公越好的社会主义模式是行不通的。这种理想化模式的核心是什么呢？是高度集中的计划经济。而这种只有一种公有制的社会主义怎么管理呢？这种管理体制，我给起了个名字叫"工厂法"，用管理一个大工厂的办法来管理整个国民经济。财政上统收统支，产品统购包销，劳动力统一调配，工资统一规定等。国家计委就像"大工厂"的计划处，财政部像财务处，亏了是国家的，赢了也是国家的。劳动部就像劳资处，工人的工资厂长管不了，县长管不了，专员管不了，谁管？劳动部管。这就是我们过去的体制，把经济管死了。但也有好处，就是可以高度集中物力财力，把大的工程搞上去。其弊端是窒息企业的生机和活力，压抑了企业效率，因此，阻碍了社会主义优越性的发挥，阻碍了生产力的发展，怎么办？只有改革，其他路子没有！所以我们说改革开放是强国之路。我们讲现代化是讲社会主义现代化、社会主义经济建设、社会主义改革开放，那么，怎样才能在改革开放当中坚持社会主义方向？就是要坚持四项基本原则，坚持四项基本原则是为了保证方向，保证有一个好的政治环境。正因为坚持四项基本原则是保证方向的、保证有一个良好的政治环境、社会环境的，所以，四项基本原则是立国之本，坚持以经济建设为中心要作为一个系统工程来抓。

（二）加快改革开放的步子，敢于开拓、勇于探索

搞好改革开放试验，要立足于干、不能立足于要。立足于要、两眼向上，就会贻误时机。要立足于扎扎实实地干，灵活变通地干，勇于探索地干。在灵活变通上下工夫，在探索改革之路上下工夫，这是一条正确的路子。要不要"要"呢？在适当的时机可以单项地要，能变通的就变通，能灵活的就灵活，哪一个问题实在是推不动了，单项地要政策，容易办，要一套就比较难。

那么我们的改革应该抓住什么来推开试验呢？目前，关系到我国改革成败的有两大问题，也是两大难题，一个是计划和市场的结合问题，一个是所有制问题。

就所有制这个难题来说，所有制里面又有两个问题，一个是公有制的实现形式问题，一个是发展多种经济成分的问题。这个问题难在什么地方呢？就是公有制的实现形式，即全民所有制的实现形式。

我们的改革目标就是要建立社会主义有计划的商品经济体制，建立一个计划经济和市场调节相结合的运行机制，这是改革的基本方向。社会主义国家搞好改革，可以说从1948年由南斯拉夫开始的，20世纪50年代后期的匈牙利、波兰也开始搞改革。从社会主义改革的实践来看，可以看到这样的效果：在改革的第一阶段，改革的效果都很明显，20世纪50年代后期到1973年是匈牙利的黄金时代，南斯拉夫产值翻了100倍。这是什么道理呢？因为都是从放开市场、放权让利开始的，因为过去的体制排斥市场的作用，不重视价值规律，一放开市场，市场的活力就显示出来了。所以在改革的第一阶段，经济是搞活了，成效也很显著。

当改革从放开市场进入第二阶段需要再上一台阶时，几乎所有的社会主义国家都遇到了困难，为什么呢？放开以后，新的管理方法没有跟上，旧的宏观管理体制不行了，新的制度、办法没有配套，以致出现无序，遇到困难。在这个困难面前，许多人得出这样的结论：计划和市场不能结合，并由此出现两个极端思想：①计划取消论，不要计划经济了，搞自由市场经济，东欧的变化就是如此。②取消市场论，退回到搞计划经济的老路上去。在我国相当一部分人提倡至少也要退到计划经济为主，市场调节为辅的道路上去。这在理论界争论得也相当激烈。我的观点是：一不能偏，二不能退，偏就会歪，退是没有出路的。只有坚定不移地根据结合的路子来探索和试验才是唯一的出路。现在的问题不是能不能结合而是怎样结合的问题。我讲几个观点供大家参考。

第一个观点：不要把计划经济和社会主义，市场经济和资本主义画等号。不要把计划和市场作为划分社会主义和资本主义的标志，这个观点要明确。在这个问题上，一直存在两种对立的观点：一种是制度论，即计划经济是社会主义制度，市场经济是资本主义制度。一种是机制论，把计划经济、市场经济、计划调节、市场调节都看成是经济运行机制、是管理体制，不是基本制度。我是"机制论"者，我认为，计划经济、市场经济、计划调节、市场调节只是经济的一种运行机制，是调节经济发展的一种机制，是资源配置的一种方式，不是基本制度。早在20世纪30年代就有了一场是搞计划经济还是搞自由市场经济的争论。当时资本主义世界发生了大危机，因此，许多资产阶级经济学家提出，资本主义要搞计划经济，认为市场经济不行。讨论期间，凯恩斯提出国家干预经济，结果受到资本主义国家的采纳，实行国家干预下的市场经济。后来的资本主义研究社会主义的经验，学了两条：一条是有计划，一条是社会保障。法国1948年就成立了计划总署，日本战后也成立了国土厅，它们的战略性计划或政策性计划的实行也都有一定的强制性，从而减缓了资本主义的危机。资本主义搞计划，它的资本主义性质变了吗？没有变。那么反过来，我们社会主义搞市场调节就会变成资本主义？只要坚持公有制为主体，坚持共同富裕，就不会变成资本主义。不解决这个问题就不敢搞改革试验。

第二个观点，提倡计划和市场相结合，既要有统一的计划，又要有统一的市场。只有计划没有市场或只有市场没有计划都谈不上结合，所以我们现在要下工夫培育完整的市场体系。消费品市场要进一步发展，生产资料市场也还很不完善，技术市场、资金市场、劳务市场、房地产市场还刚刚萌芽。我们前一段的改革，强调了放开市场、忽视了计划，宏观管理没有跟上。在治理整顿期间强调了加强计划，加强宏观管理，但要防止出现另一种情况：淡化市场，心理上害怕市场，实践上限制市场，理论上否定市场。商品经济有一个最简单的道理：卖不掉，都是空的。你说你的工厂管理得好，领导班子能力强，就是产品卖不掉，那是白搭！

第三个观点，检验计划和市场结合得好与不好的标准，不是抽象的模式，而是实践，看什么样的结合形式能把经济搞活，能够促进生产力的发展，能够促进经济效益提高，就怎么搞。这就是标准。

第四个观点，计划与市场的结合，不是静止的，而是动态的，是变化的。我们要具体地研究不同的地区，不同的发展阶段，不同类型的企业，不同的产业怎么结合。我们讲小一点的范围，就是研究在我们试验区怎么结合，试验区市场怎么进一步放开，怎么进一步搞活，怎么进一步规范，试验区计划管理的特点在哪里？在这方面下工夫、做文章。

改革中的另一个大问题，是所有制问题，即公有制为主体的多种所有制结构的问题要解决好。这个问题包括以下几方面。

第一，是全民所有制实现形式的改革。要搞活大中型企业，确实很难。我们讲发挥社会主义优越性，归根结底是发挥居主导地位的全民所有制的优越性。但传统的国家所有国家经营的实现形式不行，这种以大锅饭、铁饭碗为特征的体制不行。通过改革，企业活了一些，但问题也很突出。利益是企业的，80%的留利用在奖金福利上，风险是国家的。利益和风险分家能行吗？把市场的损失转嫁给国家，把计划的损失转嫁给市场，非改不行。

怎么改？我主张实行以下四个转变：

（1）全民所有制的所有权由直接实现转为间接实现。怎么间接实现呢？就是由国家和政府的管理部门所有，转变为通过属于国家的经济组织而不是政府机关控股的办法来实现国家的所有权。搞股份制，使三权既相分离又相制约。三权当中一个是最终所有权，它属于国家；一个是法人所有权，它属于董事会，董事长是法人；一个是经营管理权，属于厂长、经理。厂长、经理全面负责经营，向董事会负责。董事长任命厂长经理，董事长向国家负责。这样，企业才能建立自我约束的机制。

（2）全民所有制的实现形式由单一的转变为多元的，由国家所有国家经营转变为多元经营。这要区别几种情况：第一种是一般产业，可以通过控股的办法，第二种是基础产业，通过股份有限责任公司的办法，第三种是大型企业集团，可以是由国家政府的资产管理部门，实行资产总承包的办法。第四种是国有小企业，可以进一步完善租赁制，也可以通过转让转变为职工集体合作制等。

（3）国家和企业由行政化、等级化的关系转变为商品货币经济关系。政府不直接干预企业，政府和企业的关系就是照章纳税，政府的利益要实现也要按照价值规律、按照等价交换，用订合同的办法来实现，不能无偿调拨。

（4）企业由两个面向转变为一个面向。现在的企业都是面向两个方面，既面向计划，又面向市场，但乱也就乱在这个地方。以后大多数企业只面向市场，让市场导向，让价值规律决定企业的命运。我看试验区可以在这方面作点试验。新企业一开始就要按新的机制运行。

第二，搞活大中型企业要区别不同情况，采取不同的办法，第一种是要搞活，产品有销路、效益好的下决心搞活；第二种是下决心搞死，产品积压、企业亏损，早死早减少损失；第三种是中间的，能活的尽可能搞活。

以上讲的是全民所有制的实现形式怎么解决，第二是多种经济成分。特别是试验区要鼓励多种经济成分发展。这个差距还很大，要鼓励、引导、管理。我想国家投入很多比较难，"八五"期间各地区、部门要的规模每一年有15000亿，而国家计委落实全国固定资产投资规模只能是8400亿元。

（三）坚持双向开发，着力发展外向型经济

开放也是改革，开放是把我们封闭型经济改变成对内、对外开放的经济。对过渡区来讲，要形成双向开放、双向衔接的经济体系。特别是要狠抓对外开放。大力发展外向型经济，怎样发展？有以下五点。

第一，要大力增强开放意识。湖南经济上得慢最根本的一条是观念不行。思想放不开，步子就迈不大。

第二，要狠抓环境建设。这是扩大对外开放的前提条件，必须先行。而我们是滞后的。广东上得快，从环境的角度来讲，我看就是硬环境先行，软环境宽松。道路、桥梁、通信等基础设施的建设，都走在前面。软环境也非常重要。软在什么地方？主要是这几条：（1）办事效率要高；（2）政策要宽松；（3）企业经营的环境要好，行政干预要少，外资企业要保证其能够按国际惯例经营。

第三，抓结构。我们现在讲深层次问题说得粗一点，一是结构问题，二是体制问题。结构上又有两大问题：一是基础产业、基础设施滞后，制约了整个国民经济的发展。郴州的电就是一个问题。另一个是加工工业低水平上的重复建设。低水平的技术设备、低水平的工艺、低水平的产品积压。马家

坪小商品批发市场，我看有三个特点：一是廉价，二是面向农村，三是一个推销积压产品的场所。要做到价格低，但又要款式新才能有发展前途。

至于解决结构问题要抓两项，一个是抓合理化，要市场导向，进行调整。一个是抓高级化，抓新工艺、新设备、新技术。现在把依靠科技来实现第二步战略目标提到了一个很高的高度。经济建设要转到依靠科技和劳动者素质的轨道上来。

第四，抓体系。建立外向型经济体系。抓出口产品生产的建设。贸、工、农、技形成体系，形成规模，形成出口产品的规模效益。

第五，下决心创办一批外向型的乡镇企业。要从资金、体制、技术上给予扶持。

关于建立湘南改革开放过渡试验区经济协调会的建议方案[*]

一 建立湘南区经济协调会的必要性和紧迫性

包括衡阳、郴州和零陵地区的湘南区域，既有紧密的经济社会的联系，又面临共同的外部环境。广东省作为综合改革试验区，全面扩大对外开放，对湘南经济的开发和振兴，是难得的机遇，也会带来全面性的冲击；是很大的促进，也面临许多困难。湘南作为改革开放过渡试验区，在湖南省的改革开放上先走一步，在经济发展上加速开发与对外开拓，这就需要：第一，在改革、开放、搞活的政策措施上，区域的各个地区之间、城市之间需要进行经常性的协商、探讨和协调；第二，在区域资源的开发、经济布局，投资环境的改善上，需要统筹规划；第三，需要逐步形成开放式的区域市场体系和网络，加强区域联合，以增强内联外挤、内联外引与对外开拓的竞争能力；第四，在深化改革、扩大开放和加快经济发展上，需要有一个共同的目标发展战略和区域规划。为此，就十分必要建立一个以协调、联合、规划为基本职能的湘南经济协调会。

二 经济协调会的性质和任务

湘南改革开放过渡试验区经济协调会，是跨地市、开放式、松散型的区域经济联合组织。其主要任务有以下几个方面。

---

    * 原载《湘粤经济研究》，湖南人民出版社，1988。

第一，依据国家改革、开放的基本方向和面临的沿海经济发展战略的实施，特别是广东省进行综合改革试验的新形势，商讨、协调区域深化改革、扩大开放和搞活经济共同性的政策、措施。

第二，围绕开发湘南、建设系列外向型商品生产基地的战略任务，研究和探讨区域经济开发中共同性的重大问题，以及解决的办法，并向省反映情况和提出建议。

第三，依据扬长避短、发挥优势的方针，广泛开展区内外双边和多边的经济技术协作，推进多层次、多形式、多渠道的横向经济联合，组织区域合理的经济网络。

第四，从湘南各地区的自然条件、经济基础和特点出发，依据积极发展外向型经济和生产力合理布局的要求，研究和制定区域经济发展的总体战略和发展规划。

三　经济协调会的组织形式

1. 协调会的组织有两种形式可供选择

（1）专员、市长联席会议。由衡阳市市长和郴州地区、零陵地区行署专员组成，作为湘南改革开放试验区最高层次的协商和协调机构。会议每年召开一到两次，由三方轮流担任执行主席，任期为一年。

（2）经济协调委员会或理事会。由三方政府主要领导和有关部门负责人，如秘书长（或副秘书长）、计委主任、协作办主任、经研室主任等组成。委员会主任或理事长由主席方政府领导担任，非主席方政府领导担任副主任或副理事长。其他为委员或理事。

2. 办事机构有三种方案可供选择

（1）设立联合办公室。主要任务是：①促进协调会商定事项的落实和实施；②向各方通报经济协调中的情况和问题；③了解和交流各方重要的经济活动信息，推动经济协调工作的开展；④负责协调会议的筹备工作。联合办公室由各方指派2~3人组成，办公室主任由主席方指定一人担任，副主任由其他两方各指定一人担任。办公室设在衡阳市。

（2）设联络处。由三方各指派2名联络员组成，主席方指定一人担任主任，非主席方各指定一人担任副主任。联络处随主席方，采取碰头会形式，研究和协商有关问题。

（3）不设办事机构，其日常工作包括：①经济联合、信息交流等具体工作，由三方的经济协作部门负责；②政策、措施的商讨和协商，区域经济发展战略和规划的研究和制定，由三方的经济研究部门负责。均由主席方职能部门牵头。

四 经济协调会的组织原则

1. 平等互利原则

参加经济协调会的成员，不论实力大小，都处于平等地位，都有平等的权利和义务。不论是多边还是双边的，联合的内容和形式，参加各方的权益和义务，都必须平等协商，谁也不能强加于谁。相互之间的关系，从行政方面说，是兄弟地区之间社会主义平等互助和民主协商的关系；从经济方面说，要充分尊重价值规律，用经济办法来处理相互之间在生产、流通、科技等各个领域中的合作和联合，实行互利互惠，对企业之间、行业之间、区域之间的各种经济联合和协作，要本着"谁有优势，谁当龙头"的原则，谁有哪个方面的优势，谁就是哪个方面的"中心"，处理好相互之间的利益关系。

2. 开放性原则

改革开放试验区，是一个实行全方位开放的经济地域系统。经济协调会必须实行开放性原则。这种开放性表现在：第一，协调会的各个成员之间要打破地区、部门、行业的限制，按照等价交换和提高经济效益的原则，广泛发展各种经济技术协作和联合，实行相互开放，逐步形成各种经济网络。第二，协调会的各个成员可以根据"利益均沾、风险共担"的原则，在这一些方面或那些方面联合起来对外开放，发展同外地区以及国外的经济技术交流和各种联合。第三，协调会的成员各方也都可以自主地对外开放，自主地发展国外地区之间多边或双边的各种协作和联合。

3. 整体性原则

改革开放试验区要能够形成一种开放的、最佳的整体结构和群体功能，使试验区的各个地区和城市由分散的自我循环为主的"大而全""小而全"，逐步走向一个既有统一规划，又有科学分工和合理布局的区域经济共同体，就必须摆脱行政区划和部门隶属关系造成的狭隘眼界和限制，着眼于试验区的全局，贯彻整体性原则。试验区各地区、城市的发展战略和发展规划，要有利于形成和发挥区域的综合优势，符合整个区域开发和合理布局的要求。试验区内各种经济关系的处理要互利互惠，也要从全区整体利益的要求出发做到互利互让。

4. 特殊性原则

湘南区域各个地区的地理位置相近，在自然、经济社会资源方面有着许多相似的共同条件。但经济发展水平又有一定的差距，自然资源的分布也不均衡，国土资源的开发有迟有早，各个地区和城市又各有自己的特点，各有其优势和劣势。建立经济协调会，就是要使参加合作的各方，能够通过联合做到优势互补，从而形成区域集聚经济的整体效应。因此，试验区各个地区、城市之间的专业化分工协作，各种经济联合、规划和布局，都应该坚持扬长避短的方针，立足于发挥各自的优势和特色，建立各具特色、优势互补的经济结构。这样才能形成整个区域合理的产业群与区域的综合优势，以总体的优势弥补和抵消各自的劣势，从而加速整个湘南经济的开发和振兴，扩大试验区对外开放的优势。

湖南省西线开发战略与布局研究的
工作总结报告 *

一　前言

　　湖南省西线开发研究，系 1990 年列入省科技发展计划的软科学重点科研项目。"西线"，是指以焦柳铁路湖南段为主轴线，包括石门县、大庸市、湘西土家族苗族自治州和怀化地区的广大区域，共 24 个县市；土地面积 56546 平方千米，占全省的 26.7%；总人口 886.26 万人（1989 年），占全省 14.7%。因其相对应于湖南东部以京广铁路为主轴线的沿线地区即东线而称之为西线。

　　西线开发研究，是针对位于湖南省西部焦柳铁路湖南段运量不足和沿线地区开发程度低、经济落后的现状，着眼于充分发挥交通主动脉——铁路的集散功能和对地区经济的带动作用，确定开发战略，制订开发布局方案。主要研究内容包括以下三个部分。

　　第一，弄清区情。进一步弄清这一广阔地区的区域基本特征，自然资源、经济社会条件、环境状况、发展的历史和现状，并做出系统综合评价，明确本区域开发的优势、潜力与制约因素。

　　第二，制定开发战略。在弄清区情，明确优势、潜力与制约因素的基础上，确定本区域开发的总体战略思路、开发方向、开发目标、开发重点、开发时序和主要产业的开发战略，以及有关的政策措施等。

---

　　*　原载《湖南西线战略与布局研究》，湖南出版社，1993。

第三，编制布局方案。依据开发战略，制定本区域开发的总体布局和主要产业、基础设施以及城镇体系等布局的方案。

研制工作自 1990 年 9 月至 1992 年 3 月基本结束，历时一年半，达到了预期的目标。研制工作提供的主要成果是：《湖南省西线现状诊断报告》《湖南省西线区位环境研究报告》《湖南省西线开发总体战略报告》《湖南省西线开发总布局方案》《加速西线开发、加快改革开放的综合研究报告》5 个综合性的研究报告和 11 个专项研究报告及《数据集》。

上述研究成果的取得，主要是在省委、省政府和研究工作领导小组的领导和支持下，经过课题组全体成员共同努力的结果。同时，得到了国家有关部门的领导和专家、省直各有关部门的领导和实际工作者、各有关地区的领导和实际工作者的大力支持。

二　研制工作过程

整个研制工作，主要分为组织准备、系统调查、系统开发、系统论证和系统转移五个阶段进行。

（一）组织准备阶段

1990 年 7~8 月，湖南社会科学院作为承担研制任务的牵头单位，进行了课题研制工作的前期准备工作，包括研究对象区域边界的初步界定和研制工作的总体设计。1990 年 9 月，组成了以汪啸风副省长为组长，向德武、王贤怡、潘奇才和张萍为副组长，有 14 个委办厅局领导，3 个地州市和怀化铁路局领导参加的西线开发研究领导小组，以及由张萍负责以社科院研究人员为主，有湘西土家族苗族自治州、怀化行署、大庸市和石门县有关部门实际工作者参加的课题组。

1990 年 9 月 29 日，由汪啸风副省长主持，在长沙召开了第一次领导小组会议。会议根据经济区域合理划分的原则，一致同意以枝柳铁路湖南段为主轴线，将枝柳铁路沿线的怀化地区、湘西自治州、大庸市和常德市所辖石门县作为本课题研究的区域。而将鄂西南、川东南、黔东、桂北及雪峰山东部地区作为其环境进行研究。会议同意以进行西线开发条件的综合评价、确定开发战略思路和编制布局方案作为课题研究的主要任务，为省和各相关地区加速西线开发提供科学依据。会议还研究了课题研究的组织落实和经费落实等问题，为课题研制工作的顺利进行明确了目标和提供了保障。

（二）系统调查阶段

课题组组成后，一是赴西线地区的石门、大庸、怀化、吉首、花垣、靖州等地县市进行了实地考察，听取了各地区领导和有关部门对开发西线的各种建议。二是收集和分析了大量的本区域的历史、现状和各地、县规划等资料。三是对区域的外部环境进行了调查，收集和分析了相关省区，特别是鄂、川、黔、桂与西线毗邻地区的历史、现状及发展态势的各种资料。在此基础上，课题组撰写出：《湖南省西线现状总体诊断报告》《湖南省西线区位环境研究报告》《数据集》3个综合性成果和《湖南省社会经济结构分析》《西线产业结构现状分析》《湖南省西线交通运输网络现状分析》《西线区域自然资源及开发状况》《技术进步是西线开发的金钥匙》《湘西自治州落实民族政策情况》《湖南省西线开发的省内环境》，以及鄂、川、黔、桂四省毗邻地区的自然、经济、社会特点与对西线开发的影响等11个专项材料。

（三）系统开发阶段

依据对西线区情的诊断和区位环境的分析，以及就西线开发的总体思路、主要产业开发思路与布局召开的有关专家、领导、实际工作者参加的8个专题座谈会上所提出的各种建议，课题组拟定出：《湖南省西线开发总体战略报告》《湖南省西线开发总体布局方案》，以及《湖南省西线农业发展思路研究报告》《湖南省西线开发农业布局研究报告》《湖南省西线工业发展战略》《湖南省西线工业布局》《湖南省西线商业开发和布局研究报告》《湖南省西线基础设施布局研究报告》《湖南省西线教育发展战略》《湖南省西线基础设施布局研究报告》《湖南省西线城镇体系发展战略和规划布局报告》《湖南省西线旅游开发思路与布局研究报告》《湖南省西线开发的政策研究报告》11个专项研究报告。

（四）系统论证阶段

为了使西线开发战略、布局方案，更符合西线区情的实际和国家、省宏观经济的要求，更具有可行性、可操作性和科学性，我们将这些研究报告和布局方案的初稿，特别是开发总体战略和总体布局方案，提请省委、省政府领导和西线开发研究领导小组、高级顾问审阅并征询了意见。同时，1991年11月11日，储波副省长主持，在长沙召开了西线开发研究领导小组的第二次会议，会议听取了课题组关于西线开发研制工作进程的情况汇报，并研究了西线开发方案论证会召开的有关问题。

1991年11月12～14日，省委副书记孙文盛同志主持，在长沙召开了"西线开发方案论证会"。国务院发展研究中心、国家计委、8所高等院校和科研单位的有关领导、专家、教授，省直有关委办厅局及有关地区的领导、实际工作者共80余人参加了会议，并认真审议了各项研究成果的初稿。国务院发展研究中心副主任张磐研究员在讲话中，认为"这一研究成果是重要、及时的，在省内填补了空白，它是跨行政区划的战略，适度超前，对其他省有很大参考价值"。与会同志对西线开发的研究成果给予了充分肯定，同时提出需要进一步补充和修改的宝贵意见。储波副省长在会议总结讲话中要求"进一步完善方案，把研究成果尽快转化为开发效果"。

（五）系统转移阶段

我们根据西线开发方案论证会提出的修改意见，特别是增加定量预测的内容，综合运用灰色预测、回归预测和弹性系数法等数量预测方法，对西线国民生产总值、国民收入、工农业总产值、工业总产值、财政收入、社会商品零售总额、城乡居民储蓄存款余额和农民人均收入8项综合发展指标进行了建模预测，设立了2000年西线主要发展指标的规划比较方案，并从中选定较为适合西线发展态势且基本适应总目标要求的推荐方案。同时，召开了两次有关厅局领导、实际工作者参加的座谈会，进一步听取了对综合报告修改稿的意见。到1992年4月，课题研究成果修改任务基本完成，组织评审鉴定后，提请省委、省政府领导审定决策，并提交有关部门和地区作为组织西线开发和制定开发具体实施方案或大纲的依据。

三 研制工作的主要特点

我们在西线开发研究的指导思想、区情分析和战略思路的确定及研制方法等方面，具有以下主要特点。

（1）注重区位条件，坚持特殊性。西线是一个跨行政区具有自己特定区位条件的经济区域。在对这一区域边界的界定上，曾有三种意见：一是认为西线应包括湘西自治州、怀化地区、大庸市的全部辖区和常德市所辖的石门县、临澧县、澧县；二是认为西线不应包括临澧县和澧县；三是认为临澧县和澧县不宜划入西线，但应增加邵阳市的城步县和绥宁县。经过充分论证，我们认为枝柳铁路虽通过临澧和澧县，但这两个县太偏东，不属于通常所指的湖南西部地区，而且在自然经济条件和生产力的发展水平等方面都同湘西有较大的差异，开发战略和开发政策的共性少，不宜列入。邵阳市所辖的城步和绥宁等县虽属沅水流域，亦是山区，但枝柳铁路不通过这些县域，而且两县与邵阳市所辖其他县市并无明显的自然、经济分界。而把西线区域界定为包括湘西自治州、怀化地区、大庸市和常德市所辖的石门县等 24 个县市比较适宜，这一区域既共同依托于枝柳铁路主轴线，又具有近似的自然、经济和社会的区域特征，因而开发战略和开发政策具有较多的共性基础。同时由于西线是一个规模较大的纵向条带状的区域系统，西线开发必须充分发挥以枝柳铁路为依托的区位优势，以沿线的城市和主要城镇为核心、进行集中连片的密集开发，从而才能逐步形成若干个分工合理、优势互补的产业密集区，进而依托轴线，串点连片成带，综合形成湖南省的第二条经济走廊。我们把这种开发战略思路，概括为"串珠战略"。经过论证，一致认为这个战略比较符合西线特殊的区位条件和特殊的区情实际。

（2）注重环境研究，坚持开放性。西线位于湖南省的西部边陲和我国多重地带的结合部。由于这种区位特性，加上它同桂北、黔东、川东南、鄂西南等周边地区有诸多的自然、经济和社会的共同特征，我们对西线开发的研究，把对环境状况特别是接壤的毗邻省区相关因素的研究，放在突出的位置。课题组在进行系统调查的基础上，撰写出：《四川省黔江地区自然、经济、社会特点及对西线开发的影响》《鄂西南地区自然、经济、社会特点及对西线开发的影响》《贵州自然、经济、社会特点及对西线开发的影响》3个专题材料，并形成了综合性的《湖南省西线区位环境研究报告》，作为确定西线开发总体战略和制订布局方案的重要依据，打破了省际行政区界，坚持了开放性的研究。

（3）注重领导、专家和实际工作者的紧密结合，坚持科学性。为了使西线开发的战略与布局既符合西线区情实际，又符合国家和省的宏观经济要求，并适应社会主义市场经济运行的客观规律，在以汪啸风副省长为首的领导小组构成中，既有省直各综合部门的领导参加，又有相关的多部门、多行业和三地市一县的领导参加；在课题组的组成人员中，既有从事农业经济、工业经济、贸易经济、区域经济、经济地理和社会学多学科的科研专业人员参加，又有三地市一县的实际工作者参加并参与调研工作的全过程。坚持了领导、多学科科研人员和多部门实际工作者的紧密结合，从而使开发研究成果既增强了科学性，又加强了实际的针对性。

（4）注重政策研究，坚持实用性。加速西线开发，需要国家增加投入和较发达地区的多方支援。但必须立足于启动其内部活力、增强造血功能这个基点上。为此，我们全面研究了适应西线开发的区域政策，包括民族政策、扶贫政策、山区开发试验区政策、老区政策等各项政策的执行情况和实践中提出的问题，在此基础上提出以下放权力为中心的各项配套政策建议，不仅作为综合报告的重要组成部分并形成开发政策的专项报告，从而增强了研究成果的实用性和可操作性。

四　实施的几点建议

西线开发研究的目的在于应用，是为了明确思路、合理布局、提高开发效益、加速发展经济。因此，关键是落实，有以下几点建议。

（1）要有一个总揽开发实施的机构。西线是一个规模较大的跨行政区的区域经济系统，西线区域开发，不仅涉及相关行政区之间的关系，而且涉及国家和省，特别是省的各个综合部门及主要行业，因而必须有一个综合部门总揽西线开发的实施和协调各方面的工作。建议由省计委承担此项责任，由计委的长期规划办公室并负责制定开发的具体实施大纲和组织协调实施工作。

（2）设立西线开发基金，组建西线开发投资公司。开发基金来源主要包括国家追加的扶贫资金及省财政拨款，还可考虑从建设项目在西线区域之内，主体效益在西线之外的大型项目的收益中提取一定的比例。投资主要用于扶持一些至关开发全局的基础建设项目和技改项目，利息按产业实行浮动，利息收入5年内免交营业税和所得税，全部用于投资公司自有资金，开发项目实施投资包干和招标投标。

（3）采取有力措施按照市场经济原则推进西线各县市和各产业之间的多形式、多类型的区域经济联合与协作，着重发展一批区域性的经济网络和资源开发加工集团，诸如造纸工业集团、建材工业集团、矿业开发集团，以及烟草联合公司、旅游联合公司、皮革联合公司等，以形成较大的规模效益和集团开发优势。

（4）建议省里组织省直各有关部门由点到线及面，进一步扩大对西线开发的扶持，并尽快制定有关优惠政策，鼓励和落实湖南省东线地区对西线实行市帮市、县帮县、行业帮行业、企业帮企业的对口支援及干部的交流。

（5）建议由省计委牵头，经济信息中心、省社会科学院、民委、扶贫办等单位参加，继续对西线开发进行跟踪研究，建立自上而下的跟踪系统和自下而上的反馈系统，以便根据情况的变化，对某些政策和开发计划做适时的调整，或制定新的政策措施，推动和保证西线开发的有效进行。

关于加快湖南省西线开发、改革开放研究的综合报告 *

湖南省西线开发研究，系 1990 年列入省科技发展计划的软科学重点科研项目。自 1990 年 9 月组成西线开发研究领导小组和课题组开展调研工作以来，已历时一年半。课题组在进行大量的调查研究的基础上，完成了《湖南省西线现状总体诊断报告》和《湖南省西线区位环境研究报告》，《湖南省西线开发总体战略报告》和《湖南省西线开发总体布局方案》，以及 11 个专项研究报告。本报告是在上述成果的基础上，就坚持改革开放的总方针、加快西线开发的速度作一综合性的研究，提出若干决策建议。

一　正确处理东西发展关系

加速西线开发，关系湖南省经济全面振兴战略目标的实现和社会稳定、民族团结的两个大局。从湖南省宏观经济的空间结构说，同全国类似，也有个东西关系问题。"东线"，以京广铁路湖南段为主轴线，包括岳阳市、长沙市、株洲市、湘潭市、衡阳市和郴州地区的广大区域，由于湘江干流、特别是京广铁路主轴线的带动，已基本形成一条湖南较发达的产业经济带。而"西线"，以焦柳铁路湖南段为主轴线，包括湘西自治州、怀化地区、大庸市和常德市所辖的石门县共 24 个县市，由于历史、经济和自然的种种原因，区域的基本特征是"老、少、边、山、穷"。新中国成立以来，特别是党的十一届三中全会之后的 10 多年，西线的经济建设的确取得了巨大成就，

---

　*　原载《学习导报》1992 年第 1 期，并编入《湖南西线战略与布局研究》，湖南出版社，1993。

1989 年同 1952 年相比，农业总产值与粮食总产量分别增长了 2.4 倍和 1.8 倍；工业总产值增长了 50.5 倍；交通、邮电由一张白纸发展成初具规模的现代化网络，县、乡、村通公路率已分别达到 100%、95% 和 80%，并且 79% 的县市通了火车。但横向对比，目前，西线发展的总体水平仍是比较低的，可以说是湖南经济发展水平相对最低的地区，不仅大大低于东线地区，与全省平均水平相比也有较大差距。1989 年，西线人均国民生产总值比全省、东线、长株潭分别低 19.1%、31.8% 和 43.2%；人均国民收入分别低 23.4%、34.2% 和 44.5%；人均工业总产值分别低 49.2 个、63.4 个和 73.5 个百分点；人均财政收入分别低 32.8 个、36.1 个和 56.2 个百分点。需要特别指出的是，西线经济发展水平不仅与东线甚至全省平均的差距较大，而且这种差距近 10 多年来不但没有缩小，还有继续扩大的趋势，其中与全省 1984 年的情况相比，5 年中人均国民收入的差距增大 1.72 倍；人均社会总产值的差距增大 1.55 倍；人均工业总产值的差距增大 0.76 倍；人均财政收入的差距也增大 0.12 倍。可见，只有加大西线开发的步子，才能全面振兴湖南经济，实现小康水平的战略目标。

积极开发西线还关系湖南省的社会稳定、民族团结和人民共同富裕的大局。历史上西线就一直是湖南少数民族的主要聚居区，目前共有 15 个少数民族自治县（市），占西线县市总数的 62.5%，占全省少数民族自治县市的 88.2%。西线区域也是中国共产党早期建立的湘鄂西和湘鄂川黔革命根据地的重要组成部分，共有 8 个老区县市，占西线县市总数的 1/3。湖南省基本上属于我国的欠发达省份，而西线则是湖南最贫困落后的地区，这一区域共有 17 个由国家及省地市扶助的贫困县市，占全省总数的 60.7%，占西线县市总数的 70.8%，至 1989 年，尚未解决温饱问题的人口达 228.41 万人，占西线农村人口的 29.3%。

如何正确处理东、西发展关系，逐步达到经济发展基本平衡，实现湖南规划的长远发展目标？我们认为应确定下述战略基本思路，即：在坚持和全面贯彻党的基本路线的前提下，放开东线、开发西线、以东带西、以西促东、全面开放、分区推进、东西结合、协调发展、逐步形成东西之间资源依托、优势互补、合理分工、产业互促纵贯湖南的两条经济开放走廊和产业密集带，共同支撑湖南经济的发展与振兴。

　　要立足当前的实际，面对东西线发展不平衡的现实，需要继续发挥东线经济基础较好、科技力量较强、商品经济较发达的优势，加大东线开放的力度，加速东线的经济建设。同时，也必须从湖南经济全面振兴、全省人民共同富裕的大局和长远着眼，统筹规划西线的开发，加快改革开放的步子，加大开发的深度，力求西线经济发展有一个更快的增长速度，使西线与全省以至东线发展的差距由不再拉大、逐步缩小，到经过较长时期的努力，实现基本平衡的目标。

　　要积极组织东线经济较发达的市、县、乡和企业，在互利互惠、共同发展的基础上，对口帮助和带动西线的开发。同时，通过西线林牧资源、矿产资源特别是水能资源的开发，增加对东线林牧产品、工业原料、特别是电力的供应，促进东线以至全省经济的发展。此外东线较发达区域还可以利用西线毗邻鄂、川、黔、桂的区位优势和第二条南下出海的通道，开拓我国大西南和东南亚的广阔市场。通过加强东西两线各种生产要素的对流和多层次、多渠道、多形式的区域协作、联合，达到湖南地区经济的协调发展。

　　现代产业的发展，是以交通要道为依托，以城市为中心，由点到线及面形成网络。湖南通过加强东线、开发西线、促进湘中，将逐步形成"纵横结合，三主六辅"基本上是"H"状的新的经济和对外开放格局以及产业密集网络。从纵向说，东线产业经济密集带是沿着京广铁路主轴线和湘江干流、107国道两个二级轴线形成的；西线产业经济密集带将以焦柳铁路湖南段为主轴线，以沅水干流和209国道为二级轴线逐步形成。从横向说，产业经济密集带将以湘黔铁路湖南段为主轴线，以319国道和320国道为二级轴线逐步形成。这样，在湖南全省将会逐步形成依托轴线、点面结合、经纬交织、各具特色的产业密集网络、经济开放网络和比较发达的商品经济。

二　科学确定西线开发的基本战略思路

　　加速湖南西线开发，不仅在全省宏观上要有一个明晰的区域开发开放的战略思路；西线本身也必须有一个符合实际和科学的基本战略思路。依据西线目前经济还比较贫困落后的实际和逐步形成纵贯湖南的第二条产业经济密集带、脱贫致富这一基本目标的要求，西线开发的总体战略，确定为"串珠战略"。其基本思路是：以党的基本路线为指针，以提高综合经济效益为中心，以脱贫致富为基点，立足资源，科技先导；双向开发，点面结合；分区推进，各具特色；由轴串珠，多元支撑。

第一，立足资源，科技先导。湖南西线地区虽然经济基础较差，但具有四大资源优势：一是宜林宜牧宜果宜药的山地面积大、质地好。西线人均国土面积9.6亩，为全省人均的1.8倍，其中人均山地面积7.2亩，为全省的2.7倍，且质地好，可利用率达98%以上。因此，林牧果药资源丰富，开发潜力大。二是水能蕴藏量大，开发效益好。西线水能理论蕴藏量为714.3万千瓦，可发电量501.6万千瓦，分别占全省的46.6%和46.3%，是全国十大水电开发基地之一。三是旅游资源十分丰富，景观别致奇特，景点连线成片、自然景观、人文景观及复合景观都很有特色，尤以武陵源风景区为核心的自然景观名扬海内外。四是某些矿种也有较大优势。西线的矿产资源总的来说是省内的低值区，但其中某些矿种却储量较大，在全省甚至全国都占有重要地位，如磷矿储量占全省的93.4%；雄黄占100%；汞矿占68.9%；重晶石占96.6%；滑石占92.7%；硅石占88%；铝土矿占77.7%；大理石占78.6%。花垣锰矿是本省两处大型锰矿之一，并与四川秀山、贵州松桃锰矿相毗邻，3县锰矿储量之和占全国1/5。因此，西线开发要以资源开发起步，从一定意义上说实质上是资源开发。而资源深度开发、综合开发和系列开发，则必须依靠科技，大力推进科技进步，特别是要下力气引进和推广先进适用的科学技术，组织科技攻关和人才培养。

第二，双向开发，点面结合。西线的振兴，一方面要开发优势资源；另一方面要开发开拓市场，包括培育建设本区市场和开拓区外、省外、国外市场。也就是说，把依托资源、建设基地、开拓市场同以国内和国际市场为导向、择优开发资源、建设优质的农林牧果药等商品生产基地，发展加工工业结合起来，逐步形成具有特色和优势的区域性支柱产业。同时，对于目前基础较差、开发能力较弱的西线来说，开发建设要着眼于从培植极点和一批新的经济生长点开始。一是要大力培育经济中心，加强城市及主要城镇的开发建设，增强其对区域的辐射、吸引与带动的功能；二是要围绕优势资源的开发，着重开发建设一批原料基地、加工工业基地，由点到线，由线及面，点面结合，分步实施，逐步形成以基地为生长点，以大宗名优系列产品为龙头的区域性支柱产业组群，和以城市及主要城镇为核心的集中连片开发的产业密集区。

第三，分区推进，各具特色。西线是一个规模较大的纵向条带状区域系统，南北之间、各区段之间，在区位特点、交通条件、资源分布、经济状况等方面，差异明显，互有长短。因此，在产业、城镇及区片开发上不能强求划一，必须从实际出发，因地制宜，分区推进，分片展开，分类指导，突出不同特色和优势，以形成合理分工、优势互补、协调发展的地区经济格局，求得区域开发的整体效应。

第四，由轴串珠，多元支撑。在西线开发所依托的交通轴线中，不仅有纵贯南北且连接了目前所有城市及部分县镇的焦柳铁路主轴线，还有与焦柳铁路平行或交叉并连接了其他县镇及主要集镇的次一级水陆要道，这包括纵向的 209 国道和沅水干流，横向的湘黔铁路和 319 国道、320 国道及澧水干流。依托纵横交织的交通轴线，以城市和主要城镇为核心，通过产业在点上聚集，沿线展开，面上扩散，点线面相结合的开发方式，就可以逐步形成以西线各类中心城市为核心，以各主要城镇为基点，由各具特色和优势的主导产业和多层次的产业密集区、开发区所构成的"串珠"状产业经济密集带，形成湖南省的第二条纵向经济走廊和对外开放走廊。

三　精心组织四大系列工程

（一）具有山区、贫困区、旅游区特色的西线开放走廊建设工程

西线经济发展水平虽然相对落后，但同周边毗邻地区相比，具有独特的区位优势。它不仅位于我国云贵高原向江汉平原的过渡地带、东南沿海省区向内陆省区的过渡地带，也是我国中部次发达地带向西部欠发达地带过渡的边缘地带，以及华中区域向华南区域过渡的地带，位于我国多重过渡地区的"结合部"。特别是区内有焦柳铁路纵贯南北，湘黔铁路横亘东西，两线在怀化市交汇形成十字交叉形铁路干线格局，使之在客观上成为密切湖南同大西南之间经济交流的一个载体以及南下经沿海、沿边的广西出海、"出关"及北上与欧亚大陆桥连接走向世界的重要通道。充分发挥这一区位优势和交

通优势，加速建设西线开放走廊，就可以使湖南形成东西组合优势和双线支撑的对外开放格局。

扩大西线开放，对内要充分发挥其毗邻鄂、川、黔、桂的区位优势，根据社会主义市场经济发展的要求，加强市场建设、完善市场网络，特别是进一步打破省界、搞活省际边境流通。党的十一届三中全会之后，西线地区城乡集贸市场的恢复和发展较快，略高于全省的平均水平，特别是省际边贸市场比较活跃，并涌现出一些农副产品批发市场和专业市场，但目前规模还不大，辐射力还不强，交易和管理还不规范，设施也还不完善。为了把西线的交通优势转化为流通优势，可在交通便利、初具规模的城市，如怀化、吉首、大庸建立和完善3个综合性、多功能、辐射跨省区的中心交易市场；在以上3个市和石门、靖州、新晃、龙山等省际边境城镇，逐步创造条件试办7个各具特色的农副产品初级期货市场；24个县市各建1~2个不同类型、各具特色辐射跨省区的专业批发市场。上述市场的建设都要基本做到有较好的交易场所、较齐全的服务设施、较规范的交易规则、较健全的监督管理制度，把建设市场同发展第三产业紧密结合，逐步形成一个以综合中心交易市场和初级期货市场为核心，以专业批发市场为骨干，以城乡集贸市场为根基，纵向贯通，横向衔接，布局合理，重点向西，辐射全国的市场体系，内联千家万户，外接全国各地，促进西线的综合开发和深度开发。

对外开放，重点是依托焦柳线，创办各种类型的内外结合以外为主的扶贫开发试验区及经济技术开发小区。从总体上说，怀化山区开发开放试验区的政策可允许延伸到整个西线的各地、市、县。在办好怀化试验区的同时，创办吉首扶贫经济开发区和以旅游产业为主体的大庸经济开发区以及洪江市黔阳县联合举办的黔城开发区，并使西线的各县市有权选择投资环境较好的地区，兴建各种类型的小型经济技术开发区，综合运用少数民族地区、革命老区、贫困地区、山区开发区等优惠政策，移植或部分移植沿海经济特区、开发区的特殊政策，充分发挥各类政策集中使用的优势，增强对外商、外地资金和技术的吸引功能，逐步形成具有山区、贫困区和旅游区等特色的西线开放走廊。形成湖南省20世纪90年代对外开放的新格局。

同时，还可以支持和鼓励西线贫困县市、民族地区，到东线较发达的城市进行异地开发，建立扶贫开发试验区，吸引当地和外地企业、外商到试验区与贫困县、乡（镇）联合举办开发项目，同样享受贫、少、老、山等地区的优惠政策，实行统一经营，按合同规定比例分产值、分税、分产品、分招工招干指标等。

（二）优质的农林牧果药商品生产基地建设工程

为了发挥西线的山地资源优势，把资源优势转化为商品经济优势，可采取面向市场、着眼优质、依靠科技、规模开发的方针，建设四大较规范的优质林果牧药商品生产基地。

一是，以会同、靖州为中心的 500 万亩速生丰产用材林基地。西线是湖南省重要的林业基地，有宜林山地 5700 万亩，占全区国土总面积的 70% 以上，现有用材林面积 2279 万亩，占全省同类面积的 1/3，木材蓄积量 9600 万立方米，占全省木材蓄积量的 51%，其中会同县为全省杉木中心，靖州县为全省的松木中心。以上述两县为中心，延伸到通道、黔阳、怀化、沅陵等市县，选择 500 万亩用材林最宜连片山地，采取推广良种、引进技术和集约经营等措施，建设规范化的用材林生产基地。

二是，以怀化为中心的 200 万亩水、干果基地。西线特别是它的南端，不仅山地肥沃、气候温和，而且逆温面积大，适宜许多水果、干果生长，果类资源达 100 多种。可采取加强南北两端，适当发展中部的布局方针，分三片规划，即怀化片，包括以怀化市为中心的黔阳、洪江、会同、靖州、溆浦、辰溪、麻阳、芷江等县，可发展到 130 万亩；石门片，包括石门县、慈利县和永定区等，可发展到 40 万亩；吉首片，包括泸溪、保靖、古丈、永顺等县酉水、武水流域的河谷地带和凤滩库区，可发展到 30 万亩。在切实提高优质柑橘基地水平的同时，重点发展"人无我有、人有我优"的小水果与干果。

三是，建设以大庸市永定区为经营中心的西线中北部中药材基地。西线是优良的药材基因库，药材资源达 300 多种，历来是湖南省的药材生产区，在全国也有一定的地位。但过去对中药材的利用基本上是挖采野生资源，很少进行人工栽培，不但产量难以提高，而且还造成了资源的破坏。今后的发展要着重于有计划地进行人工栽培，根据药材品种的生态要求和环境条件，建设不同品种的药材生产基地。大庸市的永定区位于西线药材主产地之间，历来是湘西中药材集散地，又是旅游胜地，信息灵通、交通方便，因此，可有计划地建立以永定为经营中心，包括龙山、花垣、水顺、桑植、保靖、石门、慈利以及沅陵等县的西线中北部药材基地，力争在中药材的生产、收益上有一个大的发展和提高。

四是，建设以湘西自治州为中心、以山羊和黄牛为主的30万标准头的草食动物基地。西线草场资源相对连片，草食牧畜是西线畜牧业发展的重要方向。湘西自治州有可利用的草山面积241万亩，理论宰畜量24万头，1990年出栏山羊占全省的49%，商品黄牛占全省的38%，可以湘西自治州为中心，延伸到麻阳、芷江、桑植、慈利、石门等县，兴建100万亩现代化人工草场，在大力发展本地良种山羊、黄牛的同时，引进良种，推广先进技术，形成高标准的草食动物基地。

通过抓商品生产基地建设，带动西线全区山地资源开发，变潜在优势为现实优势，力争使400万公顷的宜林宜果宜牧宜药山地，到2000年拥有1.1亿立方米木材蓄积量、年产水、干果2000万担、30万标准头的草食动物和产值3亿元的中药材。

为了使西线开发在粮食供应上有一个基本的保证，在建设林果药牧商品生产基地的同时，采取有力措施，大力兴修水利，推广先进农业技术，增加工业性农业生产资料投入，综合改造低产田等，建设500万亩（到2000年西线人口为950万~1000万人，人均半亩）旱涝保收的高标准农田，确保粮食和优势经济作物的稳定增长。

（三）乡镇和村级企业发展工程

优先发展乡镇企业和村级经济，加速西线农村工业和第三产业的发展，是缩短西线与东线经济发展差距和加速脱贫致富的关键环节。为此，就需要在乡镇企业发展的思路上更开阔一些，在政策上更放宽一些，在措施上更有力一些。

一是，要采取多种股份合作制的形式，广泛筹措发展资金。同时，要打开禁区、制定政策，鼓励私人、个体办企业，提倡发展个体工商户。

二是，选择交通条件、能源条件和周围资源条件较好的城郊和集镇，建设一批工贸结合、贸工农结合、外引内联结合、内外向结合等各种类型的工业小区、贸工小区和经济开发小区。诸如，在中药材集中产区，结合药材生产基地建设、专业市场建设，建设以药材加工业为主的工业小区；在茶果集中产区，结合茶果生产基地建设、专业市场建设，建设以茶果加工为主的食品工业小区；在特种家禽、特种水产集中产区，结合该类产品生产基地和专业市场建设，建设与饲养相结合、医药保健制品相结合的加工工业小区；在条件较好的城郊，建设以外向型为主的出口加工工业小区等，从原料生产到深度加工，形成系列开发，实现多次增值，形成规模优势和群体优势。

对这些小区，在土地征用、工商登记、户籍管理、税收和金融等方面，要实行更加特殊的优惠政策，以吸引八方资金，招揽四方客商，把加快发展经济同筹资建镇结合起来。同时，把这些小区作为发展贝乡工业进行组织创新和制度创新的试验基地，如多种股份合作制规范化的试验、贸工农一体化的试验、多层次开发资源转换致富的试验等。由于西线资金、人才更为短缺，要以举办工贸小区作为发展乡镇企业和发展同外商、外地各种合作合资企业的重点，"八五"期间可以把举办100个左右这样的小区作为努力的目标。

三是，发展多成分、多形式的村级企业。西线脱贫，实质上是要解决农民、农村致富的问题。因此应以科技进步为动力，以富民强村兴乡为目标，因地制宜，分类分层指导，在积极发展乡镇企业的同时，选择一批条件较好的村作为突破口，由点到面，大力发展村办企业，鼓励条件较好的村作为突破口，由点到面，大力发展村办企业，鼓励联户和家庭举办开发项目。条件好的地区还可创办村级工业小区。

（四）十大骨干项目建设工程

加速西线资源的开发与转换，必须在基础设施建设和经济开发上有重点的安排一批骨干项目，这就是在《西线开发总体布局方案》中所列举的：（1）铁路的改建与枢纽建设工程，包括分段进行复线的建设，沿线怀化、吉首、大庸和石门等交通枢纽的建设，以及进站公路的配套建设等；（2）大庸机场和主要景区小型直升机场的建设，包括大庸机场和永顺、天子山、张家界和索溪峪等地小型直升机场的建设工程等；（3）长沙—大庸—吉首—怀化—长沙的数字微波环形通道和大通路光纤通信系统环形通道的建设工程；（4）沅澧流域防护林建设工程；（5）江垭、皂市等以防洪为主的水库电站和碗米坡、洪江等以发电为主的水电站的建设工程；（6）石门火电厂、怀化火电厂的建设工程；（7）花垣大型锰矿业联合基地的建设工程；（8）积极开发铝、铅锌、汞、金镍等在全省有优势的有色金属矿，同时在有色金属资源较集中和能源条件较好的区域，选址建设以炼铝为主的综合性有色精冶炼厂的建设工程；（9）辰溪华中水泥厂和石门湘北水泥厂、玻璃厂的建设工程；（10）怀化建南机器厂的扩建工程等。

四　积极建设三支队伍

正确的战略、规划确定之后，其实施人才就是决定因素。除了加强各级领导班子建设、提高其科学决策能力这个关键因素外，需要采取切实措施着力建设三支队伍。

一是，大力培育一支善于组织和领导发展社会主义市场经济的干部队伍，进一步普及商品经济、市场经济知识。经过10多年的改革开放和社会主义商品经济理论的学习，突破了商品经济等于资本主义的传统观念，但在小平同志南方谈话之前，许多同志还没有从市场经济等于资本主义，这种东方或西方的传统观念禁锢中解脱出来，不敢在经济工作中坚持市场导向，不敢在坚持计划指导下学习和运用市场经济的基本方法，不敢也不会根据市场活动的规律组织经济，不善于从市场、市场的需要出发进行生产和经营，这是我们同沿海改革开放先进省市的一个主要差距。湖南省即是如此，西线地区由于远离经济中心城市，长期交通不便，经济落后，长期形成的自然经济思想、封闭的意识影响更深，商品经济观念、市场意识、竞争的意识更加薄弱。因此，加速西线开发，就需要采取多种方式组织广大干部认真学习党的十四大的重要文献，学习社会主义市场经济理论和知识，学习和掌握在社会主义条件下运用市场经济的基本方法，学习股份制和证券市场知识，学习发达地区组织发展商品经济的经验，积极培育一支能够适应市场经济发展客观规律要求的，进行组织开发、发展生产、开拓和搞活流通的宏大队伍。同时，要下大力气在城乡特别是山区农村普及市场经济知识，引导农民转变观念，树立以市场为导向的观念，能够从市场、市场的需要出发，进行生产开发和发展多种经营。

二是，着力建设一支科技人才和科技推广队伍。大力推进科技进步，依靠科技深度、综合、系列开发资源，除了要增强广大干部群众的科技意识，优化环境充分调动科技人员的积极性，采取措施长期、短期引进和培养高中级科技人才，特别要着力于建设一支县（市）、乡（镇）、村三级农技队伍。要以县（市）办农林中校、中专为龙头，以乡（镇）办农民技术学校、专业技术培训班为骨干，以村办科技夜校为基础，进行科技知识普及，提高农村广大干部和农民、特别是具有一定文化知识的青年农民的科技素质（力争做到每户一人接受过技术培训）。同时，要在县（市）科委组建科技推广中心，乡镇建立科技推广站，村发展科技示范专业户，有条件的建立科技实验小组，从而逐步形成一套较完整的人员培训、推广应用、科技管理、资金投入和政策保障体系，在农村、农民中逐步建设一支科技人才、科技推广的宏大队伍。

三是，积极培育一支多层次、多类型的社会主义企业家群体。市场的主体是企业，而企业经营的好坏、企业家的素质如何具有关键的作用。加速西线开发，必须一方面采取多种形式，如定向培养、短期培训、到发达地区同类企业跟班学习等方式，增强各类企业领导的经营才能，提高其业务素质；另一方面在实践中使企业有充分的经营自主权，并为企业创造良好的外部环境，为经营者创造一个能够充分施展其经营才能的宽广舞台，采取切实措施培育一支具有开拓创业精神，善于驾驭市场风云，包括城、乡、村多层次、多类型的企业家群体队伍。

五　下放权力，放宽政策

实现西线开发的目标，加快开发和开放的步子，必须有一系列的配套政策措施，建议在已经实施的"少、老、边、山、穷"政策的基础上根据发展市场经济的要求进一步下放权力、放宽政策。

（一）给予更多的自主权

（1）下放基本建设、技术改造和外资企业审批权限。可授权西线各地市行使省级基本建设审批权和技术改造项目审批权，重大项目报省备案。集体基建计划全部由地市审批。合资合作和对外引进项目，在外汇、资金、原材料、能源和移民安置等，不需要省里解决的项目，审批权下放到县。外引内联建设项目（包括国外、区外投资和区内配套资金）不列入投资规模的控制范围。成立西线或各地市开发投资公司，实行投资基金制，投资公司利息按产业实行浮动，利息收入5年内不缴营业税和所得税，全部用于投资公司自有资金。开发项目实行投资包干和招标投标制，扩大企业投资自主权。

（2）在金融体制上，建议在安排年度贷款计划时，对西线的实际需要给予照顾，并在年度信贷规模内，授予银行地市支行享有省级分行审批贷款的权限。同时，组建各地市证券公司、创办证券市场，大力发展非银行金融机构，深化农村信用社改革，鼓励和引导民间借贷，广辟筹资渠道。

（3）授予西线各地市以外贸进出口权，地市组建进出口公司，实行承包经营，自负盈亏。"三来一补"项目审批权下放到县，并给予减免工缴费、土地使用费、运输费等优惠政策，创汇全留。鼓励西线各地区发挥自己的优势，到省内较发达地区和沿海、沿边以及海外兴办窗口企业或组织劳务输出。

（4）西线各地区的扶贫项目和资金安排，应坚持效益原则，不受种养业和工业比例的限制，什么项目能创收，就搞什么项目。省分配的扶贫物资，允许各地根据需要组织品种串换，差价收入部分打入扶贫基金。

（5）允许和鼓励西线各地、市、县在国家法律范围内，制定引进资金、人才、技术的优惠政策及各种奖励政策，包括鼓励专业技术人才到西线各地区承包、承租、创办、领办乡镇企业及农、林、水、畜、渔各项事业，兴办医院诊所、科研机构、信息、咨询等私人事业单位。

（二）实行倾斜的投入政策

有重点的在西线安排一批骨干项目，相应地必须在资金上给予帮助，实行投入的倾斜政策。

一是，努力争取、逐步落实十大骨干工程项目建设的立项和资金，同时，对一些开发性重点项目，在同等条件下优先安排在西线，并积极帮助西线发展为各类骨干项目服务的项目、配套项目和副产品利用项目。国家安排到地方，地方必须提供配套资金的项目，对西线实行提供配套资金的灵活政策，如降低配套资金的比重，为配套资金提供低息或贴息贷款等。扶贫开发项目、民族和老区开发投资项目的自有资金比重，应从实际出发，不硬性规定比例。

二是，优先安排外援项目。联合国、世界银行和其他各种国际组织援助发展中国的项目，安排给湖南由省自行确定到县市的，省里应优先安排到西线；安排给湖南，由有关国际组织和湖南协商安排到县市的，省里应主动地为西线牵线搭桥，促进有关国际组织把项目放在西线，并积极为这类项目的上马创造条件。省在以工代赈计划项目的安排上，也应把西线作为重点。

（三）更优惠的财税政策

对国发（1989）62 号文件中，关于"少数民族贫困地区由于承受各种负担的能力脆弱，必须尽量减轻各种负担，增强其自我发展能力"的精神，在财税政策上需要进一步具体化。

（1）国家和省豁免减半西线上交中央的借款。1988 年以来，西线各地、州、市都承担了较重的上交中央借款任务，湘西自治州尤为突出，其所承担的中央借款达 2006.4 万元，占该州财政支出比例超过全省平均水平，绝对额占全省第 2 位（借款从定额补贴中扣除），使有限的财力更为紧张。湖南西线毗邻省区对西线周边的兄弟地区都有不同的照顾额度。如湖北省鄂西州，1987 年为 2127 万元，1 年减为 1329.6 万元；四川省黔江地区免借；贵州省黔东南州只借 1097 万元，并进入财政基数；广东省已豁免了粤北贫困县市的上交中央借款。对西线的贫困县市建议根据减轻贫困地区负担的精神，减半或豁免上交中央的借款。

（2）继续实施对西线民族贫困县市定额补贴每年递增 5% 的政策。这项政策是 1981 年提出并试行的，1987 年正式下文，到 1988 年底，国家和省因财政困难而中止。1990 年初，中共湖南省委、省人民政府针对西线贫困地区的情况，决定 1990～1991 年每年递增 5%，现已到期，建议继续实施。

（3）税收减免政策。对安排农村剩余劳力的乡镇企业和城市安排待业人员的街道企业，安排的人员达到企业原有职工 60% 的企业，同样按照新办乡镇企业在 5 年内免征产品税、增值税和所得税、营业税；对林区木材不重复征收税费；利用三项资金（人民银行的老、少、边、山、穷地区开发贷款，农业银行发展贫困地区经济贷款，财政部门支援不发达地区发展资金）和新增专项贴息贷款兴办的集体企业，以及用这些资金进行技术改造的项目，实行税前还贷，还贷后利润免征所得税 3～5 年。同时，为了搞活流通，对新建的商业企业也应实行税前还贷的政策。

（4）民族贸易照顾政策。对湖南西线民族县市的民族贸易企业（包括商业、供销、物资、医药、商办工业、民族特需用品生产企业等）向银行贷款，一律按低于基准利率的 2.4‰计息，利率优惠部分的 70% 用以补充企业自有资金；湘西自治州州直民贸企业比照县级民贸企业享受优惠利率照顾，县以下民族贸易企业应根据实际情况，分别减免或部分减免营业税、所得税。

（四）进一步加强和完善对口支援

对西线的"对口"支援包括两个方面：一是，地区间的对口支援。组织东线经济比较发达的市县同西线比较贫困的市县签订协议或合同，采取经验介绍、技术转让、人才交流、资金与物资支援等方式，帮助西线各个地区解决支柱产业开发各个环节上的难点，帮助西线企业提高经营管理水平、技术水平、产品质量，发展各种形式的经济合作与联合，到西线兴办企业或帮助西线在本区举办窗口企业，以及创办扶贫试验区等。二是，行业间的对口帮助。目前。省直经济部门均已定点即包县支援，适应加速西线开发的需要，应由点扩大到线和面，如水利部门帮助西线有水利资源的县发展小水电；交通部门，帮助西线消灭等外公路和断头路，修建和改建乡镇公路；食品工业部门，要把帮助西线提高现有食品企业的素质和根据市场需要与资源条件建立新的食品企业作为工作的重点；烟草部门帮助西线卷烟企业提高产品质量、档次，调整销售配额；矿产冶金部门帮助西线采矿冶金产业的发展等。各个部门都要把帮助西线开发和发展相应的产业作为工作重点列入自己的计划。

同时，由于湖南经济比较发达的地区自身的综合实力尚不强，组织他们支援西线开发，也必须实行互利互惠的原则，除西线有关地区和单位给予优惠外，省里有关部门还应制定鼓励他们支援西线开发的优惠政策，如湖南省经济较发达地区的企业和单位到西线开办企业，给予两年减免产品税或增值税的照顾；到西线工业小区、经济技术开发小区或在本地举办扶贫开发试验区，同西线"少、边、老、贫"地区乡镇企业联办的合作合资企业，或兴办的开发性乡镇企业，同样享受该地区新办乡镇企业，在 5 年内免征产品税、增值税、所得税、营业税的照顾。

为了使西线加强同发达和较发达地区的经济合作，落实对口支援，使西线的干部学习和掌握发达地区组织发展市场经济的经验与才能，除了组织西线的干部到沿海发达地区挂职学习进行干部交流外，需要着重组织和落实同湖南省东线市县之间、乡镇之间干部的双向交流。

联合开发　走出封闭[*]

——加快湘、鄂、川、黔、桂省际边境区域开发的初步设想

广西北部湾港口群，不仅是大西南的出海口岸，也是湘西、鄂西的出海口岸。同时，川东南、黔东同湘西、鄂西南具有共同的区域基本特征和共同依托的主轴线——枝柳铁路。因此，本文以湘西即湖南西线为重点，着眼于湘、鄂、川、黔、桂省际边境区域联合开发与大西南出海通道建设的紧密关联，进行初步剖析，提出基本框架和决策建议。

一　广西出海口岸建设与湘、鄂、川、黔、桂省际边境区域开发的关系

广西北部湾港口群，是我国经济对外开放，走向东南亚等国际市场的出海口岸。口岸建设与腹地发展是相互依存和不可分割的。口岸对腹地的辐射和吸引，必须以铁路、公路、航空等四通八达的交通网络为依托。对北部湾港口群向内地辐射至关重要的是两条铁路干线：一是已经破土动工的南（宁）昆（明）铁路，1996 年建成通车后，将接通成昆线、贵昆线，云、贵、川三省的货物可由此直接从北部湾出海，从而把广西的港口优势同大西南的资源优势结合起来；二是枝（城）柳（州）铁路，通过这条铁路及其相连接的焦枝线，为湘西、鄂西以及豫西提供一条走向东南亚等国际市场的便捷出海通道。同时，口岸是商品经济活动的集中地，是一定区域各类实物

＊　原载《学习导报》1993 年第 11 期，并编入《1993 湖南优秀理论文章集》，湖南出版社，1994。

商品流出和流入的中心和枢纽，由于它同国际市场相连接，对区域经济的发展起着导向和带动作用，它的基础设施和综合服务功能越完善，它所辐射和吸引的区域范围就越大。而口岸和口岸城市经济的产生和发展，又都要受一定区域自然的、经济的、人口等多种条件的制约，必须以区域经济的发展为基础。

共同以枝柳铁路为主轴线的湘西、鄂西南、川东南、黔东、桂北都是省际边境地区，包括由常德市的石门县、大庸市、湘西自治州、怀化地区共24个县市构成的湘西；鄂西自治州、宜昌地区部分县市共11个县市的鄂西南；黔江地区、涪陵地区部分县市共10个县市的川东南；黔东南自治州、铜仁地区共26个县市的黔东地区；广西桂北、柳州及河池地区部分县市共11个县市。这是一个包括五个省的82个县市，土地面积约19万平方千米，总人口2300余万人的广大区域。这一地域具有共同的区域基本特征——"少、老、边、山、穷"；共同出海通道——依托枝柳主轴线和209国道二级轴线，达到北部湾，走向东南亚。北部湾港口群是湘、鄂、川、黔、桂省际边境区域最便捷的出海口岸，以防城、钦州、北海为主的港口群和港口城市的建设与发展，也要以枝柳线相联系的这一广大区域为重要腹地和基础。

二　加速湘、鄂、川、黔、桂省际边境区域联合开发的经济、政治意义

（1）该区域虽属湘、鄂、川、黔、桂五省的"谷底"，但有着丰富的自然资源，其农林资源、水能资源、旅游资源和某些矿产资源，在全国甚至世界占有重要地位，开发潜力很大。加之该区域还具有我国从云贵高原到江汉平原，东南沿海到内陆省区，华南到华中等多重过渡地带结合部的区位优势，以枝柳、湘黔铁路为主干的铁、公、水、空综合交通条件，其开发条件在我国几大贫困地带中相对最优，开发效益也相对最好。因此，如能加速该区域的联合开发和对外开放，不但对相关各省经济的协调发展和整体实力增强具有重大意义，而且对我国大西南的整体开发和中部地区的振兴，以及北部湾开放区优势的充分发挥都有重要的促进作用。

（2）该区域山水相连，在一些共有资源的开发上，必须打破省界联合

协作，才能形成规模经济，发挥整体优势。如储量占全国 1/5 的湖南花垣、四川秀山和贵州松桃 3 县的锰矿综合开发，湖南石门、湖北鹤峰的磷矿综合开发，以及各省区相关水系流域的水库电站建设等，均需在国家的支持下统筹规划，进行多边或双边的协作。

（3）该区域是我国的一个规模较大的贫困山区和内陆少数民族聚居地。在 82 个县市中，山区县市占 90% 以上，贫困县市占 75% 以上，少数民族县市占 65% 以上，老区县市占 25% 左右，是湘、鄂、川、黔、桂五省乃至全国著名的"老、少、山、穷"地区。目前，该区域的经济社会发展水平不仅与我国东部地区差距很大，而且也明显低于中部各省的平均水平，特别是尚有相当一部分农民至今未能解决温饱问题。因此，加速该区域的开发和建设是关系到国家政局稳定、民族团结和社会安定的一项重大任务。

三 加快以出海通道建设为核心的湘、鄂、川、黔、桂省际边境区域经济网络的建设

加速湘、鄂、川、黔、桂省际边境区域开发与加快出海通道建设，是相辅相成、相互促进的统一发展过程。口岸与腹地的经济联系是以交通网络为命脉和载体的，因而出海通道建设的核心是口岸通向腹地的综合交通网络及通信网络等基础设施的建设，以及口岸基础设施和服务功能的完善。同时，出海通道的建设必须以腹地经济的发展为基础，而且目的是为了带动和促进区域经济的振兴和繁荣，加速大西南和湘、鄂、川、黔、桂省际边境区域少数民族、贫困地区脱贫致富的步伐，缩小这一广大区域与沿海发达地区经济建设的差距。因此，在加快出海通道建设的同时，必须加快以出海通道为依托的区域市场网络和开放经济带的建设，以及资源开发基地网络的建设。

（1）建设以交通为主的区域基础设施网络。加速五省边境区域开发与出海通道建设，交通必须先行。湘、鄂、川、黔、桂省际边境区域与广西出海口岸经济联系的主要通道是焦柳铁路。鄂西南、湘西、黔东、川东南和桂北的广大地区，所需工业品的调进，农副土特产品及各种货物的调出，以及通过北部湾港口群发展同东南亚等国家的经济交往，大都需要通过焦柳线各站进行吞吐。目前焦柳铁路通过能力虽尚有富余，但某些区段已出现运力紧

张状态，适应经济发展和对外交流扩大的需要，一是必须建设复线；二是需要接通柳州到北海186千米的区段，将焦柳线延仲至北海。同时，为了加速黔东、川东的开发开放，密切这一区域与广西出海口岸的经济联系，进一步完善江南铁路网络，需要加快湘黔铁路电气复线的改建和进行川湘铁路建设的前期工作。从重庆至怀化川湘铁路的建设，将使成渝线与枝柳线相接，从而进一步密切了大西南与华中、川东南和黔东与广西出海口岸的经济联系，应尽早进行规划和论证，做好前期工作。

公路线网的建设，主要提高连接鄂西南、湘西、黔东、川东南、桂北公路主干道的等级，特别是首先将209国道鄂西至北海段建设为高等级公路，并根据条件和需要逐步分段建设为高速公路。同时消灭省际的"断头"公路。

目前湘西及毗邻的黔东和川东南地区尚无航空运输。但大庸机场1993年可建成并投入使用，可开辟：大庸—桂林，大庸—宜昌，大庸—南宁，大庸—北海，大庸—新加坡，大庸—香港等多条航线。怀化是焦柳、湘黔两条铁路的交汇中心，又有320、209两条公路国道在此交叉。全国国土规划已将怀化列为重点发展的铁路枢纽，因而是这一区域的新的经济生长点和中心。

为了充分发挥怀化在出海通道中交通枢纽的作用，加速区域的开放开发，需要及早修复芷江机场。芷江机场离怀化市仅30千米，机场保存较完好，修复投资不大，且距黔东较近，可成为湘西、黔东连接北部湾港口群的空运中心。

在建设以铁路为主的铁、公、水、空通海达江综合交通运输网络的同时，需要加强区域的邮政通信网络的建设，统筹电力等重大基础设施工程项目的建设。

（2）建设开放完整的区域市场网络。市场建设要以城市为依托，可在水陆交通枢纽城市宜昌和重要铁路枢纽中心怀化，建设辐射大区域，南连北海，北达沿江以至辐射全国的综合性、多功能的中心交易市场，包括物资期货市场、金融证券市场以及产权、信息、人才等市场。在旅游和交通中心大庸，省际边境民族经济中心吉首等城市，建设各具特色的综合交易中心。在湖北的松滋、来凤，湖南的石门、靖州、新晃、龙山，四川的黔江、秀山，贵州的铜仁、玉屏、锦屏，广西的三江、龙胜等省际边境城镇，建设各具特色的农副产品初级期货市场和辐射跨省区的各类专业批发市场。在省际边境区域的各个县市均应建立一至两个不同类型辐射范围较大开放型的专业批发市场。上述市场的建设都要基本做到有较好的交易场所，有较齐全的服务设施，有较规范的交易规则，有较完善的监督管理制度，并把建设市场与发展第三产业紧密结合，逐步形成一个以综合中心交易市场和初级期货市场为核心，以专业批发市场为骨干，以城乡集货市场为根基，横向贯通、纵向衔接，内辐射全国、外以北部湾港口群为口岸和窗口连接国际市场、双向开放型的区域市场网络。

（3）建设具有山区、贫困区、旅游区特色的区域经济开放带。五省边境区域对外开放带的建设，重点是依托枝柳线，创办各种类型的内外结合以外为主的经济技术开发小区和扶贫开发试验区。就湖南西线来说，怀化山区开发开放试验区的政策可允许延伸到整个湘西的各县、市。在办好怀化试验区的同时，创办以旅游产业为主体的大庸经济开发区和吉首扶贫经济开发区，并在交通枢纽的石门和工业基础较好的洪江兴办小型经济技术开发区，综合运用少数民族地区、革命老区、贫困地区、山区开发区等优惠政策，移植或部分移植沿海经济特区、开发区的特殊政策，充分发挥各类政策集中使用的优势，增强对外商、外地资金和技术的吸引功能。

同时，还可以支持和鼓励五省省际边境区域的民族地区、贫困县市，到北部湾港口城郊和各省较发达的城市进行异地开发，建立扶贫开发试验区，吸引当地企业、外地企业、外商到试验区与贫困县、乡（镇）联合举办开发项目，同样享受贫、少、老、山等地区的优惠政策。

（4）建设优质的商品生产基地网络和重大联合工程。五省省际边境区域虽然经济基础较差，但资源较丰富。就湖南西线说，具有四大资源优势：一是宜林宜牧宜果宜药的山地面积大，质量好。湘西人均国土面积达 9.6 亩，为湖南全省人均的 1.8 倍，其中人均山地面积 7.2 亩，为全省的 2.7 倍，且质地好，可利用率达 98% 以上。二是水能蕴藏量大，开发效益好。湘西水能理论蕴藏量为 714.3 万千瓦，可发电量 501.6 万千瓦，分别占湖南省的 46.6% 和 46.3%，是全国十大水电开发基地之一。三是旅游资源十分丰富，景观别致奇特，景点连线成片，自然景观、人文景观及复合景观都很有特色，尤以武陵源风景区为核心的自然景观名扬海内外。四是某些矿种也有较大优势，在湖南甚至全国都占有重要地位。如磷矿储量占湖南省的93.7%；雄黄占100%；汞占68.9%；重晶石占96.6%；滑石占92.7%；硅石占88%；铝土矿占77.7%；大理石占78.6%。与湘西相毗连的黔东、川东南、鄂西南、桂北地区，同湘西一样均属多山地带，不但土地利用结构和发展林业、畜牧业的优势基本相同，而且也都是重点水能开发基地，并各有一些优势矿种和各具特色的旅游资源。因此，五省省际边境区域的经济振兴应实行市场和资源的双向开发：一方面要开发优势资源；另一方面要开发开拓市场，包括培育建设本区市场和开拓区外、省外、国外市场。也就是说，把依托资源，建设基地，开拓市场和以国内、国际市场为导向，择优开发资源，建设优势的农林牧果药等商品生产基地，发展加工工业结合起来，逐步形成具有特色和优势的区域性支柱产业。同时，对于目前基础较差、开发能力较弱的湘、鄂、川、黔、桂省际边境区域来说，开发建设要着眼于从培植基地和一批新的经济生长点开始。一是要大力培育经济中心，加强城市及主要城镇的开发建设，增强其对区域的辐射，吸引与带动的功能；二是要围绕优势的资源开发，着眼开发建设一批原材料基地，加工工业基地，由点到线，由线及面，点面结合，分步实施，逐步形成以基地为生长点，以大宗名优系列产品为龙头的区域性支柱产业组群，以城市及主要城镇为核心的集中连片开发的产业密集区。从而使扩大开放、出海通道建设带动和促进区域资源开发；区域开发和经济发展，又为出海通道、口岸建设及港口城市经济发展提供重要的物质基础。就湘西来说，可采取面向市场、着眼优质、依靠科技规模开发的方针，建设四个较大规模的优质林果牧药商品生产基地。一是建议以会同、靖州为中心的500万亩速生丰产用材林基地，二是建议以怀化为中心的200万亩水、干果基地，三是建设以大庸市永定区为经营中心的湘西中北部中药材基地，四是建设以湘西自治州为中心，以山羊和黄牛为主的30万标准头的草食动物基地。

对跨省区形成的一些共同的优势矿种，如湘西花垣、黔东松桃及川东南秀山的锰矿，湖南石门、湖北鹤峰的磷矿等，应打破省界进行联合开发，逐步形成联合开发的企业群体，形成和发挥规模经济的优势。川湘铁路的建设，209国道等级的提高，现代通信网的建设和开通等，也都是需要在国家支持下进行省际协作的重大联合工程。

　　同时，湘西与鄂西南、黔东、桂北旅游资源各具特色，桂北桂林至阳朔，漓江两岸奇山秀水甲天下而闻名中外，为全国十大风景名胜之一；鄂西南也有全国十大名胜之一的三峡"历史画廊"和现代化水利枢纽葛洲坝雄姿；黔东有辟为国家级自然保护区的梵净山；而湘西有称为"中华国宝"的张家界奇峰幽谷。湘西旅游资源北承三峡，南启桂林，东连岳阳楼，西接梵净山，如加强联合开发，组成区域旅游热线，将有利于发挥整体优势和开拓国际旅游市场。

第二篇

市场与计划

- ■ 市场经济
- ■ 计划机制与市场机制
- ■ 区域市场

社会主义市场经济若干问题探析 *

江泽民同志在党的十四大报告中明确指出："我国经济体制改革的目标是建立社会主义市场经济体制。"这在理论上是一个重大突破，对于进一步解放和发展生产力，推动各项社会主义事业的发展，具有重大而深远的意义。同时，在我国建立和完善社会主义市场经济体制，不仅在实践上是一个跨世纪的艰巨复杂的系统工程，在认识和理论上也还有许多问题需要进行深入的探索。本文就几个基本问题做一简析。

一　市场经济与商品经济

市场经济，简言之就是说市场是配置资源的基础性机制或基本手段的经济。商品同市场是不能分割的，没有商品经济也就不存在市场经济，从这个意义上说，两者具有内在的一致性，前者是后者的前提与基础。但是，不仅从两者内涵上说是有区别的，商品经济强调社会生产和社会需要的联系不是直接的，而是必须迂回地通过商品的等价交换来实现，商品经济是交换经济，它是相对于不通过交换的自然经济和产品经济而言的。市场经济强调的是经济资源的配置不能以行政指令为基础，而必须以市场为基础，它是相对于计划经济、统制经济而言的。而且从实践上说，市场体系是市场经济的载体，没有完善的市场体系，也就不可能有健全的市场调节功能，也就不能发挥配置社会经济资源的基础性作用，也就形不成市场经济，而完善的市场体系是发达商品经济的标志。因此，又不能把市场经济与商品经济等同。商品

---

* 　原载《求索》1993 年第 1 期。

经济已经存在了 5000 ~ 6000 年之久，但在奴隶社会和封建社会，由于：第一，占统治地位的是自然经济而不是商品经济；第二，市场是被分割的封闭性的狭小市场，而没有形成开放的竞争性的统一市场；第三，主要存在的是商品市场而没有要素市场，还未形成完善的市场体系。因而市场机制既不能作用于整个社会资源的配置和经济运行，它本身也还不具备这种功能。

从历史上看，只有当商品经济在社会经济生活中取代自然经济而居于主体地位，商品生产基本上实现了社会化，形成了统一市场和完善的市场体系，商品经济才采取也必然采取市场经济的运行形式。而这些条件形成的物质基础，首先是在英国，从 18 世纪 30 年代到 19 世纪中期完成的产业革命即工业革命。也就是说它是在社会化大生产代替个体小生产，商品经济代替自然经济，资本主义取代封建制度的历史过程中逐步形成的。在封建社会后期，由于社会分工的扩大，商品经济的迅速发展，出现了某些生产要素市场，市场经济就有了萌芽或某些市场经济的成分，而完整的市场经济形态形成于资本主义社会，由此，就产生了一种误解，认为市场经济是资本主义制度的产物，和资本主义经济画了等号。其实，市场经济是生产社会化、商品化发展的必然产物，是发达和比较发达的商品经济存在和运行的形态，从这个意义上也可以说市场经济就是发达的商品经济，并非资本主义所特有。

我国尚处于社会主义初级阶段，要发展社会生产力，实现社会主义现代化，就必须使商品经济有充分的发展，这是一个不能逾越的阶段。那么，承认社会主义经济是社会化大生产基础上的商品经济，也就必须承认社会主义市场经济，在我国，市场经济也是不能逾越的，这是不以人的意志为转移的社会生产力发展的客观要求。

二 市场经济的基本特性和主要规律

市场经济，不论是初期的市场经济，还是现代市场经济，就其内在的固有特性来说，是没有社会基本制度的属性的，也就是说没有社会主义与资本主义的区别。这种基本的特性或一般性，可概括为以下几点。

第一，企业行为的自主性。企业是市场的主体，所有企业不论其所有制的属性如何，都必须具有主体的自主性：一是决策的自主性，企业对自身的生产经营及有关问题的处理，要拥有全部的权力，能够依法自主决策；二是利益的自主性，企业只有是一个自负盈亏的利益主体，才能真正面向市场，并形成自我发展、自我约束的机制。没有这种自主性，就不可能形成真正的市场，也就没有市场经济。在我国，经济体制改革最大的难点，就在于把国有企业由行政机构的附属物真正转变为市场主体。具有主体的自主性，这是建立社会主义市场经济体制的微观基础。

第二，市场行为的平等性。"商品是天生的平等派"，市场交易通行的是商品等价交换的原则，在这里交易各方是完全平等的，没有等级之分，公平竞争的市场环境，是市场机制有效发挥作用的一个基本条件。

第三，市场运行的开放性。市场经济关系，不是纵向的上下级关系，而是横向的平等关系，市场经济运行，是横向的经济运动，其本性是开放的。因此，市场经济的形成和发展，要求打破任何行政区划，打破不同所有制的限制，打破国界。现代市场经济实际上是一种世界范围的市场经济、国际性的市场经济。

第四，市场效用的分化性。有商品，有市场，就有竞争，市场经济运行的推动力是竞争，而竞争的效用是优者胜、劣者汰；是市场主体的分化。市场调节推动企业结构的重组和资源配置的优化，正是在这种竞争分化过程中实现的。

第五，市场联系的普遍性。市场经济的形成过程，也就是产品和各种生产要素商品化、市场化的过程。只有社会的各种经济联系直接或间接地纳入市场关系，通过市场来实现，市场成为社会再生产实现的基本条件，才能形成完善的市场体系和完整的市场经济功能。

商品经济、市场经济是由其内在固有的规律支配而运动和发展的，其基本规律是价值规律，即等价交换规律。而等价交换规律的要求，必须通过供求关系变动的规律和强制性的竞争规律得到贯彻，市场调节机制又是市场经济规律作用实现的形式。因此，市场经济的规律或机制主要有以下三点。

第一，价格机制或规律。价格机制也就是价格形成和价格调节供求的机制，它是价值规律作用实现的基本形式，因而价格机制是市场机制构成中的核心机制。价格信号对于商品生产经营者来说是晴雨表、指示器，而能充分发挥调节供求，引导生产和消费积极作用的价格信号，必须能够直接、及时地反映供求。这就需要深化价格体制的改革，放开消费资料价格，适时地消除生产资料价格的双轨制，逐步改革某些矿产品和公共产品价格偏低的状况，使价格信号能够比较灵敏地反映社会劳动生产率和市场供求关系的变化，比较好地符合国民经济发展的客观需要。

第二，供求机制或规律。供求机制，即供求变动和供求调节价格的机制。有供求才有市场，供求是形成市场的出发点，所以，供求机制是市场机制构成中的基础机制。要使供求的变动能够直接地通过价格信号的变动及时反映出来，使商品生产经营者能够及时地根据市场供求的变化，调整产品结构和经营方向，达到生产与需求的协调，资源配置的优化，就必须取消对企业产品生产、产品销售和物资采购的直接行政干预、取消任何部门和地区的封锁和限制，使社会经济资源能够在全国统一大市场自由转移和流动。

第三，竞争机制或规律。有市场就有竞争，竞争机制是推动价格和供求变动的机制。供求调节价格和价格调节供求是在市场竞争过程中实现的，没有一个竞争的和开放的市场环境，价格机制和供求机制的积极作用都不能得到有效的发挥。因此，竞争机制是市场机制构成中的中介机制和动力机制。要充分发挥竞争机制优胜劣汰的积极作用，就必须规范自然性的垄断，制止非正常的行业和地区垄断，保护商品的价格竞争、质量竞争和服务竞争，创造一个平等、公平竞争的市场环境。

市场经济或市场机制，就是按照其内在的规律，通过价格、供求、竞争的互为因果、相互作用，自动调节经济运行和资源配置的。

三　市场经济的功能和缺陷

市场经济的功能或作用，其基本的方面是积极的。它是伴随着生产社会化、商品化、市场化而形成的，对社会生产力的发展和生产的现代化起了并正在起着巨大的推动作用。这种基本的功能主要包括以下几点。

第一，资源配置的导向功能。市场体系通过市场信号反映供求的直接性、及时性、灵敏性，引导社会物质资源、资金资源、人才资源向效益较好的产业、行业和企业流动，推动资源的优化组合和节约使用，促进产品结构、企业组织结构和产业结构合理化。

第二，主体行为的动力功能。在行政指令性的计划经济体制下，企业是各级行政机构的附属物。在市场经济体制中，企业是市场的主体，企业行为的依据是市场信号，而通过价格涨落的市场调节是利益调节，它使企业具有内在的动力，企业为了追求和实现自身利益的最大化，必然会面向市场，根据市场需求组织生产，开拓进取，适应市场的变化加快节奏，改善经营，提高效率。

第三，优胜劣汰的强制功能。市场竞争的过程，就是一个优者胜、劣者汰的分化过程，这种竞争分化的强制规律，迫使每个企业为了保存自己、战胜对手和求得发展必然采取各种方式包括革新技术、提高质量、改善管理、改进服务、降低消耗、创新拼搏等。

第四，经济行为的评价功能。企业经营的效果如何，产品的优劣、服务质量的好坏，由谁来评价？既不能自封，也不能他封，只能接受市场的检验，经受千百万个消费者的评价。市场是无情的，市场评价是最客观和最公正的，人为的达标、升级、评比，往往有许多主观因素，也不可能适应市场风云变幻给企业所带来的分化效应。不论企业的微观经济效果，政府的宏观调控政策是否符合实际，也必须接受市场的检验和根据市场的变化进行调整。

但是，市场经济并不是万能的，也有它自身所不能克服的缺陷。

第一，由于市场调节的出发点和对象是微观，是无数个分散的商品生产者、经营者和消费者个体，必然带有自发性和某种盲目性，不可能自动地实现宏观经济的稳定和平衡。

第二，对于自然性的垄断行业和公共产品的生产，如铁路、民航、邮电、通信、港口、机场、电力等，由于没有竞争对手，市场调节只能发挥较弱的作用。

第三，对实现经济、社会、生态的协调和环境的治理，市场调节则无能为力，甚至起副作用。市场利益的驱动力，往往使有些经济单位由于追求自身利益的最大化，导致生态的破坏和环境的污染。

第四，市场竞争要求机会均等，要求公平，但分化效应是其基本的特性，不可能自动地导致社会的公平分配和充分就业。

上述分析说明，充分发挥市场经济的积极作用，克服其缺陷，必须有政府的宏观调控和计划的指导，这也是社会化大生产和发达商品经济发展的客观要求。

四　宏观调控的市场经济与集中计划经济的区别

市场经济的历史实践，大体上经历了两个大的发展阶段：一是自由放任的市场经济；二是政府调控的市场经济。

20 世纪 30 年代以前的市场经济，是自由放任或叫做无政府状态的市场经济。这种自由放任市场经济的运行，正如恩格斯指出的"差不多每隔十年就会要出轨一次"①，通过周期性的经济震荡和危机来恢复宏观经济的平衡。

1929～1933 年空前严重的经济大危机，震撼了整个资本主义世界，导致西方经济学说和政府行为的一次大转变，出现了以美国罗斯福"新政"（1933）为代表的政府对经济的干预和以英国凯恩斯《通论》（《就业利息和货币通论》，1936 年出版）为代表的宏观调节理论。从 20 世纪 40 年代，特别是"第二次世界大战"后，各资本主义国家采取不同的方式都实行了国家干预经济的政策，在宏观层次上引入了一定程度的计划调节。战后西方市场经济已不是无政府状态了，而是政府干预和调控下的市场经济。

我国要建立的社会主义市场经济体制，是社会主义国家宏观调控下的市场经济。这种市场经济与计划经济有何区别？我认为可以概括为以下几点。

第一，两种经济运行的基础不同。计划经济运行的基础是行政指令性的计划，计划是社会再生产实现的基本条件。社会主义市场经济运行的基础是市场，市场机制是基础性的基本调节机制。

第二，两种经济运行调控的方式不同。计划经济调控的方式具有直接性、实物性和强制性的特点，它的具体形式是直接计划，主要依靠下达具有行政性、政治性、实物性的计划指标来强制实施。社会主义市场经济的宏观调控方式具有间接性、政策性和灵活性的特点，它的具体形式主要是价值性、政策性、预测性的计划，主要依靠有弹性的经济政策、经济杠杆手段，

---

① 《马克思恩格斯选集》第 3 卷，第 316 页。

以市场为中介引导企业的微观经济活动，即"国家调节市场，市场引导企业"。

第三，两种经济系统的性能不同。计划经济，由于它偏重于国内经济活动和资源的自我平衡，因而是一个封闭的大系统。不仅对外是封闭的，而且国内各个行业和地区也都是追求"大而全""小而全"，自成体系，自我循环，相互封闭。社会主义市场经济，由于它依托的是开放、竞争、统一的大市场，因此，是一个开放的大系统，不仅对外与国际市场相衔接、相渗透，是开放的；而且国内各个行业、各个地区之间也必须顺应市场经济横向运行的客观规律，打破封锁，相互升放。

第四，两种经济运行的约束和保障体系不同。计划经济的贯彻，依靠的是行政层次、行政区域和行政指令、行政手段，必然具有主观性、随意性和多变性，往往是政出多门，政策多变，导致一管就死，一放就乱，死乱往复，死乱并存。社会主义市场经济有秩序的运行，要求经济管理法制化，要求建立适应市场经济发展要求的法规体系，市场经济在很大程度上是以法律为规范的经济，而法规约束保障系统，具有连续性、稳定性和规范性的特点，可以做到活而有序。

可见，建立社会主义市场经济体制，必须对束缚生产力发展的、行政指令性的计划经济体制，进行根本性的全面的改革，因而它是一场广泛深刻的革命。

五　社会主义市场经济的主要特征

由于"计划和市场都是经济手段"，都是经济资源配置的基本方式，因而其本身不属于生产关系的范畴，不具有基本社会经济制度的属性。它的基本特性和运行规律都是客观的，我们使用"社会主义市场经济"的提法，并不是说在我国形成和存在的市场经济本身姓"社"。

但是，市场经济并不是孤立存在，总是同一定的经济、政治、社会条件相联系。它的发展是一个受内部固有规律支配的、必然的、自己的运动；同时，也必然与它周围的其他条件相互联系和相互影响。市场经济并不选择所有制的形式，也就是说它可以以公有制为基础，为社会主义服务；也可以以私有制为基础，为资本主义服务。但它选择所有制的实现形式，要求不论企业其所有制的属性如何，都必须真正成为市场的主体，也就是拥有面向市场，依据市场需求组织生产经营的全部权力。市场经济并不选择社会收入分配方式，它可以同按劳分配为主体的分配方式相联系，也可以同按资分配为主体的分配方式相联系；但它选择分配方式的实现形式，要求不论其分配方式的社会属性如何，都必须遵循以供求为前提的市场原则，直接或间接地纳入市场关系。市场经济并不选择社会的基本政治制度，它可以处于资产阶级政权管理之下，也可以处于人民民主专政政权的管理之下；但它选择政权对经济的管理方式，要求这种管理必须以市场为基础和中介，尊重市场运行的客观规律，以间接管理为主。因此，在我国建立和完善社会主义市场经济体制，就必须根据市场经济的基本特性和固有规律的客观要求，对我国公有制主要是国有国营的全民所有制实现形式和由国家机关统一制定劳动者的收入标准、具体收入水平的分配制度，以及政府以直接管理为主的经济管理制度进行根本性的改革。

同时，也必须明确社会主义的基本经济制度和基本政治制度，这也必然对于市场经济发生重要的影响，使其呈现出中国国情和社会主义的特色。正如江泽民在党的十四大报告中强调指出的，这种经济体制：一是在所有制结构上，以公有制包括全民所有制和集体所有制经济为主体，个体经济、私营经济、外资经济为补充，多种经济成分长期共同发展。二是在分配制度上，以按劳分配为主体，其他分配方式为补充，兼顾效率与公平。三是在宏观调控上，社会主义国家可以把人民的当前利益与长远利益结合起来，更好地发挥计划和市场两种手段的长处。

由于社会主义基本制度对于市场经济的重要影响，在我国，市场经济的运行与西方国家市场经济相比较，会呈现以下重要区别。

第一，由于公有制为主体和按劳分配为主体的基本经济制度，和人民民主专政国家根据人民的共同利益对于国民收入再分配的调节政策，使社会主义市场经济的运行可以避免两极分化，并服务于共同富裕这个社会主义的本质要求和根本目的。

第二，共产党领导和人民民主专政的国家政权，可以根据社会主义事业全面发展的要求，坚持一系列的两手抓、两手硬，如一手抓物质文明建设，一手抓精神文明建设；一手抓改革开放，一手抓打击经济犯罪和其他犯罪活动；一手抓建设，一手抓法制等，从而能够扫除在西方市场经济中不可避免存在的某些丑恶现象，创造出人类先进的精神文明，为市场经济的运行，创造出一个更加良好的政治社会环境。

第三，我国人民政府坚持以全体人民服务为宗旨这一本质和以公有制为主体的经济基础，可以通过合理确定国民经济发展的战略目标，搞好重大结构和生产力布局规划，以及集中必要的资源进行重点建设和综合运用经济杠杆，增强宏观调控的能力，在市场经济运行的过程中，使局部利益与整体利益、近期利益与长远利益、微观放活与宏观协调、公平与效率得到较好的兼顾与结合，使社会主义条件下的市场经济运转得史有效率和更有秩序。

中国从计划经济到市场经济改革的
特点、规律性和发展阶段 *

如果说，在 20 世纪 40 年代或更长一点时间，在资本主义发达国家，先后实现了由自由放任的市场经济向政府调控市场经济的转变，那么，在社会主义国家，如何实现计划经济到现代市场经济的变革，在人类历史上却是没有先例的。而且前者是在同质基础上阶段性的过渡，后者则是进行异质性的根本变革，后者较前者必然具有自己的特殊性、矛盾的复杂性和改革的艰难性，并且需要经历更长的时间。

中国的经济体制改革，是针对计划经济体制"权力过于集中"的弊端提出来的，方向总的来说是明确的。但是，通过改革要把这种体制改造成什么样子，或建立一种什么模式的新体制？在认识上是不明确的。因此，改革的初期阶段，只能"摸着石头过河"，边实践边探索。在改革已经成功地进行了 15 个年头之后，我们有可能也有必要对改革过程的基本特点、规律和发展阶段做一理性的概括和剖析，这对加深对我国改革的自觉认识和促进改革的全面发展无疑是很有益处的。本文试图从这些方面做一些探讨。

一　中国改革的特点

有一种认识认为市场经济就是市场经济，不承认在中国社会主义条件下要建立的市场经济体制，与在西方资本主义条件下的市场经济有不同的特征。当然，也就不承认中国改革的方式和道路有其不同的特色，认为只要把

---

　*　原载《人民日报》（内部参阅）1994 年第 1 期，《求索》1994 年第 1 期，《新华文摘》1994 年第 5 期转摘，《湖南 1994 年优秀理论文章集》全文转发，《经济学消息报》摘发。

资本主义发达国家成熟的市场经济模式，移植过来就是了。西方国家在几十年形成的现代市场经济运行的基本规则、制度规范、法律体系，以及理论和实践经验，无疑在许多方面是反映了现代市场经济的一般规律，这些在我国的改革中必须加以借鉴，并吸取其合理的部分为我所用。但这并不是说，可以不顾我国的条件照搬这些经验。中国改革和要建立的市场经济体制模式，在许多方面都有不同于西方的特点，只有认真地研究和充分估计到这些特点，才能正确地指导中国改革达到成功。

那么，中国的改革有些什么特点呢？可简略概括为下述四个主要特点。

第一个特点，改革发展的不平衡性。西方国家从自由放任的市场经济向现代市场经济转变的基础，一是生产社会化有了充分发展；二是商品经济有了充分发展；三是形成了统一、开放、竞争和完整的市场体系。我国则不同，我国的社会主义脱胎于半殖民地半封建社会。1949 年～1979 年，经过30 年的发展，虽然已经建立起了独立的工业体系和国民经济体系，但距实现生产的商品化、社会化和现代化还相差很远。特别是我国幅员辽阔，人口众多，在经济比较发达地区、广大不发达地区、贫困地区之间，城市和城市、城市和乡村之间，商品经济和市场发育程度处于不同、甚至在极大差异的层次上。因此，生产的社会化和商品化，健全的市场体系和市场机制，不可能在全国同时实现和形成，市场经济改革的目标也就不可能在全国同步到位，这就决定了中国改革的发展具有极大的不平衡性。这个特点，不但基本地规定了我国经济体制改革的战略和策略，而且也基本地规定了我国政治体制改革的战略原则和策略。

第二个特点，改革发展的长期性。不仅经济发展的不平衡性决定了改革的长期性，还在于我国改革的任务是用现代市场经济取代几十年形成的集中计划经济。这就不但要从根本上改变社会再生产的组织体系和管理制度，而且要从发展商品经济、培育市场主体和市场体系、打破条块之间的封闭等这样一些建立市场经济体制的基础性工作做起。这就不但要改变传统的经济关系的构架，发展以公有制为主的多种经济成分，特别是要从根本上改变全民所有制的实现形式；不但要改变传统的利益格局，而且要改变传统的权力格局，改革政府机构的行政系统，转变政府职能，规范政府行为；还要相应地改革社会文化体制等。这就决定了中国改革是一个巨大复杂的社会系统工程，决定了改革的长期性、复杂性和艰巨性。这个特点，使中国改革的方式、途径和步骤等，同资本主义国家由自由市场经济向现代市场经济转变有许多的不同。

第三个特点，改革发展的可控性。由于我们坚持改革是社会主义制度的自我完善，坚持人民民主专政的基本政治制度，不搞西方的议会制；坚持公有制为主体的基本经济制度，不搞经济私有化，这就使中国的改革，始终是在中国共产党和人民政府领导下有计划、有步骤地进行，保证了改革全过程的可控性和有序性。同时，中国改革是在一个自然经济、半自然经济占有相当比重，商品生产和国内市场很不发达，实际上只是在一个狭窄的消费品市场的基础上起步的。相对来说，怎样才能在一个较短的历史时期，在我国去实现别的许多国家在资本主义条件下自发实现的生产社会化、商品化和市场化的漫长过程中，客观上也要求国家发挥正确有效的规划、指导和组织干预作用，提高改革的自觉性，减少盲目性。社会主义国家政权的性质，共产党的领导及公有制主体经济的物质基础，使我们能够做到这一点。这个特点，使我国建立和完善社会主义市场经济体制的改革，能够越过市场经济的自发发展阶段，直接按照现代市场经济与中国国情结合的目标结合的目标模式，构建新的经济体制。

第四个特点，改革发展的制度特色。现代市场经济不论其存在的国度和社会经济条件如何，都具有共同的运行规律、共同的基本特征、共同的市场组织的基本形式，以及共同的基本操作规则和法律规范。因此市场经济就其自然属性说，是一种经济运行机制，不是社会经济基本制度，不具有制度的属性。但是，市场经济不可能脱离一定的经济、政治、社会条件而孤立存在。它的运行由其自身所固有的客观规律支配，但也同周围它所依赖的外部条件而相互联系和相互影响着。市场经济和一定的社会经济基本制度相结合，也就必然具有了制度的特色和社会属性。中国经济体制改革的基本任务，就是要使现代市场经济的一般性和社会主义基本制度的特殊性达到内在结合与统一，构建一种新的市场经济体制，即有中国特色的社会主义市场经济体制。为此，在中国改革过程中，既要发展多种所有制经济及其相互渗透的混合经济，又必须坚持公有制的主体地位，依据市场经济发展的要求，从根本上改变公有制特别是全民所有制的实现形式，明晰国有经济的产权关系，发挥公有制经济的主导作用；既要允许多种分配方式的存在，又必须坚持按劳分配为主体，从根本上改变按劳分配的实现形式，由分配的行政机制调节转变为市场机制调节，兼顾效率与公平，逐步实现共同富裕必须充分发挥市场配置资源的基础性作用，又要加强计划指导，改革计划方法和调控方式，发挥计划与市场两种调节手段的长处等。从而把社会主义制度的优势与市场经济的活力结合起来，以适应和促进社会生产力的不断发展和社会的全面进步。这就是中国改革的制度特色。这个特点使中国的市场经济体制与资本主义条件下的市场经济，具有不同的社会特征和模式特点。

二　中国改革的规律性

改革发展的不平衡性、长期性、可控性和制度特色——这是中国改革的四个主要特点。这些特点规定了中国改革的指导路线和战略原则。第一个特点和第二个特点，规定了中国改革的持久，弄得不好还会出现曲折和反复。第三个特点和第四个特点，规定了中国改革的特殊本质，既是中国改革能够取得成功的条件，也是我们面临的一个"必然王国"，只能艰难地探索前进。这就是中国改革的两个方面，这两个方面同时存在。这是中国改革的根本规律，许多规律性都是从这个根本规律派生出来的。我国15年改革的实践，证明了这个根本规律的正确性，从这一根本的规律性出发，才能指导中国改革达到成功。

由于在改革实践中，逐步加深了对这一根本性规律的认识，采取了相应的改革战略和策略，使中国改革循着以下规律或途径发展。

（一）由易到难，积累渐进式发展

由于市场的发育程度，计划经济体制束缚和影响的力度、深度，计划经济各相关部分相互交织的紧密度，在社会再生产的各个环节、各个方面和各个地区，在城市和乡村，是极不平衡的。因此中国的改革，既不能采取齐头并进的均衡式发展战略；也不能采取在较短时期全面放开集中计划管理，企求采取"一揽子"的方式，通过迅速、急剧的变革，实现新旧体制转轨的爆发式战略。

中国改革所面临的实际告诉我们，从改革难易来说，相对而言，农村易于城市，沿海易于内地，微观易于宏观，计划经济体制外易于计划经济体制内，商品流通易于要素流通，等等。因此，中国改革只能从农村开始，从国民经济最基础的环节——农村家庭承包和企业扩权开始，从发展计划经济体制外的个体、私营经济和搞活商品流通开始，先易后难、积累渐进式发展，使新旧体制的转换，由量的积累到质的变化，由部分质变的积累达到全局质的飞跃。这样做的好处是：第一，既能保持改革的连续性，又能使改革逐步地推进适应社会承受能力的提高，避免改革中大的震动和风险；第二，可以边实践，边总结新经验，边探索新路子，错了就改，从而避免大的曲折，使主观指导尽可能符合客观规律；第三，可以使改革付出较少的成本，较快地取得显著成效，看起来慢，实际快。

（二）改革与发展相互促进，在发展基础上改善人民生活

中国改革提出的理论依据，就是关于生产力和生产关系，经济基础和上层建筑社会基本矛盾规律这个历史唯物主义的基本原理。1978 年 12 月，中共十一届三中全会在提出要"把全党工作的着重点和全国人民的注意力转移到社会主义现代化建设上来"的同时，明确指出："实现四个现代化，要求大幅度地提高生产力，也就必须要求多方面地改变同生产力发展不相适应的生产关系和上层建筑，改变一切不适应的管理方式、活动方式和思想方式，因而是一场广泛、深刻的革命"。这就指明了改革的客观性、全面性、深刻性和目的性。中共十二届三中全会进一步强调："全党同志在进行改革的过程中，应该紧紧把握住马克思主义的这个基本观点，把是否有利于发展社会生产力作为检验一切改革得失成败的最主要标准。"据此，在我国改革的指导思想，改革突破口、步骤和时序的选择，改革策略的制定等，均把坚持改革为发展服务，改革有利于发展，发展为改革深化创造条件，两者紧密结合，互相促进，作为出发点和归宿点。

中国有 80% 的人口在农村，中国经济的发展及社会稳定，首先要看农村能不能发展，农民生活是不是好起来。中国改革选择在农村推行家庭承包制作为突破口，在城市从企业扩权入手，同时发展个体经济和搞活商品流通，就是把调动最广大人民的基层积极性作为改革的出发点，进行局部试

验，不断总结经验，注意协调配套，循序渐进。在我国改革过程中，虽然曾出现了经济体制改革和发展战略转换、改革措施与发展政策的不衔接、不配套的情况，原有体制下的"投资饥饿症"几次出现，导致发展与改革的曲折，但从总体上说，我们已经走出了一条改革与发展相互促进，在改革和发展的基础上，使人民获得实惠的新路子。1990年我国国民生产总值达到17400亿元，按可比价格，比1980年增长了1.36倍，平均每年增长9%，超过了原来计划翻一番、平均增长7.2%的速度。人均国民生产总值按当年价格计算，1990年已达1543元，比1980年的456元增长2.4倍，按1980年价格计算，1990年为935元，比1980年的456元增长108%。调查统计，1990年农民人均纯收入达630元，比1980年的191元增长2.3倍，平均每年增长12.7%，扣除物价上涨因素，平均每年增长5.3%；职工平均工资达2150元，比1980年增长1.8倍，扣除物价上涨因素，实际增长38%。随着居民消费水平的提高，居民的消费结构也发生了显著的变化，居民的居住条件得到显著改善，高档消费品以极快的速度进入普通家庭。这正是不论国际风云发生何种变幻，而我国的经济稳定、政治稳定和社会稳定，改革已成为不可逆转的必然趋势的根本原因。

（三）经济体制改革先行，政治体制改革适应经济体制改革

中国改革刚提出时，就既包括经济体制改革，也包括政治体制改革和相应的其他领域的改革，改革是整体性和全面性的。但在改革的重点、时序、方式的选择上，第一，先进行经济体制改革，相应地对政治体制做某些调整和小的改革，待经济改革取得显著成效和发生较大变化，提出紧迫需要时，再对上层建筑不适应的方面进行较大的变革，从经济体制改革逐步扩展到政治体制改革；第二，在改革的方式上，不是先破后立，而是先立后破，或边立边破上层建筑的每一项改革，特别是重要方面的改革和重大举措，如党政机构改革，领导体制改革，民主政治建设等，都是经过反复酝酿，广泛征求意见，精心设计，多方案比较，并采取适当的过渡性步骤，再进行试验，总结经验，走向完善。

这样做，第一，可以使经济改革有一个稳定的政治社会环境。政治体制改革涉及法治和人治、党和政府、中央和地方、政府和企业事业、社会单位等方面的关系，以及改革机构和下放权力等。每项改革涉及的人和事都很广泛、很深刻，触及许多人的利益，矛盾更加复杂和深刻，因此，需要更加谨慎从事。第二，可以使经济改革的全过程置于国家自觉领导和调控之下。政治体制改革的先破后立或边破边立，稳步发展，可以使国家在改革过程中，始终保持着有效的领导和控制，保证改革有序进行。第三，可以使政治体制改革有一个坚实的基础和明确的目标。经济改革先行，也就是把发展经济和改善人民生活放在优先的地位，随着国内经济搞活，对外开放扩大，国力增强了，才能为进行政治体制的较大改革，提供坚实的物质基础。譬如，政府机构改革和实施公务员制度，就涉及几百万以至上千万政府工作人员的分流问题，如果没有经济的较大发展，没有经济生活的多样化，改革就不可能达到成功。同时，经济体制改革目标模式明确了，也才能科学地界定政治体制改革的范围，明确政治体制改革的目标，并科学地进行法律规范，健全社会主义民主和法制。

在我国改革过程中，虽然出现了政治改革滞后于经济改革，两者脱节和不衔接的矛盾与摩擦，使经济体制改革的深化遇到一些困难，但从总体上说，两者关系的处理，基本上是符合和体现了经济基础与上层建筑辩证发展的客观规律，为经济体制改革的顺利发展提供了政治保障，这是我国的改革和经济发展取得巨大成就的又一个重要原因。

三　中国改革发展阶段

在中国改革的过程中，生产力的发展与社会主义生产关系、上层建筑自我改革的相互联系、相互作用，新旧体制和机制的此长彼消，量的积累到质的飞跃，就使改革的发展呈现出阶段性。该种阶段性，从大的方面说，可划分为以下三个阶段。

（一）20 世纪 80 年代，由突破旧体制到双轨并存的探索前进阶段

中国改革开始，我们面临着需要从理论和认识上，弄清楚三个相互关联的问题，即改革什么，怎样改革和选择什么目标模式。我国的改革是针对传统经济体制权力过分集中的严重弊端提出来的，改革什么？总的方向是明确

的。但怎样去改，实现什么目标？还是一个"必然王国"。因此，改革的突破口只能选择那些计划经济体制作用力度较薄弱的环节，市场发育和搞活经济基础较好的区域和方面，能够调动广大人民和基层的积极性，而又不触及利益格局根本性改变的层面。由易到难，由点到面，由浅层次到深层次，大胆试验，稳步推进，在实践中积累新经验，创造新办法，探索新路子。

根据上述改革的基本指导思想，我国改革策略的选择，是先农村后城市，先微观经济机制后宏观管理制度，先沿海后内地，先经济体制改革后政治体制改革，以及先放权让利后转换机制、改革国有企业产权制度等，循序渐进。这一阶段的改革呈现如下特点。

第一，改革从农村启动，农村改革的成功经验，成为城市和其他方面改革的参照系。我国改革的真正开始是1980年，1981～1983年，改革主要在农村进行。农村改革带来了许多新的变化，农业生产大幅度增长，农民收入大幅度增加，乡镇企业异军突起。1984年，改革的重点由农村转入城市。农村改革的成功给城市改革以许多启示，不仅在城市的工商业、建筑业等行业，推进了种种类型的承包制、责任制，在政府的宏观管理中如财政、投资、信贷以及有的地区税收也实行了类似的种种形式的大包干，如"分灶吃饭"的财政包干，信贷的"差额包干"，基本建设的"投资包干"等。

第二，单项突破，撞击反射，摸索前进。改革的重点转入城市，也就是向全面性的改革发展。但是，由于我们不可能一下子掌握社会主义体制改革的规律性，也没有在一个大国搞改革的成功经验可借鉴，城市改革，从企业推行经济责任制、利润分成、扩大自主权到全面实行承包制；从企业改革到实行价格双轨制，缩小指令性计划，扩大指导性计划等，虽然也尽可能地注意了改革不同的部分之间的协调，但实际上是沿着单项突破、撞击反射的路子，边实践，边总结积累经验，探索前进。

第三，实际上是突破和改造计划经济体制，而不是从根本上否定计划经济体制。我国经济改革究竟确立什么样的目标模式？经历了一个由计划经济为主市场调节为辅，社会主义有计划商品经济，计划与市场内在统一的体制，到计划经济与市场调节相结合的变化。这种概括的演变，反映了随着实践的发展，对改革的认识不断深化，认识的提高又对促进改革深化和经济发展起了重要作用。同时，也说明了在20世纪80年代，我们在认识上还未能突破计划经济的大框框，还总是试图保留一定范围或一定形式的计划经济，把传统的计划经济体制，改造成为能自觉利用价值规律和充分发挥市场机制作用的计划经济，或建立一种不完全的市场经济和不完全的计划经济相结合的混合经济体制。实践证明，计划和市场作为调节手段是能够结合和必须结合并用的，但作为经济管理体制是不能并存的。

20世纪80年代，虽然还未明确提出在我国建立市场经济体制，但市场取向的改革已成为不可逆转的必然趋势。到1988年，我国的经济体制格局发生了重大的变化，沿海地区、特别是经济特区已初步形成了政府调控下市场调节为主的体制。在全国，农副产品收购总额中，国家定价的部分占25%，按指导性计划收购的约占23%，市场调节的部分约占52%；生产资料价格中，国家定价的约占60%，实行市场价格的约占40%；消费品零售中，国家定价部分约点31%，实行指导性价格的约占24%，实行市场调节的部分约占45%。在工业生产中，按产值计算，中央和省级实施指令性计划产品的产值占16.2%，指导性计划产品产值占42.9%，市场调节部分占40.9%。总的来看，计划经济与市场调节在国民经济的领地大体各占一半，形成了新旧两种体制胶着并存的格局。

（二）20世纪90年代，由破到立，社会主义市场经济体制建立的全面转轨阶段

从1991年春邓小平同志南方谈话，到1992年10月中共十四大的召开，中国经济体制改革的目标模式，由逐渐明确到最终确立。江泽民同志在十四大报告中明确提出："我国经济体制改革的目标是建立社会主义市场经济体制。"它标志着我国改革的认识，在经历了一个从实践到理论，又从理论到实践的过程，实现了总体上的从"必然王国"到"自由王国"的飞跃。使改革的发展由"摸着石头过河"，转到依据建立社会主义市场经济体制的明确要求，进行全面转轨的新阶段，在中国经济社会发展的历史上具有划时代的意义。

这一阶段改革的主要特点：

第一，由摸索前进，突破旧体制，转入由破到立，建立新体制。新一轮的改革浪潮是从沿海启动的。1992年夏从沿海到内地，扩大开放，放开价格，发展要素市场成为一种大趋势。从 1992 年夏到 1993 年春夏之交，在全国出现的"开发区热""房地产热""证券热"，虽然产生了较大的负效应，但是，从 20 世纪 80 年代一度流行的对特区、广东率先改革开放的"香三年、臭三年、香香臭臭又三年"的曲折认识，到在内陆地区普遍出现的这种"南海潮"，不能不说是在一个层面上反映了民族精神新的解放，反映了我国改革开放，由沿海到内地波浪式发展的大趋势。同时，由于改革目标模式的明确，新阶段的改革，需要由前十年的摸索前进，转入依据明确的目标要求，进行总体设计。如果说新阶段的初始时期，改革的参照系是沿海开放发达地区，那么，进行全面规划，就需要从中国国情出发，在系统总结我国改革开放实践经验的基础上，博取发达国家反映市场经济运行一般规律的成熟经验，为我所用，设计出全面转轨的总体方案，使改革的发展由突破旧体制的束缚，转到在改革深化中建立新体制，并相应的逐步建立健全所必需的一整套法律、规章和制度，以加速新旧体制的转换，牢固确立新体制的主导地位。

第二，由单项突破转入协调配套、整体推进。由于 20 世纪 80 年代，我国改革走的是由易到难，迂回前进的路子；20 世纪 90 年代，改革所面临的现状，是一个发展极不平衡的体制格局，譬如，①微观经济领域基本放开，宏观经济调控新体制的建立和改革滞后；②商品市场和服务市场发展迅速，生产要素市场的培育和发展滞后；③旧的计划管理框架打破了，金融体制、财税体制、投资体制以及社会保障制度的改革滞后；④非国有经济的经营机制基本上能够适应市场经济发展的要求，国有企业制度和经营机制的转换滞后；⑤经济体制的格局发生了重大变化，政治体制改革滞后；⑥沿海地区特别是经济特区、沿海开放城市，沿海经济开发区，已初步形成了市场调节为主的经济体制，内陆特别是不发达地区改革和经济发展滞后，等等。因此，新时期的改革需要综合规划、协调配套，以达到整体推进，全面转轨。协调，就要有重点，突出薄弱环节，特别是要加快建立新的宏观经济管理制度，进行财税、金融、投资等体制的改革，着力形成联动的间接宏观调控机制体系，以及健全社会保障制度，并相应地加快法治建设。同时，从改革推进的方式上说，必须由自下而上"撞击反射"式的推进，转到自上而下的协调配套进行。宏观经济管理制度的改革，实际上是根据经济行为市场化的要求，系统地调整和规范各级政府之间的关系、政府和市场的关系、政府和企业事业单位及个人的关系，并改革政府机构，从而从根本上转变政府职能，规范政府行为。因此，必须由上而下地推进。

第三，由浅层次转入深层次，深化改革的艰巨性和难度加大。新旧体制全面转轨的阶段，是我国改革发展的一个关键性阶段，也是攻坚和难度很大的阶段，深层次改革的核心问题是要从根本上改变全民所有制的实现形式，改革国有企业的产权制度。如果不从根本上改变国有企业80%的流动资金依赖于银行贷款，不改革国有企业的固定资产投资由国家财政负担，不改变国家财政对国有企业亏损的无原则补贴，企业继续吃银行和财政的"大锅饭"，不论是商业性金融和政策性金融的分离、专业银行企业化的改革，还是投资体制改革，以及财政调控职能的有力发挥，都难以实现。因此，宏观经济管理制度的改革，必须能够带动并同国有企业制度的改革配套进行，关键的问题在于要从根本上改革国家与企业的软预算约束的传统体制，建立企业的生存和发展由市场选择的硬预算约束的现代企业制度，实现全民所有制实现形式的根本转换。同时，通过资产流动，调整国有经济的产业分布结构，使国有经济较多地集中在能够充分发挥其优势，而又关系经济发展全局的部门和行业，如关系国计民生的骨干产业，基础工业，基础设施和先导产业。这是一个既关系构建新的宏观经济体制的微观基础问题，也是牵动宏观经济改革的各个方面和政策的一个大难题。如果说浅层次改革，如扩权、减税、让利等使广大社会成员都能够得到一些看得见的实际利益，那么，深层次改革，如国有经济产权制度和政府机构改革，就业和工资分配市场化的改革等，就涉及传统体制下形成的利益格局的全面调整和较大变动，会遇到一些无形的阻力和抵抗。再次，新旧体制并存，不可避免地会出现大量制度上的漏洞，管理上的复杂矛盾及摩擦，因而产生许多新问题，甚至相当严重的问题，如经济生活中的无序和腐败等，这既加大了改革的难度，从根本上说，又需要通过深层次改革的成功来解决。

由上所述，新时期的改革，亟须在广大人民中加强关于建设有中国的特色的社会主义理论的宣传和教育，加强改革的宣传，积极正确地引导社会舆论，使广大人民在更高的层次上，正确认识改革的巨大成就和必然趋势，认识改革的新目标、新任务和新形势，调动一切积极因素，化消极因素为积极因素，充分动员全民族的力量共同推进宏伟的改革大业。

1991～1993年，为全面深化改革，进行经济社会环境的准备，理论和认识的准备，在做好总体方案设计和全面规划的基础上，在中共十四届三中全会通过的《关于建立社会主义市场经济体制若干问题的决定》指引下，经过七年有重点的协调配套改革，到20世纪末，我国的经济体制改革，将会由20年量的积累和多次局部性的质变，实现全局质变的历史飞跃，在我国初步建立起社会主义市场经济的新体制。

（三）21世纪10～20年代，社会主义市场经济体制由建立到定型、成熟的建设阶段

社会主义市场经济体制在我国的初步建立，并不是改革的结束，而是使改革进入一个和前一个阶段相比，有着重大质的区别的新时期。这个新时期改革的主要特点将是：

第一，由改革旧体制，建立新体制，转入建设新体制。市场经济体制在我国的建立，还只能是其基本框架的确立，标志是市场配置资源上升到主导地位，还需要经历一个较长的时期对新体制的内容进行充实、完善，使宏观调控下市场机制的作用扩展到社会经济生活的各个领域，覆盖全社会。同时，成熟的市场经济，是以生产社会化和商品化的充分发展为基础的。而生产的商品化、社会化、现代化是互相依存、互相制约和相互作用的，后者是前者的物质基础，前者是后者充分实现的基本条件，两者统一于社会生产力较高的发展过程中。由于我国社会生产力和发展水平还比较低，生产商品化的发展很不充分，因此，社会主义市场经济达到成熟阶段，还需要经历一个较长时期的经济增长和新体制量的扩展相互促进的发展过程。

第二，改革和发展的地区政策倾斜，将由经济发达地区转向经济不发达地区，着重解决区域发展不平衡的问题。社会主义的本质就是要解放生产力，发展生产力，逐步实现共同富裕。但是，由于我国地区经济发展极不平衡，共同富裕不可能在全国同步实现，只能从实际出发，使条件好的一部分地区先发展起来，先发展起来的地区带动后发展的地区，在时间和地区上逐步推进，最终达到共同富裕。沿海地区由于区位条件优越，商品生产的基础较好，实行改革开放后，在沿海地区先后设立了经济特区、沿海开放城市和

沿海经济开放区，这种区域政策的沿海倾斜，使沿海的经济发展和人民收入的增加明显快于内地，经济较发达地区与不发达地区的区域分化更加明显。20 世纪 90 年代，国家实行了从沿海到沿江、沿边和内地省会城市对外扩大开放的政策，同时，进一步发挥不发达地区丰富的资源优势，中、西部地区经济发展的速度会进一步加快。但是，由于区域发展基础的差异大，国家和发达地区在这一时期还不可能给不发达地区以较大的物质支持，差距还会是扩大的趋势。随着我国经济的发展再上一个新台阶，从总体上达到小康水平的时候，应当也必须实行向不发达地区倾斜的区域改革和发展政策，在发达地区继续发展的同时，政策的着重点要转向逐步解决沿海与内地的贫富差距问题。

第三，随着新经济体制走向完善，改革的重点逐步转向上层建筑。经济体制、政治体制、文化体制是相互联系、相互影响的，是有机统一、不可分割的整体。因此，随着社会主义市场经济体制逐步走向定型、完善和成熟，它要求政治体制、文化体制进行相应的改革、充实和发展，重点逐步转向建设高度的社会主义民主和完备的社会主义法制，建设高度的社会主义精神文明。这样当社会主义市场经济进入成熟的时期，有中国特色的社会主义也就达到定型和相对完善的阶段。这一阶段大体上需要 20 年或更长的一些时间。这是人类经济社会发展史上没有先例的伟大创举。

中国改革发展的几个不同阶段，既有质的区别，又有紧密的联系，前一阶段为后一个阶段奠定了基础并积累了经验，后一个阶段是前一个阶段发展的必然趋势，整个改革过程就是这种阶段性和连续性的统一。

增强社会主义市场经济观念 *

我国经济体制改革的基本目标是改革高度集中的计划经济体制为社会主义市场经济体制。

何谓市场经济？概言之，就是社会再生产通过市场实现的经济。在这种经济中，市场机制是经济运行基本的、基础性的调节机制，或社会经济资源的主体配置方式。从历史的进程看，人类社会存在几种经济形态：自然经济、商品经济和产品经济。商品经济是通过市场进行交换的经济，商品和市场、商品化和市场化是不可分割的，离开一方，另一方也就不能存在。因此，承认社会主义经济是商品经济，也就必须承认社会主义市场经济。我国改革开放 13 年的实践证明，哪里市场机制的作用发挥得大一些，哪里经济就搞得活一些，经济增长就快一些，人民生活就改善得多一些。大量事实表明，市场是配置资源和提供激励机制的有效方式，它能够灵敏迅速地反映各种需求的变化，通过竞争、供求关系变化和价格涨落，引导生产和消费，调节社会资源的流向，把生产资料、资金、技术和劳动力等生产要素调配到能够创造最好效益的环节和企业中去。我们把市场机制引入广泛的经济生活，给我国的社会主义经济增添了生机和活力，对于加快发展和繁荣经济起了显著的作用。建立具有中国特色的社会主义市场经济体制，已成为我国经济改革发展的必然趋势和最终目标。

发展社会主义市场经济，增强社会主义市场经济观念，首先要冲破旧的传统观念，彻底换脑筋，消除恐"市"病。长期以来，人们认为市场经济是资本主义私有制的产物，同资本主义经济画了等号，对发展市场经济有恐惧感。经过对邓小平同志南方谈话的学习，许多同志接受了市场经济不等于

---

* 原载《学习导报》1992 年第 9 期。

资本主义的观点。但也有的同志习惯于传统体制，固守传统的思维定式，对发展市场经济总是有些担心，生怕搞多了就成了资本主义。其实，市场经济并非资本主义所特有的，它可以同资本主义私有制结合，被资本主义利用和为资本主义服务，也可以同社会主义公有制结合和为社会主义服务。所以，要进一步扩大改革开放，必须破"市场恐惧病"，从长期的思想困惑中解放出来，树立起社会主义市场经济观念。

其次，要正确认识市场经济是商品经济发展的必然结果，发展商品经济就必须大力发展社会主义市场经济。商品经济的发展有赖于市场的扩大，市场发育又是商品经济发达程度的标志，两者是紧密联系的，在本质上是一致的。但商品经济和市场经济又不是同义词，不是一个概念，前者是从经济形态来说的，后者属于一种经济运行的形式或方式。作为商品经济已存在几千年之久，但在奴隶社会和封建社会，由于：第一，占统治地位的是排斥市场机制的自然经济；第二，市场是被分割的狭小市场，没有形成统一市场；第三，只有商品市场没有要素市场，尚未形成完善的市场体系。因此，市场机制还不可能作用于整个社会经济运行，它本身也还不具备这种完整的导向功能，商品经济还不能采取市场经济的运行形式。只有当商品经济取代了自然经济在社会经济生活中居于主导地位，商品生产基本上实现社会化，形成了统一市场和完善的市场体系，商品经济才采取也必然采取市场经济的运行形态或表现方式，而这些条件是人类社会发展到资本主义阶段时才逐步形成的，因而就产生了一种误解，认为市场经济是资本主义私有制的产物，同资本主义经济画了等号。其实，市场经济是社会分工或生产社会化、商品化的必然产物，是发达和比较发达的商品经济必然采取的运行形式和表现形态。

最后，要认识到发展市场经济，是社会主义经济发展中一个不可逾越的历史阶段。我国尚处于社会主义的初级阶段，商品经济很不发达，要发展生产力，实现社会主义现代化，就必须使商品经济有一个充分的发展，没有生产的商品化，也就不可能实现生产的社会化和现代化。而产品和各种生产要素商品化的过程，也就是经济运行市场化的形成过程，发达的商品经济及其运行形态——市场经济，是一个不可能逾越的阶段。实践证明，不从根本上改革高度集中的计划经济体制，就不可能改变国民经济运行中的低效率、低效益，不可能激发企业的活力，只能是自甘落后、死路一条。我们选择社会主义和市场经济相结合的体制模式，根本目的是为了迅速发展社会生产力，不断增强综合国力和改善人民生活，焕发社会主义经济的生机和活力，使社会主义制度所固有的巨大潜能释放出来。只有这样，才能进一步巩固和发展社会主义制度，逐步显示社会主义制度的优越性。

略论社会主义商品流通的作用 *

　　马克思主义经济学说告诉我们，社会再生产过程是直接生产过程和流通过程的统一。社会主义经济是有计划的商品经济，社会主义再生产过程也是生产过程和商品流通过程的统一。马克思在分析资本主义再生产过程时指出："这个总过程，既包含生产消费（直接的生产过程）和作为其媒介的形式转化（从物质方面考察，就是交换），也包含个人消费和作为媒介的形式转化或交换。"② 马克思的这个原理，对于分析社会主义再生产过程，同样适用。

　　第一，流通是实现生产资料转化为生产消费的条件。同任何社会一样，社会主义的直接生产过程，也是原料、材料等生产资料的消费过程。各个生产部门、生产单位在生产过程中被消费掉的物质资料，通过产品的出售，将物质产品转化为货币，才能在价值形式上得到替补；通过购买，又将货币转化为生产资料，才能在实物形式上得到补偿；通过产品的出售和购买，即商品流通为媒介的形式转化，生产资料才能不断地进入生产消费，社会主义再生产才得以连续进行。

　　第二，流通是实现生活资料转化为劳动者个人消费的条件。不论是生产资料生产部门的劳动者，还是消费资料生产部门的劳动者，在获得货币工资以后，都必须通过在流通领域购买生活资料，才能实现他们的个人消费。集体农民食用的粮食一般不需要通过流通过程，但粮食以外的生活资料，特别是日用工业品，必须通过以货币为媒介的农产品和工业品的交换。所以，通过商品流通，从实物上不断地对劳动者提供消费资料的供应，才能保证劳动

　　*　原载《光明日报》1980 年 8 月 29 日。
　　②　《马克思恩格斯全集》第 24 卷，第 309 页。

力的再生产。

第三，流通是实现剩余劳动产品转化为积累的条件。在社会主义制度下，劳动群众提供的剩余劳动产品，是在直接生产过程中创造出来的，但通过流通过程才能转化为货币，作为企业利润（包括商业利润）和税金的形式，按计划上交给国家，并从中形成积累基金。同时，以货币形式存在的积累基金，又通过流通过程，才能转化为扩大再生产所需要追加的生产资料。

马克思说："在商品生产中，流通和生产本身一样必要"。[①] 在现实经济生活中，生产和流通的关系，主要表现为工业、农业和商业的关系。工农业生产是商业的基础，生产决定流通，制约着流通。但是，流通对于生产有重大的反作用，也制约着生产。如果没有商业工作，工业品和农产品之间、工业品之间不流通，社会主义建设就不能进行。随着工农业生产的迅速发展，必然要求交换范围要相应扩大。随着人民生活水平的提高和各项家务劳动的社会化，又要求各项服务工作日益发展。所以，商业和服务事业是同工农业并驾齐驱的重要社会行业。那些存在着轻商思想的同志，实质上不懂得生产和流通、工农业和商业之间的这种辩证关系。

那么，如何发挥商品流通在社会主义再生产过程中的作用，为加速实现"四化"服务呢？从我国的实践经验看，主要应当处理好下述几个方面的问题。

一是，从社会需要出发，正确处理产销关系。商品流通过程是商品购销调存的统一过程。购调存是为了销，销是流通过程中具有决定意义的部分。因此，生产和流通、工农业和商业的矛盾，集中表现为产销之间的矛盾。实践表明，实行以产定销或以销定产都各有弊端。以产定销，由于把生产的决定作用片面化和绝对化了，否定流通对生产的反作用，忽视人民的需要，容易造成产需脱节。以销定产，往往容易依据一时一地的销多销少，来决定增加收购或减少收购，一时畅销就要求增产，一时滞销就要求减少生产，造成生产的忽上忽下，既限制生产，又限制销售，同样不能发挥流通的积极作用。

正确处理生产和流通的关系，解决产销矛盾，必须实行以需定产。生产

---

① 《马克思恩格斯全集》第24卷，第144页。

部门组织生产、安排生产计划，商业部门组织收购、安排购销计划，要互相促进，互相监督，密切协作，在认真调查研究的基础上，既要以当前的市场需要作为重要根据，又要科学地预测消费者需要变化的趋势和特点；既要考虑到当地情况，了解本地市场的需要；又要考虑到全国情况，了解外地市场的需要；既要区别需求变化的经常因素和暂时因素，又要区别销售变化的主观因素和客观因素。有些商品，经常是从一时、一地、一个经营部门或一个经营环节来看，超过了需求，但从发展变化的需求、全局的需求来看，又供应不足。随着生产的发展和人民生活水平的提高，广大消费者对商品的生产和供应，不仅要求数量多，而且要求质量好、品种新颖多样，因而不仅需要及时掌握消费者需要量的增长变化情况，更要注意调查研究城乡人民需要构成变化的动态及其规律性，力求适应需求的变化情况，密切衔接和调整产销计划，推行产销合同，不断地解决产销矛盾，求得产销、供求的相对平衡。只有这样，社会主义商业才能充分发挥流通的"中介"作用。

二是，加速商品流转，缩短流通时间。商品流转加快了，流通时间缩短了，再生产的总时间也就相应地缩短，生产的发展速度就会加快；相反，流通时间就会增加，再生产的总时间就会相应地延长，生产发展的速度就会慢。

加速商品流转，必须减少流转环节，按经济区域组织商品流通。多年来，我们是按行政区划、行政层次、行政权力组织商品流通。商品按行政系统一层层地流转，按行政区划一块块的流转，按行政权力实行"官商"化的经营方法，结果有多少行政层次，就有多少商品经营管理的层次，商品经营环节过多，流向不合理，造成费用大、流通时间长，违背了客观经济规律。例如，湖南省常德市是一个只有 17 万人口的行署辖市，行署、市、县都分别在这里设置了一套批发机构。本来，零售单位直接向二级站进货到上柜供应，只需五六天时间，由于环节增多，商品在同一城市由这家仓库搬到那家仓库，再搬到零售商店，一般需要半个月，有时长达 20 多天。这样，不仅造成商品逆流倒运，周转缓慢，资金呆滞，而且人为地分割市场，画地为牢，割断了地区之间、行业之间合理的商品交流，造成人力、物力和财力的浪费，既严重影响了商品的供应，又延缓了社会扩大再生产过程。因此，减少流通环节，按经济区域组织商品流通，这是加速社会主义现代化建设的客观要求。

加速商品流转，缩短流通时间，还必须使流通渠道畅通。长期以来，我们是"外贸一家，内贸一渠"，工业消费品由国营商业统购包销，农副产品由当地供销社独家收购，城乡"一根绳"。这种单一渠道，远远不能适应城乡之间、地区之间的商品交流。我们在 20 世纪 50 年代，曾经存在各种传统的购销形式和流通渠道，如物资交流会、贸易货栈、集市贸易、小商品批发市场、禽蛋水产交易市场等，对实现城乡之间、地区之间、生产和消费之间的经济联系，起了很好的作用。我们应该总结正反两个方面的经验教训，在改进国营商业和工农业之间购销形式的同时，尽一切努力来疏通传统的商品流通渠道，恢复各种灵活的购销方式和经营特色，并开辟一些新渠道，变"一根绳"为"千条线"，使商品流通像健康人的循环系统那样畅通无阻。

三是，进行合理的商品储备，发挥流通"蓄水池"的作用。社会再生产的顺畅运行，既要求加速商品流转、缩短流通时间，又要求进行合理的商品储备。商品在离开生产过程以后，一般都要经过流通过程的收购、调运、销售等活动，才能进入消费过程。这就是说，商品从产地到销地、从生产者手里到达消费者手里，必然有一个空间的距离和时间的间隔。因此，要保证市场供应的不间断，必须有适当的周转储存，才能在空间上调节余缺，在时间上调节有无。同时，有一些商品的生产和消费存在着常年性与季节性、集中性与分散性的矛盾。有些产品是季节生产常年消费，如粮、棉、油料、麻、丝、茶等；有些产品是常年生产季节消费，如农药、化肥等；还有些产品生产的淡旺季与消费的淡旺季不一致，如猪、禽、蛋等。因此，为了保证常年的正常供应，就要有季节性储备。这种情况也存在于年度之间，如农业的丰、歉，商品的储备还必须考虑到以丰补歉的需要。此外，社会的生产和需要、市场上的供与求是处在不断变化和发展中，不论在可供的商品总量与社会购买力之间，还是在千万种商品的供需之间，平衡只是相对的、暂时的、有条件的，不平衡是绝对的、经常发生的、无条件的，只能进行必要的商品储备，才能通过调节供需，争取在不平衡中，经常求得相对平衡。马克思在论述商品储备的必要性时，曾经把商品储备比喻为流通的"蓄水池"。像我们这样一个有 9 亿多人口的社会主义大国，不仅没有一定的商品储备是不行的，而且随着生产的发展和人民生活水平的提高，商品储备必须相应增加。

然而，忽视发挥流通"蓄水池"的作用，在当前商业工作中是一个较为突出的问题。有些商业批发机构认为储存商品、加大库存，会影响资金周转和企业赢利，把本企业的经济核算同进行合理的商品储备对立起来。显然，这是不正确的。社会主义商业的根本任务是通过组织商品流通，促进工农业生产发展和为人民生活服务。如果只愿意这手进那手出，不愿意搞合理的商品储备，发挥"蓄水池"的作用，以支持生产和保证正常供应，那就是一种片面的核算观点和单纯的商业观点。当然，这并不是说储备越多越好，应当把合理的商品储备同脱离社会需要的商品积压区别开来。但是，必须用全局的、发展的观点对商品的脱销和积压作具体分析，区别情况，慎重对待。要充分认识，同满足9亿多人口不断增长的需要相比，我国商品的生产和供应不是多了，而是远远不足，应当把"流"和"储"恰当地结合起来，当"储"则"储"，当"流"则"流"，积极收购，积极推销，把生意做活。在这个过程中，不断改进经营管理，加速资金周转，以降低流通费用，增加合理赢利。

关于建立社会主义商品经济新秩序的几个问题 *

一 社会主义商品经济新秩序的内涵

社会主义商品经济新秩序的含义是什么？依据社会主义商品经济发展规律的客观要求，建立各社会主体经济关系，经济行为的规范化和法律化。显然，它包括三个层次：第一，它的建立必须以社会主义有计划商品经济的发展规律、运行的规律为依据，适应和体现社会主义商品经济发展的要求，或发展社会化的城乡商品经济的客观要求，否则，要建立的就不是商品经济的新秩序了；第二，它是各个社会主体包括个人、企业、事业单位、政府等经济行为和经济关系处理的准则、规则；第三，它是建立在法制基础上的规范化，也就是各种经济行为的规范要用法律的形式固定下来，经过法制进行严密的规范化，才具有稳定性和强制性。

有两点需要说明：一是，我没有使用"商品经济主体"，而是使用"社会主体"这个词。学校、政府、科研等事业单位以及非生产者和经营者的个人，不是商品经济主体，但它们也发生经济行为和经济关系，在它们的经济行为和经济关系中，也必须遵循商品经济新秩序所确立的准则。二是，我没有使用"制度化"这个词。制度、体制与秩序是既有联系又有区别的两个概念。经济制度是指人类社会发展一定阶段生产关系的总和，其核心是所有制关系。经济体制是经济制度实现的具体形式。秩序的含义则是次序、规则或规范。制度、体制决定秩序的性质、特征和准则，每一个社会、经济制度都必须建立与它相适应的秩序。而秩序又是维护产生它的社会、经济制度的，是制度、体制实现的保障。因此，在我国不改革旧体制和建立新体制，

---

* 原载《商业经济论坛》1989 年 5 月。

新秩序的建立也就没有基础；而不相应地建立新秩序，新体制也不可能建立和完善，就是建立了也不能巩固。建立社会主义有计划商品经济的新体制，就必须同时建立适应有计划商品经济发展要求的新秩序，但两者又有不同的含义和内容，不是一个概念，不能画等号。

二 建立社会主义商品经济新秩序的必要性和意义

为什么在强调治理整顿和深化改革的过程中，要逐步建立社会主义商品经济新秩序？

1. 建立社会主义商品经济新秩序，是现代商品经济发展的客观要求

商品经济的产生和发展迄今已有 5000～7000 年，它自身形态的变化大体上可划分为三个阶段：第一，古代商品经济。商品经济从诞生之后到产业革命之前，都可以说属于古代商品经济。这个阶段的标志是只有部分产品转化为商品，资金、劳动力等生产要素还未转化为商品和形成市场。古代商品经济是建立在以手工工具为劳动手段的小生产的基础上，在社会经济生活中还处于依附于自然经济的从属地位，尚未成为占统治地位的经济形式。因此，它的运行受占统治地位的自然经济所制约，在一种分割、狭小和极不完善的市场机制调节下缓慢发展的。第二，近代商品经济。从古代商品经济转变为近代商品经济，是随着产业革命和生产商品化的发展而完成的。它的标志是劳动力转化为商品，即劳动的商品化和社会化。近代商品经济是建立在以机器为主要劳动手段的大生产的基础上，在社会经济生活中成为普遍的占统治地位的经济形式。这个阶段商品经济的运行和资源的配置是由自发竞争的市场机制所调节，也就是由市场"看不见的手"自发拨动的。第三，现代商品经济。从 20 世纪 40 年代以后开始进入现代商品经济的发展阶段。它的主要标志是产权的商品化，股份化的大公司成为占主导地位的经济形式。这时整个国民经济实现了商品化、社会化和现代化，形成了完备的市场体系。现代商品经济是社会化的商品经济，它的基本特征是货币化和信用化，并且日益趋向国际化。因此，社会化的商品经济不仅要求充分发挥市场机制的作用，而且要求建立宏观经济协调的机制，要求把市场"看不见的手"和国家干预"看得见的手"结合起来，使社会经济活动有序化、规范化和

法制化。它不仅要求在同一国建立适应商品经济发展的这种经济、社会秩序，也要求在国际经济活动中建立这种经济秩序。

我国的商品经济现在还很不发达，但是，我国"四化"建设的目标是实现生产的商品化、社会化和现代化，要发展的是社会化的现代商品经济。而且我国实行的是以公有制为主体的社会主义经济制度，有计划的商品经济要求把计划调节与市场机制紧密结合，更需要有宏观的指导和逐步建立商品经济的新秩序。

2. 建立社会主义商品经济新秩序是实现新旧体制转换的客观需要

当前，我国的改革已经进入新旧体制转换的关键时期。一方面，在经济生活的每一个领域，旧的产品经济体制和与之相适应的经济秩序都被打破了；另一方面，在任何一个经济领域，社会主义有计划商品经济的新体制、新秩序都还未确定。例如，企业的自主权扩大了，活力增强了，但至今还没有真正成为自负盈亏的商品生产者和经营者，尚缺乏有力的自我约束机制；市场对于经济的调节作用大为增强了，但宏观调控并没有相应地加强和改善；在已经放开的领域，老办法废除了，但还没有建立起一套行之有效的适应有计划商品经济的新办法、新秩序等。这种新旧体制并存的局面产生了众多的矛盾、摩擦和漏洞，是当前经济生活无序、混乱的重要原因。改革的深入，要求由单项突破转入综合配套改革，由浅层次改革转入深层次改革，由重点突破转入重点确立的阶段。建立社会主义商品经济新秩序，是经过十年改革的实践提出来的，不治乱和建立新秩序，十年改革的成果就不能巩固，下一阶段的改革就难以深入。

3. 建立社会主义商品经济新秩序是创造良好的社会环境，实现社会主义现代化的客观需要

实现国民经济长期稳定的发展和社会主义现代化，必须有良好的经济、社会环境。而新旧体制并存、无序特别是流通领域中的混乱现象，不仅是造成投资膨胀和消费膨胀、诱发通货膨胀的重要原因，同时，在改革的过程中，一方面，各级地方政府的自主权扩大了，地方的经济活力增强了，但政企职责尚未真正分开，加之适应社会主义商品经济和改革开放新形势的行政新秩序尚未确立，政府行为缺乏规范化，出现了权力和金钱交易，在政府的某些环节产生了腐败现象。因此，只有边治理经济环境、整顿经济秩序，边

建立社会主义商品经济新秩序，逐步实现企业行为规范化、市场行为规范化和政府行为规范化，才能克服经济生活中的混乱和腐败现象，推进廉政建设，保持社会安定和建立社会主义商品经济的新文明，为实现我国社会主义现代化创造良好的社会环境。在秩序混乱和通货膨胀的环境中，国民经济不可能得到健康发展，改革无法顺利进行，人民生活也得不到安定。

三　建立社会主义商品经济新秩序需要把握的几个问题

在建立社会主义商品经济新秩序的过程中，必须注意把握以下三点。

1. 综合性或整体性

商品经济新秩序是一个综合性的范畴，它不仅包括经济基础领域的问题，也包括政治上层建筑和观念上层建筑，就是说它不仅包括经济活动的秩序和经济行为准则，也包括与之相适应的法律体系和政府行为的规范化。与经济活动相联系的中央同地方的关系，地方同地方的关系，企业与企业的关系，国家与企业的关系，国家、地方、集体和个人的关系，以及人与人之间的关系，都必须有基本的准则，都要用法律加以规范。同时，商品经济新秩序不仅包括有形的具有强制性的规则、法律规范人们行为的硬约束，又要有无形的与之相适应的社会思想、观念的体系，特别是道德规范的软约束，使人们自觉地维护和遵守新秩序。道德，也就是无形的人们行为规范的总和，道德规范就是行为准则。虽然它不具有法律的强制性，但由于它是社会评价善恶、荣辱的标准，通过教育和社会的舆论被社会公认，形成了习惯和传统，在约束人们的行为方面就会产生巨大的社会力量。因此，就流通领域来说，要治乱，要建立新秩序，一方面，要制定和完善包括市场进出规则、市场竞争规则、市场经营规则等市场规则及流通规则，并制定相应的法规；另一方面，又必须制定相应的职业道德，如商业道德，加强道德观念、价值观念、纪律观念等思想观念的建设，加强职业道德的教育。

2. 渐进性或过程性

商品经济秩序的建立，既是商品经济发展的客观要求，又要适应商品经济发展的水平，在我国它又是一个改革的过程，所以完善的社会主义商品经济新秩序的确立，是一个长远的目标，它要经历一个从不完备到完备、从单项规则的制定到建立完备秩序的渐进过程。资本主义发达国家现代化商品经济秩序的建立经历了一个多世纪。后起的发达国家和地区，由于有所借鉴，时间大为缩短了，但也经历了约 20 年时间。我国既有所借鉴，又实行的是以公有制为基础的社会主义制度，这个过程还可以缩短一些，但由于我国的商品经济不发达，又搞了几十年的产品经济体制，在全国确立商品经济的新秩序，也必须要经历一个较长的渐进过程和付出艰苦的努力。因此，我们既要有紧迫感，结合治理整顿抓紧建立新秩序的工作，又要同现阶段我国商品经济发展的实际水平和改革的进程紧密结合，采取一些过渡性的办法和措施，逐步完善。

3. 特殊性或个性

事物的共性与个性，一般性与特殊性也具有相对性，因而商品经济秩序的特殊性也必然具有层次性。商品经济秩序与产品经济秩序相比，有它的特殊性，产品经济秩序是依靠行政手段和指令性计划来建立和维持的，而商品经济秩序则主要是依靠经济手段和法律手段来建立和维系的，必须把握这种特殊性。而社会主义商品经济秩序和资本主义商品经济秩序，由于都属于现代商品经济秩序的范畴，必然具有共同性，例如，企业经营独立化是商品经济秩序的基础，市场竞争公平化是商品经济秩序的核心，资源流动自由化是商品经济秩序的条件，经济联系契约化是商品经济秩序的主要形式等。但由于两者所依存和联系的社会经济条件不同，也各具有自身的特殊性。社会主义商品经济秩序，要体现以公有制为主体的多种经济成分并存的社会主义的基本制度，就是说要使公有制为主体的不同性质的商品经济各得其所，各自在自己的范围发挥作用；要体现通过承认差别实现共同富裕的根本目的；要体现社会主义精神文明的新型社会关系等。就是在社会主义国家，由于各国的国情不同，所建立的商品经济秩序也必然各有自己的特点。我们建立的应是具有中国特色的社会主义商品经济新秩序。不论是东方的还是西方的，这方面的基本经验和做法都可以借鉴，必须有选择地参考和移植国外适应商品经济发展的成熟的法规。建立商品经济新秩序，是一个很大的社会工程，如每项法规都靠自己研究，时间将会拖得很长。但"吸取"和"移植"，都必须同中国的国情相结合，从我国社会主义初级阶段的客观实际出发，使其中国化，而不能照搬。

论计划机制与市场机制的转型和结合 *

一 社会主义的基本实践与计划机制和市场机制调节的结合

社会主义实践的历史经验表明，影响最广泛、最难解决的是如何选择同生产力发展要求相适应的社会生产组织形式，以及建立相应的经济运行机制和管理体制。经济运行的问题，也就是社会主义总的再生产的实现问题。它关系并影响着社会主义的生产建设、商品流通、收入分配、社会消费等社会经济生活的各个方面，它的解决也涉及总量平衡、结构协调、合理布局等各项重大的经济问题。同时，个别企业由于再生产的运作是分散的，必然带有自发性，社会再生产的运作要求按比例和平衡；个别再生产要求有充分的活力，社会再生产要求充分的有序。如何恰当地处理好个别再生产和社会再生产的这种自发性和平衡性、搞活和有序的矛盾，是一个十分复杂、很难解决而又必须解决的难题。

社会主义经济运行机制及管理体制模式的选择，不能以主观意志为转移，而应依据：（1）社会生产的组织形式。经济运行机制就是社会生产组织形式外在、动态的"表现形式"。（2）社会经济条件。主要是生产资料所有制的关系，它制约着运行机制和管理体制的社会性质。（3）生产力的发展水平和要求，这是根本的物质基础。

社会主义的实践反复证明，商品经济仍然是社会主义阶段最适宜的促进生产力发展的社会生产组织形式。而商品经济再生产实现的条件是市场，其共同的运行机制是市场调节机制。但是，在社会主义条件下，商品经济所赖

　＊　原载《求索》1991 年第 2 期。

以存在的经济条件是以公有制为主体的多种所有制形式并存的经济关系。这就决定了社会主义商品经济的运行，在整体上又必然受国家宏观计划的指导和调控。有计划的商品经济是社会主义生产、再生产的组织形式。这种具有计划和商品二重属性的社会生产组织形式，决定了其运行机制和管理体制也必然具有计划性和市场性二重属性，或计划调节机制和市场调节机制并存与结合。社会主义各种经济问题的解决，无不同对这两种调节机制如何认识和处理有关。实践证明，传统的产品型的计划经济体制和单一计划调节，能够有效地动员和集中人力、物力、财力以保证重点建设，但由于统得过多过死，忽视经济杠杆和排斥市场机制的作用，压抑了企业的生机、活力和效率，不可避免地造成在计划的指导思想上主观与客观相分离，计划同实际相脱节，比例失调，产需失衡，事与愿违。自由市场经济型的单一市场调节，固然能够激发企业的活力和效率，但由于它的自发性和盲目性，排斥计划的指导和调节作用，不可避免地会导致社会经济生活的无序，社会收入分配的悬殊和不公，诱发经济的波动和震荡。唯一的办法，是把计划自觉的宏观平衡和公平机制同市场的自发均衡和效率机制有机地结合起来，从而建立起具有中国社会主义特色的、微观充满生机和活力、宏观稳定有序的社会主义商品经济的运行机制和经济管理体制，这就是我国经济体制改革的目标和深化改革的基本任务。

二　实现产品型计划机制向商品型计划机制的转变和完善

建立社会主义商品经济的运行机制，必须对传统的计划经济体制进行改革，逐步实现产品型计划机制向商品型计划机制转变。

计划机制作为一种经济运行机制和管理体制，既可以以产品经济为内容并适应产品经济发展的要求而形成和完善，也可以以商品经济为内容并适应商品经济发展的要求而形成和完善。

经典作家所预想的社会主义经济，是以单一公有制为基础的有计划的产品经济。其主要特征是调节机制的单一性。从以单一的公有制为基础的有计划的产品经济，转变为以公有制为主体多种所有制形式并存的有计划的商品经济，或从产品型的计划机制转变为商品型的计划机制，是一个直接涉及社会经济活动各个方面的艰巨而复杂的改革任务。这是因为后者与前者相比，具有不同的特点。①调节机制的兼容性。商品经济与产品经济不同，它是以交换为目的或以交换为中介满足社会需求的社会生产组织形式，因而商品型的计划经济体制必须建立在商品的等价交换和自觉运用价值规律的基础上，它不仅不排斥市场机制，而且必须利用市场机制并实现计划和市场两种机制的结合，这就决定了调节机制的兼容性及其结构的二重性。②调节手段的混合性。商品经济运行的基础是市场。在国民经济总体是有计划发展的条件下，计划的作用也是覆盖全社会的，因而对社会主义经济运行起调节作用，不仅有直接的计划调节和直接的市场调节，也有间接的即以市场为中介的计划调节和间接的即以计划为中介的市场调节，这就决定了经济调节形式和实现计划手段的混合性和多样性。③计划实施的灵活性。在商品经济条件下，国民经济计划只能是粗线条的和有弹性的。在宏观计划的实施上，既要适当地运用行政手段和指令性计划手段，但更多地要运用具有弹性的经济政策手段和法律手段，以充分发挥市场调节机制的积极作用，从而把宏观计划的统一性和计划实施的灵活性结合起来。

形成商品经济型的计划机制，关键在于依据社会主义商品经济和社会再生产的运动规律，改革和完善计划调节机制，实现计划机制的转型。列宁说过："经常地、自觉地保持平衡，实际上就是计划性。"[1] 计划机制就是自觉的宏观平衡机制。商品型的计划机制主要包括以下几个方面。

（1）直接控制与间接控制相结合的计划制衡机制。计划调节机制平衡功能的主要目标，是总量平衡和结构协调，保证重大比例关系比较适当，实现国民经济总体上的持续、稳定、协调发展。但是，在我国的社会主义建设实践中却出现了几次严重的总量失衡，结构失调，导致国民经济总量大起大落的剧烈波动。究其原因，它既有非经济因素的干扰，也有经济因素上的动因，既有战略指导思想上的失误，但深层原因是运行机制和体制上的缺陷。在以计划为核心的宏观管理上，没有形成符合客观经济规律的有效制衡机制，因而发生了计划导向上严重的逆调节，建立和完善商品型的计划制衡机制，必须正确处理以计划为核心的宏观控制系统中的长期与短期、直接与间

---

① 《列宁全集》第3卷，第566页。

接、宏观与微观的关系。在长期计划控制与短期计划控制的关系上，要重点加强建立在科学预测基础上的战略性的中长期计划控制。对于事关全局的宏观经济活动，要以直接计划控制的硬约束为主，对于微观经济活动，要以有弹性的间接计划控制的软约束为主。不仅要加强从宏观到微观分层调控的计划控制系统，同时又必须建立和加强从微观到宏观的信息反馈和校正系统，从而提高计划制衡机制的科学性、有效性和长期效应，克服宏观调控中的主观性和随意性。

（2）制衡利益多元化的计划协调机制。在商品经济条件下，由于利益主体的多元化和调控主体的多元化，计划机制必须由传统的制衡利益单一化的行政性强制调节机制，转变为制衡利益多元化的行政性与非行政性相结合的协调机制，这种协调包括：①横向协调。主要是以计划为核心的计划、财政、金融、物价、物资、工资等各调控主体行为和调控手段之间的协调，以实现宏观计划目标所要求的统一性与实现目标调控手段之间的联动性的有机结合和一致，解决各自为政的问题。②纵向协调。主要是以宏观计划目标所体现的国家整体利益为核心，国家利益、地方利益、企业利益、个人利益的协调，合理划分国家、地方、企业、个人的利益结构，在中央和地方事权划分规范的基础上合理划分中央和地方的财权，以及中央、地方、企业的投资范围和责任，以解决各利益主体之间的利益合理兼顾问题，把计划目标的实现建立在发挥和调动各个方面的积极性和活力的基础上。③纵横协调。主要是国家计划、行业计划、地区计划的协调，也就是国家计划要行业化，行业计划要区域化，以解决国家计划目标和地区计划目标的矛盾，以及各主要部门、行业的协调发展，把国民经济总体的均衡发展，建立在充分发挥各地区的优势、非均衡和高效益发展的基础上。

（3）刚性、弹性、柔性并重与结合的计划约束机制。计划的平衡、协调的实现，必须有约束。商品型的计划约束应当既是有力的，又是灵活的。它包括：①刚性约束。也就是具有行政强制性的指令性计划约束。对于事关全局的重大经济活动和关系国计民生而又短缺的主要产品，必须实行指令性计划的刚性约束，并加强这种计划管理的严肃性。但也要对于那种传统的僵硬式的单纯行政约束进行改造，做到行政手段与经济政策手段并用，使刚中有弹性、有柔性，强制性约束中有灵活性，以体现商品经济的等价补偿原则和在一定程度上适应供求关系的变化。②弹性约束。即有灵活余地的指导性计划约束。对于影响面广的重要经济活动和加工工业产品、重要的农副产品，实行有弹性的指导性计划。由于这种计划约束主要通过宏观经济政策手段和经济杠杆的调节来实现，因此，企业的生产经营和扩大投入，就有一个根据市场供求和价格的变化进行选择的余地，有一个伸缩的区间。③柔性约束。对于国家不做计划、由市场自动调节的经济活动和产品，一般地说，企业可以直接根据市场供求关系和价格的变动安排自己的生产和经营，进行比较自由的选择，但国家可以通过体现宏观计划要求的政策手段进行间接度更大一些的柔性约束。同时，对于那些严重违背国家计划要求的市场行为，也必须通过制定工商管理条例和市场法规进行强制性的规范约束，使柔中有刚。商品型的计划约束机制，应是刚性、弹性、柔性约束并重和刚中有柔、柔中有刚的有机结合。这就体现了计划性与灵活性的统一，宏观控制与微观搞活的统一，以解决经济运行中死、乱并存的难题。

（4）科学化、民主化的计划决策机制。由于计划是国民经济发展的总体部署，在计划机制中决策机制是最重要的。社会主义建设的实践表明，宏观计划决策的失误是经济工作中最大的失误，其所造成的损失，往往大大超过市场失误所造成的损失。因此，必须逐步形成科学的计划决策机制，它包括：①科学化的决策程序。要建立具有规范性、客观性的调查研究综合预测分析—咨询论证—多方案比较—政府决策—人大讨论批准的决策程序。②决策民主化、科学化的法律保障体系。要制定《计划法》《预算法》《投资法》等相关法规，对于计划决策程序，决策者的责任，决策的实施、反馈、校正和调整等都用法律的形式固定下来，以保证决策科学化和避免重大失误。③决策实施的跟踪、反馈系统。要建立对于决策实施过程进行观察、监督和信息的收集、分析、反馈系统，如发现决策有失误，或实际情况发生重大变化，或实施中出现重要偏差，及时反馈并提出调整建议，使决策机构能够对计划决策进行及时校正和调整，对体现计划要求的政策参数进行调整和修正，从而逐步形成以直接决策系统为核心，以咨询论证系统、法律监督系统、实施跟踪系统为制约的科学的计划决策机制，以保证计划决策尽可能地符合客观实际和体现经济规律的客观要求。

三 形成和完善计划型的市场调节机制

商品经济运行的基本的共性调节机制是市场机制。但由于在人类社会发展的不同阶段，商品经济所赖以存在的物质基础和经济条件不同，市场机制的作用范围和程度也就不同，作用的形式也具有不同的特点。

1. 市场机制是市场基本因素——价格、供求、竞争相互作用自动调节商品生产、再生产的实现机制

市场机制通过利益诱导商品生产者和经营者个体的微观经济活动，进行资源配置和达到商品经济发展的平衡。因此，市场机制的调节必然具有自发性、盲目性和短期性，是商品经济运行的自发的微观平衡机制。但在我国公有制为主体的有计划商品经济条件下，市场机制的作用必然要受到自觉的宏观计划的左右和制约，成为计划引导和约束的市场机制。这种计划型的市场调节机制同自由市场经济型的市场机制相比，应具有以下几个基本特点。

（1）自发性与自觉性的结合。由于市场机制的自发作用受到自觉的宏观计划的制约和调控，它的作用方向势必受到计划的导向，市场机制作用的无序性成为一个有序的过程，从总体上说它是被自觉利用和控制的市场机制，"看不见的手"在一定程度上成为"看得见的手"。

（2）微观性与宏观性的结合。市场机制的调节直接作用于企业生产和经营的微观经济活动，但它可以通过联系微观与宏观的信息传递机制和反馈系统，成为宏观计划和宏观经济政策制定的重要依据，并在其实施过程中起到校正作用，从而微观市场机制的调节作用就延伸到宏观经济领域。

（3）短期性与长期性的结合。自发的市场机制的信号只能为商品生产者和经营者的决策指示短期的方向，但在有计划商品经济条件下，国家的宏观决策机构可以从总体上对于市场供求长期变动的趋势进行预测和做出比较接近实际的估计，并把它作为制定中长期计划的重要依据，从而市场机制的作用在时序上就进行了延伸，对经济的长期发展间接地起到了一定的导向作用。可见，计划型的市场机制是自发性与自觉性结合、微观性与宏观性结合、计划导向的微观平衡机制。它主要包括：国家管理和市场定价结合与并存的价格调节机制。价格机制也就是价格形成和价格调节供求的机制。由于

价格与价值的一定背离是价值规律作用实现的基本形式。价格机制就成为市场机制构成中的核心机制，能够发挥调节供求正向效应的价格机制，必须能够反映供求。不仅能够反映微观个量的供求关系，而且也要能够反映宏观总量和结构的供求关系。自发的市场供求变动形成的价格信号，其优点是具有直接性、及时性和灵敏性；其短处是近期性、效应的滞后性以及由此产生的盲目性。那种认为完全放开价格，充分发挥市场价格机制的作用，就可以实现资源的合理配置和经济的均衡发展，是不切实际的幻想。形成和完善计划型的市场价格机制，就必须适时而又稳妥地深化价格改革，使价格的形成既能反映价值和市场供求关系的变化，又能受到国家计划导向的约束。为此：一是在宏观上，要从实现总量和结构供求平衡着眼，有计划地调整各种主要产品的比价关系，并逐步缩小直至消除价格的双轨制，保持价格结构的合理；二是在微观上，制定必要的市场价格形成的规则和法律，并发挥国营商业特别是批发企业吞吐物资和平抑物价的作用，逐步实现市场价格形成从无序到有序的转型；三是要根据总量与个量供求平衡的统一、宏观控制与微观搞活统一的要求，合理划分和适时调整相对固定的计划价格、幅度浮动的计划价格、市场自由价格各自适应的范围，从而充分发挥价格机制调节灵敏性的长处，抑制其盲目性的短处，使微观性与宏观性相结合，滞后效应与超前引导相结合。

2. 计划导向和价格导向结合与并存的市场供求机制

供求机制也就是供求变动和供求调节价格的机制。有供求才有市场的交易行为。供求是形成市场的出发点，因而供求机制是市场机制构成中的基础机制。要发挥供求机制对价格信号的形成和变动调节的及时性、灵敏性，供求变动自身又必须要受价格的调节。但是不同层次、不同类别产品的需求量和供给量对价格变动所做出的反应程度是有弹性的，甚至有较大的差异。微观的产品个量的供给量和需求量的变化对价格变动所做出的反应较快，对宏观的产品供给总量和需求总量以及供给结构与需求结构适应情况的变化，价格信号的作用则有较大的滞后性。同时，就微观的个量来说，对于受自然条件影响大小不同的产品，生产周期长短不同的产品，生产技术繁简程度不同的产品，消费者支出比重大小不同的产品等，一定幅度价格的变动所引起的供求变动的幅度和时差都不是一致的。因此，供求的变动又不能完全受自发的价格信号的调节，而必须：第一，宏观的总量供求和结构供求的变动和平衡，要主要依靠自觉利用价值规律和供求规律而制订的计划和政策的调节。这既可以弥补自发价格信号调节的滞后性和盲目性，又可以在微观经济领域，为充分发挥供求机制自动调节的积极作用创造条件，使宏观调控供求方向的自觉性同微观供求变动的自动性相结合。第二，根据对不同产业和产品的价格需求弹性与价格供给弹性的差异，以及需求的价格弹性和供给的价格弹性的差异，采取既反映供求又调控供求的不同性质、不同程度，如直接或间接的、刚性的或柔性的数量和政策的控制措施。从而形成不同层次、不同领域、不同产业和产品，既有区别又有联系的数量导向，政策导向和价格导向有机结合的市场供求机制。

3. 垄断、合作与竞争结合和并存的市场竞争机制

竞争机制是推动价格和供求变动的机制。供求调节价格和价格调节供求是在市场竞争过程中实现的，没有一个竞争和开放的市场环境，价格机制和供求机制的积极作用都不可能得到有效发挥。因此，竞争机制是市场机制构成中的中介机制和动力机制。但是，没有适当限制的过度的市场竞争，会使价格机制、供求机制的自发性、盲目性和短期性的消极作用泛滥，其积极作用被淹没，造成市场和经济生活的紊乱和无序。我国的现状是，既存在着非正常的行业垄断、地区垄断和企业集团垄断，阻碍着竞争机制的形成和其积极作用的发挥，又存在着缺乏有效限制的过渡性的市场竞争，并已经为我国的改革开放和发展带来了极恶劣的影响，我们的任务是既要顺应竞争的规律，又要形成在计划导向和控制下的适度垄断与适度竞争并存、竞争与合作并存的有限度的市场竞争机制。为此：①保护、规范适度垄断，制止变形垄断，改革分割、封锁的体制基础。对于自然资源特别是稀缺资源的开发和利用，不但要实行自然性垄断，而且要进一步完善资源保护法，避免和制止资源的浪费和掠夺式开发。对于特殊的产业和短缺而又重要的产品所实行的经营性垄断，也要制定和完善专营法，规范其专营行为，制止和打击利用专营垄断谋取私利和小集团利益的违法行为。同时，在专营内部也要引入竞争机制，以推动改善经营质量，提高服务效率和经济效益，解决专营性垄断与市场运行相适应的问题。还需要随着国家经济状况的变化逐步缩小专营的范围，更多地发挥市场竞争的积极作用。对于地方和部门利用国家所授予的行

政权，从本地区、本部门的局部利益出发，进行市场的分割和封锁，形成的地方和行业变形垄断，要通过深化政企分离的改革、财政体制的改革等，逐步挖掉分割、封锁的体制基础。同时要制定反封锁法、反垄断法，逐步创造形成统一的开放的竞争的市场条件。②既促进相互支援和联合，又保护竞争。有商品生产，就有竞争，就存在着不同经济成分内部和相互之间的竞争。但是，居于主体地位的公有制企业，既由于存在着各自独立的局部利益必然有竞争，又因为根本利益的一致性，存在着相互支援的关系。因此，既要在计划和政策上指导、鼓励和促进企业间的相互支援和联合，又要在政策和法令上保护它们之间正常的和平等的竞争。不仅在一个行业不能只形成一个联合公司，以避免行业性垄断，在联合公司内部的企业间也要形成既联合又竞争的关系，尽可能地让企业在市场上直接接受广大消费者的评判和检验，优胜劣汰，以激励企业进取，焕发企业活力，推动技术进步。③建立竞争秩序，限制过度竞争。要制定市场法和市场竞争规则，根据不同行业的特点，建立企业资格等级的管理制度，规定不同的进入条件，将竞争者的资质控制在一定基准上。同时，规定企业竞争行为的准则和竞争方式，有效地监督各类企业的竞争活动，保护有效竞争和价格竞争，限制和制裁不平等的非价格竞争和无效竞争。

四　逐步实现计划经济与市场调节有机结合和结合形式的合理组合

如何逐步形成商品型的计划经济调节机制和计划型的商品经济市场调节机制，并实现两者的有机结合？我认为从我国的国情和经济体制与运行机制的现状出发，这是一个较长时期的渐进过程，在这个过程中必然是多种结合形式并存和互相交错。我们的任务应当是认真探索符合我国经济发展不同阶段实际的，具有中国特色的结合形式和各种结合形式的合理组合。这需要特别注意处理好以下几种关系。

（1）正确处理"板块"式结合与渗透式结合的关系，形成"板块"渗透式结合。由于商品经济再生产的不同环节、不同领域、不同产业、不同产品，以及运行的不同性质的载体，计划调节和市场调节的力度是不可能同等的，甚至有很大的差异，在客观上存在着主次之别，在调节的方式上也不可能是相同的。因此，应当也必须根据不同时期的实际情况，和它们对不同对象调节力度和调节方式的区别，科学地划分和界定它们各自主要的适应范围。有了这种明确的划分，才能制定出在实践上可以操作的、符合实际的改革方案、宏观政策和具体法规。而这种"适应范围"的划分，也可以说是一种相对意义上"块块"的划分。

由于这种"板块"不是封闭型的、有你无我单一调节的"块块"，而是有两种调节机制并存和发生作用，因而就必须在划定各种调节形式各自主要适应范围的基础上，进一步解决两种机制调节作用的互相渗透和交错互补的问题。比如，对于实行指令性计划控制的经济活动，同时又必须根据价值规律和市场供求规律的要求，对于其实施的手段和方式进行改革。要从单向的照顾国家利益转到双向的国家利益与企业利益的兼顾和遵循等价原则；从单一地依靠行政手段转到综合地运用行政、经济和法律手段；从单纯地依靠指标的数量控制转到指标控制与合同制并存等。对于实行指令性计划的产品，既可实行保量定价，也可实行保量限价或保量不定价。同时，通过加强信息反馈系统，利用滚动式计划技术，使计划能够反映市场供求状况的变化，从而逐步形成计划机制与市场机制，外在的"板块"组合式结合同内在的"板块"内渗透互补式结合相结合的运行机制和管理体制。

（2）正确处理纵向的重合式结合和横向的合力式结合的关系，逐步形成纵横结合立体结构式的调节机制体系。由于计划机制调节的出发点是宏观，市场机制调节的出发点是微观，在社会主义商品经济运行中，计划是宏观导向机制，市场是微观诱导机制，计划和市场机制相结合的重要方面是纵向的重合式结合，也就是国家宏观经济调控部门依据经济和社会发展计划制定宏观经济政策，形成参数并输入市场，通过市场机制转换成体现计划要求的市场信号。作用于企业决策，引导微观经济活动。对于影响面较广的重要经济活动，加工工业产品和重要的农副产品，可实行这种间接计划控制的重合式结合的调节方式。同时，对于实行直接计划控制的经济活动和产品，也必须发挥市场机制调节的补充作用，形成计划和市场的合力调节。还可以通过以直接计划控制的骨干生产企业和外贸企业为龙头，利用市场机制发展既竞争又联合的企业联合体、贸工农联合体、产供销一条龙等，在横向经济联合中形成计划和市场的合力调节，从而形成宏微观结合、纵横结合立体结构式的调节机制体系。

（3）正确处理互为消长和共同增强的关系，逐步形成双向交错互补的组合调节机制。只要不是存在一种调节形式，就有一个各自适应范围的划分和根据实际情况的变化进行调整的问题。在这一过程中，指令计划调节的范围缩小了，指导性计划调节或市场调节的调节范围就扩大了，反之亦然。在同一范围内计划调节和市场调节力度的强弱也因条件的变化可以相互转化。因此，不论是"范围"的变化，还是"力度"的变化，都有一个相对意义上的此消彼长和消长互补的问题，必须根据客观实际情况处理适度。如果处理不当，发生了违背实际情况的错位或越位，就会导致逆向调节和经济生活的紊乱和无序。从当前的实际情况出发，一方面必须加强和完善以计划为核心的宏观调控体系，加强计划性；另一方面又需要积极推进市场秩序的建设，完善市场运行规则，积极培育和完善市场体系，加强市场性。从历史的发展趋势看，我国工业化、生产商品化、社会化的发展，既要求提高计划调控的有效性，又要求扩大微观市场调节的范围和调节机制的完善，充分发挥市场调节的积极作用。因此，我们必须正确处理计划机制和市场机制，在商品经济运行的不同层次、不同领域、不同时期调节力度消长的变化和共同增强的关系，逐步形成双向交错互补的组合调节机制体系。

计划与市场结合形式的合理组合 *

我国经济理论界就计划和市场的结合形式提出过多种观点，如"板块说""渗透说""胶体说""重合说"等。这些观点都各有道理，但也都失之于片面，不能充分反映我国社会主义初级阶段计划和市场相结合的复杂情况。我认为从我国的国情、经济体制和运行机制的现状出发，实现计划和市场的有机结合是一个较长时期的渐进过程，在这个过程中必然是多种结合形式并存和相互交错。我们的任务应当是认真探索符合我国经济发展不同阶段实际的、具有中国特色的结合形式和各种结合形式的合理组合。

（1）正确处理"板块"式结合与渗透式结合的关系，形成"板块"渗透式结合。有一种意见认为，计划调节和市场调节是内在统一的结合，既无主辅之分，也无板块之别。这种观点，从一定意义上说是有道理的。在社会主义商品经济的运行中，计划起着主导作用，市场则是运行的基础，不能做主辅之分。同时，计划和市场的作用都是覆盖商品经济的全部活动的，也不能作有你无我或有我无你的板块划分。但是，对于商品经济再生产的不同环节、不同领域、不同产业、不同产品，以及运行的不同性质的载体，计划调节和市场调节的力度是不可能同等的，甚至有很大的差异。因此，应当根据不同时期的实际情况，和它们对不同对象调节力度和调节方式的区别，科学地划分和界定各自主要的适应范围。而这种"适应范围"的划分，也可以说是一种相对意义上"板块"的划分。由于这种"板块"不是封闭型的有你无我单一调节的，而是两种调节机制并存和发生作用，因而就必须进一步解决两种机制调节作用的互相渗透和交错互补问题。既要加强直接计划控制的严肃性，又要使指令性计划也能够适当地反映价值规律和市场供求机制的

要求，具有一定的灵活性，从而逐步形成计划机制与市场机制外在的"板块"组合式结合同内在的"板块"内渗透互补式结合并存的运行机制和管理体制。

2. 正确处理纵向的重合式结合和横向的合力式结合的关系，逐步形成纵横结合立体结构式的调节机制体系。由于计划调节的出发点是宏观经济领域，市场机制调节的出发点是微观经济领域，在社会主义商品经济运行中，计划是宏观导向机制，市场是微观诱导机制，计划和市场机制相结合的重要方面是纵向的重合式结合。也就是国家的宏观经济调控部门依据经济和社会发展计划制定宏观经济政策，形成参数并输入市场，通过市场机制转换成体现计划要求的市场信号，作用于企业决策，引导微观经济活动。对于影响面较广的重要经济活动，加工工业产品和重要的农副产品，可实行这种间接计划控制的重合式结合的调节方式。同时，对于实行直接计划控制的经济活动和产品，也必须发挥市场调节的补充作用，形成计划和市场的合力调节。还可以通过以直接计划控制的骨干生产企业和外贸企业为龙头，利用市场机制发展既竞争又联合的企业联合体、贸工农联合体、产供销一条龙等，在横向经济联合中形成计划和市场的合力调节，从而形成宏微观结合、纵横结合立体结构式的调节机制体系。

3. 正确处理互为消长和共同增强的关系，逐步形成双向交错互补的组合调节机制。只要不是只存在单一的调节形式，就有一个各自适应范围的划分和根据实际情况的变化进行调整的问题。计划调节的范围缩小了，市场调节的范围就扩大了，反之亦然。在同一范围内计划调节和市场调节力度的强弱也因条件的变化可以相互转化。因此，不论是"范围"的变化，还是"力度"的变化，都有一个相对意义上的此消彼长和消长互补的问题，必须根据客观实际情况处理适度。如果处理不当，发生了违背实际情况的错位或越位，就会导致逆向调节和经济生活的紊乱和无序。从当前在一定程度上存在的计划和市场调节双失效的实际情况出发，一方面必须加强和完善以计划为核心的宏观调控体系，加强计划性；另一方面又需要积极推进市场秩序的建设，完善市场运行规则，积极培育和完善市场体系，加强市场性。从历史的发展趋势看，我国工业化和生产商品化、社会化的发展既要求提高计划调控的有效性；又要求扩大微观市场调节的范围和完善调节机制，充分发挥市场调节的积极作用。因此，我们必须正确处理计划机制和市场机制，在商品经济运行的不同层次、不同领域、不同时期调节力度消长的变化和共同增强的关系，逐步形成双向交错互补的组合调节机制体系。

　　上述分析可见，在社会主义商品经济运行中，计划调节与市场调节的结合是一个巨大的社会系统工程。这种结合是内在的、相辅相成的又覆盖全社会的，这是两者结合的共性。但是，在经济运行的不同层次、不同区域、不同环节、不同产业和不同载体，各有其个性和特点，因而，计划和市场调节的具体结合形式，也必然具有多样性和多层次性。我们必须深入探索适合于各种不同调节对象的特殊的调节结合方式，并从经济运行的整体性出发进行合理组合。

论计划经济和市场调节的结合与
完善宏观调控机制 *

一 计划经济与市场调节相结合的方式与目标选择

计划经济与市场调节相结合，必须要通过一定的调节形式和适当的结合方式来实现。我同意基本的调节形式是直接的指令性计划调节、间接的指导性计划调节和市场调节三种。我认为，基本的结合方式也是三种，即直接计划调节与间接不同程度的市场机制因素的渗透和制约相结合；间接计划调节与直接不同程度的市场机制的调节相结合；自发的市场调节与间接的计划控制或制约相结合。这几种基本的调节形式和结合方式，在我国将会长期存在。但是，计划经济与市场调节在总体上结合的程度，三种结合方式各自适应的范围和所占的比重，以及在经济运行中的地位和作用，每一种结合方式中计划和市场调节力度的强弱等，是有条件的、可变动的，它们是可以相互转化的。影响和决定上述变动的基本条件是生产社会化、商品化达到的程度和发展水平。具体来说，这些基本条件主要是：①经济运行的层次，是宏观层，还是微观层次；②各种经济活动在国民经济发展全局中的重要程度，是宏观经济活动、关系全局的重要微观经济活动，还是一般的微观经济活动和起补充作用的微观经济活动；③社会生产和需求总量及其结构平衡的状况，是平衡、基本平衡，还是一定程度的失衡、严重的失衡；④各种调节机制自身的状况，如宏观调控机制和体系是否形成和完善，市场、市场体系发育的程度，企业自我约束机制是否建立等。

---

* 原载《经济研究》1990 年第 2 期。

根据上述条件，在我国的一个相当长的时期内，上述三种结合方式，从整个国民经济的活动来看，大体上可分为以下四种情况。

第一，宏观经济活动，应主要实行直接计划调节，但同时也必须考虑市场供求的状况及其变化的趋势。宏观的经济活动，是牵动国民经济全局的，包括直接关系总量平衡和结构协调的财政、金融、物资、外汇的各自平衡和相互平衡，经济增长率、主要比例和生产力的布局、信贷规模、固定资产投资规模、消费基金规模和货币发行量等，应该由国家制订的计划加以规定和严格控制。也就是说，要用统一计划管住，以保证国家能够把握住整个国民经济运转的方向和步调。但是，在做出宏观经济决策和制订宏观经济计划时，既要对国力包括人力、物力、财力以及自然资源条件等，进行切合实际的分析和测算，同时又必须对社会购买力的增长、各类社会产品特别是主要产品需求量的变化趋势，进行科学的预测和分析。

第二，关系全局的重要微观经济活动，应基本上实行直接指令性计划调节，但同时也必须适当地利用和发挥市场机制的调节作用。这一类经济活动，包括直接关系国民经济命脉的骨干企业，关系国计民生的重要产品、特别是短缺的产品，少数重要的农产品的收购，以及大型工程和科研项目等，应由国家计划直接控制，下达指令性指标，产品价格由国家规定或实行一定幅度的浮动价格。在这种带有法令强制性的直接计划调节中，也必须认真考虑和运用价值规律与市场机制的作用。首先，在制订计划时要考虑市场需求的情况，并在计划执行过程中根据市场供求的变化加以调整和修正，以保证产需的结合和协调。其次，要正确利用价值规律，运用经济杠杆，尽可能地照顾到这些单位合理的经济利益，使它们向社会提供的产品，不仅能够从物质上得到补偿，而且能够从价值上得到补偿，以调动其执行和完成计划的积极性。因此，从这个意义上说，对于直接计划调节的这类微观经济活动，市场机制从间接方面也起着一定的制约或调节作用。

第三，一般的微观经济活动，基本上实行间接指导性计划调节，在国家计划导向和控制下，发挥市场机制的直接调节作用。对于大量的非关系国计民生的企业和产品，除了极少数对市场和重点建设影响较大而又短缺的品种，国家可下达一部分指令性指标外，其余则实行指导性计划调节，只向企业下达参考性、预测性指标。企业可以在国家计划指导下，按照市场需求自行安排生产和经营，同时允许其按照市场供求情况经过有关部门批准，实行一定幅度的浮动价格或协议价格。市场机制对这类企业和产品的生产经营活动起着直接的调节作用。但是，对这类经济活动并不是不要纳入国家计划，而是通过适当的途径和方式，间接地使企业的经济活动和国家的统一计划相一致。一是国家可以定期和不定期地把一些主要经济技术指标和各种主要产品的生产能力、产需、库存、价格、资金、利率等各种经济信息和经济预测发给企业作参考，使企业的生产经营活动能够和国家计划的要求有机地衔接起来，逐步把这种计划体制建立在合同制的基础上。二是主要运用经济杠杆、经济政策（如产业政策、财税政策、信贷政策、利率和工资等），通过调整国家、企业、地区、个人的经济利益关系，把企业的积极性引导到符合国民经济综合平衡、协调发展的轨道上来，实现宏观计划所规定的战略目标。三是国家可以制定一些规章制度，划出一定框子（如规定企业基准、生产和经营范围、规范企业行为等）加以限制和制约，使企业的经济活动符合宏观经济的要求。可见，在这类经济活动中，市场调节起着重要的直接作用，但计划调节对市场起着导向和控制作用，仍然制约着企业经营的轨道和方向。

第四，对于起补充作用的微观经济活动，基本由市场自发调节，但在总体上也要受国家计划调节的控制和制约。国家政策法令允许存在的个体经济、私人经济的生产和经营，部分农副产品、日用小商品和修理行业的劳务活动等，直接受市场供求和价格自由升降相互作用的自发调节，国家不下达计划。但是，就是这种计划调节范围之外的生产和流通，在总体上也要受国家计划的控制和制约。国家不仅可以用加强收购和议价抛售等经济手段影响其供求和价格，还可以通过经济立法、税收政策、工商管理以及必要的行政措施，进行引导和管理，限制非法经营，保护合法经营，使其为有计划发展国民经济和改善人民生活服务。

上述三种结合方式各自适应的范围，是就一般正常情况而言的，但在社会供给和社会需求发生总量失衡、结构失调，治理经济环境和经济调整成为经济工作的首要任务时，第一种结合方式的范围和比重应适当扩大；在经济总量大体平衡，结构基本协调，国民经济正常发展的情况下，第一种结合方式的范围和比重则应适当缩小。在生产社会化的水平较低、市场体系不健全、宏观调控手段不配套的情况下，第一种结合方式的范围和比重适当大一些；反之，则应适当缩小。这里涉及改革理论和改革实践中一个带根本性的问题，就是我国经济运行机制改革目标模式的选择。近几年形成一个占主导地位的观点，认为我国运行机制的改革，应当由传统体制的计划一元调节运行模式，经过新旧体制转换时期的计划调节和市场调节结合的多元运行模式，到建立起新体制的计划调节和市场调节融合为一的一元计划市场协调运行模式，或有计划的市场调节模式。这里实质的问题在于，能否把取消直接指令性计划调节即第一种结合方式，作为改革的重要目标。我认为，计划调节与市场调节融合的一元调节模式，在我国行不通。其一，我国人口众多，资源相对短缺，经济发展又很不平衡，关系国计民生的主要产品供给不足是我们长期面临的一个重大难题。如果完全取消对这类企业和产品的直接计划控制，就可能重复导致宏观失控，通货膨胀，甚至经济震荡，影响到社会的安定。而且我国的地域辽阔，不同的经济地域之间，不论在资源状况、区位条件，还是商品经济和市场发育的程度都具有不同的特点和较大的差异。这种一元的调节方式，既不可能完全适应我国各种不同类型、不同性质的产业、企业和产品，也不可能完全适应不同的经济区域。其二，社会生产和社会需求的平衡是相对的，有条件的，不平衡是绝对的。实行计划经济和市场调节相结合，就是为了在不平衡中求得经常的平衡和综合平衡；同时，各种社会、政治因素也都随时在对经济发生影响。所以，对于关系经济全局的骨干企业和关系国计民生的主要产品的生产和分配，保留适当的直接计划控制，就能够使国家掌握必要的物质手段，集中必要的物质力量和技术力量，用以加强影响国民经济全局平衡的薄弱环节和部门，保证制约长期结构协调的重点建设工程和基础设施、基础产业的建设，以求得国民经济长期稳定协调发展，不致发生全局性的比例失调。而且间接计划调控的有效实施，不仅要有完善和配套的经济杠杆、政策手段，也需要有必要的物资、资金和外汇等物质手段，而国家对这些手段的掌握也不能离开必要的直接计划调节。其三，就计划调节和市场调节本身来说，在我国社会主义公有制为主体、多种所有制并存的经济条件下，它们有一致、统一的一面，而且一致性是主要的，所以能够相结合。但是，它们也有不一致和相互排斥的方面。这种不一致，表现在经常发生的宏观总量的全局利益和微观个量的局部利益、宏观整体发展的长远利益和微观个体发展的眼前利益之间的矛盾，它们的结合是在一致与不一致的利益矛盾协调的过程中实现的。两者能够做到有机结合，但不可能融合为一。用传统观念去看待它们，只看到它们之间的对立和排斥，看不到它们之间的一致和统一是不对的。如果只看到它们的一致性，忽视它们之间的区别和矛盾，把本来是两种不同经济调节形式的有机结合，看作是一种经济调节形式，不加区别地用于各种不同类型、不同性质的经济活动，就会脱离我国社会主义初级阶段的客观实际。我认为，我国经济运行机制改革的目标，应当逐步建立和完善以第二种结合方式为主导元，第一种结合方式居重要地位，第三种结合方式为辅助元的计划调节与市场调节多元结合的运行的模式。也就是说，在多元结合的方式中，间接指导性计划调节与市场调节的有机结合是多元中的主导元，但是，直接指令性计划调节与间接市场机制的制约相结合的方式适应的范围，从企业和产品品种的数量上说是少数，但它不仅不能取消，而且从其重要性上说，是国家从全局上对整个国民经济活动实行计划控制所必不可少的。

二 完善以计划为核心的宏观调控机制

由于近几年来，社会总需求超过总供给，国民收入超分配，导致我们所面临的宏观经济失控、通货膨胀和经济秩序紊乱等严重困难，因此，进一步实行计划经济和市场调节的有机结合，首要的任务是完善与加强以计划为主要依据和核心的宏观调控，搞好治理整顿，取得国民经济的综合平衡，缩小总需求和总供给之间的矛盾，使经济结构趋于合理，以实现国民经济稳定协调健康发展。

这里需要强调指出的是，不是任何发展计划都能够成为宏观调控的依据并起到核心作用。能够起到这种作用的，必须是从总体上指导社会主义商品经济有计划发展，符合我国国情和体现社会再生产客观规律要求的计划。它具有如下主要特征。①战略性。它不是直接管理和包罗一切微观经济活动，而主要是从宏观的整体和长远的需要上，规定国民经济发展的方向和目标、总量平衡与主要比例、工业布局和经济布局、发展重点和实施步骤、实现目标应采取的重大政策手段等。②社会性。计划内容不能囊括一切，但其作用又必须能够覆盖全社会，计划不仅能够对预算内资金、积累资金和全民所有制经济单位的经营进行有效的调节和指导，而且能够对预算外资金、消费资金、非全民所有制经济单位的经营方向和行为进行正确的引导和调节。不仅能够有效地指导全社会范围的经济发展，而且能够指导经济与社会、物质文明建设和精神文明建设的协调发展。③兼容性。新的计划体系和体制不再是以产品经济为基础，必须适应社会主义商品经济发展的要求。而社会主义商品经济的存在和发展也同样不能离开市场、市场机制的发育和体系的完善。因此，计划的新体系、新体制不仅不能排斥市场机制和价值规律的作用，而且必须在全社会的规模上自觉地运用价值规律和市场机制。这就决定了经济调控机制的兼容性、经济调节形式和实现计划手段的多样性。④科学性。能够起到宏观调控核心作用的计划，从根本上来说它必须是科学的。也就是说，既要符合国情的实际，又要体现出社会主义商品经济和社会再生产运动的客观规律；既综合地考虑了长远和当前的社会需要，又综合地考虑了各种现实条件的可能，从而既是积极的，又是切实可行的。核心的问题，是要坚持速度、比例、效益的统一。主要比例协调，经济结构合理，才能实现经济总量平衡，取得良好的宏观经济效益，在这个基础上实现的经济增长率，才是我们所需要的实实在在的发展速度。只有这样的计划，才能引导国民经济在提高效益的基础上稳定发展，实现宏观调控的战略目标。我们的发展计划，如果能够达到上述基本要求，就必须对国民经济的计划管理进行一系列的改革，逐步地把计划工作的重点转到战略性的中长期计划上来，计划体制转到适应公有制为主体的社会主义有计划商品经济客观要求上来，计划体系转到促进经济总量平衡和经济结构协调上来，计划制订转到程序化、科学化的基础上来，计划手段转到多样性的兼容、协调和配套上来，从而逐步形成以计划为核心的计划与市场结合、宏观与微观结合、集中与分散结合、纵向与横向结合网状结构的宏观调节体系。

加强宏观调控，逐步形成上述科学的国民经济管理体系，包括三个相互联系、相互制约的调控机制系统的形成和完善。

第一，以直接控制为主的宏观层自我约束机制的形成和完善。宏观经济活动即关系全局的重大经济活动，包括经济社会发展战略目标、国民经济发展的主要经济技术数量指标、经济总量平衡和结构平衡、经济布局和大的建设工程等。其主体是总量、结构、速度。几次大的经济波动都是由于经济增长的超高速，引起国民收入超分配和货币超量发行，导致总量失衡、结构失调和通货膨胀。这种宏观失控发生的原因，一是由于宏观经济指导思想上急于求成，建设规模的盘子定得过大，经济增长率定得过高，超过了国力承担的可能，宏观决策、计划、政策导向上发生了失误；二是执行过程中各个利益主体的短期行为和攀比效应，一再突破计划的盘子，导致财政赤字增大，货币发行过多，社会总需求大大超过了总供给；三是对预算外资金和使用方向，非全民所有制经济单位的经营方向和行为，尚缺乏有效引导与调节的方式和措施。可见这种失控，有经济建设指导思想上的失误，但深层的原因却是机制和体制问题。所以，建立和完善宏观调节机制系统是当务之急。而宏观调控机制和体系又可分为两个层次：一是以直接管理为主的宏观层硬约束的自我调节系统；二是以间接管理为主的宏观对微观即国家对企业有弹性的调节系统。前者建立起来和完善了，就可以在大的方面管住，不致发生全局性的失衡；后者形成和健全了，才可以既把大的方面管好，又把小的方面搞活。两者相互制约、相辅相成，但前者是后者的前提。

由于计划是经济社会发展的总体部署，财政是国民经济的综合反映，信贷是物质生产运动的货币形式，因此，宏观层的自我调控约束机制的主体，是计划、财政、信贷的既相互独立，又相互制约、相互控制的调节机制的形成。而这种宏观层的自我机制的形成和有效地发挥作用，必须解决四个问题。①结合点。三者的结合点有两个，一个是总量，财政收支计划、银行信贷计划，既要以计划总量平衡的要求为依据，并保证总量平衡的实现，又必须能够有力地制约计划，财政和银行又能相互制约，关键是财政不打赤字，货币不搞超经济发行。这种相互制约、相互控制的机制形成了，就能防止国民收入超分配，达到或基本达到社会总需求与社会总供给的平衡。另一个结合点是结构，预算内投资的方向和结构，财税政策、信贷结构和信贷政策，必须以计划所确定的产业结构序列和产业政策为依据并与之相适应，不能各行其是，否则就会发生逆向调节，导致结构失调，经济生活紊乱，以致发生结构性的总量失衡。②自组织。为了真正形成宏观层的自我约束机制，必须建立一个统一的、有权威的和互相协调的宏观调控综合组织体系。最好的办法是建立一个由政府主管经济工作的领导负责，计委牵头，计划、财政、银行为主体，以及相关部门参加的综合调解委员会，或综合调节领导小组，或财经委员会等。③硬约束。对于直接影响经济总量平衡的财政收支、贷款额度、货币发行、国际收支等主要经济指标，国家必须实行指令性计划直接控制的硬约束，并建立决策和执行的责任制。如果宏观经济情况确实发生了变化，或发现决策失误需要调整时，必须经过法定的程序，而不能各行其是而不负任何责任。没有这种硬约束，必将又会重复宏观失控的错误，不但不能保证经济总量平衡目标的实现，对微观经济的间接控制也无从谈起。④物质手段。国民经济的发展实质上是社会总的再生产的物质运动，宏观调控要做到及时和有力，国家必须直接掌握必要的财力、物力等物质力量。如国家财政收入在国民收入中，中央财政收入在国家财政收入中要占有适当的比重。根据历史的经验和现实的需要，前者以 25% ~ 30% 为宜，后者以 60% ~ 65% 为宜。

第二，以间接控制为主的宏观对微观调控机制的形成和完善。除了在前面调节方式中所分析的少数有关国计民生的骨干企业和主要产品之外，对大量的微观经济活动实行间接调控。这种间接调控机制的建立和完善，需要解决以下几个主要问题。

（1）调控手段的完善和配套。这包括要逐步形成计划机制与经济杠杆、经济政策手段的配套，经济杠杆、政策手段的相互衔接和配套，经济手段、法律手段、行政手段等的相互配套，从而形成各种调节手段的合理组合和总体的调节功能，逐步改变当前存在的调控手段残缺不全、约束乏力，各个部门分兵把口、各行其是的状况。调控手段的配套要以实现总量平衡的要求为前提，以产业结构政策为核心。从总量平衡和结构协调的关系来说，总量平衡是结构协调的前提，结构协调是总量平衡的基础。总量不平衡，经济生活紧张，结构的合理调整就难以进行；结构不协调，重要比例失衡，也难以实现总量平衡。因此，实现总量平衡和结构协调是搞好宏观调控的双重目标。在控制总需求，力求实现总量平衡的同时，要把产业结构调整放到十分重要的地位，在国家的产业结构政策确定之后，投资、信贷、财政、税收、利率、价格等方面都要相应地实行重点倾斜和扶优汰劣的政策，围绕促进整个经济结构的合理化和资源的优化配置，同步配套，形成合力，保证产业政策目标的实现。

（2）建立市场秩序和完善市场体系。国家对企业的间接调控，也就是有计划地运用市场机制，间接通过市场信号和市场参数引导企业的生产经营决策。因此，完善的市场体系是间接调控机制的形成和正常有效发挥作用的基本前提。市场体系不健全，公平竞争的环境未形成，经济调节手段很难有效地发挥作用，因而在当前的治理整顿中，必须把整顿经济秩序同坚决推进社会主义市场秩序的建设和培育市场体系结合起来。建立市场秩序，当务之急是建立严格的市场交易规则，包括市场进出规则、市场经营规则、市场竞争规则等，所有市场主体都必须遵循市场行为的准则，从而逐步使市场各类交易活动公开化、票据化、规范化和有序化。同时，对已经建立的生产资料市场、短期资金市场、技术市场要进一步完善，逐步建立规范化的房地产市场、劳务市场和信息市场。在建立市场秩序，加强市场管理的同时，还必须采取切实有效措施，加强国营的各类批发企业，完善批发交易市场，进行合理的商品储备，发挥它们在流通领域中"蓄水池"的作用和通过吞吐调剂稳定市场、平抑物价的作用。

（3）建立纵横结合的分层调控体系。对此我已在《经济研究》1989年第8期的一篇论文中提出我国宏观调控可分为中央主体层、地方中间层和区域协调层三个层次的论点，并作了初步的分析，在此不再重复。

第三，建立和形成微观的自我约束机制。企业的自我约束机制不属于宏观调控的范畴，但它是宏观调控特别是间接调控发挥作用的基础。因此企业如果不能真正成为独立的经济实体，它就不可能对于市场信号和市场参数做出灵敏的反应，间接调控就不可能对它发挥有效的作用。经过10年改革，企业的自主权和活力增强了，但只负盈不负亏的现象普遍存在，自我约束的机制尚未形成。社会主义全民所有制的企业是完全可以通过所有权和经营权的分离及其他适当方式，真正做到自主经营和自负盈亏。但是，不同类型、不同规模的企业通过一些途径和形式，真正形成自我约束机制，还需要从理论和实践上继续进行深入探索，积极进行各种试验和试点，才能逐步地加以解决。

论实现计划与市场有机结合的基础和途径 *

我认为，社会主义有计划商品经济新体制的建立，改革的成功主要取决于三个转变：一是改革公有制特别是全民所有制的实现形式，使公有制的实现形式由产品经济型向商品经济型的转变；二是改革计划体制，实现由产品、行政化的计划机制向商品市场型的计划机制转变，建立新的计划管理体系；三是在适应商品经济规律的基础上，确立计划对市场的导向和约束，使自发性市场向计划型市场转变，并形成全国统一和完整的市场体系。实现第一个转变，才能达到公有制与商品经济的结合，形成新体制的经济基础；实现后两个转变，才能达到计划与市场的内在统一与有机结合，建立新的经济运行机制。

一　改革公有制的实现形式，完善计划与
市场结合的经济基础

实现计划与市场的有机结合，必须使两者内在于一个统一的经济机体，即共存于同一的经济基础上。这个同一的基础就是社会主义的商品经济，社会主义商品经济也就是公有制与商品经济统一与结合的经济。公有制能否与商品经济结合？按照马克思主义经典作家所设想的单一的社会占有制，是与商品经济不能相容的。传统的社会主义实践所构造的全民所有制的国有国营的实现形式，虽与经典作家所设想的社会占有制有所不同，但具有基本的共同特征，即利益主体的单一性和管理形式的直接性，因而与商品经济也是相排斥的，在此基础上所建立的产品型行政化的计划经济体制同市场调节是不

＊　原载《经济研究》1991 年第 8 期。

能结合的。在实行传统体制的社会主义国家之所以在一定范围仍存在商品生产和商品交换，主要原因正如斯大林在《苏联社会主义经济问题》一书中所阐明的观点，即存在全民和集体两种公有制的形式。有人批评斯大林的商品生产理论是"半截子"，只承认消费资料是商品，不承认生产资料是商品；只承认两种公有制经济之间存在商品经济关系，不承认全民所有制内部企业之间存在商品经济关系；如果从斯大林的关于社会主义商品生产的理论体系来说，是不彻底的"半截子"。如果认为在传统的全民所有制实现形式的条件下，就存在或可能存在一个完整的商品经济关系和市场体系，只是斯大林不承认，那么，这种评价未必是公平的。斯大林的社会主义商品生产和价值规律的理论，是客观地反映了传统体制下实际存在的经济关系。在我国也是一样，在传统的体制下，市场、市场调节被行政化的直接计划控制挤压在两种公有制经济的边界，即部分农副产品同部分农业生产资料，日用工业品相交换的狭窄范围。重要的农产品如粮、棉、油等是统购统销，重要农用生产资料由主管部门实行计划分配、供应，基本生活必需品多是按直接计划生产，凭票、定量、定价供应，这些交换实际上已失去了市场本来的意义。

我国改革从在农村推行联产承包责任制，到城乡发展多种经济成分和经营方式，国营企业也有了部分经营权，从而迅速扩大了商品货币关系，扩大和增强了市场的调节作用，使计划与市场在公有制为主体，多种经济成分、多种经营方式并存的基础上达到一定程度的结合。但是，前10年的改革还是浅层次的，计划与市场还远未实现内在有机结合，国营企业、特别是大中型企业还缺乏活力。其主要原因在于居主体地位和起主导作用的全民所有制的传统实现形式未能得到改变，在公有制这个主要的领域尚未实现与商品经济的内在结合。当前的国营企业是半依赖国家、半依赖市场，但主要依附国家，特别是在政企不分的条件下，实行财政分灶吃饭、向地方放权和地区、部门大包干的制度，强化了企业对各级行政机关的依附关系，因而企业既接受市场信号，又没有适应市场变化调整产品方向和扩大生产规模的决策权，既要求有一个搞活的统一和竞争性的市场环境，并以商品经济的联系为纽带，发展企业间的横向联合，取得规模经济效益，又遇到条块分割和"三不变"的限制。同时，企业既接受市场的导向，又不承担市场的风险；既接受国家直接计划的指令，又逃避承担的计划责任，并把市场的风险转嫁给国家，把计划的损失转嫁给市场，从而导致直接计划控制乏力，间接计划失效，市场运行无序。企业既没有真正的经营自主权，又没有真正的预算硬约束；既没有形成搞活的内部机制和外部环境，又缺乏市场优胜劣汰的竞争压力。因此，我认为深化改革要解决的深层次问题，最主要的就是要进一步完善集体所有制的实现形式，改革全民所有制的实现形式，真正达到公有制与商品经济的内在结合。这个问题解决好了，就为计划与市场的有机结合和搞活大中型国有企业，以及建立新体制的框架，创造了最重要的基础条件。

　　为此：①变全民的国家所有权的直接实现形式，为通过国家所属的非行政经济组织所有的间接实现形式。如通过国家所属的投资公司、控股公司和其他法定机构，如开发银行、投资银行等，对企业控股方式，间接地实现国家的所有权。这既保证了国家对全民资产的最终所有权，坚持了全民所有制的主导地位，又形成公有制利益主体的多元化，企业不再隶属哪一级或哪一地区的行政机关，成为真正独立的经济实体和利益与风险统一、自负盈亏的商品生产者和经营者。②变国家与企业行政化、等级化的关系为商品货币的经济关系。企业和政府的经济关系就是照章纳税，各级政府所需要掌握的物资也要遵照等价原则，采取合同和契约的形式向企业订货按市场规律办事。这样，才能促进政府职能的转变，规范政府行为，企业才能彻底摆脱行政依附，获得真正的自主经营权。③变全民的国家所有权实现的单一性为多样性。对一般的产业可采取间接的通过投资或控股公司对企业控股的形式实现；对于大型的基础设施，可采取国家、地方政府、金融机构等少数股东组成的，不向社会发行股票的有限责任公司的方式实现；对于少数跨地区、跨部门的大型企业集团，也可采取由企业集团同国有资产代表机构签订契约实行资产总承包，委托企业集团行使所有者的职能，并进行自主经营；对于国有小企业可通过进一步完善租赁制的方式，或通过转让、补偿转变为职工集体合作制等多种方式，分解为多元的利益主体。④变企业行为的双向导向为单一导向。企业不再同时既接受市场信号，又接受计划指令，一般企业只接受体现国家宏观计划要求的市场信号，少数特殊企业只接受渗入市场调节的直接计划要求，从而使企业约束规范、市场运行有序。

二 实现计划机制与市场机制的转型与
完善是实现两者结合的基本途径

计划机制，作为一种经济运行的调节机制系统，既可以与产品经济结合，也可以与商品经济结合。产品型计划机制的主要特征是：调节体系的单一性、调节形式的直接性和调节手段的行政性，同商品经济、市场是不能兼容的。以单一全民所有制为其存在基础的产品经济与单一计划调节的完整形式，是社会主义实践所未曾存在过的理论形态。

在我国，社会主义实践的传统形态是：城市、工业占主导地位的政企合一的国有制与农村、农业政社合一的集体所有制并存，在前者的基础上生长出居于主体地位的产品经济与直接计划机制，在两者结合部的狭窄范围，艰难的生存着处于从属地位又很不发育的商品经济与市场机制，两者相排斥是主要的，兼容性是很小的。

10 年改革，公有制为主体多种经济成分并存以及相应的利益主体多元化格局的初步形成，导致直接计划调控领域急剧缩小，市场机制作用范围的迅速拓展，在经济运行的总体上形成直接计划机制与自发性市场机制并存与板块式结合的格局。由于间接计划机制的一定恢复，在一定的区层上也出现了板块渗透式结合。尽管这种结合还是初步的，已经促进商品经济的迅速发展，经济活力明显增强。但是，由于全民所有制的传统实现形式尚未发生基本的转变，居于主导地位的调节机制，仍然是产品行政型的直接计划。市场调节的空间虽已迅速扩大，但其运行主要处于自发无序的状态，因而，不可避免地出现了市场的自发性、无序性冲击计划，计划的行政性、直接性排斥市场的矛盾和摩擦。如何使计划与市场由外在的板块式结合转变为内在的有机结合？必须在改革公有制实现形式、完善所有制结构的基础上，推动计划机制由产品行政型向商品市场型转变，市场机制由自发无序向计划有序型转变，并形成统一完整的竞争性市场体系。

首先，实现计划机制与市场机制各自向其传统的相反方向的转型，才能使两者由外在的对立转变为内在统一，由双轨运行转变为同轨交融。传统的计划机制，是内生于产品经济，并通过直接计划实现产品经济运行计划性的机制，它对于商品经济和市场来说，相互都是一种异己的力量。那种视计划调节等同于社会主义、市场调节等同于资本主义的传统认识，不过是这种传统体制实践的主观反映。因此，通过改革，使计划机制由外在于商品经济转变为内植于商品经济，依据社会化大生产和商品经济发展的客观要求和经济规律，构造新的计划调控体系，选择调控方式，确定调控目标，才能实现社会主义商品经济运行的计划性。而市场是商品经济运行的载体，计划机制的转型，就是由计划和市场的双轨运行转变为计划导向的市场的单轨运行，计划机制既以市场运行为基础，又以市场为对象；市场既按照其固有的规律运行，又纳入计划的轨道。这样，计划机制与市场机制相互间才能由异己的力量变为同根的"兄弟"，在共同的经济条件的基础上，循着同一的客观经济规律，按照统一的规则，形成调节的合力，从而实现国民经济运行的有序与活力的统一、效率与公平的兼顾。

其次，实现传统的计划机制与市场机制的转型，才能形成双向的矫正机制系统，实现两者的功能互补，计划机制与市场机制的有机结合，既不是两者合而为一的融合，也不是两者无冲突的统一，通过计划机制的转型，由于两者共生于公有制为主体、多种所有制的形式并存的商品经济机体上，它们的一致性和统一性是主要的，所以能够实现内在结合，形成调节合力。但是，它们又毕竟是各具特点的两种不同的调节机制，前者的出发点是宏观总量，后者的出发点是微观个量，因而也必然存在不一致和相排斥的方面。这种不一致表现在经常发生的宏观总量的全局利益与微观个量的局部利益、宏观整体发展的长远利益与微观个体发展的眼前利益之间的矛盾上，它们的结合是在一致与不一致的利益矛盾的协调过程中实现的。这种矛盾的协调过程，要通过从计划到市场和从市场到计划的双向矫正机制来实现，通过形成从计划到市场的调控系统，以矫正市场调节所引发的分散的微观利益个体追逐眼前利益的盲目性；通过建立从市场到计划灵敏有效的反馈机制系统，以矫正宏观计划对微观市场需求结构变动实际的偏离，以达到计划与市场均以己之所长去补彼之所短，在社会主义商品经济运行平衡与不平衡的矛盾中实现两者所长之结合和功能互补，从而逐步实现全社会范围的资源优化配置和合理利用，国民经济协调、稳定和高效发展。

理论分析和实践的经验表明，计划机制由产品行政型向商品市场型转变及新的计划调控体系的建立，与市场机制由自发性向计划型转变和市场体系的完善，是经济改革统一过程的两个不可分割的方面，前者是后者的前提，后者是前者的基础。实现这一目标，涉及改革的各个方面，除了改革产权制度、理顺价格体系，需要注意解决好以下几个主要问题。

（1）直接计划机制转型、间接计划机制体系建立、市场体系发育必须同步。实现直接计划机制转型，才能把不适于直接计划管理的微观个量经济活动的调节让位于市场直接调节，扩大市场领域和市场机制作用范围，间接计划体系的建立同步跟上，才能使放开的市场受到计划的导向和约束，市场调节的积极作用才能得到发挥，消极作用受到抑制。同时，积极推进市场体系的建设和市场主体的发育，才能为间接计划作用的有效发挥创造基础条件。前10年的改革在取得巨大成就的同时，其基本教训之一就是三者不同步。改革的前一阶段，强调了市场的放开，但间接调控体系的建立未能同步；治理整顿期间强调了加强计划管理，但放松了对市场体系的建设和市场主体的培育，甚至一度滋生了一种淡化市场、心理上害怕市场和实践上限制市场的倾向，导致直接计划不灵，间接计划无效，市场功能紊乱，管死与无序并存，分配的更加平均化与悬殊、不公并存。

（2）逐步形成国家计划调控下适度、有效的竞争性市场。形成国家计划调控下统一和完整的市场，是建立社会主义有计划商品经济新体制的基本条件。而市场的有效性在于企业能否在市场上进行平等的竞争。竞争才能激发活力，在我国社会主义条件下应当建立一种什么样的竞争性市场众说不一。如垄断竞争性市场、有效竞争性市场、有限竞争性市场等。我认为，我国社会主义市场的竞争性，应当既是适度的，又是有效的。有效，是指应创造条件使市场竞争的积极作用能够得到充分有效的发挥；适度，是指过度性竞争的消极破坏性作用应受到有力的限制。两者是统一的，只有过度性竞争受到限制，适度竞争的积极作用才能得到有效发挥。我国的现状是，既存在着非正常的行业垄断、地区垄断，阻碍着竞争市场机制的形成和其积极作用的发挥，又存在着缺乏有效限制的过度和无序的市场竞争，并已经给我国的改革开放和发展带来了极恶劣的影响。为了限制过度性竞争，形成计划导向和控制的适度、有效竞争性市场机制，必须：①有效制止变形垄断，规范适度性垄断，改革分割、封锁的体制基础。对于自然资源，特别是稀缺资源的开发和利用，需要实行自然性垄断，并进一步完善资源保护法，避免和制止资源的浪费和掠夺式开发，以及过度性竞争所造成的种种"大战"。对于特殊产业和短缺而又重要的产品尚需实行经营性垄断，但必须制定和完善专营法，规范其专营行为。在专营内部也要引入竞争机制，以推动改善经营质量，提高服务效率和经济效益。同时，还需要随着国家经济状况的变化逐步缩小专营范围，更多地发挥市场竞争的积极作用。对于地方和部门利用国家所授予的行政权，从本地区、本部门的局部利益出发，进行市场的分割和封锁形成的地方和行业的变形垄断，要通过深化政企分离的改革、财政体制的改革等，逐步挖掉分割、封锁的体制基础。同时制定反封锁法，逐步创造形成统一开放的竞争性市场的条件。②既要在计划和政策上指导、鼓励和促进企业之间的联合，并以经济利益为纽带、以大型骨干企业为核心，组织多种形式的企业集团，以提高生产的集中程度，取得规模效益；又要在政策和法令上保护它们之间的正常和平等的竞争。不仅在一个行业不能只形成一个企业集团公司，以避免行业性垄断，在集团公司内部成员企业之间，也必须形成既统筹规划、协调经营，又保持一定的商品交换和竞争关系，以激励企业进取，推动技术进步，使集团公司整体始终充满活力。③建立竞争秩序，限制过度性竞争。要制定《市场法》、市场竞争规则和《反垄断法》，规定企业竞争行为的准则和竞争方式，有效地监督各类企业的竞争活动，保护有效竞争和价格竞争，限制和制裁不平等的非价格竞争和无效竞争，使过度的无序竞争转变为适度的有序竞争。

（3）建立和完善联结计划与市场、宏观与微观的双向传导机制和反馈系统。实现计划与市场有机结合，必须有两条畅通的渠道：一是从市场、微观到计划、宏观的信息传递机制和反馈系统；二是从计划、宏观到市场、微观的经济参数的杠杆传导渠道和计划、政策实施的跟踪系统。正确的计划决策和计划调节的前提条件是充分掌握资源、技术、需求结构等的现状及其变动的各种信息，在此基础上对供给与需要变动的趋势做出比较准确的判断和分析，并据此对国民经济结构、发展目标和方向进行适当的调整，及时地矫正计划和政策实施过程中对实际的偏离，以保障宏观计划指导的科学性和有效性。同时，将变动的经济参数通过各种经济杠杆渠道及时、准确地输入市场，以矫正市场调节的盲目性，并将对国内外市场供求长期变动趋势的预测通过各种信息渠道及时传导到各类企业，为企业经营决策提供良好的信息环境。只有形成完善的上下畅通、纵横交错，并有机联系、相互作用的循环传导机制系统，才能使计划机制与市场机制、"看得见的手"与"看不见的手"、宏观性与微观性、长期性与短期性达到内在结合、功能互补，计划导向，市场运行有序，企业充满活力。

三　正确处理计划机制与市场机制结合的统一性与区域性的关系

实现计划与市场的结合，一方面要建立和完善以计划为核心的宏观调控体系；另一方面要形成全国统一的完整的市场。但是，在我们这样一个发展中的社会主义大国，全国统一完整的市场的形成必然要经历一个从点到面、从单一到复杂的渐进的发展过程。从市场主体结构说，要从一元到多元，逐步形成分散独立、自主经营的经济实体；从市场要素结构说，要从一般的商品市场到各种特殊要素市场，逐渐形成完整的体系；从市场空间结构说，要从分割的地方市场到开放的区域市场，逐渐发育为全国统一市场。然而，不论是市场主体结构、还是市场要素结构，以及它们之间的内在关联，都要落实到地域空间。统一的国民经济体系是由区域的经济体系所构成的，统一的市场体系是由各具特色的开放性的区域市场体系所构成和联结起来的，都具有全国的统一性与区域的特殊性。因此，实现计划与市场的结合，既要着眼于它的统一性，使两种机制结合的整体功能能够作用于全社会的经济活动，又要探索其结合的区域特殊性。没有统一性的制约，区域性就会转化为地区间的分割性；离开区域性，统一性就会脱离区域的实际，失去基础。我们的任务是在坚持计划与市场结合的统一性的前提下，从逐步实现全国范围内的资源优化配置和合理利用出发，探索和形成符合地区实际和有利于发挥区域特色的计划与市场结合的区域调节体系，通过形成各具特色、开放式的区域结合调节体系，实现计划与市场覆盖全社会的有机结合，从而把两者结合的统一性和分区结合的特殊性结合起来。

目前，我国国民经济体系仍然主要是由行政纽带联结起来的各省经济的组合体。10年的改革中向地方分权的结果，打破了传统体制下地区经济的长期封闭状态，带来了区域性联合，但也带来了地方利益保护行为的地区垄断和分割。我国市场空间构成的现状大体有三种类型：①极不完善的全国性统一市场。虽然统一完整的市场体系还未形成，但部分商品，主要是一般消费品和机械产品基本上可以在全国自由流通。②开放性的区域市场。适应商品经济开放性的客观要求及其运行的内在联系，在以中心城市为轴心的经济区域和省际边界区域，形成了一些开放型的区域商品、主要是物资市场和资金拆借市场、科技市场、信息市场。这种类型的市场又可分为有行政边界的区域市场，即由若干个跨省区的地、市或省、市组成的协作市场，和完全按照商品和资源的流向形成的没有行政边界的区域市场。③分割与垄断的地方市场。在传统的体制下，各行政区经济都是一个自成体系的封闭性系统。在改革过程中，随着跨地区的横向经济联合的展开，地方的封闭性开始被打破；财政包干、外贸包干等体制的实施，地方自主权和地区利益驱动力的扩大，调动了地方理财的积极性，刺激了地区经济的发展。但同时也强化了地方政府经济行为的本位利益的考虑，导致对重要生产资料和某些主要农产品的垄断和封锁，发展了一种以省级行政区划为界的封闭性地区市场，激发了中央和地方、地方和地方的利益矛盾和摩擦，加剧了地方市场的分割性和垄断性，既阻碍了全国统一市场的形成，又弱化了宏观调控的功能和效应。

由于我国的地域大、人口多，各个不同经济地带和同一经济地带的不同地区在区位条件、经济环境条件，以及商品经济发展的程度等方面都存在很大的差异，因而在经济发达、次发达和不发达的区域，资源型和加工型不同的区域，沿海和内地不同的区域等，其市场主体结构和市场要素结构的组合必然具有不同的特点，市场要素体系的发育和完善也不可能同步实现。因此，我们必须采取有效的措施，如制定全国统一的市场规则、《反垄断法》等，拆除各种形式的关卡壁垒，改变地区、市场分割的状况；理顺价格体系，进一步完善消费资料市场，发展各种要素市场；积极发展跨地区的综合性或专业性的市场组织和企业集团公司等，为建立和健全全国统一的市场体系创造条件。同时，也需要充分重视我国区域之间发展严重不平衡的现实，积极培育、规范和完善各具特色的区域市场，相应地形成计划与市场相结合的分区协调的机制体系。当前，由于我国国民经济体系仍主要是由行政纽带所联结的各省的经济组合体，建立和健全中央与省、自治区、直辖市两级经济调控体系是现实的选择。但是，强化省级行政层次的经济调控功能与商品经济运行的层次和规律，以及按经济区域进行生产力的合理布局，必然会发生不一致、矛盾和摩擦。因此，在中央和省之间需要有一个打破省际行政区界的协调补充层和纵横结合、统一性与区域性结合的协调机制和方式。为此：①以大城市为中心，按照跨省区的经济区域设立中央银行的区行，并按照经济区域层次系统设置金融机构，强化银行的独立性，逐步改变银行地方化的倾向。②按大经济区设置国家的区域投资公司和其他法定机构，如区域开发银行等，从投入的方向和结构上，引导和落实区域产业结构的合理调整，促进地区经济的合理分工。③以大城市为依托，以大型骨干企业为核心，以资源为指向，联合周围省区的相关企业组建区域性的企业集团，以推动生产要素的优化组合，充分发挥区域经济特色。④组织跨省区的区域性、综合性和专业性的市场组织，形成联结并且是统一市场体系网络组成部分的区域性市场网络，逐步从行政区市场到有行政边界的经济区市场，到无行政边界的经济区域市场，形成全国统一完整的市场。在我们这样的社会主义大国，全国统一市场是由以交通要道为依托，以大城市为中心，互相交错的无行政边界的经济区域市场所构成的。

论社会主义初级阶段的区域共同市场 *

一　社会主义初级阶段与区域共同市场

党的十三大报告中指出："因为我们的社会主义是脱胎于半殖民地半封建社会，生产力水平远远落后于发达的资本主义国家，这就决定了我们必须经历一个很长的初级阶段，去实现别的许多国家在资本主义条件下实现的工业化和生产的商品化、社会化、现代化。"这既说明我国的社会主义还处在初级阶段的根本原因，又指明了社会主义初级阶段的基本任务。

发展我国的社会生产力，就是要实现工业化和生产的商品化、社会化、现代化，而生产的商品化与生产的社会化、现代化又是在其相互作用的过程中实现的。一方面，发达的商品经济是建立在以机器劳动为特征的社会化大生产基础之上的，生产的商品化是在机器劳动代替手工劳动的过程中实现的；另一方面，生产的商品化又是实现生产的社会化和现代化的基本条件，自然经济的特点是自给自足，其本性是排斥社会化和科学技术的应用。历史的经验证明，商品经济是社会主义阶段、特别是初级阶段发展生产力的最适宜的经济形式。要发展生产力，实现社会主义现代化，就必须使商品经济有一个充分的发展，这是一个不能逾越的阶段。而商品经济是通过市场进行交换的经济，社会主义商品经济的发展同样不能离开市场的发育和完善。列宁曾经指出："哪里有社会分工和商品生产，哪里就有'市场'。市场量和社

---

　　*　本文系"纪念党的十一届三中全会十周年理论讨论会"入选论文，原载《理论纵横》，河北人民出版社，1988。

会劳动专业化的程度有不可分割的联系。"① 商品经济的发展有赖于市场的形成和扩大，市场的发育程度又是商品经济发达程度的标志。我国社会主义初级阶段生产力落后、多层次的状况，自然经济和半自然经济还占相当比重的现实，决定了商品经济和国内市场很不发达。

我国市场很不发达的主要表现是：①市场体系不健全。发达的商品经济是以存在一个由产品市场、要素市场、金融市场等多层次构成的完整的市场体系为其存在条件的。在我国的市场体系中却几乎只有单一的商品，主要是消费品市场，生产资料市场还没有充分发展起来，其他生产要素市场尚处在萌芽状态；②市场机制不健全。市场机制是指价格、供求、竞争之间互为因果的相互联系和相互作用。它是市场自我协调市场主体在交换活动中的经济关系和经济利益的作用形式，在商品经济的运行中起着调节生产和流通，调节供给和需求，调节资源配置和生产要素组合的重要作用。在我国，不仅作为形成市场机制的基础条件——市场要素结构不完善、不配套，就市场机制的基本因素来说，大体合理的价格体系尚未形成，平等竞争的市场环境条件还不具备，需求膨胀的状况长期未能改变，作为市场主体的企业还不能做到自主经营、自负盈亏。因此，一个健全的竞争型的市场机制的形成，还需要经历一个较长的过程；③市场功能不健全。由于市场体系残缺不全，还不能形成完整的市场导向功能。市场还只能起到实现商品、主要是消费品交换和分配的功能，还不能有效地发挥资源配置和生产要素组合的功能。同时，由于市场机制不健全，市场信号经常发生严重的扭曲。因而也很难及时向企业反馈供求变化的准确信息；④市场结构不平衡。不仅市场体系的要素结构很不平衡、很不完善，市场的空间结构也很不完善、很不平衡。在经济比较发达地区、广大不发达地区、贫困地区之间，城市和城市之间，城市和乡村之间，商品经济和市场的发育程度处在不同、甚至有极大差异的层次上。同时，在社会主义初级阶段，由于生产力落后，国民经济还没有现代化，社会生产能力所产生的供给和现实的社会需求之间总是存在着一定的差距，我们经常面临着一个总需求大于总供给、以卖方市场为主的市场环境，市场供求结构很不平衡。这种市场结构的不平衡，不利于市场竞争机制的形成及其调

---

① 《列宁全集》第 1 卷，第 83 页。

节作用的发挥。

在我国的社会主义初级阶段，由于商品经济不发达，市场机制不健全，又是一个大国的国情，应当允许两种市场同时存在：一种是全国统一市场；另一种是与全国统一市场相协调的各具特色的区域性共同市场。

我国幅员辽阔，从东到西相距 5000 千米，从南到北相隔 5500 多千米，各个不同地区在地理和资源状况、商品经济、市场和技术发展水平上都有不同，甚至有很大的差异。因此，要达到资源空间的合理配置，生产要素的地域优化组合，区际经济利益关系的妥善处理，客观上需要区域协调。在商品经济条件下，区际经济关系实质上是市场关系，逐步形成一个与统一市场相协调的分区协调的市场机制体系，才能持续保有空间要素配置的效率，因而在相互依存性强、经济联系较紧密的地区之间，采取合同和契约的形式建立区际共同市场，进行经济联合和交流，各自维护自己的合法利益，在此基础上实现互利互补，是符合市场经济规律的分区协调的有效形式。

我国地域大、人口多，决定了市场规模特别是潜在的市场规模巨大。10亿多人口进行两种生产——人类自身的生产和物质资料的生产，所需要的基本消费资料和生产资料是一个十分庞大的数字，加之我国的交通运输不发达，通信设施落后，市场结构和机制不完善，市场环境所必需的各种基本条件尚未形成。各类生产部门的布局不宜过于集中，产区和销区之间的经济合作的地区跨度不宜过大，在相近的、互补性较强的地区之间建立共同市场，使产、供、销各个环节在地区上相互衔接，可以减少大宗物资的长距离运输，大量减少交易费用，提高宏观经济效益。

我国东部沿海较发达地区、中部次发达地区和西部不发达地区之间，由于商品经济和市场发育严重不平衡，为国际市场、沿海市场、内地市场的衔接和全国统一市场体系的形成带来很大困难。建立沿海改革开放试验区与过渡省区、过渡省区与内地纵深地区之间梯次结合的共同市场，是解决这个难题的重要途径。

经过 9 年的改革，过去产品经济那一套传统的经济秩序打破了，但与社会主义商品经济相适应的新秩序尚未建立起来，在许多经济领域呈现出商品经济发展初期阶段那种自发、分散、无序而盲目的状态。这种"无序"在省际经济联系、特别是沿海省区与其毗邻地区的经济联系上表现十分突出。

它既不利于沿海地区经济发展战略的实施，也不利于内地、特别是过渡性地区生产的稳定发展和市场的稳定；既不利于生产者，也不利于消费者；不利于形成合理的地域分工和产业结构的合理调整，许多矛盾和摩擦也是由此而生。建立共同市场，提高市场的组织程度，并把它置于法制的基础上，是建立区际经济新秩序的客观需要。

二　区域共同市场的性质、功能和原则

我国国内的区域共同市场，有别于以关税同盟为前提的、排他性的国际区域共同市场，如西欧共同市场，而是一个内外双向开放、双向衔接的区域市场体系，是统一市场的一个区域层次和组成部分。有人认为建立区域共同市场会强化地区分割，这种担心是不必要的。其一，区域共同市场是以不同的行政区之间经济的互补和分工为基础的，是一个跨越行政区界的市场体系，它本身就是对过去传统的地区分割"大而全""小而全"、各行政区经济自我循环、封闭型的地区经济格局的突破和否定；其二，区域共同市场是以各相关区域相互交换商品并从中获得比较利益为前提，以搞好沿海地区市场、内地市场的衔接，和现实市场运行空间的有序化为重要目的，体现了商品经济运动的基本规律；其三，区域共同市场是以国家的宏观计划为指导，以符合国家总体的地区经济布局和区域发展战略为条件的，因而它是与全国性的统一市场相协调，是它的一个组成部分和空间层次，而不是相对立的。

共同市场的基本功能是协调，即通过建立和实施共同市场规则，进行政策协调，对相关的部门、行业或产品，实行协调一致的价格政策，共同的税收和信贷政策，建立共同的产业开发基金，以共同的政策和联合的经济实力，发展与国际市场的经济联系。通过协调政策、协调市场以达到：①在区际之间逐步建立一种长期、稳定和有序的经济联系和合作关系；②促进地区分工和区域产业结构的合理化；③形成一个梯次衔接、对于生产者和消费者来说比较合理的市场价格和稳定的市场环境；④增强联合外向的竞争能力，实现经济的共同发展和共同繁荣。

为了实现共同市场的上述目标，应遵循下列主要原则。

（1）平等互利。平等互利，是商品经济的基本规律——价值规律的客

观要求，是等价交换在区域经济关系中的体现。在商品经济条件下，不论是国与国之间，还是国内各个地区之间的联合和协作，都是为了发展经济，获得利益。因此，共同市场规则、政策的制定和协调，均应贯彻平等互利原则，兼顾各方面的合法利益，使它建立在利益分享的基础上。

（2）优势互补。不论是沿海省区，还是内地省区，经济比较发达地区，还是经济落后的地区，都各有自己的位置、特点和优势，共同市场应建立在充分发挥各自特色的基础上，从扬长避短、发挥比较优势，和相互补充、协调发展出发，使双方都能够在相互交换中获得比较利益，并形成联合外向的总体优势。

（3）着眼长远。共同市场和各个成员单元之间，要做到优势互补，形成合理的地域分工，必须立足当前，协调中期，着眼长远。要从实现各方长远规划发展目标的相互需要出发，进行联合开发，制定共同政策。同时，要使共同市场发挥作用，就必须有效地克服这个跨行政区的市场组织与各行政区的种种矛盾，为此，就需要从长远的互利和共同繁荣出发，在局部的短期利益上做到互让，以互让取得更大的互利。

三 共同市场的决策体系和决策方式

充分发挥共同市场的调节功能，必须逐步形成一套运转有效的决策机构，比较灵活的决策方式和建立在法制基础上的规则。

在共同市场建立的初级阶段，可以设想建立一个由理事会、联络委员会和小组委员会三个层次构成的决策组织系统。

理事会由各成员单元的政府主要领导和联络委员会、小组委员会的正副主任组成，为共同市场最高层次的协商和决策机构，一切重要问题均由理事会做出决定。其主要职能是：①协调和共同制定共同市场的规则和有关政策；②研究各委员会提出的问题和建议，并做出决定；③研究和探讨共同市场开发中带共同性的重大问题，以及解决问题的途径；④决定由各方代表组成的小组委员会，并确定各小组委员会的任务和权限。理事会按照平等协商、协商一致的原则做出决定。

联络委员会为共同市场的执行机构，承担着共同市场的日常工作。它的主要任务是：①促进和监督各方对理事会和各小组委员会商定事项的落实和实施；②向各方通报共同市场实施中的情况和问题，必要时提出合理建议；③负责理事会文件的起草和会议的筹备工作。共同市场机制运行的适当、有效，在很大程度上取决于联络委员会的人员构成、素质及其工作质量。如果是省际共同市场，联络委员会委员可由各方省政府指派2~3名熟悉情况、有较强的决策、组织能力和开拓精神的厅、局级干部组成。同时，在联络委员会或与其相并列，设立一个专家顾问组或专家咨询小组，发挥专家在决策系统中的咨询作用。

小组委员会为共同市场的专业工作机构，如农产品共同市场小组委员会、联合开发基金小组委员会等。它的任务是，依据共同市场的规则和理事会做出的决定，以及本委员会的工作细则和规划，对共同市场各自领域的有关问题进行协商、协调和实施落实。

建立共同市场，是建立社会主义商品经济新秩序的一个重要组成部分，共同市场的活动要规则化、有序化、法律化。不仅要制定共同市场的总规则，各小组委员会均须制定本领域的共同规则。对理事会一致同意所做出的决定，都应通过制定相互协调和相互衔接的条例、法规等，以保证其贯彻实施，使共同市场规范化并建立在法律的基础上，这是共同市场能够有效运转的根本保证。

建立区域共同市场，是适应商品经济发展社会化、有序化的客观要求，是我国经济改革中新的尝试。因此，共同市场各项规则、政策、条例、法规的制定，都应经过周密的调查、研究、分析、测算、比较、论证，充分听取各方政府和专家的意见，听取各有关部门和生产者、经营者、消费者的意见，然后再确定下来，力求做到各项决策的科学化。

四 建立沿海与内地农产品共同市场

我国国内共同市场，可从建立沿海省区与内地，首先是与其毗邻省区的农产品共同市场开始。

沿海地区进行全面改革试验，扩大对外开放，实施外向型发展战略，一方面为内地发展提供了新的机遇，必然会带动内地的发展。这是因为：①沿海逐步转向外向型经济为主，必然会让出部分沿海地区市场和内地市场，需要由内地市场发展来填补；②沿海地区市场与国际市场衔接，可以把从国际市场上获取的信息，先进技术和科学管理经验向内地转移，帮助内地发展；③沿海地区率先进入新经济机制的运行轨道，会给内地带来一种压力，促进内地省区加快开放和改革的步伐，采取灵活措施搞活经济。另一方面，由于沿海和内地在市场的完整性，对外的开放度、价格的放开度和时序等方面存在着差别，甚至较大的差异，也必然会带来一些摩擦与矛盾，特别是沿海为了充分发挥市场机制的作用，同国际市场接轨，率先放开价格，实行市场调节，会波及非试验区，带动内地的物价上涨，影响内地的经济稳定。

沿海地区对内地发展的这种双重作用，突出地表现在沿海地区与其毗邻省区之间，如广东与湖南的经济关系中。近几年来，适应广东产业结构向外向型转移和市场的扩大，湘粤之间的贸易量、特别是农产品的贸易量迅速增长。仅据宜章、汝城、江华三个口子的统计，销往广东的生猪，由 1985 年的 196 万头，增加到 1987 年的 320 万头。调供广东出口的茶叶，由 1985 年的 12550 吨，增加到 1987 年的 17500 吨。调往和流向广东的粮食年达 10 亿多斤。两省农产品贸易量的增长，有力地促进了两省商品经济的发展和产业结构的调整。但也产生了一些突出的矛盾，特别是由于价格体系的不一致，影响和冲击较大。由于广东价格放开的面比内地宽，与国际市场价格挂钩的程度比内地高，少数仍由国家定价的商品，如粮食调价的幅度大，因而物价上升的幅度也大。广东物价的上涨，必将拉动内地首先在过渡性省区引起一系列的连锁冲击。1987 年，全国物价总水平比上一年上升 7.2%，广东上升 11.7%，湖南上升 10.6%，居全国第二位，湖南的两地一市则上升在 13% 以上。1988 年上半年继续以更高的两位数上涨，预计今后几年湖南的物价将大大高于全国水平。如何发展两者相互统一、相互促进的方面，合理解决由于体制、政策上的差异和现有基础与承受能力不同而产生的各种矛盾，衔接好沿海和内地市场，是一个关系改革发展的全局性战略问题，是实施从沿海到内地区域推进改革、开放和区域优先发展战略的重要组成部分。解决这个问题的重要途径，是建立共同市场，首先建立以粮食为中心的农产品共同市场。

湘粤两省山水相依，水陆相通，交通便利，经济的互补性强。从产业结构说，1986 年，两省农轻重的比例，湖南为 37.6∶28.5∶33.9；广东为32.7∶43.5∶23.9。其顺序：湖南是农重轻，广东是轻重农。两省轻重工业比例，湖南为 47.5∶54.3；广东为 64.5∶35.5。工业的部门结构，广东是轻纺主导型，湖南是重大于轻。从农业说，湘、粤两省同属亚热带气候，均是我国的"鱼米之乡"。但广东大部分地区属南亚热带，具有发展南果、南药、糖蔗等得天独厚的条件，按照比较利益原则，大力发展高附加价位的热带、亚热带作物，比种粮有更高的收益。因此，随着对外开放的扩大，种植业成为最不经济的选择，粮食种植面积急剧减少，产量大幅度下降。预测到 2000 年，广东省粮食总产量为 200 亿公斤，需要量为 262.5 亿公斤，自给率为76.2%，缺口为 62.5 亿公斤，需从省外购入。湖南的农业在全国具有明显的优势。1986 年，粮食产量达 2631.5 万吨，居全国第 4 位，其中稻谷产量为 2464.3 万吨，居全国第一位，人均占有粮食为广东人均水平的 1.71 倍。肉猪出栏数为 2471.8 万头，居全国第二位，猪牛羊肉产量为广东人均的 1.5倍。其他农产品：芝麻为 9.37 万吨，居全国首位，为广东的 55.1 倍；茶叶为 7.31 万吨，居全国第三位，为广东的 55.1 倍；烤烟为 9.2 万吨，居全国第五位，为广东的 5.5 倍。经济互补是建立湘粤共同市场的客观基础。

宏观经济的分层调控与区域市场 *

一　宏观经济调控必须分层次

我国宏观经济调控模式的选择，必须从基本国情出发。我国是一个统一的大国，社会供给和社会需求总量的基本平衡和基本结构的协调，是国民经济长期稳定发展的必要条件。因此，必须坚持宏观调控的统一性，也就是说，宏观调控的大权要集中在中央。但中国又是一个区位条件差异很大、生产力和商品经济发展很不平衡的国家，宏观调控也就必然具有层次性，要实行分层次管理。具体来说，这是由于以下几点。

（1）经济地域的差异性。我国地域大、人口多，不同的经济地带和同一经济地带的不同地区，在地理条件、资源状况、经济技术发展水平和商品经济发达程度等方面都有很大的差异。因此，不同经济地带和不同地区的经济发展目标和任务不同，宏观调控的政策和具体措施也应有所区别。

（2）经济结构的特殊性。经济地域的差异性决定了不同地区经济结构的特殊性。在我国实现工业化和生产的商品化、社会化、现代化的过程中，不同的区域必然会形成各具特色甚至有较大差异的产业结构和所有制结构。国家的宏观经济政策，应当在统筹全局的条件下，促进各个地区内在特性和优势的充分发挥，在地区经济非均衡发展的基础上，求得国民经济宏观效益的综合平衡和协调发展。

（3）经济运行的层次性。社会主义经济是有计划的商品经济。商品经济的运行要求形成全国统一的开放的大市场。但是，在我们这样一个大国，社会主义统一市场必然是分层次的。不同品种的生产资料和消费资料的需求

　*　原载《经济研究》1989 年第 8 期。

和供给，供、产、销的衔接，生产的专业化协作和联合，生产力的布局等，都在一定的空间进行，是有区域性的。有的是全国性的即在全国范围内实现供求的平衡和布局，有的是在跨省区的大区域内，有的是在一个省区的较小区域内实现平衡和布局。在商品经济从不发达向次发达和发达阶段的发展过程中，这种层次性就更加明显和突出。适应商品经济运行的层次性，宏观调控的政策和措施在不同层次上也应当有一定的差别性和灵活性。

（4）发挥"两个积极性"。对于宏观经济管理的决策、调控和监督，在中央和地方之间适当地划分责、权、利，使地方在维护国家法制、政令的统一，服从全国宏观经济管理目标的前提下，承担一定的责任，拥有一定限度灵活的权限和相应的经济利益，就能够把国家的宏观经济政策、调控措施和方式同各个地区的实际结合起来，做到因地制宜，避免"一刀切"，就可以增强地方的责任感和主动性，发挥地方这个层次在宏观经济管理目标和微观经济具体活动之间决策传导、信息反馈的作用，提高宏观调控的时效性，减少宏观调控的"时空差"，发挥中央和地方两个积极性。

宏观调控的层次如何做科学的划分？各个层次的职责、权限又是什么？这是一个十分困难、复杂而又存在众多分歧的问题。我认为我国宏观调控可分为中央主体层、地方中间层和区域协调层三个层次。

（1）中央主体层。国家宏观经济调控的主体或主导层是中央管理。宏观调控的经济目标，应当是通过实现总供给和总需求总量的基本平衡和结构协调，以促进和保证国民经济长期稳定的发展。为此，有关国民经济全局的重大问题都应当由中央做出决策，并尽可能制定必要的法规。具体地说，应由中央管理层承担的职责是：①制定全国的经济和社会发展战略及中长期发展规划，作为实施宏观调控的主要依据；②根据国力的可能安排固定资产投资规模、消费需求的增长幅度、货币发行量和信用总规模，确定经济适当的增长速度，以实现经济总量的平衡；③制定实现总量平衡和结构协调的相关政策，包括财政政策、货币政策和产业政策等重大的经济技术政策；④从全国宏观经济的全局出发，安排区域的经济布局、资源配置和产业结构，使各区域的产业发展符合全国经济总体发展的要求。

（2）地方中间层。国家各种宏观调控政策、措施的落实，不断变化的微观经济活动信息的反馈，都需要有一个中间层。同时，由于我国地区的差异性很大，任何一项统一的调控措施，都不可能适合于千差万别的不同地区的具体情况，更需要有一个地方的管理层把它同各个地区的实际结合起来，从而逐步做到宏观调控的科学性、合理性和及时性。这个中间层以省级行政区，包括省级市和计划单列市为宜。因为它们既有一个相对独立的较大的经济活动空间，又拥有较完整的经济调节手段和相应决策的权力。地方中间层的主要职责应是：①根据国家的总体战略和中长期规划所提出的目标和原则，从本地区的实际出发，制定本地区的经济社会发展战略和中长期规划；②根据国家产业总体配置的要求，区域经济专业化分工协作和比较利益原则，从发挥本地区的资源优势、产业配置优势出发，拟定产业政策的地区实施细则、规划和部署本地区产业结构的发展方向；③结合本地区的实际情况灵活运用税率、利率、价格、工资等经济参数，引导和干预区域内的产业发展过程，使本区的资源配置和经济结构合理化；④具有相应的立法权以及完善的地区监督检查体系，对各个经济主体贯彻执行中央和地方的各种经济调控政策措施，以监督保证国家宏观经济调控目标的实现。

（3）区域协调层。商品经济的运行是横向的经济运动，它的本性是开放的，商品经济运行的层次同行政区划的层次不可能是一致的。因此，应当按照商品经济运行的经济区域，采取适当的协调方式和协调措施，建立区域共同市场或市场型的经济区，作为宏观调控的区域协调层，以打破地区间的分割，建立区际稳定的经济联系和经济合作。区域协调层不是一级行政机构和行政层次，而是一个以不同的行政区之间的经济互补和分工为基础的、跨越行政区界的市场经济组织。其主要功能是：①从扬长避短、互利互补出发，推进区际的物质、资金、人才、技术和信息的交流，发展多形式、多渠道的横向经济联合，逐步建立开放型的区域市场体系；②根据国家的中长期发展规划和地区经济布局的要求，协调各相关地区的中长期发展规划，充分发挥各地区优势，联合开发资源，促进地域分工和区域产业结构的合理化；③制定区域共同市场或经济区的规则，协调价格、税收、信贷等经济政策，逐步实现区际经济联系的契约化，在区际建立一种长期稳定的经济联系，形成稳定的市场环境，实现市场运行空间的有序化。

宏观调控的层次，既不应完全按照行政管理的层次来划分，也不能脱离行政管理的层次，而应是纵横结合、计划调节与市场机制结合、各种调控手段结合的分层次宏观管理体系。

二 分层次调控与区域市场

我国的宏观经济管理由直接控制为主转变为间接调控为主，也就是国家由直接组织企业转变为主要综合运用经济手段和法律手段调控与组织市场，间接地通过市场信号和市场参数引导企业的生产经营决策。市场既是引导企业的主体，又是宏观调控的客体，是连接宏观经济调控和微观经济活动的关键环节。因此完善的市场体系是宏观调控机制正常有效发挥作用的基本前提，国家宏观分层次调控体系的建立和完善，既要以统一的社会主义市场体系的形成作为条件，又要以开放性的区域体系为中介，综合运用市场机制来实现。

完善的市场体系是由商品市场和生产要素市场组成的有机整体，它的形成和完善必须具备以下条件：①市场的参与主体——企业，具有独立的合法权益，做到自主经营、自负盈亏，作为真正的法人直接面向市场，通过市场并以市场的信号导向进行经营，市场的机制才能充分发挥作用。②形成健全的市场体系。不仅进一步发展了商品市场，各种生产要素也已转化为商品并形成了市场，而且各类市场之间建立了紧密的联系和具有联动的功能，统一的社会主义市场体系才能形成。③市场机制能够有效地发挥作用。市场机制是指价格、供求、竞争之间互为因果的相互联系和相互作用。它是市场自我协调市场主体在交换活动中的经济关系和经济利益的形式。只有市场机制的基本因素和大体合理的价格体系已经形成，平等竞争的市场环境条件已经具备，市场要素结构比较完善，市场机制才能够在全国商品经济的运行中有效地发挥调节作用。④建立全国性的包括市场进出规则、市场经营规则、市场竞争规则等统一的市场规则，并把它置于法律的基础上，逐步打破地区封锁和垄断，促进资源的合理流动和各种要素市场的形成，才能形成一种机会均等、公平交易、平等竞争的市场环境，形成完整的市场导向功能。

可见，在我国要形成全国统一的完善的市场体系需要经历一个较长的过程，由于在不同的经济地带、不同的地区，生产力的发展水平、商品经济和市场发育程度均处在不同的层次上，甚至有很大的差异，健全的市场体系和市场机制不可能在全国同时形成。因此，在商品经济发展程度较高和区位条件较好的经济区域，建立若干个跨行政区、开放性的区域市场，并在此基础上，随着生产商品化、社会化的发展，沿着商品经济自然联系，逐步形成全国性统一的大市场，是我国市场发育的一个必经的过程。这是一个从点到面，从单一到复杂的渐进的发展过程。从市场的要素结构说，要从一般的商品市场到各种特殊的要素市场，逐渐形成体系；从市场的空间结构说，必然是从分割的地方市场到开放的区域市场，逐渐发育为全国统一市场。任何的经济活动及它们之间的相互联系都要落实到地域的空间。宏观的国民经济体系是由区域的经济体系所构成，社会主义的统一市场体系是由各具特色的开放性的区域市场体系联结起来的。社会主义的市场体系既具有统一性，又具有区域性。离开社会主义市场统一性的制约，区域性就会转化为地区间的分割性；离开区域市场，统一的社会主义市场也就失去了基础。建立和完善宏观经济分层次调控体系，既要积极培育社会主义统一的市场体系，又要加速建立开放性、非垄断的区域市场体系，区域市场是分层次调控的重要基础。

三　建立省际区域共同市场

1. 建立和完善我国的区域市场体系，关键的问题是建立各具特色的省际区域共同市场

（1）建立省际区域共同市场，有利于消除以省级行政区域为界限的地方市场的封闭性和垄断性。在传统的产品经济体制下，各行政区经济都是一个自我服务，自我循环、自成体系的封闭性经济系统。在 10 年改革的过程中，随着跨地区横向经济联合的展开，地方市场逐渐向全国统一市场发育，地方市场的封闭性开始被打破。但由于财政包干、外贸包干等体制的实施、地方自主权的扩大，一方面，调动了地方理财和发展外贸的积极性，增加了地区经济的活力，刺激了地区经济的增长；另一方面，又强化了地方政府经济行为的本位利益考虑，导致对重要生产资料和主要农副产品的强化封锁和垄断，发展了一种以省级行政区划为界限的封闭性区域市场，激发了中央和地方、地方和地方的利益与贸易摩擦，加剧了地方市场的封闭性和垄断性。

完善宏观调控体系和建立统一市场，就必须利用各个行政区特别是毗邻

地区之间在经济联系和经济交往中相互提供的市场空间，发展开放性的区域性市场，关键是建立省际的农产品和重要生产资料的共同市场，采取合同和契约的形式各自维护自己的合法权益，解决短缺产品的互通有无和互利互补，打破地区经济割据和封锁。在此基础上进一步发展商品市场、资金、技术、劳务、信息等市场，逐步形成各具特色的开放性区域市场体系。

（2）建立省际区域共同市场，有利于在区际经济关系上冲破"管死——大战——管死"的怪圈，建立区际商品经济新秩序。当前，在区际经济关系的处理上，我们面临着三种战略性选择：一是听凭市场"无形的手"的自发调节。随着商品经济的发展和市场调节范围的扩大，突破了计划分配、纵向调拨的旧秩序，省区之间打开了门户，许多产品放开了产销。可是，放开之后，省际的商品交易却经常处于一种自发、分散、不稳定、无序而盲目的状态。无论是经营者、运销者，还是生产者，都听凭市场"无形的手"的自发拨动。短缺的产品争相抬价收购，导致了种种"大战"。供大于求的产品压级、压价甚至无人问津。其后果是既导致了物价的盲目上涨，破坏了市场的稳定，又导致了生产的盲目大上大下，破坏了生产的稳定增长。这既不利于生产者，也不利于消费者。二是强化封锁、地区分割。许多省区为了避免"大战"所造成的损失，保护自己的资源和地区利益，重新恢复了封关设卡管死的办法。强化封锁既分割了国内市场，压抑了商品生产者的积极性和地区经济的活力，又不利于合理的地域分工的形成和地区产业结构的调整，并成为统一市场形成的一个主要障碍。三是建立省际区域共同市场。实践证明，"大战"不行，管死也不行。在扬长避短、发挥地区比较优势的基础上建立区域共同市场，既能够充分发挥各个地区的地理、资源优势和经济优势，依据国家宏观经济布局的要求，在大的区域优化资源配置，把经济区域产业结构的优化组合和地区产业结构的合理调整结合起来，逐步形成合理的区域产业结构和生产力的布局，又能够在自愿、平等、互利的基础上，合理解决地区经济发展中的利益矛盾和摩擦，依据契约和合同进行地区间的商品交流和经济合作，冲破"管死——大战——管死"这个怪圈，逐步建立区际商品经济新秩序。

（3）建立省际区域共同市场，有利于建立新的宏观调控体系和提高宏观经济效益。地方经济是宏观经济的一个层次，但地方经济又都具有自身发展的特性，相应地存在着独立于整体的地区利益，容易滋生狭隘的地方观念和地方保护主义，导致地区封锁和分割。而省际区域共同市场是以不同的省级行政区之间的经济互补和分工为基础、跨越省界的市场体系，它的建立本身就是对经济分割、封闭性的地区经济格局的突破和否定，从而使宏观分层次调控，既能够发挥地方的主动性，又能避免地方的分割性，使宏观管理的改革循着"国家调控市场，市场引导企业"的方向前进，促进宏观管理体制由直接控制为主向间接调控为主转换。同时，由于我国地域大、人口多，决定了市场规模特别是潜在市场规模巨大。11亿人口进行两种生产——人类自身生产和物质资料的生产所需要的基本消费资料和生产资料是一个十分庞大的数字，加之，我国现代的交通、通信网络尚未形成，市场结构和机制不完善，市场环境所必需的各种基本条件尚不具备，这类生产部门的布局不宜过于集中，产区和销区之间的经济合作的地区跨度不宜过大，在相近的互补性较强的地区之间建立共同市场，使产、供、销各个环节在地区上相互衔接，可以减少大宗物资的长距离运输，大量减少交易费用，提高宏观经济效益。

2. **建立省际区域共同市场必须明确和注意的问题**

（1）区域共同市场的基础是经济互补。不论是沿海省区，还是内地省区；不论是经济比较发达的地区，还是经济落后的地区，都各有自己的特点和优势，都有有利的区位条件和不利的区位条件，建立区域共同市场就要形成一种较强的转换能力，促使生产要素的合理流动，使不同地区之间的区位条件能够相互补充、相得益彰。在步骤上，也应从互补性最强的产品开始，由易到难，逐步扩大到其他产品、资金、技术和劳务等领域，逐步形成开放性的共同市场体系。

（2）平等互利是区域共同市场的基本原则。平等互利是商品经济的基本规律——价值规律的客观要求，是等价交换在区域经济关系中的体现。在商品经济条件下，不论是国与国之间，还是国内各个地区之间的联合和协作，都是为了发展经济、获得利益。因此，共同市场规则和政策的制定与协调，均应贯彻平等互利原则，兼顾各方面的合法利益，使它建立在利益分享的基础上。

（3）区域共同市场的基本功能是协调。发挥共同市场的中介作用，就必须进行地区间相关政策的协调和提高市场的组织程度,逐步实现市场空间运行的有序化。为此,一方面,必须建立地区政府之间的协调组织,如共同市场理事会、联络委员会和行业协调小组等,主要是进行政策协调,制定共同市场规则和消除区际贸易障碍;另一方面,要注意发挥市场中介组织的作用,如联营贸易公司、联合开发集团公司、联合投资公司等具体组织和参与市场的交易活动,主要是制订联营和联合开发的计划、方案,对联合开发项目进行可行性论证,审查贸易合同和提供各种市场服务等。

(4)着眼长远是建立区域共同市场的根本出发点。共同市场的各个区域单元之间要做到优势互补,形成合理的地域分工和产业结构的优化组合,必须立足当前、协调中期、着眼长远。要以国家的宏观计划为指导,以符合国家总体的地区经济布局和区域发展战略为前提,从实现各方长远规划发展目标的相互需要出发,进行联合开发,制定共同的产业政策和配套措施。同时,要充分发挥共同市场的中介作用,就必须有效地克服这个跨行政区的市场组织与各行政区的种种矛盾,为此,就需要从各方的长远利益和共同繁荣出发,在局部的短期利益上做到互让,以互让取得更大的互利。

(5)经济中心城市是区域共同市场的核心。中心城市不仅拥有比较完善的生产服务系统和生活服务系统,而且拥有比较完善的市场体系,既是区域的各类实物商品流出、流入的中心枢纽,又具有货币资金市场和非实物的技术市场、信息市场等城市的实物商品市场,构成中心城市与它联系的区域的社会生活的基础,它的资金市场和信息市场,在城市和区域的市场运行中起着导向的作用,是国家调控市场的关键。因而中心城市市场是区域各种经济联系和交流的枢纽,它不仅可以沟通一定地域内的经济联系,还可以实现各种不同经济区域之间的经济联系。城市的这种核心作用,反映了商品经济条件下社会经济活动一种空间联系的规律性。在商品生产条件下,一定的地域范围内和不同地域之间的各种经济活动的空间联系,是以城市为中心并通过城市有机地联结起来,形成一种网状的有机体。因此,不仅建立区域共同市场网络必须依托经济中心城市,发挥它的枢纽、核心作用,而且增强城市的综合服务功能,扩大它的辐射能力,才能沟通各个区域市场之间的经济联系,相互连接起来形成全国统一市场。

建立湘粤共同市场的建议方案 *

中央领导在《逐步建立社会主义商品经济新秩序》的讲话中指出："我们既不可能再回到产品经济状态，也不可能一下子把市场机制搞健全，因此，可以设想，在一定时期内允许两种市场同时存在：一种是全国统一市场，绝大多数商品应在全国自由流通，不准搞地区封锁；另一种是共同市场，由地区之间采取合同、契约的形式进行经济联合和交流，各自维护自己的合法利益，在此基础上实现互利和互补。"建立湘粤共同市场，既是繁荣两省经济、联合外向的客观需要，又有利于国际市场、沿海市场、内地市场的衔接和逐步建立市场经济新秩序。

第一，建立湘粤共同市场是实现两省互利互补的客观需要。湘、粤两省山水相依，水陆相通，在诸邻省区之间，两省的交通最便利，经济的互补性最强。

从产业结构说，1986 年，两省农轻重的比例，湖南为 37.6∶28.5∶33.9；广东为 32.7∶43.5∶23.9。其顺序：湖南是农重轻，广东是轻农重。两省轻重工业的比例，湖南为 45.7∶54.3；广东为 64.5∶35.5。工业的部门结构，广东是轻纺主导型，湖南是重大于轻。

从矿产资源说，广东的铅、锌、水晶石、玻璃砂、高岭土等保有储量在全国占有重要地位，煤资源贫乏。湖南是著名的有色金属和非金属之乡。有色金属保有储量在全国各省、市中，锑、钨、铋居第 1 位，锡、锰、铅、锌居第 2 位。10 种有色金属产量占全国产量的第 2 位，其中锑、铅、锌居第 1 位，非金属矿极为丰富，已探明矿种有 30 余种，其中高岭土、雄黄居第 2

＊　原载《南方经济》1988 年第 6 期，1988 年 12 月编入由湖南人民出版社出版的《湘粤经济关系研究》。

位，石墨居第 3 位。石膏、海泡石、钠长石储量和质量均居全国前列。矿种较广东多，有些矿种储量大，质量优。煤炭保有储量就全国来说，属于少煤省份，但在长江以南各省区中则名列前茅。

从农业说，湘粤两省属亚热带气候，均是我国著名的"鱼米之乡"。但广东大部分地区属南亚热带，具有发展南果、南药、糖蔗等得天独厚的条件，按照比较利益原则，大力发展高附加价值的热带、亚热带作物，比种粮有更高的收益。因此，随着对外开放的扩大，粮食种植面积减少，产量下降。预测到 2000 年，广东省粮食总产量为 200 亿公斤，需要量为 262.5 亿公斤，自给率 76.2%，缺口为 62.5 亿公斤，需从省外购入。湖南的农业在全国具有明显的优势。1986 年，粮食产量达 2631.5 万吨，居全国第 4 位，其中稻谷产量为 2464.3 万吨，居全国第 1 位，人均占有粮食为广东人均水平的 1.71 倍。肉猪出栏数为 2471.8 万头，居全国第 2 位，猪牛羊肉产量为广东人均水平的 1.5 倍。其他农产品包括：苎麻为 9.37 万吨，居全国首位，为广东的 55.1 倍；茶叶为 7.31 万吨，居全国第 2 位，为广东的 2.8 倍；烤烟为 9.2 万吨，居全国第 5 位，为广东的 5.6 倍；黄红麻为 4.8 万吨，居全国第 7 位，为广东的 1.3 倍。

第二，建立湘粤共同市场是合理解决两省市场衔接中的矛盾和摩擦的客观需要。我国地域辽阔，地区间经济发展很不平衡，区位环境条件差异大，在改革和发展上不可能采取同步推进、均衡发展的战略，而只能实现从沿海到内地，区域推进改革开放和区域优先发展的战略。实施这一战略需要解决的一个重要难题，是沿海与内地的市场衔接问题。沿海与内地既不能搞人为封锁，这对整个经济发展和改革不利；但两者在市场的完整性，对外开放度和价格放开度的时序等方面均存在差别，甚至较大的差异，因此，必然会带来一些摩擦和矛盾。这种矛盾和摩擦突出的表现在沿海与内地结合部的省区，如广东和湖南的经济关系中，广东在深化改革、扩大对外开放继续先走一步，对湖南的改革、开放和发展起了很大的带动作用；但也产生了一些突出的矛盾，特别是由于价格体系的不一致，影响和冲击较大。建立湘粤共同市场，实行梯次结合的市场政策，不仅有利于合理解决两省由于开放力度差别和政策差别所带来的矛盾和摩擦，也有利于全国经济的稳定和改革的有序推进。

第三，建立湘粤共同市场是建立市场经济新秩序的客观需要。近几年来，适应广东产业结构向外向型转移和市场的扩大，湘粤之间的贸易量特别是农产品的贸易迅速增长。仅据宜章、汝城、江华三个口子的统计，销往广东的生猪，由 1985 年的 196 万头，增加到 1987 年的 320 万头。调供广东出口的茶叶，由 1985 年的 12550 吨，增加到 1987 年的 17500 吨。调往和流向广东的粮食年达 10 多亿斤。两省农产品贸易量的增长，有力地促进了两省商品经济的发展和产业结构的调整。但是许多农产品的交易，尚处于商品经济初始阶段那种完全自发、分散的小商品生产的贸易方式，很不适应商品经济社会化发展的需要，许多矛盾和摩擦也是由此而生。建立湘粤共同市场，采取合同和契约的形式，开展农产品的期货贸易，提高市场的组织程度，既是广东对农产品日益增长的需要，有一个稳定的货源保证；又有利于湖南农业生产的稳定增长和市场的稳定。

依据近期两省经济交往发展的需要，湘粤共同市场，可以建立农产品共同市场和省际边界共同市场作为起步的工作。

第一部分：共同市场的性质、任务和原则

第一条　共同市场的性质

湘粤共同市场不同于以关税同盟为前提的、排他性的国际区域共同市场，如西欧共同市场，而是一个双向开放、双向衔接的区域市场体系，是统一市场的一个区域层次和组成部分。

第二条　共同市场的任务

共同市场的任务是，通过建立和实施共同市场规则，进行政策协调，发展相互统一、相互促进的方面，合理解决由于改革开放不同步而发生的矛盾和摩擦，在两省之间逐步建立一种长期、稳定和更加密切的经济联系和合作关系，以促进地域分工和产业结构的合理化，增强参与国际交换和竞争的能力，实现经济的共同繁荣。

第三条　共同市场的原则

为了实现上述目标，应遵循下列原则。

（一）平等互利。平等互利是商品经济的基本规律——价值规律的客观要求，是等价交换在区域经济关系中的体现，共同市场规则、政策的制定和

协调，应贯彻平等互利原则，兼顾各方面的合法权益。

（二）优势互补。湘粤两省各有自己的位置、特点和优势，经济互补性最强。共同市场应建立在发挥各自特色的基础上，从扬长避短、发挥比较优势、相互补充、协调发展出发，使双方都能够在相互交换中获得比较利益，并形成联合外向的总体优势。

（三）着眼长远。两省要做到优势互补，形成合理的地域分工，必须立足当前，协调中期，着眼长远。要从实现两省长期规划发展目标的相互需要出发，进行联合开发，使两省的经济联合和交流得以持续、稳定的发展。

第二部分：建立以粮食为中心的农产品共同市场

第四条　农产品共同市场的目标

（一）在粮食等重要农产品双重购销体制并存条件下，既有利于湖南订购合同的完成和市场的稳定，又能优先增加对广东的供应。

（二）联合开发湖南农业资源，通过联营、合同和契约的形式，使湘粤以粮食为主要的重要产品的购销关系，有一个长期稳定的增长，即使广东有一个农产品供应的战略后方基地，又能加速湖南农业资源的开发和生产的发展。

（三）通过价格政策的协调，形成一个相互衔接的、对于生产者和消费者来说比较合理的市场价格。

第五条　粮食共同市场的主渠道

建立湘粤粮食联营购销公司。联营公司可以是紧密型的，也可以是半紧密型或松散型的，也可以从松散的联营开始，逐步走向紧密型的联营。联营公司可在广东的主要粮食销区和湖南的主要粮食产区设立分公司，作为两省粮食共同市场的主渠道。

第六条　建立农产品批发市场和交易所

在湖南一些交通便利、农产品资源又比较丰富的中心城市，如衡阳、郴州、长沙、株洲、常德、岳阳等地建立以对粤贸易为主的农产品批发和交易市场，如农副产品贸易货栈、信托服务部、专业或综合性贸易公司等，期货现货并重，以合同和契约的形式，开发期货交易为主，并积极发展代购、代储、代运、代加工等各种代理业务，实行灵活多样的经营方式。也可以在广东农产品的主要销区，如广州、佛山、东莞、深圳等城市，共同建立各种类型的农产品批发市场和交易所，期货现货并重。

第七条　粮食购销中的外汇支付

由于湖南增加了对广东的粮食批量供应，减少了广东进口粮食的用汇，其用汇减少部分的一定比例支付给湖南，湖南用这部分外汇进口农业生产资料，以促进农业生产的发展和增加对广东的供应。

第八条　联合在湘南建设农业商品生产基地

（一）湘南土地资源人均5.7亩，与广东紧接的地区有可垦荒地900万亩，且大都集中连片，只要改善水利条件，就能开垦出200万亩稻田、400万亩经济作物，初步匡算，每年可生产粮食20多亿斤，加上改造低产田土，可增产粮食50多亿斤；扩种经济作物每年可增值20多亿元；增加出栏肉猪500万头，出栏草食牲畜40万头。且交通运输方便，光、热、水资源和开发经济效益好，湘南地区的农业开发，已经国务院同意纳入国家计划，目标是把它建设成湖南第二大商品粮食基地和系列化的经济作物基地。

（二）联合投资在湘南建立粮食、油料、烤烟、生猪等商品生产基地，可以采取股份化、产供销一体化紧密型的联合开发形式，也可以采取补偿贸易和单独投资开发的形式。新开发的农副产品，实行不交合同订购粮、油、烟和5年内免征农业税等优惠政策。

第九条　禁止粮食的无证经营

粮食批发企业须经双方政府按照规定的条件批准，从事合法经营。为了避免对湖南粮食定购计划的冲击和有利于市场的稳定，粮食经营者不再到批发市场和交易所以外的农村采购粮食，违犯规定的，由工商行政管理部门处以罚款。

第三部分：建立省际边界区域共同市场

第十条　边界共同市场的地域范围

粤北和湘南接壤，经济交往密切，具有共同的利益。为了加强这一区域的发展和联合开发，建立包括广东省韶关市、清远市和湖南省郴州地区、零陵地区、衡阳市在内的省际边境共同市场。

第十一条　完善边界物资共同市场

1986 年，韶关、郴州、赣州的物资经营部门打破行政地域界线，建立了"韶、赣、郴物资经济联合区"，三地市之间在互利、互惠、互助的基础上，进行物资的直接购销、代购代销、协作串换、取得了较好的效果。适应加速开发湘南、粤北的需要、物资共同市场，可拓宽联合地域，即扩展到整个粤北、湘南；拓宽经营领域，由区内物资贸易扩展到协调、组织、办理区内物资进出口业务。

第十二条　建立边界共同市场联合开发公司

建立共同市场联合开发集团公司或联合开发协调小组，联合开发区内的矿产资源、林产化工资源、有色金属加工等，共建原材料和终端产品生产基地；协调区内产业政策，优化产业结构，合理配置资源，提高开发效益。

第十三条　消除省际边界贸易障碍

在省际边界撤并重叠关卡，制止多头收费，消除贸易障碍。湘粤边界公路，双方可由工商行政管理部门主管公路检查站，法定应收的税费由工商部门统一征收，按比例划拨，改变多家设卡、多家收费的状况。

第十四条　建立边界共同市场融资网络

现行的金融体制已不适应建立共同市场的需要。建议广东发展银行在边界共同市场设立分行（韶关和衡阳），其主要职能是对联合开发的骨干工程项目、较大建设项目、技术改造项目等进行投资贷款，并成为共同市场资金融通和调剂的一个重要渠道。同时，改革专业银行跨区的结算方式；试办省际信用卡业务；组织集体金融组织跨地区联网等。

第四部分：共同市场的机构

第十五条　理事会

（一）由两省政府主要领导和共同市场联络委员会、小组委员会正、副主任组成共同市场理事会，为共同市场高层次的协商和政策机构。理事会正副主席由两省政府领导轮流担任。

（二）理事会的主要任务是：第一，协调和共同制定共同市场的规则和有关政策；第二，研究各委员会提出的问题和建议，并做出决定；第三，研究和探讨共同市场开发中带共同性的重大问题，以及解决问题的途径；第四，决定由两省各方代表组成的小组委员会，并确定各小组委员会的任务和权限。

（三）理事会每半年召开一次，按照平等协调、协商一致的原则做出决定。

第十六条　联络委员会

（一）由两省政府各指派 3 名厅级干部（包括一名副秘书长）组成共同市场联络委员会，承担共同市场的日常工作。联络委员会主任由主席方指定一人担任，另一方指定一人为副主任。

（二）联络委员会的主要任务是：第一，促进和监督各方对理事会和各小组委员会商定事项的落实和实施；第二，向各方通报共同市场实施中的情况和问题，必要时提出合理建议；第三，负责理事会文件的起草和会议的筹备工作。

（三）联络委员会采取碰头会议制度的形式协商和处理两省之间共同市场的有关问题。

第十七条　小组委员会

（一）由两省政府各指派有关部门或地区 3 至 5 人分别组成农产品共同市场小组委员会和省际边界共同市场委员会，以及其他需要建立的小组委员会。委员会正、副主任由双方轮流担任。

（二）小组委员会的任务是，依据共同市场的规则和理事会做出的决定，以及本委员会的规则，对共同市场各自领域的有关问题进行协商、协调和实施落实。

第五部分：共同市场有关规则的制度

建立共同市场是建立社会主义商品经济新秩序的一个重要组成部分，共同市场的活动要规则化、有序化。

第十八条　两省政府领导在讨论"方案"和取得意见一致的基础上，正式签订《建立湘粤共同市场协议》，即共同市场的总规则。

第十九条　各小组委员会均需制定和签署本委员会的共同规则。

第二十条　对理事会一致同意所做出的决定，两省政府要通过制定相互协调、相互衔接的条例、法规等以保证其贯彻实施，使共同市场建立在法律的基础上。

第三篇

改革与发展

■ 经济体制改革

■ 发展战略问题

对我国社会主义初级阶段若干问题的探索 *

一 社会主义初级阶段是特定条件下形成的特殊历史阶段

我国处于社会主义初级阶段，顾名思义：（1）我国已经建立了社会主义制度，进入了社会主义社会；（2）社会主义制度还很不完善，还没有建成；（3）我国的社会主义制度由不完善到比较完善，要经历一个较长的历史阶段，根本原因是我国的社会主义物质技术基础还比较薄弱，国民经济现代化的实现，必然要经历一个较长的过程。这种概括说明，社会主义初级阶段是从社会主义制度的建立到在我国建成，这一新制度从诞生、发育到成熟的历史过程，它是在特定历史条件下形成的社会主义发展过程的一个特殊阶段。生产力决定生产关系、最终决定社会的发展，是历史唯物论的一条基本原理。马克思说过："手推磨产生的是封建主为首的社会，蒸汽磨产生的是工业资本家为首的社会。"② 资本家为首的社会是在以蒸汽为动力的机器生产的物质基础上最终战胜封建主义，确立自己的统治地位的。以工人阶级为首的社会则应以更高发展程度的机器生产体系为自己的物质技术基础。因此，马克思曾预言无产阶级革命将首先在生产力发展水平最高、资本主义最发达的几个国家取得胜利。然而，由于社会的变革要受多种因素的影响和制约，无产阶级革命首先是在生产力落后、资本主义并不发达的俄国取得胜利。中国革命成功时，生产力比俄国更落后。这样，当社会主义基本制度在我国建立以后，现代化的机器生产的物质技术基础还远未充分建立起来，还

---

* 原载《当代世界社会主义问题》1987 年第 3 期。
② 《马克思恩格斯选集》第 1 卷，第 108 页。

不能创造出比资本主义更高的劳动生产率和摆脱旧社会遗留下来的贫困。因此，新生的社会主义制度的首要任务是发展社会生产力，在我国建立一个现代化工业基础、现代化农业基础和现代化科学技术基础，不断提高人民的物质和文化生活水平，并在这个过程中使自身得到逐步完善和发展。由于在生产力的发展水平上，我们比经济发达的资本主义国家落后了一个多世纪，真正把我国建设成为一个社会主义现代化的强国，充分显示出社会主义对资本主义的优越性，不经过几代人的努力是不可能的，这就决定了社会主义初级阶段不是一个短暂的时期，而是一个相当长久的历史过程。

社会主义初级阶段，其所以是社会主义发展过程的一个特殊的阶段，一方面，它同我国从新民主主义到社会主义的过渡时期有着严格的区别。"过渡时期"，是从非社会主义社会到社会主义社会的转变时期；社会主义初级阶段，则是基本上完成了这个社会形态的根本质变。如果混淆了社会主义初级阶段与"过渡时期"的界限，就必然会混淆两个不同历史时期的主要矛盾，仍然把阶级斗争、社会主义和资本主义两条道路的斗争看作社会主义初级阶段的主要矛盾，把解决社会主义和资本主义"谁战胜谁"的问题为基本任务，而不是把经济建设、发展生产力作为基本任务，从而导致阶级斗争的扩大化。另一方面，它同成熟的社会主义阶段也有着部分质的区别。初级阶段的社会主义和成熟阶段的社会主义，具有共同的本质，因而属于同一个社会体系。但是，两者也有着部分质的差别。在社会主义初级阶段，不仅居主导地位的社会主义经济成分本身还具有不完善、不成熟性，同时，还不可避免地存在着包括一定数量的个体经济、资本主义经济的多种经济成分，从而具有过渡性的特征。当然，在公有制居主体地位条件下社会主义初级阶段所存在的资本主义经济和在公有制尚未上升到主导地位的"过渡时期"所存在的资本主义经济，其地位和作用是不相同的，但它们毕竟具有共同的本质。如果不承认社会主义初级阶段还具有过渡性特征，混淆了初级阶段的社会主义同成熟阶段的社会主义的界限，必然导致离开中国国情，离开生产力的状况，去追求"一大二公"、越公越好、越纯越好的社会主义，搞超越阶段的社会主义，也必然把合乎规律的、在社会主义初级阶段不可避免会存在的多种经济成分，视为搞资本主义，把持有这种正确主张的同志作为"修正主义分子"以至"党内走资派""资产阶级代表人物"来批判。1957 年后的 20 年，"左"倾错误逐步升级，社会主义事业几经曲折，最后导致"文化大革命"这场灾难，其认识上、理论上的一个重要原因，就在于我们没有弄清楚社会主义社会发展的阶段及其规律，混淆了上述两条界线。而混淆前一条界线的原因是由于混淆了后一条界线，脱离中国实际，教条主义地去理解和照搬社会主义的标准。可见，弄清社会主义初级阶段特殊的质的规定性，在理论上对于科学社会主义学说的发展是一个重要贡献，在实践上，为建设具有中国特色的社会主义提供了基本的依据，对于我国的改革和建设都具有十分重要的指导意义。

二 社会主义初级阶段的特征和标准

上述分析说明，初级阶段的社会主义，也就是在其物质基础、经济关系、上层建筑等各个方面都具有过渡性特征的社会主义。

生产力是社会组织的物质基础，生产力发展状况的特征决定其他方面的特征。新中国成立 30 多年来，我们已经建立起独立的、门类比较齐全的工业体系和国民经济体系，社会化大生产已开始占主导地位。但从总体上说，我们国家的生产技术水平和社会化程度还比较低，具有下述一些特征。

第一，从生产力的技术手段方面说，还存在着城乡经济的二元结构和多层次。在城市，中间层次的机械化生产力起着主导作用，也有少部分先进的自动化的生产力，和相当部分的半机械化及手工工具为主的落后的生产力同时并存；在农村，以手工工具为主的落后的生产力仍居主导地位，但也有部分半机械化和中间层次的机械化的生产力。

第二，从生产力发展的社会经济形式方面说，在城市，商品经济有了相当程度的发展；在广阔的农村，自然经济、半自然经济还占有相当的比重，从总体上看，我国还处在商品经济发展的初级阶段，距达到现代化商品经济的方式还相差很远，这是我国生产社会化、专业化、现代化程度低的一个重要标志。

第三，从生产力的地域分布方面说，不论是在东、中、西三大经济地带之间，还是在同一经济地带、同一省区内的不同地区之间，生产力的发展水平，都有很大差异，存在着严重的不平衡。

总之，在我国的一个相当长的历史阶段内，整个国民经济还是建立在一个二元化的物质技术基础上。我国生产力发展状况的特征说明，一方面，我们确实有了相当规模的现代化经济，已经初步建立了社会主义的物质技术基础；另一方面，在我国，社会主义的物质技术基础还很不充分，这就制约和决定了我国的社会主义生产关系和上层建筑，还不可能达到马克思、恩格斯当初所设想的那种成熟的社会主义发展阶段的水平，我们在一个相当长的历史时期，还只能处在社会主义发展的初级阶段，这是不以人的主观意志为转移的客观规律。

生产力状况的特征，决定了我国现阶段经济关系的特征。

第一，存在着以公有制经济为主体的多元所有制经济形式。公有制经济主导地位的确立，表明我国已经进入了社会主义社会。但是，由于城乡经济的二元结构和生产力的多层次，决定了还不可避免地存在着多元的所有制形式。不仅存在着小私有制的个体经济，存在着同外资合营的国家资本主义经济，还存在着带有资本主义性质的私人企业。作为剥削制度，在我国已经消灭了，但资本主义作为一种经济形式，在我国社会主义的初级阶段还依然存在。在保持公有制经济主导地位的前提下，发展多种经济成分，不仅不会削弱社会主义经济，反而会有利于发展社会生产力，有利于壮大社会主义经济。我们不仅可以古为今用，洋为中用，也可以私为公用。

第二，存在着以按劳分配为主要形式的多元分配方式。同公有制经济的主导地位相适应，按劳分配也成为个人消费品分配的主要形式。但同时，同多元的非社会主义经济成分的存在相适应，也必然存在多元的非按劳分配的分配方式，如按占有生产资料分配、按占有资金分配、按能力分配等，剥削收入还不可能消灭。

第三，社会主义公有制经济内部还存在着利益的多元化。由于全民所有制所有的生产资料还只能实行以企业为单位分散化的支配、使用和经营，从相对的意义上说，一个个的企业就成为一个个的利益共同体。按劳分配也只能实行以企业为单位并同企业经营成果相联系的按劳分配，而不可能在全社会按照同一个尺度，等量劳动取得等量报酬。同时，由于企业间的相互参股，国家与企业关系的规范化，以及中央、地方、企业联合兴办新企业等，企业产权还会分解为国家所有、地方所有和企业所有以及各类企业的联合所有等多元化的结构，相适应地也会形成企业利益的多元化。这种状况既是不可避免的，又说明社会主义公有制和按劳分配还很不完善。

第四，作为交换关系总和的社会主义市场体系也是多层次和多元的。同以公有制为主体多种所有制形式并存的状况相适应，必然存在着多种不同类型、不同性质的交换关系，作为交换关系总和的社会主义市场体系也必然是多层次的。以国家计划指导和制约的市场为主体，还存在着一部分国家计划直接控制的市场和相当部分非计划指导的即自发的市场。同时，一方面，以城市为中心的社会主义统一的市场网络正在形成和发展中；另一方面，在农村特别是经济落后的农村，半分割、半封闭的不发达的区域性市场仍是主体。一方面，以城市为依托的商品市场有了相当程度的发展，另一方面，生产要素市场还处在刚刚萌发和生长的过程中。这说明社会主义统一的市场体系的形成，还需要有一个相当长的过程。

生产资料公有制和按劳分配基本制度的确立，决定了我国的社会性质是社会主义的。社会主义公有制和按劳分配的不完善与多元的所有制形式并存，以及剥削收入不可避免地存在，标志着我国社会主义还处在发展的初级阶段，还是不成熟的社会主义，还带有过渡性的经济特征。

每一历史时代的经济生产方式是该时代政治和精神的历史赖以确立的基础，因而生产方式的特征制约和决定上层建筑的特征。

首先，社会主义生产方式在我国的建立，阶级剥削和压迫制度的消灭，就为充分实现人民当家做主，把民主推向新的历史高度开辟了道路。但是，由于社会主义经济不完善的制约，由于我国封建社会历史传统的影响特别深，实现党和国家政治生活的民主化、经济管理的民主化、整个社会生活的民主化，以及社会主义民主的制度化、法律化，也就是建设高度的社会主义民主政治，必然要经历一个较长久的历史过程。

其次，剥削阶级作为阶级在我国消灭后，阶级斗争已不再是社会的主要矛盾，但由于我国的经济还比较落后，社会主义制度还有许多不完善的地方，加上国际的影响，还不可能杜绝各种敌对分子的产生。

再次，以马克思主义为指导的社会主义意识形态，在我国的精神生活中已经居于主导地位，对整个精神文明建设起着重大的指导作用。但是，封建主义思想和道德的遗毒，半殖民地历史条件下产生的奴化思想、资本主义的腐朽思想在我国影响很深，还会在社会生活的各个领域长期地发生作用。同时，一定数量的小生产方式的存在，资本主义经济的存在，也就有了小生产意识和资本主义剥削意识存在的经济基础。

综上所述，我们应当从包括生产力、生产关系和上层建筑三个方面的特征的综合分析中，来划定社会主义发展的阶段，明确社会主义初级阶段特殊的质的规定性，而主要的标准是生产方式的特征。马克思说过：劳动者同生产资料结合的"特殊方式和方法，使社会结构还分为各个不同的经济时期"。① 我认为马克思的这一论断，既适用于不同社会经济形态的区分，也适用于同一社会形态内部不同发展阶段的区分。社会主义初级阶段本身，就是指的社会主义制度由比较不成熟到比较成熟，必须要经历这样一个完善和发展的历史过程。社会制度，首先是经济制度的不成熟性，只能通过生产关系主要是劳动者与生产资料结合方式的特殊性直接地表现出来。所以，生产关系的特征是判定社会主义发展阶段的直接标准。在社会主义发展的不同阶段，劳动者和生产资料的结合采取哪些既相同又不相同的方式，实行怎样的具体管理制度和分配制度才能适合不同阶段结合的特殊性，都必须以是否有利于社会生产力的发展作为检验其成败的最主要标准。因而生产力状况的特征是判定社会主义发展阶段的最终标准。如果不把前者作为直接标准，就可能导致以生产方式的自然方面去代替它的社会方面，使我国的现代化建设偏离社会主义方向。如果不把后者作为最终标准，就又可能导致搞超越阶段的社会主义，重犯历史错误。

三　改革必须立足于社会主义初级阶段的国情

我国的改革是要解决建设具有中国特色的社会主义这个根本问题。中国的特色就是要符合中国的国情，也就是使社会主义的基本制度和中国的国情相结合，具有中国的特点，我国在一个相当长的历史时期只能处在社会主义发展的初级阶段，这是基本的国情。改革立足于国情，就是要立足于"初级阶段"这个基点上，从"初级阶段"的实际出发。这是从深刻总结我国

---

① 《马克思恩格斯全集》第24卷，第44页。

社会主义实践经验中得出的科学结论。我国旧的社会主义经济体制之所以必须改革，根本的原因就是由于我们在认识上和实践上，混淆了社会主义初级阶段和成熟阶段社会主义的区别，使社会主义生产关系一系列的重要环节和具体制度脱离我国国情，超越了实际的可能。建立具有中国特色的社会主义经济体制，就是要创造出适应"初级阶段"生产力状况的生产关系的具体形式，实行适合以公有制为主导，多种经济成分、多种经营形式并存的管理制度和分配制度，改革那些不适应生产力发展需要和人民利益的具体制度。

改革立足于中国国情，就要坚持把发展社会主义商品经济作为经济体制改革的根本出发点。多种经济成分、多种经营形式的并存，必然存在多元的经济利益关系。社会主义有计划的商品经济，能够较好地体现社会主义阶段特别是初级阶段经济关系的特点和多元的、多层次的经济利益关系，如不同的经济成分之间的利益关系，公有制经济内部的各类企业之间的利益关系，微观的各种企业的局部利益和宏观的国家整体利益之间的关系等，是我国社会生产力发展的适宜的社会经济形式。社会主义革命和社会主义建设的实践说明，我们能够在特定的历史条件下夺取政权，并在一定的现代经济的基础上建立社会主义的基本制度，但是不能逾越生产力的比较发达阶段，建成成熟的社会主义制度，也不能逾越商品经济的充分发展阶段，实现国民经济的现代化。只有实行多种经济成分的合理配置和发展，大力发展社会主义商品经济，才能繁荣城乡经济，逐步实现我国生产的社会化和现代化，促进生产力的发展，使我国社会主义经济制度和政治制度获得比较充分的物质技术基础，使社会主义真正具有吸引力。因此，这就决定了改革的基本方向和目标模式，必须符合发展社会主义商品经济的要求，适合有计划商品经济发展的生产关系的具体形式和具体制度，才能充满旺盛生机和活力。

改革从"初级阶段"的实际出发，在改革的步骤上，就必须既要注意避免急于求成，稳步前进；又要积极加以推动，稳中求快。改革的目的是为了发展社会生产力，但改革目标的实现又要以生产力发展所能提供的物质条件为基础。改革的目标是要以有计划商品经济的体制模式取代高度集中的产品经济体制模式，但改革的起点，又必须从我国现阶段商品经济还不发达、市场发育还很不健全这一实际出发。因此，必须从我国社会主义初级阶段的国情出发，把生产关系的变革和生产力的建设，经济体制的改革和社会主义商品经济的发展紧密结合起来，有步骤、分阶段地实现改革的目标。我们既不能超越实际的可能，企求在一个较短的时期内，按照现代商品经济的要求实现宏观管理和各种基本经济关系的规范化，也不能使改革落后于发展的需要，把现阶段的改革旷日持久地拖下去。

我国经济体制改革的战略思考[*]

我国的经济体制改革已经进行了八年。八年的改革取得了十分显著的成效，经济体制的格局发生了很大的变化，国民经济实现了持续稳定的增长，人民得到了较多的实惠，我国经济进入了新中国成立以来发展生机最旺盛的时期。实践证明，党的十一届三中全会提出的发展社会主义有计划商品经济的改革方向和目标是完全正确的。但是，我们也还面临着一系列的新的矛盾和问题，需要在总结经验的基础上，对于改革中的许多重大的问题，做出新的思考和战略抉择。

一　改革必须从社会主义初级阶段的国情出发

中国的改革，就是要解决"建设有中国特色的社会主义"这个根本问题。中国的特色，就是要符合中国的国情，也就是使社会主义的基本制度和中国的国情相结合，具有中国的特点。我们过去往往从地大、人多、底子薄来理解国情。这是我国国情的一个基本的方面，但不是全部。我认为，国情是一个总体的概念，它既包括一个国家自然、物质的方面，又包括其社会、经济、政治、民族文化等更为广阔的方面。我国在一个相当长的历史时期只能处在社会主义发展的初级阶段，这是基本的国情。改革立足于国情，就是要立足于"初级阶段"这个基点上，从"初级阶段"的实际出发。

马克思曾说："手推磨产生的是封建主为首的社会。蒸汽磨产生的是工

---

* 原载《北京社联通讯》1987 年第 5 期，《国防大学学报》1987 年第 10 期。《文摘报》1987 年 10 月 11 日，《理论信息报》1987 年 9 月 21 日部分转摘。

业资本家为首的社会。^①"马克思又说：劳动者同生产资料结合的"特殊方式和方法，使社会结构区分为各个不同的经济时期"。^② 这就是说，决定社会经济形态及其发展阶段的基础或物质的前提是生产力的发展水平和状况，区分不同的社会经济形态及同一社会经济形态不同发展阶段的标志，是劳动者同生产资料结合的"特殊方式"。在这里，需要注意的是，决定社会发展阶段的物质基础或根本原因和体现社会发展阶段的基本标志，是相联系的，从根本意义上说，是因果关系，但两者又是有区别的，不是一个概念，不应混同。

根据马克思主义的上述基本原理，我国生产力的发展状况，是制约我国在一个相当长的历史时期，只能处于社会主义发展初级阶段的决定因素，又是"初级阶段"的一个基本特征。中国的特色，首先体现在生产力发展状况的特色上。新中国成立 30 多年来，我们已经建立起了独立的、门类比较齐全的工业体系和国民经济体系，社会化大生产已开始占主导地位。但从总体上说，我们国家的生产技术水平和社会化程度还比较低，生产力不发达，具有下述特色。

第一，从生产力的技术手段方面说，还存在着城乡经济的二元结构和多层次。在城市，中间层次的机械化生产力起着主导作用，也有少部分先进的自动化的生产力，和相当部分的半机械化及手工工具为主的落后的生产力同时并存；在农村，以手工工具为主的落后的生产力仍居主导地位，也已有了部分半机械化和中间层次的机械化的生产力。

第二，从生产力发展的社会经济形式方面说，在城市，商品经济有了相当程度的发展；在广阔的农村，自然经济、半自然经济还占有相当的比重，从总体上看，我国还处在商品经济发展的初级阶段，距达到现代化商品经济的方式还相差很远，这是我国生产社会化、专业化、现代化程度低的一个重要标志。

第三，从生产力的地域分布方面说，不论是在东、中、西三大经济地带之间，还是在同一经济地带、同一省区内的不同地区之间，生产力的发展水

---

① 《马克思恩格斯选集》第 1 卷，第 108 页。
② 《马克思恩格斯选集》第 24 卷，第 44 页。

平差异都很大，存在着严重的不平衡。

总之，在我国一个相当长的历史阶段内，整个国民经济还是建立在一个二元化的物质技术基础上。毛泽东说过："在我国建立一个现代化工业基础和现代化农业基础，我们的社会主义经济制度和政治制度，才算获得了自己的比较充分的物质基础（现在，这个物质基础还很不充分），我们的国家（上层建筑）才算充分巩固，社会主义才算从根本上建成了。"① 我国生产力发展状况的特色，一方面说明，我们确实有了相当规模的现代经济，已经初步建立了社会主义的物质技术基础；另一方面又说明，在我国，社会主义的物质技术基础还很不充分。这就制约和决定了我国的社会主义生产关系和上层建筑，还不可能达到马克思、恩格斯当初所设想的那种成熟的社会主义发展阶段的水平，我们在一个相当长的历史时期，还只能处在社会主义发展的初级阶段，这是不以人的主观意志为转移的客观规律。

生产力状况的特色，决定了以下我国现阶段经济关系基本结构的特色。

第一，存在着以公有制经济为主体的多元所有制经济形式。公有制经济主导地位的确立，表明我国已经进入了社会主义社会。但是，由于城乡经济的二元结构和生产力的多层次，决定了还不可避免地存在着多元的所有制形式。不仅存在着小私有制的个体经济，存在着同外资合营的国家资本主义经济，还存在着带有资本主义性质的私人经济。作为剥削制度，在我国已经消灭了，但资本主义作为一种经济形式，在我国社会主义的初级阶段还绝不了种。在保持公有制经济主导地位的前提下，发展多种经济成分，不仅不会削弱社会主义经济，反而会有利于发展社会生产力，有利于壮大社会主义经济。我们不仅可以古为今用，洋为中用，也可以私为公用。

第二，存在着以按劳分配为主要形式的多元分配方式。同公有制经济的主导地位相适应，按劳分配也成为个人消费品分配的主要形式。但同时，同多元的非社会主义经济成分的存在相适应，也必然存在多元的非按劳分配的分配方式，如按占有生产资料分配、按占有资金分配、按能力分配等，剥削收入还不可能完全消灭。

第三，社会主义公有制经济内部还存在着利益的多元化。由于全民所有

① 《毛泽东选集》第 5 卷，第 462 页。

制所有的生产资料还只能实行以企业为单位分散的、个别的支配、使用和经营，从相对的意义上说，一个个的企业就成为一个个的利益共同体。按劳分配也只能实行以企业为单位并同企业经营成果相联系的按劳分配，而不可能在全社会按照同一个尺度，等量劳动取得等量报酬，同时，由于企业间的相互参股，国家与企业关系的规范化，以及中央、地方、企业联合兴办新企业等，企业产权还会分解为国家所有、地方所有和企业所有以及各类企业的联合所有等多元化的结构，相适应的也会形成企业利益的多元化。这种状况既是不可避免的，又说明社会主义公有制和按劳分配还很不完善。

第四，作为交换关系总和的社会主义市场体系也是多层次和多元的。同以公有制为主体多种所有制形式并存的状况相适应，必然存在着多种不同类型、不同性质的交换关系，作为交换关系总和的社会主义市场体系也必然是多层次的。以国家计划指导和制约的市场为主体，还存在着一部分国家计划直接控制的市场和相当部分非计划指导的、即自发的市场。同时，一方面，以城市为中心的社会主义统一的市场网络正在形成和发展中；另一方面，在农村、特别是经济不发达的农村，分割、半分割、半封闭的不发达的区域性市场仍是主体。一方面，以城市为依托的商品市场有了相当程度的发展；另一方面，生产要素市场还处在刚刚萌发和生长的过程中，这说明社会主义有计划的统一市场体系的形成，还需要一个相当长的过程。

生产资料公有制和按劳分配基本制度的确立，决定了我国的社会性质是社会主义的。社会主义公有制和按劳分配的不完善与多元的所有制形式并存，特别是私有经济、私人企业和剥削收入不可避免地存在，标志着我国的社会主义还处在它发展的初级阶段，还是不成熟的社会主义，还带有过渡性的经济特征。

以上分析说明，社会主义初级阶段的主要矛盾是，社会主义充分的物质技术基础还没有建立起来，生产的发展落后于人民日益增长的物质和文化的需要，因而社会主义对资本主义的优越性还未能充分显示出来。在我国，影响社会主义现代化物质基础建立和社会主义制度优越性没有得到应有发挥的，除了历史的、政治的、思想的原因之外，就经济方面说，一个重要的原因，就是在经济体制下形成了一种脱离中国实际、同社会生产力发展要求下不相适应的僵化的体制模式。这就决定了我们这次改革的基本任务，就是要从我国处于社会主义初级阶段这个基本的国情出发，从根本上改变脱离中国实际、束缚生产力发展的传统的经济体制，建立起能够体现"初级阶段"经济关系的特点、具有中国特色的社会主义经济体制。

有计划的商品经济，能够较好地体现社会主义阶段，特别是初级阶段多元、多层次的经济利益关系是我国社会生产力发展的最适宜的社会经济形式。因此，只有大力发展社会主义商品经济，才能逐步实现我国生产的社会化和现代化，迅速发展社会生产力，使我国社会主义的经济制度和政治制度获得充分的物质技术基础，进一步显示出社会主义对资本主义的优越性，使社会主义真正具有吸引力。因此，这决定了改革的基本方向和目标模式，必须符合于发展社会主义有计划商品经济的客观要求；改革的起点，必须从我国现阶段商品经济还不发达、市场发育还很不健全这一实际出发。

二　改革必须为发展服务

如何处理改革与发展的关系？有一种通常的说法：从近期说发展要服从改革，从长远说改革要为发展服务。也就是说，在近期要放慢经济增长的速度，以便为改革创造一个宽松的环境，把改革搞好了，实现了新旧体制模式的转换，就为经济的长期发展提供了基本的保证条件。我认为这种概括是不适当的，作为一种指导思想更是事关全局。

中共中央《关于经济体制改革的决定》强调"全党同志在进行改革的过程中，应该紧紧把握住马克思主义的这个基本观点，把是否有利于发展社会生产力作为检验一切改革得失成败的最主要标准"。改革的提出，改革的目的，都是为了发展社会生产力，解决在我国建立社会主义比较充分的物质技术基础这一根本性问题。处理改革与发展关系的正确原则应是：改革为发展服务，发展为改革深化创造条件，两者紧密结合，互相促进。"经济过热"，不利于改革，同样或者说首先不利于发展。经济建设上的几次急于求成，建设规模过大，追求"超高速"引起的大折腾，教训是十分深刻的。既是积极的，又是留有余地的合理的经济增长率，是改革所需要的，也是保持国民经济持续稳定的增长所必需的。如果为了给改革创造宽松的环境，人为地去降低本来可能达到的经济增长率，不利于发展，也并不利于改革。从发展方面来说，要实现国民经济持续、稳定、协调的发展，就必须解决经济增长的后劲和平衡发展问题。前几年的改革，促进了产业结构的调整和农、轻、重的协调发展。但是，在发展过程中还存在着一些深层次的结构不合理的问题，特别是交通和通信落后，能源和原材料的供需矛盾仍然十分突出。这个问题不解决，经济的发展将缺乏必需的后续能力，国民经济按比例、高效益的发展将是困难的。而基础工业的发展和基础设施的建设，所需的投资大，建设的周期长，没有一定的经济增长速度的支持是不行的。从改革说，步子迈多大，在很大的程度上取决于国家、企业和群众的承受能力，这种承受能力的提高，也依赖于经济的合理增长，否则，改革的深化也会遇到难以克服的障碍。脱离现实条件的可能，盲目追求过高的速度，对改革和发展都危害很大。同时也必须看到，不论是改革还是发展，都要求有一个必要的增长速度。前一个时期，不仅是讲发展服从改革的多，讲改革为发展服务的少，而且改革的措施和发展的政策是"两张皮"，互不配套。

1981 年全国五届人大四次会议的《政府工作报告》中提出：要"真正从我国实际情况出发，走出一条速度比较实在、经济效益比较好、人民可以得到更多实惠的新路子"。走出这样一条新路子，既要求在发展战略模式上来一个大的转变，即从片面追求工业特别是重工业产值产量增长的数量型战略模式，转变为以提高经济效益为中心，注重农轻重协调发展，注重经济、科技、社会全面发展的效益型战略模式；又要求在体制模式上来一个大的转变，即从脱离我国国情的高度集中的产品经济体制模式，转变为适应"初级阶段"特点的有计划商品经济的体制模式。不改革体制，原有体制下的投资"饥饿症"、建设规模过大、结构不合理的状况，就不可能根本改变；不转变战略，盲目攀比和追求产值产量增长、高速度、低效益的状况，也根本改变不了。体制模式和发展战略的转换，改革的措施与发展的政策，都需要围绕着走出这条"新路子"，互相配合，互相适应，互相促进。

当前，影响国民经济按比例、高效益发展的，有两个突出的问题需要解决。一是解决企业的经营机制问题，增强大中型企业的活力，提高微观经济的效益；一是合理调整产业结构、投资结构、企业组织结构，提高宏观经济的效益。改革为发展服务，就要从这两个方面着眼，进行改革的深化和配套。国家有关部门也要抓紧制定正确的产业政策和行业规划，同改革的措施配合，使改革与发展紧密结合。

三　改革必须走稳中求快的路子

改革如何深化？有以下四种思路可供选择。

1. 单项突破，"撞击反射"，逐步推进

这是我们前几年改革走过的路子。这样做，一是，在改革的初始阶段，我们既没有弄清我国社会主义所处的发展阶段及其特征，又不可能一下子掌握社会主义体制改革的规律性，也缺乏在一个大国搞改革的成熟经验可供借鉴，改革只能从国民经济最基础的环节——农村家庭承包和城市企业扩权入手，搞"撞击反射"的局部试点，先调动基层经济单位和广大劳动者的积极性，再不断总结经验，逐步统一思想认识，注意协调配套，"摸着石头过河"，探索前进。二是，由于我们依据党的十一届三中全会所制定的"对内搞活经济、对外开放"的总方针，走的是一条搞活企业、搞活流通、对外开放、增强城市经济活力的路子，因而取得了十分显著的成效。但同时，我们也必须看到，这种单项突进、边走边看的方法，不可避免地在各项改革措施之间会出现互不衔接、时序倒置的情况，产生许多新的矛盾和问题，在某些领域甚至出现了"进两步退一步"的循环现象，需要在系统总结八年改革实践经验的基础上，研究深化改革的新思路。

2. 总体设计，全面配套，大步改革

这种思路是，首先设计一个系统、详尽的总体改革方案，然后围绕增强企业活力、完善市场体系、实现间接控制为主三个基本环节，快速推进企业、价格、税收、财政、金融、计划、投资等同步配套的全面改革。这种思路的好处是，配套性强，有利于缩短新旧体制转换的时间，使新体制的整体效应能够尽快地发挥出来。问题是，第一，由于我们对价格实际水平的底数还不清，价、税、财、投资等联动的具体方案还难以设计，企图在一个较短的时间内，设计出一个大配套的、详尽具体的总体改革方案是困难的，甚至是不可能的。第二，大配套改革，在一个较短的时间，对各方面的权益采取全面剧烈的调整，会超越现阶段社会经济和社会心理的承受能力，震动和风险太大。第三，我国的商品经济还处在发展的初期阶段，市场的发育程度低，市场体系残缺不全，企图在一个较短的时期内，按照现代发达商品经济的要求，使各种机制和调控措施都规范化、规则化，实际上也是做不到的，揠苗助长，只能欲速则不达，甚至造成严重混乱。

3. 渐进式，分阶段，小配套

由于我国改革的全面性、复杂性和艰巨性，改革的发展只能是一个逐步、渐进的过程，问题是深化改革的步子究竟应当迈多大。继续以深化企业改革为中心，以投资体制改革为重点，相应地改善和加强宏观控制，小步改革的思路，其最大的好处是，既能保持改革的连续性，又能适应社会的承受能力，避免改革中大的震动和风险。问题是，两种体制胶着、对峙的时间会拖得太长，新旧体制的冲突和摩擦旷日持久，"进两步退一步"的循环难以改变，甚至有发生逆转的可能。

4. 有重点，分步骤，中配套，稳中求快

所谓中配套，也就是依据改革为发展服务的方针，从实际出发，分清轻重缓急，抓住几个对发展具有重大影响的关键问题，分几次配套改革，使新体制上升到主导的地位。当然，这也并不是说各相关部分的配套都完全是同步的，应视需要和可能，有的改革步子可适当迈大一些，有的如价格体系的改革，可继续采取走小步、不停步的方法。但从总体上看，可分几次配套改革，基本实现新旧体制模式的转换。从近期说，可考虑继续以增强大中型企业活力、促进结构合理调整和提高社会经济效益为着眼点，以深化企业经营机制改革为基础，以改革投资体制和完善市场体系特别是发展要素市场为重点，相应地改革财政、税收体制，在转变国家管理经济职能的同时，着手改革政府的经济管理机制。需要补充说明的是，第一，在向现代商品经济方式的过渡中，金融越来越显示出其特殊的重要性，一些试点城市改革的实践证明，金融活了，企业才能真正地活起来，其他各类市场和城乡经济才能更加活跃。因此，应当把进一步发展多种金融形式、扩大资金市场作为完善市场体系的重点。第二，改革政府的经济管理机构特别是改革中心城市的经济管理机构，应提到重要日程上来。几年改革的实践证明，不改革政府机构，就很难转变政府管理经济的职能，企业经营机制的改革，市场体系的形成，宏观经济间接而有效的控制，都很难顺利进行。中配套改革，也会引起几次震动。但是，只要我们进行周密设计，加强改革的普遍教育，提高社会心理的承受能力，并使改革措施与发展政策紧密配合，就可以把社会震动缩小到最低限度。权衡利弊，我认为中配套改革的路子，可能做到稳中求快。

四　必须科学地预计改革发展的阶段性

当前，设计出一个详尽的总体改革方案是困难的。但是，在总结八年改革经验的基础上，制定一个粗线条的、有灵活性的改革发展的中长期规划，却是可能的，也是必要的。制定改革规划，就遇到了一个从旧体制过渡到新体制所需时间的科学预计问题，即改革发展的阶段性问题。社会主义社会的基本矛盾仍然是生产关系和生产力，上层建筑和经济基础之间的矛盾。正是社会主义社会的基本矛盾运动，推动了社会主义的辩证发展过程，即社会主义制度的自我完善过程。这个过程，是在党和政府的领导下，通过有计划、有步骤的改革，不断地解决自身的矛盾而实现的。从这个意义上说，改革具有不停顿性，将贯穿于社会主义的整个历史过程。同时，在社会主义这个长过程的各个发展阶段上，由基本矛盾所规定或影响的许多大小矛盾中，有些是解决了，或者缓和了，又有些发生了，或者激化了，过程就显出阶段性来。在社会主义发展的不同阶段，生产关系和生产力、上层建筑和经济基础之间的矛盾，具有不同的状况和特点，因此，不同阶段的改革也就有不同的实现目标和任务，改革的发展就具有阶段性。如前所述，依据党的十一届三中全会的路线所提出的经济改革的任务，就是要从根本上改变原来那种统得过多过死、束缚生产力发展的僵化的体制模式，真正建立起符合社会主义商品经济发展要求的，既区别于过去那种僵化半僵化的模式，又与资本主义模式有本质不同，具有中国特色的社会主义经济体制。

完成这一改革任务所需要的时间有多长？由于经济体制模式的转换同发展战略模式的转换要互为条件，改革措施与发展政策要互相配合，改革深化和经济发展要互相促进。我认为经济体制改革的目标应和达到"小康水平"的经济发展目标，改革发展的长期规划和到 20 世纪末的经济社会发展规划基本衔接、互相适应。也就是说，基本完成从旧体制到新体制的过渡，大体上需要用四个五年计划或更长一点的时间。由于新旧体制转换的艰巨性和复杂性，还必须根据其发展的规律性，划分成几个小阶段，采取分阶段逐步过渡的办法。1986 年 3 月，中央领导同志在听取城市经济体制改革工作会议汇报时的讲话中指出，这个逐步过渡的过程，要经历旧体制在各个领域仍起主导作用，两种体制的均势、对峙状态和新体制上升到主导地位三个阶段。

我国的改革首先从农村开始，逐步发展到城市。在农村主要是推行了以户为单位的联产承包责任制，提高农村产品收购价格，搞活流通，大力发展多种经营和商品经济，充分调动广大农民的积极性。在城市，主要是实行多种经济形式和多种经营方式，扩大企业自主权，进一步发展商品市场，鼓励企业竞争；同时相应改进宏观管理。改革使经济体制的格局发生了显著变化。但是，在 1985 年之前，从总体上说，旧体制在各个领域仍然起着主导的作用。改革的这一初期阶段，如果从 1979 年农村改革的开始算起，用了约 6 年时间。

1984 年 10 月，中共十二届三中全会做出《关于经济体制改革的决定》以后，特别是 1985 年改革迈出了相当大的步子以后，改革发展到了一个新时期，即两种体制的均势、对峙状态的阶段。新体制的因素在经济运行中日益增多，但还不能立即全部代替旧体制，旧体制的相当部分还不能不在一定的时间内继续存在和运用，新旧体制谁也起不了主导作用，这就不可避免地出现了种种矛盾、冲突和摩擦。两年多的实践证明，两种体制的胶着、对峙状态，不宜拖得太长，太久了对改革和发展都是不利的。创造条件，早一点改变两种体制的均势状态，进入以新体制为主的阶段，是我们改革的中期目标。实现这一目标，需要基本完成一系列的转变和改革任务。第一，除了有关国计民生的特殊产品和特殊产业外，生产经营活动的主体、投资主体要从各级政府转向企业，企业真正成为社会主义商品经济运行的主体。第二，生产资料价格体系基本理顺，生产资料市场、资金市场、劳务市场、技术市场、房地产市场以及建筑市场等基本形成，社会主义市场体系初步建立起来。第三，在明确划分中央和地方的事权和财权的基础上，通过分税的办法，建立起新的财政体制。指令性计划缩小到最必要的限度，并按照发展社会主义商品经济的要求做相应的改革。以指导性计划为主紧密结合运用价格、信贷、税收等经济杠杆的间接调控机制初步形成。以计划调控市场、市场引导企业为主体，以指令性计划调节为辅助，以自发市场调节为补充，新的社会主义宏观管理制度基本建立起来。可见，在完成旧体制向新体制过渡的过程中，这一改革阶段是一个最关键、最重要的时期，也是改革任务最艰巨的一个阶段，需要的时间可能比原来预料的要长，如果从 1985 年算起，预计需要 10 年左右。

进入以新经济体制为主体的阶段，企业作为相对独立的商品生产者和经营者的地位已基本确立，社会主义市场体系和新的宏观管理制度已基本形成。但是，按照社会主义有计划商品经济的客观要求，使各种基本的经济关系都规范化、规则化，还必须经历一个过程。也就是说，新的经济体制还不可能一下子就很完备，还必须有一个补充和完善的过程。如果从 1995 年算起，预计还需要 10 年或更长一点的时间。我们要充分估计到改革的复杂性和艰巨性，避免急于求成；同时又必须看到，改革的形势逼人，要有紧迫感，尽可能地争取稳中求快。

五　宏观控制必须分层次

宏观控制是否实行分层次？一种意见认为，改革的方向应是"两头实中间虚"，即宏观经济的调控权集中于中央，微观经济的决策权集中于企业，不应再实行分层次。另一种意见是，宏观控制应实行分层次管理，应按照行政系统的层次，划分管理的权限，处理好集中和分散的关系。在我们这样一个社会主义大国，实行"中间虚"的管理制度是不现实的。而后一种办法又容易走老路。我认为宏观控制必须实行分层次，在分层次中，正确地划分中央和地方的事权和财权是十分必要的，但特别重要的是应发挥中等以上城市和经济区的作用。宏观控制分层次管理的必要性在于以下几个方面。

第一，经济地域的差异性。我国地域大、人口多，不同的经济地带和同一经济地带的不同地区，在地理和资源状况、商品经济和技术发展水平等方面都有不同，甚至有很大的差异。因此，不同的经济地带和不同的地区，它们的经济发展目标和任务，经济结构和产业结构，宏观控制的措施和其他经济政策，也必须因地制宜，有所区别。

第二，经济运行的层次性。社会主义经济是有计划的商品经济。商品经济的运行要求形成全国统一的开放的大市场。但是，社会主义的统一市场又是分层次的。不同品种的生产资料和消费资料的需求和供应，供、产、销的衔接，生产的专业化协作和联合，生产力的布局等，都是在一定的空间进行的，是有区域性的。有的是全国性的，即在全国范围内实现供求的平衡和布局，有的是在跨省、市的较大的区域内，有的是在一个省内的较小的区域实现产需的平衡和布局。适应商品经济运行的层次性，宏观控制措施在不同层次上，也必须有适当的灵活性和差异性。

以间接控制为主的新的社会主义的宏观管理制度，应当是纵横结合以横向为主。因此，宏观经济的分层次管理，关键是要发挥中心城市和经济区的作用。城市在宏观经济控制分层次管理中起着枢纽的作用，这是由城市的地位和功能决定的。

第一，对商品经济运行的控制，只能以间接控制为主，而间接控制的层次，不能完全按行政区划的层次来划分，不应从中央和地方的权力再分配出发，而应从商品经济的运行对中央和地方的要求出发，按经济区域来确定。经济区是根据其所依托的中心城市的经济实力所辐射的地区范围来划分的。由于中心城市的大小和紧密联系的区域范围不同，不同的中心城市及其所联系的区域又有不同的特点，因而经济区域也就有不同的规模、类型和层次。

第二，城市是商品经济活动的中心，可以发展和建立配套的多种市场。间接控制、经济杠杆作用的发挥、企业搞活，都要通过完善的市场体系来实现。而城市和市场是分不开的，大城市是大市场，中小城市是中小市场，因此，中心城市是宏观经济与微观经济的结合部，行业管理与区域管理的结合部。

第三，城市的功能是多方面的，它不仅是工业基地、交通枢纽，而且是贸易中心、金融中心、信息中心和科技文化中心等，因此，规模不等的城市是不同层次经济区的综合中心，它的任务是为整个经济区服务。依托中心城市才能对不同的经济区域实行分层次的宏观管理，配套地综合运用各种经济杠杆落实各项宏观控制措施。

如何发挥城市在宏观控制分层次管理中的枢纽作用？一是要根据宏观经

济的总体要求和各个区域自身的特点，通过制定条块结合的综合区域规划，或单项的区域合作规划、行业规划，合理布局生产力，促进区域产业结构、投资结构和企业组织结构的合理化，引导企业的生产经营方向。二是规模不等的中心城市，要有不同层次的综合运用经济杠杆的机动权。三是以城市为依托建立不同层次的各种经济联合体和经济网络，如区域联合体、城市联合体、行业联合体、企业联合体，以及生产协作、技术开发、商品流通、金融、信息、交通、邮电等网络。

我国改革发展的阶段性与 20 世纪 90 年代改革的主要任务 *

一　我国改革提出的科学基础

中国改革提出的理论依据，就是关于生产力和生产关系，经济基础和上层建筑社会基本矛盾规律这个历史唯物主义的基本原理。毛泽东在《关于正确处理人民内部矛盾的问题》中科学地指出："在社会主义社会中，基本的矛盾仍然是生产关系和生产力之间的矛盾，上层建筑和经济基础之间的矛盾。不过社会主义社会的这些矛盾，同旧社会的生产关系和生产力的矛盾、上层建筑和经济基础的矛盾，具有根本不同的性质和情况罢了。"1978 年 12 月，中共十一届三中全会就是根据我国社会主义社会基本矛盾的状况，把马克思主义的基本原理同中国的具体实际结合起来，针对束缚生产力发展的传统经济体制的弊端提出改革的。全会在提出要"把全党工作的着重点和全国人民的注意力转移到社会主义现代化建设上来"的同时，明确指出："实现四个现代化，要求大幅度地提高生产力，也就必须要求多方面地改变同生产力发展不相适应的生产关系和上层建筑，改变一切不适应的管理方式、活动方式和思想方式，因而是一场广泛、深刻的革命"。这就指明了改革的客观基础和改革的全面性、深刻性、目的性。中共十二届三中全会进一步强调："全党同志在进行改革的过程中，应该紧紧把握住马克思主义的这个基本观点，把是否有利于发展社会生产力作为检验一切改革得失成败的最主要标准。"据此，在我国，改革的指导思想，改革突破口、步骤和时序的选

＊　原载《投资与信用研究》1994 年第 1 期。

择，改革策略的制定等，均把坚持改革为发展服务，改革有利于发展，发展为改革深化创造条件，两者紧密结合，互相促进，作为出发点和归宿点。

中国有 80% 的人口在农村，中国经济的发展，社会稳定，首先要看农村能不能发展，农民生活是不是好起来。中国改革选择在农村推行家庭承包制作为突破口，在城市从企业扩权入手，同时发展个体经济和搞活商品流通，就是把调动最广大人民和基层的积极性作为改革的出发点，进行局部试验，不断总结经验，注意协调配套，循序渐进。这样做，第一，可以使群众在传统体制下被压抑的主动性、积极性，在一个较短的时间释放出来，使改革很快取得成效；第二，使群众在改革与发展的基础上得到实惠，生活逐步改善，从切身利益上提高对改革的认识，树立改革的信心；第三，不断提高群众和企业对深化改革心理上和物质上的承受能力。

在我国改革过程中，虽然曾出现了经济体制改革和发展战略转换、改革措施与发展政策的不衔接、不配套的情况，原有体制下的"投资机饿症"几次出现，导致发展与改革的曲折，但从总体上说，我们已经走出了一条改革与发展相互促进，在改革和发展的基础上，使人民得实惠的新路子。1990年我国国民生产总值达到 17400 亿元，按可比价格，比 1980 年增长了 1.36倍，平均每年增长 9%，超过了原来计划翻一番，平均增长 7.2% 的速度。人均国民生产总值按当年价格计算，1990 年已达 1543 元，比 1980 年 456 元增长 2.4 倍，按 1980 年价格计算，1990 年为 935 元，比 1980 年的 456 元增长 108%。据住户调查统计，1990 年农民人均纯收入达 630 元，比 1980 年的 191 元增长 2.3 倍，平均每年增长 12.7%，扣除物价上涨因素，平均每年增长 5.3%；职工平均工资达 2150 元，比 1980 年增长 1.8 倍，扣除物价上涨因素，实际增长 38%。1990 年城乡居民消费水平为 713 元，按可比价格计算，比 1980 年增长 78.4%，平均每年增长 6%。其中农民 510 元，增长81.3%，非农业居民 1448 元，增长 60.7%，平均每年增长率分别为 6.1%和 4.9%。随着居民消费水平的提高，居民的消费结构也发生了显著的变化。居民的居住条件得到显著改善，高档消费品以极快的速度进入普通家庭。这正是不论国际风云发生何种变幻，而我国的经济稳定、政治稳定和社会稳定，改革已成为不可逆转的必然趋势的根本原因。

二　我国改革发展的阶段性

我国十多年改革的实践表明，正是社会主义的基本矛盾运动，推动了我国社会主义的辩证发展过程，即在党和政府领导下，通过有计划、有步骤的改革，使社会主义制度达到自我完善的过程。在这个过程中，生产力的发展与社会主义生产关系，上层建筑自我改革的相互联系、相互作用，新旧体制和机制的此长彼消，量的积累到质的飞跃，就使改革的发展呈现出阶段性。这种阶段性，从大的方面说，可划分为以下三个阶段。

（一）20 世纪 80 年代，由突破旧体制到双轨并存的摸索前进阶段

全国改革开始。我们面临着需要从理论和认识上，弄清楚三个相互关联的问题，即改革什么，怎样改革和选择什么目标模式。我国的改革是针对传统经济体制权力过分集中的严重弊端提出来的，改革什么？总的方向是明确的。但怎样去改、实现什么目标？还是一个"必然王国"。因此，改革的突破口只能选择那些计划经济体制作用力度较薄弱的环节，市场发育和搞活经济基础较好的区域和方面，能够调动广大人民和基层的积极性，而又不触及利益格局根本性改变的层面，由易到难，由点到面，由浅层次到深层次，大胆试验，稳步推进，在实践中积累新经验，创造新办法，探索新路子，"摸着石头过河"，使我国的改革，尽可能地符合它自身发展的规律性，尽可能地少出大的失误，而又能较快地取得成效。

根据上述改革的基本指导思想，我国改革策略的选择，是先农村后城市，先微观经济机制后宏观管理制度，先沿海后内地，先经济体制改革后政治体制改革，以及先放权让利后转换机制、改革国有企业产权制度等，循序渐进。这一阶段的改革呈现以下特点。

第一，改革从农村启动，农村改革的成功经验，成为城市和其他方面改革的参照系。我国改革的真正开始是 1980 年，1981～1983 年，改革主要在农村进行。农村改革带来了许多新的变化，农业生产大幅度增长，农民收入大幅度增加，乡镇企业异军突起。1984 年，改革的重点由农村转入城市。农村改革的成功给城市改革以许多启示，不仅在城市的工商业、

建筑业等行业，推进了各种类型的承包制、责任制，在政府的宏观管理中如财政、投资、信贷以至于有的地区税收也实行了类似的各种形式的大包干，如"分灶吃饭"的财政包干，信贷的"差额包干"，基本建设的"投资包干"等。

第二，单项突破，撞击反射，摸索前进。改革的重点转入城市，也就是向全面性的改革发展。但是，由于我们不可能一下子掌握社会主义体制改革的规律性，也没有在一个大国搞改革的成功经验可以借鉴。城市改革，从企业推行经济责任制、利润分成、扩大自主权到全面实行承包制；从企业改革到实行价格双轨制，缩小指令性计划，扩大指导性计划等，虽然也尽可能地注意了改革不同部分之间的协调，但实际上是沿着单项突破、撞击反射的路子，边实践、边总结积累经验，摸索前进。

第三，实际上是突破和改造计划经济体制，而不是从根本上否定计划经济体制。我国经济改革确立什么样的目标模式？经历了一个由计划经济为主、市场调节为辅、社会主义有计划商品经济、计划与市场内在统一的体制，到计划经济与市场调节相结合的变化。这种概括的演变，反映了随着实践的发展，对改革的认识不断探化，认识的提高又对促进改革深化和经济发展起了重要作用。同时，也说明了在 20 世纪 80 年代，我们在认识上还未能突破计划经济的大框框，还总是试图保留一定范围或一定形式的计划经济，把传统的计划经济体制，改革成为能自觉利用价值规律和充分发挥市场机制作用的计划经济，或建立一种不完全的市场经济和不完全的计划经济相结合的混合经济体制。实践证明，计划和市场作为调节手段是能够结合和必须结合并用的，但作为经济管理体制是不能并存的。

20 世纪 80 年代，虽然还未明确提出在我国建立市场经济体制。但市场取向的改革已成为不可逆转的必然趋势。到 1988 年，我国的经济体制格局发生了重大的变化，沿海地区、特别是经济特区已初步形成了政府调控下市场调节为主的体制。在全国，农副产品收购总额中，国家定价的部分占有 25%，按指导性计划收购的约占 23%，市场调节的部分约占 52%；生产资料价格中，国家定价的约占 60%，实行市场价格的约占 40%；消费品零售中，国家定价部分约为 31%，实行指导性价格的约占 24%，实行市场调节的部分约占 45%。在工业生产中，按产值计算，中央和省级实施指令性计划产品的产值占 16.2%，指导性计划产品产值占 42.9%，市场调节部分占 40.9%。总的来看，计划经济与市场调节在国民经济的领地大体各占一半，形成了新、旧两种体制胶着并存的格局。

（二）20 世纪 90 年代，由破到立，社会主义市场经济体制建立的全面转轨阶段

从 1991 年春，邓小平同志发表重要讲话，到 1992 年 10 月中共十四大的召开，中国经济体制改革的目标模式，由逐渐明确到最终确立。江泽民同志在十四大报告中明确提出："我国经济体制改革的目标是建立社会主义市场经济体制"。它标志着对我国改革的认识，在经历了一个从实践到理论，又从理论到实践的过程，实现了总体上的从"必然王国"到"自由王国"的飞跃。使改革的发展由"摸着石头过河"，转到依据建立社会主义市场经济体制的明确要求，进行全面转轨的新阶段，在中国经济社会发展的历史上具有划时代的意义。

这一阶段改革具有以下一些主要特点。

第一，由摸索前进，突破旧体制，转入由破到立，建立新体制。新一轮的改革浪潮是从沿海启动的。1992 年夏从沿海到内地，扩大开放，放开价格，发展要素市场成为一种大趋势。从 1992 年夏到 1993 年春夏之交，在全国出现的"开发区热""房地产热""证券热"，虽然产生了较大的负效应，但是，从 20 世纪 80 年代一度流行的对特区、广东率先改革开放的"香三年、臭三年、香香臭臭又三年"的曲折认识，到在内陆地区普遍出现的这种"南海潮"，不能不说是在一个层面上反映了民族精神新的解放，反映了我国改革开放，由沿海到内地波浪式发展的大趋势。过热纠正过来，加以规范，纳入正常的发展轨道就是了，不必过多地责难。同时，由于改革目标模式的明确，新阶段的改革，需要由前十年的摸索前进，转入依据明确的目标要求，进行总体设计。如果说新阶段的初始时期，改革的参照系是沿海开放发达地区，那么，进行全面规划，就需要从中国国情出发，在系统总结我国改革开放实践经验的基础上，汲取发达国家反映市场经济运行一般规律的成熟经验，为我所用，设计出全面转轨的总体方案，使改革的发展由突破旧体制的束缚，转到在改革深化中建立新体制，并相应地逐步建立健全所必需的一整套法律、规章和制度，以加速新旧体制的转换，牢固确立新体制的主导地位。

第二，由单项突破转入协调配套、整体推进。如果说 20 世纪 80 年代的改革，只能搞"撞击反射"的局部试点，先调动基层单位和广大劳动者的积极性，进而不断总结经验，逐步统一思想认识，注意协调配套，"摸着石头过河"；那么，新时期的改革，就需要综合规划，协调配套，以达到整体推进，全面转轨。协调，就要有重点，突出薄弱环节，把整体推进与重点突破相结合。同时，从改革推进的方式上说，必须由自下而上"撞击反射"式的推进，转到由上而下的协调配套进行。宏观经济管理制度的改革，实际上是根据经济行为市场化的要求，系统地调整和规范各级政府之间的关系、政府和市场的关系、政府和企事业单位及个人的关系，并改革政府机构，达到从根本上转变政府职能，规范政府行为。因此，必须由上而下地推进。

第三，由浅层次转入深层次，深化改革的艰巨性和难度加大。新旧体制全面转轨的阶段，是我国改革发展的一个关键性阶段，也是攻坚和难度很大的阶段。深层次改革的核心问题是要从根本上改变全民所有制的实现形式，改革国有企业的产权制度。同时，通过资产流动，调整国有经济的产业分布结构，使国有经济较多地集中在能够充分发挥其优势，而又关系经济发展全局的部门和行业，如关系国计民生的骨干产业、基础工业、基础设施和先导产业。这是一个既关系构建新的经济体制的微观基础问题，也是牵动宏观经济改革的各个方面的政策调整的一个大难题。深化改革的难度加大。

1991～1993 年，为全面深化改革，进行经济社会环境的准备、理论和认识的准备，在做好总体方案设计和全面规划的基础上，经过七年协调配套的大步改革，到 20 世纪末，我国的经济体制改革，将会由 20 年量的积累和多次局部性的质变，实现全局性的质变的历史飞跃，在我国初步建立起社会主义市场经济的新体制。

（三）21 世纪 10～20 年代，社会主义市场经济体制由建立到定型、成熟的建设阶段

社会主义市场经济体制在我国的初步建立，并不是改革的结束，而是使改革进入一个和前一个阶段相比，有着重大质的区别的新时期。这个新时期改革有以下几个主要特点。

第一，由改革旧体制，建立新体制，转入建设新体制。市场经济体制在我国的建立，还只能是其基本框架的确立，标志是市场配置资源上升到主导地位，还需要经历一个较长的时期对新体制的内容进行充实、完善，使宏观调控下市场机制的作用扩展到社会经济生活的各个领域，覆盖全社会。同时，成熟的市场经济，是以生产社会化和商品化的充分发展为基础的。而生产的商品化、社会化、现代化是互相依存、互相制约和相互作用的，后者是前者的物质基础，前者是后者充分实现的基本条件，两者统一于社会生产力较高的发展过程中。由于我国社会生产力的发展水平比较低，生产商品化的发展很不充分，因此，社会主义市场经济达到成熟阶段，还需要经历一个较长时期的经济增长和新体制量的扩展相互促进的发展过程。

第二，改革和发展的地区政策倾斜，将由经济发达地区转向经济不发达地区，着重解决区域发展不平衡的问题。社会主义的本质，就是要解放生产力，发展生产力，逐步实现共同富裕。但是，由于我国地区经济发展极不平衡，共同富裕不可能在全国同步实现，只能从实际出发，使条件好的一部分地区先发展起来，先发展起来的地区带动后发展的地区，在时间和区域上逐步推进，最终达到共同富裕。沿海地区由于区位条件优越，商品生产的基础较好，实行改革开放后，在沿海地区先后设立了经济特区、沿海开放城市和沿海经济开发区，这种区域政策的倾斜，使沿海的经济发展和人民收入的增加明显快于内地，经济较发达地区与不发达地区的区域分化更加明显。20世纪90年代，国家实行了从沿海到沿江、沿边和内地省会城市对外扩大开放的政策，同时，进一步发挥不发达地区丰富资源的优势，中、西部地区经济发展的速度会进一步加快。但是，由于区域发展基础的差异大，国家和发达地区在这一时期还不可能给不发达地区以较大的物质支持，差距还是存在扩大的趋势。随着我国经济的发展再上一个新台阶，从总体上达到小康水平的时候，应当也必须实行向不发达地区倾斜的区域改革和发展政策，在发达地区继续发展的同时，政策的着重点转向逐步解决沿海与内地的贫富差距问题。

第三，随着新经济体制走向完善，改革的重点逐步转向上层建筑。经济体制、政治体制、文化体制是相互联系、相互影响的，是有机统一、不可分割的整体。因此，随着社会主义市场经济体制逐步走向定型、完善和成熟，它要求政治体制、文化体制进行相应的改革、充实和发展，重点逐步转向建设高度的社会主义民主和完备的社会主义法制，建设高度的社会主义精神文明。这样，当社会主义市场经济进入成熟的时期，有中国特色的社会主义也就达到定型和相对完善的阶段。这一阶段大体上需要 20 年或更长一些时间。这是人类经济社会发展史上没有先例的伟大创举。

中国改革发展的几个不同的阶段，既有质的区别，又有紧密的联系，前一个阶段为后一个阶段奠定基础并积累了经验，后一个阶段是前一个阶段发展的必然趋势，整个改革过程就是这种阶段性和连续性的统一。

三　我国 20 世纪 90 年代改革的主要任务

改革发展阶段的分析说明，20 世纪末，在我国初步建立起社会主义市场经济的新体制，是全党和全国各族人民在 20 世纪 90 年代的伟大历史任务。

1993 年 11 月 11～14 日，中共十四届三中全会通过了《关于建立社会主义市场经济体制若干问题的决定》。《决定》把党的十四大确定的经济体制改革的目标和基本原则加以系统化、具体化，勾画了新经济体制的基本框架，是我国建立社会主义市场经济体制的总体规划，是 20 世纪 90 年代进行经济体制改革的行动纲领。因此，完成 20 世纪 90 年代改革的历史任务，根本问题在于要进一步用邓小平同志关于建设有中国特色的社会主义理论武装全党，认真学习和全面贯彻十四届三中全会的决定。

贯彻《决定》，整体推进改革，要从 20 世纪 90 年代所面临的体制格局现状的实际出发。由于 20 世纪 80 年代，我国改革走的是由易到难，迂回前进的路子，20 世纪 90 年代，改革所面临的现状，是一个发展极不平衡的体制格局。譬如：①微观经济领域基本放开搞活，宏观经济调控新体制的建立和改革滞后；②商品市场和服务市场发展迅速，生产要素市场的培育和发展滞后；③旧的计划管理框架打破了，金融体制、财税体制、投资体制以及社会保障制度的改革滞后；④非国有经济的经营机制基本上能够适应市场经济发展的要求，国有企业制度和经营机制的转换滞后；⑤经济体制的格局发生了重大变化，政治体制改革滞后；⑥沿海地区特别是经济特区、沿海开放城市、沿海经济开发区，已初步形成了市场调节为主的经济体制，内陆特别是不发达地区改革和经济发展滞后等。因此整体推进必须与重点突破相结合，既要注意改革的循序渐进，又要在重要特别是薄弱环节取得突破，带动改革全局。

第一，以转换国有企业经营机制为重点，加快建立现代企业制度。产权清晰、权责明确、政企分开、管理科学的现代企业制度，是构建新体制的微观基础。我国十多年改革的实践说明，如果不从根本上改变国有企业 80% 的流动资金依赖于银行贷款，不改变国有企业的固定资产投资由国家财政负担，不改变国家财政对国有企业亏损的无原则补贴，企业继续吃银行和财政的"大锅饭"，不论是商业性金融和政策性金融的分离、专业银行企业化的改革，还是投资体制改革，以及财政调控职能的有力发挥，都难以实现。因此，宏观经济管理制度的改革必须同国有企业制度的改革配套进行，关键的问题是要通过国有企业逐步实行公司制的改组，从根本上改革国家与企业的软预算约束的传统体制，建立企业的生产和发展由市场选择的硬预算约束的现代企业制度，实现全民所有制实现形式的根本转换。同时，对城镇集体企业、乡镇企业也要理顺产权关系，逐步改组为股份制或股份合作制企业，对私营企业也要鼓励改组为规范化的公司。

第二，以培育生产要素市场为重点，加快培育和发展统一、开放、竞争、完善的市场体系。在市场经济运行中，市场是引导企业的主体，又是国家间接调控的客体，是连接国家和企业的关键环节。因此，形成健全的社会主义市场体系和市场机制，是建立起社会主义市场经济新体制的核心，市场发育是否健全，市场机制能否发挥配置资源的基础作用或直接作用，是新旧经济体制模式的根本区别。没有完善的要素市场和服务，投资主体法人化也难以实现。因此，积极培育和发展市场体系，特别是着重发展金融市场、劳动力市场、房地产市场、技术市场和信息市场等生产要素市场，是建立新经济体制的迫切需要。同时，积极推进价格改革和进一步发展商品市场，特别是要尽快取消生产资料价格的双轨制，加速构造大中小相结合、各种经济形式和经营方式并存、功能完备的商品市场网络，推动流通现代化。

第三，以财税、金融、投资体制改革为重点，加快建立健全以间接手段为主的宏观调控体系。主要是：建立分税财政体制，理顺中央和地方的经济关系，进一步调动中央和地方两个积极性；进行税制改革，加快建立以增值税为主的流转税制度，逐步统一企业所得税和个人所得税，建立起适应国内市场经济和有利于国内经济与国际经济接轨的新的税收制度。金融在国民经济中的作用日益重要，通过改革，要尽快建立一个在国务院领导下的独立执行统一货币政策的中央银行宏观调控体系，建立政策性银行，把现有的国家专业银行改组为真正的商业银行，实现政策性金融和商业性金融的分离；同时，进一步改革外汇管理体制，逐步建立起以市场供求为基础的有管理的单一的浮动汇率制度，形成合理的汇率和调控机制。加快投资体制改革，确定企业是基本投资主体，逐步建立法人投资和银行信贷的风险责任机制，将政策性融资与商业性融资分开，把投资行为从计划经济体制转到市场经济的轨道上来等。

第四，建立以按劳分配为主体，效率优先，兼顾公平的收入分配制度。劳动就业和劳动者个人报酬要引入竞争机制，建立和完善企业和职工双向选择的制度，把工资分配纳入市场调节的轨道，积极推进个人收入的货币化和规范化，打破平均主义、"大锅饭"，实行多劳多得，合理拉开收入差距。坚持鼓励一部分地区、一部分人通过诚实劳动和合法经营先富起来的政策，同时提倡和鼓励先富带动和帮助后富，逐步达到共同富裕。

第五，建立多层次的社会保障制度。社会保障体系要逐步系统化、社会化。它不仅包括社会保险、社会救济、社会福利、优抚安置，还包括社会互助和个人储蓄积累保障等，是一个多层次、多类型、多方式的系统工程。近期要着重完善企业养老和失业保险制度，强化社会服务功能，以减轻企业负担，提高企业经济效益和竞争能力，促进企业组织结构的调整和优化。没有一个健全的企业养老和失业保险制度，优胜劣汰的市场竞争机制的功能则难以发挥，平等竞争的市场环境也难以形成。因此，建立和健全社会保障体系，并使之法制化，是保持社会稳定和顺利建立社会主义市场经济体制的重要保障。

上述五个主要环节是相互联系、相互制约的有机整体，构成社会主义市场经济新体制的基本框架。因此，新时期的改革应当以初步建立起新的经济体制为目标，以建立现代企业制度、培育和发展市场体系及建立健全宏观经济调控体系为重点，围绕五个主要环节有重点、有步骤地全面推进，并建立相应的法律体系，促进社会生产力的发展。

20 世纪 90 年代的改革，是我国改革整个历史进程中一个关键性的阶段，也是一个难度很大的攻坚阶段。如果说浅层次改革，如扩权、减税、让利等使广大社会成员都能够得到一些看得见的实际利益，那么，深层次改革，如国有经济产权制度和政府机构改革，就业和工资分配市场化的改革等，就涉及传统体制下形成的利益格局的全面调整和较大变动，会遇到一些无形的阻力和抵抗。同时，新旧体制并存，不可避免地会出现大量制度上的漏洞，管理上的真空和复杂的矛盾及摩擦，因而产生许多新问题，甚至相当严重的问题，如经济生活中的无序和腐败等，这既加大了改革的难度，从根本上说，又需要通过深层次改革的成功达到解决。

由上所述，新时期的改革，亟须在广大人民中加强关于建设有中国的特色的社会主义理论的宣传和教育，加强改革的宣传，积极正确地引导社会舆论，使广大人民在更高的层次上正确认识改革的巨大成就和必然趋势，认识改革的新目标、新任务和新形势，调动一切积极因素，化消极因素为积极因素，充分动员全民族的力量共同推进宏伟的改革大业。

论改革目标的分区到位与过渡区的改革[*]

一 我国经济体制改革目标模式的再认识

我国经济体制改革的目标是什么,即从产品经济的体制模式转变为有计划商品经济的体制模式,但对有计划商品经济体制的理解,在认识上却是很不一致的。党的十三大报告指出:"社会主义有计划商品经济体制,应该是计划与市场内在统一的体制。"并说:"计划和市场的作用范围都是覆盖全社会的。新的运行机制,总体上来说应当是'国家调节市场,市场引导企业'的机制。"笔者认为,我国经济体制改革的最终目标,是实现国家宏观计划指导下的市场调节体制,即从经济运行的计划化过渡到计划指导下的市场化。我们已经突破了"商品经济就是资本主义经济"的僵化思想和"商品经济是同私有制经济共生存"的传统观念,但还没有突破"市场经济就是资本主义经济"这种西方和东方的传统观念的束缚。我们可以使用社会主义商品经济概念,而不使用市场经济这个概念,但在理论和认识上必须弄清两者的异同。其实,商品经济同市场经济从本质上说是一致的,因为商品经济就是通过市场进行交换的经济,市场是各种商品和货币交换关系的总和。列宁曾经指出:"哪里有社会分工和商品生产,哪里就有'市场'。市场量和社会劳动专业化的程度有不可分割的联系。"[②] 商品经济的发展有赖于市场的形成和扩大,而市场的发育程度又是商品经济发达程度的标志。但商品经济和市场经济又不是一个概念,前者属于一种经济形态,与自然经济、产品经济相并列;后者属于一种经济运行的形式,与统制经济、集中统

---

* 原载《经济研究》1988 年第 9 期,后编入湖南人民出版社出版的《湘粤经济关系研究》。
② 《列宁全集》第 1 卷,第 83 页。

一计划经济相并列。商品经济已经存在了 5000 ~ 7000 年之久，但在奴隶社会、封建社会，由于：第一，占主导地位的是自然经济而不是商品经济；第二，市场是被分割的狭小市场而没有形成统一市场；第三，只有商品市场而没有要素市场，尚未形成完善的市场体系。因此，市场机制既不能作用于整个社会经济的运行，它本身也还不具备这种功能，商品经济还不能采取市场经济的运行形式。只有当商品经济在社会经济生活中取代自然经济而居于主导地位，商品生产基本上实现了社会化，形成了统一市场和完善的市场体系，商品经济才采取也必然采取市场经济的运行形式，而这些条件是人类社会发展到资本主义阶段才逐步形成的，因而就产生了一种误解，认为市场经济是资本主义制度的产物，和资本主义经济画了等号。其实，市场经济是生产商品化、社会化发展的必然产物，是发达和比较发达的商品经济所采取的运行形式，并非资本主义所特有的。市场经济可以同资本主义私有制相结合，被资本主义利用和为资本主义服务，也可以同社会主义公有制相结合，被社会主义利用和为社会主义服务。它可以是无政府状态的市场经济，也可以是有管理的市场经济。它可以是资本主义国家行政干预下的市场经济，也可以是社会主义国家宏观政策调节下的市场经济。我国尚处于社会主义的初级阶段，商品经济很不发达，要发展生产力，实现社会主义现代化，就必须使商品经济有一个充分的发展，没有生产的商品化，也就不能实现生产的社会化和现代化，这是一个不能逾越的阶段。社会主义商品经济的发展同样不能离开市场的发育和完善。大力发展商品经济，就必须逐步形成完善的社会主义市场体系，以充分发挥市场机制和价值规律的作用。这个市场体系，不仅包括消费品和生产资料等商品市场，而且应当包括资金、劳务、技术、信息和房地产等生产要素市场，而产品和各种生产要素商品化的过程，也就是经济运行市场化的形成过程，从这个意义上说，社会主义商品经济也是市场经济。但是，社会主义商品经济的基础是公有制，计划和市场的作用范围都是覆盖全社会的，因此，社会主义有计划的商品经济实质上也可以说是有计划的市场经济。社会主义经济和资本主义经济的区别，不在于是否利用市场调节和经济运行的市场化，而在于占主导地位的所有制不同，以公有制为基础、以国家宏观计划为指导和调控，是社会主义市场经济区别于资本主义市场经济的基本特征。我们从理论和认识上弄清这个问题，进一步解放思想，才敢于研究和借鉴当代资本主义商品经济发展的经验，吸取那些反映生产商品化、社会化共同规律的科学成果。

二　经济改革目标的分区到位与过渡区

由带有浓厚自然经济特色的产品经济体制，过渡到宏观计划指导下市场调节的商品经济体制，必须具备三个基本条件：第一，明确企业产权并实现产权主体的多元化，使企业真正作为独立的商品生产者和经营者，作为真正的法人，直接面向市场，通过市场和以市场的信号导向，进行自主经营、自负盈亏；第二，形成一个开放、完善、竞争和价格基本合理的市场体系，从而形成完整的市场导向功能，单一的市场不可能很好发挥市场机制的作用，垄断和分割的市场不可能促进商品生产者提高效率，封闭的市场既不利于发展国内地域间的合理分工，也不能促进国际贸易的发展；第三，宏观经济由直接管理为主转变为间接管理为主，也就是国家由直接组织企业，转变到主要综合运用财政政策、货币政策和产业政策等经济手段和法律手段调控和组织市场，间接地通过市场信号和市场参数引导企业的经营决策。由此可见，市场既是引导企业的主体，又是国家间接调控的客体，是联系国家和企业的关键环节。因此，形成健全的社会主义市场体系和市场机制，是建立社会主义商品经济新体制的核心，市场的有无和发育是否健全，市场机制能否发挥调节经济运行的作用，是新旧经济体制模式的根本区别。而商品经济的发展和市场发育的程度是紧密联系的，市场体系是伴随着生产的商品化和社会化的扩展而逐步完善起来的，商品经济的充分发展又必须通过充分发挥市场机制的作用才能实现。

由于我国地域大，人口多，各个不同地区在地理和资源状况、商品经济和技术发展水平等方面都有不同，甚至有很大的差异。客观上存在着东部沿海较发达地带、中部次发达地带和西部不发达地带。在不同的经济地带，商品经济和市场的发育程度处在不同的层次上。因此，健全的市场体系和市场机制，不可能在全国同时形成，经济体制改革的目标也不可能在全国同步到位。必须因地制宜，从不同经济地带、不同地区的客观条件的实际出发，在改革的步骤和时序的要求上有所区别，实行空间上的分区到位。

东部沿海地带在改革开放上先走一步，提前实现改革和发展的战略目标，不仅是极为必要的，而且是完全可能的。这是由于以下几方面因素。

第一，历史上沿海地区较内地商品经济发展的程度要高，经过 9 年改革开放，已从不发达的商品经济向中等发达的商品经济发展，不完善的市场调节（主要是商品价格的市场化）已初步形成，商品经济的发展，既为形成健全的市场体系创造了有利的条件，又客观上要求加快建立完善的、竞争的市场体系，以充分发挥市场机制对资源配置和利用的调节作用，实现产业结构的合理调整和资源的优化组合。

第二，沿海地区经济正在从内向型经济为主向外向型经济为主转变，外向型经济是一种参与国际交换的市场经济，国际经贸活动主要是受市场机制调节，因此，这就要求沿海地区市场机制要与国际市场机制相衔接，加快提高自身的市场发育程度，形成配套的市场体系，在体制上适应国际商品经济的运行。

第三，由于沿海地区的经济发展水平、企业经济效益和人民的收入水平较高，干部和群众的商品经济观念、市场意识和改革开放的意识较浓，对于解决完善市场机制的关键问题，即理顺原来极不合理的价格关系，社会经济和心理的承受能力较强，承受风险的能力较大。

由于沿海不同的地区，也各有自己的位置、特点和优势，在新体制形成的时序上也会有差别。海南省虽然经济基础比较薄弱，但由于它具有独特的区位优势，在经济体制改革上，实行一次性的整体转轨，在全国将率先进入新的经济运行机制的轨道。广东省有着毗邻港澳、华侨众多的优势条件，在 9 年的改革开放中又放得最开，搞得最活，上得最快，全省已定为综合改革试验区，在三五年内，可建立起新体制的框架。

沿海地区进行全面改革试验，扩大对外开放，实施外向型发展战略，一方面为内地发展提供了新的机遇，必然会带动内地的发展。这是因为：①沿海逐步转向外向型经济为主，必然会让出部分沿海地区市场和内地市场，需要由内地发展来填补；②沿海地区市场与国际市场衔接，可以把从国际市场上获取的信息、先进技术和科学管理经验向内地转移，帮助内地发展；③沿海地区率先进入新经济机制的运行轨道，会给内地带来一种压力，促进内地省区加快开放和改革的步伐，采取灵活措施搞活经济。另一方面，由于沿海和内地在市场的完整性、对外的开放度、价格的放开度和时序等方面存在着差别，甚至较大的差异，也必然会带来一些摩擦与矛盾，特别是沿海为了充分发挥市场机制的作用，同国际市场接轨，率先放开价格，实行市场调节，会波及非试验区，带动内地的物价上涨，影响内地的经济稳定。

由此可见，沿海和内地在改革、开放和经济发展的过程中，有统一的相互促进的一面，也有相互矛盾和摩擦的一面。如何发展相互统一的方面，合理解决由于体制、政策上的差异，和现有基础与承受能力不同而产生的各种矛盾，衔接好沿海市场和内地市场，是一个关系改革、发展的全局性战略问题，是实施从沿海到内地区域推进改革、开放和区域优先发展战略的重要组成部分。解决这个问题的重要途径，是在沿海综合改革试验区的毗邻省区，建立一个改革开放的过渡试验区，实行适应性的双向衔接的弹性政策和灵活措施。因为：①综合改革试验区的改革开放和发展，对相邻省区有着最直接的强烈影响和冲击；②综合改革试验区客观上也要求相邻省区在改革开放和发展方面，有相应的、一定梯度差条件下的梯次配合，有一个直接的战略后方基地，否则将人为地限制沿海地区外向型发展战略实施所需要的国内经济环境；③沿海和内地的矛盾和摩擦，可以通过过渡区市场与沿海地区市场的梯次衔接和结合得到解决，起到梯度消波的作用，以免波及和影响到全国。如果说沿海地区市场是国际市场和国内市场的衔接点，那么，过渡地区市场则是沿海地区市场与内地市场的衔接点和接合部。

三　过渡区的改革与发展

毗邻广东的湖南省作为沿海和内地接合部的地位已得到国家的肯定。作为这个接合部的前沿，包括郴州地区、零陵地区和衡阳市的湘南地区，已经国家批准定为由沿海向内地改革开放的过渡试验区。过渡省区的改革如何进行？笔者认为应从其作为沿海市场与内地市场衔接点这一区位特点出发，以加快培育和发展与沿海、内地市场双向衔接、相互协调的市场体系为中心，相应进行健全宏观间接调控体系和深化企业经营机制的改革，并把深入改革、扩大开放同加快开发紧密结合起来。

1. 实行梯度衔接的价格改革

发挥市场调节作用，按价值规律办事，关键是改革价格管理体制，理顺原来极不合理的价格关系，包括国内外市场的不合理比价，工农业产品的不合理比价，原材料与加工品的不合理比价等。过渡区的价格改革面临着梯度消波和理顺价格的双重任务。沿海改革开放试验区，如广东省价格放开的面比内地宽，与国际市场价格挂钩的程度比内地高，少数仍由国家定价的商品如粮食调价的幅度大，因而物价上升的幅度也大。广东物价的上涨，必将拉动内地，首先在过渡区引起一系列的连锁冲击。1987 年，全国物价总水平比上年上升 7.3%，广东上升 11.7%，湖南上升 10.6%，居全国第 2 位，湖南的两地一市则上升达 13%以上，1988 年上半年继续以更高的两位数上涨，预计今后几年物价将大大高于全国平均水平，进行适应性的价格改革，不仅是过渡区改革的首要任务，也关系到全国价格改革的有序进行。过渡区的价格改革，一方面要与沿海试验区的广东相适应，促进本区商品经济的迅速发展；另一方面又要与内地的价格改革相衔接，使沿海和内地由于市场机制和政策上的差异所引起的矛盾得到缓解，起到梯度消波的作用，同时，逐步理顺价格关系，完成理顺价格和梯度消波的双重任务。为此，必须适当放宽过渡省区物价管理权限，一是适当放宽对省物价指数的控制指标，并将国务院有关部门管理的商品价格和收费标准的审批权适当下放给省；二是允许湘南过渡试验区的郴州、零陵、衡阳两地一市享受省级价格管理权限，以增强应变能力。在理顺价格关系上，可采取双向衔接、分步到位。第一步，对于由国家管理价格的重要产品，对湘南过渡试验区实行粮油购销调拨包干，烤烟、煤炭等收购调拨包干，按国家计划定购、收购和调拨的部分，执行国家定价，其余价格放开，形成较小比重的调拨价格与较大比重的市场价格并存的格局；第二步，在国家政策允许的条件下，逐步缩小指令性调拨价格和合同定购价格的使用范围和比重，并逐步提高指令性调拨价格和合同定购的农产品价格，对某些重要产品，如粮食可实行梯度价格，在同沿海试验区的邻界地区衔接定购粮价和市价，在省内推进逐步梯减幅度，使调价的幅度，一头同沿海衔接，一头同内地衔接，并保持合理的流向；第三步，把指令性调拨部分以外的多种价格逐步过渡到不分省内外、区内外的单一市场价格，少部分国家计划管理的价格，按照价值规律的要求，实行合理的调整，初步理顺价格关系，基本形成宏观指导下的市场调节价格体制。

2. 提高市场的发育程度，加快建立双向衔接的市场体系

解决好市场衔接是改革开放过渡试验区的一个主要任务。从近几年湘、粤两省的经济交往来看，基本形成一种商品、劳务南下，货币北上的态势。而流入广东商品增长最快的是农产品，仅据两省临界的湖南宜章、汝城、江华三个地方的统计，销往广东的生猪，由 1985 年的 195 万头，增加到 1987 年的 320 万头，调供广东出口的茶叶，由 1985 年的 12550 吨，增加到 1987 年的 17500 吨，调往和流向广东的粮食年达 10 多亿斤。预测到 2000 年，广东省粮食总产量为 200 亿公斤，需要量为 262.5 亿公斤，自给率为 76.2%，缺口为 62.5 亿公斤。两省农产品贸易量的迅速增长，有力地促进了两省商品经济的发展和产业结构的调整，但也产生了一些矛盾和摩擦，特别是许多农产品的交易，尚处于商品经济初期阶段那种完全自发、分散、无序的小商品生产的贸易方式，中间环节多，既不利于生产的稳定增长，也不利于消费者，很不适应商品生产社会化发展的需要，许多矛盾和摩擦也是由此而生。因此，建立以粮食为中心的两省农产品共同市场，开展农产品的期货贸易，提高市场的组织程度是当务之急。它既是广东对农产品的日益增长的需要，有一个稳定的货源保证，有利于农业结构向外向型调整和转移，又有利于湖南农业生产的稳定增长和建立社会主义商品经济的新秩序。

进一步发展省际边境贸易，建立和健全省际边界共同市场。1986 年，已经建立了由广东的韶关、湖南的郴州和江西的赣州组成的湘粤赣边境物资协作区，取得了显著成效。适应沿海市场与内地市场衔接的客观需要，和两省商品经济的共同发展，可以进一步健全和扩大省际边境的物资共同市场，一是拓宽地域，可以扩大到整个的湘南、粤北和赣南；二是拓宽领域，可以利用广东对外开放的政策优势，联合组织物资的进出口，提高边境共同市场的开放度，促进区域外向型经济的发展，还可以以开放促开发，建立共同市场的物资联合集团开发公司，共同开发区域的有关山区资源。

适应商品共同市场的形成，必须深化金融体制改革，形成跨区的融资网络。过渡省区的金融改革，应是在国家金融宏观计划指导下，逐步建立起一个以间接调控为主，与沿海金融市场和内地金融市场双向衔接的多层次、多渠道、多形式融通资金的金融体制。为此，湖南省的金融中心和融资网络应

以长沙为中心，衡阳与岳阳为南北两翼，为南联广州和广东、北联武汉和湖北的接力站，并在怀化、常德、邵阳等城市建立次一级金融中心，从而形成南北衔接、东西开放的跨区融资网络。在信贷规模上，应适当增加过渡省区的信贷资金。每年按照各家银行下达的信贷计划，实行多存多贷、少存少贷的政策。邮政储蓄存款全额留省、区使用。发展金融市场是深化金融改革的中心。在湖南省会长沙可筹建证券公司和融资公司，试办证券转让业务，推动股票发行和企业资信评估工作。湘南过渡试验区的中心城市衡阳可享受省一级的债券发行权，并有设置金融机构审批权。同时，还可以改革过渡区与沿海试验区专业银行的结算方式，在衡阳市筹建广东发展银行湘南分行，组织城市信用社跨省区联网，加强金融联合。

3. 加强湘南过渡区的开发

广东的改革开放，有力地促进了湘南地区商品经济的发展，资源的开发，产业结构的调整，以及由封闭型经济向开放型经济的转变。但是，由于湘南的经济基础薄弱，地方财政和干部群众的承受能力差，"广东的物价和湘南的工资"的矛盾十分突出。解决这个问题的重要途径，是深化改革、加快开放，促进湘南的开发。湘南也有自己的优势，一是农业的开发潜力大，湘南过渡区尚有可垦荒地900万亩，且大都集中连片，只要改善水利条件，就能开垦出200万亩稻田、400多万亩经济作物，可以建设一个"面向广东、打入港澳"的外向型农业综合基地。初步匡算，湘南开发后，每年可增产粮食50多亿斤、瘦肉型猪500万头、草食牲畜100万头、新建用材林基地1000万亩，加上经济作物等其他开发项目，每年可增加产值30亿元、税收1.5亿元。二是矿产资源丰富，湘南区矿产资源工业储量在湖南同类资源所占的比重，煤炭为41%、钨为88%、钼为93%、铋为98%、锡为92%、铅为57%、锌为28%。其他矿产资源保有储量在湖南同类资源所占的比重，钽为（金属量）66%、锰为43%、铌为90%、铍为87%、钻英石为87%、钠长石为100%、滑石为90%、岩盐为90%、芒硝为89%、萤石为90%、石墨为73%。区内不仅有色金属、稀土元素、稀有金属和非金属资源丰富，主要矿产资源分布集中，资源的配套程度好，而且保证程度也高，并多沿京广路线分布，开采、运输方便。因此，应当把湘南过渡区的开发纳入国家规划。同时，如果湘、粤两省打破省界，联合在湘南建立粮食、生猪、烤烟、芝麻、水产、有色金属和建材等农产品和原材料基地，既做到使广东实施外向型经济发展战略，所需要的农产品和原材料有一个直接的战略后方稳定的供应基地群，又有利于加快湘南的开发和振兴，有利于沿海试验区和过渡试验区的市场衔接，增强联合外向的竞争能力。

4. 提高过渡区的外向开放度

一是加强过渡区与广东等沿海地区的经济技术协作，这不仅是发挥更大的互补效益，加快经济发展的需要，也是缓解矛盾和摩擦的有效途径。对过渡区到沿海经济特区开设窗口，兴办中—中和中—外联合企业，应享受当地企业同等优惠待遇，对这些企业在过渡区加工复出口产品所需的进口原材料，在关税上应给予适当照顾。二是，扩大过渡省区进出口经营审批权和利用外资项目审批权，国家应把大中型企业进出口经营审批权下放给省，并扩大省吸收外商直接投资项目的审批权。省对湘南过渡试验区的地、市应授予进出口经营权，并对出口创汇、上缴外汇、出口补贴3个基数实行切块承包。计划内和超计划的创汇分成除按规定上缴中央外，全部留给地、市。在过渡区的地、市建立和健全外经外贸和海关、商检、中国银行分行等涉外机构。将"三来一补"项目审批权下放县市，并给予减免工缴费、土地使用费、运输费等优惠政策，创汇全留，以鼓励和促进发展外向型经济。

5. 改革财税体制，增加过渡区的财政活力

过渡区的经济基础薄弱，受到沿海地区物价上涨的直接冲击，物价升幅大及承受能力低，是过渡区最难解决的突出矛盾。为了增强"接合部"和过渡区的财政活力，国家应对过渡省区由现行总额分成的财政体制改为定额上缴递增包干的财政体制。省对过渡试验区的地、市，应恢复郴州、零陵行署一级财政，对衡阳市和郴州地区实行"定额上交、递增包干"体制，对零陵地区实行"定额补贴包干"体制，并在财政收支上对地、市分别给予一定的照顾。同时，把省一级税收减免权下放给过渡试验区的地、市。地方税减免权由县、市政府决定，可以实行税前还贷、以税还贷、减免还贷，择优支持企业的发展。

6. 改革投资体制，扩大过渡区项目的审批权限

为了放开、搞活过渡试验区的经济，对湘南两地一市固定资产投资规模应实行指导性计划。在资金、能源、原材料自求平衡的条件下，将基本建设

和技术改造项目省一级的审批权下放到地、市，报省备案。合资、合作、独资和对外引进项目，在外汇、资金、原材料自求平衡的条件下，授予过渡试验区的地、市行使省级审批权限，报省备案。外引内联项目（包括国外、区外投资和区内配套资金）可不列入投资规模的控制范围。过渡区各地市可成立投资公司，实行投资基金制，投资公司利息按产业实行浮动，利息收入可在 5 年内不缴营业税和所得税，用作公司自有资金。

国企改革攻坚的难题与对策思考 *

打好国企改革攻坚战，要着重解决两大难题：一是宏观上的结构调整，也就是退和进的问题；二是微观上的体制转换，也就是建立现代企业制度的问题。这是一个艰巨复杂的系统工程，要研究综合配套改革的政策措施，但更要在如何解决难中之难的问题上下工夫。

一 调整国有经济布局的关键是"退"

党的十五届四中全会《关于国有企业改革和发展若干重大问题的决定》指出："从战略上调整国有经济布局，要同产业结构的优化升级和所有制结构的调整完善结合起来，坚持有进有退，有所为有所不为。"进和退是辩证的，必须结合。但有退才能有进，有所不为才能有所为，退是进的基础。同时，进好难，退好更难，它涉及观念更新、债务问题、退出和替代的方式问题、职工安排问题等。从相对意义上说，进易退难，所以，笔者赞同关键是如何做好退的工作的观点和主张。为此，就需要着力研究和解决为什么退、从哪里退和如何退的问题。

（一）为什么退？

（1）新中国成立后，在社会主义等于公有制特别是国有制的传统观念的指导和影响下，不断地进行所有制升级，形成了国有经济各行各业无所不包的分布格局。分布面过宽，国家财力又有限，导致企业规模小，力量分散，设备落后，经济效益下降，难以为继。

---

* 原载《南方经济》2000 年第 5 期。

（2）国有资产从性质上说，是属于全国人民的财产。这种产权的性质决定了国有企业的发展，首先必须服务于关系国家安全性和社会公益性的目标，这就决定了它主要的功能定位，就是说国有经济最适宜存在和发展的领域，是关系国家安全性、自然垄断性和公共性的产品与服务的行业，这也是私有者不愿意进入、无力进入或不准许进入的行业领域，在这些领域国有经济具有独居的战略优势和发展的广阔天地。相反，正由于它功能的多重化，在竞争性特别是竞争充分的领域，处于竞争的弱势。

（3）国有经济的全民属性使国有资产的运营中只有所有者代表，没有具体的所有者。两者的区别在于所有者代表难以做到如对待自己的资产那样去关心国有资产的保值和增值。这种差异体现在经济利益上就是代理成本。从政府授权到资产经营公司或大型企业集团再到企业，形成多层的"委托—代理"关系。这种委托代理的链条不能过长，分布不能过散，否则，不仅会付出巨额代理成本，而且无法形成有效的监督机制，导致国有资产流失和经营过程的严重损失，并在竞争性领域中处于不利的地位。

（4）传统的国有经济布局和企业制度，不能适应市场经济发展的要求。国有经济的一统天下，统负盈亏的企业制度，是计划经济的微观基础，这同市场经济是相排斥的。市场经济并不要求企业的所有制性质，但它的微观基础——社会的经济细胞，必须是利益的主体、经营的主体、自负盈亏和自担风险的市场竞争主体，否则市场就不能对资源配置起基础性作用。因此，建立和完善社会主义市场经济体制，所有制结构必须是多元化、动态化的，企业不论其所有制的性质如何，都必须是自主经营、自负盈亏的市场主体。党的十五大报告明确指出，非公有制经济是社会主义市场经济的重要组成部分，公有制实现形式可以而且应当多样化，并提出继续调整和完善所有制结构是经济体制改革的重大任务。为此，在宏观层次上，必须调整国有经济的布局，收缩战线，从传统体制下过渡进入的领域退出来，进入更能发挥自己战略优势的领域，达到国有企业分布结构的优化和质的提高。同时，也为非国有经济的发展创造了条件，进一步完善所有制结构，形成公有制为主体多种经济成分共同发展的格局。

（二）从哪里退？

近几年，在理论界乃至社会有一种比较著名的观点，"国有企业应从竞争性行业退出"。这种观点认为，应把各类行业区分为非竞争性和非盈利性、竞争性和盈利性的两大类，国有企业存在和发展的领域只适宜于前一类，竞争性、营利性的国有企业应当全部退出。我不完全赞同这种观点和主张。把国有企业区分为非竞争和竞争性的两类，这是资本主义和社会主义不同制度国家，一种通常的划分方法。我认为这种区分从国有企业功能的主要方面和总体上说是有道理的，但太粗，也不完全符合实际，还需要细分，并区别不同情况，采取不同的政策措施。

（1）非竞争性的行业还应区分为两类。一是武器制造业和印币造币等关系国家安全的特殊产业。这是非竞争性的，只能由国家垄断经营，市场对资源配置不直接起调节作用，可以说是市场失效区。但就是这一领域，也不可能脱离市场经济的影响而孤立存在，也必须按照市场通行的规则计算产值、核算成本和计算盈亏，也要或更需要注重效率，特别是很高的科技开发能力。何况从现实生活看，军民结合型的企业占我国军工企业的主体部分。当前，我国有一部分军工企业相当困难，一个重要的原因就是传统的企业制度不能适应社会主义市场经济的要求。准确地说，这一领域是市场影响区，也必须进行改革。二是基础设施产业，包括铁路运输、通信、电力、煤气和自来水供应等。其中一部分如铁路、电力等，由于经济规模巨大属于自然垄断性产业。另一部分如城市煤气、自来水和公共交通等，关系大众基本生活，属于公益性或公共性的产业。这一类产业必须由国家控制，但不需要由国有资本独家经营。大部分可实行国家控股，有的也可以实行国有资本参股。这样，既可以放大国有资本的功能，又能加快我国基础设施产业的发展，形成国家控制下的适度竞争的市场机制。与此相联系，也应允许企业在兼顾社会效益目标的条件下，能从降低成本和提高生产效率中取得赢利，形成自我发展的动力和能力，改变传统体制下基础设施长期依靠财政补贴运作经营的状况。改革的实践证明，竞争也是提高基础设施产业经济效益的根本途径，把这一类产业完全定义为非竞争性、非营利性，是不完全符合实际和不利于我国基础设施产业发展的。定义为适度竞争的市场低效区更为准确。

（2）竞争性行业也应该区分为两类。一是战略性的竞争性行业，也就是对整个社会经济发展能够起到支撑、引导和带动作用的产业。我国是社会主义条件下的市场经济国家，是一个发展中的大国，不能把国有经济功能只定位于安全性和社会性，它也具有支撑、引导和带动整个社会经济发展的战略性的经济功能，即主导作用。在战略性的竞争性行业中，一个是支柱性产业，由于其产业的关联度大，对国民经济的发展起着重要的支撑和带动作用；另一个是先导性产业，即高新技术产业，它对国民经济发展起着导向性、引导的作用。它们的规模性和技术性的要求比较高，但不属于自然垄断性和公益性产业。因此，国家的政策取向应当是，国有资本，一方面退出对其行业性的垄断和控制，允许非国有的多种经济成分进入；另一方面应保持对其重点骨干企业的控制经营，并充分利用股份制的财产组织形式，促进其资本扩张，以加快发展，形成多种经济成分平等竞争、共同发展的市场环境。二是一般性的竞争性行业。原则上国有资本要从这一领域中退出来，这里退的是重点领域，但不能"一刀切"。任何事物的存在和发展都不是纯而又纯，而是错综复杂的。在国有经济具有发展优势的领域，也有需要淘汰的劣势企业；在国有经济不具有发展优势的领域，也有具有较强竞争优势和高盈利的国有企业。因此，国有企业的大部分或绝大部分特别是中小企业应当逐步地从这一领域中退出来，少数或极少数具有较强竞争优势的大型企业和企业集团应当保留下来，并通过股份制改造加强其竞争优势。事实上在许多发达国家的竞争性行业，也存在国有经济控股和参股的企业。

（三）怎样退？

该退的要主动地退，但又不能一哄而起，不能简单化。要因势利导，先易后难，突出重点，讲究策略，有步骤地进行。

（1）对于产品没有市场、长期亏损、扭亏无望和资源枯竭的企业，以及浪费资源、技术落后、污染严重的"五小"企业，要下决心实行破产清算，这类企业退出越早，国有资产损失就越小。有些还可以从它们所占用的土地使用权的转让中获得收入，用于退出中所需要的某些资金。

（2）对于产品有市场但负担过重、经营困难，又不需要保留的企业，应尽早通过出售等方式退出，从国有资产转让中获得较多的收入，或者根据需要通过优势企业兼并、联合等形式进行资产重组，达到退进结合。还可以通过债转股的方式，首先将银行对企业的债权出售，然后实行债权转股权，再将股权转让。

（3）对于具有一定实力、经营状况良好但又不需要保留或不需要国家直接控股的企业，可充分利用股份制的财产组织形式，促进其投资主体多元化和分散化，通过股票上市转让或其他方式，逐步出售这些企业中的部分国有股权，变现回收的资金用于加强重点。也就是采取先改革后退出的方式。

总之，运用市场机制，通过资产流动，进退有序地使国有资本的分布从一般的竞争性产业向基础设施和战略性产业的重点领域集中，向优势企业集中，把调整国有经济布局同产业结构的优化升级紧密结合起来，以达到优化结构和提高国有经济整体素质的目的，更好地发挥国有经济的主导作用。

二　改制攻坚要着力于难点

在市场经济体制下，完全脱离市场作用和影响的"世外桃源"是不存在的。市场对经济效益和企业生产效率的促进和刺激作用具有普遍的适用性，建立现代企业制度是国有企业改革的方向，对国有大中型企业也是普遍适用的。因此，在国有企业改革攻坚战的指导上，必须坚持这种改革的普遍性。同时，在改革的政策和方式上，又要因产业制宜，区别情况，着眼于行业的个性特征。

第一，极少数特殊行业如安全性的国有企业。可模拟市场机制，建立和形成微观层次和宏观层次的管理机制。一是，企业内部要引进竞争机制。宜于改造成公司制的，要依据《公司法》改造成国有独资公司，或建立有几家或多个国有企业交叉参股和换股的有限责任公司，也就是建立具有行业特殊个性的现代企业制度。二是，同一类产品要有两家以上的企业生产经营，不要独家垄断。三是，国有资产的管理和营运，也要实行政资分开，转变政府职能，形成具有自身特点的国有资产的管理、监督和营运体系。

第二，自然垄断性和公益性的国有企业。这一领域，现行的管理体制是基于它的非竞争性，不是基于自然垄断性要求的经济性垄断，实行的是一种高度政企合一的政府管理体制，其主要弊端是投资渠道单一，企业没有市场主体地位，服务价格形成的机制不能刺激成本效率，缺乏竞争活力，必须进行改革。改革的基本方向应当是，由政府直接干预企业经营活动的政企合一体制，转变为政府间接控制企业主要经济活动的政企分离体制。企业在政府的管制下按照市场经济的原则开展生产经营活动，既服从社会目标，又具有物质利益的经济目标，形成具有适应市场经济特点的经营机制和发展动力。既要坚持以国有资本为主体，又要区别不同情况，允许非国有资本有条件地进入，形成国家控制下的适度的市场竞争机制。对提供公共产品和服务的基础设施，如机场、港口和城市的自来水、煤气、公共交通等，国有企业应占垄断地位；对具有巨大经济规模性的自然垄断性产业，如铁路、通信、航空、电力等，可由国有企业独资经营和多个国有资产投资主体共同投资经营为主，也可以建立一些国家控股和参股企业，有些部门也可允许建立非国有企业。

这一类行业由于具有公共性和自然垄断性，必须建立和完善间接控制的政府管理体制。一是政府要制定新企业进入的条件、政策或条例。政府不直接干预企业的日常生产经营活动，但由于其行业性的特点，只能由少数企业进行适度性的竞争经营，不能自由进入多家竞争经营，因此，政府必须制定具体的允许进入的条件和政策，也可实行进入许可制度加以控制。但这种管理和控制的政策，必须兼顾公益性、规模性和竞争活力，并把它协调起来。二是要制定各类公共产品和服务的质量标准，进入的企业必须进行达标生产经营。三是要管制价格，规定公共产品和服务的合理价格或最高限价。管制价格必须既能限制企业利用市场垄断力量谋取垄断利润，又要使企业能够通过技术革新和加强内部管理等途径，从降低成本和提高生产效率中获得盈利，使企业具有内在的经济动力和竞争的活力。

第三，竞争性领域的国有企业。这一广大领域属于市场高效区。应形成不分企业"姓氏"，依法自由进入的竞争机制和公平竞争的市场环境。竞争性的国有企业必须依靠自身的竞争能力求生存、求发展，在企业和政府的关系上，形成企业依法经营、照章纳税的市场化新型的政企关系；在企业制度上，要充分利用股份制的财产组织形式，形成股权多元化，建立规范的现代企业制度。也就是要通过股份制逐步改革成既有国有资本又有民有资本的混合所有制企业，通过混合企业提高国有资本的控制力，不搞独资经营。区别是需要由国家控制的支柱产业和高技术产业中的重点骨干企业。这两类企业在行业中处于龙头地位，对推动我国企业的技术进步，带动产业结构升级，提高国际竞争力具有重要的作用，因此，国有资本要保持控股地位。但国有控股并不是国有资本股权的比重越高越好；相反，在能实现实际控制的前提下，国有资本投入越少，控制效率越高，控制力越大。由于民间资本很分散，国有资本只要占1/3的股权就是最大的股东了，就能达到控制的目的。

一般竞争性的优势企业，要力促其投资主体多元化和股权分散化，把这些企业完全推向市场，在公平竞争中图发展。这类企业，有些不需要国有资本直接控制，可通过股票上市转让和其他途径逐步出售这些企业中的部分股权，变现回收的资金由国家用于重点国有企业的改革和发展。

国有企业改革的攻坚战，就是要打好国有企业与市场经济完全结合的攻坚战。调整国有经济布局，从宏观上达到国有资产分布结构的优化，提高国有经济的整体素质。但还必须在微观层次上，通过建立现代企业制度，做到政企分开，使企业成为市场竞争的主体。从而从两个层次的结合上，使国有企业适应社会主义市场经济发展的要求。这是一个复杂的需要多方面配套改革的系统工程。其核心是建立完善的法人治理结构，关键是解决好两个层次既相联系又相区别的代理问题。

委托代理问题是实行所有权与经营权分离的现代企业都必须解决的共同性问题。在我国国有企业的改革中，不仅要解决受所有者委托的经营者的代理问题，还必须解决或首先解决授权的所有者代表的代理问题。在传统经济体制下，企业是一个生产计划单位和财政预算单位，政府直接体现为所有者，整个政府部门就是一个大的董事会。实行企业厂长、经理负责制的改革，厂长、经理究竟是经营者还是所有者代表，身份不明确，形成上头（政府部门）"多位"，即多个部门从决策、财政、人事等方面行使所有者职能；下头（企业）"缺位"，谁都不承担国有资产的经营风险和责任。党的十五大报告强调对国有大中型企业要进行规范的公司制改革，在全国公司制改革试点的2000多家企业中，大部分建立了"新三会"。但主要问题是，其中大部分的董事会并没有到位，不能很好地代表所有者利益；监事会不能有效地发挥监督作用；股东代表大会形同虚设，法人治理结构并没有真正建立起来。其原因是复杂的，一是都存在着国有资本一股独占或一股独大的现象；二是人格化的国有资本的股权代表，对企业是所有者代表，对上是授权委托的所有者代理，在政企没有完全分开的条件下，仍受着上头多位的干预，既没有落实所有者职能，又缺乏有效的监督。

第二个层次是经营性的代理问题。依据《公司法》，企业经理人员的身份是明确的，它是受所有者代表的委托和聘任，承担国有资产经营的责任。在所有者代表没有实际到位的情况下，经营者的权利既受到上头"多位"的直接干预，又缺乏有效的激励和约束，形成"企业内部人控制"的问题。

国有企业改革需要着力解决的问题，也是最大的难点，就是如何从制度和机制的改革上做到使企业所有者代表和企业经营者如同对待个人所有的资产那样，去关心国有资产的保值和增值。这就需要做到以下几点。

（1）从政府到资产经营公司到基层企业，必须形成一个具体的、明确的、排他性的可追溯资产经营责任的体系，通过这套体系使国家所有者职能切实到位并人格化，解决"多位"和"缺位"的问题。

（2）适应建立现代企业制度的要求，需要改变党企关系和企业干部管理的人事制度。党组织是政治组织，不能承担企业的盈亏责任和相关的民事责任，因此，不是企业经营的决策机构。但党在企业中政治核心地位是不能改变的，党的领导作用，可以通过保证党的方针路线和政策在企业中的贯彻执行，以及做好思想政治工作和企业中的群团工作来实现。由于党组织在企业中的政治地位，虽不是决策机构，但也应当通过法定程序参与企业的决策。这就需要在坚持董事会统一决策的条件下，实行双向进入的方式加以协调和解决。同时，党管干部原则的实现形式也要做出相应的改变，除对极少数政企不能分开的企业，仍实行直接管理外，由直接管理转变为在尊重董事会依法选择经营者的条件下，实行间接控制。一种做法是党委和政府人事部门可以提出建议或推荐，最后按《公司法》程序决策；另一种做法是董事会选聘或向社会公开招聘，向党委和政府人事部门征询意见和备案。不论哪种做法，最重要的是按照法定程序办事，符合规范要求。

（3）在企业的激励、监督和约束机制的形成上，要做到激励足够，监督有效，约束过硬。激励机制要能发挥足够的激励效果，使企业法人代表能够很好地代表并努力实现所有者的利益，经营者能够如同对待个人资产那样去经营企业的资产。这样，才能吸引最佳的经营人才，并最大限度地调动经营者的积极性。参照市场经济国家的经验，一种做法是对经营者实行年薪制，其构成分为基本年薪和效益年薪，前者参照经营者的市场工资指导价位确定，后者根据业绩确定。也可实行基本年薪加持股分红。另一种做法是分为基本工资、效益奖金和股票期权等三个部分，第一部分保证经营者基本生活，第二部分同年利润挂钩，第三部分主要是激励经营者努力去改善企业的长远赢利能力和长远发展，而不是单纯地追求企业的短期效益。我国国有企业曾实行承包制和年终奖金制，企图解决企业的激励问题，但出现的主要问题是行为短期化，为了单纯地追求近期效益不惜损害企业的长远发展。在设计激励机制时，必须注意解决这个问题。同时，要建立和健全主办银行制度，加快发展资本市场、经理人才市场和其他相关的市场，充分发挥市场对经营者的社会监督作用，逐步形成内外结合的监督机制。再者是约束，激励就包含着约束，监督也是一种约束。但还必须建立和形成一种硬约束的机制和制度。一是取消企业经营者的行政级别和国家干部的身份。二是逐步形成面向全社会公开招聘、竞争上岗企业用人的市场机制，使经营业绩好的经营者可得到丰厚的经济回报和被续聘；经营失败的经营者既不能异地任"总"，更不能异地为官。能够发挥足够激励效果的激励机制，可以发挥有效监督作用的监督机制和硬的约束机制三者结合，就能够最大限度地调动经营者的主观能动性、创造性和敬业精神，促使企业经营者如同经营自己的企业那样去经营国有和国有控股企业，把代理成本降到最低点。

新阶段区域经济发展与政府行政体制改革[*]

当前，我国区域经济的发展面临着产业结构升级转型、行政区经济向经济区经济提升、城市和城市化发展转向新型城市化等全面转型。从区域经济发展转型的空间结构选择分析，新阶段转型的主要制约因素在于现行的行政管理体制。为此，必须推进市管县体制改革，构建经济区域协调发展机制，建设服务型政府。

一　区域经济发展面临全面转型

1. 产业结构的升级转型

长期以来我们把发展等于 GDP 总量的增长，以此来总揽全局，并作为政绩评价的标准和干部升迁的重要依据。经济发展取得了高速增长，但深层次的经济社会矛盾日益凸显出来，资源浪费严重，环境污染的压力越来越大，从区域发展的层面来看，东部沿海区域主要依靠粗放型、加工型、出口型的劳动密集型产业群，实现了经济的优先快速增长，并已步入工业化的后期阶段。但是这种依赖资本的高投入、资源的高消耗、污染的高排放取得的经济增长，付出了巨大资源和环境代价，其承载能力已无法持续发展。加之，国际大环境所发生的重大变化，经济社会的发展面临重大的难题，已经到了产业结构优化升级转型的紧迫时刻，以求得"浴火重生"。国家在东部布局了上海浦东新区和天津滨海新区两个综合改革试验区，重要原因之一，就是在东部的产业结构转型升级中起到示范带动作用。

中部区域也已迈入工业化快速发展中期阶段的关键时刻，中部区域的工

---

　　* 　原载《中国改革下一步》，中国经济出版社，2008。

业化一直是沿着重工业优先发展的路子走过来的，形成了重化工为主导的工业结构，也就是资源高消耗和污染高排放的区域产业结构。是继续沿着先污染后治理的老路子、粗放型增长的老模式走下去，还是走出一条科技含量高、资源消耗低、环境污染少的新路子，集约型发展的新模式，面临重大的战略抉择。党的十七大报告，强调要深入贯彻落实科学发展观，坚持节约资源和环境保护的基本国策，要求"必须把建设资源节约型、环境友好型社会放在工业化、现代化发展战略的突出位置"，并在中部布局了长株潭城市群和武汉城市圈两个"两型"社会建设综合配套改革试验区，并要求根据"两型"社会建设的需要，全面推进各个领域的改革，在重点领域和关键环节率先突破，大胆创新，尽快形成有利于资源节约和生态环境保护的体制机制、产业结构、增长方式，切实走出一条有别于传统模式工业化的新路子，为推动全国体制改革，实现科学发展与社会和谐发挥示范和带动作用。

2. 行政区经济到经济区经济进一步提升转型

区域基本类型有三个。一是自然区域。按照地域的自然形态来划分，如水域、山域、草域、沙域等。二是行政区域。按照政府行政辖区来划分，如省域、市域、县域、乡域等。三是经济区域。按照地区间紧密的经济联系来划分，如超越于行政区划的经济圈、经济带、经济区等。计划经济是行政区经济，是依托纵向的行政部门、行政层次、行政区域，运用行政指令、行政手段来运行的封闭型条块分割的经济。1983 年我们对长株潭区域的国有企业隶属关系作了系统调查，三市市属以上 803 个企业，分别隶属于中央 14 个部、省 27 个厅局、市 23 个局，这种错综复杂的条块分割，造成了资源的严重分散和浪费，制约了支柱产业优势的发挥。市场经济，从区域来说是经济区经济。依托的是开放竞争统一的大市场，其横向经济运行的市场经济规律，要求打破任何行政区的封锁和分割，按照紧密的经济的联系，形成若干个经济圈、经济带和经济区。

经过 30 多年的市场化改革，社会主义市场经济体制在我国已经确立，但还不完善，政府管理职能已发生重要的变化，但还没有发生根本转变，行政区经济特色依然十分突出，形形色色的地方保护，制约了生产要素跨地区合理流动和优化配置。党的十四大报告强调"要遵循市场经济规律，突破行政区域界限，形成若干带动力强、联系紧密的经济圈和经济带"。行政区经济亟须向以经济圈和经济带为主要形态的经济区经济转型。

　　3. 城市和城市化的发展向新型城市化转型

　　城市是工业的载地, 土地是城市的载体。工业化和城市化是结伴而行、互为因果、联动发展的。经济发展的粗放必然体现为城市建设用地的粗放和浪费, 工业污染的加剧也势必体现为城市环境的恶化。因而, 进入 21 世纪新阶段, 作为区域经济和工业化的主要载体的城市、城市化发展亟须由传统发展型向节约集约用地转型, 向生态保育环境友好转型, 向科技创新和制度创新转型。

二　区域经济发展转型的空间结构选择

　　区域经济的转型与其空间有着紧密的关联。关于区域空间结构模式问题, 在理论上存在着三种不同的观点: 一是"圈统论", 把所有的产业和城市密集地区都用都市经济圈加以概括; 二是"并列论", 把都市圈、都市带、城市群、城市经济区并列, 分别赋予不同的内涵; 三是"群统论", 认为不论是圈还是带, 都是由城市的群体构成的, 是城市群体的空间分布形态和规模大小的区别, 离开城市群体, 圈和带都是不存在的。笔者持"群体论"的观点。

　　从发达国家工业化和城市化走过的路子来看, 其空间结构大体上有两种不同的模式。一是以美国为代表的大都市区化模式。大都市区, 这一概念最初是作为地域人口统计来使用的。1910 年, 美国预算总署在人口统计中首先使用这一概念。所谓大都市区是指人口在 10 万及 10 万人以上的城市, 及其周围 10 英里范围内的郊区人口或与中心城市连绵不断、人口密度达 150 人/平方英里的地区 (之后在概括和标准上略有变化)。两个以上的大都市区复合体形成联合大都市区, 几个联合大都市区发展成巨大的大都市带, 达到城市化的成熟阶段, 实现城乡的融合。日本根据本国的国情, 采取了与美国不同的另一种发展模式, 即以大城市为骨干, 以都市圈为中心, 布局了三套相对独立的产业结构的工业化和城市化的区域空间结构。其核心是在不同的都市圈布局相对独立的产业结构, 圈内的城市间分工合作密切, 圈间由于产业结构的近似, 相互交换的需求甚少。这种模式, 既可以减少运输网络建设对土地的需求，又使运费和物流成本最低，形成了真正意义上的低成本大都市圈经济。

两种不同的模式源于两种不同的国情。美国国土辽阔，有 937.26 万平方千米，80% 的资源供求可以在国内实现平衡，只有 20% 依靠国外进口。它可以采取全国大分工的空间结构模式发展区域经济，形成空间布局。如最早形成的东北部大西洋沿岸大都市带，是依靠轻型制造业密集产业群的支撑而发展和形成的。之后形成的中西部五大湖大都市带是依靠重型制造业的密集产业群的支撑发展起来的。第二次世界大战后形成的太平洋沿岸，从旧金山、洛杉矶到圣迭戈大都市带则是靠发展飞机、导弹、宇宙飞船、计算机、电子仪表、生物医药等高科技产业群的支撑形成的，硅谷就布局在这一区域。日本与美国不同，是个岛国，国土面积仅有 37.7 万平方千米，资源需求主要依赖国外进口，且平原少，人口密。各大都市圈所需资源，通过海运到达港口，也就到达了需求的目的地，再不需要长距离运输，因而 1980 年日本全部货运的运距平均只有 73 千米，物流成本最低，且可以大大提高土地使用的集约程度。

我国的空间结构如何选择？中国国情一方面与美国类似，国土面积有 960 万平方千米，资源的供求大部分靠国内平衡；另一方面也与日本有类似的情况，人口多、密度大、人均国土面积只及世界人均的一半，人均平原面积只比日本人均高 30%。就工业化城市化已经走过的路子来看，基本上采取的是全国大分工的空间结构模式。比如，20 世纪 60 年代提出和布局的"大三线"和"小三线"的空间结构。改革开放后，形成的长三角、珠三角城市群，主要是依靠加工工业型、出口型、劳动密集型的轻型制造业支撑而得到快速发展的，其产品不论是在国内，还是在国外，均占有较大的市场份额。而中部区域城市群主要是国家重要的能源和装备制造业基地，农产品及农产品加工品的产业基地。1996 年，由国家计委研究所王建研究员为组长的课题组完成的《中国发展报告——区域与发展》，建议中国应采取日本大都市圈的空间结构模式，构建 9 个大都市圈，改变全国大分工的空间结构模式。2004 年，由中国宏观经济学会课题组完成的《到 2003 年中国空间结构问题》研究报告，重申了这一建议，并把 9 个大都市圈细化为 20 个大都市圈。

　　我认为在区域经济空间结构的构建上，我国可以借鉴但不能照搬西方的模式，也应该借鉴但也不能照搬东方的模式。应该是立足中国国情，构建具有中国特色的空间结构模式，也就是城市群体化模式，坚持"把城市群作为推进城镇化的主体形态"，逐步形成以沿海及京广、京哈线为纵轴，长江、陇海线为横轴，若干城市群为主体，其他小城市和小城镇点状分布，永久性耕地和生态功能区相间隔，高效协调可持续城镇化空间结构。具体到各个区域，城市群体采取何种形态，怎样整合，应根据区域的不同特点，遵循市场经济规律，突破行政区划，按照紧密的经济联系，因区制宜地加以规划和引导。也就是宜圈则圈，宜带则带，宜区则区（经济区、大都市区）。沿着大交通主轴线，也可以采取由点到圈、由圈成带的发展路径，把都市圈作为大都市带的基本单元。同时，在各个城市群体的地域单元——经济区域内，突破行政区划界限，各个城市之间建立紧密型的分工与合作关系。在生产性配套的需求与供应上，实施产业集群战略，尽可能实现供求平衡。大宗基本生活品的需求供应上，尽可能就地形成规模化的生产，实现供求的基本平衡，从而降低物流成本，节约集约用地，构建全国性的大分工、区域性相对独立的中分工及地方性的小分工相结合，既是多层次的、又是开放型的现代产业体系与空间结构模式。

三　政府行政体制改革

　　新阶段区域经济的转型，主要制约因素仍然是现行的行政管理体制。从区域经济发展的需要来说，应着重推进以下几个方面的体制机制改革。

1. 市管县体制改革

　　自 1993 年试行和推广的市管县的行政体制、财政体制，其本意是好的，目的是发挥中心城市对腹地县域经济的带动作用，缩小城乡之间的差距，最终实现城乡协调发展。但从其实践的效果来看却弊端很多。不仅由于增加一个行政层次，降低了办事效率，滋生官僚主义，与本意相反，却助长了重城市轻农村、重工业轻农业的倾向，甚至通过截留指标、资金、项目、财政提取和行政审批等手段，侵占县和农村地区的利益，拉大了城乡的差距，而且严重制约了按经济区域进行资源开发和优化配置及生产要素的合理流动。如湖南省的湘阴县，位于长沙之北，与长沙共水（湘江）连界，县城距长沙市区边缘只有 38 千米，属半小时经济圈内，水路长沙港至湘阴漕溪港仅有 40 多千米。而且长沙港从每年 10 月至次年 2 月湘江枯水季节，千吨级航运难以通行。而漕溪港区具有可建 5 千吨级的货运码头，且一年四季可以通航的深水资源，却因湘阴隶属于岳阳市管辖，没能纳入长沙港口群建设而得到利用。湘阴县虽有大量低丘岗地资源和丰富的水源，最适宜承接长沙工业项目的转移，但因行政隶属关系不同，也受到很大限制。

因此，市管县的行政管理体制，亟须改革为省直管县的体制，由县直接选择与中心城市的结伴与合作。由于这种改革具有一定的复杂性，可以采取分步到位的办法，先将市管县的财政体制改为省直管，一些重要的经济管理权限和社会管理权限，市也可以下放到县，作为一个过渡性的步骤。

2. 经济区域协调机制的构建

计划经济是条块分割的经济。市场化的改革强化了部门和地区的利益，而政府职能转变又大大滞后于区域经济的发展，因而，每一个行政区都成为一个追求本区利益最大化的主体。这就严重制约了经济区的形成，制约了城市群体内部城市间的分工与合作。

突破行政区划界限，协调解决各个城市之间的经济社会矛盾，求得共同发展，市场经济成熟的发达国家也经历了一个较长时期的探索过程。在其发展过程中，由于城市化水平的提高，城市密集型的各个城市之间，既分属于不同的行政区，又相互交错重叠，相互依赖。由于地方主义，形成一系列复杂的经济社会矛盾，需要共同协调解决。适应这种要求，从 20 世纪 50 年代以来，进行了近半个世纪的探索和改革。通常的做法是采取大都市区的组织结构和体制模式，既保留各个独立城市的自治政府，又组建大都市区的联合政府性质的行政管理行政机构，实行双层的行政管理体制和组织结构。这种城市政府联合体的行政管理机构，在不同的国家也有不同的类型，有综合职能型的，也有专项职能或特殊职能型的。比如，20 世纪 60 年代成立的大纽约联合交通运输局，20 世纪 70 年代成立的华盛顿大都市区委员会，大巴黎都市区地区委员会等，这些区域协调机构在制定区域发展规划和交通基础设施建设、公共服务建设等方面发挥了重要作用。

在我国为了解决计划经济的条块分割的体制矛盾，发挥中心城市的作用，自 1953 年在沿海区域成立上海经济区办公室，1984 年内陆区域成立长株潭经济区规划办公室以来，在协调推进区域经济一体化的体制模式和组织结构方面，也已进行了 20 多年的探索。

党的十七大报告强调要"规范各类议事协调机构及其办事机构"。早在 1984 年 12 月，湖南长株潭城市群，就建立了由三个层次组成的，比较规范的区域经济一体化的协调组织结构。它包括：一是经济区协调会议，即市长联席会议制度，作为三市最高联合的经济组织。二是行业协作联席会议制度。市长联席会议做出的决策，由各行业协作联席会议进行协调和落实。三是设立了由省政府领导直接领导下的经济区规划办公室作为办事机构，负责经济区协调的日常工作。从 1985 年 1 月至 1987 年 5 月，先后召开了三次市长联席会议和 12 次行业协作联席会议，联合启动了包括城市合理布局、金融改革和有关电信、供电、交通、环境治理、组建企业集团和银团贷款等十大工程，在五个方面对条块分割取得了突破性进展，产生了显著的成效。之后，长三角、泛珠三角的区域合作，基本上也是采取类似的组织结构和体制模式，北部湾经济区和天津滨海新区则采取了另一种更加紧密的组织结构——区域管理委员会。长株潭城市群"两型"社会建设综合配套改革试验区，采取了省统策、市为主、市场化的运作模式，在一体化推进"两型"社会建设和改革方面，做出新的探索。

3. 服务型政府的建设

遵循市场经济规律，打破行政区划的分割，发展经济区域经济，从根本上来说，就是要推进行政管理体制改革，转变政府职能，实现由管制型政府向服务政府的转变。改革开放 30 多年来，我国政府的行政体制，经过 1982 年、1988 年、1993 年、1998 年和 2003 年的多次改革，基本上由计划经济体制的管理转变为市场经济体制的管理，从过去完全是管理型、全能型政府转向注重社会管理、注重提高管理水平和服务质量的服务型政府转变。但是，我们也必须看到，30 年的改革的不少深层次的问题并没有得到根本解决，政府职能转变滞后于经济社会的转型。社会管理、公共服务还比较薄弱，对微观经济干预过多。权力部门化、部门利益化的现象比较普遍，地方主义比较突出。

党的十七大报告强调指出："行政管理体制改革是深化体制改革的重要

环节。"加快行政管理体制改革，建设服务型政府，从根本上来说，就是要坚持以人为本，践行全心全意为人民服务的宗旨，由管制型政府、单一倾向性经济建设型政府转变为有效地提供公共产品和公共服务，理顺政府与社会、政府与市场、政府与企业、政府与公众的关系，解决好仍然存在的越位、缺位和错位的问题。把公共服务定位于政府的主要职能，把管理寓于服务之中，在服务中体现管理，两者有机结合。相应的从过去过多地关注强势群体转变为更多地关注弱势群体，关注民生，推进基本公共服务均等化，解决好社会利益的失衡问题，促进社会和谐。减少对微观经济运行的干预，由政府主导转变为政府对市场的调控和监管，充分发挥市场配置资源的基础性作用，促进统一开放、竞争有序的现代市场体系的形成，为区域经济的发展化解行政性障碍。

湖南全面实现小康社会目标加快推进现代化的战略思考 *

一 全面建设小康社会是与加快推进现代化相统一的目标

1. 把握全面建设小康社会与加快推进现代化的统一性十分重要

邓小平同志把"人民生活达到小康水平",概括为社会主义现代化建设的第二步战略目标。党的十六大报告把全面建设小康社会定位于实现社会主义现代化建设第三步战略目标的头 20 年的阶段性目标,并赋予它以新的内涵。江泽民同志在党的十六大报告中强调指出:"这次确立的建设小康社会的目标,是中国特色社会主义经济、政治、文化全面发展的目标,是与加快推进现代化相统一的目标,符合我国国情和现代化建设的实际,符合人民愿望,意义十分重大。"因此,在贯彻十六大报告精神的过程中,紧紧把握建设小康社会与加快推进现代化的统一性十分重要。这种统一性把全面提高十几亿中国人民的生活水平与我国现代化建设紧密地结合起来,从而集中体现了"三个代表"的重要思想。

2. 全面建设小康社会的目标赋予工业化和现代化以新的内涵

20 世纪把工业化作为现代化的主要标志或同义语。美国社会学家英格尔斯在 20 世纪 70 年代,提出了完成工业化、实现现代化的 10 大量化指标,即:①人均收入在 3000 美元以上;②农业产值在 GDP 中占 12% ~ 15%;③非农业人口占 70% 以上;④服务业产值占 GDP 的 45% 以上;⑤城市人口占总人口的 50% 以上;⑥80% 以上的人口识字、有文化;⑦受高等教育的

---

* 原载《湖南社会科学》2003 年第 2 期。

青年占适龄青年总数的 30% ~ 35%；⑧平均寿命在 60 岁以上；⑨至少每 80 人中有一名医生；⑩人口自然增长率在 1% 以下。这个指标体系由于简明、可操作性强，被世界公认为是评价现代化量化的主要参照标准。

20 世纪 70 年代，早期工业化国家开始迈入后工业化阶段。20 世纪末发达国家已进入信息化或知识化的发展期，中等发达国家大部分进入知识化的初期阶段，另一部分也迈入知识化或信息化的轨道。因此，在 21 世纪，工业化已不再是现代化的标志。但是，对于我国这样尚未实现工业化的发展中大国来说，实现工业化仍然是实现现代化不可逾越的阶段和艰巨的历史任务。十六大报告把基本实现工业化作为实现小康社会的重要标志，并提出走新型工业化的道路，这就把新型工业化与传统工业化、工业化与现代化加以区别，赋予工业化、现代化以新的内涵，成了新的概念。

到 21 世纪中叶基本实现现代化，赶上当时的中等发达国家水平，那么，当时的中等发达国家水平的标志是什么？就人均 GDP 这个综合性的经济指标来说，如果用世界银行的《2000/2001 年世界发展报告》提供的 1999 年世界人均 GNP（用 GDP 代替）的平均值 4890 美元，或用 1999 年世界上中等收入国家人均 GNP 平均值 4900 美元代表中等发达国家水平的底线，据预测到 2050 年，中等发达国家的发展水平会高于 1999 年高收入国家的平均值 25730 美元，其底线会上升到 1 万美元以上。如果以此作为中国基本实现现代化的直接目标，就会使人们感到可望而不可即。十六大报告把全面建设小康社会作为基本实现现代化的阶段性目标，到 2020 年，使国内生产总值比 2000 年翻两番，人均 GDP 达到 3000 美元以上，基本实现工业化、全面实现小康社会的目标，再奋斗几十年，到 21 世纪中叶基本实现现代化，把我国建成富强民主文明的国家。这就使可望而不可即的目标变成既可望又可即的目标，从而凝结全党全国各族人民的力量，充满信心地为加快我国社会主义现代化建设而奋斗。

二　湖南全面建设小康社会分区推进的建议

1. 小康社会既有中国特色，又具有国际参照标准

"小康" 是衡量国民生活水平状况时使用的概念。在我国最早见之于儒

家经典《礼记·礼运》，是作为一个文化概念提出来的。长时间来民间和中国的学者都习惯于把自然经济条件下，那种不穷不富可以安然度日的家庭称为"小康人家"。邓小平同志把为中国人民所熟悉的"小康概念"，作为中国社会主义现代化建设的第二步目标，本身就具有中国特色，而且小康社会实现的具体目标和评价标准，也必须体现中国国情的个性特点。

同时，"小康"也有可参照的国际标准。在经济全球化条件下，进行国际比较，把握国际标准，对于科学判断本国、本区的发展阶段，进行战略部署，设定战略目标，把握发展方向，十分重要。其综合性、代表性的经济参照标准，一个是世界银行按当年汇率计算人均 GNP（用 GDP 代替）的方法，另一个是恩格尔系数，即居民的食物性支出在整个消费支出的比重。世界银行每年用《世界发展报告》的形式，把世界上的一百多个国家和地区分为低收入国家、中等收入国家和高收入国家三个级别，中等收入国家又分为下中等收入国家和上中等收入国家两个级别。在计算的指标上，每一个级别都是一个很宽的数量区间。根据《2000/2001 年世界发展报告》，1999 年，人均 GDP 755 美元或以下者为低收入国家，其平均值为 410 美元。人均 756～9265 美元为中等收入国家，平均值为 2000 美元。其中 756～2995 美元为下中等收入国家，平均值为 1200 美元；2996～9265 美元为上中等收入国家，平均值为 4900 美元。9266 美元或以上为高收入国家，平均值为 25730 美元。如果以此为参照系，那么，下中等收入与上中等收入的分界值为 2995 美元，756～2995 美元为低水平小康；2996～4900 美元为宽裕小康；4900 美元为中等发达国家水平的底线。到 2020 年，我国国内生产总值如果实现翻两番的目标，可达到 35 万亿元。2000 年人均 GDP 843 美元，按同比增长，到 2020 年可达到 3372 美元。但是，我国人口的自然增长率已由 1990 年的 14.39‰，下降到 2001 年的 6.95‰，并继续呈下降趋势。上海、北京、天津已是负增长，辽宁下降到 1.73‰，江苏下降到 3.22‰。预计到 2020 年，全国的人口自然增长率可降到 1‰。人均 GDP 的增长会达到 3500 美元以上，实现宽裕小康社会的目标。

2. 十六大报告对全面实现小康社会目标与现代化建设进行了两个区域层次的部署

从国家整体上说，要求集中力量用 20 年时间实现全面建设小康社会的目标。特别是西部，没有西部地区的小康，也就没有全国的小康。同时，要求有条件的地方，也就是沿海较发达的地区，发展得更快一些，在全面建设小康社会的基础上，率先基本实现现代化。我国人口众多，地域辽阔，不同地区的经济发展水平差异很大，因此，只能从不同类型地区的实际出发，采取分区域、分领域逐步推进的方式，在时序上将有先有后，在发展过程中也必然呈现多样化的特点，全国是如此，每个省区也是如此。

浙粤苏闽等沿海省区，现代化建设走在前面，1999 年，浙江人均 GDP 1454 美元，广东 1417 美元，江苏 1288 美元，福建 1304 美元，辽宁 1218 美元，均已超过下中等收入国家 1200 美元的平均值，处于全球下中等收入的中段，完全可以提前全面实现小康社会的目标，并到 2020 年率先基本实现现代化。广东的部署是，力争用 10 年时间，建设成为宽裕的小康社会；2005 年，广州和深圳率先基本实现现代化，再用 10 年时间，珠江三角洲基本实现现代化，2020 年全省基本实现现代化。浙江提出，2005 年 1/3 的县市人均 GDP 达到 3000 美元，2010 年 2/3 的县市人均 GDP 达到 3000 美元，实现小康社会的目标，2020 年全省人均 GDP 达到 6000 美元，率先基本实现现代化。江苏省 2005 年全省人民过上宽裕的小康生活，2010 年苏南等有条件的地区率先基本实现现代化，2020 年，全省大部分地区基本实现现代化。

3. 湖南实现小康社会目标与加快现代化建设分区推进的建议

2000 年，湖南人均 GDP 681 美元，在全国排 17 位，居中偏下水平，在国际比较中处低上收入水平，总体上接近小康水平，全面实现小康社会目标的任务是艰巨的。但是，湖南同全国类似，也存在东中西经济发展水平显著的梯度差距。根据 2000 年湖南省各个地区的经济发展水平，可划分为以下四个组类地区。

第一组区，长株潭。2000 年，长沙市人均 GDP 1360 美元（包括辖县，下同），株洲市 960 美元，湘潭市 924 美元，超过全国人均 843 美元。接近江苏 1288 美元的水平。通过加快经济一体化的推进和提升，争取在 2010 年基本实现宽裕小康社会的目标，建成湖南省的小康示范区，2020 年在湖南省率先基本实现现代化。

第二组区，岳阳和常德。2000 年，岳阳市人均 GDP 845 美元，常德市 706 美元，已超过或接近全国的平均水平，争取在 2015 年实现宽裕小康社会的目标，2020 年基本实现现代化。

第三组区，郴州、衡阳、怀化、益阳、永州、娄底、张家界 7 个地区。2000 年，这一组区处在 700 美元以下、450 美元以上低上收入水平，应在 2020 年实现小康社会目标，并在 2030 年基本实现现代化。

第四组区，邵阳和湘西自治州。2000 年，邵阳市人均 GDP 387 美元，湘西自治州人均 GDP 306 美元，处于低下收入水平。湘西应全面落实国家西部大开发的政策措施，在基础设施、重大项目的建设上，省应给予这一类的困难地区以大力支持，力求 10 年内取得突破性的发展，2020 年跟上来。

希望有更多的地市能够从下一类组区升到上一类组区。长株潭地区到 2005 年，最迟 2010 年，能够赶上广东、浙江的平均发展水平。

从湖南省的整体来说，经过努力奋斗，到 2020 年全面实现小康社会的目标，2030 年，最迟 2035 年基本实现现代化，实现富民强省的总体目标。

表 1 湖南省各地区人均 GDP 与排序

单位：美元

地　区	2000 年人均 GDP	排序	地　区	2001 年人均 GDP	排序
全　省	681		全　省	734	
长　沙	1360	1	长　沙	1505	1
株　洲	960	2	株　洲	1065	2
湘　潭	924	3	湘　潭	1029	3
岳　阳	845	4	岳　阳	941	4
常　德	706	5	常　德	809	5
衡　阳	670	6	衡　阳	685	6
郴　州	606	7	郴　州	663	7
怀　化	527.45	8	怀　化	563	8
永　州	527	9	永　州	544	9
益　阳	520	10	益　阳	534	10
娄　底	512	11	娄　底	533	11
张家界	496	12	张家界	517	12
邵　阳	379	13	邵　阳	405	13
湘　西	306	14	湘　西	332	14

　　湖南"三农"问题突出。实现小康社会目标,难点在农村,关键在农民,加快发展县域经济十分重要。各地市可选择有条件的县(市),县(市)选择有条件的镇(乡)和村,实施建设小康县(市)、镇(乡)、村的示范工程,充分发挥典型的示范和带动作用。同时,对贫困县、乡的基础设施建设和经济发展,采取财政转移支付等有效的政策措施,积极给予扶持,在"十五"期间力求解决全省的脱贫问题。在这一过程中,把推进农村的"三化"建设与农村文化教育、医疗卫生等社会事业建设,以及民主法制建设结合起来,统筹规划,构成湖南农村小康社会建设的系统工程。

三　进一步思考的几个重大战略性问题

　　1. 关于实现从农业大省到经济强省跨越的目标定位问题

　　2001 年,湖南省提出实现农业大省到经济强省的跨越,作为经济发展的总体目标。我认为既然把它定位于总体奋斗目标,关键是对它的内涵要有一个明确的界定。在经济全球化时代,一个国家和区域的强弱,都必须在国际比较中才能做出判断。在当代,一个世界强国必然具有以下几个基本特征。

　　第一,它是一个经济大国,在经济总量上居于世界前列。这是强的基础。

　　第二,它的经济、技术和资本实力雄厚,科学技术发展程度高,商品和服务的技术及质量具有较强的国际竞争力。这是强的核心。

　　第三,也必然体现为国家的富裕。富、强和现代化,各有其特定的含义,但它们是联系在一起的,强是富的基础,富是强的重要体现,国际竞争力强和富,都取决于一个国家或地区经济现代化的程度。

　　2000 年,我国 GDP 达到 8.94 亿元,按现行汇率折算,突破 1 万亿美元,居世界第 6 位,已经成为经济大国。进出口贸易总额为 4743 亿美元,居世界第 7 位,也已成为一个世界贸易大国。但是,人均 GDP 还不到 1000 美元,在世界 131 个国家中排 74 位,经济发展水平低,科学技术较为落后,综合竞争力排世界 41 位。因此,还不是经济强国。十六大报告指出,到 20 世纪中叶基本实现现代化,才能把我国建成富强民主文明的社会主义国家。也就是说中国只有基本实现现代化,才能达到经济强国的水平,实现国家富强和中华民族伟大复兴的总体目标。.

2001 年，广东省 GDP 达到 10556.47 元，占全国比重 9.9%，居第一位。在这个基础上提出了由经济大省向经济强省转变的新目标，也是同它到 2020 年率先基本实现现代化的目标相一致的。

2001 年，湖南省 GDP 为 3883 亿元，占全国比重 3.74%，排 12 位，经济总量还不大，人均 GDP 为 731 美元，排 17 位，经济发展水平低，距人均 GDP 达到 6000 美元以上，距离基本实现现代化的目标还比较远。因此能否在建设强省的过程中设定一个过渡性目标，即到 2015 年，GDP 超万亿元，达到 12000 亿元，实现由农业大省到经济大省和文化大省的转变。再经过 15 年的努力奋斗，到 2030 年人均 GDP 力争达到 7000 美元，基本实现现代化，把湖南省建设成人民富省和经济强省。湖南省有深厚的文化底蕴，而且自"九五"以来，文化产业发展的势头强劲，形成一大比较优势。随着科学技术的不断发展，文化与经济的联系日益紧密与加快融合，并走向一体化。因此，努力把握经济与文化相辅相成、相互促进的规律性，把建设文化大省作为增强湖南省综合实力和国际竞争力的一个重要内容，对于全省实现小康社会目标，加快推进现代化进程具有十分重要的意义。

2. 新型工业化的内涵与发展道路问题

党的十六大报告提出要走新型工业化道路。新型或现代工业化与早期传统工业化的区别，就在于它内涵的二重性和发展的三同步。一方面它包括了以信息技术为代表的高新技术，科技含量高。离开信息化的带动和高新技术及其产业的发展，就没有新型工业化；另一方面它又包括了传统的低技术和中技术及其产业的发展。如果只有前者没有后者，那就已经是信息化或知识化了，工业化也就不存在了。所以，新型工业化内涵的基本特征，就在于它的二重性和结构的二元化。工业化跨越式发展过程，就是高新技术产业的比重不断提高和传统产业科技含量提升的过程，当高新技术产业占主要地位的时候，就会实现社会主导产业的更替，也就从工业化跨入信息化或知识化。这个过程，也就是我国社会主义现代化建设推进和实现的过程。

在推进湖南省工业化过程中，既必须把握新型工业化的内涵及其趋势，着眼长远，又必须立足当前，从湖南省情实际出发，着力启动多部产业发动机。

　　首先，在湖南省经济和社会领域需要广泛应用信息技术，选择潜力较大、条件基础较好，又有重大带动作用的高新技术产业优先发展，抢占跨越式发展的制高点。据《2001 中国发展报告》，1998 年，全国信息化水平总指数合计为 25.89，湖南为 23.40，排 18 位；2000 年，信息技术应用，全国合计为 65.89，湖南为 50.32，排 23 位。信息化和信息技术的应用还需要加大力度。加快推进信息技术的广泛应用，才能极大地提高劳动生产率，降低资源消耗和生产成本，减少环境污染，高起点地推进工业化。

　　二是，在工业化的主体制造业的发展上，湖南省在制造能力方面具有较好的基础，但产业集中度不高，工艺设备落后，低水平生产能力过剩与高附加值产品短缺等问题突出，既需要形成规模优势，又必须着力用高新技术进行改造和提高。湖南省在钢铁、石化、支农化工等资本密集型的重化工业方面，有一定的比较优势，需要继续发挥。关键是需要提高技术水平和创新能力，逐步由资本密集型提升为资本技术密集型。

　　三是，湖南省农村人口比重大，需要转移的劳动力数量多，它既带来了巨大的就业压力，也是一种丰富的人力资源。要充分发挥湖南劳动力低成本的比较优势，积极发展劳动密集型产业，特别是转化能力强的农产品深加工、精加工业和食品工业。中低层次的产品无论是在国内还是国外，在今后一个相当长的时期都具有比较稳定的市场，关键是产品质量、品种和特色。根据 148 个国家和地区的分析，仅就食品消费而言，人均 GNP 在 1000 美元以下时，食品消费占家庭消费的比重是 28%～52%；人均 GNP 在 1000～4000 美元时，食品消费比重占 15%～45%。我国 2000 年人均 GNP 不到1000 美元，从城镇居民的家庭实际收入来看，2000 年，中国城镇 80% 居民家庭的人均收入只有 500 多美元，基本上只能以购买中低层次的消费品为主。在今后 20 年内，中低层次产品的消费在消费结构中仍会占主要或相当的比重，具有较大的发展空间和余地。同时，对劳动密集型产业也要有一个全面的认识，一般地总是把低技术同劳动密集型产业联系在一起，实际上劳动密集型产业也有低技术、中技术和高技术之分，就是在瑞士、意大利那样经济发达的国家，劳动密集型产业仍然是支柱产业。因此，我们要启动和发展多技术层次的劳动密集型产业，最大限度地扩大就业岗位和加快发展，并在发展过程中提高其科技含量，逐步将低技术的劳动密集型产业提升为劳动技术密集型产业。

与新型工业化密不可分的还有服务业，特别是新兴服务业。没有发达的新兴服务业提供的服务和支持，也就没有新型工业化的实现。所以，工业化必须与信息化、服务经济，特别是新兴服务业同步发展，相互促进，逐步融合。

综上所析，实现湖南经济的跨越式发展，必须分类指导，分层推进，因地制宜，不拘一格，同时启动信息产业、高新技术产业，资本密集型、资本技术密集型产业，劳动密集型、劳动技术密集型产业，服务业、新型服务经济等多元或多部产业发动机。

3. 城镇化推进实现新突破的问题

提高大城市的中心功能是湖南城市化的重点。已制定的《长株潭经济一体化"十五"发展计划》，把"长株潭构筑成为现代化的网状城市群，使其成为带动湖南经济快速发展的核心增长极"，定位于未来 5～10 年长株潭经济一体化的战略目标。这个目标定位，就湖南发展论长株潭来说无疑是正确的。但是，如果从经济全球化发展的新形势，中国区域经济发展的大趋势来看，就太有局限性了。经济全球化网络，必须有世界城市体系网络的支撑，城市已成为国际竞争的基本单位。新的正在形成的世界城市体系的等级结构分为五级，即世界级城市、跨国级城市、国家级城市、区域级城市和地方级城市。如果长株潭经济一体化的发展目标只限于湖南经济发展增长极的定位，那就仍然局限于地方级、国内三级中心城市的功能。从 21 世纪中国区域经济发展的大趋势来看，在 21 世纪的一个相当长的时间，长江三角洲、东南沿海和环渤海地区，将继续是我国经济发展的重点核心地带。但长江中游地区以及上游的成渝地区，也将成为快速崛起的重点发展地区，成为沿江国土轴的一个极其重要的经济增长地带。长江中游地区的振兴，就其增长核心来说，单中心的武汉，在可预见的时间内，很难形成和发挥类似上海在长江三角洲那样的带动功能和龙头作用。而长株潭通过经济一体化的整合，完全可以提升为长江中游地区的第二个超大型区域级中心城市，成为世界城市体系和全球化经济网络在中国延伸的一个区域级的重要节点城市，从而同武汉市一起形成类似京津冀北地区的北京和天津，辽中南地区的沈阳和大连那样的双核带动格局。要据此来提升长株潭经济一体的目标，高起点、大举措地推进长株潭一体化，力争到 2010 年有一个较大的新突破。

同时，科学规划，合理布局，集中建设一批规模较大、实力较强的小城镇，逐步推进农村工业向小城镇工业园区集中，农民向小城镇转移，土地向规模经营聚集，把建设发展小城镇同发展乡镇企业、推进农业产业化经营结合起来，实现新突破。

4. 湖南发展与沿海省区的比较与追赶问题

湖南位于沿海省区与内地省区接合部的过渡性地带，特别是与作为综合改革开放试验区的广东省相毗邻，这是湖南省一个基本的区位优势。进入 21 世纪新的发展阶段，沿海省区、特别是广东，又成为率先基本实现现代化的试验区，为实现这一新目标，已在珠江三角洲兴起产业升级的新浪潮。沿海省区提前全面实现小康社会目标，率先基本实现现代化，既给湖南省带来新的压力，又带来新的机遇。同时，湖南与沿海省区发展的差距，也面临继续扩大还是逐步缩小的重大战略性问题。因此，我们亟须对湖南与粤浙苏等沿海省区的发展进行深入地比较研究。他山之石可以攻玉，从比较中学习沿海省区之所强、所长和基本经验，进一步找出湖南省之所弱、所短和不足。学人之所长补我之所短，避己之所短，扬我之所长，着力形成和发挥比较优势，提高区域的创新力和竞争力，实施对沿海省区"蛙跳"式追赶战略，力争逐步缩小差距，加快发展。

以 2000 年人均 GDP 为基数，按 10 年同比增长翻一番比较，湖南比浙江落后 13.8 年，比广东落后 12.8 年，比江苏落后 10.8 年。从增长速度比较，"九五"期间年均增长速度，江苏 12.2%、浙江 11.0%、广东 10.3%、湖南 9.2%，在全国排第 14 位，在中部 9 省区排第 6 位（见表 2）。

除辽宁外，沿海的 7 个省（市）区年均增长幅度均在 10% 以上，排在前 10 位，保持了持续高速的增长速度，成为中国最具有活力的区域。其活力源主要包括以下几个方面。

第一，以市场为中心的改革走在全国前列。不论是国有企业体制改革和布局的战略性调整，还是非公有制经济的发展，以及经济运行机制与国际接轨、文明法制环境的建设等，均处在全国的前列。1999 年，民营经济在全社会固定资产投资中所占的比重，浙江 58.4%、山东 48.26%、江苏 45.59%、福建 37.62%、广东 36.64%。广东占的比重稍低一些，但外商投资、港澳台投资所占的比重大。2000 年，珠江三角洲地区，规模以上的工业总产值中，国有及国有控股经济占 22.9%，外商投资经济占 25.04%，港澳台投资经济占 37.91%，后两类经济合占 62.95%。

表 2　"九五"期间年均增长速度超过 8.3%（全国）的省区

单位：%

地　区	"九五"年均增长速度	排序	地　区	"九五"年均增长速度	排序
福　建	11.7	1	吉　林	9.8	10
上　海	11.3	2	宁　夏	9.7	11
天　津	11.3	2	重　庆	9.4	12
江　苏	11.2	3	甘　肃	9.3	13
河　北	11.1	4	湖　南	9.2	14
浙　江	11.0	5	陕　西	9.0	15
山　东	11.0	5	辽　宁	8.9	16
湖　北	10.8	6	四　川	8.9	16
广　东	10.3	7	青　海	8.7	18
安　徽	10.3	7	黑龙江	8.5	19
河　南	10.1	8	海　南	8.5	19
北　京	10.0	9	云　南	8.4	20
内　蒙	10.0	9			

第二，企业成为技术创新的主体和技术创新力的提升走在全国前列。良好的宏观经济环境是一个地区经济活力的前提条件，企业技术创新力是企业竞争力的核心，是一个区域经济活力的微观基础。沿海省区在改革开放之初的创新能力还不及中西部的一些省区。但由于具有体制优势、政策优势和对外开放的区位优势，使其创新能力很快超过中西部地区，特别是由于企业的创新机制更加灵活，市场经济的作用更强，企业已基本上成为技术创新的主体，具有较强的技术创新能力。如广东省在知识创造能力上在全国排第 6 位，但企业具有很强的技术创新能力，在全国高居第一位，创新产出排第二位，使广东省成为我国一个最具有活力的地区。

表3　各省（市）区市场化走势排序

地　区	1999 年排序	2000 年排序	地　区	1999 年排序	2000 年排序
广　东	1	1	河　南	15	16
浙　江	2	2	湖　北	16	17
福　建	3	3	吉　林	18	18
江　苏	4	4	湖　南	17	19
山　东	5	5	江　西	20	20
上　海	8	6	黑龙江	22	21
天　津	6	7	云　南	23	22
海　南	7	8	甘　肃	21	23
安　徽	9	9	内蒙古	24	24
辽　宁	12	10	贵　州	26	25
河　北	10	11	山　西	25	26
重　庆	11	12	陕　西	27	27
广　西	13	13	宁　夏	28	28
北　京	19	14	青　海	29	29
四　川	14	15	新　疆	30	30

　　第三，对外开放和发展开放型经济走在全国前列。据《2001 中国发展报告》提供的数据，2000 年，各地区出口总额排在第一位的广东，总额为934.3 亿元。之后依次是江苏、上海、浙江、山东、福建、辽宁、天津和北京等。湖南出口总额为 16.3 亿元，排第 16 位。湖北 19 亿元，排第 14 位。各地区"九五"时期外商直接投资额，排第一位的是广东，总额为 5829280万美元。之后依次是江苏、福建、上海、山东、天津、辽宁、北京、浙江、河北。湖南外商直接投资额是 377069 万美元，排第 12 位。湖北 430173 万美元，排第 11 位。2000 年，各地区外商投资企业进出口商品总值，广东为920.4 亿美元，也是第一位。之后依次是上海、江苏、福建、山东、天津、辽宁、浙江、北京、河北等。湖南总值为 4.8 亿美元，排第 17 位。湖北10.5 亿美元，排第 12 位。以上数据和排序说明，一个地区的开放度和开放型经济的发展，同它的区域国际竞争力、经济增长速度和走势，具有直接的因果关系，特别是外商直接投资隐含着大量的先进技术，通过吸引外商直接

投资是吸收外国先进技术提高区域创新能力的重要手段。广东的企业技术创新之所以能够超过上海居全国第一位，重要的原因是广东作为全国对外开放的窗口，很早就开始了国民经济的市场化进程，并且从海外吸引了大量外国直接投资，从而引进具有相当水平的海外先进技术。

表4　1999年全国各省（市）区企业创新综合指标排序

地　区	排　　序	地　区	排　　序
广　东	1	海　南	17
上　海	2	吉　林	18
江　苏	3	重　庆	19
北　京	4	山　西	20
山　东	5	黑龙江	21
辽　宁	6	江　西	22
福　建	7	广　西	23
浙　江	8	甘　肃	24
四　川	9	贵　州	25
天　津	10	宁　夏	26
湖　北	11	内蒙古	27
河　北	12	青　海	28
安　徽	13	新　疆	29
湖　南	14	云　南	30
陕　西	15	西　藏	31
河　南	16		

　　通过同沿海省区的比较，我们可以更加准确地把握湖南省同沿海省区发展差距的主要成因，更有针对性地采取加快发展、缩小差距的战略举措和政策措施。

　　第一，在制度创新和对外开放上，力求尽快赶上沿海省区。加入WTO之后，我国进入一个全面对外开放的新阶段。国民待遇的逐步实施，使沿海特区和省区的政策优势基本消失，湖南省完全可以在制度创新、民主法制建设、经济运行规则等方面加速与国际接轨，尽快赶上沿海省区。一是在吸引外商直接投资方面，需要进一步解决"三个不适应"的问题，即市场机制不健全，与外商要求按国际惯例办事不相适应；法制不完善，与外商要求保障合法权益不相适应；行政管理体制改革滞后与外商要求提高服务质量不相适应等方面的问题。对于不符合国际惯例的行政审批项目，要下决心取消，加大政府职能转变，改善政府服务，完善市场机制。二是在鼓励非公有制经济发展方面，尽快做到像广州、深圳那样三个"一视同仁"，即对所有企业注册登记时审批手续一视同仁，资源配置（包括贷款额度、进出口审批额度）一视同仁，入户出国出境一视同仁，并建立科学的担保制度，帮助其解决融资困难。同时，鼓励有条件的城乡居民自主创业，提高全社会的创业水平。三是在劳动力和人才资源方面，既要继续发挥低成本的比较优势，又要增创高素质的优势。湖南省有较好的教育基础，在进一步加快发展基础教育、高等教育的同时，大力普及职业技术教育，提高劳动力的整体素质，这不仅对外商直接投资更具有吸引力，还为扩大劳务出口、农民外出打工及向城镇转移创造更好的条件，意义十分重要。

　　第二，在产业发展方面，湖南省工业增加值同比增长速度，2000 年13.6，在全国排第 11 位；2001 年 13.8%，由第 11 位上升到第 4 位。工业产品销售率，2000 年 98.92%，排第 2 位，2001 年 99.33%，排第 3 位，均出现了良好态势。进一步发展的一个关键是，要学习沿海省区，在经济组织形式上，着力发展具有区域特色的产业集群的基本经验，选择湖南具有较大潜力和较好基础的高新技术产业和制造业，集中力量优先发展，形成具有湖南特色的较强的比较优势，相应地加强建设为特色产业快速发展服务的特色服务体系、创新环境和基础设施，形成若干个具有区域特色的产业带，以及类似东莞国际电子城、温州国际轻工城那样的产业族群优势、规模优势和竞争优势。长沙望城的食品工业、浏阳的生态医药工业，已初显产业族群的发展态势。长株潭的交通运输设备制造、电子设备制造的产业群初步形成。

　　第三，加大实施科技兴湘战略，提高区域的技术创新能力。走新型工业化道路，加快推进湖南现代化，必须依靠科技进步和创新，加大实施科技兴湘战略。而科技进步和创新的重点任务是加强技术创新，发展高新技术，提升产业技术水平，建设具有湖南特色的区域创新体系。从经济科技的总体上，湖南省属于科技力量较强，但经济相对落后，科技力量未能充分发挥的区域。这一基本特点，从《中国创新能力报告（2001）》提供的相关数据反映出来。如果把发明专利的多少，作为一个地区知识创新能力高低的重要标志，那么，1999年，湖南省发明专利申请数中，受理综合指标在全国排第10位，每百万元科技投入产生的发明专利（项）排第9位，每万人科技人员产生的发明专利（项）排第13位，科研开发机构数综合指标排第12位，均处于全国的上游和中上游水平。但是，发明专利授权数量增长滞后，综合指标排第20位，每百万科技投入产生的新产值排第18位，每万人科技人员产生的新产品产值排第19位，高新技术企业综合指标排第18位，民营科技型企业发展综合指标排第19位，均处于中下游水平。这说明湖南省的科技力量较强，但成果转化率低、产业化率低，高新技术企业发展不快，民营科技型企业发展滞后。

从知识流动的情况来说，湖南省的技术市场交易综合指标排第8位，购买国内技术综合指标排第8位，说明湖南省的技术交易很活跃，对经济发展发挥了重要的积极作用。但是，科技合作综合指标排第21位，技术引进综合指标排第4位，外国直接投资（隐含的先进技术）排第17位，处于中下游水平，说明湖南省在知识流动上还有一定的封闭性。

从企业技术创新能力来说，大中型企业技术改造的综合指标排第10位，企业拥有的技术中心或研究所综合指标排第11位，企业创新能力的综合指标排第14位，均居全国中上游水平。但是，大中型企业公司研发投入排第16位，大中型企业设备水平综合指标排抖位，大中型企业新产品产值综合指标排第18位，处于全国的中下游水平。企业研发投入少，创新绩效差，设备水平低，造成湖南省企业创新能力不强，与沿海的差距大，是制约湖南省经济发展的一个基本因素。

从技术创新的环境来说，孵化器、大学科技园、留学创业园综合指标排第11位，创新基础设施综合指标排第9位，技术创新环境的综合指数排第14位，居中上游水平，这说明湖南省技术创新环境是良好的。但创新综合服务滞后排第16位，就业人口中大专以上学历所占的比重排第18位，这些重要环境因素的滞后性，对湖南省创新能力的提升也会产生限制作用。

上述比较分析，虽然由于全面收集数据的困难，在时间上有两年的滞后，但对我们在区域的创新能力上更加准确地把握湖南省的强项和弱项、长处和短处，在实施科技兴湘战略方面，采取更加有针对性的战略举措和经济社会政策，切实发挥湖南省科技力量的强势，提高科技成果的产业化率；通过制度创新，尽快使企业成为技术创新的主体；大力鼓励创办高新技术企业和民营型科技企业；加强产学研合作以及与国际的科技合作，从而从整体上提高湖南省区域的创新能力，缩短同沿海省区的差距，具有重要的参考价值。

湖南工业化的道路与战略选择 *

中共湖南省委、省政府提出以工业化为主线，同时推进城镇化和农业产业化，作为推动湖南国民经济发展的总体战略，是符合湖南省情实际的，其整体效应已经显现出来。但是，作为经济发展主线工业化的路子如何走？既能适应时代需要，又符合湖南实际，这是一个关系全局的重大战略性问题，我认为不论是在认识上还是实践上都还需要做进一步的探讨。

一　工业化与新型工业化

研究湖南工业化，首先遇到与工业化相关的一些基本认识问题，如工业化的内涵，现代或新型工业化的特征和评价标准，工业化与现代化、信息化的关系等。认识不同，在工业化的指导和思路上也会不同，其实践效果也会大不一样。

（一）工业化内涵

工业化内涵，即什么是工业化？有以下几种不同的意见。

第一种意见认为，工业化就是工业产值占国民生产值、就业人口占总就业人口的比重不断上升的过程。工业逐步成为占主导地位的经济部门，成为经济结构的主体。

第二种意见认为，工业化是"国民经济中一系列重要的生产函数（或生产要素）组合方式连续由低级向高级的突破性变化（或变革）的过程"。这个定义是华中科技大学张培刚教授在 20 世纪 40 年代中期，在其博士论文

＊　原载《湖湘春秋》2002 年第 1 期。

《农业与工业化》一书中提出来的。他解释说："在我们定义下的工业化才可以将制造业的工业化及农场经营的工业化都包括在内。"徐长生教授对这个定义做了进一步的解释，他认为，"它既包括工业部门本身的机械化和现代化，也包括农业部门的机械化和现代化（即工业化的农业，或我国现在流行的说法——农业的产业化），还包括现在以计算机和互联网为载体的信息化"。

第三种意见认为，工业化是社会经济发展中由农业经济为主体过渡到以工业经济为主体的一个特定的历史阶段和发展过程。

我认为第一种意见概括了工业化的实质，可作为对工业化狭义的理解。第二种意见又太泛，特征不突出。农业现代化和产业化、工业化、信息化，各有其特定的内涵、特定的目的性，虽然它们之间具有内在的联系，但不是一个概念，不能把工业化解释成一个可以无限延伸的历史和经济的范畴。我同意第三种意见，这个意见在实质上和第一种意见是相同的。但它从一个更高的整体性角度对工业化做了概括。人类社会从经济发展来说，大体经历了三个阶段：农业经济为主的历史阶段，工业经济为主的历史阶段，服务经济为主的历史阶段。相应的人类社会也就经历了农业社会和农业文明、工业社会和工业文明、信息化社会和智能化文明。

（二）工业化与现代化

推进湖南省的工业化，既不能违背工业化的一般规律，也不能走发达国家早期工业化的老路。这就必须弄清工业化与现代化的关系。什么是现代化？有两种理解：一种观点，从静态（基期）的角度理解现代化。认为现代"是一个具有世界性的特定的时代的历史范畴，而不是适用于一切时代，不是一个具有无限延伸、与时俱进的概念"。因此，"现代化实质上就是工业化。现代化就是指人类社会从传统的农业社会向现代工业社会转变的历史过程"。当一个国家实现了这一转变，就意味着这个国家现代化过程的完成或结束。另一种观点认为，现代化是一个综合概念，应该动态地理解。工业化是一个特定的历史范畴，但现代化适用于各个时代。现代化的"现代"是指当时已经达到的国际先进水平。"化"，就是没有达到的国家要力争达到。因此，它适用于各个时代。当世界都处于农业经济时代，农业发达的国家就是现代化国家；人类进入工业经济时代时，工业发达的国家就是现代化国家；当今，世界已开始步入信息化时代，已经步入信息化的国家，才属于现代化国家的范畴。同时，现代化是在一定的环境下实现，所以，现代化的范畴应包括经济的现代化、管理的现代化、科技文化的现代化和人民生活的现代化等方面。我同意后一种观点。

（三）新型工业化

20 世纪 70 年代以后，工业发达国家已经完成了工业化，经过后工业化，步入信息化。在 21 世纪，工业化已不能代表国际先进水平，代表国际先进水平的是信息化，是以信息技术为代表的高技术产业和新型服务业。因此，尚未完成工业化的发展中国家，已不能脱离信息化来搞工业化，工业化必须同信息化相结合，这就是新型工业化。

1. 新型工业化具有的主要特点[①]

（1）它是工业化与信息化两化任务叠加和相结合的工业化。1960 年，高收入国家农业在国民生产总值中所占比例为 6%，工业占 40%，服务业占 54%，这说明高收入国家已经基本完成工业化。之后，从 20 世纪 70 年代以来，以信息技术为主要代表的高技术产业逐步成为影响重大的新兴产业。1985 ~ 1995 年，经济合作与发展组织（OECD）成员国的制造业中，高技术产品的生产与出口所占的比重翻了一番多，达到 20% ~ 25%。发达国家在经历了 20 ~ 30 年的后工业化时期之后，步入信息化。中国、湖南的工业化，不能走发达国家先工业化后信息化的老路，必须把两化的任务叠加在一起，在工业化的过程中，一方面大力发展以信息技术为代表的高新技术产业；另一方面运用高新技术改造和提升传统的工业经济、农业经济和服务业经济，在完成工业化的同时，实现现代化和步入信息化时代。

（2）它是在经济全球化条件下可以充分利用国际资源的工业化。随着科技与经济的全球化，湖南省的经济发展面临严峻的挑战，但也面临过去所没有的发展机遇，特别是全球信息网络、知识网络的形成，国家创新体系的

---

① 参阅史清琪、赵经彻主编《中国产业发展报告》（2000），中国轻工业出版社，2001。

发展，使政府、企业、科研机构、高校和中介组织加强联系，缩短了科学技术向生产力转化的时间。各国的生产过程变成了一个全球的平行过程，创新传播的加快，使得各个国家、地区和企业都必须面向世界。发展中国家可以充分利用全球范围的信息资源、知识资源、技术资源等，发展自己的高新技术产业，改造和提升传统产业，加速本国的工业化过程。

（3）它可以在跨越式发展中实现工业化。目前大多数发展中国家处于工业化的初、中期阶段，与发达国家相比落后几个发展阶段。发展中国家必须实行跨越式发展才能缩小与发达国家的差距。同时，我们也要看到发达国家的工业化已经历了 200～300 年，随着科技进步，从工业化到后工业化、再到信息化，却仅用了 20～30 年。这说明在科技经济全球化的条件下，发展中国家只要坚持科技创新和制度创新，学会利用国际资源和国际市场，发挥自己的后发优势，完全可以缩短工业化的历程，实现跨越式发展。

2. 新型工业化的评价标准

在这方面认识不尽一致，我认为主要有以下几个方面。

（1）人均收入（人均 GNP 或 GDP）。从产业角度来理解，是一国生产率水平的反映，也是实现工业化的条件，量化标准应在 3000～5000 美元。

（2）产业结构。工业化的过程是产业不断重组和升级的过程，反映一国和地区的经济实力、技术进步的提高和竞争力的提高，它的加快是实现跨越式发展的要求。标准：农业增加值在 GDP 比重为 10% 左右，工业比重为 40%～50%，服务业比重为 40%～50%。

（3）劳动力结构。劳动力结构的变化与产业变化一样，反映在工业化过程中，劳动力由生产率低的部门向高的部门转移的过程，反映着经济增长方式的转变过程。标准：农业劳动力占总劳动力比重为 30% 左右，工业劳动力比重为 30%～50%，服务业比重为 40%～50%。

（4）技术进步贡献率。发展中国家要实现新型工业化，必须加快技术进步，同时，要加大国家和企业对研发的投入。标准为技术进步贡献率应在 50% 以上。

二 湖南工业化的现状与发展道路

（一）湖南工业化所处的阶段

中国正处于工业化的什么阶段？2001 年我国国内生产总值为 95933 亿元，其中，第一产业增加值 14610 亿元，占 15.2%；第二产业增加值 49069 亿元，占 51%；第三产业增加值 32254 亿元，占 34%。人均国内生产总值 7516 元。从第二产业增加值占 GDP 高达 50% 以上，农业比重和服务业比重都在变化过程中，高技术产业进入快速发展时期等方面来看，基本上达到了工业化的中后期标准。但是，从就业结构来看，1998 年，第一产业增加值占 GDP 的比重为 18.4%，而第一产业从业人员的比重占 49.8%。同时，人均 GDP 很低，第三产业不够发达，这都是工业化初级阶段的表现。综合起来看，我国工业化处于中期发展阶段。2000 年，湖南国内生产总值为 3983 亿元，其中第一产业增加值 826 亿元，占 20%，比全国高 5.5 个百分点；第二产业增加值 1570 亿元，占 39.4%，比全国低 11.1 个百分点；第三产业增加值 1587 亿元，占 39.9%，比全国高 5.4 个百分点，人均国内生产总值 6054 元，比全国少 1462 元。显然，湖南的工业化低于全国的平均水平，处于工业化中期的初始阶段。

（二）湖南工业结构评价

湖南的工业化，不仅在 1952～1978 年的 26 年间走的是优先发展重工业的道路，在改革开放之后，这条重化工业路线又延续了 15 年（"六五"到"八五"）。"一五"时期是湖南工业发展的初创时期，建设了冶金、机械、电力、煤炭等重工业基地，兴建了大中型项目 50 多个。从 20 世纪 70 年代末实行改革开放后至 90 年代，虽然从体制上，逐步由传统体制下的封闭型的工业化发展模式，转到新型的市场导向与宏观调控相结合的开放型发展模式，但是，工业化的主导思想还是突出电力、石化、钢铁、支农化工等重工业。"九五"期间，提出了"加快工业结构调整""加快新技术产业发展"的新思路，并出台了一系列措施，结构调整取得了重大进展，对加速工业化起到了显著作用。但从目前工业结构的现状来说，仍然是重工业过重、轻工业过轻；重工业中原材料工业过重，制造业过轻；制造业中一般加工工业过重，高技术工业过轻。2000 年，轻重工业之比为 42.7∶57.3；在重工业中采掘工业占 8.7%，原材料工业 51.3%，制造工业 40%。高技术产业近几年发展很快，2001 年同比增长 13%，但仅占湖南国内生产总值的 15.2%，带动作用尚不显著。

优先发展重化工业，为湖南的工业化奠定了重要的物质基础，但没有经过一个发挥劳动力资源丰富的比较优势，充分发展劳动密集型工业，为工业化进行资本积累、知识积累的阶段，这条特殊的工业化路线导致产业结构不合理，"三农"问题突出，城市化滞后，人民收入水平提高较慢等。湖南农业产值比重比全国高 5.5 个百分点，城市化水平比全国低 6.9 个百分点，工业化落后于全国的平均水平。

（三）　湖南工业化道路

湖南工业化的路子该如何走？一种意见认为，从湖南工业化的发展趋势来看，重化工化这个路子还是要走下去，由重化工化进一步发展到高加工度化，这是符合工业化本身发展规律的。

这种意见很值得商榷。我认为湖南的工业化应当从湖南的基本实际出发，走二重化、三同步的道路，实行分层分类指导的方针。所谓二重化，就是说一方面，要充分发挥湖南劳动力比较成本的优势，大力发展劳动密集型工业，并用高新技术改造和提升劳动密集型工业，从劳动密集型到劳动技术密集型，再到高加工度化、技术集约化；另一方面，要发挥湖南重化工业的比较优势，继续调整重化工业的结构，并用高新技术改造和提升传统重化工业，使其从资本密集型到资本技术密集型，再到高加工度化、技术集约化，同时完成湖南工业化和步入信息化时代。

现代经济，不论是一个地区，还是一个企业，其发展都是二重性的：一方面，继续发展旧经济；另一方面，大力发展新经济。一方面，提升和发展传统产业；另一方面大力发展高新技术产业。当前在我国，工业化各个发展阶段的产业特征都有所表现。在全国的大城市和沿海地区，工业化后期的产业特征很明显；在中西部的广大地区工业化初期和中期的产业特征很突出。

在湖南，工业化初期阶段的特征很突出，工业化中期阶段的产业特征也很明显，工业化后期的产业特征也开始显露。因此，在工业化道路的选择上，必须从实际出发，不拘一格。

具体来说，湖南工业化必须走二元化道路的主要根据有以下几个方面。

第一，湖南最大的比较优势是劳动力资源丰富，劳动力的比较成本较低。发展经济面临的最大的社会问题，是城市人口的就业和再就业与农村剩余劳动力的转移。我们是在一个人口众多的社会主义发展中大国搞工业化，实现工业化的重要条件是扩大和培育内需，特别是当前在严峻的国际经济形势下，实现国民经济快速发展的根本之策，是扩大国内需求。扩大内需的重要途径，就是扩大就业和再就业及加速农业人口向非农产业转移。截至2001年底，国有企业下岗职工有500多万人没有实现再就业，全国城镇登记的失业人员还有681万，全国农村剩余劳动力达1.3亿～1.5亿，需要向非农产业转移。就湖南来说，2001年，国有企业下岗职工为46.1万人，城镇登记的失业人员为30.34万人，全省农村有930多万剩余劳动力急待向非农产业转移，这种巨大的就业压力将在一个相当长的时期存在。同时，劳动力的文化和技术素质不高的实际情况，也不是短时期所能改变的。因此湖南工业化的路子应该从省情出发，走二元化道路，两条腿走路。

一方面扶大，培育大企业、大企业集团，加快资本密集型和技术密集型工业的发展；另一方面，还必须大力发展就业容量大的劳动密集型工业和中小企业。特别是农村工业化，应根据农村的资本和技术条件，实行技术密集型和劳动密集型相结合，以发展劳动密集型产业为主。当前，城市的小企业发展迅速，已经成为新的经济增长点和就业增长点，据统计，近年来我国城市75%以上的新增就业机会是由小企业创造的。农村乡镇企业基本上是中小企业。乡镇企业在20世纪80年代短缺经济和体制夹缝中得到迅速发展，随着经济体制转轨和买方市场的出现，许多乡镇企业陷入了困境。不解决乡镇企业在新形势下面临的体制性、技术性等诸多困难，没有乡镇企业的大发展，就没有农村工业化和小城镇的发展，对于湖南这个农业大省来说更是如此。因此，湖南的工业化，应该区别农村和城市、核心大城市和中小城市，在以国内外市场为导向的前提下，从不同地区的优势和实际出发，分层、分类指导，把大和小，劳动密集型、资本密集型、技术密集型结合起来，因区制宜。

第二，中低层次的产品在今后一个相当长的时期具有比较稳定的市场。根据对 148 个国家和地区的分析，仅就食品消费来说，人均 GNP 在 1000 美元以下时，食品消费占家庭消费的比重是 28% ~ 52%；人均 GNP 在 1000 ~ 4000 美元时，食品消费比重为 15% ~ 45%。我国 1999 年人均 GNP 只有 1000 美元。从城镇居民的家庭实际收入来看，1998 年，中国 80% 的城镇居民家庭的人均收入只有 44 元（算术平均），基本上只能以购买中低层次消费品为主。在今后一个相当长的时期内，中低层次产品的消费在消费结构中仍会占主要或相当的比重，具有一个稳定性较高的市场。当然，中低层次产品也是相对、动态的，随着技术的进步和经济的发展，这类产品的技术含量和档次也在不断提高。

第三，世界制造业中心正在向中国转移。第二次世界大战以前，世界制造业中心集中在欧美。第二次世界大战以后，世界制造业中心转移到以日、韩为首的东南亚国家。20 世纪 90 年代，世界制造业中心又从日、韩向中国珠江三角洲等沿海地区转移。由于中国具有最丰富的劳动力资源优势和最广阔的市场前景，随着科技经济全球化趋势和发达国家产业结构调整的加快，以及中国加入 WTO，世界制造业中心向中国的转移也会加快。从制造业的技术层次来看，可分为高技术、中高技术、中低技术、低技术。随着科技进步，也会有部分高技术工业转移，但较多的将是中低层次技术和低层次的。由于中西部与沿海地区相比具有劳动力成本比较优势，世界制造业中心转移的重点区域，将会由中国的沿海地区向内地推移。湖南既与沿海地区毗邻，又有丰富的劳动力资源优势，应当抓住机遇，创造最优经济环境，承接这种转移，加速劳动密集型和劳动技术密集型产业的发展。

所谓三同步，就是以工业化为主线，工业化与信息化同步，工业发展与服务业发展同步。中国、湖南要在几十年的时间走完早期工业化国家几百年走过的路，完成工业化和后工业化步入信息化时代，必须是工业化、信息化和服务业发展三者互相推进，共同发展，不能就工业化论工业化。

朱镕基在《关于制定国民经济和社会发展第十个五年计划建议》的说明中，对工业化与信息化的关系做了精辟的阐述，他指出："继续完成工业化是我国现代化进程中艰巨的历史任务。大力推进国民经济和社会信息化，是覆盖现代化建设全局的战略性举措。发达国家是在实现工业化的基础上进入信息化发展阶段的。新的历史机遇，使我们可以把工业化与信息化结合起来，以信息化带动工业化，发挥后发优势，实现生产力的跨越式发展。我们讲抓住机遇，很重要的就是要抓住信息化这个机遇，发展以电子信息技术为代表的高新技术产业，同时用高新技术和先进适用技术改造传统产业，努力提高工业的整体素质和国际竞争力，使信息化与工业化融为一体，互相推进，共同发展。"同"早发"国家和地区相比，湖南要用更低的成本和更短的时间实现现代工业化，核心是技术跨越（包括高新技术产业跨越和传统产业改造的技术跨越）；环境和条件是制度创新与企业组织、产业组织体系的再造，以及人才素质的提高。在推进工业化过程中，要十分注重运用信息技术，提高工业化的水准；在信息化过程中，加强用信息技术改造传统产业，着力解决工业化与信息化结合不紧密的问题。在发展高新技术产业方面，要着重建设一批具有湖南特定区位比较优势和特色的产业群，形成新的经济增长点，在实现湖南经济可持续增长中能够发挥带动作用。当前，需要特别注意防止的一个问题就是重复建设。据对我国 31 个省区市"十五"规划的比较分析，有 29 个地区选择发展生物工程与新医药；27 个地区选择电子信息；26 个地区选择新材料。按这样的选择，必然会出现新一轮的重复建设和恶性竞争。

在工业与服务业的发展关系上，有一种意见认为，第三产业即服务业，只能适应工业的发展和工业配套服务的需要而发展，在工业化和城市化的中期阶段，不宜过分强调发展服务业。这种意见有一定道理，但不全面。工业是服务业发展的重要物质基础，服务业，特别是以计算机技术、通信技术、网络技术结合的新型服务业的发展，是实现工业化、生产力跨越式发展的重要条件。

服务业，并不只是为工业的发展服务，它还为农业的发展服务，为城乡居民的生活服务，为城市和乡村之间、地区之间、国内外之间的经济联系和交流服务。特别是在经济全球化和信息化时代，建立快速与国际市场畅通的物流、资金流、信息流、技术流、人才流的网络体系，对一个国家一个地区经济的发展是至关重要的，大力发展服务业是应对经济全球化挑战的迫切需要。从一定意义上说，现代流通业是经济发展的火车头。

　　就服务业发展的现状来说，我国服务业占国民经济的比重不仅大大低于发达国家，而且还低于很多发展中国家。据世界银行《世界发展报告》1997 年的数据，1997 年，世界低收入国家国内生产总值的构成是，农业31%，工业 27%，服务业为 42%；中等收入国家，农业 12%，工业 38%，服务业为 50%。1970 年，高收入国家是，农业 4%，工业 38%，服务业为66%。2001 年，我国服务业增加值还只占国内生产总值的 34%，湖南略高一点为 39.4%，均低于世界低收入国家 1997 年的平均水平。由于传统经济体制和独特的工业化路线，使我国工业的从业人员与其创造的价值相比显著偏多，原有国有企业的富余人员高达 1/3 和 1/2。新工业企业特别是劳动密集型工业企业的增加，会增加就业岗位。但是，随着改革的深化与工业结构的优化升级，每一次结构重组，都会有部分劳动力从工业中分离出来，在工业生产领域资本和技术代替劳动的趋势已很明显。同时，新增就业人口和从农业中分离出来的劳动力数量巨大，三农问题本质上是大量的农村剩余劳动力向非农产业转移问题，也就是就业问题。在实现充分就业这个关系经济发展和社会稳定的全局性问题上，替代农业的主要是服务业。"九五"期间服务业吸纳了全社会新增从业人员的 85%，进城务工的农村劳动力也主要转移到服务业。因此。国家"十五"计划要求服务业增加值年均增长速度要适当高于国民经济的增长建设。湖南省在推进工业化的过程中，既要坚持工业化与城镇化、农业产业化的"三化"结合，又要注重工业化与信息化、服务业的相互促进、互为动力和同步发展。

　　工业经济是城市经济，不同的城市不能按照同样的发展模式搞工业化，特别是以长沙市为核心的长株潭，应通过经济一体化的发展和整合，着力形成服务全省、联结世界、带动区域提高国际竞争力的城市功能，按照实现这一个基本目标的要求，处理好工业化、信息化、高技术产业、服务业的发展关系，在推进工业化的过程中，形成多层次产业以及中心与区域的互动机制和开放型的网络结构。这样才能形成和发挥湖南经济发展增长极的作用，长株潭自身也才能实现快速健康发展。

三 地方工业发展，要坚持比较优势战略，
构造产业规模优势

中国是一个大国，不论从全国来说，还是从一个省市区来说，各个地区的经济发展水平和资源存量都存在显著的差异。一个地区工业的发展，一定要从本区的实际出发，在全国乃至国际的分工体系中找准本区的比较优势，据此进行产业发展定位，构造具有区域特色的产业规模优势。

对于工业企业的发展来说，质量是生命，规模出效益，诚信是灵魂。一个地区工业的发展也是如此。在地区工业发展的指导上，要坚持比较优势战略，开放的分工协作的思维模式，摒弃封闭性求全的思维方式，以创造最优环境、计划指导和政策支持等手段，促进和引导产业集中和企业规模经济水平的提高，形成相对集中、能够在地区经济中起主导作用的产业群。经济全球一体化，使"产业聚集"成为地区经济竞争力强弱的一个重要标志。

在一个城市或地区，一个在技术和人才上互相支持并具有竞争力的相关产业和配套产业所形成的产业集群，是竞争优势的重要来源。在地理上相近的同业之间的竞争，缩短了相互之间沟通的渠道，能够快速地相互学习，促进观念、制度和技术的不断创新，形成一种产业群落内部的自强机制。这种产业群如果参与国际竞争和国际分工，则其所形成的竞争优势是难以被其他地区企业夺走的，因而具有持续的竞争力。

但是，一个地区起主导作用的产业群不应过多，过多了必然造成地区的产业特征不突出，不能形成区域的产业优势和规模经济优势；也不能过少，如果只有一个起主导作用的产业群，就会造成产业结构风险，一旦外部需求或内部资源发生了变化，就可能引发一个地区的产业结构性危机。

为使产业聚集有更好的环境和条件，近几年来，园区经济兴起。"园区"能集约使用土地，集中服务设施，集中生产配套，具有更优的经济环境。新建企业应尽量安排在工业园区，引导工业向园区集中，并"设园引资"。高水平的"园区"，才能增强对国内外投资者的吸引力，才能具有对国际产业新一轮转移的承接力和吸引力。

湖南城市化的道路与战略选择 *

一　城市化是21世纪发展的大趋势

城市从起源上来说，是"城"与"市"的组合与统一。

古时的"城"，是防御设施和统治中心，是指在一定的地域上为防御围起来的墙垣；古时的"市"，是进行交易的场所，是指一定地域的商贸中心。适应社会生产力和商品生产的发展，"城"与"市"相互结合并走向统一，形成城市。所以，城市是社会发展到一定阶段的必然产物。

马克思在一百多年前就指出："现代的历史是乡村城市化，而不像古代那样，是城市乡村化。"② 在现代化社会，城市是国家或地区的政治、经济、文化中心，是现代工业和服务业的集聚地，在国民经济和社会发展中起主导作用。城市化、城镇化、都市化只是译法上的差别，本质是乡村城市化，基本含义是相同的，是指一个国家或地区的人口由农村向城市转移、农业人口向非农业转移的过程。衡量城市化水平的主要标准，是一定区域内城镇人口占总人口的比重。广义地说，城市化是由社会生产力发展所引起的农村生产方式、生活方式和居住方式改变的过程，是产业结构转变和居民消费水平提高的过程，也是城市文明向农村地区不断扩散和传播的过程，是经济发展和社会进步的综合体现。

城市古而有之。乡村城市化，起步于18世纪中叶的工业革命。工业革命实现了由工场手工业向大机器生产的飞跃，人类社会开始了由农业社会向工业社会，由农村时代向城市时代的转变。到20世纪末，世界发达国家和

---

* 原载《民族论坛》2002年第4期。

② 《马克思恩格斯全集》第46卷上册，第48页。

地区的城市化平均水平达到了 77%，已进入城市化的高级发展阶段，同时出现了离心城市化现象，即城市郊区化；发展中国家城市人口也加快增长，城市化平均水平为 38.4%，已进入 30% ~ 70% 的城市化加速发展时期。据联合国统计资料预测，到 20 世纪末，全球有一半人口生活在城市里，到 2010 年将达到 55%，2025 年达到 65%。21 世纪，全世界大多数国家和地区将进入城市化的高级阶段，多数发展中国家将完成城市化任务。所以说 21 世纪是城市世纪，城市化的迅猛发展势头将会延续到 21 世纪的上半叶，城市化是 21 世纪发展的大趋势。我国到 2001 年底城市化率达到 37.7%，据预测，2010 年将达到 45%，2020 年将达到 55%，2050 年将达到 70% 左右，也就是进入城市化的高级阶段。

1949 年，新中国成立时，全国城镇人口只有 5765 万人，城市化水平只有 10.6%，远远低于当时世界城市化水平的 28%，也低于当时发展中国家城市化平均水平的 16%。1953 ~ 1957 年，第一个五年计划时期，我国开始了以工业化为主体的大规模经济建设，也揭开了现代中国城市发展的序幕。

50 年来，我国的城市化经过了一个曲折的发展过程，大体上经过了 5 个不同的发展阶段。

（一）正常发展的起步阶段（1953 ~ 1957 年）

随着大规模经济建设和工业化的推进，这一时期是我国城市化发展较快的阶段。城镇人口从 1949 年的 5765 万人，增长到 1957 年的 9949 万人，城市化水平从 1949 年的 10.6%，提高到 1957 年的 15.4%，平均每年提高 0.6%，设市城市数量从 1949 年的 135 个增加到 1957 年的 178 个。

（二）剧烈波动的大起大落阶段（1958 ~ 1965 年）

这段时间，国民经济大起大落，工业项目大上大下，城市人口大进大出，剧烈波动的具体表现包括以下几个方面。

（1）1958 ~ 1960 年的"大跃进"时期，由于经济建设指导思想的急于求成和主观随意性，许多工业项目盲目上马，大量农村人口涌入城市。3 年内城镇人口净增 2352 万人，城市化水平急升至 19.8%，年均增长率达到 9.5%，3 年间新设城市 33 座。

（2）1961～1963 年的调整时期，这一阶段停建、缓建了一大批项目，3年全国城市精简职工 1887 万人，压缩城镇人口 2600 万人，城市人口净迁移率为 −30%，城市化水平由 1960 年的 19.8% 下降到 1964 年的 14.6%，城市数量由 1961 年的 208 座下降到 1965 年的 171 座。

（三）徘徊停滞阶段（1966～1978 年）

1966 年开始的"文化大革命"引发了十年动乱，使国民经济发展十分缓慢，大批知识青年上山下乡，大量的城市干部下放到农村。13 年中城市化水平由 1966 年 17.8% 到 1978 年的 17.9%，仅提高了 0.1 个百分点，始终在 17.5% 的水平上徘徊。

（四）恢复与发展阶段（1979～1991 年）

1978 年 12 月，中共十一届三中全会之后，纠正了"左"的错误，开始了改革开放的新时期，随着改革开放和现代化建设的推进，我国城市化也摆脱了长期徘徊的局面，步入了一个较快发展的时期。这一个阶段又可具体分为两个时期。

1. 恢复时期（1979～1983 年）

这一时期，改革以农村为重点，并在城市试点，通过改革，农业生产力潜力获得较大发挥，经济得到迅速恢复与发展，国民生产总值年均递增率从 20 世纪 60 年代的 3.9%、70 年代的 5.8% 增长到 8.5%。同时，国家也适时适度实施了一系列新的政策，如允许知青回城，下放干部返城等，开始重新重视城镇的发展，出现了城市化水平的整体提高。全国城镇人口由 1980 年的 19140 万人，增加到 1984 年的 30191 万人，城市化率由 19.4% 提高到 23.01%。

2. 小城镇快速增长时期（1984～1991 年）

这一时期，由于农村经济的迅速发展和短缺经济的条件下，乡镇企业高速发展，小城镇和农村集镇得到迅速发展。1984 年，中央颁布了新的户籍管理政策，允许农民自带口粮进镇务工经商和进镇落户，国家又调整了 20 世纪 60 年代以来市镇建制标准，从而使全国城镇数量从 1983 年的 2786 个增加到 1984 年的 6211 个。同时，由于沿海地区改革开放优先战略的实施，开放型产业的发展等原因，产生了规模较大的农村剩余劳动力的跨地区流动，对城市的发展也产生了重大影响。另一方面，在新形势下，城市发展面临许多新的矛盾，以及受治理整顿等政策因素的影响，"七五"期间全国城市化水平提高了 2.11 个百分点，城市化出现了一定的波折。

（五）加速发展阶段（1992 年以来）

中共十四大确定了建立社会主义市场经济体制为我国经济体制改革的总目标。城市作为区域的经济文化中心的地位和作用，得到前所未有的认识和重视，不同地区、不同层次的中心城市都得到不同程度的发展。根据第四次人口普查，城市化水平由 1984 年的 23.1% 上升到 1993 的 28.14%，到 1995 年上升到 30%，中国城市化步入了中期发展阶段，也就是加速发展的时期。

我国城市化率在 1950~1977 年的 28 年间由 10.6% 增长到 18%，仅增长 7.4 个百分点，城市化速度提高很慢；在 1978~2000 年的 22 年间由 18% 增长到 36.09%，增加了 18.09 个百分点，我国城市化速度开始加快。改革开放以来，我国设市的城市由 1980 年的 233 座，增加到 1998 年的 668 座，建制镇达到 19216 座，这为我国城市化的快速发展奠定了重要的物质基础。但是，它同世界城市化率的平均水平（已超过 50%）相比不仅严重落后，而且滞后于自身的工业化和农村的非农化。国际上通行的城市化率与工业化率之比为 1.4%~2.5%，而 1996 年我国这一比例仅为 0.6%。城市化的严重滞后，带来一系列严重的经济社会问题，如城市体系不合理，二元经济结构和农村剩余劳动力积压，人地矛盾恶化，第三产业不发达，乡镇企业布局分散和土地资源浪费等。从湖南来说，2001 年湖南省城市化水平为 30.8%，比全国还低 6.9 个百分点；在全国设市的 668 座城市中，湖南仅有 29 座，占城市总数的 4.34%。总体说湖南城市的数量偏少，规模偏小，质量偏低。因此，加快城市化，是实现我国我省经济快速持续发展的紧迫需要，是在 21 世纪实现第三步发展战略目标的主要课题。

二　湖南城市化的发展战略与道路

中国、湖南城市化的路子如何走，如何能较快地实现城市化？这是一个关系我国和湖南省经济发展和社会稳定全局的战略性大问题。有一种意见认为，中国城市化应该走以发展小城镇为主的路子，"小城镇大战略"，20 世纪 80 年代，在我国传播较广，影响较大；有的主张走以发展中小城市为主的路子，浙江及珠江三角洲等沿海地区就是采取以中小城市为主的城市化发展模式；有的主张采取大中小城市相结合多元推进的城市化发展模式；也有的认为搞现代化必须走以大城市为主的城市化发展道路。

乡村城市化的本质是农民问题，是农民向市民转换身份的过程，是农民不断改变自己的生产方式、生存环境和提高生活质量的过程。同时，也是农民适应新的变化改造自我、提高自身素质的过程。到 2001 年末，我国大陆人口 127627 万人，其中 62.3% 即 79563 万人在乡村，剩余劳动力约 1.3 亿～1.5 亿，需要向非农产业转移。中国城市化任务之重是其他任何国家都无法相比的。巨大的农村人口城市化的压力，需要大中小各类城市共同分流，实行多元推进的城市化发展战略。湖南是个农业大省，2001 年末，在 6595.1 万总人口中，乡村人口为 4564.33 万人，高达 69.2%，农村人口占的比重大，城市化率却低于全国的平均水平，与乡村城市化的要求和城市化的目标相比，目前大中小城市发展得都很不够。不发展大城市，特别是提高大城市的区域经济中心功能，就不能提高区域的竞争力、辐射力和带动力；不加快中小城市和小城镇的发展，大城市容纳不下的剩余劳动力就没有出路，农村工业化、农业产业化和农村现代化就不能迅速发展。所以，从湖南省的实际出发，城市化要采取分类指导，多元推进，坚持以发展小城镇为基础，以提升大城市的区域中心功能为核心，以发展中小城市为主体，走出一条符合湖南省情大中小城市和小城镇协调发展的城市化道路。

（一）　加快发展小城镇是城市化的基础

大城市经济规模优于小城市，但吸纳一个劳动力的就业费用、基础设施费用等也大大高于中小城市、小城镇，大城市由于过度集聚，所产生的负面效应也同样远远高于小城镇。因此，中国城市化不能照搬别国的模式，必须从自己的国情出发，走有中国特色的城市化道路。小城镇是城市体系的基础层次，农民就地向小城镇转移的社会成本最低，因此，发展小城镇是推进我国城市化的重要途径和基础。内需不足制约了目前和今后几年我国经济持续快速增长，而农村消费的低水平是影响内需增长的主要因素。加快农村人口向小城镇的转移，能够提高农民收入，增加城镇消费量和基础设施、住宅建设的总量，对扩大消费需求和带动城镇基础设施等投资需求能够起到重要的作用，"它将为国民经济持续增长提供强大的动力源泉"。同时，加快剩余劳动力向小城镇转移，能够在经济发展、人口增长、种地面积减少的情况下，实现农业集约化经营，提高农业劳动生产率，发展农业产业化经营，调整和优化农村产业结构。小城镇是沟通城市与乡村的桥梁，是农村地域政治、经济、文化中心，加速小城镇发展，能够有效地引导乡镇企业的合理聚集，推动农村非农产业向城镇集中，带动第三产业的发展，这对于促进城乡经济协调发展和国民经济良性循环，具有重要的战略意义。

湖南改革开放以来，小城镇得到了较快的恢复和发展，并在全省城市化中显示出重要作用。建制镇数量由 1978 年的 154 个增加到 2001 年的 1086 个，但规模偏小，质量偏低，结构趋同，对投资者、就业者和迁移者吸引力不大，农村地域的中心作用不强。1998 年，湖南建制镇的非农业人口规模不足 5800 人，实有道路平均仅 6.4 平方米，只相当于全国一般建制镇平均水平的 59%。因此湖南省在小城镇的发展上，必须由过去的分散布局重数量轻规模转到相对集中和着力提高质量、突出特色上来，把建设小城镇的重点放在县城和部分基础好、发展潜力大的建制镇。如果到 2010 年，70 个县城人口平均规模能够达到 8 万 ~ 10 万人；86 个县域（包括 16 个县级市），每个县域重点培育一到二个中心镇，人口平均规模能够达到 5 万 ~ 8 万人，仅此每年转移的农村人口可达 70 万 ~ 100 万人。小城镇发展的着力点是繁荣经济，关键是要把发展小城镇同聚集和提升乡镇企业的规模与质量相结合，同优化和调整农村产业结构相结合，同大力发展农村第三产业及完善农村市场体系相结合，同普及和推广城市文明相结合，在小城镇建设上，做到合理布局，科学规划，规模适度，注重实效。

（二）提升大城市区域中心功能是城市化的核心

一般来说，大城市具有历史传统、地理区位、人文素质的优势，是一个地区的政治、经济、商贸、信息、文化的中心，是区域性基础设施和公共服务的集中地，在客观上具有比中小城市更强的凝聚力和内在生长机制，因而在城市化快速发展时期，大城市、特大城市化也是一种客观趋势。从湖南省大城市规模偏小、数量偏少的实际出发，整合和提升大城市的区域经济中心功能，并合理发展大城市，发挥大城市的辐射带动作用，是一个事关全局的重大战略问题。湖南没有一个能够同周边武汉、广州等超大城市相抗衡的大都市，但有一个长株潭城市群，而且呈品字形分布，距离又这样近，完全可以以长沙为龙头或核心，通过经济一体化，把它整合和提升为相当于武汉的复合型超大型的区域经济中心。进入21世纪，它更具有时代的紧迫性。

21世纪是中华民族伟大复兴的世纪。在经济全球化和加入WTO的新形势下，湖南、长株潭面临着新的历史机遇，也面临着国内外激烈竞争的巨大压力和严峻挑战。湖北依托大武汉把"东西夹击"的压力转化为强大动力，利用新的机遇，重新进行战略定位。他们把建成继珠江三角洲、长江三角洲、环渤海经济区之后的又一个全国重要的经济增长极，作为湖北暨武汉新的战略目标。据此，武汉战略目标及步骤：一是用5年时间，提升区域经济中心功能，把武汉建成华中和长江中游经济区重要的经济、贸易、金融、交通信息、科技教育五大中心；二是用10～15年时间，把武汉建设成中部地区的重要发展极；三是用30～50年时间把武汉建设成为现代化国际性城市。如果说湖北暨武汉处于"东西夹击"之中，那么，湖南及长株潭则处在东西南北"四面夹击"态势之中，特别是来自北面的压力，将会出现迅速加大的趋势，这是我们区域环境将面临的一个新的重大变化。

按照国家和世界一般情况来看，一个大的经济中心城市的辐射和影响的范围大约是500千米左右，在这样一个区域范围内很难再产生第二个这样的中心城市。历史上天津是华北的经济中心，由于北京的优越条件和迅速发展，天津尽管是个直辖市，但其中心地位显著下降。香港结合深圳可以在较短时期内，发展成为亚洲仅次于东京的国际性大城市，但它直接影响到广州的中心地位，广州就很难或不可能再建成国际性的大城市。长株潭目前区域环境的一个基本特点，就是它不处于任何一个大都市的笼罩范围。按铁路里程计算，长沙距上海 1187 千米，距重庆 1416 千米，距广州 726 千米，距武汉较近为 378 千米，但目前武汉的规模实力和辐射功能还达不到这种强度，这是通过经济一体化整合和提升长株潭区域经济中心功能的十分有利的环境条件。然而，必须看到在 21 世纪，在加入 WTO 和西部大开发的新形势下，武汉确有独特的区位优势和许多发展的有利条件，它如果能够充分把握时机，如期实现其提升城市功能的目标，在中部崛起，将会直接影响到长株潭的中心地位和湖南的发展。我们必须由过去重点研究并思考相应的对策，迅速将重点转向北进行新的思考和做出新的决策。

我认为，在 21 世纪的城市世纪，在相应的时间内，如果在武汉和广州、重庆和上海之间，这个江南腹地，四方交汇之处，即东南沿海经济区与长江沿岸经济带的接合部，通过经济一体化的途径，能够构筑一个同周边大都市相抗衡、相竞争，又能在平等竞争基础上建立新的合作关系的组合型大长沙，这对三市、湖南乃至全国都是一件大好事。这可能是 21 世纪开辟新天地，塑造湖南新未来的重要战略选择。

同时，在未来 10 年内，对于区位重要、基础好的中等城市可发展为 60 万~90 万人口的大城市，如岳阳可构筑为湘鄂赣边境区域的经济中心和洞庭湖区最大的中心城市，衡阳发展成湘南的大型重镇，常德成为湘西北的重镇和西洞庭湖区的经济中心，邵阳为湘中主要的中心城市，怀化发展成湘鄂渝黔桂省际边境区域的重要经济中心，从而形成以长株潭或组合型超大型的大长沙为核心，以岳阳、衡阳、常德、邵阳和怀化等大城市为省区次级区域中心的湖南城市体系的主骨架，充分发挥大城市对湖南经济发展的辐射带动作用。

（三）积极发展中小城市是城市化的主体

中等城市，一般来说是地一级的政治、经济、文化的区域中心，具有集散、生产、服务、创新等为地区经济发展服务的基本功能。如果规模太小，就不能带动所辖区域经济的发展，形成所谓"小马拉大车"的问题。小城市是城市经济与农村经济的连接点，没有小城市这样的连接点辐射和带动农村经济的发展，农业产业化、农村现代化就不能实现。所以，积极发展中小城市是我国城市化的主体。湖南省中等城市的规模太小，市区非农业人口40万以下的占2/3，还有两个地级行政机构所在市，人口规模还未达到中等城市的规模。在设市的小城市中，市区的非农业人口也有近2/3，还未达到10万人的规模，这使得湖南省的城市化严重滞后于工业化和农村产业的非农化，成为湖南省经济发展的重要制约因素，因此加快中小城市的发展，扩大中小城市的人口规模，完善和提升中小城市区域经济中心的功能，发挥中小城市对小城镇的带动作用，就成为21世纪湖南省推进城市化的重要任务。对于在地方经济发展中能够起到枢纽作用的中等城市，如郴州、益阳、永州、娄底等可重点培育使其发展成为40万～50万人口的骨干城市和大城市；基础好、发展潜力大的小城市，如浏阳、醴陵、湘乡、吉首、冷水江、耒阳等，可重点培育使其发展为20万～40万人口的中等城市，形成合理的城市规模结构。

三 湖南城市化发展的动力与产业支撑

城市是生产要素的聚集点，先进产业的集中地，人口的集中地，精神文明的摇篮。产业聚集是城市化发展的动力，有产业的集聚、有就业的岗位，才有人口的集中、城市和城市化的发展。经济增长与城市化的发展是相互促进，互为因果的。在城市化的过程中，产业结构演进的规律性是，第一产业（农业）及其从业人员的比重不断下降，第二产业（工业、建筑业）的比重上升一个时期然后下降，第三产业（服务业）比重不断上升。相应的城市化的发展也经历三个阶段：城市化初级阶段，城市化率占30%以下，这一阶段工业是城市化的根本动力，但农业经济仍占主导地位；城市化中级阶段，城市化率为30%～70%，是城市化的快速发展时期，这一阶段工业仍然是城市化的基本动力，经济结构以工业为主，第三产业的比重迅速上升，成为城市化的后续动力；城市化高级阶段，城市化率达到70%以上，服务经济成为占主导地位的经济形式。但工业并不是被代替，而是高技术化和深加工化，工业产值仍然不断增长，工业产值增长速度高于农业产值增长速度，但低于服务业增长速度。

1. 湖南城市化发展的动力是什么？应该是多元的

工业化是湖南城市化的主导动力。中国工业处于什么阶段？2001 年我国国内生产总值为 95933 亿元，其中，第一产业增加值 14610 亿元，占 15.2%；第二产业增加值 49069 亿元，占 51%；第三产业增加值 32254 亿元，占 34%。人均国内生产总值 7516 元。从第二产业增加值占 GDP 高达 50% 以上，农业比重和服务业比重都在变化过程中，高技术产业进入快速发展时期等方面来看，基本上达到了工业化的中后期标准。但是，从就业结构来看，1998 年，第一产业增加值占 GDP 的比重 18.4%，而第一产业从业人员的比重占 49.8%。同时，人均 GDP 很低，第三产业还不够发达，这都是工业化初级阶段的表现。综合起来看，我国工业化处于中期发展阶段。2001 年，湖南国内生产总值为 3983 亿元，其中第一产业增加 826 亿元，占 20.7%，比全国高 5.5 个百分点；第二产业增加值 1570 亿元，占 39.4%，比全国低 11.1 个百分点；第三产业增加值 1587 亿元，占 39.9%，比全国高 5.4 个百分点，人均国内生产值 6054 元，比全国少 1462 元。显然，湖南的工业化低于全国的平均水平，处于工业化中期的初始阶段，这是湖南城市化水平低于全国平均水平的主要原因。

2. 如何加快湖南工业化，较快地推进城市化？

就整个工业化的过程来看，不同的时期具有不同的产业特征，工业化的初期阶段，主导产业是劳动密集型的，如轻纺工业；工业化的中期阶段，主导产业转变为资本密集型的，如钢铁、机械、化工、汽车、耐用消费品等重化工业；工业化后期阶段，技术密集型的产业迅速发展起来，如电子、计算机、生物制药等，各个产业部门向深加工化、技术集约化方向发展。在我国，由于特殊的工业化道路和城市经济成分的多元化，工业化各个时期的产业特征都有所表现，在特大城市和沿海发达地区的城市中，工业化后期的产业特征已很明显，而在广大中西部地区，工业化初期的特征仍很突出。有一种意见认为，湖南既然进入工业化的中期阶段，工业化的重点应该发展重化工业，而且湖南在这一领域已有较好的基础。我认为这种意见从主要方面来说是有道理的，但不全面。有两个问题必须明确。

第一，我们搞的工业化，是在经济全球化和信息化时代条件下的工业化，因而是新型的工业化，也就是与信息化相结合的工业化，以实现湖南经济跨越式发展为目标的工业化,因此不能走西方发达国家早期工业化的老路。

第二,我们是在一个人口众多的社会主义发展中的大国搞工业化,实现工业化的重要条件是扩大和培育内需。特别是当前在严峻的国际经济形势下,实现国民经济快速发展的根本之策,是扩大国内需求,进一步形成消费和投资双向拉动。扩大内需的重要途径,就是扩大就业和再就业,特别是农村人口的城市化,加速农业人口向非农产业转移。截至 2001 年底,国有企业下岗职工有 500 多万人没有实现再就业,全国城镇登记的失业人员还有 681 万,全国农村剩余劳动力有 1.3 亿~1.5 亿需要向非农产业转移。就湖南来说,2001 年,国有企业下岗职工为 46.1 万人,城镇登记的失业人员 30.34 万人,全省农村有 930 多万剩余劳动力急待向非农转移。湖南工业化的路子应该从湖南的省情出发,两条腿走路、两手抓。一方面"抓大"(大企业、大企业集团、大工程项目),加快资本密集型和技术密集型工业的发展;另一方面,还必须大力发展就业容量大的劳动密集型产业和中小企业。特别是农村工业化,应根据农村的资本和技术条件,实行技术密集型和劳动密集型相结合,以发展劳动密集型产业为主。当前,城市的小企业发展迅速,已经成为新的经济增长点和就业增长点,据统计,近年来我国城市 75% 以上的新增就业机会是由小企业创造的。农村乡镇企业基本上是中小企业。乡镇企业在 20 世纪 80 年代短缺经济和体制夹缝中得到迅速发展,随着经济体制转轨和买方市场的出现,许多乡镇企业陷入了困境。不解决乡镇企业在新形势下面临的诸多困难,没有乡镇企业的大发展,就没有农村工业化和小城镇的发展,对于湖南这个农业大省来说更是如此。因此,湖南的工业化,应该区别农村和城市、核心大城市和中小城市,在以国内外市场为导向的前提下,从不同地区的优势和实际出发,分层、分类指导,把抓大和抓小,劳动密集型、资本密集型、技术密集型结合起来,因区制宜,不拘一格。

第三产业是湖南城市化的后续动力。有一种意见认为,第三产业只能适应工业的发展和工业配套服务的需要而发展,在工业化和城市化的中期阶段,不宜过分强调发展第三产业。这种意见有一定道理,但不全面。工业是第三产业发展的重要物质基础,第三产业是随着工业的发展及其伴随的城市化而得到不断发展的，并逐渐上升到主导地位。但是，有几个基本点需要明确。

第一，第三产业即服务业，并不只是为工业的发展服务，它还为农业的发展服务，为城乡居民的生活服务，为城市和乡村之间、地区之间、国内外之间的经济联系和交流服务。特别是在经济全球化和信息化时代，建立快速与国际市场畅通的物质流、资金流、信息流、技术流、人才流的网络体系，对一个国家一个地区经济的发展是至关重要的，大力发展服务业是面对经济全球化挑战的迫切需要。从一定意义上说，现代流通业是经济发展的火车头。

第二，第三产业的发展与城市化的进展的相关性高于第二产业。城市是生产要素在空间集聚点，区域的经济中心，它每时每刻都在同区域进行着物质、能量和信息的交换。城市对区域的聚集和扩散、吸引和辐射的作用，是城市的基本功能。城市功能强弱的物质基础是城市的综合经济实力，它的具体体现，是对区域的物流服务，商流服务，信息服务，生产技术、教育培训服务和文化服务等综合服务的能力。因此，第三产业的发展与城市化具有更高的相关性，第三产业是推进城市化后续发展的最大的推动力，因为它的发展能吸纳更多的富余劳动力。1990 年，我国第三产业从业人数占总从业人数的比重 18.5%，1995 年 24.8%，1999 年达到 26.8%。10 年之间，第三产业从业人员总数从 1990 年的 1.18 亿人增加到 1999 年的 1.9 亿人，净增 7200 万人。也就是说 1990~1999 年期间从第一产业转移出来的剩余劳动力总数为 3100 多万人，加上部分历年新增劳动力和从第二产业游离出来的劳动力约 4000 万人，都被第三产业所吸纳。

第三，不同国家和地区工业化过程中第二产业增加值占 GDP 比重的最高点不一定是 50%。在工业化的过程中，第二产业增加值占 GDP 的比重先上升一个时期然后下降，其最高点的出现，一般是完成工业化的前兆，但其最高点不一定是 50%。一些国家超过 50%，但许多国家则低于 50%。比如，美国 1965 年第二产业占 GDP 的比重最高为 38%，加拿大 1974 年为 37.4%，英国 1955 年为 56%，德国 1970 年为 55%，意大利 1970 年为 45.9%，荷兰 1970 年为 41.2%，日本 1965 年为 43%，澳大利 1970 年为 43%。湖南省第三产业增加值占 GDP 的比重已超过第二产业，并呈快速发展势头，我认为这是正常的。主要问题是第一产业占的比重太大。由于传统经济体制的影响和独特的工业化路线，使我国工业的从业人员与其创造的价值相比已显著偏多，在经济全球化的挑战面前，工业必须减员增效，下岗分流。1998年以来，工业累计减员1840万人。"九五"期间，服务业则新增就业2715万人，占全国同期新增就业的85%，因此，发展第三产业成为吸收富余劳动力就业的主要渠道。目前，在我国，不仅金融、保险、证券、信息技术、房地产、教育、旅游等新兴的服务业呈现供不应求的局面，一些传统的服务业也是发展势头强劲。随着人民生活水平的提高和假日经济的发展，2001年，全国的餐饮业同比增长16.4%，成为国内消费需求中发展速度最快，增长幅度最高的行业。湖南省旅游资源丰富，文化产业已形成特色，新兴服务业呈蓬勃发展态势，2001年，电信业增长34%，旅游业增长41%，餐饮业也增长了15.4%。

城市间、城市与区域（腹地）间的相互作用、相互促进是城市化共生的动力。任何城市都不是孤立存在的，城市与城市、城市与区域经济、社会文化活动都是相互联系、相互作用、相互促进的。随着城市经济的发展，基础设施的完善，城市聚集力和辐射力的增强，它们间的相互联系愈加密切，相互间的依存度和相互作用迅速增强，不仅城市自身规模不断扩大，新的城市、城市体系不断产生，城市由极点分布，沿着交通轴线，向城市聚集区发展，形成不同类型的城市群和城市带。在工业化和城市化进入中期阶段，也就是快速发展时期，这种共生的动力作用迅速增大，城市群以及进一步向大都市连绵带的发展，是城市化的一种必然趋势。湖南在重点加强以长株潭为核心的湘东城镇密集区的建设，城市现代化、城市一体化和城市体系完善的同时，要有计划地促进环洞庭湖区和沿交通主轴线城镇的发展和新的城市密集区的形成，这对于加快湖南城市化具有重要战略意义。

努力走出一条超常规发展湖南经济的新路子*

湖南省经济的发展，纵向比成就巨大，但与近几年发展较快的省区相比差距拉大。如何正视差距，抓住机遇，急起直追，迎头赶上？我认为要努力走出一条超常规发展湖南经济的新路子。这就要求在改革上抓住三个重点，即加快企业经营机制转换的改革；加快培育和扩大市场的改革；加快转变政府职能的改革。要在以下六方面有新突破。

1. 在解放思想、转变观念上，要有新突破，实现再更新

改革开放的深化，必须以观念的变革为先导。湖南省同沿海省市的差距，主要是两个：一是观念上的差距；二是机制上的差距。因此，进一步解放思想，实现观念的再更新，对加快我省改革开放和经济发展尤为紧迫和重要。建议以下几点。

（1）组织全省干部特别是县处以上干部（包括各级党校和各类干部学校的脱产学习）学理论把学习马列主义基本著作、学习毛泽东基本著作和学习邓小平基本著作结合起来。当前，深刻领会邓小平同志关于建设有中国特色的社会主义一系列重要论述的精神，对于解放思想，搞好改革开放和社会主义现代化建设具有尤为重要和深远的意义。

（2）强化发展社会主义商品经济的观念和市场意识，培育一支善于组织和领导发展大规模商品经济的干部队伍和社会主义企业家群体，普及商品经济和市场经济知识。

（3）在我们的干部队伍中应确立这样一种共识，即"改革开放、发展经济如逆水行舟，不进则退，慢进也是退"，强化改革开放意识和机遇意识。我们要进行纵向比较，看到自己的成就，坚定前进的信心。但更要进行

---

* 原载《学习导报》1992 年第 7 期。

横向的全面比较，找出差距。横比，可以比出紧迫感、危机感和历史的责任感，克服某些同志中存在的墨守成规的"内陆意识"和"沿海特殊、经验难学"的思想。

2. 在扩大对外开放上要有新思路，形成新格局

建议确立"放开东线，开发西线，全面开发，分区推进，东西结合，加快发展"的区域开放、开发的战略思路。

（1）进一步放开从岳阳、长株潭到衡、郴的整个东线，使这个基础条件较好的经济走廊能够更快地发展，特别是在扩大南北两口对外开放的同时，要进一步放开长株潭这个综合经济中心区，按照"打破分割，统筹规划，改善环境，下放权力，完善市场，办好两区"的思路，在办好长沙高新技术产业开发区的同时，创办长株潭经济开发开放试验区，扩大这个核心区对外开放的领域和力度，逐步形成包括高新技术产业开发和经济开发开放的东线开放带。

（2）加速西线的开发开放。在办好怀化山区开发试验区的同时，创办吉首扶贫开发试验区和以旅游产业为主体的大庸经济技术开发区，综合运用少数民族地区、革命老区、贫困地区、山区开发试验区以及扶持新建市等优惠政策，充分发挥各类政策集中使用的综合效应，逐步形成具有山区、贫困区和旅游区等特色的西线开放走廊。

（3）在利用沿海扩大对外开放上，进一步向南——广东、海南等地区拓展的同时，急需采取有力措施东进，积极落实参与浦东开发的方式和项目。由于浦东开发开放的目标是把上海建成远东的经济、金融、贸易中心，恢复和扩大其国际都市的功能，因此，积极参与浦东开发，对湖南经济振兴具有长远的战略意义。1990 年 11 月，陈邦柱省长率团访问了上海，湖南省提出从四个方面即：在浦东新区购地成片开发，组织大中型企业在浦东办企业、设窗口，金融机构参加上海证券交易所，向浦东供应建材和施工单位参加基建项目投标方式等参与浦东开发。但一年多来，我省仅有两家企业进入浦东。如何落实参与浦东开发？我认为应确立"立足浦东，利用浦西，东西联动，近远结合"的思路。其要点：一是在浦东新区的陆家嘴金融贸易区，下决心建设一个具有一定规模的综合经营型的对外开放窗口，取得一个较好的立足点。陆家嘴区将是上海的新外滩，集中体现新上海的国际都市功

能，进入该区也就进入了国际市场。二是充分利用湖南省在浦西已有的设施。目前，湖南省在浦西的企业有 21 家，各地市都设有联络处，具有 1 万多平方米建筑面积的三湘大厦已经建成和投入运营，如果把湖南省在浦西已有的设施都充分运用起来，形成以浦东为龙头，浦西为基地，东西联动，就可以既运用浦东开发开放的优惠政策，又发挥湖南省在浦西现有资产存量的潜力。三是积极组织和鼓励有条件的企业，进入浦东同原有的三区一县（南市区、杨浦区、黄浦区和川沙县）的现有企业，采取多种形式进行联合生产和经营出口产品，第一种方式具有长远的战略意义，后两种方式投资少、见效快，如果这几种参与方式能够恰当地结合运用，就可以把参与浦东开发的长期效益和近期效益结合起来，并形成湖南省进入上海的新优势。四是组织和鼓励湖南省的有关地区、部门和企业，积极参加以上海为龙头的长江流域开发开放带的各种横向经济联合和网络。

3. 在转换企业经营机制上，要进行新试验，制定新规范

积极试行股份制，是企业经营机制转换改革深化的客观需要。目前，在我国大规模地推行规范化的股份制的条件还不具备，但加快和扩大试点正是时机。建议开展以下几点工作。

（1）选择好重点试行股份制的企业。要把国营大中型企业和企业集团作为试行的重点。第一批可在长、株、潭、衡、岳五市选择 15 个左右，直接面向市场竞争和外向型的企业，符合产业政策，管理基础较好的企业，新建的企业或企业集团，进行规范化的股份制试点（以有限责任公司股份制形式的试点为主），并制定"八五"期间国营企业分步扩大试点的要求和目标。

（2）要抓紧对多种形式股份制的试点。如企业法人之间互相参股、持股的股份制，向社会公众发行股票的股份制，城乡集体企业的股份合作制，以及企业内部职工持股的股份制等，分别制定出试行的规章和相关的制度。

（3）要采取积极措施，培育和发展一批中介组织，如公共资产评估组织、会计师事务所、审计事务所、公证和股票管理机构等，为扩大股份制试点创造外部条件。

同时，建议制定一条法令，即新建企业均必须在人事、劳动、分配等管理上实行新机制、新制度，否则不准开业。

4. 在培育、扩大市场建设和发展第三产业上，要做出新规划，迈出大步子

市场是商品经济运行的载体。是否真正形成了市场和完善的市场体系，是新体制是否真正建立的一个重要标志。因此，要全面发展生产资料、金融、技术、劳务、房地产、建筑和信息等市场，把扩大市场，建设完整的市场体系，大力发展第三产业，作为深化改革的一个重要环节或突破口，并做出综合规划。当前，在市场建设上要注重以下几点。

（1）批发市场的建设。批发市场是商品市场组织的中心环节。从湖南省的实际情况来说，大宗的农副产品如粮、肉、茶、麻、果、药等均应建立区域性的专业批发市场和试办期货市场。生产资料市场的建设要与订货会制度改革结合起来，把湖南省已有的各种订货会逐步固定下来，建立生产资料的期货市场。同时，要加强城乡结合部的日用工业品批发市场建设，要逐步发展经纪人、代理商，并加快放开价格。

（2）资金市场的建设。资金是商品经济的血脉。大力开拓和发展资金市场，要扩大各类债券的发行，组织长株潭证券公司，进一步完善、发展和规范证券市场；积极组织湖南省的证券公司进入上海和深圳的证券交易所，并创造条件在上海和深圳设立营业部；同时在长沙建立湖南外汇调剂的公开市场，形成多功能的金融市场，进一步扩大金融对外开放，广辟融资渠道，加速金融保险业的发展。

（3）劳务市场的建设。企业三项制度改革的深化，必须有待业保险、就业培训和劳务市场的配套建设。在加快建立待业保险体系的同时，要加快在各地区建立如职业介绍所、职工技术交流中心、人才交流中心等多形式的劳务市场，逐步形成劳动力合理流动的劳务市场机制，扩大市场就业。

（4）同扩大市场建设相适应，要加速发展交通运输业、邮电通信业、仓储业和公用事业等。

5. 在乡镇企业发展上，要有新要求，采取新措施

大力发展乡镇企业是缩短湖南省同较发达省区经济发展差距的重要一环。当前，一方面要从量上大力发展多类型、多形式、多成分的乡镇企业和村级企业；同时，应着力于引导企业上规模、上档次、上水平，特别是引导和扶持一批具有较强竞争实力的企业向规模化、专业化方向发展。为此，建

议选择交通、能源和资源条件较好的城郊和集镇，建设一批工贸结合、贸工农结合、外引内联结合、内向外向结合等各种类型的工业小区、贸工小区和经济开发小区。

对这些小区，在土地征用、工商登记、户籍管理、税收和金融等方面，要实行更加特殊的优惠政策，以吸引八方资金，招揽四方客商，加快经济发展。同时，把这些小区作为发展县乡工业、进行组织创新和制度创新的试验基地，如多种股份合作制规范化的试验、贸工一体化的试验等，不断总结经验，逐步扩大推广。

6. 在转变政府职能上，要进行新试点，扩大新领域

企业转换经营机制，政府必须转变职能。否则，企业行政机构附属物的地位不可能根本改变，改革成果也不可能巩固。建议在继续办好华容、双峰、衡东县级综合改革试点的基础上，适当扩大试点的范围；对于那些实践证明是成功的经验，应积极进行推广。同时，建议按照"小机关、大服务"的精神，选择一二个省辖市进行局部性的试验，如何制定政策，鼓励一部分机关工作人员去办第三产业，有的部门可以成建制地转变为服务实体，把发展第三产业与行政机构改革、转变政府职能结合起来；省直单位，对于那些名为企业实为机关的行政性公司或具有双重职能的公司，应加速向实体性企业转变；在宏观管理上要采取切实措施完善间接控调，减少对企业生产经营的直接干预，按照政企职责分开、所有权和经营权适当分离的原则，加快政府职能转变的步子。

《产业集群与园区建设》序言*

第三届长株潭经济论坛于 2004 年 9 月 24 ~ 25 日在长沙召开。这次"论坛"由长株潭经济研究会、长沙国家高新区管委会、湖南省社会科学院主办，主题为"长株潭产业集群发展与园区建设"。

如果说长株潭区域经济一体化的基础是公共设施的一体化，其核心则是产业一体化，保障是体制和机制创新。长株潭经济一体化自 1997 年启动以来，在中共湖南省委、省人民政府的正确决策指导下，"总体规划启动、基础设施先行"已取得十分显著的成效，特别是湘江生态经济带的建设已开始实质性启动。但在产业一体化方面尚未取得实质性的进展。

由上游、中游、下游、纵向与横向相关联的企业和相关的机构及设施构筑成的产业链——集群经济，又称簇群经济或块状经济，是现代产业的重要组织形态。这种产业的集中度所形成的专业化分工协作必然大大降低企业的生产成本或交易成本，大大提高企业的运营效率；必定会促进产业发展的机制创新和技术创新，并使各种信息快速集中和传递等等。这种集群式的产业集中会产生一种产业高地的知名品牌。集中度越高，对国内外客商的吸引力就越大，从而形成一种区域性不能替代的规模竞争力，一种国际竞争力和对周边地区发展的辐射力及带动力。沿海的浙江、广东、江苏等省区都曾明确提出集群或块状经济的发展战略，这种产业集群或族群的发展对沿海省区的崛起和持续高速增长发挥了重要的支撑作用。

产业集群从形成的原因及其组织形态来看主要有三种类型：一是以乡镇加工工业为轴心的特色产业集群，即以中小企业为基础的产业集群；二是以大型骨干企业为核心形成的配套产业集群；三是在政府规划下发展起来的高

---

* 原载《产业集群与园区建设》，国防科技大学出版社，2005。

新技术产业集群。长株潭区域在工程机械制造、交通运输设备制造、电子信息等支柱产业中，已经发展和形成一批大型骨干企业；在新兴产业中也初步形成国家级的软件、新材料和生物医药等产业基地。但总量规模还不大，配套程度低，集中度不高，尚未形成在国内外具有重大影响和高市场占有率的知名品牌产业高地，尚未形成较强的国际竞争力。因此，必须采取市场主导、政府推动、优化环境、制度创新等方式，在充分发挥市场配置资源基础作用的条件下，积极促进三市在产业上既要突出特色、错位发展、合理分工，又要优势互补、相互配套、紧密协作，通过企业的扩张重组、资源的区域整合，建立和完善区域的技术创新体系，构组几个区域性具有较大规模竞争优势的特色产业集群和国际知名品牌的产业高地，从而才能使长株潭城市群真正成为引领湖南经济参与国际竞争和分工的火车头，成为泛珠三角与长江经济带接合部的战略支撑点，中部重要的区域经济中心。

产业集群并不尽是以园区为载体发展起来的，但园区（各种开发区）能够为集群经济的发展提供良好的设施、制度和服务等综合环境和集成平台。我国自1984年在沿海地区设立经济开发区，1988年批准建立北京高新技术产业开发区以来，各类开发区不断发展壮大，在扩大对外开放和发展开放型经济，经济体制改革和制度创新，吸引外资和引进技术以及实施高新技术产业化，解决科技与经济脱节问题等方面起到了窗口、辐射、示范和带动作用。

但是，由于求发展心切，一些地方不考虑实际情况，设立开发区过多过滥。据调查到2003年底，全国各类开发区达6015个，规划占用土地面积3.45万平方千米，已超过现有城镇建设用地的总量。湖南省各类开发区也达到了228个，规划用地面积12.29公顷。一些开发区地圈了，但并未引进项目来。大量的圈地，其最严重的后果是导致耕地面积减少，粮食减产，也导致农民失业又失地。2003年2月20日，国土资源部召开全国电话会议，部署整顿土地市场秩序。之后，该年12月3日国家发改委、国土资源部、建设部、商务部四部委以"特急"函致各省、市、自治区政府，印发了《清理整顿开发区的具体标准和政策界限》。截至2004年7月，全国共撤销各类开发区（园区）4813个，核减规划用地面积2.96万平方千米，乱设开发区"圈地"之风基本刹住。湖南开发区由228个减少到71个，其中长株潭 26 个，县级开发区已全部撤销。

撤销那些不符合标准和违规设立的开发区，对于保留下来、符合国家标准也是对区域经济发展做出重要贡献的开发区来说，既面临严峻挑战，也面临大好发展机遇。这些开发区依然是实现新型工业化、发展产业集群和推进高新技术产业化的重要载体和基础平台。依然是带动区域经济发展的增长点，对外开放、体制改革和制度创新的窗口和示范区。然而，在经济全球化发展加快，各国地区对资本吸引的竞争日趋激烈，以及我国实行最严格的土地保护制度的新形势下，各类开发区如何从战略的层面进行提升和发展，必须要进行新思考，要有新思路和采取新举措。适应新形势，本届论坛把产业集群发展与园区建设联系起来进行交流和探讨，应是抓住了长株潭产业一体化的核心，具有重要战略意义。

本届论坛主题是 2003 年 6 月商定的。2003 年 9 月，申报湖南省社会科学基金重点项目获准。课题调研在区域层面，由工作单位在三市的研究会领导和副秘书长分别组织本市的政府、园区和高校的领导、理论工作者和实际工作者围绕主题和参考选题进行调查研究和撰写文章；在微观层面，课题调研选择长沙国家高新区"二次创业"作为典型进行研究，列为子课题，并组成有长株潭经济研究会、湖南省社会科学院和高新区管理委员会的领导和研究人员参加的课题研究领导小组及课题组进行调查研究。

本届论坛提交会议交流的成果较多，将符合主题要求的论文、研究报告共 59 篇汇编出版，供省市领导和各相关部门决策及理论工作者、实际工作者研究同类问题参考，也是本项课题研究的最终成果。

长沙高新技术产业开发区"二次创业"
发展战略研究综合报告 *

一 长沙高新区"二次创业"的战略依据、
主要目标与基本思路

（一）战略依据

（1）长沙高新区创建于 1988 年。1991 年 3 月经国务院批准成为首批国家高新区，总规划面积 18.6 平方千米，由城中区（政策区）和岳麓山集中新建区两部分组成。1997 年 4 月经原国家科委批准，长沙高新区在总规划面积不变的前提下，调整为由岳麓山高科技园（7 平方千米）、星沙工业高科技园（4 平方千米）、马坡岭农业高科技园（后更名为隆平农业科技园 3 平方千米）、远大高科技园（1 平方千米）和市内政策区（3.6 平方千米）组成，形成"一区多园"的发展格局。但由于每个园区规模都很小，总体上布局分散，因而难以形成产业集群的规模竞争优势和辐射带动效应。

为进一步拓展产业发展空间，形成特色产业的聚集优势，1999 年经湖南省和长沙市政府批准，在岳麓山高科技园，扩大规划 23 平方千米建设麓谷产业园区。2003 年 12 月，中共长沙市委又决定继续扩大麓谷规划范围，总体规划控制规模为 80 平方千米。麓谷园区于 2000 年 2 月破土动工，到 2004 年 7 月已拉开首期约 6 平方千米开发建设的主骨架，园内累计有 60 多家企业签订土地受让合同，28 家企业已竣工投入生产，生态科技园初具雏

---

  * 原载《产业集群与园区建设》，国防科技大学出版社，2005。报告参考了《麓谷之光》一书（宋捷主编）等相关研究成果。报告除第一部分，是在专题研究报告之二（罗波阳、湛中维执笔）、之三（史永铭、马美英执笔）、之四（胡亚文执笔）的基础上提炼和加工而成的。

形。本次"战略研究"是以长沙高新区麓谷新城的开发建设为主要对象。

（2）长沙高新区成立十多年来，到 2003 年底，累计完成工业总产值1429 亿元，技工贸总收入 1610 亿元，实现利润 143 亿元，出口创汇 9.9 亿美元，上缴国家税收 86 亿元，年均增长 60% 以上。2003 年，在全国 53 个国家高新区主要经济指标中总产值列第 18 位，实现利润居第 10 位。逐步形成了电子信息、新材料、生物医药等具有比较优势的支柱产业，建立了软件、新材料和传感技术三大国家专业产业基地。在第一次创业中做出了突出贡献。

进入 21 世纪，随着经济全球化进程的加快和我国加入 WTO，我国高新技术产业的发展面临着新的机遇和严峻挑战。长沙高新区同全国其他的高新区一样，从总体上说，已跨入"二次创业"发展的新阶段。但对于实行集中开发建设的麓谷产业园区来说，还必须从建设优质的硬环境启动，实行"项目立区"，注重招商引资，也就是从"一次创业"的工作起步。同时，也必须按照国家科技部对高新区"二次创业"提出的要求，优选入园项目，高标准地建设园区的科技创新体系，深入推进体制改革和机制创新，全面提升园区的服务功能，注重软环境建设，从而把"一次创业"与"二次创业""项目立区"与"科技兴区""制度活区"结合起来，实现长沙高新区的跨越式发展，这是本项目需要重点探讨和研究的新课题。

（3）本项目把麓谷高科技产业园区的开发建设作为研究的主要对象，但提出的"二次创业"的基本思路、制度创新、综合环境的完善及重大对策措施，对高新区所辖的其他园区进行"二次创业"也具有重要的指导意义和应用价值。

（二）主要目标

到 2010 年，长沙高新区发展的指导思想是以"三个代表"的重要思想和科学发展观为指导，以体制创新和机制创新为先导，以完善园区综合环境为重点，以科技创新、培育主导产业集群实现可持续发展为主要任务，努力把麓谷高新技术产业园区建设成为在国际上有一定影响，在全国高新区中居于前列，在湖南具有重要的示范作用和辐射带动作用的科技新城。

在麓谷园区发展上，主要实现以下四大目标。

（1）在空间扩展上，从"一次创业"和"二次创业"的结合中，高起点规划，高标准建设，到2010年，完成30平方千米的开发建设。

（2）在经济规模总量上，到2010年，技工贸总收入达到1000亿元，同2003年相比，实现翻一番半的目标，其他经济目标同步增长。

（3）在产业聚集优势上，把麓谷园区建设成为全国一流的软件、新材料、先进制造和传感技术的产业化基地、高新技术产品重要的出口基地，建立起具有国际先进水平、拥有自主发展能力的主导产业群，使高新区成为全市高新技术产业的聚集区，湖南省高新技术产业发展的增长极，对于区域经济的发展发挥重要的辐射带动作用。

（4）在园区功能的建设上，既要突出产业功能，又必须完善城市功能，突出生态特色。高新区的吸引力、竞争力、生产力从根本上说取决于其环境的整体质量。要吸引大量的国内外投资者和大批优秀人才入区创业和发展，既要构建符合国际规范的法制环境、政策环境、市场化的服务环境，又必须创建优异的生态环境、人居环境和能够带动两个文明建设的新社区，完善城市功能，把"麓谷"建设成既最适宜创业，也最适宜居住、环境优美、经济繁荣、生态型和现代化的科技新城区。

（三）战略思路

实现上述目标，需要重点做好以下几个方面的工作，实施五大战略。

1. 实行集约型开发，实施可持续发展战略

在我国要求最节约地利用土地资源和实施最严格的耕地保护制度的条件下，长沙高新区的发展必须坚持科学规划、集约开发的模式，采取适当提高"门槛"，实行供地量与投资额、产出效益等指标挂钩的方式，依靠科技创新，争取单位土地面积能够创造出大大超出区外的投资强度、经济产出量、高效益和高效率。

高新区发展的初期阶段，各地开发区多以追求发展速度、发展规模为主要目标，广泛采用外延式规模型扩张的发展方式。随着经济全球化的加快，科技进步的日新月异，招商引资竞争的日益加剧，国家科技部对高新区的"二次创业"提出：要由注重招商引资和优惠政策的外延式发展向主要依靠科技创新的内涵式发展转变。长沙高新区一直到2000年才由小规模分散开

发的"有区无园"转向集中规模开发，起步较晚。因此，在今后一个相当长的时间内，仍需采用规模型扩张的发展方式。但是，适应新形势，必须要有新思路，注入新内涵，坚持高起点，确立高标准，把注重招商引资与依靠科技创新、追求发展速度与提高发展质量、扩大发展规模与提高经济效益结合起来。为此，在招商引资上，既要"追大"，十分注重招大商，吸引大企业、大项目，又要"追高引小"，瞄准国际领先技术领域，着力引进和孵化"小巨人"。国内外实践表明，科技型中小企业最具发展潜力和创新活力；既要"引外"，特别是吸引跨国企业的地区总部、研发中心、营运中心等分支机构入园，又要"面内"，在民间资本招商上下工夫；既要吸引和充分利用海外留学人员的智力资源，又要瞄准本省、市的高等院校和科研院所的科技资源、智力资源，鼓励其入园开办工程中心、研发机构、孵化科技成果，为产学研有效结合搭建公共平台；既要注重园区外招商引资，又要鼓励园区内企业继续投资，积极促进园区企业开办和完善技术中心，进行持续创新，不断提高自主研发能力，在局部优势领域抢占跨越式制高点，同时，加强园区生态环境的保护和建设，从而实现高新区的集约型可持续发展。

2. 提高产业集中度，实施产业集群战略

高新区的招商引资和经济发展，一定要坚持特色产业方向，明确提出和实施产业集群战略。要高度重视引进行业密切协作、相关联的企业群和项目群，构筑产业生态链，提高集中度。一个园区产业的集中度越高，对进入该产业的新投资的吸引力就越大。因为产业集中度所形成的专业化分工协作，必然大大降低企业的生产成本和交易成本，大大提高企业的运作效率；关联企业的既合作又竞争必然形成产业发展的新机制和"自强化"机制；企业的合作和非正式交流必然使各种相关信息快速集中和传递等。这种集群式的产业集中会产生一种产业高地的知名品牌，集中度越高，对国内外的客商吸引力就越大，从而形成一种区域性不能替代的规模竞争优势，以及一种国际竞争力和对周边地区发展的辐射力和带动力。

目前，我国许多高新区、开发区还是依靠土地低价转让和优惠政策吸引企业入园，处在"拣到篮子里就是菜"的状况，忽视产业的关联性。有些高新区已由这种综合性企业集合型基地向专业化推进的产业集群基地加速转变。长沙高新区在软件产业基地建设上已有了较好的基础，长沙软件园在火炬计划15周年总结表彰活动上被评为"全国先进火炬计划产业基地",新材料和传感技术产业基地已初具规模。在新园区的集中开发中,一定要坚持以基地建设为基础,推进专业化分工协作,实行产业链招商,实施产业集群化战略。

3. 完善综合环境,实施支撑平台战略

高新技术园区是一种特殊的产业或服务业,它运营的产品是环境,顾客对象是投资者。投资者——包括智力资本持有者,入驻园区从事生产经营,创业居住,感到处处方便,生活舒适,心情愉快,这是投资者、创业者的基本需求。因此,环境整体质量就是园区的聚集力、竞争力。营造以物质环境为基础、制度环境为先导、人文环境为核心的综合环境,构筑高质量的集成支撑平台,是高新区建设的基本任务。如:建立支持成长性企业的政策体系,完善鼓励风险投资活动的支撑体系,健全相应的法律、法规保障体系,建设良好的制度环境的支撑平台;建设以孵化器集群为核心和纽带,连接中介咨询机构、教育培训机构、创业基金及信用担保机构,搭建创业服务体系的网络平台;建设以宽带网为重点的园区基础网络平台,分步启动和实施电子政务系统、电子商务系统、电子物流信息系统和电子呼叫中心,构建交互型信息网络平台,建设数字化园区,用信息化带动园区的产业升级;支持园区企业组建行业协会、技术协会,搭建园区企业之间、园区企业与国内外企业之间合作交流的平台等,以提升园区的集聚力,更好地发挥园区对区域的辐射带动作用和现代化建设的示范作用。

4. 全面提升对外开放水平,实施国际化战略

高新技术产业是国际化程度最高的行业。随着我国加入WTO和世界经济一体化进程加快,市场、技术、人才、资本的国际化越来越明显。长沙高新区作为湖南省和长沙市新的经济增长点和高新技术产业的聚集区,必须加快推进国际化进程。实现国际化,不仅要具备一流的设施,还必须具备国际化的服务意识和国际化的服务水平,在技术、人才、服务与管理体制和经营机制等方面实现同国际的对接,按照国际化的标准和要求改进自身的工作,进行软硬环境的建设,从全球的资源和全球的市场着眼统筹谋划高新区的发展。在产业层面,要创新对外招商体制,创造国际化的服务环境,吸引外资特别是跨国公司的企业、研发机构入园,吸引更多的海外留学人员和国际科技型中小科技型企业入园孵育。同时,积极推动区内企业与国际企业进行合

资、合作和建立战略联盟，搭建协作交流的平台。在贸易上帮助园区企业开拓海外市场，鼓励有条件的企业到国外举办分支机构和孵化器，跟进高端技术，提高创新能力，把长沙高新区建设成湖南省吸引外资和海外创业人才的基地、重要的产品出口基地，以及同国际对接的示范区。

5. 建设生态型现代化科技新城，实施高新技术产业化与城市化相结合的战略

高新区在空间布局上有多种形式：一是在城市的建成区或近郊区，插花式的分散布局，规模较小，有区无园。这种布局多出现在园区发展的初期阶段。二是在城市的卫星镇，独立布局。这种布局由于距城市较远，不能很好地利用城市的支持系统及其他社会资源，基础设施投入较大，交易成本较高。三是多数园区布局在城市的边缘地带，也是旧城区的延伸地带。这种布局既可以适当地利用城市的支持系统，也有较好的发展空间。随着园区产业的聚集，相关的机构和服务业也在聚集，人居设施也在扩大和改善，也就是城市功能在形成。因此，园区产业发展的过程也是一个城市化的过程，是旧城区延伸和扩大的有效形式。基于对这种发展规律性的认识，麓谷园区的开发建设，要实施产业化与城市化相结合的发展战略，走新型工业化与新型城市化良性互动的发展道路。对于园区的生产区、研发区、商务区、生活居住区、文化教育区、商贸物流区等功能分区做到统一规划、合理布局，变小规模滚动式开发为组团式分区开发的模式，在高新技术产业化的过程中突出城市功能的完善，坚持以人为本，高起点地规划新城、高标准地建设新城、高水平地管理新城，这样就能为投资者、创业者提供一个"安居乐业"的综合环境，把麓谷建设成高新技术产业的聚集区、生态环境的示范区和环境优美、经济繁荣现代化的科技新城区。

二　长沙高新区的产业发展与科技创新

（一）产业发展与科技创新的现状分析

长沙高新区在岳麓山科技园先后建立了软件、新材料、传感技术三大国家级专业产业基地，并创造了较好的经济效益，初步形成了一定规模的产业

集群。

从长沙软件产业基地来看，基地依托国防科技大学科技人才优势，聚集了 200 多家软件生产企业，其中 50 多家已成为园区骨干企业，初步形成了以湘计算机为核心的嵌入式软件和以创智为核心的网络平台软件企业群。同时，随着软件产业规模的发展，与软件产业相关的电子信息产品企业群和信息服务企业群也迅速壮大。从新材料成果转化及产业化基地来看，基地依托中南大学、矿冶研究院、湖南大学、国防科大的人才优势，初步形成了以海利化工、金瑞科技、力元新材料、三环电源、英才科技、三润纳米等为龙头，重点发展新能源材料、超硬材料、复合材料和精细化工材料的企业群。基地已成为新兴企业的集聚地，新材料产业保持良好的发展势头，特别是先进电池及相关材料企业已呈现产业集群的发展态势。从传感技术产业基地来看，生产性企业达数十家，初步形成了以威胜电子、湖南航天、湘仪动力、湖南赛西、湖南继善、长沙金码、长沙索普等为龙头的传感技术应用产品企业群，并且已具有较好的产业规模。

虽然长沙高新区已形成一定规模的企业空间聚集，但这种集聚多停留在地理位置上的集中，还没有形成真正意义上的产业集群。目前，高新区的产业集群存在以下几个问题。

1. 企业集群化程度低

从目前的情况来看，一些产业领域，多的已聚集了数十家企业，少的也有十几家，但总体感觉是"只有企业没有产业"。企业更多的是单兵作战，横向联系少，龙头企业没有形成"羊群效应"，产业的规模优势未能得到发挥。出现这种局面的原因是多方面的，一方面是高新区的建设主要是由政府借助外力自上而下推动的，大多明星企业是由外部引入，而不是从内部自行繁育形成的，因而企业集群化成长可以说是"先天不足"；另一方面，在高新区内部，相互合作的文化氛围尚未形成，许多企业的"产品链"仅局限于"体内循环"，很少和周围其他的企业进行分工协作，企业的网络化成长也同样面临"后天失调"的困境。

2. 产业集群的聚集力不强

与我国大多数高新区一样，长沙高新区主要是依靠提供土地和优惠政策来吸引企业进区而形成企业的空间聚集，由于这种聚集方式不是以其内在的机制和产业的高关联性为基础的，从而使得这些在空间上已形成一定聚集的企业相互之间聚集力不强，导致这些企业缺乏强烈的根植性。

3. 产业集群机制不完善

目前，长沙高新区尚未形成真正意义上的产业集群。主要表现在以下几个方面：一方面高新区内产业协同网络尚未形成。研究表明，美国硅谷的成功在很大程度上依赖于硅谷相互结网、相互依存的协同网络体系。从长沙高新区的产业结构来看，相互支援、相互依存的专业化分工协作的产业网络体系尚未形成，大多数的区内高新技术企业所需要的零配件不能从区内其他企业进货，一般都要从其他地方购进，特别是关键性的配件，有时还需要从国外进口，导致交易成本升高。从区内企业之间业务的关联性来看，相互有业务关联的并不多，中小企业在某些产业环节上为大企业提供专业化供应配套的也较少。另一方面，为高新技术产业服务的中介服务产业发展相当迟缓，更缺乏足够的风险投资企业聚集在高新区内，这在一定程度上影响了高新区内产业集群的形成，尤其是岳麓山高科技园与中南大学、湖南大学、湖南师范大学等为代表的高校群处在同一个区域，再加上大量的专业科研院所，这些大学和研究机构都拥有相当的研发能力，但由于企业和高校以及科研院所之间缺乏良好的合作与互动机制，影响了产业聚集体的形成及其作用的发挥。

在科技创新方面，虽然长沙高新区科技创新已初见成效，初步建立了较为完善的科技创新体系，但仍然存在以下问题：一是企业技术创新能力特别是自主研发持续创新能力不强，科技投入少。据统计，2001年，长沙高新区全区企业研发投入仅占销售收入的0.6%，2003年占销售收入达到2.3%以上，虽有较大的增长，但与发达国家企业10%以上的比例相比尚存在较大差距。二是技术创新总体处于模仿创新阶段，缺乏核心技术。目前，只有海利化工、创智软件、湘计算机、湘邮科技、金瑞科技、力元新材料、银河信息等一些规模较大的企业建立了自己的研发机构，有专门的研究队伍，大多数中小企业没有独立的科技机构，没有专门的研究人员，都以引进和仿制国外成熟的高新技术为主，由于掌握的核心技术不多，因此使得企业缺乏竞争力，从而影响产业竞争力。三是区内企业、高校、研究机构、中介机构等相互之间协同创新不够。通常情况下，一项科技成果往往不是靠单方面的努力就能够获得的，它需要各相关方面的共同参与。在高新区内，更是如此。

（二）产业发展的方向与科技创新的目标

1. 产业发展的方向

长沙高新区应以麓谷为基础，一园或"一地"一业，集中优势，坚持特色主导产业的发展方向，推动产业集群战略的实施。主导产业是产业集群的核心，产业集群是主导产业新的聚集形式，两者是不可分的。从国内外成功的园区发展的案例来看，在这些园区形成的不仅是一种企业的聚集，更是一种产业的集聚，尤其是主导产业的聚集，形成了一种生态产业链，使产业的上、下游之间，整体与零部件之间，制造业与相关服务业及机构之间相互依存、相互衔接，并在空间上聚集，形成了低成本、高效率的产业群。尤其是在进入"二次创业"新阶段，各高新区在优惠政策、基础设施条件、运行机制、行政效率等方面日益趋同，土地价格和税收优惠已不再是吸引投资商的主要的竞争优势了。产业集群优势已经成为吸引投资者的主导力量，推动"产业联系"将成为投资政策关注的新焦点，招商引资已经从当初的"政策招商"转变为"产业招商"。在这种情况下，产业集群优势已成为外商投资的首选，因此，走产业集群化道路成为提升高新区竞争优势的现实需要。同时，实践证明，优势产业的地理集中规律和产业集群发展的内在关联对于高新技术产业的发展能起到极大的推动作用，产业集群内部的协同效应和自我强化机制极大地提升了科技产业的竞争力，从而推动高新区的迅速发展。美国硅谷和台湾新竹等高科技园区之所以取得成功，究其原因，集聚优势在其中发挥了很大作用，以产业集群促进高新技术产业发展是一种有效且可行的途径。

2. 科技创新的目标

江泽民同志指出："创新是一个民族进步的灵魂，是社会发展的不竭动力。"对于高新区来说，创新是高新区发展的灵魂，是高新技术产业发展的不竭动力。高新区是高新技术企业聚集之地，是高新技术产业发展的前沿阵地，创新尤其是自主创新是企业发展的内在要求和必然选择。在当今世界竞争愈演愈烈的情况下，高新区不建立以企业为主体的研发体系，没有自己的核心技术，只能受制于人。以 IT 产业为例，发达国家靠卖标准、卖技术赚钱，获取的却是整个产业 70% 以上的利润，新兴工业化国家和地区包揽了中间制造领域，获得 20% 左右的利润，而我国处于 IT 产业的组装末端，获取的利润只占 6% 左右。可以说，没有自主技术做支撑的高技术企业就像没有脊柱的人一样，是无法生存的。同样，没有自主技术做支撑的高新区是没有生命力的。因此，高新区二次创业阶段，科技创新的主要目标应是建立以企业为主体的研发体系，只有拥有自主核心技术，才能立于不败之地。

目前，长沙高新区自主创新能力虽然在不断增强，但总体上仍处于模仿发达国家技术水平的阶段，企业自主研发和创新整体实力不强，尤其是掌握的核心技术不多。因此，长沙高新区二创业阶段必须坚持自主创新，建立以企业为主体的研发体系，实现由模仿创新向自主创新转变。只有自己研发，才能掌握技术主动权；只有自己站在技术的发展前沿，才不会被别人在技术上击败。

（三）培育产业集群，加强科技创新的对策

在培育产业集群方面，重点应做好如下几项工作。

（1）科学地制定产业发展规划。园区是产业集群的载体，专业产业基地是培育产业集群的基础平台，要以基地平台培育产业集群为核心，以满足产业集群发展的需要为目标，制定园区的产业发展规划，根据产业规划，实行定向招商引资，营造特色产业的发展环境，进行合理的功能分区和开发建设。

（2）园区内的产业布局要坚持以分工协作、主要是本地结网的形式形成产业集群来安排项目。对新进区的企业要明确以产业集群为导向，给予定位。对于园区已有的产业发展要重视其相关产业的网络体系的建立，努力形成大中小企业密切配合、专业化分工与协作完善的网络体系和现代企业组织体系。

（3）针对现在园区内产业配套状况较弱的现状，可以以大型的高科技企业或企业集团为龙头，通过产业环节的分解或分离的方式组建和创办配套企业，从而衍生出一批具有紧密分工与协作关系的关联企业。这种以企业分解为契机的模式既可以大量增加新生企业，又可以促进产业内部分工和建立相互依存的产业联系，从而使得企业之间通过分工与协作可以更好地发挥协

同效应。

（4）发挥政府的推动和引导作用。产业集群的形成是市场、企业和政府综合作用的结果，其中市场是产业集群形成的主导力量。但是，由于市场具有一定的盲目性和时滞性，为了确保高新区经济的健康发展，形成具有持续发展能力的产业集群，政府应该主动发挥其引导和推动作用，营造一个浓厚的产业发展氛围。一是在指导思想上，要改变政策优惠的导向，政府制定的政策重点要转到支持产业集群发展上来。二是在管理体制上，将政府控制职能逐步让位于引导服务职能，建立起公共服务型政府，其主要作用是加强对产业集群发展具有重要影响的公共品或准公共品的投资，为特色主导产业集群的发展营造良好的环境。

在加强科技创新方面，重点应做好以下三点。

（1）重新定位科技创新目标。十多年来，长沙高新区和我国其他高新区一样，科技创新始终围绕着"三化"来进行，即科技成果商品化、产业化和国际化。面对国内外日趋激烈的竞争，需要具体定位科技创新的目标。长沙高新区是我省高科技产业发展的前沿阵地，是技术密集区，应成为我省高新技术研发和制造业的基地，高新区在注重招商引资、实现成果转化的同时，要把企业研发体系的建设摆在重要的位置，把自主知识产权和技术标准作为工作重点，逐步从模仿创新向自主创新过渡，摆脱对发达国家的技术依赖，把形成以企业为主体的技术研发支撑体系作为园区科技创新的主要目标。

（2）整合技术创新资源。目前，长沙高新区科技创新的工作重点应是支持企业成为技术创新的主体。针对目前区内企业研发机构缺乏、研发力量薄弱的状况，政府及相关部门应当鼓励大学、科研机构以及科技人员到企业去创办工程中心、研发机构；建立博士后工作站，凡大学、科研机构所享受的政策，企业的工程研发机构都应享受，并且对产业集群内的重点工程研发机构，要通过资金、税收优惠政策等给予重点支持，使其能最大限度地吸引和集成各种资源，为技术创新服务。创业服务中心、生产力促进中心应发挥技术创新的网络联系作用，推进构筑高新区以企业为主体的技术创新体系的步伐。

（3）加强知识产权保护和服务体系的建设。知识产权保护是激励原始创新的重要举措，也是激发持续创新的主要手段。因此，在高新区要加强知识产权的宣传，举办知识产权自律和维护讲座，培育区内企业知识产权保护的自律意识和维权意识，并引进专利事务所、仲裁事务所和律师事务所等知识产权服务机构入驻园区，建立健全专业性或区域性知识产权保护网络，为企业提供优质高效的知识产权服务。

三　长沙高新区体制、制度创新与文化创新

（一）长沙高新区体制与制度建设现状

1. 长沙高新区体制与制度建设的发展历程

长沙高新区始建于1988年10月，原名长沙科技开发试验区，管理机构为开发试验区办公室，当时与市科委合署办公，重大管理决策由市政府直接负责。1991年3月，经国务院批准正式成为首批国家级高新区，同年12月经原国家科委批准更名为长沙高新区。同时，省政府成立了湖南省长沙高新区领导小组，负责制定长沙高新区的方针、政策，审定总体发展规划，试验区办公室更名为长沙高新区办公室，1995年更名为长沙高新区管理委员会，由此开始形成"省市共管、以市为主"的管理体制，并力求按照"小政府，大社会"、"小机构、大服务"的原则，组建了高新区管理机构。1997年，长沙高新区党工委、管委会机构升格为副市级，作为长沙市委、市政府的派出机构，规定享有副市级经济管理权限和部分行政管理权限，同时相应建立了工商、财政、国税、地税、国土、规划、建委、环保、房地、消防等驻区机构。在运行机制上，则逐步按照"市场化运作，社会化服务"的要求，实行"产业归口管理、园区统一政策、集中高效服务、信息综合统计、利益分级共享"，对各园区实行统一领导和分类管理；各园区与所在区县（市）按照"四统一，一独立"的原则进行协调；园区内则逐步按照"封闭式管理、开放式运行"等办法运作。

2. 长沙高新区体制与机制存在的主要问题

经过十多年的发展，长沙高新区管理体制与运行机制不断完善，为高新区总体规模的迅速扩张，特别是在聚集各种创新要素、促进高新技术产业的发展上，起到了不可替代的保障和促进作用。但是，从先进高新区的改革发

展状况及国内外发展形势的客观要求来看，目前长沙高新区的体制与机制方面还存在一些问题，突出表现在以下几个方面。

一是高新区的行政主体地位不甚明确，与行政区的体制关系未能理顺。由于高新区的创建发展是一个新生事物，政府在对高新区制度创新的供给保障上也是"摸着石头过河"，虽然曾经制定出台了一些条例和政策，使高新区的法律地位问题得到了一定程度解决，但新旧体制之间的种种摩擦，使得文件所规定的种种授权实际没能全部到位，实际操作中与市委、市政府提出的"开发区要实行封闭式管理，园区内问题要在园区解决"的要求存在较大差距。特别是由于这种政府部分授权委托管理模式实际上是多头管理，使高新区缺少必要的行政执法主体资格，不能建立起强有力的行政执法体系，管委会无法在环境建设、减少行政审批、提高办事效率、保护高科技企业合法权益等方面发挥其应有的作用，导致高新区产业规划、土地征用、工商注册、人才引进、资金融通等方面常常受制于所在地其他有关部门和有关政策条文的制约，管委会领导层也因常常忙于应付高新区与当地政府及市直部门之间的各种关系协调，无法集中精力想大事、谋大事，办成大事。

二是高新区自身体制与机制创新的步伐不快，各项改革不够深入，制度体系不太健全和协调配套，内部运行机制活力不足，与加快发展步伐、迅速提升园区创新能力和创业规模的要求还不适应，特别是在引导企业、中介机构、科研机构和高校间实现协同创新上的效能不够明显。此外，由于高新区内外新旧管理体制的反差和矛盾冲突，也使高新区在体制改革的实践中遇到了一些自身无法解决的困难，无所适从，从而在一定程度上减缓了内部深化改革的速度和力度。

三是中介服务机构严重"缺项"，服务体系很不健全，没能充分发挥其在产业发展、企业经营、环境建设、投融资服务等方面应有的积极作用，把许多本该由社会或市场做的事由高新区包揽了下来，致使管委会事务性工作太多，工作负荷不断加重，从而在很大程度上影响了高新区的行政效率，特别是影响了职能的转换和服务功能的增强。

四是与上述各点相联系，创新体系、管理机制，特别是市场机制目前仍属尚未发育健全状态，致使高新区的现有开发模式成本高、收益低、协调难度大，特别是制度性交易成本过高，一些限制要素流动、限制创业发展的政策规定依然在起作用，影响制约着科技创新要素的集聚和资源的有效配置；科研机构和高校总体上尚未凸显为科技园区的主要创新源，科技与经济相脱节的现象依然明显存在。

（二）我国高新园区管理体制的主要模式

我国各地高新园区的发展速度很快，其管理体制也是多种多样的，例如以深圳为代表的全市实行统一规划和管理的模式，以中关村为代表的大管委会和专业园区管委会两级管理模式，以北海高新产业园等为代表的企业自筹自办园区的管理模式，以及其他部分开发区实行的政府派出机构模式等。随着我国改革发展进程的加快，各地高新园区的管理模式也都在不断地演进变化。归纳起来，目前我国高新园区的管理体制主要有以下四种类型。

一是高新区与行政区共建模式。这种管理体制的特点是，高新区负责园区高新技术产业的规划和发展，而高新区所在辖区的基本行政职能和社会服务等职能仍由行政区行使。这种体制也称为协调"共建"模式，但实际上是一种多头的管理体制，也是我国高新区初始发展阶段较多采用的一种政府开发管理型模式，对高新区的快速创建曾起了很大的推动作用。但随着高新区的不断发展，园区内外体制上的摩擦和冲突较大，特别是当园区连片开发规模不断扩大之后，这种模式带来的权责不明、协调不力、园区发展受制的弊端也日益凸显出来。因此，目前除了级别层次较低和规模较小的少数开发区仍有沿用类似的体制外，其他曾采用过这种体制类型的高新区多已摒弃了分离型模式。

二是高新区与行政区合一模式。这种管理体制的特点是高新区与行政区合二为一，实行"两块牌子、一套机构"的"一元化"管理，它既是一级政府机构，作为一个完整的行政区域而存在，行使政府对该行政区域的行政管理、经济管理和社会服务职能，同时又行使高新区管委会职能，承担高新区的开发建设与高新技术产业的统筹规划和发展任务。目前我国的合肥、青岛以及我省的株洲等地基本上是采用这种体制。与共建模式相比较，这种合一的体制显然有利于统筹协调，减少办事环节，降低制度性成本，从而有利于高新区的创新发展，比较适合整个城区作为开发区，或者开发区是城区中一个相对独立的行政建制。但另一方面，也正由于它是立足于行政与产业的统一管理，实质上仍属于政府直接管理型，在目前各项改革没能完全到位的情况下，计划经济体制的种种弊端依然不同程度地存在，甚至还常有旧体制复归的现象，搞得不好便又背离了创建高新区以及理顺高新区管理体制的初衷。

三是高新区与行政区有分有合模式。这种管理体制基本上是介于上述两种类型之间的一种特殊模式，其特点是"市场主导，政府推动，管委会运作"，行政区政府与高新区管委会在机构设置及其运作上依然分开，但领导者之间相互交叉任职，共同对高新园区及其高新技术产业的发展统一指挥，而具体的园区开发与产业发展事务由管委会全权负责。目前我国的中关村科技园区基本上是采用这种模式。在这种管理体制下，政府的作用主要是着眼于"小政府，大社会"，对高新区的管理而言它是相对"隐形"的，不再直接办企业和管企业；但它又不是立足于政府"无为而治"，而是强调着重协调处理好高新区与行政区的各种关系，为园区企业的发展和技术创新活动创造必要的环境和条件。显而易见，这种模式借鉴了上述两种模式之所长，因而目前被许多省市的国家级高新区所追随效仿。

四是"以区代镇"的准政府模式。这种管理体制充分体现了合二为一模式的某些长处，其特点是对高新区的经济管理权限和相应的行政管理权限有进一步的提升并明文界定，高新园区管委会虽然仍属于政府派出机构，但却被授予相当大的权限，代表政府对高新园区及其所辖范围内各乡、镇、村行使较为完整的管理权，即对高新园区全范围实行"封闭式"的统一领导、统一规划和统一管理，特别是强调人、财、物三权的统一，对有关乡镇则全面"代管"。我国包括成都、郑州、苏州、南昌、重庆工业园等在内的许多高科技园区，目前主要是采用这种模式。这种管理体制的优点也很明显，有利于化解行政区与高新区政令不一的矛盾，特别是在集中连片园区的开发建设上，高新园区具有相对完整的城市规划和管理功能，有利于统筹规划和建设，提高办事效率，降低园区开发成本，加快高新技术产业发展速度。

（三）长沙高新区的体制创新

1. 长沙高新区管理体制创新的目标模式选择

通过对以上体制模式比较分析，从长沙高新区目前的发展现状和未来改革发展的需要看，高新区与行政区共建模式显然是不可取的。此外，由于长沙高新区的岳麓山高科技园、星沙工业高科技园、隆平农业高科技园、远大高科技园等各个园区在地域上并不相连，今后也不可能全都连成一片，因而这种分布在各行政区域之中的分散布局状态，也就决定了行政区与高新区完全合一的模式是不适应的。再看高新区与行政区有分有合的交叉管理模式，以及"以区代镇"的准政府模式，它们虽然都有许多优越性，但单独来看都不完全适合市情、区情。正因为目前长沙高新区之所辖，既有分散于多处的"城中区"，又有集中连片开发的"麓谷"新建区，因此笼统地提出对长沙高新区采取有分有合的模式，或者完全采取"以区代镇"的模式，在现阶段都不是那么合适。

我们认为，对长沙高新区体制模式的改革创新，应当从两个层面来考虑，即在管理体制的选择上，应当将长沙高新区集中开发的麓谷园区同其他园区区别对待，分别采取不尽相同的管理模式，总体上讲应采取一种"复合型"的模式。其中，对于集中连片规模开发的麓谷新园区，建议尽快实行授权统一管理"以区代镇"的模式，市直各有关政府机构和相关行政区政府机构，应将赋予高新区的管理权限移交给高新区管委会，对于代管乡镇全面实行"封闭式管理，开放式运行"，做到"园区内问题在园区解决"。对于长沙高新区分布于其他区、县（市）的科技园区，仍然实行产业归口宏观管理和业务指导，各科技园与所在区、县（市）仍按照"统一规划、统一审批、统一政策、统一统计"和"利益共享，财税分成"的原则协调关系，实行分级管理，共同推进高新技术产业的发展。

2004年8月，中共长沙市委、长沙市人民政府决定，由高新区对东方红镇实行统一管理，并把为企业服务的市级各项审批权限基本授权到位。这为高新区进一步拓展发展空间、降低土地成本、理顺管理体制、提高工作效率创造了基本条件。但"委托管理"如何具体实施，内部管理体制如何创新，还需做进一步的研究和落实。

2. 长沙高新区管理体制创新的重点内容

针对目前的现状和存在的问题，今后长沙高新区管理体制的改革创新应重点把握好以下四个方面。

一是管委会必须严格按照"精简、统一、高效"和"小政府、大服务"的原则，下大力气推进高新园区管理机构的职能转变，特别是要注意防止

"扩权"之后旧的体制及其弊端的再生。为此，要有意识地进一步压缩管理层次，减少审批事项，简化办事程序，坚决撤并不需要独立设置的部门和机构，确需新增设的机构，也需遵照"精干高效"的原则，不要求上下对口，并建立科学规范、便于社会监督的行政规章制度。

二是要坚持政资分离、政企分开，进一步转变职能，提高办事效率。我国高新区在内部管理体制和机制安排上，大多数是既具有政府、准政府的行政管理职能，又具有园区资产的运营职能，政资不分、政企合一，管委会和开发总公司是一套班子（特别是领导）、两块牌子。这种体制安排在高新区发展的初级阶段，从我国国情来看是必要的，曾发挥了积极作用。但随着园区的发展，规模扩大，这种体制使高新区的管理机构日益陷入管理与经营交织的繁杂事务之中，造成职责不清，机构和人员增多，运行效率降低。开发区的资产运营不同于政府的行政管理，应当实行政资分离、政企分开，按照现代企业制度的要求，对高新技术产业开发总公司进行改革和改组，对高新区资产的运营实行市场化运作。从"麓谷"开发建设的综合目标定位于科技新城来说，应引入经营城市的理念，引入民间资本参加园区的基础设施建设，实现投资主体的多元化。但是，对于那些具有一定超前性、投资规模大、回收期长、不稳定性强、风险较大、民间资本不愿进入的设施项目建设怎么办？特别是在土地供应上也完全实行商业化运作，势必大大提高其供应价格，增加入园企业的成本，从而严重制约高新区的发展。解决的办法有二：一是由开发总公司实行以盈补亏的方式来安排；二是开发总公司的改革定位于政府独资的非营利性机构，按公司化模式运作，采取特殊法人制度。

三是要大力推行政务改革，进一步优化整合服务职能，寓管理于服务之中，同时强化服务的市场化运作。要构建高新区投资服务中心，将管委会各内设机构和驻区机构的所有行政审批及服务全部集中在中心办理，实行一个窗口对外，区分不同情况实行当场结办、限时结办和全程协办，为企业提供全方位、全过程的优质服务。同时，要尽快启动和建立网络化电子服务平台，积极推行电子政务，突破传统的"一站式"办公概念，建立开放式、交互式的高科技数字化管理系统，实现网上办公、立项和审批"一网式""一表制"等流程整合化与数据共享化的快速服务。

四是要进一步发展完善市场服务体系特别是专业化市场中介服务体系的

建立和健全，充分发挥中介服务机构的巨大作用。也就是说，要坚持实行市场化原则，凡是通过市场机制能解决的，应通过市场机制解决，大量的中介与劳务等社会性的服务工作应交由社会机构和相应的公司去承担。

（四）长沙高新区的制度创新

1. 积极营造创新创业的制度环境

管理体制改革就是要为高新技术产业化提供一种良好的制度体系环境，就长沙高新区来说，今后在制度创新上应突出抓好以下几个方面的工作。

一是要全面建立和推行依法行政制度。以往高新区的高效率在相当程度上是来自"特事特办"的上级政府的特别授权，因而招商引资、基建开发等事宜大多是采用非常规性手段来操作的。随着我国的市场化改革进程加快并且已经加入WTO，那种"特事特办"的管理思想和不规范的做法必然受到挑战，将越来越行不通。因此，今后高新区制度创新的一大重点，或者说制度创新的最高层次，就是要进一步调整法律法规体系，改革完善创新创业的法制环境，促使高新区的发展走上法制化、规范化的道路。针对目前长沙高新区存在的突出问题，尤其要尽快研究制定一系列有利于促进高新区及高科技产业发展的地方性法规条例，如知识产权管理、技术标准体系、税收政策、国土征用与转让的审批制度等，其中特别是要及时修改出台新的长沙高新区管理条例这一"基本法"，对高新区以及各园区的组织模式、管辖权限和运作方式等予以重新界定，从法规制度上保障行政执法主体运作的法制化和规范化。

与此相联系，还要进一步规范政府与企业、政府与市场、政府与中介组织之间的关系。要改企业审批制为企业登记制或备案制；实行政务信息公开制度，公开有关文件、审批程序、审批过程、收费标准，并依据公开信息行使权力，保障社会公众行使知情权和监督权；加强电子政府建设，实行政府行政、政务公开、收费管理、信息反馈的电子化和网络化；按照依法行政的要求，实行首问负责制、主办负责制、过错追究制、行政过失赔偿制等服务制度体系；尤其是要制度化地减少审批事项，简化办事程序，完善"一站式""一网式"等集成性服务，使前来投资办事者只需进一道门就能够快速完成诸如从工商注册到税务登记、项目申报审批等所有手续。

二是要尽快建立健全重大决策的规则和程序，全面推行"行政决策咨询制度"、"重大决策公示制度"、"社情民意反映制度"等公众参与和监督机制。应组建类似专家咨询委员会的决策咨询机构，组织各类专家和中介服务组织更多地参与高新区的决策预研，以促进高新区行政管理决策的科学化和民主化。此外，还要相应建立园区重大决策听证制度，公开政务信息，对于重大项目必须先论证、后立项，使决策行为能够充分反映民意，广泛集中民智，促进决策的科学化、民主化和透明化。对于有关高新区改革、发展的重大决策事项，涉及高新区组织和个人利益的，应当实行听证制度。市政府制定的规章和有关行政管理部门制定的规范性文件，其中行政审批、行政处罚、强制措施等事项涉及高新区组织、企业或者个人的，制定机关也应进行听证。

三是要在软件园的基础上全面推行"无费区"的管理制度。必须进一步清理高新区的行政收费，对"封闭式"管理的高科技园区中的企业更应尽快停止各种行政性收费，特别是应免收所有带税收性质的行政事业性收费，其中凡国家规定要上缴的相关费用可试行酌情由财政负担，以切实降低高科技企业或高科技创业者的入区门槛。此外，应当对处于国际先进和国内领先水平或对本省本市经济有极大带动作用的高科技创业项目实行"零成本注册"；对于注册资本中无形资产的比例，特别是以高科技成果创业的作价比例，应以其科技含量以及出资双方的意愿为主，不受限制。

四是要更加大胆地进行干部人事制度改革。进一步引入人才竞争机制，通过全面实行全员聘用制、岗位目标责任制、岗位考评制等"公开招聘、竞争上岗、年度测评、末位淘汰"这种有利于人尽其才的用人机制，造就一支富有创新精神、强烈事业心和责任感，想干事、能干事、干得成事的高素质干部队伍，从用人制度层面防止旧观念、旧体制的"复归"。与此相联系，还要下大力气把人力资源开发体系建设的配套政策加以改革完善并固化，包括人才引进、创业基金、工作条件、创新激励、福利待遇、社会保障等一系列政策措施，都要进一步建立健全和完善。对留学人员的归国创业和特殊人才的入区创业要敞开绿色通道，对教学科研人员的兼职创业和高校在校生保留学籍创业等，也要在相应的法规制度上予以承认和鼓励。

2. 努力打造诚信为本的社会信用制度

以道德为支撑、以产权为基础、以法律为保障的社会信用制度，是现代市场经济发展的必要条件和规范市场经济秩序的治本之策，也是高新区制度体系创新的一项极为重要的内容，更是目前我国我省普遍缺乏的一个薄弱环节。长沙高新区作为我省我市改革开放的一个重要窗口，今后应侧重于以下三方面，在建立健全社会信用体系上狠下工夫，努力打造成为"诚信示范区"。

一是要不断强化能有效增强全社会信用意识的制度体系建设。在信用制度体系的建立健全上应明确思路和重点，即要以政府为主导，以金融机构、社会服务机构和园区企业为依托，以政府、企业、中介组织和企业经营者为信用服务对象，以经营信用、金融信用、社会信用和政府信用为信用主体，以信用征信、信用评价、信用担保、信用培训、信用管理和风险预警等为主要内容，并以信用网络信息管理系统为手段，逐步打造一个系统化、规范化和网络化的社会信用体系，尽快把政府、园区管理机构、企事业单位和经营者个人的经营或行政行为，都规范到诚实守信这一基本行为准则上。

二是要按照完善法规、特许经营、商业运作、专业服务的方向，逐步开放信用服务市场，加快企业及其经营者的信用服务体系建设。借鉴外地试点的成功经验，关键是要通过建立信用信息服务机构和信用服务中介机构，在有关法律法规的框架下，依法广泛采集来自于政府部门、金融、税务、质量技术监督、工商管理、公检法、劳动和社会保障，以及信用征信评估等部门和机构的有关企业信用的各种信息，并通过信息化手段对企业信用行为的信息进行整合，构筑统一的企业信用服务平台，拓展各种形式的信用服务业务。其中，要特别注意信息源的完整性和可靠性，以及信息资源的公开和共享，此外还须强调可由政府主导，但不能由政府包办，本着"非违法不介入"的原则，充分发挥专业化、市场化的信用服务中介机构的作用，并积极引导企业自身建立健全信用管理制度，自主自觉地打造诚信企业。

三是要相应建立对企业、中介组织以及政府部门的信用公示制度与奖惩机制，建立信用监督、评价和失信惩戒制度。要定期评估和公示企业与中介组织的信用等级，并通过信用管理的信息化网络平台，使社会公众可以随时查询企业和中介机构的信用状态。对于诚实守信的企业和中介组织，有关方面在信用担保、贷款贴息、创业经营等方面应优先予以支持；对严重失信的企业和中介组织，则由权威性信用信息服务机构依法披露其黑名单及其失信行为，并加大对其依法严查惩戒的力度。同时，对于政府部门的行政信用，也要适时由园区企业协会组织和中介机构进行评价和监督，以促使政府转变职能，依法行政，提高服务效率，实现对企业及中介服务组织正常经营活动的"免干扰"和"零障碍"。

（五）长沙高新区的文化创新

创新是高新区发展的永恒主题，而文化创新对于高新区的创新发展又具有特别重要的意义。正如许多专家在探讨"硅谷"成功经验时所说，有人把"硅谷"的持续创新能力归结为科技基础、人才和资本等因素的聚集效应，但这并不能解释为什么同样的资源优势在"硅谷"带来了巨大成功，在其他地区却未起作用。美国波士顿附近的 128 公路周围甚至比"硅谷"条件更好，但它也一直没能成为第二个"硅谷"，其深层原因就在于"硅谷"有其独特的"文化"这一极为重要的内生变量。

长沙高新区在逐步创立较具规模的高科技产业集群的过程中，也曾逐渐形成了一种以"鼓励创新、宽容失败、服务为本、承诺是金"为核心理念的园区文化。高新区目前经济实力和高科技产业发展已居全国高新区中上水平的良好业绩，与这种创新型的文化积淀和催化无不相关。但另一方面，高新区今天的问题与困窘，也可在一定程度上归咎于文化创新的不足。以创新为前提和基础的高新区及其高科技产业发展，必须要有创新文化的先行。今后高新区文化创新的根本任务，就是要进一步扫除园区体制创新、机制创新和技术创新的文化障碍，大力培育尊重人才、崇尚科技、鼓励创新、宽容失败、维护公平、诚实守信、讲究公德的人文环境，创造文明、高雅、健康、向上的文化氛围和精神风貌，并致力于对这种创新文化的广泛认同，以更好地适应和促进高新区及其生产力的发展。

文化创新是一项长期复杂的系统工程，应包括价值观念、经营理念、行为准则、道德规范、文化氛围、精神风貌等一系列物质文化、制度文化和精神文化因素，以及园区、企业、社区和公众等多层面的创新，涉及面相当广泛，今后无疑都应予以高度重视，要把文化创新体系的建设作为一项长期的战略任务。现阶段的文化创新应着重围绕以下两大重点展开。

一是以"二次创业"为主题，大力进行观念创新。观念决定行为，意识落后必然导致行为落后，思想守旧必然阻碍创新进程。因此，观念的创新具有先导性，没有观念创新，其他创新便无从谈起，即使有丰富的文化底蕴、严格的管理制度和先进的技术装备，也只能"克隆"出雷同的开发理念、雷同的管理模式和雷同的物质产品。

在观念的创新上，当前尤为重要的是必须加快三个转变：即从注重上新的高新技术产业项目向注重产业生态链、科技创新和集约式发展转变；从主要依靠提供财税优惠等吸引资金、技术、人才向主要依靠提供良好的综合环境转变；从主要依靠政府行为推进高新技术产业发展向主要依靠与国际接轨的市场机制转变。实现这三个转变，既是二次创业的基本要求，也是未来高新区创新文化的核心理念。真正实现了这三个转变，高新区的创新创业才能够更加"大气"和"有为"。这里所指的"大气"，不仅是园区开发上的大手笔和高新产业上的大发展，更是一种胸怀，一种胆识、气魄和姿态。有了这种"大气"，"以人为本、创新为魂、企业至尊、服务第一"的价值取向就会落到实处，在招商引资和对外协调上就会有风范，在与行政区县的合作上就会着眼于大处，在风险创业上就会宽容大度，更重要的是在优化园区环境上，就会大力度地简化办事程序、缩减审批项目、减免相关费用、降低入区门槛、维护公平竞争、树立品牌形象，就会不断地要求完善自我，创新发展的体制、机制和政策环境，更加有为地促进高新区及高科技产业实现规模化的大发展。

二是以诚实守信为主题，积极培育信用文化。信用是一种美德，是一种规则和约束，是市场经济的一个重要特征，是一种无形的财富和资源，也是高新区品牌形象和创新环境优劣的一个重要标志。而信用文化是指在市场经济条件下，用以支配和调节人与人、人与社会、社会各经济单元之间信用关系和信用行为的一种基本理念和规范。信用文化具有共赢性、广泛性、民主性、传承性、示范性等特征，其核心是倡导诚信守约，并且不仅要求当事人在立约、践约的过程中按约办事，不损害对方利益，而且还要确保潜在的第三方即公众利益不受侵害。它不仅反映出人与人、人与社会互动过程中情感道义方面的规范，而且也充分体现了在市场经济条件下人们互动行为中必备的规则意识。因此，高新区信用文化的构建和创新过程，说到底就是以"诚信为本，操守为重"为主要内容的信用理念在园区、企业及社会公众中的教化和内化过程。

为此，今后要大力增强全社会的信用意识，政府、管委会机构、企业、中介组织和个人等都要把诚实守信作为基本行为准则，自觉遵守和维护社会信用。各级管理部门都必须把加强信用的宣传教育放在突出位置，从根本上提高公民的思想道德素质和信用法制观念。每个企业都要确立"信用是品牌、信用是财富、信用是生命"的诚信意识，适时地把创新战略的重点逐渐转向以人本管理为中心，努力培养一流的创业精神和企业的诚信优势。要促使每个公民都意识到信用不仅是一种美德，而且是一种商品，个人信用的质量与个人的创业、生活、工作、就业等密不可分，信用等级将与个人的经济利益直接挂钩。同时，还要注意坚持"德""法"并举，努力形成完备的法律体系和必要的制度安排。

四　长沙高新区市场服务体系的建设与完善

（一）长沙高新区市场服务体系的现状与主要问题

1. 市场服务体系建设的现状特点

麓谷科技新城的功能定位是：以产业功能为主导、以生态为特色、兼具综合城市功能。第三产业即服务业是城市功能的重要体现，也是城市发展支撑体系的重要组成部分。本项研究是以科技新城的主导功能即高新技术产业化服务的科技中介服务体系的建设作为研究的重点对象。

在长沙高新区发展的过程中，由于政府实施了一系列有效的政策措施，使科技服务机构建设取得了令人瞩目的成就，主要体现在以下几个方面。

（1）中介机构迅速发展，服务体系初步建立。目前已初步形成由生产力促进中心、创业服务中心、科技企业孵化器、科技咨询评估机构、技术人才交易机构，以及风险投资服务机构等不同专业层次、不同结构特点、不同组织类型的中介服务机构所构建的科技中介服务体系。具体包括：由长沙市高新区国家级创业服务中心、生产力促进中心、长沙留学人员、博士创业园、长沙软件园、岳麓山大学科技园、金荣科技园、橡树园等组成的科技企业孵化体系；由会计、审计、法律、仲裁、专利服务事务所，以及评估、咨询代理机构组成的信息咨询决策服务体系；由金英、安迅、省高创投等17家风险投资机构，中国工商银行、中国农业银行等五大商业银行，以及技术产权交易所、人才交流中心等组成的科技资源流动配置服务体系。

（2）基础设施日趋完善，服务能力不断增强。近年来，各类中介机构整体基础设施现代化水平不断提高，服务功能相应增强。如：由湖南省科技厅、长沙高新区管委会和湖南金荣集团联合创建的，以高科技企业孵化为主的金荣科技园，总建筑面积达2.5万平方米，供电系统、监控系统、数字化办公系统等设施配套齐全，能满足企业在创新过程中对于商务洽谈、物业管理、法律咨询等服务设施的要求。2002年，橡树园的企业孵化用房主体工程顺利竣工，使区内企业孵化面积已增加到10多万平方米。

（3）专业队伍开始集聚，优秀人才脱颖而出。高素质人才是科技服务机构的发展之源。为了加速科技服务机构的发展，高新区高度重视人才的突出作用，制定了一系列优惠政策，不断吸纳高素质人才进入这一行业，以提高机构服务的质量和水平，保持行业的发展活力。目前，科技中介服务的队伍在逐步发展壮大，除了各机构有相对稳定的专职队伍，还吸引了一些高等院校和科研机构的高级专业技术人员，兼职从事科技中介服务活动。其中一批为高新技术产业发展做出突出贡献的专业中介服务技术人员受到表彰。

（4）服务功能逐步拓展，品牌效应开始显现。随着市场服务体系的进一步完善，机构的运作在园区建设中取得了新的进展，其服务范围日益扩大、服务成效更为显著。一是成功地孵化了一批高科技企业，加速了科技成果转化。如：长沙软件园作为专业孵化器，通过加速基地建设、优化创业环境、规范内部管理、扩大资金来源等措施，提高了专业孵化能力。该园已有孵化场地面积3万平方米，2003年，投资7000万元的软件中心大楼也已全面竣工，入园软件企业达到260家。创业服务中心作为综合孵化器，发挥了其科技资源集聚优势，构建科技成果转化平台，成为高新技术产业重要的孵化地和项目源。近3年来，该园已孵化科技企业138家，转化高新技术成果600余项。二是大幅度增加了风险资金的投入，促进了科技企业成长。区内17家风险投资公司的总注册资本达8亿多元，长沙软件园设立孵化种子基金 500 万元, 2003 年, 申报科技型中小企业技术创新基金小额资助成员单位也获得成功, 长沙朗盛科技有限公司等 15 家企业的高新技术项目获得创新基金资助。三是由于中介服务机构承接了从园区管理部门剥离出来的部分管理和服务职能, 使园区管理部门能更多地集中人员和精力, 提高宏观管理效率和科学决策水平, 促进了政府职能的转变。

2. 市场服务体系发展存在的主要问题

长沙高新区市场服务体系建设虽然取得了一定的成效, 但根据高新区"二次创业"发展的要求, 与北京、上海、西安等先进地区比较, 还存在一定差距, 存在机构数量少、运行质量低、主体功能弱、网络未形成等问题, 具体表现在以下几个方面。

(1) 中介机构发展不平衡。一个高效优质的中介服务网络体系要求构成体系内各子系统、各节点的机构平衡发展。目前, 机构数量少, 且不同机构之间存在发展不平衡的现象。一些机构在规模上已有相当水平, 在科技服务中也显示了很强的实力, 成为科技中介服务中的优势品牌机构, 但也有部分机构受经营理念、人员结构、经济实力等条件的制约, 发展相对滞后。从科技中介服务的相关业务领域看, 也存在不平衡现象。创业服务中心、生产力促进中心、大学科技园、软件园等科技企业孵化器发展较快, 而评估、投资等促进科技与金融结合的服务机构, 虽加大了发展步伐, 但目前仍然不能满足高科技企业发展的需求。

(2) 体系结构功能亟须整合。部分机构的经营特色不突出, 相对优势不明显。做专业服务的机构, 有的因功能定位不清晰, 涉及领域不精深, 缺乏核心竞争力; 做综合服务的机构, 有的因经营范围狭小、内容单一, 不能满足科技企业的多样化、个性化的服务要求。如目前有的孵化器, 或只能为企业提供工作场地和物业管理方面的初级服务, 或只能附带办理工商税务等手续, 缺乏为企业提供资金、搜索信息、创建品牌、开拓市场等特色服务与综合服务的能力, 无法解决企业创业初期对资金、人才、信息、市场等的需求问题。因此中介机构自身难以持续发展, 难以形成规模效益, 创建精品项目, 赢得市场信誉。对于体系建设, 由于各机构相对独立, 彼此之间缺乏联系, 因此无法形成专业化分工、社会化协作的强势网络, 覆盖园区科技市场。

（3）专业队伍建设应当加强。由于科技中介服务人员大多是从研究所、设计院、高等院校等部门转化来的，科技中介人员的学历和职称的层次虽然相对较高，但关于咨询知识、中介经验、服务技能仍比较缺乏。部分从业人员由于知识背景、传统观念、服务经验、应变能力不能适应工作需要。中介服务机构中跨学科、高素质的复合型创新人才十分缺乏，制约了服务机构实施超大型、跨学科、综合性等复杂项目的服务能力。同时还有个别从业人员缺乏职业道德，不顾行业信誉，直接影响了中介机构的声誉，导致企业对一般中介服务机构不信任，对其服务质量产生疑虑，遇到问题仍习惯于找政府管理部门。

（4）运行机制要进一步优化。由于科技中介体系建设尚处于初级阶段，规范科技中介服务的法律法规体系还不健全，对中介服务机构的管理方式、制度建设、服务标准、行业准入等在不断实践和探索的过程中，科技中介服务市场的运行不规范，无序竞争、不正当竞争的现象依然存在。特别是风险投资机构如何有效地降低风险，如何扩大安全退出渠道，形成资金良性循环等问题尚未很好地解决。

（二）我国部分高新区构建市场服务体系的经验简析

（1）北京中关村是全国智力最密集地区和高新技术产业的重要基地，其发展亟须建设一个完善的科技中介服务体系。目前，中关村在已有479家科技中介机构的基础上又全面启动了"中介大道"的建设。该"大道"将集中注册、审计、人才、会计、律师、资产评估等1000～1500余家各类中介机构，由政府给予相应的政策支持，为园区高新技术企业发展提供服务。在科技中介服务体系的建设中，中关村的主要做法，一是政府进一步转变职能，摆正与中介机构的关系；二是制定与高新技术企业同样优惠的政策，鼓励中介服务业发展；三是加强中介服务机构人员的系统培训和资格认证，规范中介服务的行为；四是引进世界先进的中介服务经营理念和管理方式等，推动中介服务的国际化。

（2）西安高新区是联合国工业发展组织认为在中国"最具活力的地区"之一。来自美国、日本、德国等29个国家和地区的企业在此创办了521家外资企业，其中有许多是世界500强中的名牌企业。外商除了看好西安高新区优美的环境、完善的设施，另一个重要原因是高新区所拥有的专业化、市场化、社会化、规范化、人性化的科技中介服务体系。西安高新区的市场服务体系由技术创新、科技孵化服务体系，咨询、策划、培训服务体系和投融资体系构成，体系的核心是创业服务中心、国际企业孵化器。服务机构为企业创业，提供空间设施、种子基金、管理咨询、融通资金、市场开拓等全过程和多方位的服务。服务机构发展的重点是投融资服务机构。目前，园区内已有20多家金融机构和140多家境内外投资机构，其中风险投资公司83家、投资管理公司31家，注册资金总额达37.1亿元。为扩大园区企业的融资渠道，高新区还与国内外136家风险投资机构建立了长期的合作关系。

（3）成都高新区建立了以高新技术创业服务中心为核心的科技企业孵化器网络群体。园区内有孵化器20家、孵化场地面积近20万平方米，至2002年，在孵企业560家，毕业企业120家。成都高新区孵化器网络建设主要有两个方面的成功经验，一是为企业迅速集聚科技创业资源，不断深化孵化服务。首先针对创业初期企业面临的资金不足、人才短缺、信息闭塞、供销渠道不畅等困难，中心首先从疏通政策渠道出发，落实优惠政策，降低企业创业风险；其次加大培训力度，根据人员结构，有针对性地进行知识补缺；最后通过专家系统，为企业提供生产技术、经营管理、市场商机等方面的决策咨询服务。二是在园区精心构建中介服务平台，广泛汇集社会中介资源。其重点放在投融资中介网络建设和专业孵化类中介机构的引进。

（三）长沙高新区市场服务体系建设的对策

（1）优化发展环境，完善法规体系，增加园区服务机构数量。要吸引更多优秀的服务机构入区服务，首先就要营造创业服务机构发展的良好环境。一要进一步转变政府职能，对园区科技中介服务机构能够承担的，政府要积极依靠相关服务机构完成，通过中介机构有效延伸园区的管理服务功能。二要根据高新区是侧重发展产业的园区特点，将政策调整的重点放在建立科技中介服务的制度体系上，促进多种类型中介机构的发展，为园区企业提供服务。要进一步完善有利于科技中介机构发展的政策措施和法规体系，理顺园区管理部门与科技中介机构的关系，同时加大执法力度，认真落实国家、省市已有的各项政策。三要进一步完善园区硬件设施，在服务大厦建设的同时，逐步规划和发展商务街，形成以服务大厦为主体、以商务街为支撑的园区科技中介服务中心。四要加强信息系统建设，不断提高信息化、数字化、网络化水平。运用现代化网络技术和设施，加速园区内公共和专业信息平台建设，逐步整合园区管理部门、中介服务机构和企业的科技、经济、人才等信息资源，实现资源共享，减少因信息不对称所增加的交易成本。

（2）加强分类指导，创新运作模式，提高机构运行质量。科技中介服务体系建设是一个复杂的系统工程。中介机构具有结构类型繁多、经营方式不同、发展层次各异等特点，在园区科技中介服务体系建设中，还要结合不同机构特点进行分类指导。一是对营利性、非营利性机构实行不同的管理制度。对于营利性机构，给予高新区企业同样的优惠政策，对于非营利性机构，分别实行事业化或企业化管理，并根据其服务业绩，由政府管理部门予以必要的资助和奖励。如借鉴郑州高新区的成功经验，对于科技中介机构，根据其第二个财政年度形成的本级财政收入给予一定比例的奖励；对于风险投资和担保机构，根据其为区内企业提供风险投资和贷款担保金的额度，政府建立补偿机制，分担部分风险。二是深入研究孵化类、咨询类及融资类机构的结构特点及发展规律和运行模式，建立园区风险管理平台，通过资格认证、客户投诉、资信评估和业绩排行等制度加强监管，构建园区良好的服务市场秩序，保障中介机构及有关当事人的合法权益。同时，帮助科技中介服务机构逐步拓展服务，通过细分市场满足新创企业多方面的需求，保证自身的发展。三是为各类中介机构的对外交流与合作创造有利条件，特别是使评估、金融、风险投资等相对较弱的服务机构通过与国内外成功的服务机构的交流与合作，引入先进的经营理念、科学的服务方式，不断创新服务方式、提升服务质量。

（3）培育孵化器集群，建设园区中介服务的网络平台。科技企业孵化器是培育和扶植高新技术中小企业的服务机构，它通过将资金、技术、人才、信息、管理、市场等各种资源的整合和集成，促进科技成果转化，帮助和支持科技型中小企业的加速成长，尽快实现产业化和规模化。所以，科技企业孵化器机构是高新区创业服务体系的核心，但目前大多数孵化器在物业性、代理性服务方面做得较好，在管理咨询服务、技术性服务和融资服务等方面还远不能满足在孵企业的需要。因此，一方面要进一步办好以创业服务中心为代表的综合孵化器，以留学人员创业园、博士创业园等面向特定对象的孵化器，以及软件园等专业性孵化器，拓展服务功能，提高服务质量。另一方面，应根据高新区的产业发展规划，吸引有条件的高等院校、研究机构、大型企业，特别是民营企业入园组建电子信息、先进制造技术、新材料、生物医药等支柱产业发展的专业技术企业孵化器，逐步形成以国家级创业服务中心为龙头，以专业孵化器为骨干的孵化器集群。

孵化器要实现其科技成果转化的功能和产业培育的功能，促进高新技术产业化和高新区的发展，就必须将各种科技资源加以整合和集成，形成资源的优化配置。为此，就必须进行服务方式的创新，引入区内外社会力量和服务机构为孵化器和在孵企业提供服务，推进孵化器服务的社会化，特别是对自身没有优势的服务项目，要充分发挥和借助社会机构的力量，引入专业化服务。因此，高新区要以孵化器为核心，联结各类社会资源和服务机构，包括高等院校、研究机构、技术中心、实验室、中介服务、金融机构等为园区发展服务，构建有效的投融资服务、管理咨询与培训服务、技术服务和中介服务等网络支撑平台，推进园区各项服务的市场化、专业化和社会化。

（4）构建适应高新区产业群的多元化、多层次投融资服务的网络平台。高新区的高新技术产业群体技术层次不同、发展阶段不同、企业规模不同，因此，应该围绕扶持高新技术产业群，构建多元化和多层次的融资网络服务平台。

①以沪、深证券交易所的主板市场为基础，努力培育一批规模较大、成长性好、交易活跃的高新技术企业，形成第一层次创业资本市场。目前高新区内仅有 12 家企业上市融资，要创造条件让更多的企业进入主板市场。

②要充分利用即将开辟的创业板市场为第二层市场，鼓励科技含量高、成长潜力大的科技型中小企业到二板市场上市，这也为风险资本的退出提供了一条重要渠道。

③完善风险投资、扩大信用担保。风险投资业在高新区的发展已有较好的基础，进一步发展的关键是要完善风险投资的政策环境，吸引更多的民间资本和国外的风险投资家入区，采取合资、合伙或独资的方式组建风险投资基金。市、区财政共同出资或与民间资本合资组建高新区的信用担保机构，还可以鼓励园区企业组建互助担保机构。同时，创新风险投资的运作机制，

努力发展和完善风险投资的信托制度，以及多元的风险投资退出机制。

①规范和发展产权和技术交易市场，为成长较好、在上市前需要进行重组的高新技术企业服务，也为未上市的高新技术企业提供一个较规范的股权转让、风险企业固定交易的场所和风险资本顺利变现退出的渠道。

（5）加强队伍建设，造就专业人才，保持机构发展后劲。科技中介服务工作是专业技术性和综合创新性都非常强的工作，因此要求其从业人员除了具备相应的各种专业技术知识外，还需要有与时俱进、开拓创新的敬业精神，驾驭市场控制变化的反应速度，善于团队合作的协调能力。人才是科技中介机构建设的关键，是提高中介机构服务水平和服务质量的基本保证。因此，要求管理部门牢固树立"人才是第一资源"的思想，实施人才战略，坚持"人本管理"的原则。在积极引进人才的同时，通过岗位培训、专业进修、相互交流等方式加强专业人才培养和行业自律教育。对从业人员要坚持资质认定，实行持证上岗，保证队伍的整体素质。对于在业人员，特别是做出贡献的人员，在政治上予以肯定、精神上予以激励、物质上给予奖励、工作上创造条件、生活上给予保障，以相对稳定和不断发展壮大科技中介服务队伍。

第四篇

"两型"建设与改革

- ■ "两型社会"建设战略思考
- ■ "两型社会"改革建设问题

"两型"建设若干战略思考与建议 *

一 深刻认识"两型"社会建设的深远意义

节约资源和保护环境关系全国人民切身利益和中华民族的生存与发展，这是由我国的基本国情决定的。我国俗称"地大物博"，然而从人均而言，"物"并不博，相反是资源短缺的国家。我国人均耕地仅有 1.41 亩，不到世界水平的一半，人均淡水占有量仅为世界的 1/4，45 种主要矿产资源人均占有量也不及世界的一半，人均石油和天然气储量分别为世界人均水平的11% 和 4.5%。如果我们只管当前，不顾长远，不加节制地耗费这些资源，其结果就会是"吃祖宗的饭，断子孙的粮"。这种蠢事我们绝对不能做。所以，建设"两型"社会是"国策"，关系"中华民族的生存和发展"，具有深远性、全局性和战略性的重大意义。经国务院同意，2007 年 12 月 14 日，国家批准长株潭城市群为全国"两型"社会建设综合配套改革试验区，并要求在全国起到"示范带动作用"，这是国家对我们的极大信任和重托，我们必须以高度的历史责任感和使命感来承担和完成好这一具有重大战略意义的综合配套改革试验。

"两型"社会建设的本质要求，就是要深入贯彻和全面落实以人为本、全面协调可持续发展的科学发展观。概括地说，就是要在社会生产、建设、流通、消费的各个领域，在经济社会发展的各个方面，切实节约资源和保护环境，以尽可能少的资源消耗和尽可能小的环境代价，获得最大的经济效益和社会效益，实现速度和结构质量效益相统一，经济发展与人口资源、环境

---

* 原载《湖南财政》2008 年第 3 期。时任中共湖南省委书记张春贤同志对此文做了重要批示。

相协调，使人民在良好的生态环境中生产生活，实现经济社会永续发展。

据此，应当把立足"两型"社会建设，着眼实现科学发展，走出工业化和城市化的新路，作为搞好长株潭"两型"社会建设综合配套改革试验区的基本思路。

二　切实转变经济发展方式，走生态良好的文明发展道路

建设"两型"社会，实现科学发展，必须转变经济发展方式，建设生态文明，形成有利于节约资源和保护环境的经济增长方式、产业结构和消费模式。从总的方面说，经济的发展要坚持"好"字优先，又好又快发展。长期以来我们把发展等同于 GDP 总量的增长，以此来总揽全局。经济发展取得了高速增长，但深层的经济社会矛盾也迅速凸显，资源消费严重，环境污染的压力越来越大。"两型"社会建设的综合改革试验，为我们从根本上转变发展方式，提供了重大契机。但要把它落到实处，必须解放思想，创新发展理念，把握发展规律，由"快"字当头转变为"好"字优先，才能破解发展难题，提高发展质量和效益，好中求快，实现又好又快发展，走生态良好的文明发展道路。

据此，第一，坚持节约优先，集约发展。据投入产出资料测算显示，湖南经济的快速增长在很大程度上是依靠资源的高消耗来实现的。1997～2002年，湖南 GDP 总量由 2849.27 亿元上升到 4151.54 亿元，增长 1.45 倍，而同期各产品部门对燃油类能源、钢材、水泥、电力和水资源消耗却分别增长了 1.78 倍、2.04 倍、1.32 倍、3.19 倍和 2.32 倍，各部门对资源消耗的增长快于经济总量的增长。因此，经济增长必须要由资源的高消耗、粗放式外延为主的增长方式，转变为节约优先内涵集约发展的增长方式，形成"两型"生产模式。

第二，坚持产业结构优化、创新发展。长株潭的工业结构是重化工主导型的，湘潭重化工业占了工业比重的 63%，株洲占了 56%，大大高于全省 36% 的平均水平，这对建设"两型"社会来说是一个重大挑战。但另一方面，长株潭的高新技术产业也有了较快的发展，特别是已经拥有了国家的软件产业基地、生物产业基地、精品新材料产业基地以及航空高新技术试验基

地等。服务业已有较好的基础。要立足于自身优势和现有基础，根据"两型"社会建设和科学发展的要求，大力调整优化产业结构。一是要着力依托"基地"，大力发展高新技术产业，并瞄准国际产业链高端，大力开发节能、节材、新能源、石油代替等方面的技术，加强自主创新，积极发展先进制造业；二是对于资源消耗高、污染物排放量大的重化工业，要控制总量、提高质量，大力发展资源的循环利用、综合利用，着力发展循环经济；三是加快服务业的发展，首先是信息服务业、金融服务业、物流业和商务服务业等生产性服务的发展，同时要注重发展有比较优势的服务，如文化产业和旅游产业，还要十分重视关系民生的公共服务业的发展，逐步提升服务业在经济总量中的比重和水平，加快形成现代产业体系和"两型"产业结构。

第三，倡导节约光荣、爱护环境的社会风尚，形成"两型"消费模式。随着经济的快速发展，人民的生活水平提高了，但也滋长了一种浪费资源、污染环境的消费方式，汽车消费追求豪华型、大排量，住房消费追求高标准、大面积，电、水消费不加节制，有些产品过分包装，一些活动讲究排场、大吃大喝，一次性消费用具广泛使用，既消费资源，也造成白色污染。在"两型"社会建设中既要采取有效措施，加强保护生态环境，又要建设"两型"文化，大力倡导合理消费、适度消费的消费观念和消费行为，形成节约光荣、爱护环境的社会风尚，加速形成"两型"消费模式。

三　"两型"社会建设的核心在于改革

建设"两型"社会综合改革试验区的核心在于改革。适应粗放增长模式所形成的体制和机制，在对政府绩效和评价上只注重经济总量的增长，由此形成的体制机制，环境是无价的，资源是低价甚至是无价的，基本资源如土地、矿产是政府配置、协议转让，这在经济发展上势必造成资金高投入、资源高消耗、环境高污染，而科技低含量和产业低效益，走了传统工业化的老路。资源承载力越来越低，环境污染压力越来越大。所以，加快转变经济发展方式，是关系国民经济全局的紧迫而重大的战略任务。节约资源和保护生态环境就成为转变经济发展方式，走出新型工业化、新型城市化路子的前提条件或切入点，没有前者，后者就成为空谈。因此，建设长株潭"两型"

社会综合改革试验区的核心在于改革，就是要根据资源节约型和环境友好型社会建设的要求，全面推进经济社会各个领域的体制机制创新，完善政府绩效考核体系，在重点领域和关键环节，大胆改革，率先突破。要充分发挥市场机制和经济杠杆的作用，注重运用价格、财税、金融手段促进资源节约和环境保护。逐步理顺资源性产品价格，建立能够反映资源稀缺程度的价格形成机制，积极推进电价、水价和油气价格改革。制定鼓励与限制并重的生产和使用节能节水产品的税收政策和发展节地型建筑的经济政策，尽快形成有利于资源节约和生态环境保护的体制机制和政策体系，从而加快转变发展方式，推进经济又好又快发展与人口资源、环境相协调，人与自然和谐相处，切实走出一条有别于传统模式的工业化和城市化的新路子，为推动全国体制改革，实现科学发展与社会和谐发挥示范带动作用。

四 "两型"社会建设要成为全社会的共同行为

在"两型"社会建设中要坚持政府主导、企业主体、社会参与，成为全社会的共同行为。全面推进体制机制改革是政府的任务，靠政府的锐意改革，建设"两型"政府、做好表率，也应是政府的重点任务，又是加强政府自身建设的重要内容。政府在设施建设、办公费使用、节约用电和"阳光采购"等方面都是大有节约潜力的。企业是节能减排的主体，建设"两型"企业，发展资源循环作用、综合利用，应是搞好综合改革试验的重点。社区是广大市民集聚的居住区、生活区，因此，建设"两型"社区，是直接提升居民生活质量、关系广大人民切身利益的重要措施。

从根本上来说，建设"两型"社会体现了以人为本，其最终效果是为广大人民群众创造一个既经济繁荣又生态良好，既最适宜于创业又最适宜于居住的生产、生活、生存的环境，所以，人人受益，也人人有责，是全社会的共同责任，也应成为全社会的共同行为。为此，要充分重视新闻媒体的重要作用，加强宣传，营造氛围，在全社会倡导和形成崇尚节约、保护环境的社会风尚、价值观、道德观和社会文化，使建设生态文明成为全社会的自觉行动。要广泛组织开展创建"两型"城市、"两型"政府、"两型"企业、"两型"社区并进入家庭的活动。2008年4月22日，株洲市举行的"致力节能减排，创建绿色家庭，全民行动"的倡议活动，是一个很好的开端。要充分重视教育，教育部门要将建设"两型"社会的内容纳入中小学教育、高等教育、职业教育和技术培训，教育青少年从小养成节约资源和爱护环境的良好习惯。同时，还要十分注重发挥各种社会团体和各行业组织在建设"两型"社会中的重要作用，动员全社会的力量建设好综合改革试验区，在全国做出表率。

重大历史使命　重大发展机遇[*]

长株潭区域正处于工业化和城镇化快速发展时期，也是湖南省工业化和城镇化发展水平最高的区域，为加快推进新型工业化和新型城市化，把长株潭区域的发展提升到国家支持的战略层面，2006 年 6 月，湖南省政府向国家发改委提出以建设两型社会为中心的综合配套改革试验区的申请。2007年 12 月 14 日，经国务院同意，国家发改委发文批准长株潭城市群与武汉城市圈为全国资源节约型和环境友好型社会建设综合配套改革试验区。这是国家促进东中西部协调发展的重大战略布局，也是大力促进中部崛起的重大战略举措。这是长株潭和湖南人民承担的重大历史使命，也是长株潭发展和湖南富民强省的重大历史机遇。

一　重大历史使命

胡锦涛总书记在中共十七大报告中强调指出："坚持节约资源保护环境的基本国策，关系人民群众切身利益和中华民族生存发展。"这是由我国的基本国情决定的。我国俗称"地大物博"，然而从人均而言，"物"并不博，相反是资源短缺的国家。我国人均耕地仅有 1.41 亩，不到世界人均水平的一半，人均淡水占有量仅为世界的 1/4，45 种主要矿产资源人均占有量也不及世界的一半。人均石油和天然气储量分别为世界人均水平的 11% 和4.5%。如果我们只管当前，不顾长远，不加节制地耗费这些资源，其结果就是"吃祖宗的饭，断子孙的粮"，这种蠢事我们绝对不能做。所以，建设"两型"社会是国策。国家把这样一项关系"中华民族生存和发展"，具有

　＊　原载《湖南党委工作 2008 记事》，湖南人民出版社，2008。

深远性、全局性和战略性重大意义的"两型"社会建设,交由我们先行、先改、先试,并要求在全国起到"示范带动作用",这是国家对我们的极大信任和重托,我们必须以高度的历史使命感来承担和完成好这一具有重大战略意义的综合配套改革试验。

"两型"社会,简单地说,就是可持续发展的社会,"两型"社会建设的本质要求,就是要深入贯彻和落实科学发展观。概括地说,就是要在社会生产、建设、流通、消费的各个领域,在经济社会发展的各个方面,切实节约资源和保护环境,以尽可能少的资源消耗和尽可能小的环境代价获得最大的经济效益和社会效益,实现速度和结构质量相统一,经济发展与人口资源环境相协调,使人民在良好的生态环境中生产生活,实现经济社会永续发展。

二 重大发展机遇

长期以来,我们把发展等同于 GDP 总量的增长,以此来总揽全局。经济发展取得了高速增长,但深层次的经济社会矛盾也迅速凸显,资源浪费越严重,环境污染的压力越大,实际上走了"先污染后治理"传统工业化的老路和外延为主的粗放型的经济增长方式。"两型"社会建设的综合改革试验,为我们从根本上转变经济发展方式,提供了重大契机。它促使我们必须解放思想,创新发展理念,把握发展规律,由"快"字当头,转为"好"字优先,节约优先,集约发展,破解发展难题,提高发展质量和效益,走出有别于传统工业化的新型工业化和新型城市化的路子,并在全省起到引领作用,加快实现富民强省的目标。

"两型"社会建设要求加快形成"两型"产业结构与构建现代产业体系。这就需要:一是依托高新技术产业基地和工业园区大力发展高新技术产业和现代服务业,以及先进制造业等"两型"产业;二是对非"两型"产业特别是重化工业等传统产业,大力发展资源的循环利用,综合利用,实行"两型"化提升改造;三是淘汰落后生产能力,优化产业结构、发展现代产业体系。

"两型社会"要求倡导节约光荣、爱护环境的社会风尚,形成"两型"

消费模式。随着经济的快速发展，人民生活水平的提高，但也形成一种消费资源、污染环境的消费模式，汽车消费追求豪华型、大排量，住房消费追求高标准、大面积，电、水消费不加节制，有些产品过分包装，一些活动讲究排场、大吃大喝，一次性消费用具广泛使用，既浪费资源，又造成白色污染。因此，"两型"社会建设，既要求我们必须采取有效措施，加强保护生态环境，又要求建设"两型"文化，大力倡导合理消费、适度消费的消费观念和消费行为，形成节约光荣、爱护环境的社会风尚，加速形成"两型"消费模式。

"两型"社会建设的综合配套改革的试验，不仅为长株潭的经济社会发展带来了前所未有的机遇，长株潭的"两型"社会建设和新型工业化、新型城市化、农业现代化的加速推进，通过梯次辐射，势必会对全省的发展发挥重要的引领作用，加快富民强省的建设。

三 要成为全社会的共同行为

从根本上来说，建设"两型"社会体现了以人为本，其最终效果是为广大人民群众创造一个既经济繁荣又生态良好，既最适宜于创业又最适宜于居住的生产、生活、生存的环境，所以，人人受益，也人人有责，是全社会的共同责任，也应成为全社会的共同行为。为此，要充分重视新闻媒体的重要作用，加强宣传，营造氛围，在全社会倡导和崇尚节约、保护环境的社会风尚、价值观、道德观和社会文化，使建设生态文明成为全社会的自觉行为。要广泛组织开展创建"两型"城市、"两型"政府、"两型"企业、"两型"社区和绿色家庭。成为全民行动。要充分重视教育，教育部门要将建设"两型"社会的内容纳入中小学教育、高等教育、职业教育和技术培训，教育青少年从小养成节约资源和爱护环境的良好习惯。同时，还要重视发挥各种社会团体和各行业组织在建设"两型"社会中的重要作用，动员全社会的力量建设好综合改革试验区，在全国做出表率。

"两型社会"建设与发展低碳经济的背景、出发点及路径 *

我就关于省社会科学基金重大项目成果《长株潭城市群蓝皮书2009》的主题，也是我们这次"两型社会"建设与发展低碳经济论坛的主题，向大家做一个汇报。

关于主题的汇报，概括起来是三句话：大背景、出发点、务实性。

一　大背景

我们确定"两型社会"建设与发展低碳经济这样一个主题作为蓝皮书和论坛的主题，是处在什么样的大背景？大家知道，在气候变暖所导致的全球性的生态灾难日趋严峻形势下，于2007年12月在印尼的巴厘岛召开了联合国气候变化大会，这次大会主题是为在2012年之后如何大幅度地降低碳排放，大致规划了一个谈判的框架和方向，简称"巴厘岛路线图"。

为了开好2009年12月在哥本哈根的联合国气候变化大会，制定一个延续"京都议定书"的新协议，全世界进行了积极的磋商，现在每一个国家都希望大幅度地降低碳排放，但每一个国家又都希望尽可能减少大幅度降低碳排放对自己国家产生的负面影响。世界上消费和生产能源最多的有两个大国，一个是发达国家美国，一个是发展中国家中国，这两个国家如何达成一致？这对按照"巴厘岛路线图"开好哥本哈根会议起着决定性的作用。首先两个大国进行了磋商，美国曾两次派领导到北京商谈，在磋商中中国坚持

---

*　系笔者在第七届长株潭经济论坛暨蓝皮书首发式上所作的主题报告，载《湖南社会科学报》2009年9月14日。

了两条意见：一是在 1990 年的基础上到 2020 年发达国家应该实现降低碳排放 40% 的目标；二是发达国家应该按照生产总值 0.5% ~ 1% 来帮助发展中国家降低碳排放。经过多次磋商，2009 年 7 月 28 日至 29 日在美国举行了"首轮中美战略与经济对话会议"，在这次对话会上达成了共识，形成了《加强气候变化、能源和环境合作的谅解备忘录》。双方认识到，应对气候变化，两国具有共同的利益，面临共同的挑战，加速这方面的合作是应对挑战最迫切的，非常重要，并商定共同致力于哥本哈根会议取得成功。这就为开好哥本哈根会议奠定了一个好的基础。

"巴厘岛路线图"规定的框架内容包括三个方面。

第一，对包括美国的发达国家设定一个可测量、可报告、可核实的减少温室气体排放的目标；

第二，发展中国家要努力加强控制温室气体排放的强度，不设定具体目标；

第三，为了帮助发展中国家，全球实现大幅度降低碳排放，发达国家有义务在资金和技术方面向发展中国家提供更多的帮助。

我们可以做这样一个预测，哥本哈根会议之后，在全世界会兴起一个向低碳经济转型的变革，其核心就是技术创新，会出现一个类似 10 年前电脑和手机电池那样的技术革命，即第四次技术大革命，这就是新一轮世界性抢占产业战略制高点的一个开始。实际上探求"低碳发展道路"的变革已经开始了。

发达国家中英国首先启动了向低碳经济的转型。英国于 2009 年 7 月 15 日发表了新的能源白皮书，明确承诺在 1990 年的基础上至 2020 年降低 34% 的碳排放，现在已经降低了 21%。2009 年 8 月 15 日温家宝总理亲自主持召开了国务院常务会议，专门部署了应对气候变化的工作。接着于 8 月 27 日，全国人大常委会通过了《关于积极应对气候变化的决议》，《决议》强调要立足国情发展绿色经济、低碳经济。要紧紧抓住当前世界开始重视发展低碳经济的机遇，加快发展高碳能源低碳化利用和低碳产业，建设低碳型工业、建筑和交通体系，创造以低碳排放为特征的新的经济增长点，促进经济模式向高能效、低能耗、低排放模式转型。这标志着中国作为一个发展中的大国正式启动了向低碳经济的转型。这既是顺应了当今世界发展趋势的客观要求，也是我国实现可持续发展的内在需要和历史机遇，并体现了对中华民族和全人类长远发展高度负责的精神。

在这样的大潮流、大形势、大背景下，我们确定了《长株潭城市群蓝皮书（2009）》和这届"论坛"的主题是"两型社会"建设与发展低碳经济。出好这本书，开好这次会，是十分及时的，思考是超前的，标志着我们站在了时代的前沿！具有重要的战略性意义。

二　出发点

确定这个主题的基本出发点是什么？国务院批准长株潭为国家"两型社会"建设的改革试验区是 2007 年 12 月。巴厘岛联合国气候变化大会的召开也是 2007 年 12 月。这里强调了两个提法，一是低碳经济；二是"两型社会"建设。我从概念上做了思考。这两个提法是一个概念还是两个概念？两者有什么关联？思考从这个时候开始。经过思考研究，第一，我认为它是两个概念，不是一个概念，有着不同的含义，这是我得出的第一个结论；第二，它们在基本点上是相通的。什么叫低碳经济？它的概念用一句话来表述，低碳经济就是低碳排放经济，它是一种经济发展模式。做到低碳排放，一要做到降低能耗，提高能效；二要做到用无碳能源或低碳能源替代高碳能源；三要做到把高碳能源通过技术创新转化为低碳能源或无碳能源，这是它的前提，它的结果当然是低污染的。

"两型社会"建设包括整个社会的生产、流通、建设、消费等各个领域，它的覆盖面是全社会的经济社会活动，甚至包括每一个单位、每一个家庭。因此，"两型社会"建设本身就包含着发展低碳经济。造成全球性环境灾难的罪魁祸首，威胁到整个地球村的环境不可持续，归根到底就是严重的高碳排放。我们要把节能、发展低碳经济摆在突出或第一的位置上。"两型社会"建设涵盖的范围要比低碳经济宽得多，但宽的方面也与低碳经济有着密切的关联。比如节地、节水与能源消费、低碳排放没有直接关系，但它有紧密的关联，要节约集约用地就必须升级产业结构，必须大力发展"两型产业"，也就是低碳产业，它起着促进低碳经济发展的作用。节水也没有直接关系，但是，间接关联也是非常明显的。大量地节水、大量地蓄水，可以更好地应对气候变化。因为，温室气体的高排放带来很大的灾难，如干旱、水灾、传染病。我们通过节水、蓄水就可以提高适应气候变化的能力，所以也有着紧密的关联。这就得出第二个结论，凡是有利于"两型社会"建设的政策措施，包括直接的政策措施和间接的政策措施，同时都有利于低碳经济发展。2007年发布的《中国应对气候变化国家方案》，前言中有两句话，一是坚持科学发展观的要求；二是加快"两型社会"建设。"两型社会"建设是中国应对气候变化的一个国家综合战略举措，是国策。因此，它体现了中国特色，更具有可持续性。

综上所述，低碳排放经济概念是窄的低碳经济，是创造低碳经济模式；"两型社会"建设从其内涵和核心上说，是广义的低碳经济，是构筑低碳社会。是否可以这样看待？还可以做进一步的研究。

发展低碳经济也好，"两型社会"建设也好，新型工业化也好，新型城市化也好，最后要达到一个统一的目标，即生态文明，从根本上说都是在建设生态文明，从工业文明过渡到生态文明。所以，"两型社会"建设、应对气候变化和发展低碳经济要有两个立足点。一是科学发展；二是生态文明。

第二个出发点，作为国家综合配套改革试验区，如何实现国家对"两型社会"建设的要求，真正在全国起到示范作用、带动作用、引领作用，这是我思考最多的一个方面。

要弄清这个问题，就必须要把握国家对我们提出的基本要求是什么。在改革建设试验中实施十大改革、推进五大工程，要达到什么要求，在哪些方面做出示范。把握好这个问题就把握好了方向，失去了这个就失去了方向，就达不到国家的目标要求。根据2007年12月国家批准改革试验区的通知，归结起来要达到以下三个基本要求。

第一，通过改革，首先要形成降低能耗、保护生态环境的体制机制。

第二，走出有别于传统的工业化和城市化的新路。

第三，是要求也是目标，在科学发展与社会和谐在全国起到示范带动作用。既达到环境目标、又达到经济发展目标，才能实现科学发展，只达到经济发展目标，没有达到环境目标，不能叫做科学发展，不能起到示范作用。所以说，应对气候变化，既是一个环境问题，又是一个发展问题，归根到底是一个如何发展问题，必须同时很好地实现这两个目标，才能达到科学发展或科学跨越，才能在全国起到示范作用、带动作用、引领作用，完成国家赋予的重大历史使命。

低碳经济是科学发展的必由之路，具体要通过什么途径？从源头来讲，温室气体高碳排放源于发达国家先污染后治理高碳工业化的老路带动形成的，我们要从这一点着手改变高碳工业化的老路，走出低碳排放工业化的新路，准确地说新型工业化就是由向高碳工业化发展转向工业低碳化转型的新路。"两型社会"建设既是实现新型工业化的前提，又是它的结果。因而，"两型社会"建设就是由向高碳社会发展转向建设低碳社会转型的新路。

我们过去通过高碳排放来发展，现在要转型，向创建低碳经济模式转型，这要经历一个较长过程，不可能一下子达到低碳化。发展中国家的转型路径，是不同于发达国家的转型路径的。《京都议定书》规定的基本原则是"共同但有区别责任的原则"。发达国家同发展中国家处在不同的发展阶段，在降低碳排放方面承担的责任不同，转型的路径也就不同。如果只算新账，2006 年美国二氧化碳排放量是 57 亿吨，中国是 56.5 亿吨，两国差不多。预测到 2010 年中国就会超过美国成为世界上第一大碳排放国。如果新账老账一起算，从 1750 年工业革命以来，发达国家排放到大气层中的二氧化碳占碳总量的 70%，其中美国占 30%，发展中国家占 30%，其中中国占 7%，人均碳排放中国是美国的 1/5。因此，发达国家承担更大的责任，它是从上到下降低碳排放的，《京都议定书》所设定的是：以 1990 年为基年，2008 ~ 2012 年为基期，发达国家平均降低碳排放为 6%。2013 ~ 2020 年转型降低多少？有待哥本哈根会议来确定。发展中国家是不能承担碳排放总量下降目标的。我们的转型是通过降低排放碳强度，是总量上升，增幅下降。因为我们还要完成工业化、城市化和大规模基础设施建设，还要提高人民生活水平和解决贫困问题，碳排放总量是上升的，但增幅要下降，单位能耗要下降，通过增幅下降降低总量上升的幅度。比如传统高碳工业化带动的高碳排放的高坡上升到"50 米"。我们通过转型，爬坡的台阶一个比一个低，达到"25米"，形成一个平缓的高坡。究竟哪一年达到峰值然后下降，有的预测为 2020 年，有的预测为 2030 年以内。这要取决于技术创新和制度创新、实践上的强力推进和理论上从国情实际出发做务实的深入研究。但是有一点是清楚的，长株潭城市群作为国家"两型社会"建设改革试验区，必须做到先行，率先走出这样一条示范的路径来。

三　路径

怎样运行？我的建议是不求全，但求实，加强针对性。我强调几点：一是把示范效应和大力发展低碳经济，培育新的经济增长点紧密结合起来，不要脱离发展，产业是产业，环境是环境，要把它们结合好。这是一个起点，我感到在我们的发展中结合得不够。二是立足当前，着眼长远，分段安排。第一阶段即前三年，要着重于整合已经成熟的低碳技术，实施广泛的普及工程。这样做成本低，见效要快，成效大，走出实现科学跨越的大步子。三是着眼资源优势，湖南省的水能资源丰富，但水能的大资源已经开发得差不多了，现在主要是小水电，要整合好、发展好。生物资源是最丰富的，是大有作为的，但利用得很不够，我提出用 5 年时间在湖南建设全国最大规模的生物燃料能源基地，这是有针对性的。

核能资源优势的发挥，风能装备产业和光伏产业的发展，省里已经充分重视，已制定出详细的发展规划，做了合理的布局并在政策上给予大力支持，我没有再提。

转型创新发展处于一个新的转折点和关键点[*]

　　我就主题向大家做一个简要的汇报。我们这一次 2012 年卷蓝皮书主题和论坛主题定为"两型"社会建设与转型创新发展。为什么选了这样一个主题？从党的十七大到现在，中国取得了巨大的成就、实现了跨越式发展，湖南连续 4 年经济总量进入全国前 10 位。长株潭的发展不是一般的发展，是又好又快地跨越式发展。2008 年开始规划的时候，当时的发展目标预测到 2011 年 GDP 达到 3000 多亿元，实际上到 2011 年达到了 8320.6 亿元，翻了一番还多，起到了作为中部的重要增长极的作用。我今年给省委领导写了一个建议报告，标题是：加快信息化与城市化全面融合，建设智能、绿色、低碳环长株潭城市群。随着全球化和信息化的发展，会逐步形成新的多极多层次的世界城市网络体系，那么在新的城市网络体系中，长株潭处在什么位置呢？以国际视野和长远来看，长株潭将成为全球信息化网络、经济网络、市场网络中国江南腹地的重要聚合点、集散点和战略支撑点，核心经济增长极。因为我们有这个基础。纵向京广高铁开通，京广高速已经开通，横向上瑞高速已经开通、沪昆高铁两年后开通，2011 年长沙空港客流量达 1300 万人次，武汉达 1000 万人次，郑州达 600 万人次。长株潭将很快形成中国江南腹地的快速交通枢纽。这种大交通的优势必然会带来一个新的大流通、大产业的优势。必然会极大地增强长株潭城市群的国内外吸引力和带动力。

　　但是我们必须要看到另外一方面，从全国来看，随着国内外经济环境发生的深刻变化，我国正处在一个新的转折时期，处在一个转型的关键点，面临着严峻的挑战。不加快转型不行，转型不加快创新也不行。概括地说是三

　　* 本文系笔者在第九届长株潭城市群发展论坛暨蓝皮书首发式上的主题报告，载《湖南社会科学报》2012 年 12 月 2 日。

句话：第一，三个还没有实现根本转变。第二，加快推进四个层面的转型。第三，加大三个方面的创新。湖南这4年当中实现了跨越式的发展，取得很大的成就，但我们必须看到，从总体上来看，第一，我们还处于国际分工产业链的中低端的位置，这个没有根本改变。大家知道，靠低成本优势发展低端产业的路已经走到头了，优势已经快没有了，这是我们面临的第一个问题。第二，虽然我们进行攻坚来转变发展方式，但到目前为止基本上还是外延式的、资源高消耗、污染高排放的发展模式，发展路径并没有根本改变。第三，经济实现了30年的高速增长，发展方式是重经济轻社会，出现了一系列不协调、不公平、不平等等等深层次矛盾。这种不协调、不和谐的社会状况，中央采取了非常有力的措施，改善民生，加强社会保障和医疗等，情况发生了很大变化，但到目前为止还没有实现根本的转变。这是我讲的三个没有根本改变。怎么办？四个字"加快转型"。

转型从哪里转？转到哪里去？我认为要在四个层面加快转型：第一，产业从国际分工中的中低端位置加快向中高端、高端转型，抢占世界新的产业革命、技术革命的制高点。第二，从外延式粗放型的增长方式向内生集约的增长发展方式转型。第三，由高资源消耗、高污染排放"三高一低"向低资源消耗、低污染排放"三低一高"转型。第四，由不协调、不和谐的社会经济发展向协调的、包容性的发展和和谐社会转型。

没有经济社会转型就没有三个根本改变，这样四个转型的中心点在哪里？哪里是转型的中心？转型的中心就是传统工业化向新型工业化转型。工业化，一个很简单的认识就是发展工业，发展工业就是工业化搞得好，其实是个大误解。同志们，工业后面有一个"化"，这个"化"就不只是工业了，农业讲标准化，标准化、规模化的农业就是工业化的农业。化到服务业，服务业也讲标准化，讲连锁集群，"化"到后期就是服务业上升到产业结构的主导地位。"化"到社会文化等等领域。从总体上讲，人类社会文明发展经过了原始文明、农耕文明到工业文明，工业文明到生态文明。工业化不能只看到工业发展，这是一种误解，它是一个重要指标，转型归根结底，集中到一点就是向新型工业化转型。向新型工业化转型就是由工业文明向生态文明转型，而生态文明建设的实质和战略任务就是"两型"社会建设。

转型必须创新，不创新就做不到转型。这个创新那个创新，主要必须加大三大创新：第一，科技创新。科技创新在转型中有两种提法：科技创新是根本，科技创新是关键。我认为科技创新是关键，不是根本，我不同意根本的观点，非常重要，是关键或支撑。第二，体制创新。体制创新是动力，是推动各方面创新的动力。第三，社会创新。我认为社会创新是根本，这是我的观点。为什么社会创新是根本呢？社会创新的核心是什么？社会创新的核心是人，是人本，是人的全面发展，是人和自然的和谐与社会的和谐。没有创新就没有转型。

在转型中创新，在创新中崛起，走人和自然、社会包容性的发展道路。这条路径也就是智能、绿色、全面协调可持续发展之路，是一条改革发展成果能够惠及所有人群之路。这就是我的结论，这就是为什么定这个主题。

"两型社会"建设与发展低碳经济 *

资源节约型和环境友好型社会建设（以下简称"两型社会"建设）包括整个社会的生产、流通、建设、消费等各个领域，它的覆盖面是全社会的经济社会活动甚至包括每个单位、每一个家庭。因此，"两型社会"建设本身就包含着发展低碳经济。

低碳经济事关世界可持续发展

低碳经济，有狭义和广义之分。从直接一般意义上说，低碳经济即是以低能耗、低排放、低污染为基础的经济。核心是能源利用的高效率和洁净的能源结构，关键是技术创新和制度创新。在此种经济模式基础上形成的人与自然和谐相处、与环境友好的社会，应就是低碳社会。从根本或广义上说，低碳经济，就是以能源向可持续供应支撑的可持续的经济。当前，人类的发展面临着两个不可持续的威胁：一是能源安全的威胁；二是环境污染的威胁。高碳经济、高碳社会源于发达国家走过的先污染后治理即高碳发展之路。联合国政府间气候变化专门委员会（IPCC）的评估报告（SPM）显示，20世纪是过去1000年最暖的一个世纪。2005年全球大气中的二氧化碳浓度是"工业革命"前的1.4倍。其中90%是人类活动排放的温室气体所引起的。从1750年即工业化时代开始，北美和欧洲的能源生产与排放占全球二氧化碳排放的70%。美国是世界上第一大能源消费国和温室气体排放国。而到2030年温室气体排放的增量的2/3将来自发展中国家。中国发展的道

---

* 原载《新湘评论》2010年第3期。

路如何走？不仅直接关系到中国，也关系到世界的可持续发展。

早在 1996 年 7 月，江泽民同志在第四次全国环境保护会议上的讲话中就强调指出："经济发展，必须与人口、资源、环境统筹考虑，不仅要安排好当前的发展，还要为子孙后代着想，为未来的发展创造更好的条件，绝不能走浪费资源和先污染后治理的路子，更不能吃祖宗饭，断子孙路。"2002 年 11 月，党的十六大报告第一次提出"走新型工业化的道路"。倡导走出一条以"科技含量高、经济效益好、资源消耗低、环境污染少、人力资源优势得到充分发挥"为内涵的新型工业化路子。

2003 年 10 月，胡锦涛总书记在党的十六届三中全会第二次会议上的讲话中第一次提出科学发展观。他说：树立落实全面发展、协调发展和可持续发展的科学发展观，这是 20 多年改革开放实践的经验总结，符合社会发展的必然规律。党的十七大报告进一步强调要坚持节约资源和保护环境的基本国策。必须把建设资源节约型、环境友好型社会放在工业化、现代化突出的战略位置。如果说从 1750 年开始的"工业革命"，发达国家走过的先污染后治理是高碳工业化的路子，那么，以科技含量高、经济效益好、资源消耗低、环境污染小的新型工业化就是低碳工业化的路子，"两型社会"建设既是实现新型工业化的前提又是它的结果。因而，"两型社会"建设就是一条由向高碳社会发展转变为向建设低碳社会转型之路。

长株潭："两型社会"建设试验区

改革开放 30 多年来，我国经济以较高速度增长，取得了举世瞩目的成就。但同时人口资源环境压力也越来越大。从总体上看，新路子并没有走出来，经济结构特别是产业结构仍然处于较低层次，经济增长方式仍然比较粗放。经济增长过度依赖能源消耗，经济增长的环境代价太高，污染严重。这说明我国工业化的发展基本上还是走在高碳工业化的老路上。如果继续沿着老路走下去，不仅中国的能源供应和环境无法承担，我们这个"地球村"也是承受不了的。传统的经济增长方式和老路子已经走到了尽头。究竟如何才能切实地走出一条新路子来，国家把这个重大的历史使命交给了长株潭城市群和武汉城市圈先行先试，并要求在全国起到示范带动作用。如果我们的先行先试成功了，其示范效应将不仅限于中国，对世界上的广大发展中国家经济发展走什么样的路子、如何实现工业化，也具有十分重要的借鉴意义。我们要以这样一个国际视野和高度来认识所肩负的历史使命。

长株潭"两型社会"建设如何先行先试？其中一个关键点，就是在建设过程中始终突出"低碳"，即在着力培育新的经济增长点的同时，把发展重点放在以低碳排放为特征的工业、建筑、交通体系等方面，促进长株潭城市群"两型社会"建设又好又快发展。

2007年9月8日，胡锦涛总书记在亚太经合组织（APEC）会议上，郑重地提出了四项建议，明确主张"发展低碳经济"。他在讲话中强调要"大力发展新能源、可再生能源技术、节能技术"，并一共说了四次"碳"："发展低碳经济"、研发和推广"低碳能源技术"、"增加碳汇"、"促进碳吸收技术和各种适应性技术"。发展低碳经济是紧迫的，而且会经历一个较长的历史过程。我国与发达国家不同，还远未完成工业化、城市化和基础设施建设，必须首先解决提高人民生活水平和贫困问题，而我国经济发展又处在爬坡阶段，必须有足够的发展空间和环境容量。因此，在一个相当长的历史阶段，能源消耗、温室气体和其他污染物的排放，必然有一个持续提高的过程。但同时也必须看到，这个过程所给予我们的时间是有限的。工业化时代开始以来，世界气温已经上升了0.7℃左右。而地球环境承载能力的限度，据国际能源机构（IEA）和联合国开发署的报告评估为高于工业革命前的2~2.4℃。超过这个阀门人类发展就会倒退，导致生态灾难。为了实现这一目标，二氧化碳排放量的高峰期最多只能延至2015年，然后必须逐年下降。到2050年的水平要求比2000年的水平低50%到85%。也就是说，我们的"先行先试"到2015年，就要能够清晰地显示出来，否则将会失去"先行"的意义。建设"两型社会"需要引进大量的资金和技术，但更紧迫的是时间。

既要保持平稳较快的经济发展，又要逐年降低能源消费的增长幅度，降低温室气体排放，做到化解制约瓶颈，实现双赢。对此，长株潭"两型社会"建设面临三大主要挑战：一是已经形成且发展势头强劲的重化工业主导型的工业结构。株潭两市的冶金、有色、化工等高排放、高污染行业分别占 52% 和 63%，大大高于全省 36% 的平均水平，城市群的污染解决难。二是以煤炭为主体的能源供应和消费结构，在一个较长的时间难以根本改变。三是还面临"锁定"效应的挑战。如果我们在能源、交通和建筑基础设施方面，继续主要使用传统的高碳技术、材料等，它的高碳特征的生命周期，所产生的对低碳发展制约的影响将会是 15~50 年。

当然，也必须看到，长株潭"两型社会"建设在挑战中孕育着巨大的机遇：一是由后发劣势转化为后发优势，实现科学跨越的机遇。湖南尚处于工业化、城市化中期的前期阶段，发展的空间还很大，这种空间就是巨大潜力。把这种潜力转化为巨大优势，就要在新的发展空间里，摒弃高碳的传统技术，尽可能采用新能源技术、节能技术、生物技术和信息技术，就可能避免"锁定"效应，抢占发展先机。二是具有实现科学跨越的政策和制度保障优势。建设"两型社会"，发展低碳经济，最主要的途径，一方面要靠已有的许多低碳技术；另一方面必须设法激励持续不断地进行低碳技术创新。我们已经制定并得到国家批准的综合改革方案，如果能够得到落实，它就会有利于低碳技术的应用和创新，促进"两型"低碳产业的发展。三是低碳经济能为开展国际合作提供一个重要的平台。中国是一个人口众多的发展中大国，中国的发展走什么路子，是全世界都在关注的一个重大问题。我们要充分利用排放的流量大、存量小、总量大、人均少的优势，取得国际在技术和资金上更多的支持。联合国政府间气候专门委员会（IPCC）的报告估计，工业化时代，北美和欧洲的排放占全球二氧化碳排放的 70%，其中美国占 30%，而发展中国家只占不到 1/4，中国只排放了 7%。因此，《联合国气候变化框架公约》规定了《共同但有区别的责任原则》，规定发达国家有责任带头减少温室气体排放，并向发展中国家提供资金和技术支持。仅以清洁发展机制（CDM）市场发展为例，2006 年，全球碳交易和清洁生产机制碳交易市场达到 300 亿美元。截至 2008 年 2 月，中国 CDM 项目获得核证信用（CERS）达到 3637 万吨，占总量的 31.33%，成为最大的 CDM 碳交易量的国家，交易额达到 3.6 亿美元。如果 CDM 机制被利用，预计将有 1000 亿美元的投资从发达国家转向发展中国家。长株潭"两型社会"建设综合改革试验区，应该而且完全可以得到更多的关注和支持。

体制机制创新是"两型社会"建设的关键

国家把"关系中华民族生存和发展",具有深远性、全局性重大战略意义的"两型社会"建设,交由长株潭城市群先行、先改、先试,并在全国起到示范和带动作用,这是重大历史使命、重大历史责任。我们必须在提高认识、解放思想、更新观念的基础上,依据科学发展观和国家对"两型社会"建设综合改革试验的要求,立足于新的历史起点,制定出综合配套改革试验方案,特别是要全力推进体制创新,重点是在以下几个方面有所创新。

创新资源节约体制机制。一是构建城市群循环经济体系。按照减量化、再利用、资源化的原则,加快株洲清水塘循环工业区建设,促进湘潭竹埠港、下摄司和长沙坪塘等深度污染区循环经济改造,构建以有色、冶金、化工、建材等产业为重点的循环经济产业体系。二是探索建立和完善资源产权制度。健全和完善资源有偿使用制度,探索建立统一、开放、有序的资源初始产权有偿取得机制,健全资源产权交易市场。三是完善节能减排激励机制,主要是完善政府推动、市场引导、企业主体的节能减排投入机制,综合运用价格、税收、财政、金融等经济杠杆的激励约束机制。

创新生态环境保护体制机制。一是建立排污权有偿取得制度,实施污染物总量初始权有偿分配、排污许可证、排污权交易等,并在长株潭设立排污交易市场,开展排污权交易试点。二是开展生态补偿试点和重点流域治理,设立生态补偿专项资金,重点在湘江流域水源保护区、"绿心"保护区、功能生态保护区开展生态补偿试点。

创新产业结构优化升级的体制机制。一是建立分类引导的产业发展导向机制,按"两型社会"建设要求,编制城市群产业发展指导目录,明确产业分类标准,实施分类引导。对鼓励类产业,在项目核准和备案、土地供应、资金筹措、招商引资、技术创新、税收优惠等方面,予以重点支持;对限制类产业,严格控制其规模扩张,限期对现有工艺技术进行改造;建立淘汰类产业退出机制,强制高能耗、高污染"两高一小"的企业逐步退出。二是促进国有企业战略性调整。推动国有资本向公共服务领域和优势产业集中；推进国有企业股份制改造，健全国有资产监督管理体制机制。三是改善非公有制经济发展的体制环境，营造有利于企业公平竞争的法制、政策环境。四是完善政府采购，争取国家将相应的骨干企业和产品纳入重大工程采购定点企业和产品目录。

创新技术和人才管理体制机制。一是建设产学研结合的自主创新体系。推进科研机构分类改革，深化公益类科研院所的分配制度改革，加快转制类科研院所的产权制度改革；支持和引导科研院所、高校和企业围绕"两型社会"建设中的关键技术、共性技术进行研发、建立优势产业领域的技术创新联盟。二是完善区域创新体系。依托长株潭高校技术开发园区，构建长株潭创新创业的试验区，探索区域科教资源整合共享机制，加快构建面向特色产业和中心企业的公共创新平台。三是创新科技成果转化机制。加快科技成果转化基地建设，建立以高新园区为中心、科技企业孵化器为依托的区域孵化网络；健全技术市场，支持湖南省技术产权交易所在中部地区开展高新技术企业股份转让柜台交易试点；探索产学研联合开发、利益分享的新机制，鼓励发展各类创业投资基金。四是创新人才开发与配置的体制机制。整合省内人才资源，健全高层次高技能创新型人才选拔培训机制，加快建设统一规范的人力资源市场；广泛吸引海内外人才到长株潭地区就业和提供智力服务，探索建立新型人才评价方法和人力资源的开发利用制度，健全人才激励机制。

创新土地管理体制机制。一是完善节约集约用地的约束与激励机制，实行城市土地投资强度分级分类控制，实施差别化的土地税费政策，建立城镇建设用地增加与农村建设用地减少相挂钩、城镇建设用地规模及吸纳农村人口进入城市居住相挂钩的实施机制和管理制度。二是建立跨区域耕地占补平衡机制，在确保省内耕地总量和质量动态平衡的前提下，建立省域内跨地区耕地占补平衡机制，完善耕地开发整理复垦制度。三是建立长株潭城市群统一的土地市场信息平台，加快建立区域统一、城乡统筹的土地市场体系和土地价格体系，探索建立集体建设用地使用权出让（出租）、划拨、转让、抵押等制度，引导和规划农村集体建设用地进入市场。

"两型社会"建设要走突出低碳科学
跨越发展的路途 *

长株潭城市群 2007 年 12 月 14 日获批为全国"两型社会"建设综合改革试验区。自获批之日至 2008 年 5 月，主要进行了综合改革方案制定和区域规划修编的"顶层设计"工作。自 2008 年 6 月进入实质性的重点领域突破的启动工作，初步效果已显现出来。2009 年将逐步全面启动，向实现科学跨越的目标迈进。

一　顶层设计，科学规划

国家把"关系中华民族生存和发展"，具有深远性、全局性重大战略意义的"两型社会"建设，交由长株潭城市群先行、先改、先试，并在全国起到示范和带动作用，这是重大历史使命、重大历史责任。在进行提高认识、解放思想、更新观念的同时，依据科学发展观和国家对"两型社会"建设综合改革试验的要求及长株潭城市群区域特色，立足于新的历史起点，制定了综合配套改革试验方案和修编提升了区域发展规划。主要内容有以下几个方面。

（一）目标定位与建设时段

综合配套改革建设，以邓小平理论和"三个代表"重要思想为指导，深入贯彻落实科学发展观。重点突出两条：一是进一步解放思想，根据资源

---

　　* 原载《长株潭城市群蓝皮书（2009）》，社会科学文献出版社，2009。其中第三部分"突出低碳，科学跨越"，作为《建议报告》，2009 年 6 月中共湖南省委张春贤书记做了重要批示，重要建议被采纳。

节约型和环境友好型社会建设的要求，全面推进各个领域的改革，在重点领域和关键环节率先突破，大胆创新，尽快形成有利于资源节约和生态环境保护的体制机制；二是加快转变经济发展方式，推进经济又好又快发展，促进经济社会发展与人口资源环境相协调，切实走出一条有别于传统模式的工业化、城市化发展的新路子。落脚点是全面提升城市群的综合实力和竞争力，带动实现富民强省、科学跨越发展，为推动全国的体制改革、科学发展提供示范，积累经验。

城市群战略目标的定位主要是：把长株潭城市群建设成全国"两型社会"建设的示范区、中部崛起的重要增长极、全省新型工业化、新型城市化和社会主义新农村建设的引领区、具有国际品质的现代化生态型城市群。

经济发展：长株潭经济总量 2010 年达到 5518 亿元，人均 GDP 超过 3.8万元；到 2015 年总人口为 1600 万人，城市化水平高于 70%；到 2020 年总人口为 1800 万人，城市化水平 80% 以上，城镇人口超过千万。

资源环境主要指标：2010～2020 年，单位 GDP 能耗水平按万元吨标煤降到 0.7～1.3，工业区每平方千米空间产值达到 20 亿～30 亿元，清洁能源及可再生能源使用比例达 10%～15%，工业重复用水率达到 84%～94%，饮用水水源保护区达标率 98%～100%，城市空气质量二级以上天数达到320～350 天以上，工业固体废弃物处理率达到 20%～55%，城市生活垃圾资源化处理率达到 30%～60%。

综合配套改革建设分三个阶段推进。第一阶段，2008～2010 年，全面启动，重点突破。这个阶段全面启动各项改革试验，重点要求是初步建立支撑"两型社会"建设的政策法规和体制机制框架；初步形成城市群共建共享的综合基础设施框架体系；以湘江为重点的流域综合治理和保护模式基本建立，以清水塘、竹埠港为重点的循环经济显出成效。

第二阶段，2011～2015 年，纵深推进，凸显示范带动效应。主要要求是在产业"两型"化、资源节约、环境友好、科技创新和土地管理等体制改革方面取得显著成效，形成比较完整的"两型社会"建设制度保障体系和新型工业化、新型城市促进机制，基本完成城市群综合基础设施建设和重点环保项目，基本形成有利于资源节约和保护环境的产业结构、增长方式、消费模式，科技进步对经济增长贡献率大幅度上升，生态文明观念在社会牢固树立。

第三阶段，2016~2020 年，这一阶段的任务主要是进一步完善和提升。完成"两型"社会建设综合配套改革的主要任务，进一步完善有利于资源节约和环境保护的体制机制，率先建立社会主义市场经济体制，形成符合国情和区域特色的新型工业化、城市化发展模式，实现发展方式的转变和经济社会发展与人口资源环境相协调，人与自然和谐相处，并开始向现代化和生态文明建设的新阶段迈进。

（二）实施五大工程

综合配套改革试验区建设，初步规划为五大工程。

1. 以"两型"产业为主导的产业支撑工程

要形成有利于资源节约和环境友好的产业结构和增长方式，一是要大力发展"两型"产业；二是要着力改造提升传统产业。根据长株潭已经形成的基础和优势，就是要大力发展电子信息、生物医药、新能源、新材料、民用航空航天等高新技术产业、文化创意产业和物流、金融等现代服务业。同时，对非"两型"产业，重点是资源消耗高、污染物排放多，又处于长株潭工业结构主导地位的重化工业，加大技术改造力度，增强自主创新能力，并按照发展资源的综合利用、循环利用、再利用的要求，推进优化升级，走高端化发展之路，调整和优化产业结构，建设现代产业体系。

2. 以综合交通为先导的基础设施工程

把交通作为缩短城市群距离、提高运行效率的重要环节，率先取得突破性进展。为此，需要从点、线、面，全方位规划水陆空交通。路网：长株潭核心区重点建设"七纵七横"的城际主干道。"七纵"即长潭大道、麓东大道、芙蓉大道、京珠大道（现京珠交通湖南段改造）、长株大道、星渌大道（长沙星沙至株洲渌口新建、107 国道东移）。"七横"，即 319 国道北移线、金沙大道（长沙金洲乡－星沙）、韶江大道（长沙江北－长花灰韶公路改造）、上瑞高速株潭段（改造）、莲易高速（320）国道、株潭外环南段、320 国道南移线。同时，启动长株潭轻轨、长沙地铁建设，加快建设武广高铁，尽快启动沪昆高铁。

"3＋5"城市群重点建设"二环六射"。"二环"：一个是长株潭大外环，一个是"3＋5"大外环。"六射"：重点建设长株潭－浏阳－南昌、长株潭－岳阳、长株潭－益阳－常德－张家界、长株潭－娄底－怀化、长株潭－衡阳、长株潭－醴陵－萍乡，辐射和带动全省。

空港：加快黄花机场扩建，增加国际航线，努力建成中部地区的国际航空中心。"海港"集中湘江黄金水道，打通对接泛长三角的江海联运通道，重点建成"五港一枢纽"。"五港"即长沙霞凝港、株洲铜塘湾港、湘潭九华港、湘阴漕溪港、岳阳城陵矶港。"一枢纽"即建设湘江长沙综合枢纽。

3. 以湘江治理为重点的生态工程

是推进湘江和洞庭湖流域综合治理。要像保护生命一样保护湘江母亲河，把湘江治理作为"两型社会"建设的标志性工程，加强上下游联动、江湖联动，巩固洞庭湖治理成果，全面控制工业、农业和生活三大污染源、确保湘江水质基本保持在Ⅱ类、洞庭湖水质保持在Ⅲ类以上，构建以湘江、洞庭湖为主体的水体生态系统。二是建设湘江生态经济带。要把湘江建成城市群的绿色轴线，"两型社会"的展示窗口。加快建设湘江风光带，保护建设好橘子洲、空洲岛等洲岛，大力提升岳麓山、昭山等沿江景区，形成一条集生态、文化、居住、教育、研发、观光等功能于一体的绿色长廊。三是全面推进生态建设。依托长株潭山水相连、绿色相间的丘陵地貌，城市建设注重依山就水，加强重要水源区、自然保护区、森林公园、生态隔离带、湿地等生态区域的保护和建设，构建"一心"（绿心）、"一带"（湘江风光带）、山丘河湖交织、生物多样的生态绿网，努力创建国家森林城市群。

4. 以城镇为节点的城乡统筹工程

一是加快中心镇建设。这是解决"三农"难题、统筹城乡发展的重要途径和联结纽带。突出县城建设，着力提升对农村的带动、服务功能和农村人口的集聚功能。精心选择城市群内30～50个小城镇，根据资源禀赋、发展基础和环境承载力，建设一批高素质、高品质、功能型、特色型的宜居小镇、宜游小镇、宜学小镇、宜商小镇、工业强镇，成为引导农村居民转移的平台。二是促进城乡设施对接。重点完善农村水电路等基础设施建设，沼气、垃圾和污水处理等环境设施，教育、医疗、社会保障等公共服务设施，打造一批新农村示范区，建设100个新农村示范村，力争用5年左右时间，核心区实现村村通自来水、宽带网，实现饮水安全、清洁能源使用、新型农村合作医疗和养老保险全覆盖。三是发展现代都市农业。充分发挥城市群的科技、人才、市场、区位优势，大力发展高效生态农业，积极构建"四基地一中心"，即优质农产品供应基地、农业科技创新基地、休闲观光基地、种子种苗基地和农产品物流中心。

5. 以创新为核心的示范区建设工程

试验区改革建设是长期艰巨的历史过程，需要选择一些有条件、有基础的区域，先改先试，率先突破，积累经验，逐步推广。综合长株潭现有基础，重点布局五大示范区，即长沙大河西示范区、株洲云龙示范区、湘潭昭山示范区、天易示范区（位于株洲天元区与湘潭易俗河之间）、滨海示范区（包括岳阳湘阴、汨罗和屈原农场的部分区域）。

（三）推进十大体制机制创新

1. 创新资源节约体制机制

一是构建城市群循环经济体系。要按照减量化、再利用、资源化的原则，加快株洲清水塘循环经济工业区建设，促进湘潭竹埠港、下摄司和长沙坪塘等深度污染区循环经济改造，支持各市建设各具产业特色循环经济产业园区和循环农业示范区，构建以有色、冶金、化工、建材等产业为重点循环经济产业体系。将长株潭群整体纳入国家循环经济试点，探索城市群循环经济发展新模式。二是探索建立和完善资源产权制度。健全和完善资源有偿使用制度，探索建立统一、开放、有序的资源初始产权有偿取得机制，健全资源产权交易市场。三是完善节能减排激励机制。完善政府推动、市场引导、企业主体的节能减排投入机制，综合运用价格、税收、财政、金融等经济杠杆的激励约束机制。推进差别化能源价格的改革，逐步建立体现资源稀缺程度、市场供求关系和环境恢复成长的资源价格形成机制。建立绿色电价制度。对采用先进节能、减排技术的项目给予一定比例的资金补助，建立财政奖励与节能减排挂钩的"以奖代补"制度。制定并实施促进资源节约、发展循环经济的地方性法规。

2. 创新生态环境保护体制机制

一是建立排污权有偿取得制度。建立并实施污染物总量初始权有偿分配、排污许可证、排污权交易等制度，在长株潭设立排污交易市场，开展排污权交易试点。二是开展生态补偿试点和重点流域治理，设立生态补偿专项资金。重点是在湘江流域水源保护区、"绿心"保护区、功能生态保护区开展生态补偿试点，并建立污染赔偿机制和部分重金属污染河段的治理修复的补偿机制。

3. 创新产业结构优化升级的体制机制

一是建立分类引导的产业发展导向机制。按"两型社会"建设要求，编制城市群产业发展指导目录，明确产业分类标准，实施分类引导。对鼓励类产业，在项目核准和备案、土地供应、资金筹措、招商引资、技术创新、税收优惠等方面，予以重点支持；对限制类产业，严格控制其规模扩张，限期对现有工艺技术进行改造；建立淘汰类产业退出机制，强制高能耗、高污染"两高一小"的企业逐步退出，采用补贴、奖励等方式对淘汰落后产能给予财政支持，在城市群开展产业退出补偿试点。二是促进国有企业战略性调整。推动国有资本向公共服务领域和优势产业集中。推进国有企业股份制改造，健全国有资产监督管理体制机制。三是改善非公有制经济发展的体制环境，营造有利于企业公平竞争的法制、政策环境。建立完善社会公共服务体系和区域性中小企业融资体系。四是完善政府采购。对符合"两型"要求的产品，政府优先采购，争取国家将相应的骨干企业和产品纳入重大工程采购定点企业和产品目录。

4. 创新技术和人才管理体制机制

一是建设产、学、研结合的自主创新体系。推进科研机构分类改革，深化公益类科研院所的分配制度改革，加快转制类科研院所的产权制度改革。加强产、学、研现有各类重点实验室、工程中心和企业技术中心建设，新建一批国家级和省级创新和研发中心，支持和引导科研院所、高校和企业围绕"两型社会"建设中的关键技术、共性技术进行研发，建立优势产业领域的技术创新联盟。二是完善区域创新体系。依托长株潭高新技术开发园区，构建长株潭创新创业试验区，探索区域科教资源整合共享机制。以岳麓山大学城为依托，加快推进长沙梅溪湖创新科技园建设，打造湖南的"硅谷"。建立城市群科技创新协调管理机制，加快科技成果转化基地建设，建立以高新园区为中心、科技企业孵化器为依托的区域孵化网络，大力推进长株潭湘江沿岸高新技术产业带的建设。健全技术市场，支持湖南省技术产权交易所在中部地区开展高新技术企业股份转让柜台交易试点。探索产学研联合开发、利益分享的新机制，鼓励发展各类创业投资基金。四是创新人才开发与配置的体制机制。整合省内人才资源，健全高层次高技能创新型人才选拔培训机制，加快建设统一规范的人才资源市场。广泛吸引海内外人才到长株潭地区就业和提供智力服务，探索建立新型人才评价方法和人力资源的开发利用制度，健全人才激励机制。

5. 创新土地管理体制机制

一是完善节约集约用地的约束与激励机制。实行城市土地投资强度分级分类控制，实施差别化的土地税费政策，建立节约用地奖惩机制和考核机制。建立城镇建设用地增加与农村建设用地减少相挂钩、城镇建设用地规模及吸纳农村人口进入城市居住相挂钩的实施机制和管理制度。推进污染土地变性利用。对株洲清水塘、湘潭竹埠港等湘江严重污染地区、老工矿区进行功能置换。争取国家将核心污染区耕地变更土地用途。二是建立跨区域耕地占补平衡机制。开展农用地分类保护和耕地有偿保护试点，在确保省内耕地总量和质量动态平衡的前提下，建立省域内跨地区耕地占补平衡机制。完善耕地开发整理复垦制度，设立耕地保护基金。三是建立长株潭城市群统一的土地市场信息平台，加快建立区域统一、城乡统筹的土地市场体系和土地价格体系。建立集体建设用地交易许可制度和流转交易平台，加强收益分组管理，探索建立集体建设用地使用权出让（出租）、划拨、转让、抵押等制度，引导和规划农村集体建设用地进入市场。

以上述五个方面的体制机制为重点率先突破，配套进行融资、对外开放、财税、城乡统筹及行政管理等体制机制创新，为"两型社会"建设提供支撑平台和配套措施。

二 快速启动，凸显实效

2008 年 12 月 12 日，经国务院同意国家发改委发文正式批准《湖南长株潭城市群"两型社会"建设综合配套改革总体方案》（以下简称《方案》）和《长株潭区域规划（2008~2020）》（以下简称《规划》）。《方案》

《规划》在未获批准之前，就根据国家 2007 年 12 月批示"两型社会"建设要在重点领域和关键环节率先突破的要求，在几个重点领域进行实质性启动，并已凸显实效。

（一）"两型"产业发展态势良好，新能源产业迈出了跨越式的步子

1. 以工程机械、轨道交通设备、汽车及零部件等为代表的先进制造业进一步壮大

工程机械生产已形成 12 大类 400 多个型号和规格的工程机械产品，占全国同类产品品种的 70%。汽车及零部件生产已形成长株潭规模化的产业群落。轨道交通装备制造业已成为长株潭的工业增长极，2008 年完成工业总产值 200 多亿元，比上年增长 43.7%。

2. 高新技术产业发展态势良好

2008 年 2 月，国家批准长株潭为国家综合性高新技术产业基地，总体规划及重大项目已报国家发改委，并已引进深圳豪威尔 TET – LCD2.5 代显示器等一批重大高新技术产业项目。长沙国家高新区于 2008 年 12 月先后出台了对龙头企业、发明专利、研发中心等予以奖励支持的 30 条优惠政策，鼓励支持企业开发具有自主知识产权的创新型产品，增强企业竞争力。2008 年高新区的技术创新能力在全国高新区综合排名第 6，累计开发高新技术产品和项目 1500 多个，荣获"实施国家科技计划（火炬计划）先进管理单位"和被科技部确定为中部地区唯一的部省共建的创新型科技园区。园区技工贸总收入突破 1000 亿元大关。2008 年 2 月，国家发改委正式批复，明确以株洲为核心和核心城市，以董家塅高科技园区为主要依托，在长株潭建立国家航空航天高科技产业基地。产业基地重点建设"一区一园"。"一区"即株洲市董家塅高科技园区，"一园"即长沙航空起落架高科技园。主要发展中小航空发动机、飞机辅助动力装置、飞机着陆系统、直升机与通用飞机、航空新材料等，构建军民两翼齐飞、研发生产一体的完整产业体系和产业集群，建成独具特色的民用航空特色产业基地。

3. 新能源产业发展迈出跨越式步子

发展低碳经济，建设"两型社会"意义重大。在新能源汽车上，2008 年 2 月，株洲电力机车研究所在已成为全国最大的电动汽车关键部件生产和

提供商的基础上，联合湖南省高科技创业投资公司、三一重工等，共同出资组建了南车时代电动汽车股份有限公司，目标是建设国内乃至亚洲最大的电动汽车整车及关键零部件研发和制造基地，加上长沙湖南神舟科技股份公司的 6~8Ah 镍氢电动电池上游电池材料生产的发展，湘潭电机股份的混合动力驱动系统和已形成混合动力电动客车批量生产能力的进一步提升和发展，长株潭可形成产值近 40 亿元的电动客车产业集群。

2008 年，长株潭也已初步形成我国最大的风电装备制造业基地。2006 年 6 月湘潭电机集团联合日本原弘产业株式会社共同开发兆瓦级风电机组制造技术，双方共投资 1.1 亿元组建湘电风能有限公司，打造高功率风机研发平台。2007 年 11 月 3 日，我国第一台具有自主知识产权的 2 兆瓦直驱永磁同步风力发电机在湘潭电机集团诞生，成为世界上第二个能够生产 2 兆瓦机组核心部件的厂家。2008 年 3 月，国产发电机组在漳州并网发电，标志着我国风电装备技术实现了历史性跨越。到 2008 年 12 月，已有 41 台发电机组在这里组装，有 40 台机组相继在内蒙古、福建漳州等地的风场成功发电，并已经承接 300 多套机组的订单，产品供不应求。到 2011 年这里可望形成 600 套兆瓦级机组整机的生产能力，不仅可为湘潭电机集团创造百亿产值的经济效益，而且会产生难以计数的环保效益，不仅产品质量达到国际一流水平，价格还便宜 1/3，发展空间巨大。除了湘潭电机集团，株洲还设立了田心风电产业园和风电产业化基地建设专项基金，产业园于 2008 年 2 月列入长株潭综合高新技术产业基地。株洲电力机车有限公司，株洲时代集团公司等企业相继投巨资，研发出了系统风力发电机组，并已形成 200 台发电机组的生产能力。已有数十家企业为其配套生产零部件。中国最大的风电装备制造业产业集群将在长株潭地区形成。

在可再生能源的开发利用中，太阳能的开发利用具有更突出的优越性和更重要的地位，也是长株潭建设"两型社会"所急需。2008 年 6 月，长沙市天心区以中电科技集团第 48 所为龙头、占地 830 亩的光伏产业园获批。2008 年 8 月 19 日，48 所 100 兆瓦晶体硅太阳能电池片生产线一期工程竣工投产暨二期工程奠基仪式在长沙隆重举行。它标志着长株潭和湖南太阳能电池产业化取得重大进展，按照规划，在两年内建设 400 兆瓦规模级的太阳能电池片，力争尽早形成 1000 兆瓦的电池片生产能力。以 48 所为龙头企业带动相关配套企业的发展，打造长株潭光伏产业集群。

4. 现代服务业尤其是文化产业保持快速发展

长沙市提出要建成带动全省、领先中西部、辐射全国具有较强国际影响力的现代化区域性文化中心。目前已形成了媒体传媒、文化旅游、出版发行、文博会展、卡通动画、娱乐文化等支柱产业，电视湘军、出版湘军、文学湘军、"蓝猫"等一批知名品牌驰名全国，文化产业已成为长沙国民经济增长点，2008年总产值达到480亿元，增加值270亿元，同比增长17%，增速和对GDP的贡献率均居全国省会城市首位。

（二）以交通为先导的基础设施建设工程体制机制改革方面，进行了重大项目的启动

一是为了从根本上打通三市之间的主动脉，进一步缩短长株潭之间的时空距离，提升城际干道通行能力和服务水平，2008年9月18日，芙蓉大道长潭段和红易大道开工建设，2009年12月全面竣工通车，届时，三市之间往来只需20多分钟，真正形成一小时生活圈。芙蓉路是长沙市纵贯南北与湘江并行的城市主干道，从大北城到大南城全长约38.5千米，加上正在向南修建的1.6千米和即将动工的4.6千米，全长近45千米。再向南延伸至湘潭市的板塘铺，全长近21千米，完成对接后的芙蓉大道总长度将达到61千米。红易大道起自株洲市的红旗广场，终于湘潭市株易路口，全长19千米。两条大道在长株潭三市中心结合部金三角地区构成一个"人"字形骨架，构成长株潭城市群发展的主轴，具有强大的集聚和辐射效应，是湖南增长极中心的"核中核"。高标准、高质量把这两条大道建设成生态大道、环保大道，打造成长株潭"两型社会"建设的精品和示范工程，对推进"两型社会"建设十分重要。

二是长株潭通信同城化是三市广大群众企盼了20多年的重大基础工程。2008年12月30日这一工程终于正式启动了。长株潭通信一体化将分两步实施。第一步是降低资费，实现同费。从2009年元旦开始，取消三市固定电话用户之间通信的长途收费，取消长株潭地区移动电话用户之间通信的长途费、漫游费。第二步是到2009年7月，使长株潭形成统一的大本地网，采用统一区号，固定通信号码升为8位，三地之间的通话为本地通信。长株潭

通信一体化的实现，既有利于加强三市之间的经济联系，促进三市信息、资金、人力等生产要素的优化配置，加快三市的经济融合，提高城市群的整体竞争力；又为三市人民带来便利，带来实惠，促进消费市场的繁荣和扩大城乡居民的消费。并为指导长株潭打造成全省乃至全国通信发展的先导区积累经验，意义深远。

(三) 以湘江治理提升为重点的资源环境工程体制机制改革方面取得了突破性发展

湖南省政府于 2008 年 6 月 2 日，启动了"千里湘江碧水行动"，决定用三年 (2008～2010 年) 时间解决湘江突出的环境问题。以此作为推进长株潭"两型社会"建设的重要突破口，并带动全省的"两型社会"建设。整治工程需要投入资金 174 亿元，集中整治的染污企业 (项目) 1377 家，建设城市污水处理和垃圾处理项目 125 座，到 2010 年，实现湘江流域水环境质量达到功能目标，饮用水源地主要污染指标稳定达标。2011～2012 年，巩固提高深化整治成果。2008 年，整治到位的企业 (项目) 总数达到 671 家。湘江污染整治，水质改善效果已初步显现。到 2008 年 11 月，流域各饮用水源保护区水质全部达标。

湘江污染作为一个系统工程进行整治，初步形成了以长株潭为重点及岳阳、衡阳、娄底、郴州、永州等流域 8 市"一江同治"的体制机制。同时，在制度创新上进行了许多探索和试验。2008 年 11 月 28 日，长沙成为全国省会中首个"试点"排污权转卖的城市。当日，在长沙环境资源交易正式挂牌后举行的排污权拍卖会上，261.39 吨二氧化碳 (CO_2) 和 52 吨化学需氧量 (COD) 的排污权指标顺利拍卖，成交总价共 39.787 万元。这种以"有价"的方式推动环境资源保护，排污权商品化、价格化的试验，可望治理污染由政府的强制行为变成企业的自主行为，使企业真正成为排污和治污的主体。湘潭市正在探索建立节能减排目标的倒推制度，完善节能减排绩效考核制度、行政问责制度和公开承诺制度。积极探索资源产权有偿取得、使用和转让制度，生态补偿机制等。这些改革探索试验的显著特点是通过市场经济手段，使资源消耗减量，将生产和消费活动规制在生态环境承载能力和环境容量限制之内，推动生产方式的转型和经济又好又快发展。

（四）以创新为核心的试点示范区体制机制改革方面，进行了全面启动

1. 大河西先导区

其由长沙市岳麓、金霞和长益三个板块组成。拥有长沙高新区、大学城、金霞港区和良好的岳麓山自然景观、人文景观及优良的生态环境条件。为了把先导区建设成生态新城区，2008年6月，出台了《长沙市大河西先导区环境实施办法》（以下简称《办法》）。根据《办法》长沙市在岳麓区开展湿地、绿地、林地生态环境资源补偿试点，即对区内的"三地"制定合理的使用价格，由市区两级政府购买、租赁，进行有偿使用、公共使用；在岳麓区及高新区开展扬尘污染大气环境资源补偿试点。为解决河流上游污染下游的问题，长沙市还在跨县域河流实施"污染下游，上游补偿"的机制，当上游县（市）入境水 COD 达标但出境水超标，或者入境水超标但出境水超标倍数增加，根据超标情况、治理价格成本标准由上游县（市）支付相应金额给下游县（市），该《办法》已在沩水河、靳江河试点。为"两型社会"建设提供强大科技支撑，2008年12月4日，湖南省政府、同济大学、国防科技大学、中南大学和湖南大学全面科技合作暨电动汽车、风力发电、轨道交通等相结合，四个产业技术创新战略联盟签约仪式在长沙举行。其中包括一项共同任务，就是省校合作在长沙先导区的中心区域梅溪湖建设科技创新园，鼓励和引导合作高校在园区内共建创新平台和研发机构等。比如与同济大学、中南大学共建新能源汽车研究院，与国防科技大学共建高技术应用研究院、超级计算中心等。园区通过整合和集聚各种创新资源，建成集研发、成果孵化、科技交流、会展、专家公寓于一体的，高起点、高水平的具有国际视野的区域性高端应用技术研发中心，提高长株潭及湖南省经济发展的基础支撑能力和长远竞争能力。

2. 云龙示范区

其由株洲云龙（两镇）和清水塘两个板块组成。2008年10月23日株洲市政府与伦敦大学、中国城市规划设计院，就中英合建"两型社会"株洲示范区签署合作备忘录，并商定尽快启动战略研究计划。10月24日，株洲市政府与英国可持续发展投资有限公司签署了关于建设株洲云龙生态城战

略投资合作意向书。株洲清水塘工业区是国家著名的重化工基地，聚集冶炼、化工、建材、能源类工业131家，这些企业在为国家做出巨大贡献的同时，也付出了沉重的环境代价。据统计，该区域所产生的固体废弃物和工业废气分别占全市的80%和71%。为了彻底解决地区的工业污染问题，株洲市政府积极争取使清水塘工业区于2007年12月底获批为全国发展循环经济第二批试点园区之一。2008年3月，根据长株潭获批"两型社会"综合改革试验区的要求，株洲市政府决定建立清水塘循环经济示范区，并根据清水塘的实际情况，制定了"功能分区、调整结构，关停并转、转换空间，区内区外、配套安置，环境产业、同步提升"的发展战略，以及企业内部小循环、企业间资源中循环、园区内大循环的运作方式。至2008年12月，属于龙头企业的12个改造重点项目已经开工，11个严重污染企业被关停，已经累计投资60多亿元，完成工业治理项目210个。示范区改革建设取得实质性进展。

3. 昭山示范区

其由湘潭市的昭山和九华两个板块组成。昭山板块，自长沙的暮云镇，沿芙蓉南路至湘潭市的昭山、易家湾，地处长株潭结合部绿心的核心位置，昭山素有"潇湘八景"之一的美誉。这一区域主要定位是打造集居住、休闲、商务于一体的国际水平的生态经济区，按照"田园城市"理念，低密度、高品位、保护性开发。2008年，昭山的自然景观和人文景观都得到修复和提升，仰天湖水上公园的建设取得较快进展。九华经济区地处三市结合部的江西北与长沙先导区相接，是一个以汽车及零部件、电子信息、现代物流为主的新兴创新工业区，已引进台资企业数十家，是三市"两型社会"建设的重要区域，根据地域、产业、资源、人文优势，经申报获国家批准设立湘潭台湾工业园，于2008年11月16日正式开园。园区以电子制品、软件开发和电子制品服务等高技术产业为主，同时在湘潭召开的第四届湘台经贸文化交流会上引进台资166亿元，园区将会发展为一个辐射中西部广大地区"两型"产业的台商投资区。

此外，天易示范区，位于株洲天元区与湘潭易俗河之间，沿上瑞高速、天易大道两侧布局，拥有武广客运专线，株洲工业园、国家电动汽车示范基地等重要资源，2008年该区在打造技术产业创新基地、物流基地、建设生态型工业园区方面取得显著进展。滨湖示范区,包括岳阳市南接长沙的湘阴县、汨罗市等部分区域,拥有汨罗国家级再生资源循环经济工业园、湘阴漕溪港深水码头,其充分发挥水运、港口优势,建设大型物流基地、再生资源产业基地、绿色农产品生产加工基地,成为辐射环洞庭湖经济的重要节点,具有良好的基础和资源条件,2008年示范区已启动改革方案和规划的编制工作。

（五）在行政管理体制创新上,初步形成"省统筹、市为主、市场化"的体制机制和运作模式

省组建长株潭城市群综合改革试验区领导协调委员会,对实施试验区改革发展中的重大问题事项进行决策。下设正厅级"两型社会"建设办公室,作为常设机构,负责全面统筹、规划、协调长株潭城市群"两型社会"试验区改革建设中的规划引领、产业发展、资源利用、体系建设、政策支持、体制机制创新以及监督检查、考核评价等各项工作。市为主就是在《改革方案》和《规划》落实上,充分发挥各市的主动性和积极性,凡是市里能独立完成的事情,都由市里去做。市场化就是走改革之路,在改革试验的过程中,注重发挥市场对配置资源的基础性作用。在运行中初步形成政府推动、市场运作、企业主体、公众参与。同时,长沙市还在大河西先导区组成了跨县级行政区的管理委员会,实施"大部制"式的行政管理体制改革。

在地方法规建设上,2008年7月31日湖南省第十一届人大常委会第三次会议通过了《关于保障和促进长株潭城市群资源节约型和环境友好型社会建设综合配套改革试验区工作的决定》,为"两型社会"提供了法制保障。

三　突出低碳,科学跨越

2009年后,长株潭"两型社会"建设,将根据"改革方案"和"区域规划",逐步全面启动五大建设工程和十项重大改革。建议在全面启动中突出"低碳",以利于实现科学跨越,培育新的经济增长点和抢占战略制高点。

(一) "两型社会" 建设与发展低碳经济

低碳经济, 有狭义和广义之分。从直接一般意义上说, 低碳经济即是以低能耗、低排放、低污染为基础的经济。核心是能源的高效率和洁净的能源结构, 关键是技术创新和制度创新。在此种经济模式基础上形成的人与自然和谐相处、与环境友好的社会, 应就是低碳社会。从根本或广义上说, 低碳经济, 就是以能源的可持续供应为支撑的可持续发展的经济。人类的发展面临着两个不可持续的威胁: 一是能源安全的威胁, 二是环境污染的威胁。高碳经济、高碳社会源于发达国家走过的先污染后治理即高碳发展之路。联合国政府间气候变化专门委员会 (IPCC) 的评估报告 (SPM) 中显示, 20 世纪是过去 1000 年最暖的一个世纪。2005 年全球大气中的二氧化碳浓度是"工业革命"前的 1.4 倍, 其中 90% 是人类活动排放的温室气体所引起的。从 1750 年即工业化时代开始, 北美和欧洲的能源生产与排放占全球二氧化碳的 70%。迄今不足世界人口 15% 的发达国家, 仍在消费全球 50% 以上的矿产资源和 60% 以上的能源。美国是世界上第一大能源消费国和温室气体排放国。而到 2030 年温室气体排放增量的 2/3 将源自发展的国家, 2010 年中国将超过美国成为世界上第一大能源消费国和温室气体排放国, 印度将成为第三能源消费国和温室气体排放国。中国发展的道路如何走? 不仅直接关系到中国也关系到世界的可持续发展。联合国开发署 2007~2008 年人类发展报告《应对气候变化: 分化世界中的人类团结》中指出: "假若全世界的人按照一些发达国家的速度产生温室气体, 那么我们需要九颗地球。" "如果发展中国家人均碳足迹提高到美国或加拿大的水平, 目前全球排放量将提高到 9 倍"。

根据 2006 年探明的一次性化石能源的储量和开采能力测算, 世界平均可开采的年限, 煤炭为 230 年、石油 45 年、天然气 61 年。中国分别只有 80年、15 年和 30 年。人类面临着能源不可持续供应的安全威胁, 中国则更加紧迫。另一方面, 随着迅速增长的能源消费和温室气体及其他污染物的高排放, 也面临环境严重污染导致生态失衡的灾难。2005 年 1 月 27 日, 在瑞士召开的达沃斯论坛发布的世界各国 (地区) 环境质量的《可持续发展指数》评估显示: 在全球 144 个国家和地区中, 中国的可持续发展指数位居全球第

129 位，即倒数第 14 位。据世界银行 2003 年的估计，中国环境污染和生态破坏造成的损失占 GDP 的比例高达 15%，相当于 4400 亿元。中国环境问题已经处在最紧要的拐点上，面临不可持续的生态危机。

早在 1987 年，世界环境与发展委员会发表的《我们共同的未来》报告，深刻地总结了人类已经发展的教训，第一次提出可持续发展的战略思想。世界必须开辟一条不曾有过的新的发展路径，这就是以可持续发展的能源支撑的人类经济社会可持续发展之路，也就是 2003 年英国政府在"能源白皮书"中把它概括为低碳经济之路。这逐步为世界各国所接受。

对于中国来说，这条新路如何走？既不能走美国的路，也不能走欧盟的路，要走具有中国特色之路、更具有可持续性之路。因为美欧是在完成工业化、城市化和基础设施建设的发达国家起点上推动低碳经济发展的，而中国是在一个发展中的大国的起点上发展低碳经济的。它代表着一个崭新的时代，即在 21 世纪世界，广大的发展中国家究竟应该沿着一条什么样的路从不发达走向发达？

早在 1996 年 7 月，江泽民在第四次全国环境保护会议上的讲话中就强调指出："经济发展，必须与人口、资源、环境统筹考虑，不仅要安排好当前的发展，还要为子孙后代着想，为未来的发展创造更好的条件，决不能走浪费资源和先污染后治理的路子，更不能吃祖宗饭，断子孙路。"2002 年 11月，党的十六大报告，第一次提出："走新型工业化的道路"。要坚持以信息化带动工业化，以工业化促进信息化，走出一条以"科技含量高、经济效益好、资源消耗低、环境污染少、人力资源优势得到充分发挥"为内涵的新型工业化路子。

2003 年 10 月胡锦涛总书记在中共十六届三中全会第二次会议上的讲话中第一次提出科学发展观。他说：树立落实全面发展、协调发展和可持续发展的科学发展观，这是二十多年改革开放实践的经验总结，符合社会发展的必然规律。党的十七大报告进一步强调要坚持节约资源和保护环境的基本国策。必须把建设资源节约型、环境友好型社会放在工业化、现代化突出的战略位置。如果说从 1750 年开始的"工业革命"，发达国家走过的先污染后治理是高碳工业化的路子，那么科技含量高、经济效益好、资源消耗低、环境污染小的新型工业化就是低碳工业化的路子，准确地说应是由高碳工业化发展向低碳工业化发展转型之路。"两型社会"建设既是实现新型工业化的前提又是它的结果。因而,"两型社会"建设就是一条由向高碳社会发展转变为向建设低碳社会转型之路。

改革开放 30 年来,我国经济以较高速度增长,取得了举世瞩目的成就。但同时人口资源环境压力也越来越大。从总体上看,新路子并没有走出来,经济结构特别是产业结构仍然处于较低层次,经济增长方式仍然比较粗放,有些领域、有些环节问题更加突出。经济增长过度依赖能源消耗,经济增长的环境代价太高,污染严重。这说明我国工业化的发展基本上还是走在高碳工业化的老路上。如果继续沿着老路走下去,不仅中国的能源供应和环境无法承担,我们这个"地球村"也承受不了。传统的经济增长方式和老路子已经走到了尽头。究竟如何才能切实地走出一条新路,国家把这个重大的历史使命交给了长株潭城市群和武汉城市圈先行、先试,并要求在全国起到示范带动作用。如果我们的先行先试成功了,它的示范效应将不仅限于中国,对世界上的广大发展中国家经济发展走什么样的路子、如何实现工业化,也具有十分重要的借鉴意义。我们要以这样一个国际视野和高度来认识所肩负的历史使命。

长株潭"两型社会"建设如何先行先试?已经进行了"顶层设计"和科学规划,建议在今后的全面启动中要突出"低碳"。2007 年 9 月 8 日,胡锦涛总书记在亚太经合组织(APEC)会议上,郑重地提出了四项建议,明确主张发展低碳经济。他在讲话中强调要"大力发展新能源、可再生能源技术、节能技术",并一共说了四次"碳":"发展低碳经济、研发和推广'低碳能源技术'、增加碳汇、促进碳吸收技术和各种适应性技术"。能源是国民经济的重要基础,是一切活动的支柱,离开能源的持续供应,经济和社会活动将会陷入瘫痪。发展低碳经济是紧迫的,也会经历一个较长的历史过程。我国与发达国家不同,还远未完成工业化、城市化和基础设施建设,还必须要提高人民生活水平和解决贫困问题,经济发展处在爬坡阶段,必须要有足够的发展空间和环境容量。因此,在一个相当长的历史阶段,能源消耗、温室气体和其他污染物的排放,也必然有一个持续提高的过程。但同时也必须看到,这个过程所给予我们的时间是有限的。工业化时代开始以来,世界气温已经上升了 0.7℃左右。而地球环境承载力的限度,据国际能源机构（IEA）和联合国开发署的报告评估为高于工业革命的2℃。超过这个阀门人类发展就会倒退，导致生态灾难。为了实现这一目标，二氧化碳排放量最迟需要在2015年达到高峰①，然后下降，到2050年的水平将比2000年的水平低50%~85%。也就是说，我们的"先行先试"到2015年，这条没有"前车之鉴"具有时代意义的新路子，要能够清晰地显示出来，否则将会失去"先行"的意义。建设"两型社会"需要引进大量的资金和技术，但更紧迫的是时间，是不足10年的时间。

（二）面临的严峻挑战和巨大的发展机遇

既要保持平稳较快的经济发展，又要逐年降低能源消费的增长幅度，降低温室气体（二氧化碳当量②）排放，做到化解制约瓶颈，实现双赢。

面临的主要挑战包括：一是已经形成且发展势头强劲的重化工业主导型的工业结构。株潭两市的冶金、有色、化工等高排放、高污染行业分别占52%和63%，大大高于全省36%的平均水平，且还有继续发展的强劲态势，产业结构的优化升级难度大，城市群的污染解决难。二是以煤炭为主体的能源供应和消费结构，在一个较长的时间难以根本改变。三是还面临"锁定"效应的挑战。如果我们在能源、交通和建筑基础设施方面，继续主要使用传统的高碳技术、材料等，它的高碳特征的生命周期所产生的对低碳发展制约的影响将会是数十年。

同时，挑战孕育着巨大的机遇。一是由后发劣势转化为后发优势，实现科学跨越的机遇。我省尚处于工业化、城市化中期的前期阶段，发展的空间还很大。这种空间就是巨大潜力。把这种潜力转化为巨大优势，就要在新的发展空间里，摒弃高碳的传统技术，尽可能采用新能源技术、节能技术、生物技术和信息技术，就可以避免"锁定"效应，抢占发展先机。二是具有实现科学跨越的政策和制度保障优势。建设"两型社会"发展低碳经济，最主要的途径，一方面要靠已有的许多低碳技术，另一方面必须设法激励持续不断地进行低碳技术创新。我们已经制定并得到国家批准的综合改革方

---

① 联合国开发署的报告认为发展中国家二氧化碳的排放量最迟可以到2020年达到最高。
② 指二氧化碳和甲烷、氧化亚氮等温室气体的混合气体及形成的二氧化碳浓度。

案，如果能够得到落实，它就会有利于低碳技术的应用和创新，促进"两型"低碳产业的发展。

三是低碳经济能为开展国际合作提供一个重要的平台。人类只有一个地球，在这个"地球村"里，任何一个地点排放温室气体都具有气候变化的意义。特别是中国是一个人口众多的发展中大国，中国的发展走什么路，是全世界都在关注的一个重大问题。我们要充分利用排放的流量大、存量小、总量大、人均少的优势，取得国际在技术和资金上更多的支持。排放的二氧化碳将至少在 100 年甚至几百年滞留在大气层中。一个国家排放的二氧化碳的多少，不仅反映现在的排放量（流量），也反映在许多年中累积的排放量（存量－碳足迹）。联合国政府间气候专门委员会（IPCC）的报告估计，工业化时代，北美和欧洲的排放占全球二氧化碳排放的 70%，其中美国占 30%，而发展中国家占不到 1/4，中国只排放了 7%。美国人均二氧化碳排放比中国多五倍。因此，《联合国气候变化框架公约》规定了"共同但有区别的责任原则"。根据这一原则，发达国家有责任带头减少温室气体排放，并向发展中国家提供资金和技术支持。仅以清洁发展机制（CDM）市场发展为例，2006 年，全球碳交易和清洁生产机制碳交易市场达到 300 亿美元。目前，已有全球 50 多家金融机构加入全球气候变化的投资网络，投资额达到 13 万亿美元。截至 2008 年 2 月，中国 CDM 项目获得核证信用（CERS）达到 3637 万吨，占总量的 31.33%，成为最大的 CDM 碳交易量的国家，交易额达到 3.6 亿美元。如果 CDM 机制被利用，预计将有 1000 亿美元的投资从发达国家转向发展中国家。"两型社会"建设综合改革试验区，应该得到更多的关注和支持。

（三）突出低碳的部署与阶段性安排

长株潭城市群"两型社会"建设中突出低碳经济的发展，从总体上说，就是要在实施《改革方案》、落实《区域规划》的同时，贯彻 2007 年发布的《中国应对气候变化国家方案》（以下简称《国家方案》），并把《国家方案》作为重要依据，在实践中完善《改革方案》和《区域规划》。《国家方案》以全面贯彻落实科学发展观统领，把应对气候变化和实施可持续发展战略，加快建设"两型社会"和创新型国家有机结合，提出了"以控制温室气体排放、增强可持续发展能力为目标,以保障经济发展为核心,以节约能源、优化能源结构、加强生态保护和建设为重点,以科学技术为支撑"的指导思想和指导方针。强调坚持减缓温室气体排放和适应气候变化并重,将应对气候变化的政策与其他相关政策有机结合等原则。要求以更加可持续的方式,探寻经济和社会发展的转型,走出一条没有"前车之鉴"的创新型的、更有利于资源环境的新路。这不仅具有中国的意义,也为世界上的发展中国家积累了经验,因此,得到了世界广泛的称赞,联合国秘书长潘基文称之为是整个国家的楷模。同时,纵观人类发展的历史,每一次经济危机都催生一场新技术革命,而经济的复苏和繁荣又是由重大技术进步推动的。当前,面临这场深刻的金融危机和全球气候变暖环境恶化等重人难题,欧美一些国家正掀起一场以高能效、低排放为中心的新技术革命、"新工业革命",意在抢占新时期的产业制高点,寻找拉动经济增长的新动力。长株潭城市群加速建设"两型社会",突出发展低碳经济,就要把低碳技术研发、应用推广,力求较快地形成规模化示范效果,同大力发展低碳产业、着力培育新的经济增长点紧密结合起来,立足当前,着眼长远,分类指导,分段安排。

1. 近期:2009~2011 年

用三年时间重点对现有成熟的低碳技术加以整合,实施普及推广工程。中国现在已经有了许多成熟的低碳技术,只要我们采取切实措施进行整合加速普及,就能够做到见效快、成效大,在一个较短时间内形成规模化效应,在科学发展上迈出一个大的跨越的步子。

第一,实施企业小循环园区和社会大循环全社会的资源循环利用,从源头上减少污染的排放,提高资源利用效率和生态环境效益。一是壮大循环经济产业。在城市群企业集中布局、产业集聚发展的各个园区,实施废热、废水和废弃物资源化的集中处理和循环利用,加快推广普及,构建高效、节约、环保的现代产业体系。二是构建城市生活垃圾循环利用体系。在三市的建城区实施生活垃圾的分类收集和处理,用三年时间基本建成生活垃圾减量化、资源化、无害化和产业化的基础结构。在城市边沿区建设以城市生活垃圾和污水资源化热电联产的大型沼气工程。三是在三市已建成的以中央电空调供应能源的大型建筑,实施废热循环利用的改造工程,为把长株潭城市群建设成为循环经济城市群打下坚实基础。

第二，实施城市群新能源公交车一体化的普及工程。《长株潭城市群"两型社会"试验区节能与新能源汽车示范推广工程实施方案》已经出台，在运营启动上有了一个良好的开端。株洲市从 2009 年开始启动节能与新能源汽车示范推广 3 年行动计划，3 年内将城区现有的 700 余辆公交车全部换成电动车和混合动力车。建议这一示范工程城市群一体化同步推进为好，株洲市能够三年做到的，长沙市更有条件可以做到，湘潭市要力争基本做到。这样才能彰显城市群规模效应和影响力，并更加有力地促进城市群新能源汽车产业的发展。

第三，实施城市群太阳能热利用的普及工程。太阳能热利用，是一种成熟和产业化的节能技术。可以采用政府推动、市场引导的方式，三年内在城市群得到普及。现在的问题是，太阳能热水器需要提高质量，创新形象，并实施太阳能热利用与建筑一体化。

第四，实施城市群绿色照明普及工程。中国是照明生产消费大国，2008 年全年照明用电高达 4100 亿千瓦时，在我国推广高效节能产品，基础好、潜力大、见效快。节能灯虽然价格高一点，但能效是白炽灯的 6 倍，使用寿命长达 6000 小时以上。长株潭城市群作为"两型社会"建设改革试验区，更要着眼于节能的实效，建议采取相应的激励措施，到 2009 年最迟到 2010 年普及这一工程，使绿色照明覆盖率达到 95% 以上，最好达到 100%，并带动全省跨越式发展，站到全国的前列。

第五，加大力度实施沼气发展的普及工程。湖南是农业大省，生物质能资源十分丰富，但利用很不够。沼气早在 20 世纪 90 年代就已经推广，从 2003 年以来的 7 年，湖南省新建沼气池超过前几十年的总量，发展势头很好。但据 2007 年的统计，全国已有 2260 多万户用沼气池中，湖南仅占 7.83%。同时，仍主要是以户池为主，滞后于规模养殖业的发展，没有形成产业化；主要是以政府补贴为主，没有形成政府支持下的商业化运作；主要利用传统方式，技术进步不大，停留在"新领域，老办法"。因此，需要更新思路、提升位置、科学规划、加大力度，把沼气发展同建设社会主义新农村结合，与农村"两型社会"建设结合，作为发展生态循环农业的切入点，创新技术模式，扩大燃气规模，重点加大集中供热、供电的大型沼气工程建设，并在大中型沼气工程建设与配套服务中积极探索和推进商业化运作模式，使之成为推动沼气应用的内在动力。

第六，在具有风能资源优势的地区实施风能的推广应用工程。风能技术是已经走出试验、面向市场、商业化程度较高的可再生能源技术，风能设备制造已在城市群形成优势产业，并在某些先进技术处于领先地位。从应用的层面说，湖南虽不是风能资源丰富的地区，但它是具有局部资源优势的地区。据 2003 年风能资源普查结果，湖南省境内 10 米高风能资源总储量为 3222.03 万千瓦，风能资源潜在技术开发量为 18.4 万千瓦。湖南风能资源较丰富的地区主要分布在长株潭"3＋5"城市群的环洞庭湖地区和雪峰山及湘南、湘西山区。目前，益阳沅江漉湖和岳阳君山风电场已进入前期建设阶段，要力争在三年内在具有风能资源优势的地区得到推广。

第七，实施环境教育的普及工程。与前述普及工程相适应，三年内在城市群要从幼儿园、中小学、大学到各类职业教育和培训等机构普及环境教育，并带动全省环境教育的普及工作。同时，各种媒体要由重点宣传"两型社会"建设的意义、提高认识，转到具体进行生态环境教育和知识普及的宣传，示范"案例"和公众广泛参与的宣传，大力倡导健康文明的绿色生活方式和消费模式，在全社会迅速形成保护生态和爱护环境的社会氛围与良好的社会风尚，牢固树立生态文明的观念。

2. 中期：2009～2013 年

用五年时间重点对基本成熟但制约瓶颈突出的低碳技术，实施由扩大示范到较大面积的推广工程。

第一，光伏电能由扩大示范到较大面积推广。近几年来，我国的太阳能光伏电池生产能力显著提高，2008 年光伏电池生产达到 200 多万千瓦，成为世界上第一大光伏电池生产国。长株潭城市群光伏电池生产从 2006 年以来，跨越式发展，形成一大优势产业。但我国光伏产业主要是"两头"在外，原料硅主要依赖进口，产品主要出口欧美国家，在国内的应用和环境效益并不明显。国际金融危机向实体经济蔓延，也使光伏产品出口数额下降、价格下降，致使企业遇到前所未有的困难。针对光伏产业的困难，2009 年 3 月 26 日，财政部联合住房和城乡建设部发布《太阳能光电建筑应用的实施意见》。2009 年 4 月 20 日，财政部对外又发布了《太阳能光电建筑应用示范项目申报指南》，明确对其三类示范项目进行补助，最高补贴标准为 20

元/瓦和 15 元/瓦两个档次，这对光伏产品开拓国内市场、扩大内需和提升行业信心、促进产业发展将会起到重要作用。加快推进光电建筑一体化，对于建设"两型社会"极为重要而又十分紧迫。目前建筑能耗已成为我国能耗中最大的构成部分，我国已建成的近 400 亿平方米的建筑，99% 为高能耗建筑，用电高峰期相当于 10 个三峡电站满负荷输出。在这种情况下，实施太阳能"屋顶计划"，既可促使节能减排，又能帮助企业化解出口困难。长株潭区域既是"两型社会"先行先试的地区，又是光伏产业重要的生产地。应实施应用与产业结合，用 3 ~ 5 年时间较大规模推进光电建筑一体化。比如，长沙市大河西先导区的梅溪湖，要建成高科技创新园区——湖南硅谷，也可以在电热供应上完全使用太阳能，建设成湖南的太阳谷。还可以考虑在"绿心"中的大型公共建筑、临空区或长株潭新的中央商务区等新城区，建设"太阳城"。并向株洲、湘潭选择新的大型公共建筑进行推广。由于光伏发电发展的最大制约瓶颈是成本过高。目前在我国，太阳能发电成本大约是生物质能（沼气发电）的 7 ~ 12 倍，风能发电的 6 ~ 10 倍，更是传统煤电方式的 11 ~ 18 倍。因此，虽然有国家补贴，但由于成本高，电价依然维持高位，要做到普及应用，还需要通过企业在技术上进行艰巨创新和提高逐步降低成本。

第二，长株潭"3 + 5"城市群建设中国最大规模的生物质能液体燃料的产业基地。生物质能属于清洁能源，其发电、沼气、固体成型燃料和液体燃料都是国家要求大力推进开发和利用的重点。湖南省生物质能潜力很大，但除沼气外，其他尚处于试验研究和很小规模的生产应用。燃料乙醇技术，湖南省在红薯、葛根等多种非粮作物申请了多项国内和国际专利，要采取激励措施，三年内要实现产业化，五年内要达到规模化生产和使用。生物质柴油是湖南省生物质能产业重要的发展方向，目前只有一家公司利用大豆和油菜子等生产出生物柴油，产量只有 1150 吨。长期以来，湖南省冬季栽种的油菜品种因为成熟迟，影响早稻播种农民因而选择了放弃，造成大片双季稻田冬闲。现已启动选择多个早熟、含油量高的优质油菜品种三年内在全省推广，并实现机械化规模生产，这将使 3000 万亩双季稻冬闲田得到充分利用。油菜子不属于粮食作物，早熟优质品种又不影响早稻的播种，其地域分布又集中在"3 + 5"城市群的环洞庭湖和长衡区域，可能利用这 3000 万亩冬闲田种植的优质油菜子为原料①,在城市群的适宜地点建设一个中国规模最大的生物柴油产业基地。建议规划、研发试验工作优良原料品种的选择推广同步进行,五年内实现产业化和规模生产。

3. 长期:2009~2015 年

要着眼于前沿技术的攻坚开发研究(包括引进、消化再创新)。目前,作为零排放正在攻关的"去碳技术",主要是碳捕集与封存技术(CCS)。这种"去碳技术",是用以捕集来自煤、石油、天然气化石燃料燃烧产生的二氧化碳,并埋存在地层深部,防止二氧化碳排放到大气中。二氧化碳的捕集不仅能够在所有发电厂进行,也可以用于石灰、水泥和混凝土行业。但由于技术应用的复杂性和成本太高,近期在经济方面没有可行性。随着技术进步的提升和温室气体排放费用的提高,才具有可行性,预计美国和欧盟国家在 2015 年前可投产至少 30 个示范电厂。2004 年,中国华能集团以科学发展观为指导,率先提出"绿色煤电计划",旨在研发、示范推广能够实现二氧化碳捕集和封存的新型高效煤基地系统,为应对气候变化作好技术储备,实现煤发电的可持续发展。这一计划由华能集团率先提出并组织人力、物力制定规划方案及实施方案,并联合中国大唐集团、华电集团、国电集团、电力投资集团、神华集团和中国开发投资公司、中国中煤能源集团公司等,于2005 年 12 月签约组织了绿色煤电有限公司。绿色煤电计划综合运用各相关关键技术,分三个阶段进行,最终应用于建立近零排放的绿色煤电示范电站,已选定天津滨海新区临港工业区为第一阶段 250 兆瓦整体煤气化联合循环(IGCC)示范电站的建厂厂址,于 2008 年开工建设。湖南省以煤为主的能源消费结构,在一个较长时间难以根本改变,华能集团在湖南省也建有火电厂,可以在"绿色煤电计划"实施的第三个阶段(2013~2015 年示范工程完成阶段)争取将这一先进技术引入湖南省,首先在长株潭 3+5 城市群选择适当地点建立示范厂并逐步推广。

保障措施包括以下几点。

第一,对近期三年重点的普及工程,建议建立专项责任制和问责制,以保障其预期目标的实现。

----

① 据有关专家介绍,这类优质的油菜子品种每亩产量可望达到 125~150 公斤,含油量 42% 以上。

第二，建议与已制定的《区域规划》和《综合改革方案》基本衔接，补充制定一个"长株潭'两型社会'建设低碳经济发展规划纲要"。

第三，政策措施，从实质上说，一切有利于能源安全（可持续供应）的措施，也都有利于环境治理，反之亦然。因此，"两型社会"建设综合改革方案已经提出的政策措施，也都是有利于低碳经济发展的政策措施，关键是三年内要能够落实。同时，也可考虑做些完善和补充，如绿色保险、绿色信贷、绿色采购、征收碳税和专项激励政策等。

第四，湖南省生物质能资源优势十分突出，但利用很不够。建议在省科技厅之下，依托科研院或高校设立湖南生物质能研发中心，以聚集力量，深入开发研究。同时，适应湖南省新能源的发展，在相关高校、职业院校设置一些能源专业，加强对新能源专业人才的培养。

建设"两型社会"转变发展方式与
绿色低碳道路*

中央领导多次强调要从国际国内经济、科技发展大势充分认识加快转变经济发展方式的重要性和紧迫性。经济发展方式将加速向资源节约、环境友好、人与自然和谐的方向转变，推进可持续发展已成为各国面临的共同任务。据此，中共湖南省委、省政府已将建设"两型社会"作为湖南省加快转变经济发展方式的方向和目标，以发展方式转变推进"两型社会"建设，为实现湖南又好又快发展进行了战略部署，并要求长株潭城市群"两型社会"综合改革试验区首先要在全省起到示范带动作用。而转变经济发展方式和"两型社会"建设的核心是走绿色低碳的发展道路，因此，《长株潭城市群蓝皮书》2010年卷就以此为主题，在对2009年"综合改革试验区"基本成效评价的基础上，从多个层面对此主题进行了探索。

一 "两型社会"建设取得实质性进展绿色低碳发展有了良好的开端

（一）重大基础设施建设进一步促进长株潭经济社会的融合

与湘江并行纵贯三市主干道的芙蓉大道，长沙至湘潭段，已于2010年2月竣工，完成对接的芙蓉大道全长达61千米。同时，在三市结合部的易家湾与株洲对接19千米的红易大道也已竣工，构成"人"字形的长株潭主轴线。

---

* 原载《长株潭城市群蓝皮书（2010）》，社会科学文献出版社，2010。其中第二部分《坚持转变发展方式与建设"两型社会"相结合，走绿色低碳道路》，作为《建议报告》，2010年7月，中共湖南省委书记周强做了重要批示，重要建议被采纳。

长株潭通信一体化升位并网成功。从 2009 年 6 月 28 日起，长沙、株洲、湘潭固定电话并网升级，由 7 位数升为 8 位，三市区号统一为 0731，长沙在原固定电话号码前加"8"，株洲加"2"，湘潭加"5"，这在湖南乃至全国通信发展史上都是一项重大创举，标志着长株潭城市群"两型社会"建设迈出实质性步伐。并网升级后，三市之间的固定电话长途费、移动电话长途费及漫游费全部取消，总体通话资费水平下降30%，占全省近40%的用户直接受益。所以，这是一项惠及广大群众利益的民生工程，也是加快长株潭"两型社会"建设的先导工程。长株潭（3＋5）城市群城际铁路网建设已启动。长株潭（3＋5）城市群城际铁路网规划于 2009 年 10 月经国家发改委批准并已于 12 月启动。路网有 7 条线路，总长 1200 千米。其中主干网结构可描述为"一竖两横加半圆"，"一竖"是岳阳—长株潭—衡阳，线长 360 千米。"两横"分别是：长沙—益阳—常德，线长 151 千米；湘潭—娄底，线长 110 千米。"半圆"是汨罗—益阳—娄底—衡阳。另外还有支线，长沙—浏阳、株洲—醴陵、湘潭—韶山—宁乡、长沙—湘潭西。列车时速为 200 千米。线网以长株潭为中心，覆盖"3＋5"城市群重要城镇，其核心长株潭线定于 2010 年上半年开工建设。

湘江长沙综合枢纽工程于 2009 年 9 月 30 日正式开工。这项工程位于长沙市望城县的蔡家洲，距湘江一桥 26 千米，计划到 2014 年建成。项目建成后，水库正常蓄水位将达到 29.7 米，库容 6.75 亿立方米，电站总装机容量 5.7 万千瓦，年发电量 2.3 亿千瓦。航道自岳阳城陵矶港经长沙段至衡阳段，通航能力将由 1000 吨级提升到 2000 吨级。该项工程不仅提升湘江通航能力，而且在枯水季节保障供水、改善湘江风光带环境、开发旅游资源、增强长株潭经济竞争力，其是一个重要的经济工程、环境提升工程和民生工程。

（二）战略性新兴产业呈现强劲发展态势

2009 年，长沙市高新区成为中西部地区首个部省共建的"创新园区"，湘潭高新区升级为国家级高新区；长株潭沿江高新技术产业带建设获国家科技部批准；长沙先进电池材料及电池、长株潭风力发电装备、长株潭工程机械 3 个产业化基地成为国家高新技术产业化基地。目前，长株潭（3+5）城市群共有8个国家高技术产业基地，有长沙信息产业园等19个国家高技术产业基地园区，以绿色为特征的战略性新兴产业呈现强劲发展态势。

1. 新能源产业强劲崛起

一是风电产业蓬勃发展。湘潭电机集团是国家发改委确定的兆瓦级风电集成的定点厂家，国家"863"计划确定的兆瓦风电产业化基地，国家科技部兆瓦级风电重大科技支撑计划承制单位。在已掌握兆瓦级风力发电设备核心技术的基础上，湘潭电机集团又与位列美国财富500强、生产风电机大型主轴承的铁姆肯轴承公司进行合作；5兆瓦海上风力发电机组也将于2010年投入试运行。2009年，湘潭电机集团获批建立风力发电技术国家重点实验室。现已建成生产1000套永磁风力发电机基地，其生产的风力兆瓦级风机在荷兰、芬兰、德国、日本等国得到广泛应用。同时园区已有18家企业实现了风电产业链的开发、建设配套生产。除了湘潭，株洲也崛起一个风电装备研制群落。株洲电力研究所、南车电机公司等多家企业，在风电发电机、变流器、齿轮、叶片等风电装备关键部件研制上，已处于国内领先地位。2009年，南车时代与华电集团、云南电力投资公司、中国风电集团公司等国内大型电力企业签署了大宗风机购销合同。区域内几家骨干风电装备制造企业到手订单已近百亿元。如今，一个拥有高端技术的风电装备制造业的产业集群在长株潭城市群已经基本形成。

二是光伏产业驶上快车道。地处长沙的中国电子科技集团公司第48研究所（简称中电科技集团48所）是国家级微电子、太阳能电池、光伏材料、电力电子等的研发及生产机构。2008年，中电科技集团48所正式投产光伏产业，是长株潭城市群及全省光伏产业发展的龙头。到2009年底，短短一年多，就已建成湖南省第一个12.5兆瓦的太阳能光伏示范电站、8条太阳能电池生产线，创年产值18亿元。其他一些光伏产业重大投资项目如创科硅业、华磊光电、神州光电、华润新能源、三升光电等30多户企业已相继投产，年产值已超过50亿元。湖南太阳能电池设备已占领国内80%的市场，城市群光伏产业已进入快速轨道，产业链线迅速拉通。

三是国家新能源汽车生产基地已显雏形。由株洲南车时代电动汽车有限公司、三一重工等参与的电力汽车，成功突破镍氢动力电池、驱动电机等技术瓶颈，2009 年已有 500 台混合动力公交车在长株潭投入运行，其推广数量、营运范围、运营里程均居全国第一位。致力于多种纯电动和混合动力新能源汽车技术的吉利汽车，2005 年落户湘潭九华经济区，产能目标为 30 万辆，年产值 450 亿元，目标是要建设成新能源汽车的重要生产基地。2009 年吉利汽车年产已达到 6000 辆，年产值达到 30 亿元，并建立了湘潭吉利汽车研究所。2009 年 7 月，年产 5000 辆电动大巴、40 万辆轿车、10000 辆底盘构成的产业链，年产值 400 亿元的比亚迪汽车落户长沙市，并把全球独一无二的电动大巴底盘生产基地也建在长沙。湖南也是众泰两大整车生产基地之一，是众泰布局的战略重点。2007 年 5 月湘潭众泰江南奥拓成功复产，2008 年 12 月长沙基地建成投产，2009 年销量已超过 5 万辆。众泰汽车在新能源汽车领域已经"超前一步"，拥有国内第一个获准生产纯电动车的"准生证"，生产了第一个正式挂牌上路的纯电动乘用车。同时长株潭还先后引进世博、日立、广汽、北汽福田、广汽菲亚特等一大批国内汽车骨干企业。中联重科于 2008 年启动新能源环卫车的研发，2009 年总价值 3000 万元的环卫车被北京和内蒙古等地的客户抢购一空。长株潭已成为中国汽车产业的第六大板块，节能与新能源汽车、电动传动系统已占全国 70% 以上，一个有望成为全国最大的新能源汽车产业基地已显雏形。

2. 核电建设前期基础建设基本完成

湖南具有发展核电的资源优势，这对于调整湖南能源结构具有长远战略意义。我国首批 AP1000 核电之一的桃花江核电站，于 2006 年启动，布局于益阳市桃江县，东距益阳市 37 千米，东南距长沙 108 千米，规划装机 4 台百万千瓦 AP1000 机组。首裸机组计划于 2010 年 4 月开工，可望在 2015 年建成投产，建成后最高年发电量约 280 亿千瓦时。2009 年已完成总体规划设计和大部分土石方工程、进场道路、石料场、搅拌站等基础设施建设。

湖南省第二个核电站位于岳阳市华容县，距长江南岸约 1.7 千米，属内陆滨海电厂，于 2008 年启动。2009 年 1 月湖南省与中国电力投资集团签订合作建设协议，并获得国家发改委、能源局、环保部和核安全局等国家有关部门的支持。该项目规划按国际先进的第三代核电 AP1000 标准设计，建设

4 台 125 万千瓦机组。

同时，2009 年，长株潭城市群先进储能材料、先进碳/碳复合等新材料产业，生物医药产业和生物基地建设，网络经济、软件园建设和数字动漫等创意产业，都迈出跨越发展的步伐。

（三）湘江流域水污染综合治理迈出了关键性的步子

在城市群环境污染的治理上，湖南省政府于 2008 年 6 月 2 日启动了"千里湘江碧水工程"，决定用三年时间解决湘江突出的环境问题。到 2009 年，已有 891 家企业整治到位。一直是长沙上游高污染地区的坪圹 13 家污染企业和落后产能企业全部退出。湘潭提前一年实现废水治理三年计划，城镇污水不再直排湘江。湖南省加大了环保执法力度，建起了全省首家污染源在线监控系统，24 小时自动监控所有排污企业，通过自动监控已查处环境违法事件 38 起。株洲被评为"国家卫生城市"，清水塘循环工业园融资 1.2 亿元，21 个污染处理项目及 45 个循环经济产业项目列入《长江中下游流域水污染防治规划》和国家循环经济试点项目。湖南省环境监察中心发布的数据显示，湘江流域总体水质为优。

（四）十大改革全面启动

2009 年，长株潭城市群"两型社会"建设的顶层设计高标准完成，总体改革方案和区域规划开始实施，12 个专项改革方案和 17 个专项规划陆续出台，十大改革全面启动。

一是节约用地。土地是不可再生的资源，"向空中要地"是长沙节能用地的一个重要措施。金舟科技创业大厦位于长沙隆平高科技园，高过 90 米 24 层，项目占地仅 25 亩，建筑面积达到 11 万平方米，是我国中部最高、国内少有的超高层标准工业厂房。与之相比，2004 年和 2005 年到该园投资建设的 11 家中小企业，总建筑面积 11 万平方米，占地却达到 349.8 亩。湘潭市实行城乡城市用地增减挂钩试点和"先征后转"土地预征试点。株洲进行"征转分离""先征后转"和村民参股变股民的试点，在开元区马家河村将 1843 名村民集中居住，通过村集体控股村民参股，注册成立了大禹实业有限公司，利用留用安置地发展集体经济，村民入股后变成股民参与分红。经过迁村腾地，腾出的土地用于工业建设和生态用地。

二是创新投融资方式。拿出优质资产注入投融资平台，以增强城市群投融资洼地效应。2009年9月21日，湖南发展投资集团组建，注册资本金100亿元，成为试验区主要的投融资平台。挂牌当天，集团即与国家开发银行、广铁集团、宁乡县人民政府等20家银行、企业、政府签订战略合作协议，签约金额突破3000亿元。该公司并力争拉动更多的社会资金参与"两型社会"建设。同时，2009年，国家首批设立的20个新兴产业投资，有3个落户试验区。

三是行政管理体制改革迈出新步子。长沙大河西先导区实行"大部制改革"，通过实行2号公章制度，将11个市行政部门实施的44项行政许可或审批工程职能移交先导区管委会，较大地提高了行政效率。湘潭的九华、昭山、天易示范区实行简政放权，仅九华示范区就下放了69项行政管理权限，大大简化了行政审批程序。

四是资源环境方面。长株潭总体纳入国家节水型城市试点，并将用水量指标列入"两型社会"建设考核指标，建立生态用水保障机制和应急生态补水机制。2009年4月，湘潭市打破城乡之间、地区之间、部门之间水管理界限，改水利局为水务局，统筹区域涉水事务管理，并率先实行超计划用水加价收费。湘潭市政府规定若超计划用水，须按一定标准缴纳超计划加价水费。市水务局对城区125家主要用水单位逐一核实计划用水标准，并在当地媒体上公布，接受社会监督。这些主要用水单位2009年用水量平均下降10%，湘潭大学、湘钢用水量分别降低12%、15%，江麓集团在产量提高的前提下，用水量却减少一半。

五是绿色保险试点。长株潭城市群已有300多家企业投保。

六是2009年8月长沙金霞保税物流中心正式封关运行。

另外，在城乡统筹、建立生态补偿机制和环境保护目标责任制等方面，也进行了重要的改革。同时，试验区也力争国家在多个方面给予指导和支持。到2009年末，湖南省已与70多家央企签订了项目合作协议，与32个部委签署了共建协议。

二 坚持转变经济发展方式与建设"两型社会"相结合，走绿色低碳道路

（一）"两型社会"建设面临能源安全和生态环境不可持续的严峻挑战

"两型社会"建设与转变经济发展方式相辅相成。加快转变经济发展方式，是在党的十七大会议上作为关系国民经济发展全局的重大战略任务提出来的。近一年多来，中央领导在许多会议上，多次强调加快转变经济发展方式刻不容缓，要在"加快"上下工夫。对这种重要性、紧迫性，胡锦涛主席于2010年6月7日在中国科学院、中国工程院两院大会上的讲话中做了深刻分析。国际金融危机发生以来，我国发展的外部环境和内部条件发生了很大变化，加快转变经济发展方式的紧迫性更加凸显。从国际国内经济发展的大趋势来看，未来10年，世界上包括我国在内的20亿~30亿人将逐步进入现代化行列，能源资源需求和生态环境的压力将大幅上升，经济社会快速发展与地球承载力的矛盾日益尖锐。作为工业化、城镇化快速发展的人口大国，我国面临的能源和生态环境的矛盾会更加突出，推动可持续发展的任务尤为艰巨。

就能源安全来说，3.5亿年来以碳的形式埋存在地层中的太阳能——化石能源，自工业革命以来，250多年大规模的高消耗，不久将面临枯竭，与这个以化石能源为血液的工业化一同终结。从世界范围来看，一次性的化石能源平均使用的年限，石油可延续使用40多年，天然气60多年，煤炭200多年。我国的能源资源更加短缺。根据2008年探明的一次性化石能源的储量和开采能力测算，平均可开采使用的年限，石油20年，天然气37年，煤炭为100年。同时，250多年来对化石能源的高消耗也带来了生态环境的不可持续。根据对南极冰层的研究，大气中的二氧化碳浓度在过去1000年中一直稳定在大约280PPM的水平上。[1] 但自1750年工业革命以来开始上升，到2005年已达到379PPM。根据联合国相关组织研究，危险性气候变化的阈限是二氧化碳浓

---

[1] PPM为二氧化碳浓度单位，280PPM是指百万大气分子中有280个二氧化碳分子。

度控制在 450PPM 或更低的水平上，与这个浓度相对应的全球平均气温比工业革命之前高 2℃ 的限度内，这可使人类的可持续发展始终稳定在一个地球可承载的安全水平。如果继续沿着传统的高能耗发展方式走下去，到 2050 年大气中的二氧化碳浓度将会上升到 650～750PPM，地球升温幅度将达到 2.4～6.4℃，人类生存将面临生态灾难。因此，全球发展面临的严峻挑战迫切需要创新经济发展方式。这就决定了经济发展方式需要加速向资源节约、环境良好、人与自然和谐相处的方向转变。转变发展方式推动可持续发展是世界各国面临的共同任务。湖南以建设"两型社会"作为转变经济发展方式的方向和目标，以发展方式转变推动"两型社会"建设的战略部署，完全符合当今世界和我国经济社会发展的新形势。

（二）加快转变经济发展方式与向创新驱动转变相结合，大力发展战略性新兴产业

温家宝总理于 2010 年 3 月在《政府工作报告》中提出"转变经济发展方式刻不容缓。要大力推动经济进入创新驱动、内生增长的发展轨道"。2010 年 6 月 7 日，胡锦涛主席在"两院"大会上的讲话中进一步提出，经济发展方式要从资源依赖型、投资驱动型向创新驱动型为主转变。湖南正处于我国工业化资本密集型、重化工化发展阶段，实现向创新驱动型为主转变要有一个过程，预计为 10 年。但是，长株潭城市群一方面肩负着"两型社会"建设要在全国起到示范作用的历史使命，必须尽快启动，走在前面；另一方面，它又是各种创新要素的聚集区，到 2015 年必须在向创新驱动为主转变方面取得实质性进展。实现这一转变的抓手，就是要把大力发展战略性新兴产业放在长株潭"两型社会"建设的首要位置，使转变经济发展方式立足于一个新的起点上。

当前，世界经济已走出国际金融危机最困难的时期并出现复苏。根据世界银行预计，全球经济 2010 年可望增长 3.3%。发达经济体 2010 年增长 2.1%～2.3%，2012 年增长 1.9%～2.4%；发展中经济体在 2010 年的增长将达到 5.7%～6.2%。同时，国际金融危机的影响依然存在，全面复苏的问题依然较多。在这种情况下，各国尤其是主要发达经济体，纷纷把发展新能源、新材料、信息网络、生物医药、节能环保、低碳技术、绿色经济等作为新一轮产业发展的重点，加大投入，着力推进，培育新的经济增长点，抢占国际经济科技制高点，这正成为世界发展的大趋势。

战略性新兴产业门类不同，发展目标各异，但具有共同的特点：一是全球性；二是绿色性；三是智能性。继18世纪50年代第一次产业革命蒸汽时代、19世纪60年代第二次产业革命的电气时代、20世纪40年代第三次产业革命的电子时代之后，当今世界将进入一个新的科技突破、新的科技革命时代。我们正处在这个新时代的前夜。因此，需要以国际视野的战略思维，站在新技术新产业的前沿，进行超前部署。

第一，突出集中度，着眼于提升战略性新兴产业的国际竞争力。战略性新兴产业是具有长远意义的跨时代、支撑性带动性产业，建议对湖南已确定的战略性新兴产业再进行细分，选择在今后二三十年或更长时间里，在全球范围具有替代性、市场前景最广阔、现在基础最好的产品及其所属行业作为重点主攻方向，采取切实有效措施提升其国际核心竞争力，使之能在国际技术和产业竞争制高点这个平台上抢占一席之地。同时充分发挥其战略性新技术产品的带动力，形成规模化的大产业和跨行业的产业链及产业集群，实现跨越式发展。

第二，加快战略性新技术对传统产业的融合与改造。通过运用新技术改造传统产业，也可以将传统产业提升为新兴产业。如信息技术与文化产业的融合，形成"3G"网络、文化创意、网络游戏、数字出版等新兴的文化产业。新兴服务业与制造业融合，使制造业成长为制造服务业型的高端产业等。

（三）发展低碳无碳新能源与高碳能源低碳化和无碳利用相结合，形成复合型高效洁净的能源结构和安全供应体系

由于能源是人类生存和发展的重要基础，能源安全和化石能源温室气体排放是当前人类生存和可持续发展面临的最严重也是最迫切需要解决的共同任务。因此，新一代科技和产业革命将会是以能源革命为基础、新一代信息技术和新材料技术等多元化、涉及多个领域的技术和产业的深刻变革。构建新型、安全、高效清洁的能源结构和形成可持续供应的能源体系，其发展必须有以下两个着力点。

第一，大力发展核能和水能、风能、光伏电能、生物质能等可再生能源。到2020年全国的指令性目标是可再生能源在一次性能源消费中必须占到15%。要实现这一目标，根据有关部门的计算，以2008年为基年，在12年内水电需要增加94%，核电需增加8.2倍，风电和太阳能发电需增长19倍。湖南已经出台了《关于加快我省新能源发展的指导意见》并作了部署和安排。作为"两型社会"建设的试验区。确定一个略高于15%的目标为好，当然这是一个艰巨复杂的系统工程，需要付出巨大的努力。

第二，大力推进高碳能源低碳化利用。目前湖南一次性能源消费结构是煤炭占70.4%，水能占6.15%，石油占4.78%，天然气占0.67%。煤炭消费处于绝对的主导地位，而且这种主导地位，还将会延续一个相当的时期。新能源从产业的角度说，占能源结构到40%～45%的目标，才能处于主导地位，而这一目标预计到2050年才能达成，如果沿着这样一种能源结构和消费模式变化，那么到2020年就实现了单位碳排放下降40%～45%，如果按GDP年增长率保持在8%计算，那么全国的碳排放总量将会增长70%～90%，环境安全面临更加严峻的挑战。因此，必须利用低碳技术加强对高碳能源低碳化改造，逐步实现高碳能源低碳化或无碳利用，形成二元复合型的清洁能源结构，推动经济绿色低碳化发展。

使高碳煤能够零碳排放或接近零排放利用的是碳捕集、利用与封存技术。由于二氧化碳具有无色、无味、无毒的特点，捕集之后以液体、气体和固体存在的二氧化碳，在工业和国民经济各部门均具有广泛的用途，可用于饮料行业、化工行业、机器制造业、焊接行业、烟草行业、储运及加工业以及尿素和肥料等方面。其中生物应用如植物气肥，可提高光合作用效率，使作物早熟、产量高、品质改良，具有广泛的应用前景。目前国内利用的二氧化碳主要来源有乙醇装置、合成氨和制氧装置的副产品。2008年华能公司在北京热电厂建设中国首个年产捕集能力3000吨二氧化碳的实验系统，可以降低85%的碳排放，捕集的碳可用于饮食行业。2009年华能公司的上海第二发电厂，建成全球最大捕集能力为12万吨碳的捕集系统。从世界范围来看，二氧化碳工业在经历了一般应用阶段、温室气体排放控制阶段之后，已逐渐进入"新碳源"的研发阶段。将二氧化碳作为一种新的再生资源进行开发，如果取得成功，必然会对世界二氧化碳工业产生革命性的影响。

第三，实施绿色煤电工程。建议省政府有关部门同以华能集团牵头的绿色煤电有限公司，签订在长株潭城市群建设一个绿色煤电计划实施基地的"协议"。"基地"包括华能集团公司的岳阳热电厂、国华公司的长沙热电厂和大唐公司的株洲热电厂，在"十二五"期间可以先在华能岳阳热电厂新建第三期超超临界项目增加碳捕集系统，这种"结合"可以使碳捕集成本较低。然后再根据条件，逐步对其他热电厂进行碳捕集系统改造和推广。

第四，合理选择碳埋存地区。对捕集的碳进行地质封存，从而达到碳的零排放。根据联合国气候专门委员会（IPCC）关于碳捕集与封存（CCS）的专题报告，湖南在煤层气开发与碳埋存方面具有潜在优势。在湖南的涟源-邵阳一带，使用常规技术可开采煤层气 11.65 亿立方米，采用循环流化床锅炉技术可开采 16.83 亿立方米，二氧化碳埋存量为 0.04 亿吨。在郴州-资兴一带，使用常规技术可开采煤层气为 10.07 亿立方米，采用循环流化床锅炉可开采 14.41 亿立方米，碳埋存量为 0.3 亿吨。在川鄂湘边境区域也有部分潜力。

（四）加快经济结构调整，打造区域综合现代服务业中心

湖南正处在重化工业主导的工业化的中期阶段，长株潭城市群处于向工业化中后期过渡的阶段。基本实现工业化标准之一，在三次产业结构上应当是：农业增加值占比为 10% 左右，工业为 40% ~ 50%，服务业为 45% ~ 50%。从发达国家工业化发展的过程来看。各国工业占比最高的时间和比重分别是：德国，1970 年，55%；英国，1955 年，56%；美国，1965 年，38%；意大利，1970 年 45%；日本，1965 年，43%；澳大利，1970 年，43%。工业上升到主导地位是工业化的基本标志，但并不是都要达到 50% 或以上。就产业能源消费结构来看，第二产业的能耗强度高于第一产业和第三产业，第二产业为第一产业的 5 倍多，为第三产业的 4 倍多。因此，在加快发展现代农业的同时，加快发展服务业，提高服务业在三次产业结构中的比重，是推进经济结构调整、转变经济发展方式的必由之路；是有效缓解能源资源短缺、瓶颈制约，提高资源利用效率的迫切需要，也是吸纳城乡就业的主要渠道。就湖南来说，工业还需要做大，但更需要做强，建设工业强省，要把做强摆在第一位，把工业发展由大到强同加快发展服务业特别是现

代服务业结合起来，并逐步提高服务业在三次产业结构中的比重。在计划安排上，要着眼于到 2020 年完成重化工化的发展阶段，服务业上升到主导地位，按照党的十六大提出的目标要求，基本实现工业化，走出新型工业化的路子来。长株潭城市群不仅是湖南发展的经济增长极，也是我国长江以南的重要区域性经济增长极，应该尽快建设成区域综合现代服务业中心。

加快发展服务业，一是要把现代生产型服务业和关系城乡民生的公共服务业放在优先地位；二是要进一步做大做强优势支柱性服务业，如文化产业和旅游业。同时，从现实紧迫性和长远发展的需要来说，在现代服务业发展上，重点要在以下三个方面取得实质性突破发展。

第一，大力发展节能服务业，构建市场节能新机制。节能减排是一场硬仗，既具有现实的紧迫性和约束性，又关系全国和国际两个大局，必须在生产、建设、流通和消费各个领域实行节能优先的方针。在节能特殊领域如果淘汰落后产能，应继续采取政府指令性的强制措施，并采取相应的补偿、安置职工就业等政府配套措施。但在经济社会的各个领域实行节能优先，则必须在政府引导和支持下，充分发挥市场的基础性作用，尽快形成市场节能的长效机制，加快发展"合同能源管理"节能服务业。

据 2007 年联合国统计司和国际货币基金组织统计，中国单位 GDP 总能耗是世界水平的 3 倍、美国的 4.3 倍、德国和法国的 7.7 倍、日本的 11.5 倍。这种高强度能耗既给我们带来严峻挑战，又说明我国节能的潜力巨大。据摩根士丹利公司的预测，中国潜在的节能市场规模达 8000 亿元。传统的节能减排全靠政府行政强力推进，这不能形成长效机制，又使节能主体——企业缺乏动力。因此，需要创新一种市场化节能新机制。20 世纪 70 年代中期，在西方发达国家开始发展起来一种基于市场运作的全新节能项目机制——合同能源管理，而基于这种节能项目投资新机制专业化运作的"节能服务"发展十分迅速，尤其是在加拿大、美国和欧洲已发展成为新兴的节能产业。1996 年，中国相关部门同世界银行、全球环境基金共同开发实施了"世行全球环境基金中国节能促进项目"，在北京、辽宁、山东成立了示范性能源管理公司，取得了较好的节能效果，且很受企业的欢迎。合同能源管理项目的收益率都在 30% 以上。但是由于节能服务企业的规模小、信誉度不高和融资困难，未能取得快速发展。

在这种市场节能新机制的运作中，合同管理节能服务公司通过与客户签订服务合同，为客户提供包括能源审计（诊断）、项目设计、项目融资、设备采购、工程施工、设备安装调试、人员培训等全过程服务，并从客户进行节能改造获得的节能效益中收回投资和取得利润。用能单位不仅是零投入、零风险，而且还可以分享节能项目收益和获得相应的节能设施。

2010年4月6日经国务院同意转发了国家发改委、财政部、人民银行、税务总局《加快推进合同能源管理促进节能服务产业发展意见的通知》，提出了财政税收等扶持政策。

湖南对此已经做了安排。建议进一步加大力度，提升位置，把发展节能服务业作为一个新兴的节能产业和新的经济增长点加以扶持和加快发展。并建议：一是制定一个到2015年的节能服务业发展规划纲要和具体实施方案，确保到2015年合同能源管理成为用能单位实施节能改造的主要方式，并基本形成市场节能新机制。二是建议省财政安排一定专项基金，支持和引导节能服务业的发展。三是着重解决节能服务业融资难的问题。因为服务企业承担节能改造项目越多，需要的资金量就越大。除了合同能源管理项目投入的固定资产可以作为贷款抵押外，还需要创新信贷产品，如可以把项目管理企业实施合同的"收益权"也纳入担保范围。四是解决现阶段服务企业规模偏小的问题，着力促进大型节能、环保设备生产企业及节能技术持有者组建节能服务公司，力争在一个较短时间内使节能服务企业得到快速发展。如远大空调公司3年前就推出了能源合同管理变买卖关系为服务关系，变一次性交易模式为可持续营收，为客户节约了大量的能源投入，也为自己赚取了年均数千万元的服务利润。最近在为上海世博会提供的无电空调服务中应用了合同管理模式。

第二，大力发展信息技术服务业、创新信息网络建设。湖南信息服务业的发展，在建设移动电子商务服务平台之后，建议继续规划建设地理信息公共服务平台，为各级政府科学决策服务，为招商引资服务；建设环境监测公共服务平台，为推进"两型社会"建设服务；建设应急信息公共服务平台，为快速应对各种突发灾害服务并做出阶段性的安排。在加快发展信息服务业的同时，在信息网络重要基础设施建设上进行创新突破。湖南已开通移动通信同电视网络的连接，在加速完成"3G"网络建设的基础上，进一步在物联网建设核心技术上，有实质性的突破，并拓展其服务范围。

物联网是新一代信息技术革命，当前虽然处于起步阶段，但发展迅速。据有关方面预测，到 2020 年物联网业务将相当于目前人与人互联业务的 30 倍，产业规模将达到 5 万亿元。湖南在发展物联网产业上也具有较大优势，有国家级的传感器产业基地、居中部地区第一的软件产业基地、世界领先的超级计算机技术、同移动通信和中国电信良好的合作等。建议首先做三件事：一是制定一个到 2015 年长株潭城市群物联网产业发展与应用示范的"专项规划纲要"；二是进行资源整合，组建长株潭物联网产业发展联盟，形成具有广泛参与的集成创新机制。三是建立支持物联网产业发展的专项基金。

第三，积极发展工业设计服务业，构建企业转型升级新引擎。近年来工业设计伴随我国工业化和信息化进程的加速，不断快速增长。特别是在建设创新国家和发展文化创意产业的大背景下，其更是得到了蓬勃发展，且已经成为产业转型升级的引擎、科技成果产业化链条的关键环节、提升企业核心竞争力的一条重要路径。

湖南于 2007 年就已经把发展工业设计作为推进新型工业化的战略性措施加以启动，并依托相关院校召开了工业设计国际论坛及峰会等，成立了湖南省工业设计协会和专家委员会。两年来虽已取得积极成果，但效果并不显著。依托相关院校召开"论坛"等进行交流是必要的，但这只能是一种辅助性措施。建议转换一下思路，采用举办高新技术园区的方式，制定系列优惠政策，兴办工业设计产业园。可在长沙大河西文化创意产业区规划一片工业设计创意产业园，并呈报国家知识产权局批准，成为国家级区域性的工业设计产业基地，以增强其吸引力和聚集力。园区要实行大开放的办园方针，依托优良的政策软环境与良好的园区硬环境：一是聚集本地的工业设计创意资源进入园区；二是吸纳国内外工业设计专业人才入园创办企业；三要吸引国内外大型的工业设计公司入园设立分支机构，使之逐步成长为一个新兴产业。同时，在省科技厅成立工业设计发展促进中心专门从事此项促进工作。

第四，建议把长株潭打造成中部地区的消费服务业中心。长沙市政府已经提出把长沙市建成区域性消费中心的目标，建议把此目标延伸到长株潭城市群。这样就必须大力发展具有区域性吸引力的文化信息、娱乐服务业、旅游休闲度假服务业，形成区域性购物中心和会展中心。

（五）大力推进资源循环利用，加速高能耗高排放产业低碳化进程

从 2007 年我国的用电结构来看，工业用电占全社会用电的 75.25%，工业用电中钢铁、有色金属、化工、石油加工及炼焦、建材占工业用电近 70%。重工业内部用能结构目前亿元产值能耗强度，冶金工业是 1.76，石化工业是 1.30，而装备制造业只有 0.18。在重工业中基础材料工业与装备制造业的产值能耗强度相差近 10 倍。所以，节能减排的重中之重是高能耗的重化工基础材料工业。但是重化工化是任何一个大国工业化发展必经的发展阶段。

高排放的重化工业能否做到低碳化运行？关键是要大力发展循环经济。我国自 2005 年 5 月下发《国务院关于加快发展循环经济的若干意见》，并进行循环经济发展的试点示范，实践证明，通过能源资源的循环利用，高能耗高排放的产业是可以相对地实现低碳化发展，即 GDP 单位能耗和碳排放量可以做到大幅度下降，实现相对意义上的低碳化运行。例如，循环利用一吨废钢，可以节约铁矿石 1.3 吨，降低能耗 50%，减少二氧化碳 1.4 吨。利用煤渣做成水泥，又可以节约石灰石 45%，节能一半，碳减排 45%。湖南湘潭钢铁公司在 1 号、2 号和 4 号高炉采用节炉压差发电技术，只此一项每月回收使用发电量就达 1597 度，每年减少碳排放达 50 余万吨。干法水泥生产技术，就是对城市废弃物资源化利用的绿色技术，在净化环境上可以做到零污染。为加速资源循环利用，有以下几点建议。

第一，建议大力发展循环经济。重点放在发展循环工业，在工业中又要首先着重在重化工基础材料工业的循环发展。

第二，建议延伸循环产业链。到 2015 年，以基础材料工业中的大型骨干企业为核心或龙头，形成多条循坏工业产业链。基础材料产业的聚集区均打造成循环型工业产业园，逐步实现高碳排放工业低碳运行。

（六）大力创新工业软件技术，促进信息化与工业化深度融合

2009 年 6 月温家宝总理在山东考察时说："由制造到创造，软件是桥梁。"工业软件是信息化与工业化融合的纽带和桥梁，也是"两化融合"的切入点和突破口。工业企业是工业化的主体，也是"两化融合"的主体。

两化深度融合也就是要把信息技术渗透到工业企业的各个环节活动的全过程，与企业的研发设计融合，使产品呈现网络化、协同化、个性化，提高产品设计的创新能力；与生产制造活动融合，使生产制造呈现敏捷化、绿色化、智能化和管控一体化，提升制造加工效率和质量；与企业经营管理活动相融合，使管理网络化、精细化、决策科学化和建立风险控制体系。工业软件就是集设计、制造、管理与标准，规划于一体形成软装备系统的信息技术，支撑和提升企业的核心竞争力，推动产业发展的转型升级和经济发展方式转变。

所以说工业软件是"两化融合"的黏合剂，没有工业软件就不可能在工业化的硬件优势基础上有信息化的软优势，也就没有"两化融合"。随着工业的快速发展，"两化融合"向深度推进，对工业软件需求也快速增长，我国工业软件产业发展面临重大机遇和广阔发展空间。工业软件发展与工业产业发展良性互动的格局也将较快地形成。面临这种发展趋势，上海市于2009年颁发了《上海市振兴工业软件专项活动方案（2010～2012）》，打造了集研发、设计、生产服务于一体的综合性工业软件产业基地，并要求全市的大型骨干企业做到两化深度融合。沈阳市也连续出台硬性措施推进工业软件发展，规划建设了占地5平方千米的以工业软件为主的沈阳国际软件园。湖南国家级长沙高新区软件园自1998年建设以来取得了较快发展，在推进金融、税控、电子商务、远程教育、服务外包等方面信息化发挥了重要作用，但工业软件品种少、功能不全，远不能适应湖南推进两化深度融合的需要。为推进两化融合，建议如下。

第一，规划建设工业软件园。在长沙麓谷新建的中电软件园，规划一片工业软件园，吸纳一批工业软件技术创新力最强、规模较大的企业入园，为湖南两化深度融合服务。

第二，规模以上工业企业率先实现融合。到2015年长株潭城市群规模以上工业企业要率先做到两化深度融合，并引领全省实施两化深度融合的发展。

（七）实施城镇化与低碳化相结合，走协同推进的发展道路

随着城镇化的推进和发展，经济社会活动高度集中于城市。城市在取得聚集效益和规模效益的同时，也造成了对能源的高消耗和对环境的高污染。城市的工业废弃物和生活垃圾废弃物的排放也越来越多。据相关研究，城市能耗高于农村2.9倍，城市居民生活用能消费是农村居民的3倍多。从全球来看，城市用能占全球用能的70%，二氧化碳排放占80%。因此城镇化要与绿色低碳化相结合，做到同步推进。除了发展低碳产业，要逐步实现建筑和交通的绿色发展，并转变消费观念，引领低碳生活进入家庭。我国建筑能耗与发达国家相比，外墙是发达国家的4~5倍，屋顶是2.5~5.5倍，外窗是1.5~2.2倍，门窗气密性是3.6倍，住宅采暖是3倍左右，相关研究表明，现有的已经基本商业化的建筑节能技术已有200多项，如应用新的建筑，可以实现节能70%。为加速城镇化与低碳化有机结合、协同推进，有以下几点建议。

第一，对城市现有的高能耗建筑群如大型公共设施和商业设施进行节能改造。

第二，对新建筑群一定要严格要求按照相关标准采用节能技术，实施"金太阳"工程。

第三，在建设市际高铁的同时，进一步形成公交优先的运行网络。在发展绿色交通方面长株潭已启动新能源汽车的试点示范，长沙市地铁及市际高铁也已开工建设，但还需要进一步完善和形成公共交通优先的运行网络，倡导市区自行车出行的方式。2009年长沙市的机动车辆近100万辆，按常住人口250万计算，人均已达0.4辆，城市交通拥堵十分严重，到了非改变不可的时候了。

第四，建议在长株潭核心区进行循环型社会建设试点示范。制定循环型社会建设规划纲要，并进行地方立法，以使"两型社会"建设的目标具体地落实到省和三市的各级政府、企事业单位、社区和三市居民的家庭，形成全社会参与的共同行为。

（八）关于综合改革与制度保障的建议

1. 健全和完善"两型社会"建设的领导体制和决策机制

第一，进一步完善领导机构。长株潭城市群"两型社会"建设综合配套改革试验区于2007年12月获批后，成立了以省长为主任的湖南省长株潭城市群"两型社会"建设综合配套改革试验区领导协调委员会，下设办公室简称"两型办",作为委员会的办事机构负责日常工作的运作。两年多来,委员会对"两型社会"改革建设的"顶层设计"和重大工程的建设进行了科学决策和战略部署及安排。在"两型办"的具体运作和有关部门及三市政府的共同努力下,"两型社会"建设取得了显著成效,凸显了在全国的示范效应,在国内外提升了长株潭的品牌影响力。为适应国内外发展的新形势,中共湖南省委、省政府已将建设"两型社会"作为湖南加快经济发展方式转变的方向和目标,以发展方式的转变推进"两型社会"建设,并作了部署和安排。根据这种总体部署,"两型社会"建设的领导机构也需要作适当调整,有以下两种方案可供选择。

第一种方案是把现有的长株潭"两型社会"建设领导协调委员会改为湖南省"两型社会"建设委员会,以长株潭"两型社会"建设综合配套改革试验区为重点和核心,统筹协调全省的发展方式转变和"两型社会"建设。

第二种方案是仍保留原来领导机构的名称,把职权范围由"3+5"再延伸到全省的14个州市。长株潭城市群"两型社会"试验区改革与建设的基本政策措施,只要适宜全省,就同时在全省加以推广和普及,使其示范作用通过梯次辐射首先在全省发挥带动作用,据此,需要有更多的相关部门作为委员会的成员单位,扩大委员会的成员范围,并制定衔接条例和补充制定一个规划纲要。

笔者认为第二种方式为好,即延伸它的职能而不改变名称,这有利于突出长株潭"两型社会"建设改革试验区的品牌效应和发挥其核心带动作用。从一定意义上说,"珠三角"的品牌影响力高于广东,长株潭品牌的影响力高于湖南。因为区域性经济增长极的影响力是不受行政区划限制的。

第二,进一步明确领导机构的职能。把转变经济发展方式同建设"两型社会"直接联系起来,是国内外新形势的客观要求和必然趋势。但是,转变经济发展方式几乎涵盖了政府的全部经济工作和政府的经济职能。那么,"两型社会"建设改革的先行先试,统筹协调委员会的职能范围如何界定,是需要进一步明确的,我认为其主要职能应是确保经济发展方式的资源节约、环境友好和人与自然和谐的转变方向和"两型社会"建设目标的实现。进一步说就是在"两型社会"建设中加快绿色发展、低碳发展和循环发展。我认为绿色发展,简明地说是人与自然和谐与环境友好发展的统称。

凡是有利于这种"和谐"与"友好"的发展就是绿色发展，"两型社会"建设的过程就是绿色发展的过程。凡是损害和破坏这种"和谐"和"友好"发展的，就是黑色发展。传统的"高消耗、高排放、高污染"的发展方式就是黑色的发展模式。新型的"低消耗、低排放、低污染"的发展方式就是绿色的发展模式。转变发展方式从根本上说就是由黑色的发展模式转变为绿色的发展模式，低碳发展处于绿色发展和"两型社会"建设中的核心位置。低碳经济是以"高能效、低能耗、低排放"为基础的经济发展方式和经济发展模式。实质上是能源的高效利用和形成洁净能源结构，是新能源革命。能源是人类赖以生存和发展的重要基础。

当前湖南正处在工业化重化工化发展的经济爬坡阶段，因此只能相对地发展低碳经济，到 2020 年确保实现单位碳排放比 2005 年下降 40% ~ 50% 的目标。由于到 2020 年，我国的国内生产总值会再实现翻一番的目标，据预计碳排放的总量还会上升 40% ~ 50%。因此在 10 年内，在"两型社会"建设中必须大力发展绿色经济，基本实现由传统的黑色发展方式向新型的绿色发展方式的转型。同时，大力开发推广低碳技术，加快低碳经济的试点示范，着力培育以低碳排放为主的新的增长点，到 2020 年使低碳经济发展成为导向型产业和新的经济发展引擎。到 2020 年最迟到 2030 年，转变发展方式将进入第二个阶段，即从绿色为主转变为以低碳发展为主。低碳经济将会由相对地发展，转变为碳排放总量的绝对下降。到 2050 年，或 2049 年当庆祝中华人民共和国成立 100 周年的时候，中国将建成低碳社会和步入信息化社会，将会实现邓小平为中国设计的三步走的战略目标，经济发展达到中等发达国家的水平，建成现代化强国和实现中华民族的伟大复兴。我们要立足当前，着眼长远，做当前的事为长远的事打好基础。

循环经济，就其自身来说是资源节约型经济。循环利用能源，实现节能减排，废弃物的资源化再利用也降低了环境污染的载体。所以，大力发展循环经济包括发展循环工业、循环农业和循环型社会，既可以节约资源，又可以保护环境，同时加快经济发展，是实现多赢的联结点、结合点，是实现绿色发展、低碳发展的一条基本路径，对于加快转变经济发展方式和建设"两型社会"具有重要的战略意义。

第三，进一步健全决策机制。一是扩大委员会成员单位。多方面的参与才能有多方面的落实，变为更广泛的行动，如教育部门也要参加进来，"两型社会"建设进校园、上课堂，将会产生广泛而又深远的影响。二是完善议事程序，建立制度化的决策机制。如委员会全体会议制度、主任办公会议制度，对议定的重大事项以"纪要"等文件形式下发各个部门和有关市，以有利于"两型办"在改革和建设实践中推动和落实，提升其执行力、协调力和权威性。

2. 形成和完善广泛参与，加强纵横协调相结合的机制

在转变经济发展方式和建设"两型社会"的实践中，要充分发挥多部门广泛参与的作用。但是，多部门、多地区出台的直接相关和间接相关的政策措施往往具有较大的差异性，有的也可能产生互相抵消的消极影响。因此，需要省"两型办"对各个方面直接和间接相关政策措施进行整合。必要时进行适当调整，并制定实施细则，使其相互衔接和完善发挥政策措施的组合效应，扩大政策实施的效果。在加强横向协调的同时，加强上下之间的纵向协调。

3. 设立"两型社会"建设监察室

从目前"两型社会"改革建设推进的实际情况来看，成效显著，示范效应的品牌影响越来越大。但是"顶层设计"的改革措施和规划做得多，落实不够。建议设立"两型社会"建设监察室，并由省政府制定"监察条例"。机构可设在"两型办"，由常务副主任兼主任，对已出台的改革方案、规划及重大项目进行跟踪监督监察，并定期向省委、省政府领导写出监察报告和提出建议。

4. 进一步完善绿色政策框架体系

（1）建立政府绿色采购制度，制定绿色采购目录，并制定绿色采购指南。国家投资或国家为主的投资工程建设也应实行绿色采购制度。

（2）建立"两型社会"建设基金。以政府专项基金为引导，广泛吸纳社会资金参与，以支持重大的环保生态工程建设。

（3）规范完善绿色信贷、绿色保险等绿色投融资机制。

（4）进一步完善和实施生态补偿机制。

（5）进一步拓展清洁机制项目，构建低碳交易市场。

（6）国家已制定差别电价、差别水价等原则性政策或指导性意见，根据区情、省情制定具体的实施意见，并尽快付诸实施。

"两型社会"建设新阶段与转变发展方式攻坚研究 *

一 "两型社会"建设的新阶段是转变经济发展方式攻坚的关键时期

根据《中共中央关于制定国民经济和社会发展第十二个五年规划的建议》，我国发展的"十二五"时期，是全国建设小康社会的关键时期，是深化改革开放、加快转变发展方式的攻坚时期，也是可以大有作为的机遇期。这是对我国发展新阶段基本特征的一个总体概括。长株潭"两型社会"建设的第二阶段正是处在这个时间段。因此，在"两型社会"建设新阶段，只有紧紧把握住这个阶段性的基本特征和国内外形势发展的新特点，在深入推进改革开放和转变发展方式上打好攻坚战，才能在全国起到示范作用，引领湖南"四化两型"建设站到全国科学发展发展排头兵的位置。

为了把握和深刻理解新阶段的新特点，对于为什么仍然处于大有作为的机遇期作一简析是必要的。简单说，机遇期也就是工业化中的"重化工化"阶段的发展期。由于重化工业发展的周期长、关联度大、带动效应强，重化工业为主导的工业化中期也是经济持续高速增长的阶段。如日本和韩国，在这个发展阶段，经济以 9% ~ 10% 的高速增长持续了近 20 年。在这个阶段，小的国家在发展过程中对于资本品的需求可以通过对外贸易加以解决，较大的国家则必须建立自己独立自主的工业体系作为发展的物质基础，"重化工化"阶段是不能跨越的必经阶段。

　＊　原载《长株潭城市群蓝皮书（2011）》，社会科学文献出版社，2011。

重化工业带动经济持续高速增长虽有其必然性，但也与国家采取什么样的产业政策有很大关系。从其必然性来说，推动我国重化工业发展的主要动力有三个：一是城镇化。随着工业化的加速发展，我国城镇化也进入加速发展期，这使城镇居民对住房需求快速增长，同时也促使大规模城市基础设施建设加速推进，巨大的潜在需求对重化工业发展起着越来越大的促进作用。二是大规模的基础设施建设。如交通从公路、高速公路到铁路、高速铁路和水港、空港等从轴线到面上的网络建设，对重化工业起到十分重要的拉动作用。三是消费结构的升级。自1980年开始，随着改革开放的发展，城乡居民收入水平逐步提高，消费结构也发生了阶段性的变化。从工业消费品的结构来看，从最初的自行车、手表、收音机等百元消费到电视机、空调机和电脑等万元级消费，再到如今的汽车、住房等10万元数十万元的消费已逐步进入家庭，对推动重化工业发展产生了重要的推动作用。

在我们这样一个有着十几亿人口的发展中大国，基本完成城市化和大规模基础设施建设大约需要30年，也就是说我们具有30年可持续高增长的机遇期。2000～2020年是这个机遇期的大发展阶段，之后增速会减缓。所以我们现在正处在一个可以大有作为的战略机遇期，要紧紧抓住它，要充分利用好。

同时我们也必须充分地看到这个重要战略机遇期的另一个方面，这个时期也是能源资源高消耗、污染物高排放和环境高污染的发展阶段。欧美发达的工业化先行国家，当它们处于这个发展阶段时，面临的是一个不发达的世界环境，它们可以用毫无节制地浪费甚至掠夺性地消耗世界的能源资源来实施先污染后治理的工业化、城镇化和大规模基础设施建设。但我们不可能，当我们这个拥有十几亿人口的大国经历这个发展阶段时，面临的现实是世界将逐步进入一个不可再生的化石能源枯竭的时期，就是全世界的化石能源也不可能支撑我们在老路上走下去。到2010年我国已经成为世界第一大能源消费国，第一大污染物和温室气体的排放国。我们面临挑战严峻的程度是世界上任何一个国家所没有的，我们不仅不能走，而且也不可能走、没有条件走它们的老路。我们必须用也只能用一种新的发展方式和新的发展模式来实现我国的重化工化，否则我们就迈不过能源资源硬约束这个门槛，就会陷入"中等收入陷阱"。所以，在"十二五"期间只有打好加快转变经济发展方式这个攻坚战，才能突破资源环境瓶颈制约，切实改变经济结构失衡状况，全面提高经济发展质量效益，为下一个五年全面建成小康社会打下具有决定性意义的基础。长株潭作为国家"两型社会"改革建设的试验区，在发展的新阶段必须在转变经济发展方式攻坚战上做出示范并发挥引领作用。

二 经济结构调整是转变发展方式和推进"两型社会"建设的主攻方向

从总体上说，目前我国的经济结构仍处于高投入、高消耗、高排放的状态。2010 年我国经济总量已经超过日本位居世界第二位，但经济结构失衡、发展方式粗放的问题仍然十分突出。尽管"十一五"期间单位 GDP 能耗有所下降，但仍然是世界平均水平的两三倍，铁矿石、粗钢、氧化铝和水泥的消费分别占世界消费总量的 54%、43%、34% 和 52%，石油和铁矿石进口的依存度都超过了 50%。产业结构的现状是：一产不够稳、二产不够强、三产不够大，三次产业结构不协调，特别是服务业比重过低。[①] 我们在加快转变经济发展方式和推进"两型社会"建设中，要把调整经济结构和解决"不稳""不强""不大"紧密结合，推进经济结构的转型升级和可持续发展。

1. 加快转变农业发展方式，推进"三化"同步发展

要加强农业的基础地位，推进农业现代化。中央在《中共中央关于制定国民经济和社会发展第十二个五年规划的建议》中提出："在工业化城镇化深化发展中同步推进农业现代化，是'十二五'时期的一项重大任务。"这也是湖南"四化两型"建设的一条重要路径。特别是环长株潭城市群，既是湖南的工业和服务业密集区，又是湖南和国家的农业主产区，急需解决好农业现代化滞后的问题，实现"三化"同步发展。

（1）加快从传统的"石油"农业向生态农业、有机农业、循环农业、设施农业为主的现代农业转变。根据中国统计年鉴的数据，我国的农药和化

---

① 《制定十二五规划的指导思想》，《〈中共中央关于制定国民经济和社会发展第十二个五年规划的建议〉辅导读本》，人民出版社，2010。

肥的施用量呈上升趋势，农药施用量已达到131.2万吨（成药），平均每亩使用931.3克，比发达国家高了一倍。化肥总施用量达到5239万吨，平均使用量每公顷435千克，远远超出发达国家每公顷225千克的安全上限。农药大量使用，不仅造成了大气、土壤和水体污染，而且破坏农田的生态平衡和生物多样性，对粮食安全造成直接影响。化肥使用量大，加重了温室气体排放和环境水污染。同时，根据有关部门初步估算，包括污水和畜禽养殖粪便等在内的废弃物，是工业污染物产生量的2.45倍。因此，加快转变农业发展方式，加强农村环境保护，不仅关系广大农民的切身利益，也事关全国人民的福祉和国家的可持续发展。让耕者获利，让食者安心是发展现代农业的出发点和落脚点。要大力推进节地、节水、节药、节肥、节能的农业技术，着力发展绿色、无公害、有机"三品"的生态农业和循环农业，推进现代农业示范区，建设"两型"农业和农村"两型社会"。

（2）加强培育适度规模的现代农业市场主体。现代农业，简明地说就是围绕农业形成的农工科贸信一体化社会化发展的农业，或者说是围绕农业跨越农业形成的一种综合性产业体系和产业群体。典型的现代农业发展模式有两个：一是地多人少的美国发展模式，另一个是地少人多的日本发展模式（包括类似的韩国和我国的台湾地区）。中国不能照搬他国的发展模式，必须从中国的国情出发，借鉴他国模式，形成具有中国特色的现代农业发展模式。

不论是美国模式还是日本模式，在它们的个性化发展中都体现了一个共性——农业现代化发展的一般规律性。美国的农业是当今世界上最发达的、技术最先进的农业。美国农业基本是以家庭农场和牧场为主。平均每个农场的耕地面积可达200公顷左右。农业人口500万人，只占全国总人口的2%左右。但这为数不多的农民不但养活了3.17亿美国人，还使美国成为世界上最大的农产品出口国。在美国虽然直接从事农业生产的人很少，但为农业产供销服务的雇员却占美国总就业人口的20%，达到2100万人。形成了六大体系，即农业生产资料的生产、供应体系，农产品加工销售体系，农业科教和技术推广体系，农作物种子包括家禽畜种的培育、繁殖、加工销售体系，农产品质量检测、监督体系，农业信息服务体系等，且各大体系都很健全。这些体系与农业生产体系密切关联、有机结合，形成了一个庞大的现代产业链和产业群体。

日本和韩国农业基本是以家庭农业大户为主。日本有 324 万个农业大户，每户平均有土地 18 亩，基本形成了以地为特点、集约经营的格局。据 1995 年的统计，韩国有 150 万个农业大户，每户平均经营规模为 1.396 公顷的土地。在家庭农业大户的基础上，日本和韩国都是采取从上而下组织农业协会的方式建立农业社会化的服务体系，其服务职能是：指导性服务，贩卖与购买服务，信用服务和事业性服务。完整的农业社会化服务体系有效地实现了小农户和大市场、大社会的对接，提高了农业的组织程度、社会化服务和产业化经营。韩国的农业协会更具有典型性，农协还增加了技术推广、农产品加工和金融服务等职能。2000 年，韩国农协共有 1278 个多职能的地区农协和 109 个专业农协，形成了一个完整的组织体系。

我国人多地少，湖南省更是山多地少，人均不足 8 分地。长株潭区域人均不到 6 分田，因此必须走以保障粮食生产为首要目标，专业化、标准化、集约化和社会化的现代农业发展之路，实现"三化"同步发展，走在全国的前列。从目前农业现代化发展的趋势来看，在农业市场主体上初步形成了三种形式或三个层次，即农业大户、专业合作社和公司，基层主体是农业大户，这种模式在环长株潭城市群的常德市和衡阳市有较快发展。长沙县的现代农业发展示范区采取了招商引资发展现代农庄的模式，成效也很显著。从我国国情来看，即使基本实现了城镇化，还是会有几亿农民生活在农村，因此，采取"农业大户 + 合作社 + 公司"或"农业专业大户 + 专业农业协会 + 公司"的模式更为适宜。在基础工作上，首先在对农民家庭承包的土地使用权和宅基地进行确权、登记颁证的基础上，健全土地流转市场，积极支持土地向农业专业大户集中，并着力培育年轻的职业农民——专业的务农者。日本和韩国在工业化过程中都曾经出现过农民的老龄化导致农业的萎缩。我们当前面临的问题是：一方面，数亿农民还没有转变为市民或完整的市民；另一方面，农村的专业务农者已经出现了老龄化和女性化特征。虽然基本农田的耕地已经得到保障，但我省大片的坡地已经撂荒。根据有关专家测算，2009 年 30 岁以下的农村劳动者已有 92.9% 转移就业，31~40 岁年龄段的农村劳动者有 42.8% 转移就业，农村 50 岁以上的劳动力超过 40%。根据日本的经验，专业务农者的收入要高于城市职工的家庭收入才能稳定下来。湖南是农业大省，从现在起对这个问题要给予足够的重视，并采取相应的政策。

我国区域资源条件、人口密度等差异性很大，这决定了我国社会化农业服务体系必须多样化。主要倡导的组织形式是发展专业农业合作社和培育龙头企业。自国家《农业专业合作法》颁布三年以来，湖南省合作社呈现加速发展态势。2010 年，全省农民专业合作社已发展到 6777 个。虽然已涌现一批成员上千个、经营规模上亿元的专业合作社，成为当地农业产业经营的龙头，但总体上说规模偏小，服务领域还不完善和规范。

（3）实施科教兴农战略。现代农业是广泛应用现代科技的农业，新技术是农业的先导和发展动力，包括生物育种技术、机械和新工艺的耕作技术、信息技术、节地节水技术等高新技术。这些技术的集成应用，使劳动密集型的传统农业转变为技术密集型的现代农业，因而现代农业也是生态农业、资源节约和可持续发展的绿色农业。不论是现代农业的美国模式还是日韩模式，都十分重视农业的科技创新和推广普及，形成农业的科研、教育、推广三结合的完整的科教体系。美国的农技推广工作主要是由州立大学的农学院承担。大学教授 1/3 时间从事教学，1/3 时间从事科研，1/3 时间从事推广工作。大学与地方郡政府联合建立郡（相当于我国的县）农技推广中心，负责本区的农技推广工作。经费由联邦政府、州政府和地方郡政府分别承担。并且在郡组织由大学、政府、技术推广和农民代表组成的农业推广指导委员会。定期沟通各方意见，审定推广工作计划和经费使用计划，对农技推广中心的工作进行评估、监督和指导。我国与美国的情况不同，不能完全照搬这种作法。我省也有一流农业大学和农业科研院所，具备组建农业科教体系的基础。将教育、科研、推广和生产紧密结合，既是湖南省发展现代农业的急需，而且对于农业院校、科研院所本身的建设和提高也是十分有益的。

（4）实施人才强农战略。现代农业是应用新技术和先进适用技术的农业，是现代工业提供先进装备的农业，是用科学管理方法进行组织管理和经营的农业。实现农业现代化必须加快培育一大批高素质的人才，这是关键性问题。要培养一批高素质的领导人才，如专业合作社和农业专业大户的负责人，一大批技术和管理骨干以及新一代新型的职业农民，需要把加强多层次、多专业、多类型和长中短期的教育培训结合,就地培训和院校培养、远程教育相结合的现代农业科技人才教育体系,提到人才强农战略位置上,制定专项规划,组织分层实施,并在经费和政策上给予强力支持。

(5)以标准化为抓手,建立农产品质量档案。健全农产品质量追溯制度和市场准入制度,建立从田间到餐桌的农产品安全监测体系。推进农业向深度发展,向绿色转变,发展品牌农业、高附加值农业,即使城乡居民都能够吃上放心安全的绿色产品,又能促进现代"两型"农业的发展和增加农民收入。在这方面长沙县的现代农业示范区和常德市现代农业的发展都积累了一些经验,但还需在实践中进一步加以规范和完善。

(6)加强农村信息化建设。目前我国正处在从传统农业向现代农业过渡的关键时期,发展农业生产,增加农民收入,完善民主管理都离不开信息化的引领和支撑。农业和农村发展最需要的就是及时获得有效的信息。根据公开的数字,截至"十一五"期末,我国100%的乡镇、100%的行政村、94%的自然村(20户以上)通了电话,其中100%的乡镇、75%的行政村接入了互联网,已经实现了"村村通电话、乡乡能上网",农村信息化基础设施取得显著发展。同时我们必须清醒地看到,农村信息化的推进还有一些严重制约因素:一是从总体上看,城乡之间依然有严重的"数字鸿沟"。2010年,我国城市网民渗透率接近60%,而农村网民在农村总人口的渗透率刚超过15%,相差大约40个百分点。城乡这种巨大的"数字鸿沟",不利于农业现代化、农村产业结构调整和农民收入增加。二是涉农信息资源供应短缺、应用不足,且信息资源分散在不同的部门,资源开发滞后,难以协调,无法共享。三是农村信息服务手段和涉农信息发布收集渠道有限,信息平台不完善,信息内容开发有待加强,信息针对性实用性需要提高。

针对上述问题,我省在加强推进农村信息化方面,需要着力于下述几点:一是从发展目标上建议在"十二五"期间全省实现由通信服务到信息服务的升级。互联网由乡乡通到行政村的村村通,乡建立农业信息服务站,村确定一名信息服务员,做到农村信息服务的全覆盖,使我省的农村信息进入互联网时代。二是改变各部门各自建立数据库"互不往来"的格局,采用电子农务与信息资源共享技术,打造电子农务和SO-SO搜索引擎相结合的公共农业信息服务平台,实现农业生产经营信息资源的多渠道传送和在线共享服务。三是围绕农村科技信息服务，现代农业产业创新和农村科技创业，坚持政府服务和市场服务相结合，推动"平台上移、服务下延"，铺设农村农业发展的信息高速公路。四是搭建农产品商务平台，建立网上农产品店铺和直销店，实现农产品的网络销售。

2. 加快转变工业发展方式，促进工业由大变强

转变发展方式，是经济社会领域的一场深刻变革，贯穿经济社会发展全过程和各个领域。其核心是转变传统工业化的发展方式和发展模式。从总体上说，在三次产业中，工业是资源能源消耗最大、排放污物最多的产业，因而加快转变工业发展方式是转方式、调结构建设"两型社会"的重中之重。调整工业内部结构，一是对高消耗、高排放的基础原材料工业，要控制总量、提升质量，推动转型优化发展。二是着重改造提升制造业，特别是装备制造业，使其由大变强。三是大力培育战略性新兴产业，使其能够尽快成为国民经济的支柱产业和先导产业。战略性新兴产业的发展既是抢占未来国际技术和产业制高点的问题，又是推进我国由资本驱动、要素驱动向创新驱动升级的重要抓手。要使新兴产业真正形成新优势、新经济增长点、增加新就业渠道，就要着力做好以下几点。第一，要紧紧把握这些新技术新产业的发展方向，选择基础最好最有条件的领域作为集中攻关的重点，加快形成竞争新优势，并要根据市场需求的变化动态调整攻关的重点方向，以便能及时抓住机遇，抢占制高点。第二，采取有力措施引导资本、技术和人才向新兴产业聚集。新兴产业的灵魂是新技术，只有技术的创新和突破，才能催生、支撑新兴产业的发展。因此，提高企业的创新能力是根本，而关键是人才。同时也必须发展一批紧密结合的产业联盟，大力推动重大科技成果项目的工程化、市场化和产业化。第三，着力培育新产品的市场需求。围绕经济社会发展的紧迫需要，组织实施若干个带动产业技术创新和规模化应用的重大示范工程，通过示范工程，引导转变消费模式，拉动产业发展。

3. 促进服务业大发展，提升服务业水平

服务业的发展水平是衡量现代经济发达程度的重要标志。加快发展服务业，提高其在三次产业结构中的比重是推进转变经济发展方式的必由之路，是有效缓解能源资源短缺的迫切需要。中央在《中共中央关于制定国民经济和社会发展第十二个五年规划的建议》中提出要"把推动服务业大发展

作为产业结构优化升级的战略重点"。三次产业结构变动有一个规律性，在国内生产总值中，第一产业的比例持续下降，从原来的80%～90%，下降到10%，以至5%以下；第二产业比例先是上升，后是稳定在40%左右，再开始下降；第三产业增加值持续上升，从15%左右最后上升到75%或更多。在工业化处在中前期发展阶段或人均GDP处于中下收入水平时，服务业发展平缓，当人均GDP步入中上收入阶段时，服务业将步入一个快速或大发展的时期，这是一种规律性。按世行2004年的标准，人均GDP在3255～9386美元的为中上收入国家。2010年我国人均GDP达4382美元，也就是说，我国已经步入中上收入国家。湖南人均GDP低于全国的平均水平，2010年人均GDP为3571美元，但也超过了3255美元，达到中上收入水平。服务业有一个大发展有其经济发展的客观必然性。

一是随着要素驱动向创新驱动转变，服务业与制造业的融合，以知识、技术、信息改造传统产业的深化，生产性服务业势必获得快速发展。从现代制造业的产业价值来看，在研发、生产制造、销售及服务三个环节中，生产制造是附加值最低的环节，而研发销售及服务环节的附加值占整个价值的绝大部分。目前，贴牌代工的制造产品，其加工制造环节的价值大约只占价值的10%。在我国香港，专业服务的平均附加值要占创新产业产值的60%，一般加工附加值只占产业比重的30%左右。

二是随着收入的增长，消费性服务势必出现一个快速增长期。收入增长带动居民消费结构升级，现阶段我国各类新型服务消费增长很快，如文化休闲服务、网络服务、健身服务等。与互联网相关服务最具有代表性。目前已有7亿移动用户，移动通信年收入超过1万亿元。软件技术服务年收入超过2126亿元，网络游戏产业销售年收入超过200亿元。同时，信息技术提供的消费者服务在空间上可以分离，如远程医疗、远程教育、离岸金融、离岸客户服务、视频会会议。

三是服务业不仅是低消耗、低排放的产业，也是就业容量最大的产业。1978～2009年，服务业新增就业2.2亿人，是同期第二产业新增就业人数的1.5倍，占全部新增就业人数的57.4%。但从目前来看，我国的服务业比重偏低、发展滞后，生产性服务业的发展还远远不能满足工业由大变强和农业现代化的需求，消费性服务业还远远不能满足城乡居民多元化、多样化的需求。从服务业就业比重来看，据世界银行统计，2008 年，发达国家服务业就业人数占就业总人数的比重一般为 60% ~ 70%，发展中国家一般在50% 以上，而我国 2009 年仅为 34.1%，发展服务业具有广阔的市场空间和巨大需求潜力，要把发展服务业与扩大城乡居民消费、扩大就业和改善发生有机结合起来，作为产业结构优化升级的战略重点，为服务业的大发展营造一个更加良好的政策环境。

2010 年长株潭人均 GDP 已达 7000 美元以上，居于中上等收入水平，2015 年预计可以达到 1 万美元，进入高收入区域。然而 2010 年长株潭三次产业结构为 6.28：54.82：38.89，服务业占比不仅低于 43% 的全国平均水平，更低于 64% 的世界平均水平，甚至低于低收入国家 45% 的平均水平，结构失衡问题突出。不论是产业升级增长的需求和城乡居民消费结构升级增长的需求，还是扩大就业、改善民生和农村劳动力转移的需要，都要求服务业有一个大发展，这是一种客观趋势，也是转变发展方式、建设"两型社会"的紧迫需要。因此，急需营造一个良好的政策环境，使服务业有一个跨越式的发展。笔者在《长株潭城市群发展报告（2010）》的总报告中指出，要把长株潭打造成为区域性现代服务业中心，这个现代服务业中心具体一点说应是枢纽三中心，即全国重要的交通枢纽，区域性高技术服务中心、金融业服务中心、商贸物流中心。

三 加快推进长株潭一体化整体性绿色发展的试点示范

长株潭"两型社会"综合配套改革试验区采取了整体性、普遍性的试点示范和差异性、个性化的"5 区 18 片"的试点示范，实行普遍性与特殊性、共性与个性相结合的多层次的试点示范体系与点面结合，从多层次、多行业、多领域积累经验，如果结合得好，会在"两型社会"改革建设中走出一条新路子。

在第一阶段奠定基础、重点启动的基础上，第二阶段的纵深推进是一个关键性的阶段，既要在"5 区 18 片"继续深化特色试验积累经验，扩大个性的示范效果，更要着力在整体上按照国家的要求，大力推进一体化、规模化的试验示范，在全省发挥引领作用，在全国扩大示范效应。

1. 大力推进湘江流域生态循环经济发展，打好经济转型的攻坚战

湖南的有色、化工、钢铁、采选、冶炼等资源能源高消耗、高排放的重化工业主要集中布局在湘江流域。湘江水环境的严重污染，体现在水，根源在岸。对于严重污染的企业该关则关，该停则停，该迁则迁，实行经济发展方式的转型。只有在"十二五"期间基本实现这种转型，才能为到 2020 年基本实现新型工业化奠定基础，在"两型社会"改革建设上做出示范。但是，湖南省正处于以重化工业为主的工业化的快速发展阶段，重化工业还需要有一个适度的发展。根本上说要使高消耗、高排放的重化工业转变为低消耗、低排放运行，也就是由黑色发展方式转变为绿色发展方式，这是一场艰巨的攻坚战，也是湖南转变发展方式攻坚的主战场。

如何实现发展、资源、环境相协调，在转方式中谋发展，在发展中转方式，涉及经济社会的诸多领域。其中一条重要的路径就是大力发展循环经济，把发展循环经济提升到"一项重大战略"① 的位置上，在湘江流域建立一个生态循环经济带。具体建议如下。

一是对已有和已经进行 30 家循环经济的试点企业和园区进行一次全面性的调研和评估，对于正反面的基本经验进行阶段性的总结，然后，在流域内规模以上高排放的重化工业企业和工业园区，结合清洁审核，进行普及推广，争取到 2015 年基本形成流域的工业循环经济体系。只有如此，才能按照预期走出一条新型工业化的路子。同时，以普及农村沼气发展为切入点发展循环农业体系，推进流域生产、流通、消费各个环节循环经济的发展，到 2020 年形成一个生态循环经济带，使湘江成为第二个内河污染治理的典范，成为"东方莱茵河"。

二是建议省成立由省政府主要领导负责、省综合管理部门牵头、相关部门参加的推进循环经济工作领导小组或联席会议制度，负责总体战略规划的制定，循环经济有关法规和行政规章的起草、跨部门的协调，循环经济实施效果的考核。同时，湘江流域的 8 市也建立同样的发展循环经济领导决策机制。也可以采用在省湘江重金属污染治理领导小组增加一个决策职能，加挂一个牌子，在办事机构增设一个职能部门的方法，把治理污染、加快发展、

---

① 《中华人民共和国循环经济促进法》2009 年 1 月 1 日起施行。

治黑和建绿结合起来。

三是省市均应编制一个"十二五"发展循环经济的专项规划，以明确到 2015 年循环经济发展的目标、主要内容、重点任务、保障措施，并规定资源产出率、废弃物再利用和资源化率等指标，为政府进行评价、考核，实施奖励、限制或者禁止措施提供重要依据。

四是制定《湖南省发展循环经济条例》，为发展循环经济提供法治保障。同时制定或完善地方循环经济的发展的评价和考核制度、生产者延伸的责任制度，以保障循环经济发展规划的落实。

五是加强对发展循环经济的宣传教育工作，近几年特别是 2008 年国家发布《循环经济促进法》以来，我省已有 30 家园区和企业进入国家和省的循环经济试点，涌现出如株冶、智能化工、泰格林纸、汨罗城市矿山等各具特色的循环经济发展典型和模式，但仍处于发展的初级阶段，发展循环经济还没有成为社会各界的自觉行动。因此，需要广泛开展循环经济的宣传教育和知识普及活动，提升全社会对发展循环经济的理性认识和参与行动。

2. 推进产城融合，建设绿色新城

随着工业化城镇化开始步入中后期发展的新阶段，包括大中城市和小城镇的各级工业园区，都面临一个经济结构调整问题。这些园区都已经形成一个工业密集区域或一个"工业化"区，但只具有单一的产业功能，并不具有城市功能。在园区的工作人员工作在园区，但仍居住在城里或周边的农村。这是城市化滞后于工业化、第三产业发展滞后于第二产业、土地城市化快于人口城市化的重要原因。以工业著称的长沙县，2008 年就觉察到星沙新城与长沙经济开发区超常规的发展相比，城市化进程滞后，"单一的生产型园区经济"带来的是园区"冷清"，遂提出加快推进生产性、生活性服务业进入园区，实施"产城融合"战略。2010 年，长沙县进一步提出"要如重视工业招商一样重视现代服务业招商，要把产业区建设成服务业发达的现代化新城区"。2008~2010 年，长沙县消费快速增长，第三产业的增长速度已超过第二产业。2010 年第三产业对 GDP 的贡献率较 2008 年增加了近 10个百分点，2011 年继续增加。

产城融合，一是可以有力地促进经济结构调整和发展方式转型；二是可以使服务业有一个大发展，从而提供更多的就业岗位，为农民就地就近转移为城市居民创造了条件；三是以园区已有的基础设施为基础进行延伸，可以较大地降低城市化成本。新城区的建设既有利于新型工业化的推进，又可以加快新型城镇化。要坚持科学规划、合理布局、结构优化，对原来的园区规划进行修编、提升和完善。要使新城发展既适宜于产业创新，又适宜于居住和生活。要引入高端学校、医疗机构、各类文化娱乐休闲设施，不断聚集人气，又要做好"老项目"二次开发改造，逐步实施产业的升级转型，使新城建设成为"两型"产业兴旺发达、环境绿色优美的现代绿色新城。

同时，新城建设又要坚持城乡一体、镇村同治，促进都市型农业的发展和社会主义新农村建设。各级工业园区及工业密集区和基地，其所辖和覆盖的区域范围，少则数十平方千米，多则上百或数百平方千米，其中有大量的农村、农业和农民。如湘潭高新区托管的有两个乡，浏阳生物产业基地和制造产业基地涵盖四个乡镇。因此，要以新城区建设为核心，统筹区域城乡一体化发展，实施基础设施同步建设、社会事业共建共享、社会保障同等对待，坚持以工哺农、以城带乡、城乡一体。要按照城市的标准，加快园区或基地的道路、供排水、供电、通信等基础设施向区域农村延伸，着力构建区域一体化的交通体系、环卫体系、垃圾和污水处理体系。

3. 加快公共交通的绿色低碳化

2009 年，全省交通运输二氧化碳排放量为 5440.10 万吨，占二氧化碳排放量的 18%，比 2001 年增长 25%，其中民用汽车的碳排放量从 2001 年的 234.97 万吨，增加到 2009 年的 1175.65 万吨，增长 4 倍。因此，首先要在长株潭试验区加快公共交通的绿色低碳化，在全省绿色交通发展中起到引领作用，在全国发挥示范效应。

要认真实施和落实 2009 年省电动汽车领导小组办公室组织长株潭三市共同编制的《长株潭国家两型社会试验区节能与新能源汽车示范推广工程实施方案》，即到 2012 年分别推广混合动力或电动公交车 2300 辆，出租车 1470 辆，并向公务、环卫和邮政等公共服务领域推广。从现实过渡来说要重点推广混合动力车，从长远来说主攻方向应是纯电动车。长株潭城区要力争到 2015 年基本上实现公共交通绿色低碳化。为此，第一，要推进智能电网、电动汽车、交电桩站和新能源的联动建设。第二，加大政策支持力度，大力鼓励自主创新，形成政策扶持、降低成本、价格和市场推广良性循环的态势。把长株潭试验区打造成全国新能源汽车产业化示范的样板，带动全省新能源汽车逐步推广，并以此促进我省电动汽车产业技术的进步和产业发展的提升，把推广示范与加快基地建设结合起来。同时，要大力倡导自行车出行方式，创造自行车出行的良好环境，宣传绿色自行车出行文化。株洲已经建成一个公共自行车租赁系统，开创了一个良好的开端，长沙和湘潭也要加以推广。

4. 打造城市生活垃圾处理和资源化利用示范的样板

2011 年 3 月，国务院批准住房城乡建设部等 16 个部门《关于进一步加强城市生活垃圾处理工作的意见》（以下简称《意见》）。《意见》提出，到 2015 年，全国城市生活垃圾无害化处理率达到 80% 以上，直辖市、省会城市和计划单列市全部达到无害化处理。并要求每个省（区）建成一个以上生活垃圾分类示范城市，城市生活垃圾资源化利用比例达到 30%，直辖市、省会城市和计划单列市达到 50%。生活垃圾无害化处理和资源化利用既提升了城市卫生和居住环境，也提高了资源的二次利用率。长株潭作为全国"两型社会"改革建设的试验区，到 2015 年应全部实现生活垃圾的无害化处理，城市生活垃圾资源化利用比例达到 50% 以上，并带动全省的城市到 2015 年基本实现生活垃圾无害化处理的目标。

一是在生活垃圾产生的源头实现分类处理和数量减少。以 2010 年为基数，力争生活垃圾产生量每年减少 5%，到 2015 年减少 20% 左右。

二是在生活垃圾处理上，主要是餐厨垃圾处理到 2015 年要基本做到资源化再利用。2011 年 3 月，国务院常务会议强调指出，逐步推行垃圾分类，当前重点是推进有害垃圾和餐厨垃圾的单独收运和处理。如餐饮业用过的废油是生产绿色柴油的好原料。有机生活垃圾经过发酵可以用于沼气发电。长沙市已经建立了一个利用生活垃圾发电的沼气发电厂，发电机组 6 台，全年有效发电量 1295 万度，处理填埋废气近 1700 万立方米。如果对产品进行深加工，生物燃气除发电外，也可以替代化石能油作为车用燃料和家庭燃料，形成新能源产业。油脂可以分离出生物柴油，也可替代化工原料，形成新材料产业。固体有机肥和微生菌剂的开发还会带动绿色有机农业的发展。垃圾是一大资源。对其他的生活垃圾在做好分类的基础上，也要尽可能做到资源化利用，其利用比例力争能够达到 50% 以上。长沙已经在进行垃圾分选的试点，并取得初步试验，2012年最好能够在株洲、湘潭首先推广，以形成试验区的整体示范效应。目前我省的城市已经基本上做到了垃圾无害化掩埋处理。但是这种处理方式有两个缺点，一是占用了大量的土地资源；二是把可以转化为资源的垃圾也埋掉了。建议从2011年开始加大资源化利用，减少掩埋。

三是着力健全执法保障体系。长株潭有着数万家餐饮店，但就单个来说，所产餐厨垃圾量小且高度分散，难以完全收集起来做到规模化再利用。兰州市的做法是：一方面引进应用生物技术综合处理工艺项目，建设规模化处理设施；另一方面，出台了《餐厨垃圾集中处理管理暂行办法》，并严格执法。对于不按规定向所属部门办理产生餐厨垃圾备案手续，不按规定分类储存，私自排入下水道或随地倾倒的，由城管执法令其限制改正，不改者处以罚款。同时通过信息化管理实现对餐厨废弃物排放、收集的全线监控和收运全过程的监管，这一做法取得了很好的成效，值得借鉴。

四是探索改革城市生活垃圾的收集方式和降低收集成本。根据国务院批准转的《意见》，按照"谁生产谁付费"的原则，推动建立城市生活垃圾的收费制度。因此，城市政府根据生活垃圾构成和居民收入水平合理确定收费标准就至关重要。

5. 普及低碳绿色照明

照明消耗的能源占社会能源总消耗量的13%左右。早在"九五"、"十五"期间，我国就把照明节能作为节能的重点领域，"十一五"时期把它列为十大节能重点工程之一。高效节能荧光灯代替白炽灯，可节电70%~80%，交通信号灯用LED（电发光二极管）替代白炽灯可节电90%，但由于节能灯价格比白炽灯高数倍，消费者很容易得出"节能灯节能不省钱的结论"，因而长时期以来未能得到普及。国家相继出台通过财政补贴方式对居民、大宗用户分别给予50%和30%的补贴政策，并逐步推广。除了中央财政补贴外，一些省市地方财政也进行适当配套补贴。2008~2009年推广了1.8亿只节能灯，提前两年超额完成"十一五"1.5亿只的推广任务，可实现高效节能能力68亿千瓦时，节能电费70亿元，减排二氧化碳3400万吨，拉动内需22亿元。实际上，节能灯不仅省电，而且省钱。对居民个人来说，一支9瓦节能灯的亮度相当于45瓦白炽灯，如果按照每天使用6小时，电费平均 0.5 元/度计算，使用 9 瓦的节能灯比使用 40 瓦的白炽灯每年节省电费近 34 元，仅此节省的电费就足以购买两只不含任何国家补贴的 9 瓦节能灯。长株潭作为国家"两型社会"建设示范区，三市地方财政能够适当配套，同时加大宣传力度，在 2013 年能够基本上普及绿色照明，既可以减轻能源供应短缺的压力，又能够在普及过程中产生利国、利民、利企业的示范效果，使绿色低碳理念更加深入人心，践行于实际行动。

6. 深化建设可持续森林城市群

森林城市建设不同于传统强调林地面积分结构的森林概念，它强调的是以森林、树林为主体的绿化模式，是由点绿化成果、线上绿化成荫、面上绿化成网，片林、林带、林网相连的网络化布局，以及自然林为主与园林景观相结合的绿化配置结构，森林、树木、城市建筑相互掩映的森林效果。城市森林是有生命的基础设施，是生态文明的载体，是突破城乡二元结构的传统生态格局的创新模式。

长沙市是第一个被授予"国家森林城市"荣誉称号的城市。2010 年，长沙城市林木绿化覆盖率已达到 38.5%，绿地率达到 35%，人均公共绿地面积为 11 平方米。株洲市 2010 年城市林木绿化覆盖率已达 43.6%，绿地率达到 38.6%，人均公共绿地面积为 13.1 平方米。湘潭市 2010 年城市林木绿化覆盖率为 39.75%，绿地率达到 35.7%，人均公共绿地面积为 8.34 平方米。株洲市和湘潭市两市均已超过国家森林城市的评价指标，均已被授予"园林城市"的称号，但距《国家森林城市评价指标》的全面要求尚有差距，需要按照长株潭三市一体、城乡一体的要求，深化森林城市群的建设。为此提出如下建议。

一是按照由片连带成网的总体要求，在三市之间的轨道交通、交通公路、城市和城乡道路以及环线的两侧建设纵横结合的绿色通道、绿色走廊，并形成道路网与水系林网相通的网状结构，形成城市群一体化的森林生态体系。

二是增加城市群绿化总量与提升城市群绿化水平相结合，实施景观廊道工程，由道路绿化功能向功能景观型、单一绿色向多彩生态系统转变。

三是在绿化体系上要从平面向立体转变，大力发展屋顶绿化、垂直绿化和桥体绿化，最大限度地发挥绿化的生态效益。现在许多城市向空中要绿，如武汉市从 2005 年以来，共对 159 座楼宇的屋顶进行了绿化，总面积达到 127 万平方米，2011 年还将 78 处屋顶绿化，并为 9 处立交桥、5 座人行天桥及轻轨沿线立柱栽上攀援植物，在内环线建成 2 ~ 3 处墙体绿化试点，向空要绿、提高"绿视率"。株洲市也已提出"绿入空中"的绿化目标。

四是扩大城市群绿量，既要扩大种树也需扩大种草，但尽可能减少大草坪的建设。从造价上说，草坪的一次性铺设费用虽然低于栽种树木，但维护成本要高得多。从投资上来说，乔木和草坪的投资比例 1：10，但产生的生态效益比却为 30：1。树木，特别是大型的乔木应是城市绿化的骨架。据测算，每公顷树木每年可吸收二氧化碳 16 吨，产生氧气 12 吨，可吸收二氧化碳 3000 千克；在调节气温方面，成片树木的温度在夏季比空旷地低 3 ~ 5℃，冬季高 2 ~ 4℃，降低噪声 26 ~ 43 分贝，削弱风速 40% ~ 60%。

五是要重点突出三市之间城郊结合部防护林带的建设。城郊结合部往往是城市环境最差的敏感地带。同时城市郊区生态建设土地有限，开展城市森林建设还必须考虑如何保证农民的经济收入。近几年在三市城郊结合部发展了一些农家、林果采摘等生态旅游项目，实现了生态建设与富民的双赢。要进一步探索和推进生态林与产业林相接合的绿洲型城市森林建设模式，提高了郊区农民的收入，也就调动了农民保护生态、发展产业林的积极性。

六是既要增加城市群绿量，提高绿化水平，又要尽可能使用成本低、适应性强、地方特色鲜明的乡土树种。积极利用自然植物群体和野生植被，推广宿根花卉和自播能力较强的地被植物，尽可能不引进外来植物和贵重植物。避免高价买绿、高价建树的问题。新型城市化模式呼唤更生态、更环保、低成本、易维护的城市森林建设模式，坚持节约型的绿化，做出低碳绿色的"两型"示范，并引领全省森林城市建设和绿色湖南发展。

关于数字湖南建设实施云计算
工程的建议报告 *

  2007 年，云计算作为一种新概念在业界引起热议。2009 年步入应用阶段。从 2011 年到 2015 年，也就是"十二五"期间，它仍然处于起步或初级阶段，但会是一个快速的发展阶段。到 2020 年才能实现标准化、规范化、社会化，也就是趋于成熟的阶段。其最终目标是由 SAAS（软件即服务）过渡到 IT 即服务。

  2010 年 10 月 10 日，《国务院关于加快培育和发展战略性新兴产业的决定》中将加快推进三网融合，促进物联网、云计算的研发和示范应用，作为新一代信息技术产业发展的核心内容提了出来。2010 年 10 月 25 日，国家发改委和工业和信息化部下发了《关于做好云计算创新发展试点工作的通知》，提出加强我国云计算创新发展的顶层设计和科学布局，推进云计算中心（平台）建设，并布局在北京、上海、深圳、杭州、无锡 5 个城市先进行开展云计算创新发展试点示范工作。这显示了云计算发展在我国信息化和新一代信息技术发展中的战略性和紧迫性。从目前来看，云计算的研发应用和发展的区域性特征明显。我国东部地区由于经济较发达，对云计算需求迫切，技术创新优势明显，因而云计算应用的进展较快。不仅试点城市、非试点城市如广州、南京、济南等 20 个城市也都把云计算作为重点产业和战略性应用工程。中西部的武汉和成都也建立了云产业联盟或云计算中心，重庆建立了"两江新区国际云计算中心"并在两江新区实施云端计划，西安启动了双云工程。

---

  * 2011 年 8 月中共湖南省委书记周强、梅克保副书记和时任长株潭工委书记的陈肇雄对本文均做了重要批示，重要建议被《数字湖南建设纲要》吸纳。修改后载入《长株潭城市群蓝皮书（2011）》，社会科学文献出版社，2011。

湖南属于中部，但长株潭是中部的"东部"。2010年，GDP已达到6716亿元，长沙市人均GDP超过6万元，高于江苏的人均52949元、浙江的52039元和广东的47181元。长株潭国家"两型社会"建设综合配套改革试区，也是信息化和工业化融合试验区、三网融合试验区。湖南正在推进以长株潭为核心的"四化两型"建设，提出建设数字湖南，并已启动国家移动电子商务示范省的建设。

同时，长株潭拥有中部唯一的国家软件产业基地、国家服务外包基地，国家超级计算长沙中心建设第一期工程已完成并投入应用，开始发挥"云计算服务"的重要作用。长株潭已具备云计算服务创新发展难得的良好基础和突出优势。为了抢抓先机，做到统筹谋划有序发展，建议制定一个《数字湖南建设云计算工程实施规划纲要》或《方案》。具体建议如下：

一 把云计算应用和产业化发展提升到重要的战略位置

1. 云计算是IT产业第四次革命

云计算服务是由三个层次即SAAS（软件即服务）、PAAS（平台即服务）、IAAS（基础设施即服务）构成的，其三个层次的核心就形成云计算的操作系统。这个系统通过网络以动态的、可扩展且被虚拟化的方式，类似供电、供水那样提供按需使用、按量付费的服务。这是IT产业继20世纪60年代的大型计算机时代、70年代个人计算机时代、90年代初开始的互联网商业化普及时代之后的第四次变革、创新和发展，是新一代信息产业的重要组成部分和新型的商业模式。

2. 云计算是"两型"绿色发展的客观要求和必然趋势

第一，从资源利用率来说它是节约计算。在传统的互联网条件下，各个部门、各个企业[1]，都建立自己的IT系统，都由自己来运行和维护管理、更新软件和设备，其实平均利用率只有15%，却耗费了大量的设备，付出了大量的成本，占用了大量的空间。在云计算里，如谷歌设施有90万台服务

---

[1] 大中型企业、小企业的一部分。

器，300 万家企业共享谷歌的同一个设施，资源率可以达到 80%，利用率比传统式可以提高 5~7 倍，投资成本可以减少 5~7 倍。云计算对企业来说，其精髓是能够较大幅度降低成本。第二，从电能利用率来说，它是绿色节能减排的计算。部门和企业自建的相对封闭的 IT 系统，资源闲置率达 80% 以上，却消耗了大量的电能，据有关部门计算，2010 年，我国互联网的能耗占全国能耗的 5%，相当于葛洲坝电站一年的发电量，并具有急剧增加趋势。IT 服务通过向云计算的升级转型，可以实现能源的大量节约，结果是污染排放量的大幅度降低。第三，从时速效率来说，云服务在分钟内就可以满足用户的所需。大型企业可以在一个极短的时间，调配它分布在全国、全球的各类资源，及时抓住机遇和规避风险。同时方便社会、方便民众。第四，从我国现状来说，云计算是有利于社会和谐的计算。加速云计算的应用和产业化发展，有利于缩小城乡之间的"数字鸿沟"。由于农村的收入水平和软硬件设施布局的限制，城乡之间存在严重的"数字鸿沟"。云计算改变了单一的 PC 终端，只要有一个能上网的手机，就能从"云"中获得你所需要的各种信息，这既有助于农业现代化的发展，也可以使城乡居民平等地共享云计算提供的丰富信息，从而缩小"数字鸿沟"，有利于社会和谐。

3. 云计算是信息化升级的引领者和推动社会经济发展的新引擎

云计算具有极大的产业带动力量，包括从芯片、服务器、PC、网络设备、存储等硬件设备，到平台软件、中间件、应用软件、信息安全厂商，到 IT 服务运营商，外包服务商，再到电信运营商以及政府、企业、个人用户，都将成为云大规模生态系统中的一员。在云计算的驱动下新的业态和新的商业模式将层出不穷，各种融合创新不断涌现，从而推动我国信息化进程向更高的层级跃升和经济持续较快发展。

从上述来说，云计算是调整经济结构、转变经济发展方式，推进"四化两型"建设，走科学发展之路的一条新路径。云计算的发展不仅会带来信息技术革命、商业服务模式革命，也会改变人们的思维方式，改变社会经济结构，因而也是推动社会经济发展的新引擎。目前各国都在认真研究云计算将为社会和经济发展模式带来的变革，并积极部署国家战略。因此，建议把云计算的应用与产业化发展，置于数字湖南建设

的重要战略位置，制定和实施《数字湖南建设云计算工程规划纲要》或
《方案》。

二　需要坚持的几项原则

1. 坚持需求导向、应用为先

虽然云服务立足于云硬件和云软件之上的，但云计算能不能落地，关键
在于用户的直接感受和享有，有了种类众多、运用方便的云服务，云计算才
能够落地，进而实现产业化发展。一个地区云服务的水平越高，产业发展也
就越快，知名度就越高。因此云计算的发展要紧紧抓住市场需求，以应用为
动力，不断实现服务模式和服务种类的创新。

2. 立足资源整合、注重资源节约

经过十几年的建设，我国的各部门、行业大中型企业都具有完备的信息
化基础。因此，我们必须立足于对基础资源的整合。在充分利用和整合已有
的软硬件资源的基础上，适当增加必要的云计算硬件，按着云的架构，以改
造的方式为主完成云计算基础设施建设，提供 IT 资源的整合、效能与效率，
避免不必要的重复建设和盲目投入。

3. 既要有全球视野，又要注重和找准本土特色

对于云计算来说，做好之后，不只是为本区域而是为全国乃至全球范围
服务的。找准地方特色，也就是结合本土的产业优势，选择基础条件最好最
有能力的地方发展云计算服务。我们也需要引进国内外知名企业众家之长来
我省作云计算的应用项目，但同时也要把本土企业纳入进来，形成具有本土
特色的云的生态产业链。这既可以提高云计算的应用水平，又能带动本土
IT 企业的发展和形成云的产业集群。

4. 突出重点试点示范

云计算在我国的推进也只有两年，如果一哄而起全面推进，既不现实，
又易导致盲目投入。应选择重点区域、重点行业、重点领域，试点示范，由
点到面循序发展。

三 《纲要》或《方案》的主要内容

1. 长株潭试验区确立为湖南云计算创新发展的试点示范区

建议长株潭"两型社会"建设综合改革配套试验区再增加一项新的试点示范任务,就是数字湖南建设云计算服务创新发展的试点示范区,并将云计算同"两化"融合试验、三网融合试验、物联网和下一代 IPV6 网络发展紧密结合,相互促进、融合发展,从而形成新一代信息技术发展的整体优势,推动长株潭并引领湖南信息化向更高层级跃升,加快智慧长株潭的建设。

规划"十二五"期间长株潭"两型社会"改革建设要推进八大工程。建议在信息化推进工程中,制定一个《长株潭云计算试点示范规划纲要》或《方案》,作好顶层设计。

2. 重点选择

(1) 发展模式选择。长株潭"两型社会"建设试验区,由"两型"、"三化"拓展到"两型四化",提出建设数字湖南具有重要战略意义。虽然新型工业化是信息化和工业化叠加和融合的工业化,但信息化是涵盖了经济社会的各个领域,全面提高信息化水平是"十二五"的一项主要任务。

数字湖南或数字长株潭这个数字建设,其内涵应是由现代互联网向下一代互联网升级过渡阶段的数字化。下一代互联网应是智能化或"智慧化"的。"智慧地球",简单说就是物联网与互联网的结合。随着信息化的发展,移动通信与互联网的结合产生了移动互联网、"三网融合"和物联网试点示范。这使我们步入一个数字数据爆炸式海量增长的时代,到 2020 年互联网数据量将是 2009 年的 44 倍。海量的数据必须有海量的储存和海量的分析处理。这只有云的资源池才能提供海量储存,并进行快速动态、可伸缩的海量数据的分析和处理。所以,云计算是物联网的基石。任何智能化、智慧化如智能交通、智能电网、智慧园区、智慧城市等都体现了物联网与云计算的结合。整个 IT 行业十分明显地出现了云化、泛化、计算化,云计算及其相关技术推动了数据中心,终端以及计算化应用的变革和发展。云计算正式推进虽只有两年,但已快速地走在整个战略性新兴信息产业的前列,具有巨大的发展空间。目前，几乎所有的国内外知名的硬件软件企业都在向云计算转型。如全球最大软件企业之一微软，2009年在芝加哥新建的面向全球服务的第二代数据中心，就是云的操作系统。这个新平台做到了88%的电能都用在计算上，只有12%用在空调和照明上。这个占有15个足球场大的数据中心，只有三个全职员工来维护。它是硬件软件打包集装箱的方式租赁部署在运营商或大型企业的机房里。所有微软生产和销售的软件都要重新写到这个平台的云中运行、我们如何抢抓这个先机，有序但加快推进我省云计算的应用和产业发展，推动已有的软件硬件产业基地向云计算转型升级，是一个十分紧迫又具重要战略意义的任务。选择和确定适合省情特点的云产业发展模式又是首先要解决的问题。为此，选择几个试点和非试点城市只有不同特点的云计算产业发展《方案》，作一简析供决策参考。

第一，北京（国家试点城市）。北京启动了"详云工程"。《实施方案》拟定"十二五"将北京建成中国云计算研究产业基地的目标，并构建一条完整的云计算产业链条，带动首都信息产业的发展，同时组成以联想集团为理事长单位，赛尔为秘书长单位，包括联想、赛尔、清华大学、北京邮电大学、中国移动研究院、百度、神州数码、金山、用友等科技企业、高等院校、科研结构组成的中关村云产业联盟，已有上百个企业成为联盟成员。同时，由产业链不同环节的企业，采取企业协作的方式，联合建设一个中关村云计算中心，依靠集体创新构建全价值链的云计算服务平台。

第二，上海（国家试点城市）。上海启动云海工程。《方案》拟定构建两个云产业基地：一是闸北区的北高新技术服务业园区云产业基地；二是杨浦区的创智天地信息产业园区云产业基地。并围绕智慧闸北，实施包括智慧园区、智慧商圈、智慧城管、智慧为民等六大工程。同时，由上海软件促进中心发起成立了上海云海产业联盟，包括中国通信上海分公司、盛大网络公司、华东电脑存储网络公司等和外地公司在上海的分公司共52家企业及上海大学计算机学院、上海交通大学计算机学院等高校参加（超级计算中心未纳入）联盟已同台湾云端产业联盟建立合作关系，签订了合作项目。

第三，天津滨海新区。2011年7月19日，新区发布了《滨海新区"云集滨海"行动计划》。行动计划拟定把滨海新区建成中国云计算创新和产业发展核心区域之一。同时成立了以国家超级计算创新和产业发展核心区域之一。同时成立了以国家超级计算天津中心为理事长单位、泰达科技集团为秘书长单位,包括国家超级计算天津中心、中国惠普有限公司、腾讯数码天津分公司、泰达科技发展集团、启动科技公司等35家企业组织成的滨海新区云计算产业联盟。计划重点推进四大工程:"超算云"工程突破关键技术;"聚云工程"发展重点产业;"智造云"工程促进两化融合;"政通云"工程建设智慧滨海。并打造一条云系统集成商为一体覆盖各个环节的完整产业链。

第四,广州。广州启动了天云计划。将云计算产业作为战略性新兴产业的重要突破口,抢占战略性新兴产业发展的制高点,加快建设国家创新新型城市和智慧广州。计划选择天河、从化、增城、广州开发区、南沙开发区等以其中的云相关产业为核心,建设五个各具特色的云计算产业基地。计划提出的首要任务是建设一批国际先进云计划基础设施,即全面推进泛在的宽带网建设,大力发展高效节能云计算基础设施,并同广州超级计算中心结合在一起建设。发展一批高水平的云计算服务,着力推进云计算技术和物联网,下一代互联网,三网融合和移动互联网等融合。总体思路是围绕产业链的关键环节大力发展云平台、云软件、云服务、云终端的各个环境,打造一个完整的云计算产业链。

第五,武汉。2010年7月武汉市成立了由光谷软件园、武汉大学、华中科技大学、思远教育等20家企业、高校、科研机构组成的光谷云产业联盟。其目的在于推动湖北省武汉市光谷软件园及相关产业园区的软件产业和云计算产业的发展与升级,提升企业自主创新力和在全国的竞争力,把光谷软件园转型成为国家的云计算产业基地。

从长株潭的产业基础和结构特点出发,带动数字湖南建设和促进IT产业的转型升级,建议长株潭试验区启动"两型"云工程。以长沙国家软件园产业基地和国家超级计算长沙中心为核心,建设国内外有重要影响的云计算产业基地。并建议由核心单位发起,联合产业链各个不同环节的知名企业和骨干企业(包括国内外知名企业在湖南的分公司)、湖南大学软件学院、中南大学软件学院等院校、科研机构组成麓谷云产业联盟,采取"企业协作"方式联合建设一个麓谷云计算中心,依靠集体创新构建全价值链的云计算服务平台。

（2）重点工程选择。要以商业模式创新优先，选择基础最好最有条件的行业、领域和区域进行重点突破和升级发展。

第一，超算中心云算应用工程。超算中心不同于云算中心。超算中心是针对复杂的科学计算，是一种新型的计算模式，这种计算模式是利用互联网把分散在不同地理位置的电脑组成一个虚拟的超级计算机，其中每一台参与计算的计算机就是一个"节点"，而整个计算是由成千上万个"节点"组成一张网络，所以这种计算方式是网络计算。它是面向科技发展、面向高端提供高层次服务，商业模型不明显。云计算从诞生起就是面向服务、面向产业的一种新型商业模式。但两者有许多相同点：两者都将各种 IT 资源看成一个虚拟的资源地，然后向外提供相应的服务；两者都具有可伸缩性；两者都涉及多承租和多任务，即很多用户可以执行不同的任务，访问一个或多个应用程序实例。从根本上说，从应对互联网的应用特征和特点来说，两者是一致的，可以并行合作融合应用。

两者的差异性也是明显的，超级计算是聚合分散的资源，支持大型集中应用（一个大的应用分别到多处执行），基本环节是计算机。云计算是相对的集中资源，运行分散应用（大量的分散应用在若干个大的数据中心执行），其终端有计算机、手机、掌上电脑、瘦客户机、智能电视、车载、电子书等等，因而更具有普适性，可以普及应用到每一个企业、每一个家庭、每一个人，做到社会化、民众化。

由于超级计算机在一个国家发展中，特别是一些尖端科技的发展中，发挥着不可替代的作用，如生物科技、石油勘探、气象预报、国防技术，在工业设计、城市规划等经济社会发展的关键领域都需要超级计算，因此，我们必须把超级计算纳入和作为云计算中一个重要的部分，对互联网用户提供便捷的服务，从这个角度说，超级计算可以作为云计算数据中心一个部分，更加适应普遍的信息化应用。但需要解决两个问题：一是要作为一个独立的云服务区。由于超级计算是一种"聚合"业务，是一种特殊的服务器集群应用，要求服务器自成系统。如集群服务系统不能出现异构现象，服务质量要求非常高不能与其他业务共享业务通道，安全性能要求高要求与其他系统保持物理或逻辑隔离等。因此，要将超级计算服务作为云计算的一个独立的服务区，以保证超级计算端到端的安全隔离，在超算区内实施统一系统架构。

二是需要摸索出一套云计算的商业模式①。超算中心可以作为云计算的重要平台，云计算可以促进超算中心产业化。

第二，建设长株潭云计算产业聚集区。除长沙高新区的国家软件产业基地、信息产业园和移动电子商务产业园，还有长沙经济开发区电子产业园，湘潭九华经济区的台湾电子工业园、株洲田心电子工业园。各个电子产业园区都可以根据自己的特色，吸引国内外知名 IT 企业入园，开发云计算基础设施产品、云软件服务和云终端产品的生产，形成一个长株潭云产业聚集区，共同打造具有国内外重要影响的云计算产业基地。

第三，实施企业云发展工程。适应"两化融合"试验区的大量需求，需要发展企业云。在这一领域我省于 2011 年 4 月引入北京用友公司的企业云战略，力争两三年时间让我省规模以上企业享受云计算服务。2011 年 7 月省经信委又与中国电信湖南分公司共同启动"数字企业"建设，融合下一代互联网、云计算、物联网等前沿技术，在三年内建成万家"数字企业"走在了全国的前列。下一步，一是要推进产业集群"两化"融合。支持一批面向产业集群的市场化运作云服务平台，降低中小企业使用信息化服务平台的门槛。二是提高产品的网络化、智能化水平，提高产品附加值。如发展智能家电，智能化生产设备、机械装备②、智能化交通工具等。

第四，实施云外包服务工程。2007 年，商务部、工信部、科技部联合授予长沙市"中国外包基地"称号。2009 年 9 月长沙软件园荣获中国软件行业协会授予的"中国软件和服务外包杰出园区"称号。这说明服务外包已取得很好的业绩和良好的发展基础。完全可以把长沙的"中国外包基地"，转型升级为国内外知名的"云外包服务基地"，极大地提升长株潭服务外包的吸引力和竞争力。

第五，发展媒体云和出版云。我省已启动"云电视"，也就是将"三网融合"与云计算技术融合，这自然会带动媒体云和创意产业云的发展。同时，文化创意产业园区内的中南国家数字出版基地，也需要向国家重要的云

① 2011 年 6 月 11 日，曙光发布的命名为"星云"的超级计算机，在超算中心云化应用上迈出新的步子。
② 三一集团自主研发的远程监控系统，对分布在全球近 10 万台机械设备实施远程监测、数据采集分析和故障诊断，就是一个云智能产品的创新。

出版基地方向发展。目前，云计算正席卷IT，我国数字出版也开始进入云出版时代。2011年4月，"方正"正式推出"阿帕云出版服务平台"；6月，国家数字出版基地云计算中心落户天津。把超大规模的云服务中心的计算能力以降低成本、高效能、高可用的方式，提供给全球的集团和个人消费者，以实现数据的分享与交换。这种通过将海量数据与超大规模数据中心进行关联交易及服务的"云经济"，将成为数字出版的重要商业模式之一。可在我省中南出版产业基地设立一个国家出版基地云计算中心的节点——湖南基地数据中心（平台），并成立基地云出版产业联盟，以形成利益共享的商业模式，进一步发展和提升我省文化创意产业、出版产业的优势，抢占先机，并形成新的文化业态。

第六，实施政通云工程。2011年7月，省政府经济信息中心启动"湖南省网上政务服务和电子监察系统"，依托电子政务外网，建设全省统一的数据中心（平台），到2011年底湖南所有市（州）和县（市）区将全部网上运行。

第七，实施民生云工程。国家"十二五"规划把改善民生放在很重要的位置。就生活方面来说，群众最关心的是两件事：一是医疗；二是食品安全。建议首先启动医疗云。从目前来看，有三种解决方案可供选择：一是着眼于医疗机构面临的三大难题，即成本、管理、安全问题，融合行业实现无线查房护理等临床应用，然后进一步向社区延伸的总体解决方案（腾讯方案）；二是，综合运用云计算技术、物联网技术、IPTV多种技术，着眼于家庭、社区医院综合型的解决方案，为大众健康医疗、卫生保健提供全新的健康保证，并创新商业模式（中兴解决方案）；三是选择一个行政区（上海闸北区云产业发展的基地区）建立卫生云计算服务平台。以云计算SAAS软件即服务的方式，向区下属医院和相关医疗机构提供医疗管理和居民健康档案等管理服务，以帮助医疗机构提高其整体系统建设水平和管理水平（微软方案）。还有面向一个区域的卫生云解决方案（浪潮方案）。湖南长城医疗公司研发的"医院自主综合服务系统"、"电子病历医疗系统"等软件，是一个云产品的创新，在三甲医院得到广泛应用。建议提升到行业的整体层面发展医疗云或卫生云。同时，可以探索食品安全追溯系统的建设。成都从猪肉的质量追溯启动。2010年5月，建了一条猪肉质量安全的追溯系统，市民只凭小票就可以查到猪肉的来源，运营近一年，私杀滥宰量下降了36%。

第八，构建一条完整的云计算产业生态链，建设智慧长株潭。启动应由此着眼进行统筹规划，争取到2020年能形成一条几乎囊括全部IT企业的云计算产业生态链。同时智慧长株潭建设取得较大进展。

四 保障措施

据报道，由国家发改委、工信部、科技部等多个部委参与的《加快发展高科技服务业的指导意见》正在起草中，云计算产业被作为未来高技术服务业的重点。与此同时，国务院相关部委正在引导组建云计算"国家队"，将综合运用政策、规划、标准、资金和项目等手段全方位、多角度支持龙头企业参与云计算战略，为全社会提供服务。

建议我省对加快云计算产业发展和实际应用创造良好环境，给以政策支持。

一是资金问题。云计算创新服务发展，必须同既有数据中心等资源整合利用相结合。但在初级阶段，在资源整合的基础上也需要添加一些必要的设施，需要有一定的资金支持。建议将云计算的项目建设和产业发展列入《湖南省信息产业发展专项基金》的重点支持范围。

二是监管问题。不论是"基金"支持的项目，还是政府直接支持和投入的项目，都需要加强监管，避免重复建设造成的资源损失。

三是安全问题。安全能不能得到保障是关系云计算产业发展和应用的关键性问题。因此，要为发展云安全企业提供安全保障。同时对登录用户实施认证制度。

四是招商问题。要打造优质的软硬环境，采取有力措施吸引"国家队"的龙头企业和国外知名企业的分支机构进入基地园区。加强基地建设、加快产业发展、提供服务能力、增多服务品种、创新商业模式。以应用拉动能力提升，以产业实践拉动技术创新，带动数字湖南建设向新一代信息技术转型升级，在优长领域提升面向全国乃至全球的服务能力、创新能力和竞争能力。

五是体制问题。探索多项新一代信息技术融合应用所需要的体制机制和环境。在云的应用实践中研究和参与云计算标准的制定。

"两型社会"建设与转型创新发展研究*

一 国内外经济环境发生深刻变化与转型创新发展路径选择

1. 世情国情发生深刻变化

从世情看，当今时代，国际形势正在发生深刻复杂的调整和变化。虽然全球经济显露复苏的迹象，但国际金融危机的后续影响不断加深，实现世界全面复苏还是一个长期艰难曲折的过程。同时，我们必须看到世界经济转型和结构调整步伐加快，新一轮科技革命与产业革命正在孕育，经济全球化在曲折中推进。在一个互联互通的网络世界里，全球化深入发展的今天，我们要把握好在全球经济分工中的新定位，找准能够抢占的竞争制高点和增长点，就必须密切关注国际经济新动向，把握科技创新产业革命发展新趋势，着眼于后危机时代全球经济和产业格局的新变化，站在新起点、抓住新机遇，应对新挑战，实现新崛起。

从已经出现的新动向来看，可概括为下述几方面。

一是谋划全新布局，重回实体经济。20世纪六七十年代，美国制造业大量外移，造成国内产业空心化。在经历了2008年金融危机沉重打击和长期经济下滑之后，美国朝野认识到，以金融主导的经济发展模式不可持续。奥巴马政府投入巨资主导产业结构调整，大力吸引美国跨国公司重返美国设厂或将工厂搬回美国，并引导和鼓励6所顶尖大学和8家制造业组成先进制

---

* 原载《长株潭城市群蓝皮书（2012）》，社会科学文献出版社，2012，其中第三部分"加快推进信息化与城市化全面融合建设智能、绿色、低碳环长株潭城市群"，作为《建议报告》，2012年6月中共湖南省委书记周强做了重要批示，重要建议被采纳。

造业合作联盟，鼓励和呼吁美国企业、大学及政府之间加强合作，共同夺回全球尖端科技制造业（包括生物技术、机器人及纳米技术）的领先地位。德国强调要维持其在重型机械、高端制造等领域的世界领先地位。英国政府也推出重振制造业战略，拟通过科技创新和低碳技术实现传统工业的升级改造。

二是布局新兴产业抢占新一轮科技制高点。新一轮由国际金融危机推动的世界性经济大调整，已经引发了抢占新科技制高点的激烈竞争或大竞赛。发达国家的核心战略旨在运用手中尖端技术打造高端核心制造和相应的服务业从而保持国际竞争的优势地位。经济结构调整主要集中在产业结构调整上，资金大量投向高科技企业。美国新兴产业布局的重点是新能源、节能环保、无线网络和智慧地球、大数据、航天等。欧盟委员会在 2010 年 3 月公布了指导欧盟今后发展的"欧洲 2020 年战略"提出今后 10 年的发展重点和目标，旨在将"绿色技术"、"数字化"和其高技术提高至全球领先水平，并决定在 2013 年之前投入 1050 亿欧元资金发展绿色经济。英国启动一项批量生产电动车、混合燃料车的"绿色振兴计划"，并加强生物制药、新能源产业竞争的优势。德国政府批准总额为 5 亿欧元的电动汽车研发计划预算，并大力发展新能源和各类节能环保技术，明确提出 2020 年绿色能源将会占能源总需求 35% 的发展目标。当今世界各国和地区在加大科技创新和发展新兴产业的经济结构调整过程中，都主要把生物科技、新能源、新一代网络信息技术、新材料、微电子、空间技术、环保产业、机器人等作为新的经济增长点。这将引领一轮新兴产业革命，推动全球形成新的产业链及世界市场，成为推动世界经济发展的主导力量，将改变人类的生产方式和生活方式。

三是日趋突出的新贸易保护。在新的形势下，各种贸易保护主义抬头，贸易摩擦时有发生。美国近年来对中国采取的"双反"调查或制裁，就涉及晶体硅光伏电池和组件产品、应用级风电塔产品、纺织品、钢铁、铝、轮胎、柠檬酸及柠檬盐、多层实木地板等多个制造行业。目前一些西方国家对进口提出了"碳关税"、"碳定额"的要求，绿色壁垒逐渐成为维护本国利益的新手段。

从国情说，我国正处在一个新起点或新的转折点上。

一是中国制造低成本的竞争优势正在失去，需要重塑竞争优势。我国自改革开放以来，依赖要素组合的低成本，在全球产业分工中形成了独特的竞争优势，吸引了大量的投资者和出口了大量的低附加值产品，支撑了30年经济的高速增长，由一个低收入国家上升到中上收入国家，成为世界上仅次于美国的第二大经济体，对外贸易的第一大经济体。然而在"十一五"时期这种低成本竞争优势已开始减弱，并将逐渐失去。首先是劳动力资源无限供给的状况发生变化。自1980年到2003年，普通劳动者（包括农民工）工资一直徘徊在生存线上。2003年在沿海地区开始出现民工荒，随之也出现了以农民工为代表的普通劳动者的工资上涨，2010年在全国发生了普遍涨薪潮。据国家统计局的数据显示，2011年适龄劳动人口的数量已开始下降，比有些专家所预计的"劳动年龄人口在2015年停止增长"早了4年。城市和农村都已经出现劳动力结构性短缺。我国已经步入一个面临劳动力供给结构性短缺和劳动力结构性失业的双重压力的新阶段。

同时，要素组合中的土地、水、能源等资源供给的低成本和生态环境侵蚀的零成本导致的粗放型、资源高消耗、污染高排放的发展模式已不能为继。

二是"中等收入陷阱"的严峻挑战。"中等收入陷阱"是世界银行总结拉美、东亚一些国家经济发展经验时提出的概念。拉美的巴西、墨西哥、阿根廷、东南亚的马来西亚等国早在20世纪70年代均已进入中等收入国家的行列，但直到最近，这些国家仍然处在人均GDP 3000~5000美元的发展阶段，只有韩国、日本、新加坡和中国台湾等少数国家和地区跨越了"中等收入陷阱"，步入高收入国家和地区的行列。2006年世界银行在《东亚经济发展报告》中将"中等收入陷阱"定义为：使各经济体赖以从低收入经济体成长为中等收入经济体的战略，进一步的增长被原有的增长机制锁定，人均国民收入难以突破1万美元的上限，一国很容易进入经济增长阶段徘徊期。2010年又进一步阐述为：几十年来，拉美和中东的很多经济体深陷"中等收入陷阱"而不能自拔，面对不断上升的工资成本，这些国家始终挣扎在大规模和低成本的生产性竞争之中，不能提升价值链和开拓以知识创新产品与服务为主的高成本市场。这些国家依靠低工资成本和资本的投入跨越了"贫困陷阱"成为中等收入经济体。但这种粗放型的经济增长导致贫富之间、城乡之间收入差距的扩大，使消费严重不足，产业结构、经济结构失衡，造成经济增长驱动乏力。在这个阶段如果仍然适用已有的经济战略和增长机制，而不实现全面的转型发展，势必造成经济增长的徘徊停滞。[①]

我国依赖低成本的竞争优势和投资拉动、出口导向战略，实现了30年的经济高速增长，取得巨大成功。但同时也凸显一些深层次不平衡、不协调、难以持续的尖锐矛盾，经济结构失衡，社会建设滞后，阶层之间、城乡之间、地区之间以至部门和行业之间收入差距拉大，社会保障不健全，造成普通百姓的"住房难，看病难，上学难，养老难"，社会矛盾突出。在中期或更长的时间，我们将面临外需下滑与内需不足的双重压力，低成本竞争优势逐渐失去，新的竞争优势尚未形成的严峻挑战，确实面临能否跨越人均GDP 5000～11000美元这道"坎"，步入高收入国家即"中等收入陷阱"的风险。2010年7月，人民论坛就"中国能否越过中等收入陷阱"这一问题对社会公众和各领域相关专家进行了一次大范围的调查，结果显示，70%的社会公众信心指数低于50。专家持谨慎乐观态度的为52%。

三是我国发展的基本面并未改变。我们必须充分地认识到，虽然世情国情发生深刻变化，我国经济发展长期向好的趋势没有变，我国仍处于重要战略机遇期的基本条件也没有变。首先，最明显的基本条件是城镇化。2011年我国城镇化虽然已超过50%，总的看仍然滞后，不仅低于发达国家，也低于世界平均水平。据有关部门测算，城镇化率每年提高1个百分点，可吸纳1000多万农村人口进城，进而带动1000亿元的消费需求，相应增加的投资需求更多。其次，我国地域辽阔，大规模的基础设施建设远远没有完成。就交通来说，高速公路、高速铁路还需要再集中20～30年的快速建设，才能基本形成覆盖全国的大路网框架。最后，相适应的工业化的重工业发展阶段还有一段路要走。面临的根本性问题在于能否在中期或略长一段时期内从低成本粗放型的发展方式转变为集约型内生增长的创新驱动发展方式，形成竞争的新优势。

2. 区域阶段性发展特征与转型创新发展路径选择

我国"十二五"时期从总体上说处于由要素驱动型的发展模式向创新

---

① 参考高杰等《"中等收入陷阱"理论论述》，《经济学动态》2012年第3期。

型的发展模式转变的关键性阶段。但由于东中西发展水平的梯度差，阶段性的发展特征不同，转型的目标和路径也必须有较大的差距。东部沿海区域，改革开放优先发展实施出口导向战略，依赖低成本劳动密集型制造业的快速发展，已步入工业化后期阶段，由工业主导的经济结构向服务业主导的经济结构转型。其中上海、北京、天津、深圳等大都市，人均 GDP 已超过 1 万美元，步入高收入区域，向后工业化转变。

中部正处于工业化加速发展的中期阶段，完成工业化还有一段较长的路要走。30 年来的快速发展虽然也发生了巨大变化，但从总体上说还处于不发达状态或从不发达状态向发达状态的转变过程。同东部发展的主要区别：一是从转型目标来说，主要是高消耗、高排放、不可持续的传统工业化发展模式向低消耗、可循环、低排放、可持续的新型工业化发展模式转型。二是从产业竞争优势来说，低成本的产业竞争优势在东部已经消失，但在中部还会延长一段相当长的时间。虽然近两年来中部的企业也日益感受到要素成本上升和利润空间减少的压力，但与东部比较，在劳动、土地等资源价格上仍具有低于东部的优势和较大的发展空间。在国家政策支持下，沿海和境外制造业向中西部转移已成为时代的潮流，这是中部崛起难得的历史机遇。由于湖南具有"内陆前沿和沿海后方"的区位优势，更能够在实现超越式发展上赢得先机。三是由于中部重工业主导的工业化发展阶段还会延续一段较长的时间，不论是从要素驱动还是需求拉动来说，投资对发展都会起着重要的拉动作用。

但是，如果放眼全球，着眼于世界科技发展和产业革命新趋势，就必须坚持推进创新型国家、创新型湖南建设，经济发展尽快地走上创新驱动的轨道，大力推动"中国制造"向"中国创造"转变，在全球经济分工中形成产业竞争的新优势。就地处中部的湖南来说，如何在转型创新发展中，既充分发挥传统产业的比较优势，又加快形成产业竞争的新优势，既发挥投资拉动的重要作用，又能够提升群众的消费率，提升创新对经济发展的驱动力，这就是我们面临的转型创新发展的路径选择。

我认为在国内外经济环境发生深刻变化的新时代，转型应该走不同类型产业间的融合、互动和包容性发展之路，在融合发展中提升，在包容性增长中转型，在转型发展中崛起。

当今经济全球化、信息化深入发展对世界经济的影响，从产业层面说就是不同产业的边界发生交叉、延伸和融合。传统产业、传统行业的边界是十分清楚的，这种产业分工使得政府在划分、管理行业、企业的过程中能够比较刚性、明确地通过制度、规则来加以执行，并制定出相应的产业政策和管理机制。但是随着信息技术互联网的普及应用，特别是新一代信息网络技术的出现，信息化向以可视化、泛在化、智能化为主要特征的高端发展，不仅三次产业之间出现混合与交融，而且在产业内部的各个行业间相互渗透、相互融合、相互交叉。如将新兴的产业技术应用于传统产业的技术改造，这种改造深化的过程也就成为传统产业升级的过程。反过来说这种传统产业升级的过程，也是新兴产业发展创造新市场、新需求的过程，转变新兴产业发展的推动力。就投资来说，如果这种投资能够带来新的技术和新管理经验，就其形成的固定资产来说，它起到了投资的拉动作用，但就投资形成的生产能力来说，又生长出创新驱动力和新的竞争力。如果这种投资是投入民生工程，那么它产生投资拉动作用的同时，又能提高最终消费率，反作用于调整产业结构。同时，从绿色发展来说也是如此，如果用绿色低碳技术改造高消耗高排放产业，这种改造的深化过程就是高碳产业向低碳化运行转变的过程，反过来说这个由"黑"转"绿"也是为新兴的节能环保产业、能源管理新兴服务业发展创造新市场、新需求，构造新动力的过程。现阶段，湖南经济增长主要靠投资拉动，2011 年投资对全省经济的贡献率高于 60%。但投资结构在加大调整和优化。2012 年上半年，全省技改投资增长 32.5%，占全省投资总额的 39.3%。高新技术产业投资增长 87.9%，占工业投资比重的 9.5%。同时农业投资增长 60%，服务业投资增长 100% 以上，民生和生态环境投资增长 40% 以上。

长株潭城市群不仅是国家"两型社会"建设综合改革试验区，也是国家信息化与工业化深度融合试验区和"三网融合"试验区。同时文化与科技融合、金融与产业融合、旅游与文化融合、军用与民用融合等蓬勃发展，将会不断产生新的增长点，孕育新一轮竞争优势，在 2020 年之前超越"中等收入陷阱"，步入我国的高收入区域。

我们必须坚持科学发展，也亟须促进社会和谐和改善民生，增进人民福祉。所以湖南转型创新发展应走融合、互动和包容式发展的路径。这条路径也就是智能、绿色、全面协调可持续发展之路，是一条改革发展成果能够惠及所有人群之路，人与社会自然和谐共处良性循环的发展路径。

二 加快信息化与工业化深度融合率先走出 新型工业化的路子

2007 年 12 月长株潭被批准为国家"两型社会"建设综合配套改革试验区，2011 年 7 月又被批准为国家信息化与工业化深度融合试验区。两个批示文件，在发展路径上有一个共同要求，就是走出一条新型工业化的路子来。建议把两类试验示范融为一体，统筹协调，着力于下述几点。

1. 牢牢把握两化深度融合的本质，即创新这个战略基点

发达国家是先完成工业化再进行信息化。我国既不能走这种两阶段两化的路子，也不能只搞信息化不搞工业化。必须走两化叠加融合发展的新路，使工业化具有信息化时代的特征，既可以避免污染后治理的老路，又可以加快推进传统工业发展向新型工业化转型升级，实现生产力的跨越发展。两化融合本身就是最大的创新动力源，特别是信息技术革命性的创新和深度应用。从宏观层面说，党的十五届五中全会通过的关于"九五"规划建议中提出加快国民经济信息化，以信息化带动工业化。党的十六大进一步明确提出以信息化带动工业化，以工业化促进信息化，走新型工业化道路，就是基于 20 世纪 90 年代中后期信息技术网络在我国也得到了快速发展，并向企业、社会、经济、文化等各个领域渗透，具有能够带动工业化的技术条件和初步产业基础。2002 年我国的网民规模已达 5910 万户，并正式进入宽带的发展时期，2005 年宽带接入用户发展到 3735 万户，首次超过拨号用户规模。这就为信息化提升工业化奠定了较好的基础。2007 年党的十七大进一步提出要大力推进信息化与工业化融合，促进工业由大变强的要求，把信息化带动工业化提升到一个新阶段。随着包括新一代互联网、物联网和云计算等信息技术革命的孕育和发展，智能化发展的新趋势，党的十七届五中全会通过的"关于'十二五'规划的建议"提出：推动信息化和工业化深度融合，加快经济社会各领域信息化。两化深度融合的实现，将会使工业化发展到一个高级阶段，信息化发展到一个新水平，新型工业化在我国基本实现。

从产业层面说，两化融合就是一个产业创新、信息技术和工业技术创新、产品创新、管理创新纵向深入推进和横向拓展的过程。所以，在推进两化深度融合过程中要牢牢把握住创新这个战略基点，抢抓新机遇，实现新跨越。

2. 要把绿色融合构建"两型"产业体系作为两化深度融合切入点

国家工信部、财政部、商务部、国资委等五部委联合印发的《关于加快推进信息化与工业化深度融合的若干意见》，强调要把节能减排作为两化融合的重要切入点，坚持绿色发展，构建"两型"产业体系。为此，必须深化信息技术的集成应用，加快信息技术环境友好技术、资源综合利用技术和能源资源节约技术的融合应用。一是对于钢铁、有色、石化、建材、造纸等能源高消耗的行业和重点布局的地区，建立工业主要污染物排放的自动连续监测和工业园固体废弃物综合利用的信息管理体系。加强对能源消耗的实时监测、精确控制和集约利用，并建设一批区域性节能中心，逐步从单体设备和单项工序的节能向集成基础上的综合节能发展，提高节能减排管理的精细化程度。二是对重点企业要从能源统筹优化和综合利用出发，把节能减排的综合要求细化分解到各个相关的信息系统，实现对企业生产经营各个环节能利用的在线实时监测、分散数据的实时收集、优化分析、平衡调度、科学管理和预测预警。使节能减排和安全生产能够全面落实到所有的管理环节和生产制造的全过程，突破性、创新性地提升企业节能减排能力，加快建设"两型"企业，构建"两型"产业体系，实现绿色转型发展。

3. 把对传统产业智能化改造、构建现代产业体系作为两化深度融合长期努力的方向

两化深度融合是一个信息技术由浅层次的单项业务、单体设备应用到多业务的综合集成应用，从企业信息应用向业务流程的再造应用，从单一企业应用向产业链上下游协同应用等深层次融合转变升级的过程。从长远和根本上来说，深度融合就是要综合或融合运用云计算、物联网和下一代互联网等新一代信息技术、以信息化促进研发设计创新，业务流程再造和商业模式创新，促进生产型制造向服务型制造、制造业向数字化、网络化、智能化和服务化转变，实现传统工业化向具有信息化特征的新型工业化转型，在国际分

工中构建产业竞争新优势，抢占产业和科技创新的制高点。

从长株潭和环长株潭城市群当前产业结构的现状来看，主要方面可分为三类：第一类是以工程机械、轨道交通装备和汽车为主的制造业。这一类行业是深度融合的重点，要加快其生产设备的数字化、智能化、网络化改造，深化研发设计、工艺流程、生产装备、过程控制、物料管理等环节信息技术的集成应用，完善产业链或产业集群的协同设计体系，推动信息共享系统整合和业务协同，提高精准制造、高端制造、敏捷制造的能力。第二类是钢铁、石化、有色、建材等高耗能的重化工业。对于这类行业的主要耗能设备和工艺流程加强智能化改造，实现生产过程的实时监测、故障诊断、产品质量和能源资源消耗实施精确控制和调度优化，深化生产制造与运营管理、采购销售等核心业务的综合集成。第三类是民众最关心的食品安全、药品安全的制造业。对这类行业必须建立生产过程状态监视、质量控制、快速检测系统，加快建立和完善产品质量和安全的全生命周期的管理体系。

同时，要着眼提升产业、产品的国际竞争力，着力于融合应用新一代信息技术，推进产品信息化，提高产品的网络化和智能化水平，如发展智能化工作的工程机械和网络化、具有协作能力的工程机械群；发展智能化的交通工具，使汽车装上智慧大脑；发展智能家具、智能家电等。利用物联网多种感知手段，构建全数字化、信息化的智能工厂，建立面向工业企业的云服务平台，发展云制造，推动由"制造"向"智造"方向发展。通过智能化改造提升传统产业，发展新兴产业，建立现代生产体系。

4. 推动服务化深度融合加快生产性服务业发展的现代化

服务化融合既包括生产性服务业与制造业两种业态的融合，推动制造业由生产型制造向服务型制造升级，又包括信息化与生产性服务业融合，加快生产性服务业现代化，不断创造新的经济增长点。

传统观念认为，制造就是生产加工。实际上生产并不等于制造。制造包括生产和服务两个部分。从"微笑曲线"来看，服务包括上游的研发、专利和下游的品牌、服务都处于获得高位的价值高端，生产加工环节处于获得低位的价值低端。一般来说，生产所创造的价值占整个价值的三分之一，服务所创造出的价值约占2/3。在产业发展成熟或接近成熟的阶段，企业只有向价值丰厚的两端融合和延伸，才能提升其核心竞争力，实现可持续发展。从国际分工来说，20 世纪 70 年代以后，发达国家及其跨国公司主要是以产业链的分工为导向，把成本高的组装加工环节转移出去，把收益高的分工环节保留或控制在自己手里，在全球布局服务型主导的制造业价值链或调配其资源。当时正逢我国对外开放的时机，我国利用廉价劳动力低成本的优势和一系列的优惠政策，吸引和接纳了这种转移，发展加工贸易、贴牌生产、三来一补等，成为全球加工装配基地。2007 年党的十七大提出要提高开放型经济水平，形成经济全球化条件下参加国际经济合作和竞争优势，促进加工贸易转型升级，优化利用外资结构。我国逐步从处于产业价值链的低端转向全方位参与产业价值链的竞争与合作，逐步提升在国际产业链的地位。虽然取得显著成绩，但从总体上说，我国制造业仍处于全球产业链分工的中低端环节。据估算我国制造业中有六成属于低端制造业。所以，在两化深度融合过程中要着力于推动制造业的服务化，加强技术产品研发创新和商业模式创新延伸价值链，逐步实现产业转型升级，向中高端产业层级迈进。湖南省的三一集团在工程机械制造上就率先走出了这样一条路子。三一集团年研发投入基本占公司销售总额的 5% ~ 7%，为同行业平均水平的 3 ~ 5 倍，设立了研究总院和 40 个研究分院，从事研发人员和储备人才达 1 万人，创造了居于全球前列的技术优势。同时，着力于创新服务模式，在全球建立了产品全生命周期的优质服务系统，进一步提升了核心竞争力。2012 年 1 月三一重工并购德国"大象"——全球最知名工程机械制造企业之一的普范迈斯特。这并不是后者技术落后，而是三一集团由于服务模式的创新，在全球拥有迅速增长的市场。三一集团在全国率先建立 ECC 企业控制中心。"中心"由智能设备管理系统、服务系统、运营控制平台组成，融合运用物联网技术、人工智能、GPS、GTS、流媒体技术等，对于销到全球的工程机械都能实行远程控制、远程监测、故障诊断、维修资源调度、远程作业指导及现场信息查询等，构建了一个超越客户期望的优质服务系统，为客户创造最大价值，使企业走向全球产业价值链的高端——领导和组织者。近几年三一集团先后在美国、德国、印度和巴西建设了研发中心和产业基地，设立了 12 个海外公司，业务覆盖多个国家，向跨国公司迈进。

所以，推动湖南省制造业由生产型制造向服务型制造的升级，需要着力于以下几点：①要鼓励湖南省有条件的大企业走向全球或全国产业价值链的高端。②针对中小企业信息化建设资金、人才缺乏的现状，构建面向中小企业的云公共服务平台，为其提供产品设计、工艺、制造、采购和营销服务，提供信息化产品、解决方案，应用案例等资源，促进服务和中小企业融合发展。③建立物流拉动的现代制造业服务平台。针对物流业成本高、发展滞后等现状，利用 RFID、网络、物流优化等技术，研究整机制造企业、零部件制造企业和物流企业的多方协作模式或第三方服务模式，建立现代物流拉动的制造服务平台，为整机制造企业、零部件制造企业和物流企业协作提供服务。④发展大规模的定制。大规模定制化是制造服务化的一个重要特征。要以客户为中心，根据目标客户的个性化需求，发展大规模的定制。定制化成功的关键在于顾客从个性化中获取的额外价值超过了由此导致的成本增加，企业在为顾客提供个性化产品的同时尽量利用大规模生产的高效率，促进企业发展敏捷制造和分散化网络制造。⑤大力发展各种生产性服务外包。针对我国企业仍然比较普遍采用自研、自供、自销传统的一体化经营模式，要鼓励企业专注于提高自身核心竞争力，将非核心的业务流程活动外置和外包给专业的服务商，以促进社会专业分工的细化和生产要素的社会化资源配置，提高资源配置效率，降低社会交易成本，提升企业竞争力。为此，需要鼓励发展各类生产性的外包服务企业，并适应承接国际产业转移的需要，大力发展离岸外包服务业。

同时，要加快推动面向工业企业服务的物联网、云计算的试点示范；大力发展以信息服务为主导的各类高技术服务；有序地发展和创新金融组织、产品和服务，逐步实现金融服务的多元化、信息化、网络化；规范提升商务服务业，并使各类商务服务活动信息化、网络化。从而逐步形成包括上游的可行性研究、风险资本、产品设计、市场研究等，中游的质量控制、财务中心、人力资源管理等，下游的现代物流、营销网络等完整的生产性服务业产业链。使现代生产性服务业贯穿于生产、流通、消费等社会再生产的各个环节，成为市场资源强大的调配器，营造经济发展基本的软环境。制造业由生产型制造模式向服务型制造转型和生产性服务业现代化的发展过程，也是不断衍生出新业态、创造新的经济增长点的过程。

三 加快推进信息化与城市化全面融合建设智能、绿色、低碳环长株潭城市群

信息化与工业化的融合必然体现和带动信息化与城市化的融合，并向经济和社会各个领域扩散，从而提高全社会的信息化水平，使城市化扩大内需的最大潜力"倍增"地释放出来，继工业化之后，成为推动我国经济社会发展的巨大引擎。2010 年我国城市化已超过 50%，这是一个巨大的历史性变化。但总的看，我国城市化依然落后，远低于世界平均水平。人均收入与我国相近的一些发展中国家，城市化率一般都在 60% 以上。城镇化要达到 70% 以上至少还有 20 年的路要走。城镇化可以为我国经济中长期较快稳定发展提供强大的动力和支撑。

湖南 2010 年城镇化率 43.3%，比 2005 年提高 6.3 百分点，年均提高 1.26 个百分点。但与国家城镇化率的差距由 2005 年的 5.99 个百分点扩大到 2010 年 6.65 个百分点，居中部第四位。因此，在提高工业化水平的同时，加速推动城镇化，同步推进农业现代化，是实现"四化两型"战略，实现可持续发展的客观要求，是扩大内需、转变经济发展方式的战略重点。世界发达国家的城镇化经验表明，当一国工业化达到一定阶段时，推进城镇化可以增加第三产业的就业规模，提高服务业的就业弹性和就业比重，促进制造业结构转型升级，成为调整经济结、促进经济增长的新发动机。

信息化与城市化的全面融合，从总体上说，就是要使城市机体数字化，城市的各个方面，总体特征、运动变化状态，都能用数字表达出来，从而形成信息数字城市。城市信息化不仅是要发展自身的信息产业，更是要利用信息技术融合改造和发展包括经济、社会、科教、文化等一切领域，极大地促进城市对信息的产生、交流、扩散和传递的有序化、高效化，提高城市的综合创新力、竞争力和居民的生活品质，最终产生"聚合"和"扩散"效应，引领和带动乡村和区域的信息化。

主要需要着力做好下述几方面工作。

1. 加快推进信息产业化和产业信息化

信息产业化主要是指要大力培育和促进新一代信息技术的产业化，着力

改造和提升传统信息产业，使信息产业成为国民经济的基础性产业、战略性产业和先导性支柱产业，并抢占国际竞争的制高点。

产业信息化，从城市来说，就是非农产业包括传统制造业和传统服务业的信息化，具体分为三个层面：一是企业的信息化；二是行业的信息化；三是跨行业的信息化和融合。重点是基础层面的企业信息化。从全国来看，2011 年钢铁、化工、汽车、船舶、航空等主要行业大中型企业数字化的设计普及率已超过 60%，关键工序数（自）控率已超过 50%。2011 年湖南省已经实现信息化的数字企业有 1460 家。信息技术与制造企业融合应用的步子在加快，特别是企业商务的信息化，主要是 B2B（企业对企业）的电子商务发展，已越过行业、区界、国界，发展态势强劲。2011 年我国电子商务市场（含 B2B、网络购物、在线旅游预订）交易规模达到 7 万亿元，同比增长 46.4%。讲到电子商务，大部分人会想到网络购物，实际上在 7 万亿元的电子商务交易规模中网络购物只有 7000 多亿元，占 1/10。对于大企业来说，电子商务被广泛应用于电子采购、电子销售、电子交易、循环物资交易和投标管理。这不仅较大地降低了中间交易成本，提高了流通效率，更重要的是实现了企业集中采购系统和管理模式的升级创新，促进各个环节企业信息化建设的对接和融合，从而提高了工业化的整体水平。我们要支持和鼓励行业龙头企业自身产品供应链为核心的电子商务平台，使供应上下游企业通过该平台实现咨询、沟通和交易，串联起行业整条产业链。也要大力支持构建关联行业跨行业的电子商务平台及其他模式的 B2B 电子商务平台。这是当今企业总体战略中越来越重要的与信息技术融合。

2. 信息技术与城市节能建筑融合，建设智能、绿色、低碳可持续的建筑系统

据统计，人类从自然界所获得的能源和其他物质原料 50% 以上用于建筑，而人类活动所产生的垃圾超过 40% 是建筑垃圾。我国建筑能耗占全社会终端能耗为 27% ~ 29%。根据发达国家经验，随着城市化的发展，建筑能耗将超过工业交通等其他行业而最终居于社会之首，达到 33% 左右。我国城市化进程如果按着发达国家的模式，使人均建筑面积接近发达国家的人均水平，需要消耗全球目前消耗能源总量的 1/4。显然这是不可能的。我们必须大幅度降低建筑能耗，着力发展绿色低碳建筑，走出一条新型城市化的

路子。绿色建筑是信息时代的产物，是广泛应用智能化技术和高科技节能环保技术的现代建筑，这已经成为现代建筑的主导趋势。从整体设计的角度说，绿色建筑是将现代建筑技术、建筑智能化技术、节能减排技术、新能源应用技术等有机结合在一起。如建筑物建筑群的信息传输通道，如果以综合布线替代单一昂贵、复杂的传统布线，就大为简化，可节约大量的物资资源时间和空间，并对建筑运行的能效进行最优化。我们在新城区建设和旧城区改造，需要大力推广智能、绿色、低碳技术的融合应用，实现城市的可持续发展。

3. 信息技术与城市交通发展融合，构建智能、绿色、低碳的综合交通运输体系

交通安全、交通堵塞及环境污染是困扰当今国际交通领域的三大难题。随着经济的高速增长和城市化加快，城市发展所带来的居高不下的交通事故、严重拥堵交通污染，已成为危及民众安居乐业和社会稳定的重要弊端。面对严重的交通问题，智能化交通运输应运而生。智能交通运输体系，简称ITS，将先进的信息技术、通信技术、电子控制技术及计算机处理技术综合运用于地面交通运输体系，从而建立起一种实时、准确、高效的交通运输系统，这是现代化交通运输体系发展的方向，是交通运输进入信息化时代的重要标志。ITS技术在美国广泛应用，交通拥挤降低50% ~ 80%，能耗减少30%，废气排放减少26%。

环长株潭城市群在加快推进城市化进程和"两型"交通运输体系建设中，要加大智能交通技术与绿色、低碳交通技术融合应用，率先构建智能、绿色、低碳交通运输体系，在全省起到引领作用，在全国发挥示范作用。

一是建设城市交通的综合信息平台，包括公共交通区域性的调度系统、全球定位车载导航系统、快速的综合应急信息系统。

二是加快物流信息平台建设，引导传统的货运产业向现代物流转型。

三是建设公众出行的公共信息平台。要整合出行的信息资源，建立统一的公共信息服务平台，采用多种方式向公众提供多种信息，引导参与者转变出行方式和消费理念，缩短出行人员在途距离和时间，最大限度降低能源和污染排放水平。

四是建设电子收费系统，使地面交通收费自动化，以减少现金收费所造

成的延误。如能在现有车道上安装电子不停车收费系统，可以使车道的通行能力提高 3~5 倍。

五是将云计算、物联网技术应用于智能交通体系建设，可以极大地提升交通信息的处理和服务水平，使交通信息获取和服务更加方便和快捷。

六是围绕智能交通体系领域创新需求，构建产学研用相结合的交通科技创新联盟，大力引进和培养高水平的人才队伍，并适应交通发展的新形势，改革交通管理的体制机制。

4. 推进信息化与重大民生工程融合，建设和谐社会

一是以长株潭为核心统筹近期和长远，大力发展多层次、多专业覆盖城乡社区企业的网络教育、智能远程教育，并作为构建"终身教育体系"的重要途径，提高人民的科学文化素质。

二是积极推进智能卫生医疗信息系统建设，发展远距离的健康医疗，以充分有效利用医疗资源，方便群众就诊，提高人民的健康水平。

三是打造便民利民的智能社保，制作和发放多用途的智能社保卡，建设多层次的社保信息公众服务平台。

四是由点到面建设智能社区，提升基层的为民服务平台。通过重大民生工程智能化建设，提高居民的幸福指数，建立和谐社会。

5. 推进信息化与文化融合，创新文化新业态、加快构建现代文化产业体系

湖南历史文化悠久，文化底蕴深厚，文化资源丰富，文化氛围浓郁，特别是近几年来文化产业快速发展。2006~2010 年，年均增长 20% 左右。其中 2008 年文化产业总收入 1090 亿元，突破了千亿元大关；2010 年文化产业总产出 1868.49 亿元，增加值 827.56 亿元，占全省 GDP 比重 5.1%，对经济增长贡献率为 7.8%，成为湖南国民经济重要的支柱产业。湖南文化的发展，从总体上说，必须大力发挥和发扬悠久和优秀的湖湘传统文化，又必须着力发展现代的新兴文化，实行"双轮"驱动：既要大力普及公益性的公共服务文化，活跃民众的文化生活，提升大众生活的文化品位；又必须着力发展商业性文化，创新文化产业的商业模式，不断创新文化的新业态，两者并举。从文化产业增长的幅度和取得多个单项第一来说，湖南的文化产业已经走在全国前列，但距实现文化强省目标和与一些发达省市比较，还相差甚远。做强文化产业实现文化强省目标，从根本上说，就要大力推进文化与科技融合，持续地推进文化产业的创新，加快形成文化新业态的产业体系。

文化与科技融合的核心是信息化与文化的融合。新文化业态是以数字化内容、数字化生产和网络化传播为主要特征的新兴文化产业，是凭借互联网和数字技术的融合支持衍生出来的网络数字化文化产业。数字内容文化产业是指将图像、文字、影像等内容运用数字化高新技术进行整合应用的文化产品和服务。包括文化创意、数字出版、数字娱乐、数字艺术、数字广告、移动多媒体等多个文化行业。湖南把文化创意产业列为战略性新兴产业，作为发展新兴文化产业的主攻方向，抓住了新文化产业发展的重心和湖南的优势。创意是技术、经济和文化等相互交融的产物，创意产品是新思想、新技术、新内容的物化形式，是文化新业态的重要支撑。湖南已经快速地启动了以高新技术为依托，以数字内容为主题，以自主知识产权为核心的文化创意产业的项目、平台、基地建设，发展态势良好。

湖南新兴文化产业的发展，建议实行一业为重多元兼顾的方针，在突出重点，把握主攻方向的同时，要做好以下几项工作。

一是统筹兼顾，注重新兴文化发展的多元化、多样化，以满足人们多方面、多层次、多样性的文化需求和文化产业的整体升级。

二是着力在文化业态多样化基础上的深度融合。文化与科技的融合不仅要体现在内容上，还要体现在服务层面、网络层面、终端层面和运营主体层面。

三是加快推进新兴文化产业的集群式发展。着力建设新文化业态的研发中心，生产中心、传播中心加快各类要素的聚集，在这个基础上形成文化产业聚集区、基地和园区，以最经济的方式对各类文化业态的发展进行整合，促进新兴文化产业规模化和高效益的跨越发展。

四是实施文化数字建设工程、文化传播网络内容建设工程，改造提升传统文化产业，加快文化产业转型构建现代文化产业体系。

五是在新兴文化产业发展过程中注重遵循需求导向原则，重在体制机制改革，实施文化人才战略。

6. 加快信息化与城市化的深度融合，推进城市化发展步入新阶段

新"两化"深度融合的过程，也是信息服务为主的新兴服务业创造新

的市场需求过程，使高效的信息服务业及其相关服务业逐步成为服务业的主体，带动整个服务业的跨越式发展，使服务业成为吸纳城市就业和转移农村劳动力、扩大内需的主要产业，推动城市化发展步入新阶段，即服务业成为城市化后续的推动力。新阶段带来的新变化主要体现在下述几方面。

一是有统计显示，2010年我国农村居民消费为4455元，城镇居民为15900元，城镇居民消费水平是农村居民的3.6倍。一个农民转化为市民，消费需求将会增加1万多元。如果每年有1300多万人从农村转入城镇，就会带动1300多亿元的消费需求，会产生巨大的收入增长和消费转换效应。从供给角度分析，城镇化可以增加第三产业的就业弹性和就业规模，提高服务业在产业结构中的比重，并推动生产型制造业向服务型制造业升级，实现信息产业、制造业、服务业融合发展，带动中等收入群体比重增加，消费结构战略性升级，城镇化成为调整经济结构和促进经济增长的新发动机。

二是现代经济的先进生产要素和科技资源、高科技人才资源及资本资源等，首先向区域中心城市、大城市流动，形成先进生产要素聚集区，如企业总部、研发中心、知识中心、技术中心、工程技术等聚集在城市中心，并形成CBD、金融等现代服务业的功能区，从而提升城市的创新力，促进城市向产业高端化、空间集约化、功能服务化方向发展，城镇化由粗放扩展型向内涵集约型、要素量的驱动型转变，推进新型城市群建设和集约化主导的新型城市化。

三是城市化向数字化、网络化、智能化方向发展，使中心城市与城市群、都市圈形成互动、融合发展，从而逐步实现空间资源配置效益的最大化，在融合发展中推进和实现城乡一体化发展和区域协调发展，在信息化牵动下，工业化和城镇化协同发展并带动农业现代化，实现"三化"同步发展。

四是城市产业的优化升级，空间资源利用率的较大提升，会大幅度降低资源，实现节能减排目标，使城市群实现智能、绿色、低碳发展。

7. 顺应全球发展三大趋势，在世界城市体系中寻求长株潭城市群的战略定位

全球化、信息化、绿色化是当今世界发展的三大趋势。尽管美国金融危机和欧洲债务危机对世界发展产生了重大影响，贸易保护主义抬头，但不可

能改变也改变不了这三大潮流。相反一些发达国家凭借它们在信息技术与产业、绿色低碳技术与产业已有的优势，抢占新一轮科技和产业革命制高点，并走出金融危机给它们发展带来的困境。这既使我国发展面临新的严峻挑战，也带来众多的发展机遇。

当今全球化的核心是信息的全球化。随着全球化和信息化的发展，逐步形成新的多极多层次的世界城市网络体系，处于枢纽地位的中心城市、城市群将成为信息化的节点和全球经济体系中的重要支撑点，引领区域参加国际分工，形成全球的价值链。同时，在当今全球体系中，一个城市面对的不仅仅是自身的市场，而是一个遍及全球的市场网络。据有关预测，到 2015 年中国将由低端产品加工的"世界工厂"转变为世界市场。这个具有广阔空间的巨大市场是发达国家跨国公司总部、技术、资本、高端产业向中国转移的重要吸引力。加强我国城市与全球其他城市的合作，提升相互作用的程度越来越成为城市重要的发展潜力。李克强副总理于 2012 年 5 月 3 日在中欧城镇化伙伴关系高层论坛上《开启中欧城镇化战略合作新进程》的讲话，提出了中欧应把城镇化作为务实合作的新平台、新亮点，突出加强节能环保、新能源等领域的合作，分享中国城市化和欧洲高技术产业带来的巨大效益，为跨区合作注入新动力，并强调"欧洲设计"遇上"中国制造"，"欧洲技术"遇上"中国市场"，就会产生显著的效应。在另一个中欧高层会议上又说："使欧方的技术优势与中方的市场优势更好地结合起来，在互惠互利中实现共赢。"

以国际视野和长远发展来看，长株潭将成为全球信息化网络、经济网络、市场网络中国江南腹地的重要聚合点、集散点和战略支撑点。我们已经在稳中求进中迈开大步走向这个目标。随着纵向京广高铁和京珠高速与横向沪昆高铁和上瑞高速的先后开通，加上长沙空港建成国际区域性的航空中心，长株潭逐步成为中部南翼和江南腹地的快速交通枢纽。伴随交通优势的形成，势必形成新的流通优势，长株潭必将成为快速的信息流、物流、资金流、人才流集散的区域中心，极大地提升其吸引力和辐射力。近年来国际形势复杂多变，国内经济下行压力加大，但 2011 年在吸引境外投资方面却创造了三个第一：全省合同利用外资居中部第一，利用外资总额居中部第一，年引进 8 家世界 500 强企业，创历年第一。境外战略投资者看重的正是长株潭和湖南这种区位优势和江南中国市场网络中四方交汇的战略位置。

当今社会信息网络无所不在，能够实现人与人、人与物乃至物与物之间随时随地沟通的全新网络环境——泛在网。快速的物流、资金流，必须由信息流牵引和带动。泛在网增强了已有各类网络的应用服务，多种网络、接入、应用技术的集成，将实现商品生产、传送、交换、消费过程的信息流无缝链接。泛在网络普遍应用必将深刻地融入到人们的日常生产、生活和工作之中，并成为经济、政治、文化等各种社会活动的重要平台，带动经济跨越发展和社会巨大进步。湖南已经出台了《数字湖南建设纲要》，并在泛在网的云计算和物联网发展上进行了快速启动。近年来先后有富士康、华为、中兴、惠普等 IT 知名企业入湘发展，湖南省并与富士康科技集团签署了《关于共同推进"两型"产业富湘云合作计划》。中兴通信网络信息全球共享服务中心暨衡阳研发基地开工建设，将建成中国内地城市云服务的典范，打造八大城市"云服务"。中国电信湖南 IDC 及云计算运营中心正式成立。建议在继续加大对境内外知名 IT 企业引进的同时，加快对长株潭已有的优势信息资源进行整合和向云计算转型，逐步形成一个具有国际影响力的长株潭云计算产业基地。相应地建设一个绿色高效低成本统一的规模化云数据中心，组建一个湖南云计算技术和产业联盟，把长株潭建设成为全球信息网络中国江南腹地的战略信息支撑点，极大地提升其区域辐射力和国际影响力。同时带动湖南电子信息产业的跨越发展和向新一代信息技术产业升级，创造一个高效、安全的大云环境，实现真正的信息共享，逐步克服"信息孤岛"效应。

四　进一步增强长株潭试验区综合改革系统性与配套性

2011 年是长株潭试验区步入纵深推进阶段的第一年，综合配套改革和绿色发展取得了新成效。

一是 2011 年 4 月湖南省政府出台《关于支持长株潭城市群两型社会改革建设的若干意见》，对于包括"5 区十八片"的示范区片涵盖产业、财政、土地、投融资、人才科技、行政六方面给予 32 条的优惠政策和措施。

二是排污权交易由点到面扩大试验范围。2010 年省政府出台《排污权有偿使用、交易和管理暂行办法》，长株潭作为首批试点城市，从 2011 年 4 月首单排污权交易试点企业启动以来，由点到面湖南省一级市场开展已有 1139 家试点企业申购了初始排污权，缴纳有偿使用费 1798 万元；二级市场开展排污权交易 14 起，交易额 2370 万元。湖南省环保厅、财政厅联合下发通知，在长株潭开展排污权抵押货款试点，开辟企业污染治理新渠道。2012 年 6 月，华菱湘潭钢铁公司有偿取得排污权抵押，获得首笔 1600 万元排污权抵押货款。

三是湘江流域生态补偿机制已经启动。湖南省财政已安排 2000 万多元，在湘江流域建设 13 个跨市界断面水质自动监测站，2012 年 9 月投入试运行，为湘江流域率先展开生态补偿提供权威依据。从 2012 年 3 月 5 日起，长沙市试行境内河流生态补偿办法，对浏阳河、捞刀河、沩水河、靳江河等跨行政区域河流，实行断面水质监测。凡是断面当月水质超越控制目标，上游县（市）给予下游县（市）补偿。

四是长株潭绿色交通渐成网络。2010 年 2 月，国家启动节能新能源汽车"十城千辆"示范推广工程，长株潭入选首批试点城市。2011 年已推广混合动力大巴 1556 台，纯电动大巴 100 台。其中长沙到位运营的新能源汽车共 875 辆，株洲投入运营 627 辆实现城市全部公交车的新能源化，同时还有 200 辆环保电动公交车投入运营，是全国电动汽车推广数量最多、运营里程最长的城市。2011 年 5 月株洲市还启动了公共自行车租赁系统，已经建立 1000 多个站点，投放 2 万多辆自行车覆盖全城，日均使用量达 15 万人次。"十二五"期间，长沙也将建成自行车廊道系统和租赁系统，鼓励城乡居民选用自行车近距离出行。未来两年，随着长沙地铁交通和长株潭城际轨道交通的相继建成，城市群的绿色交通将渐成网络。

五是绿色建筑示范区创建工作已经开始启动。绿色建筑是指在建筑的全生命周期，最大限度节约资源（节地、节能、节水、节材），保护环境减少污染，为人们提升健康、适用高效的使用空间，与自然和谐共生的建筑。至今湖南已有两个项目列入住建部绿色建筑示范工程，3 个获得住建部授予的绿色建筑评价标识，11 个项目列入全省绿色建筑创建计划，绿色建筑创造面积累计达 362 万平方米。同时，长沙大河西先导区、滨江新城片区、高铁新城区及株洲云龙示范区、常德市北部新城等 6 个片区已开展绿色建筑示范区创建工作。

2012年长株潭试验区已经启动探索10项重点改革,加强改革的系统性与配套性。具体包括:①建立"两型"工业准入和提升机制,严把企业准入关;②完善联合产权交易平台及其机制,组建集企业产权、物权、债权、知识产权、排污权等于一体的区域性综合产权交易中心;③完善空气质量监测信息在线发布平台,建立PM2.5监测及发布制度,形成环保倒逼机制;④进一步扩大排放权交易试点范围,探索新的排污权品种,完善排污价格体系;⑤加大农村环境可再生能源推广力度;⑥开展流域、森林、矿产资源和自然保护区生态补偿试点;⑦推进绿色建筑;⑧打造绿色出行交通网络,形成绿色出行模式;⑨推进资源性产品价格改革,重点是推进阶梯水价、电价改革,逐步完善矿产等资源性产品价格形成机制;⑩建立绿色GDP评价体系等。

附篇

社会效应

中共湖南省委常委第六十六次会议纪要

关于建立长沙、株洲、湘潭
三市经济区的问题

11 月 10 日下午，省委、省政府领导同志召开会议，听取了省社会科学院副院长张萍同志关于建立长沙、株洲、湘潭经济区建议方案的汇报。这个方案的主要内容包括以下几点。

（1）建立经济区的基本依据和意义。长株潭三市是沿湘江中下游自然形成的一个"品"字形城市群体，两两相距最远为 51 千米，最近 38 千米，有着不可分割的经济联系。联合起来可以形成带动全省城乡商品经济发展的多功能的综合经济中心。三市是我省最发达的经济地带。工农业总产值为全省的 29.1%，工业总产值为全省的 36.26%。交通方便，湘江贯流三市，通过长江可达重庆、上海；京广、湘黔、湘赣等铁路在此交会，株洲是我国八大铁路枢纽之一，有四条公路国干线通过本区，长沙是中南地区重要的航空港。三市联合可以在全省形成和发挥工业中心、贸易中心、交通中心、金融中心、信息中心、科技中心等多功能的综合经济中心的作用，为发展全省的城乡商品经济服务，成为振兴我省经济的基地，新技术、新产品开发中心，带动全省经济腾飞的"龙头"。同时，从地理位置上看，三市北是武汉，南是广州，东是上海，西是重庆，地处江南腹地，四方交汇之点，联合起来在全国经济网络的总体格局中也具有重要的战略作用。三市可以联合实行"内联外扩""外引内联"的方针，形成强大的经济活力，对外（国外、省外）既可增强吸引力，又可增强竞争力；既可加快我省四化的发展，也可促进邻近省区经济的发展。此外，三市都有共同的区域性问题要解决。如能源的开发和引进，提高资源和能源的综合利用率，湘江水域污染的治理，城镇体系和工业的合理布局，现有工业的技术改造和改组联合，新产品的开发，对外经济技术合作，等等。客观上都需要从三市作为统一的城市群的角度，统筹规划解决，才能获得较好的社会经济效益。

（2）性质和内容。经济区是以长株潭大中城市群为依托的开放式、网络型的区域经济发展的联合组织。首先要联合抓好规划和改革。要根据三市的特点，制定经济区的总体发展战略和中长期规划。三市可联合选择有利于引进外资和技术的地方搞经济开发区。三市的改革要有统一的部署和政策，时间可以有先有后，但应注意相互调节。

（3）原则和组织形式。建立经济区应当遵循扬长避短、形式多样、互利互惠、共同发展的原则。其组织形式：一是建立经济区的经济技术开发协调会议，作为三市最高联合的经济组织；二是建立三市的机械、电子、冶金、化工、建材、纺织、食品等行业协作会议或联席会议；三是建立三市的物资、信息、科技、人才等交流中心和网络。四是设立长株潭经济区规划办公室，省直经济综合部门亦抽人参加，负责经济区协调会议的日常工作。

会议认为，张萍同志关于建立长沙、株洲、湘潭经济区的建议是可行的，并议定了以下几点。

（1）建立长株潭经济区，可以通过联合和规划，取长补短，发挥综合的经济技术优势，对内增强内聚力，对外增强竞争力和吸引力。同时把三市建设成湖南的多功能的综合经济中心，对于带动全省城乡商品经济的发展，加速我省四化建设，也关系极大，因而要把建立和搞好长株潭经济区作为振兴湖南经济的战略重点，省直各有关部门都要给以支持。

（2）要从长远着眼，近期见效着手立足开发；要面向全省、面向全国、面向世界、面向未来；又要从近期见效快、收效大的经济技术联合和开发的项目入手，边规划边行动；要勇于探索，敢于改革，扎实工作，开拓前进，探索出一条发挥城市中心作用的新路子。

（3）建立长株潭经济区规划办公室。筹备工作由陈邦柱同志牵头，具体组织工作由翁辉、张萍同志负责。办公室由省综合经济部门、省社会科学院和长、株、潭三市各抽 1~2 人组成，负责经济区的日常工作。

（4）建立长株潭经济区经济技术开发协调会议制度。会议由省综合经济部门领导 3~4 人，三市包括党政领导在内的各 3 人参加，至少每年召开一次，轮流主持。由会议所在市负责筹备工作，并请该市的一名主要领导担任主席。第一次会议拟于明年春在长沙市召开。

（5）所需的经费，由省财政厅拨款 1 万元，长、株、潭三市各拨款5000 元解决。

中共湖南省委办公厅

一九八四年十二月十八日

经济专家张萍建议建立长株潭经济区 *

新华社长沙讯　湖南省政协委员、省社会科学院副院长兼经济所所长张萍最近提出，在长沙、株洲、湘潭三城市进行综合改革试点，建立我国内陆省第一个省内经济区，以解决条条、块块、城乡分割的矛盾。

张萍同志说，从地理位置看，这三个城市是沿着湘江中游自然形成的一个三角形城市群体，三个城市之间的距离最近处只有 38 千米，远的 50 千米，较之大的中心城市同其卫星城镇的距离还要近得多。三城市南连两广、北贯华中、东达江浙、西通云贵，铁路、公路、水运都很方便，人称"四方交汇之处"，既是湖南省的核心地带，又是中南地区的重要交通枢纽。

三市及经济区域面积为 3 万多平方千米，人口接近 200 万，工业产值占全省的 1/3 强，农业产值和粮食产量均占全省的 1/5。三市中的长沙是全省政治、文化、科技中心，机械、食品、轻纺等工业有相当基础；株洲是一个新型的工业城市，是全省冶金、化工、车辆制造、麻纺工业基地；湘潭的机电、建材、纺织、军工等在全省处于举足轻重的地位。

张萍同志建议，进行长、株、潭三市综合改革试点，要切实抓好以下四条措施：一是实行统一政策，进行相互协调；二是搞好三市四方（省的综合经济部门作为一方）经济技术协作，建立三市物资、信息、人才等交流中心，密切三市的机械、化工、纺织、电子、轻工、建材、交通等行业协作关系；三是规划三市统筹部分的区域发展规划；四是联合搞经济开发区。

张萍同志认为，在三市进行综合改革试点，建设好长株潭经济区，具有深远的战略意义和现实意义，在近期它带来如下好处。

---

* 　新华通讯社主办《国内动态清样》1984 年 7 月 15 日（第 1799 期）。

一　有利于三市克服重复建设，盲目发展等弊端，做到统筹规划，合理布局

张萍同志说，三市过去重复投资、重复建设严重，去年实行市管县以来，已出现新的块块分割的倾向，以棉纺工业为例，本来长沙、湘潭已有较好的基础，但以重工业为主的株洲也要搞。结果办起厂来亏损大，效益差，靠免税过日子。湘潭玻璃厂是全国同行业中的先进单位，生产潜力很大，长沙啤酒厂所需瓶子一直由该厂协作解决，但长沙却要在"十五"期间自己建玻璃厂，中断长期的协作关系。因此，及时加强三市之间的统筹协调，是一个十分紧迫的任务。否则这个品字形地区的重复建设会越来越多，布局会越来越乱，环境污染也将越来越严重，待乱了再来治理，势必造成更大的浪费。

二　建设"长株潭经济区"有利于推动工业改组和企业联合打破条条、块块、城乡分割的矛盾，发挥这一地区的自然优势，经济优势和人才优势

张萍说，株洲、湘潭二市有十八个大型企业，它们有一批产品可以向地方工业扩散，需要地方工业协作配套，如果打破条块、块块的界线，在三市进行联合和规划，利用大工业的技术、智力、设备等优势来带动地方工业的发展，不需要增加多少投资，产值、利润可以成倍增加。分布在三市的科研院所和企业的科技人员有八万多人，如果加以合理使用，将为社会创造巨大的财富。

三　将长、株、潭三城市综合起来，作为全省的改革试点，比目前只确定在长沙市搞改革试点影响效果好

张萍同志认为，从各方面情况分析，三市中任何一个城市，其经济实力

及辐射范围都非常有限，无法单独形成全省的经济中心。三市联合改革，才能既有明显分工，各具特色，又紧密协作，充分发挥多功能的综合经济中心作用。

据了解，张萍同志的建议已列入国务院体改委的科研项目。7月10日，湖南省长刘正，省委第二书记熊清泉和有关领导讨论了这个建议，认为这个方案很好，决定先以长沙市为综合改革的突破口，逐步扩大到两个市。省领导同志还决定在一星期后，召开有三个市负责人和有关部门负责人参加的会议，进一步研究此项建议。

省委省政府采纳社会科学工作者的建议

把长株潭三市建成多功能综合经济中心 *

本报讯 省委、省政府领导同志最近听取了省社会科学院副院长张萍关于建立长沙、株洲、湘潭经济区的建议。经过认真讨论，一致确认这个建议是可行的，对于振兴湖南经济具有重要意义，同意立即开展三市经济区的筹建工作。

长株潭三市是沿湘江中下游自然形成的一个"品"字形城市群体，两两相距最远为 51 千米，最近为 38 千米，有着不可分割的经济联系，是我省最发达的经济地带，工农业总产值占全省的 1/5 以上，工业总产值占全省的 13 以上。交通方便，四通八达。三市联合有利于在全省形成工业、贸易、交通、金融、信息、科技等多功能的综合经济中心，成为振兴湖南省经济的基地，发挥带动全省经济腾飞的"龙头"作用。同时三市都有共同的区域性问题要解决，如能源的开发和引进，提高资源和能源的综合利用率，湘江水域污染的治理，城镇体系和工业的合理布局，现有工业的技术改造和改组联合，新产品的开发，对外经济技术合作，等等，这都需要从三市作为统一的城市群的角度，统筹规划解决，才能获得较好的社会经济效益。

张萍同志认为，长株潭经济区要逐步发展成为开放式、网络型的区域经济，首先要联合抓好规划和改革，根据三市的特点，制定经济区的总体发展战略和中、长期规划。三市可联合选择有利于引进外资和技术的地方搞经济开发区。三市的改革要有统一的部署和政策，时间可有先有后，但应注意互相调节。

省委、省政府的领导同志强调要把建立和搞好长株潭经济区作为振兴湖

---

* 原载《湖南日报》1985 年 1 月 23 日。

南经济的战略重点，省直各有关部门都要积极支持经济区的建立，要从长远着眼，立足开发，面向全省，面向全国，面向世界，面向未来，又要从近期见效快、收效大的经济技术联合和开发的项目入手，边规划边行动，勇于探索，敢于改革，扎实工作，开拓前进，探索出一条发挥城市中心作用的新路子。

根据张萍同志的建议，省委、省政府决定建立长株潭经济区规划办公室，负责经济区的日常工作，同时建立长株潭经济区经济技术开发协调会议制度。第一次协调会议将于最近在长沙举行。

湖南省制定一个包括三市的区域规划 *

根据《经济信息》，湖南省计划在湘江下游地区打造一个新的经济区。

这个经济区包括省内长沙、株洲、湘潭三个主要城市。经济区与区内的经济活动中将贯彻实行开放灵活的政策。

新经济区的 个委员会将负责协商总体规划。另一个委员会将关注工业发展，重点放在机械、电子、钢铁、化工、纺织和食品工业等方面。

该文指出三市之间的相互合作将促进该地区快速、协调地增长。

该区域规划是由湖南省社会科学院副院长张萍草拟的，已由湖南省人民政府正式批准。

附:《中国日报》英文原文。

Hunan Plans Tripartite Programme

Hunan Province has announced plans to create a new economic district on the lower reaches of the Xiangjiang River. According to Economic Information.

Encompassin Changsha, Zhuzhou, and Xiangtan—the three major cities in the province—the district will be responsible for injecting an open. Flexible policy

---

* 原载《中国日报》（译文）1985 年 1 月 22 日，报刊原文为英文。

into the areas' economy.

One committee ofthe new dictrict will be charged with coordinating the overall economic programme. Another committee will focus on Industrial development with emphasis on machinery, electronics, iron and steel, chemicals textiles and food processing.

The paper says that co – operation among the three cities will enhance rapid, coberent growth.

The plans for the district were drawn by Zhang Ping, deputy director of Hunan Academy of Social Sciences. The provincial government has given official approval to the plan.

发挥城市中心作用 带动全省经济腾飞

湖南建立长沙株洲湘潭经济区 *

——以此作为振兴湖南经济的战略重点

本报长沙讯 湖南省社会科学院副院长张萍同志建议长沙、株洲、湘潭经济区的建议方案，最近已被中共湖南省委正式批准实施。

这个方案的主要内容是以长、株、潭大中城市为依托，建立开放式、网络型区域经济发展的联合组织。其首要任务是联合抓好规划和改革，根据三市的特点，制定经济区的总体发展战略和中、长期规划，联合选择有利于引进外资和技术的地方搞经济开发区，采取统一的部署和政策搞改革，时间可以有先有后，但应注意互相调节，遵循扬长避短、形式多样、互利互惠、共同发展的原则。经济区以经济技术开发协调会议作为三市最高联合的经济组织，同时建立三市的机械、电子、冶金、化工、建材、纺织、食品等行业协作会议或联席会议及物资、信息、科技、人才等交流中心和网络，设立长株潭经济区规划办公室，负责经济区协调会议的日常工作。

张萍在建议方案中指出，建立"长、株、潭经济区"十分必要，又切合实际。从地理位置上看，三市是沿湘江中下游自然形成的一个"品"字形城市群体，有着不可分割的经济联系。它们联合起来，可以在全省形成和发挥多功能联合经济中心的作用。作为华南地区的外围和华中地区的一个区域，它还将促进邻近省区经济的发展。此外，三市都面临着共同急需解决的区域性问题，如能源的开发和引进，新产品的开发，对外经济技术合作等，客观上也需要它们联合起来，统筹规划，以

---

* 原载新华通讯社主办《经济参考》1985年1月19日，记者曹光晖。

获得较好的经济效益。

　　湖南省委决定把建立和搞好长株潭经济区作为振兴湖南经济的战略重点，计划要从长远着眼，又要从近期见效快、收效大的经济技术联合和开发的项目入手，边规划边行动，开拓前进，探索出一条发挥城市中心作用的新路子。

内陆省第一个省内经济区*

——长株潭经济区规划前期工作已展开

> 人称"三足鼎立，四方交会之处"，从历史和现状看，有着不可分割的经济联系。如再不加强三市之间的统筹协调，这个地区的布局就会越搞越乱。

本报讯　我国内陆省第一个省内经济区——湖南省长（沙）株（洲）潭（湘潭）经济区已经列入国家体改委以及湖南省科研课题规划。湖南省社会科学院经济研究所以及三市有关人员正着手调查，目前区域规划的前期工作业已展开。

长、株、潭三市位于湘江中下游，两两相距各五十千米左右，呈"品"字形分布。它南连两广，北贯华中，东达江浙，西通云贵，人称"三足鼎立，四方交会之处"，从历史和现状看，长、株、潭三市有着不可分割的经济联系。

湖南省社会科学院副院长张萍日前告诉记者，从初步调查看，长、株、潭三市形成的城市群体经济中心作用没有很好发挥，其原因是三市的经济联系被地区之间、部门之间、城乡之间的行政作用人为地割断了。三市由于各自为政，追求自给自足，自成体系，因此重复投资、重复建设的现象屡有发生，不仅造成人力、物力、财力上的大量浪费，而且给工业布局和城镇布局带来不合理性。以纺织为例，本来长沙已有较好的基础，但以重工业为主的株洲也要搞，结果办起厂子来亏损大，效益差。长沙啤酒厂所需瓶子一直由湘潭玻璃厂协作解决，但长沙却要在"七五"期间中断协作关系，独立配套。为此，张萍副院长呼吁：如再不加强三市之间的统筹协调，这个"品"

---

* 原载《世界经济导报》1984 年 5 月 14 日。

字形地区的布局就会越来越乱，环境污染也将越来越重。待乱了再来治理，势必会造成更大的浪费。

他对记者强调说：鉴于此，规划长、株、潭经济区就成为十分紧迫的任务了。这三个市是自然形成的城市群体，应当各有分工，各具特色，又紧密协作，互相联合。只有这样，三市才能充分发挥各自优势，凝聚成一股巨大的经济合力，把全省经济带活，同时它将作为华南地区的外围和华中地区的一个区，促进邻近省区经济发展。湖南省要通过长、株、潭经济区规划，探索出一条社会主义地区经济管理体制的新路子来。

据悉，最近湖南省在衡阳举行了《振兴湖南经济讨论会》，与会者一致认为：应把长株潭作为湖南经济优先发展的经济区域，并积极将经济区规划好和建设好。

一　长、株、潭地区简介

长沙、株洲、湘潭城市群体是湖南省的政治、经济、文化中心。三市及

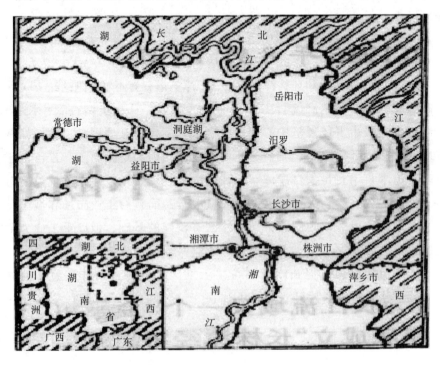

经济区域面积约为三万平方千米，占全省总面积的 16% 左右。三市人口接近 200 万，占全省总人口的 3.6%。京广、湘桂、沪渝、湘黔、浙赣等几条铁路在此交汇，株洲为全国八大铁路枢纽之一，水路公路交通较发达。1982年三市地方工业产值占全省工业产值 30.9%，粮食单产为全省之冠。三市中长沙为湖南省省会，是政治文化中心，全市有十多所高等院校和 114 个科研院所。机械、食品、轻纺已有相当基础。株洲市是一个新型的工业城市，为全省冶金、化工、电气、车辆、麻纺工业基地。湘潭市的机电、建材、纺织、军工等在全省举足轻重。

二　如何规划

目前正在研究的长、株、潭经济区是按三个层次展开的：一是长、株、潭三市区；二是三市区及近郊区；三是三市区及其经济辐射区。以第一层次为核心，由近及远，由浅入深，逐步展开。

湖南的金三角长株潭经济区不断拓展 *

　　本报讯　被誉为长江流域又一个"金三角"的湖南省"长株潭经济区",自 1984 年底成立"长株潭经济区规划办公室"以来,取得了许多进展。

　　长株潭经济区即长沙、株洲、湘潭组成的城市经济联合体,它们的联合在金融流通方面有突破性的进展。三市工商银行联合建立了"票据交换"站。三市流动资金的周转原需 3~4 天,现仅需 1 天。据 1985 年统计,一年减少利息 480 万元。三市银行还开展了资金拆借、联合投资等工作,加强了三市金融的活力,促进了经济的发展。

　　在商业贸易方面,三市联合行动,成绩喜人。1985 年 12 月,三市商业部门联合在昆明召开产品展销订货会。由于展销会集中了三市名优商品,因而形成了优势,深受昆明各界的热烈欢迎。

　　三市企业间的紧密合作,也是"长株潭经济区"拓展迅速的重要方面。三市已联合投资生产微型汽车、摩托车、电动机车、矿山设备等十几个项目,并联合投资开发湘潭钢铁厂煤气工程。

　　"长株潭经济区规划办公室"负责同志对记者说:改革带来了"长株潭经济区","长株潭经济区"又推动了三市的改革。

---

* 原载《长江开发报》1986 年 8 月 15 日,记者清华。

内陆省如何打破条块分割　按照城市中心理论和
社会经济活动空间运行规律　组织社会经济活动

《长株潭区域经济研究》成果喜人 *

　　本报讯　最近在湖南省科委主持召开，由国家体改委、中国社科院、城乡建设环境保护部、国防科大等有关部门专家学者参加的成果评议鉴定会上，认为《城市及经济区：长株潭区域经济研究》是一项开拓性研究。这项科研成果是由湖南社科院副院长张萍为首的课题组，经过多年理论探索和实践所取得的。与会者认为，它的全过程，贯彻了经济研究为经济建设和经济体制改革服务的方针，对如何发挥中心城市组织管理经济的作用走出了一条新路子，对如何组织经济区探索了新的方式和方法，在实践上提出了一些新的概念和进行了理论概括。去年 12 月，湖南省委、省政府在全省理论文艺新闻出版工作授奖大会上，还对该课题组授予了奖状和奖金。

　　湖南省的长沙、株洲、湘潭，被誉为长江流域又一"金三角"，是沿湘江中下游自然形成的"品"字形群体，南连两广，北贯华中，东达江浙，西通云贵，是该省最发达的经济地带。三市过去被地区、部门、城乡之间的行政作用，人为分割，自成体系，各自为政，重复建设，盲目布点诸多，造成人力、财力、物力的浪费。如长沙纺织业已有较好基础，以重工为主的株洲却还要搞，结果有关厂亏损大，效益差。长沙啤酒厂的酒瓶一贯由湘潭玻璃厂协作解决，但长沙却要独立配套，造成浪费。1982 年张萍在该省政协提出了建立长株潭经济区的建议，受到省领导赞赏。1983 年，这一问题被列为中国经济体制改革研究会承担的国家"六五"规划《中国经济体制改革的理论与实践》的专题研究课题和湖南省科委重点科研项目。

---

　　*　原载《社会科学报》1987 年 12 月 3 日。

　　作为我国内陆省第一个省内经济区——长株潭经济区，经省政府批准建立后，两年来他们以全国总体布局为指南，突出地区特色，发挥地区优势，扬长避短，以中心城市为依托，根据经济发展的内在联系组织各种活动，打破条块分割的格局，发展横向经济联系，逐步形成跨行业、跨地区的经济区和经济网络，有力地促进了商品经济的发展。

　　这一课题成果，对于在社会主义商品经济条件下，如何打破条块分割的经济管理体制，按照城市中心理论和社会经济活动的空间运行规律组织社会经济活动，具有重要的学术价值和实用价值。长株潭城市群体联合体的发展，不仅大大增强了三市的经济活力，形成带动全省城乡商品经济发展的多功能的综合经济中心，而且对于全国经济区研究、探索有借鉴作用。

　　据悉，张萍目前正在从事撰写一本关于城市经济区的论著《城市经济区学》。

长株潭经济区工作总结报告 *

省委、省人民政府：

在我国城市经济体制改革试点工作刚刚起步的时候，省委常委于 1984 年 11 月 10 日举行了第 66 次会议，听取并采纳了省社会科学院副院长张萍同志关于建立长株潭经济区的建议。1985 年 1 月和 4 月，陈邦柱副省长先后两次主持召开了长沙、株洲、湘潭三市市长会议；3 月，长株潭经济区规划办公室组成并开始办公。一年多来，我们着重做了经济区的横向经济联合工作。现将前段工作情况和今后工作意见报告如后。

一 横向经济联合正在经济区全方位展开

长株潭经济区的横向经济联合是从 1985 年初开始的，一年多来有了很大发展，出现了全方位展开的新形势：城市联合、行业联合、企业联合互相促进，生产联合、贸易联合、金融联合、运输联合交叉展开，城乡联合、军民联合同步进行，区域联合、区际联合连成一体。三市先后有机械、交通、邮电、商业、银行、城建等 12 个部门行业，举行了负责人联席会议，实行了部门行业联合。据三市不完全统计，到今年 6 月底止，三市共组建了各种形式、各种内容的经济联合体 379 个，其中已到工商行政管理部门登记注册的新型企业集团 65 个。株洲市有 64.9% 的乡镇企业参加了各种企业联合体。全方位开展的横向经济联合已经办成了一些联合前无法办成的大事、难事和新事。

（一）金融业突破了纵向的封闭的资金管理体制，初步形成了横向的资

---

* 湖南省长株潭经济规划办公室文件（湘规字 86 第 2 号）。

金市场雏形。各市的工商银行之间、农业银行之间、工商银行与农业银行之间先后实行了联合，协力办了三件事：第一，实行了银行结算票据的直接交换。在三市交叉点易家湾设立了长株潭经济区银行票据交换站，有三市工商银行的 51 行、处参加，结算资金日平均金额二千多万元，票据在途时间由原来邮寄的 2～3 天缩短至 1～2 天，一年可为企业增加流动资金约 3000 万元，减少企业利息支出 240 多万元，可年增产值 1.2 亿元，新增利税 2000 万元。这项改革受到了广大企业的普遍欢迎。现在三市农业银行已决定参加这个票据交换站。第二，实行了银行间的资金融通。各银行在资金利用上存在着时间差、项目差、地区差，在条块分割的银行体制下，有的银行资金严重不足，有的银行大量资金用不上，为了解决这个问题，长、株、潭、衡、邵五市农业银行实行了跨地区的资金调剂、拆借，1986 年资金调剂计划总额为 2.16 亿元，以周转 3.2 次计算，其绝对调剂额为 6700 万元，相当于五市农业银行今年新增贷款规模的 36.9%。仅 4 月、5 月两个月实际调剂资金 6700 万元，融通面达 20 个县。第三，三市决定联合进口美国 4381－2 中型计算机，以形成三市银行业务处理的计算机网络，其业务处理的现代化程度可跃到八十年代的国际水平，功效提高数十倍，可从根本上解决三市开户难、存款难和结算难的问题。据测算，三市每年比手工操作可多增存款约 5 亿元，节约企业在途结算资金 3 亿元，减少企业利息的支出 4000 多万元，用于支持工业生产可年增产值 26 亿元，增利税 3.75 亿元，并且还可以做到由银行直接给三市职工发存工资。而进口这套计算机只需要 1500 万元人民币和 250 万美元的外汇指标，加上其他配套设施，总投入量不过二千多万元，这是一项比一般工程项目效益高得多的特殊工程项目。

（二）企业联合要求银团贷款支持。银行集团与企业集团互相促进。以大型企业为核心的企业集团，开发高、大、精、尖新产品时，往往需要有较大数量的技术改造资金和流动资金，而这是为一家银行难以承担的，需要组织银团贷款。湘潭江麓机械厂联合湘潭、长沙的 13 家工业企业，开发我国没有生产的、钢铁工业急需的大型烧结机，遇到了资金上的较大困难，湘潭市工商银行、农业银行与长沙市农业银行组成潭长银团，给予 3100 多万元的贷款，促进了开发烧结机的企业集团的巩固和发展。以湘潭电机厂为主体的电机系列开发集团，按照产品系列化分工协作的原则，对长、株、潭、常、益市的 12 家电机厂的产品实行分工调整，并进行相应的技术改造和新产品系列化开发，这是实现我省电机产品"三上一提高"的重要之举。这个企业集团就是在他们的资金需要得到了以湘潭市工商银行为主体的银行集团的贷款承诺之后，才得以组建的。

（三）交通运输联合打破了条块分割，为解决"老大难"的相向空驶问题找到了途径。据长沙、衡阳、湘潭、益阳等市定线抽样调查，共检查货车4500 辆，其中空驶车有 21485 辆，空驶率为 46.8％，衡阳市出城货车的空驶率为 62.68％。大量空驶，既影响经济效益，又造成交通拥挤，事故增多，能源消费，环境污染。为解决这个长期不得解决的老大难问题，长、株、潭、衡、邵、后、常、益等八市交通运输部门实行了跨地区联合，建立了八市交通运输协作中心，各市建立了联络处货运服务站，为参加了协作中心的长途空驶车辆组织货源，提供货源信息，并采取互利和分利的经济办法。据测算，如果能把货车空驶率降低 20％，八市一年可增收节支 5000 多万元，并节约大量的能源。

（四）三市联合办电信，三市人民长期盼望的市际电话直拨即将实现。三市之间电话不畅，打电话比跑一趟还慢，长期如此，人心思变。长株潭经济区成立后达成协议最早最顺利的一个项目，就是兴办电话直拨和数传工程。省和三市共筹集资金 480 万元，明年第二季度即可以完成第一期工程，省和三市党政军部门和主要企、事业单位可望实现三市之间和与全国七个重点城市的电话直拨。再经过一段时间的努力，可以实现三市电话同城化和与全国三十多个主要城市的电话直拨。

（五）联合规划城市建设，变"三足鼎立"为统筹布局。长期以来，三个城市的建设各行其是、城市扩展背道而驰，拉大了三市的时空距离和经济距离。一些应该三市共利的项目不共利，一些该共同避患的布局不共同避患。一些污染企业布局在一市的下游、危害另两市的上游、黄花国际机场的选址偏隅长沙一角，远离株、潭，没有做到三市共利。三市重复建设项目甚多，一市无力办而需要三市合力办的一些项目却长期搁浅。长株潭经济区建立后，省和三市建委、城市规划设计院、城建科研所的同志，先后三次聚会，逐市研究原定城市规划的修改意见，并在此基础上进行了三市规划的综合论证。从四个方面明确了认识：①必须进一步提高长株潭经济区的城市化水平,积极建设起全国有较大影响的中心城市;②三市的城市建设,包括工业、交通布局,要统筹规划,讲究三市的整体效益;③三市的邮电、交通、金融、信息等企业要优先进行同城化建设;④认真修改三市的城市规划,绘制三市总体规划图,今年年底可望完成。只要搞好了三市的统筹规划,上述种种弊端是可以避免的。

二　建立长株潭经济区的路子完全走对了

(一)长株潭经济区的建立有效地促进了各级领导思想观念的转变。一是开始了由行政区经济思想到经济区经济思想的转变。过去三市负责人总是只从本行政区考虑经济工作,想不到一起,坐不到一起。经济区建立后开始把三市经济利益连接在一起了,三市负责人为求三市的共同发展而坐到一起来了,去年举行过两次市长联席会议,并且建立了市长联席会议制度。三市同志一致主张今后要多做有利于三市共同发展的事。株洲市市长周吉太同志说:过去有很多事由于没有经济区整体思想而办得不好,今后凡是有关三市的重要经济规划布局,一定要通过经济区的总体论证,要把这一条作为一项决策程序定下来。二是开始了由小行业思想到大行业思想的转变。经济区横向联合的开展,首当其冲的是部门分割体制和小行业思想。机械工业的联合突破了条块、军民管辖的范围,实行大机械行业的择优联合。商业联合开始了包括一商、二商、供销以及其他部门的商业在内的大商业的联合。交通运输联合也开始在大交通运输行业内开展。银行业突破地区、专业界限,实行大银行的联合做得更好一些。大行业联合的实践促进了大行业思想的确立。三是开始了由联合企业思想到企业联合思想的转变。长期搞"小而全"、"大而全",三市的大型企业基本上是求"全"的联合企业模式,其固定资产净值率都很低,现在再按这种模式去进行更新改造,已是不可能了。横向联合的开展使这些企业找到了出路,也打破了联合企业的模式,以大厂为主体的企业集团不断涌现,企业集团化的思想开始深入人心。

(二)长株潭经济区的建立为全省全国的经济区网络和城市网络建设迈出了开拓性的一步。1985年9月召开的党的十二届五中全会文件指出:要在全国"逐步建立以大城市为中心、不同层次、规模不等、各有特色的经济区网络","以大城市为中心和以交通要道为依托,形成规模不等、分布合理、各有特色的城市网络"。全国"七五"计划正式提出了建立三级经济区的网络计划。建立以三个大、中城市群为中心的长株潭经济区,不仅完全符合党和国家的上述重大决策,完全适应了全国建立经济区网络和城市网络的需要,而且是这两个网络建设的开拓者之一。早在 1982 年 4 月和 12 月就提出了建立长株潭经济区的问题。省委正式决定建立长株潭经济区的时间是 1984 年 11 月,而当时全国还没有一个省内经济区,故被《世界经济导报》在两次报道中称之为"我国第一个省内经济区"。

(三)长株潭经济区建立后不断发挥着全省综合经济中心的辐射作用。省委常委第 66 次会议纪要提出:"长株潭三市联合起来可以形成带动全省城乡商品经济发展的多功能的综合经济中心"。一年多的实践证明了这一点。以长株潭为核心的工业联合网络已伸到全省各个地、市、自治州。交通运输联合网络已从三市扩展到八个市,金融联合面已达五个省辖市和三分之一的县。一些大的企业集团也呈现以三市为核心向全省辐射状。

(四)长株潭经济区建立后摸索了一些全面改革的新鲜经验。这些经验主要有:通过由银行内部拆借资金——银行发行专项债券——开展有价证券交易等步骤开辟资金市场的经验;金融集团与产业集团互相结合、互相促进的经验;组织产品的、工程的系列化成套化联合集团的经验;企业外部集团化与内部股份化互相交叉的经验;建立综合运输网络的经验。

三 要为开创长株潭经济区工作的新局面积极创造条件

长株潭经济区的工作在全国各经济区中起步早,曾经被《世界经济导报》负责人称之为"全国最有希望的一个经济区"。但由于领导体制和办事机构不健全(没有一个固定的办事人员)等原因,不如一些后起的兄弟经济区、城市群联合体上得快。熊清泉省长的《政府工作报告》及时地强调要"抓好长沙、株洲、湘潭城市群体的联合,逐步开创三市经济协作区的新局面"。根据这一要求,7 月 19 日,我们召开了省和三市有关部门 60 多人参加的开创新局面座谈会，大家回顾总结了过去的工作，一致认为要从以下四个方面为开创经济新局面积极创造条件。

（一）各级领导干部要进一步明确三市联合在全省全国经济网络中的重要地位，提高开创经济区新局面的自觉性。要组织大家学习党中央关于建立经济区网络和城市网络的重要方针，明白三市只有联合起来求发展，才能形成和发挥全省综合经济中心的作用，华中地区南部经济支撑点的作用，我国江南腹地经济枢纽的作用，我国经济发展重点由东向西转移的南方承启基地的作用。在认识了这项改革的重大意义后，还需要有坚持改革不动摇的决心和扎扎实实搞改革的实干精神。

（二）省和三市政府要研究制定一些经济区的互惠政策，推动三市联合有个更大的发展。三市同志普遍反映，缺乏按照实际情况执行政策的灵活性，这仍然是一个通病，只要治了这个病，有一些灵活的政策，三市联合的步子就会迈大，产值、利税也会增多。

（三）要进一步开展经济区战略研究，共同制定区域经济社会发展规划。联合和规划是经济区工作的基本任务。一年多来，我们主要是从联合入手开展经济工作，通过联合实践使大家尝到甜头，提高规划和建设经济区的自觉性，现在三市同志普遍反映，如果再不统一做好三市的发展规划，实现经济社会发展规划的区域化，就很不利于三市联合的巩固、开拓和发展。因此，要在长株潭经济区研究和三市规划工作的基础上，先开展长株潭经济区的战略研究，然后重点做好关系重大的专项规划，如城镇规划、交通运输规划、工业结构和布局规划、科技规划等，待条件基本具备时再制定经济区的总体规划。这项工作宜在今年做好准备，明年完成。

（四）健全经济区领导体制，加强办事机构、经济区的联合。规划工作，任务重，难度大，涉及面广，必须有权威的、精悍的决策机构、协调机构和办事机构。要进一步健全经济区的决策机构三市市长联席会议，实现制度化。要组建省和三市政府及其综合部门负责人参加的协调委员会，协调处理经济工作中的一些难题，要加强常设办事机构经济区规划联合办公室。考虑到办事机构的连续性，办公室应设一名常务秘书长，由省政府经济技术协作办公室派出一名处长担任，三市协作办各派一名负责人任副秘书长，规划联合办公室设联络处和研究室。省协作办派出两名工作人员、三市各派一名工作人员参加联络处工作。鉴于城市经济区的组建是一项开拓性的工作，要边实践边探索，有必要设立一个综合性的研究咨询机构，暂时可由省社会科学院的长株潭区域经济研究课题组代行研究室的任务。

以上报告当否，请批示。

湖南省长株潭经济区规划办公室

1986 年 9 月 10 日

湖南省政府采纳《省际经济关系发展战略研究》课题建议，并报国务院批准实施*

　　湖南省社会科学院张萍研究员负责的《省际经济关系发展战略研究》课题，其阶段性成果是一批向政府职能部门提出的建议方案。课题组在对广东省综合改革试验及其对内陆省区影响作了系统考察和分析之后提出的"建立湘南改革开放过渡试验区"这一基本设想，1988年1月被湖南省政府采纳，并报国务院批准，同年5月付诸实施。

　　该成果提出建立以衡阳市为中心包括衡阳、郴州、零陵地区在内的湘南地区作为过渡性综合改革试验区，并对如何进行过渡性试验区改革提出了六条对策建议。

　　（1）实行梯度衔接的价格改革。发挥市场调节作用，按价值规律办事，关键是改革价格管理体制，理顺原来极不合理的价格关系，包括国内外市场的不合理比价，工农业产品的不合理比价，原材料与加工品的不合理比价等等。过渡区的价格改革要做好梯度消波和理顺价格这两项工作。

　　（2）提高市场的发育程度，加快建立双向衔接的市场体系。随着省际边境贸易的发展，省际边界共同市场正在形成。1986年建立了由广东韶关、湖南郴州和江西赣州组成的湘粤赣边境物资协作区，取得了显著成效。为适应沿海市场与内地市场衔接的客观需要和湘粤两省商品经济的共同发展，应进一步健全和扩大省际边境的物资共同市场，在地域上扩大到整个湘南、粤北和赣南，在领域方面可以利用广东对外开放的政策优势，联合组织物资的进出口，提高边境共同市场的开放度，促进区域外向型经济的发展。

　　（3）加强湘南过渡区的开发。广东的改革开放有力地促进了湘南地区

---

　　*　原载全国哲学社会科学规划办公室《成果要报》1996年7月24日（第19期）。

商品经济发展、资源开发、产业结构调整和由封闭型经济向开放型经济的转变。但是，由于湘南经济基础薄弱，地方财政和干部群众承受能力差，"广东物价和湘南工资"的矛盾十分突出。解决这个问题的重要途径是深化改革，加快开放，促进湘南的开发。湘南也有自己优势，一是农业开发潜力大，二是矿产资源丰富。如果把湘南过渡区的开发纳入国家规划，同时湘粤两省打破省界，联合在湘南建立粮食、生猪、烤烟、苎麻、水产品、有色金属和建材等农产品和原材料基地，既可使广东实施外向型经济发展战略所需要的农产品和原材料有一个直接的战略后方和稳定供应的基地群，又有利于加快湘南的开发和振兴，有利于沿海试验区和过渡试验区的市场衔接，增强联合外向的竞争能力。

（4）提高过渡区的外向开放度，加强过渡区与广东等沿海地区的经济技术协作，扩大过渡省区进出口经营审批权和利用外资项目审批权。

（5）改革财税体制，增加过渡区的财政活力。过渡区的经济基础薄弱，又受到沿海地区物价上涨的直接冲击，物价升幅大与承受能力低是过渡区最难解决的突出矛盾。为了增强"接合部"和过渡区的财政活力，国家应对过渡省区由现行总额分成的财政体制改为定额上交递增包干的财政体制。省里对过渡试验区的郴州、零陵应恢复行署一级财政，并在财政收支上对地、市分别给予一定的照顾。

（6）改革投资体制，扩大过渡区项目的审批权限。为了放开搞活过渡区的经济，对湘南两地一市固定资产投资规模应实行指导性计划。在资金、能源、原材料自求平衡的条件下，将基本建设和技术改造项目省一级审批权下放到地、市，报省备案。合资、合作、独资和对外引进项目，在外汇、资金、原材料自求平衡的条件下，授予过渡区地、市行使省级审批权限，报省备案。外引内联项目（包括国外、区外投资和区内配套资金）可不列入投资规模的控制范围。过渡区各地市可成立投资公司，实行投资基金制，投资公司利息按产业实行浮动，利息收入可在 5 年内不纳营业税和所得税，用作公司自有资金。

这项课题的最终成果是专著《省际经济关系发展战略研究》。

全国社会科学规划办公室

1996 年 7 月 24 日

省际经济关系发展战略 *

　　湖南省社会科学院张萍研究员负责的《省际经济关系发展战略研究》课题，其阶段性成果是一批向政府职能部门提出的建议方案。课题组在对广东省综合改革试验及其对内陆省区影响作了系统考察和分析之后提出了"建立湘南改革开放过渡试验区"的基本设想，即以衡阳市为中心包括衡阳、郴州、零陵地区在内的湘南地区作为过渡性综合改革试验区，并对如何进行过渡性试验区改革提出了六条对策建议。

　　（1）实行梯度衔接的价格改革。发挥市场调节作用，按价值规律办事，关键是改革价格管理体制，理顺原来极不合理的价格关系，包括国内外市场的不合理比价，工农业产品的不合理比价，原材料与加工品的不合理比价等等。过渡区的价格改革要做好梯度消波和理顺价格这两项工作。

　　（2）提高市场的发育程度，加快建立双向衔接的市场体系。随着省际边境贸易的发展，省际边界共同市场正在形成。1986 年建立了由广东韶关、湖南郴州和江西赣州组成的湘粤赣边境物资协作区，取得了显著成效。为适应沿海市场与内地市场衔接的客观需要和湘粤两省商品经济的共同发展，应进一步健全和扩大省际边境的物资共同市场，在地域上扩大到整个湘南、粤北和赣南，在领域方面可以利用广东对外开放的政策优势，联合组织物资的进出口，提高边境共同市场的开放度，促进区域外向型经济的发展。

　　（3）加强湘南过渡区的开发。广东的改革开放有力地促进了湘南地区商品经济发展、资源开发、产业结构调整和由封闭型经济向开放型经济的转变。但由于湘南经济基础薄弱，地方财政和干部群众承受能力差，"广东物价和湘南工资"的矛盾十分突出。解决这个问题的重要途径是深化改革，

---

　　*　原载《光明日报》1996 年 8 月 24 日。

加快开放，促进湘南的开发。湘南也有自己的优势，一是农业开发潜力大，二是矿产资源丰富。如果把湘南过渡区的开发纳入国家规划，同时湘粤两省打破省界，联合在湘南建立粮食、生猪、烤烟、苎麻、水产品、有色金属和建材等农产品和原材料基地，既可使广东实施外向型经济发展战略所需要的农产品和原材料有一个直接的战略后方和稳定供应的基地群，又有利于加快湘南的开发和振兴，有利于沿海试验区和过渡试验区的市场衔接，增强联合外向的竞争能力。

（4）提高过渡区的外向开放放度，加强过渡区与广东等沿海地区的经济技术协作，扩大过渡省区进出口经营审批权和利用外资项目审批权。

（5）改革财税体制，增加过渡区的财政活力。过渡区的经济基础薄弱，又受到沿海地区物价上涨的直接冲击，物价升幅大与承受能力低是过渡区最难解决的突出矛盾。为了增强"接合部"和过渡区的财政活力，国家应对过渡省区由现行总额分成的财政体制改为定额上交递增包干的财政体制。省里对过渡试验区的郴州、零陵应恢复行署一级财政，并在财政收支上对地、市分别给予一定的照顾。

（6）改革投资休制，扩大过渡区项目的审批权限。为了放开搞活过渡区的经济，对湘南两地一市固定资产投资规模应实行指导性计划。在资金、能源、原材料供求平衡的条件下，将基本建设和技术改造项目省一级审批权下放到地、市，报省备案。合资、合作、独资和对外引进项目，在外汇、资金、原材料自求平衡的条件下，授予过渡区地、市行使省级审批权限，报省备案。外引内联项目（包括国外、区外投资和区内配套资金）可不列入投资规模的控制范围。过渡区各地市可成立投资公司，实行投资基金制，投资公司利息按产业实行浮动，利息收入可在 5 年内不纳营业税和所得税，用作公司自有资金。

这项建议被湖南省政府采纳并报国务院批准付诸实施。

山水相依　再结连理

湘粤两省酝酿建立共同市场 *

本报长沙讯　一种协调沿海与内地经济关系的新设想——建立共同市场，正在湖南与广东两省的一部分学者和干部中进行热烈的讨论，并已拿出初步方案。

湘粤两省山水相连，交通便利，经济上的互相联系紧密。两省间的经济关系，实质上是商品经济的区际市场关系。随着沿海发展战略的实施和改革、开放的深入进行，这种关系越来越密切。为了发挥各自的优势，求得共同发展，湖南省社会科学院和广东省社会科学院共同举办了湘粤经济关系研讨会，请两省的社会科学工作者和粮食、银行、煤炭、商业、轻工等方面的实际工作者以及粤北、湘南等地的代表，共同商讨建立共同市场的可行性。

一些与会者的初步设想是在互利互惠的基础上，建立以粮食为中心的农产品共同市场，作为形成区域共同市场体系的第一步；湘粤两省共同投资开发湘南，建立湘粤共同市场理事会。与会者还建议，两省政府就建立共同市场问题，应进行高层次协商，以促进方案的实施。

这次研讨会是 6 月 28～30 日在长沙市举行的。这一研究课题是"七五"期间国家社会科学研究重点课题中的一项重要内容。

＊　原载新华通讯社主办《经济参考》1988 年 7 月 11 日，记者杨善清、张勇。

以东带西 以西促东

湖南注重老少边穷地区开发 *

本报讯 湖南省在加快对外开放的同时，认真研究西线老、少、边、穷、库（电站水库库区）地区的开发。11月中旬，省委、省政府召开了西线开发方案论证会。国务院发展研究中心副主任张磬在讲话中，认为这一研究成果是重要的、及时的，在省内填补了空白，它是跨行政区划的发展战略，适度超前，对其他省有很大参考价值。

西线，是指湖南西部焦柳铁路沿线地区，包括怀化地区、湘西土家族苗族自治州、大庸市3个地州市及常德市的石门县，共24个县市。是集中连片的老、少、边、穷、库地区，经济比较落后。贫困县市占70%，占全省贫困县市的60%，到1989年尚有29%的农村人口未解决温饱问题。加速西线开发，关系到湖南经济全面振兴和社会稳定，民族团结。1990年省里成立了以汪啸风副省长为组长的西线开发研究领导小组，和省社科院副院长张萍负责的课题组。经过一年多调查研究，已拟定出开发总体战略报告和开发总体布局方案。确定了"立足当前、着眼长远，以东带西、以西促东，东西对流，协调发展，逐步形成东西之间资源依托，优势互补，产业互促，形成纵贯湖南两条产业经济密集带"的总体思路。

---

* 原载《经济日报》1991年12月4日，记者徐德火。

为了老、少、边、穷、库地区早日繁荣富强

省委省政府召开"西线"开发方案论证会 *

本报讯 省委、省政府召开的"西线"开发方案论证会，经过 3 天紧张热烈地审议、论证，11 月 14 日下午在长沙闭幕。省委副书记孙文盛，副省长储波等领导同志，对到会的省有关部门的负责人，从事"西线"开发研究的实际工作者及"西线"地区的广大干部群众，提出了加快研究与开发"西线"进程的要求。

"西线"指的是我省西部焦柳铁路沿线地区，它主要包括怀化地区、湘西土家族苗族自治州、大庸市 3 个地州市及常德市石门县，共计 24 个县市。由于历史、自然条件等方面的原因，这个集中连片的老、少、边、穷、库地区经济发展状态仍然相对落后，贫困县市的比重高达 70%，占全省贫困县市的 60%。到 1989 年底，该地区尚有 29.3% 的农村人口尚未完全解决温饱问题。加速"西线"开发步伐，关系到湖南经济全面振兴和社会稳定、民族团结。1990 年 9 月，省里成立了以汪啸风副省长为组长，有 14 个委办厅局领导、怀化、自治州、大庸 3 个地州市及怀化铁路分局领导参加的"西线"开发研究领导小组，和省社科院副院长张萍研究员负责的课题组。经过一年多深入细致的调查研究，已拟定出《湖南省西线开发总体战略报告》、《湖南省西线开发总体布局方案》，以"立足当前，着眼长远，以东带西，以西促东，东西对流，协调发展，逐步形成东西之间资源依托；优势互补，产业互促，形成纵贯湖南的两条产业经济密集带"的总体思路，来促进湖南经济的全面发展和振兴。

国务院发展研究中心副主任张磐，省人大常委会副主任、"西线"开发

---

* 原载《湖南日报》1991 年 11 月 16 日，记者李光华。

领导小组顾问曹文举对这一研究成果给予了充分的肯定，并就进一步研究和加快开发步伐作了重要讲话。副省长储波在闭幕式上说：开发"西线"的初步方案已经出笼，下一步的工作是进一步完善方案，把研究成果尽快转化出开发效果。一方面省里要通过制定优惠政策为开发创造好的外部环境；另一方面是西线地区的党政领导和全体人民要克服一个"难"字，从自己的实际情况出发来加快开发、建设步伐。目前的首要工作是搞好交通、融通、流通，通过改善投资环境和基础设施来吸引资金、技术和人才。

国家计委、8 所高等院校、科研单位的有关专家、教授，省直有关委、厅、局及有关地区的领导，实际工作者 80 余人认真审议了"西线"开发的有关课题。

14 年前就提出开发湖南西线 *

记者：张教授，您在 14 年前就提出开发湖南西线，14 年后的今天，湘西大开发的各项举措已开始正式实施。这两次开发湘西在区域上有什么区别？

张萍：是的，1990 年我就开始关注湘西的发展，开始思考把湘西作为一个整体，应该如何开发。想法提出后，当时的省计委主任，也就是现在的海南省委书记汪啸风便把这一想法列为湖南重点研究项目，成立湘西开发研究领导小组，汪啸风为组长，我为副组长。

当时的研究成果便是这本书——《湖南湘西开发战略与布局研究》。西线就是以当时刚开通的枝柳线为纽带（东边是京广线），与现在的湘西大开发区域只有一个差别，现在提的湘西大开发多了邵阳市的几个县。过去我们也想过，但考虑到行政协调不好办便放弃了。

记者：您当时为何会提出湘西大开发？

张萍：当时主要考虑到湘西发展具有现实的紧迫性。湘西身兼"三个集中"问题：脱贫问题、民族问题和革命老区问题。湘西 24 个县有 17 个县是贫困县，15 个县是自治县。

另外，从湖南地理来看，湘东、湘西不平衡发展差距太大。我当时在湘西跑了 23 天，调查结果是湘西 GDP 比湘东要低 32%，人均收入低了 34%！这样的差距会引发一系列民族问题和社会不稳定。

当时每个地市州计委副主任都参加了这个课题组，但后来因故西线开发便被搁浅了十几年。

记者：那您认为现在实行湘西大开发晚不晚？

---

* 　原载《湖南经济报》2004 年 7 月 21 日，记者杨湘徽。

张萍：现在实施湘西大开发更具现实性，任务更加明确，战略意义更加突出，当然也更艰巨。到 2020 年要 "全面实现小康社会"，这个目标对湖南很重要，也很艰巨，而湘西又是最大的难点。这 13 年来，湘东、湘西的差距在继续拉大。没有湘西的小康就没有湖南的小康，所以说现在湘西大开发更具有现实的紧迫性。

现在和十几年前相比，具有了较好的基础，最突出的表现在产业已涌现出一部分龙头企业，像酒鬼酒业、振兴药业、南山乳业等。旅游产业开发形势也出现较好的态势，像凤凰等都是这几年才兴起来的。

另外，交通基础设施有了较大的发展。过去就是枝柳线加两条国道，现在初步形成了公路网。这是大开发的基础条件。

所以说，现在湘西大开发更具有现实紧迫性，更具有全面的现实意义和战略意义。

记者：湘西大开发成为现在重要的战略发展规划。湘西作为整体区域来开发，这些地区的比较优势在哪里？

张萍：就我调查得出的结果，湘西有四大比较资源优势。

水能资源优势：据测算，西线水能蕴藏量为 714.3 万千瓦，可开发量 501.6 万千瓦，分别占全省的 46.6% 和 46.3%，是全国十大水电开发基地之一。

山林生物优势：湘西山地比较集中，人均国土面积相当全省人均的 1.8 倍，山地资源相当于全省的 2.7 倍，森林覆盖率达 63%，而山地可利用率高达 98%。而且山地是 "五宜" 用地：宜林、宜药、宜果、宜牧、宜杂。湖南中药材产量是全国第一，怀化又是中南最大的造纸基地，南山 200 万公顷草地等。这都是很好的资源啊。

湘西还产红薯，现在多是加工成粉条，其实红薯远不止食用，它可以加工成 200 多种工业产品，用红薯制成的可降解塑料可用作电脑、汽车部件，附加值很大。所以我们要积极发展生物工业，而不仅仅停留在食品加工上。

旅游资源优势：从张家界到凤凰到湘西民族区、芙蓉楼，到邵阳的崀山，形成了一条旅游线，而且这条线上的自然、人文景观都是很有特色的。

矿产资源优势：湘西有一定储量的矿产有 50 多种，锰矿、铅锌矿、重晶石、汞等储量在全国都排前列。

现在要考虑的就是如何将特色资源优势转化为经济优势。

记者：湘西开发的紧迫性和重要性大家现在都清楚了，那湘西大开发到底可以开发什么？

张萍：我认为要加快四个方面的开发。

第一，进一步完善基础设施建设，主要是加快通向全国的对外快速通道，形成快捷方便的交通网络；对内要加快与对外交通网络的连接。还有如何加强农村交通网络的建设，达到乡乡通公路，实现城乡一体化的交通网络。

第二，加强城市中心建设。区域开发必须由中心城市来带动，现在这点还体现得不够。像怀化应该形成湘、渝、黔、鄂、桂边境区域的综合中心城市，而吉首可以定位于民族经济中心，张家界为旅游经济中心。所以，湘西大开发还要加强城市聚集功能和辐射功能建设。

第三，突出产业开发建设和项目落实。要强化湘西的造血功能，由过去的输血转变为造血并强化造血功能。过去很多扶贫工程都垮掉了，原因是值得深思的。落实项目才能产生实实在在的效应，才能让老百姓感受到实惠，而且资金等不会被截流。

另外，要突出农产品的加工制造业，这要当核心来抓。这是整个湖南的问题，也是湖南农业大省不富的病根。

第四，加强生态保护工程建设。现在很担心湘西大开发会破坏生态环境，有人对湘西大开发表示反对，认为会破坏现有的生态。但湘西不开发就不能致富，所以在经济发展与生态保护两者之间如何协调要引起高度重视。

记者：现在离全面实现小康社会还有 16 年的时间，您认为湘西大开发应如何规划布置才能实现全面小康的目标？

张萍：现在从总体上讲，湘西大开发应该经历三个过程：由过去的差距拉大到不再拉大，到基本缩小，再到最后的基本平衡。这是很艰巨的任务，因为要缩小差距，湘西的发展速度就必须快于东部，这点很难。

我把湘西大开发初步分为三步；第一步，三年启动阶段，使两者差距不再拉大；第二步是缩小阶段，大概要 7 年左右的时间；第三步就是基本平衡阶段，再花 7 年左右的时间。那时差不多是 2020 年，是全国全面实现小康的时间。

记者：作为政府，应如何保证湘西大开发真正落实到位？

张萍：我认为第一要形成统一开发、强有力的领导机构，形成符合市场经济规律的开发机制，计划指导、政府协调、市场运作、项目落实。形成领导机构就不会因某位领导的调动影响全局。第二，要科学规划、合理布局、因地制宜、分类指导。湘西虽说都是山林，但还是存在资源差异，所以要因地制宜。要形成若个特色产业集群，形成产业规模竞争优势，这方面可以多向温州学习。第三，要给予政策支持，且必须落到实处。成立专项基金大的项目给予贴息支持，对农产品、初级加工业、种植、林牧、养殖免征所得税等。第四，放开市场准入，大力招商引资，开辟多元化投资渠道。

记者：您早在1982年就第一个提出长株潭一体化，后又第一个提出湘粤港的区域合作，还最早提出西部开发。您现在又关心什么？

张萍：我在想湖南属中部省区，现在提出中部崛起，湖南同中部其他省区的关系怎么办？讲合作，没有互补不行。长江流域的"7＋2"也提出十几年了，会开了三年就开不下去了，因为大家从中得不到实惠啊。武汉想成为中部的龙头，最近武汉的同志又来找我探讨，我说现在已不是过去了，以前运输靠水，武汉是中部数省区主要农产品和工业品的集散地，而现在交通发达了，武汉过去9省通衢的地理优势已不复存在。而且，光谈理论，讲重要性，没有实际的切入点是不能解决问题的。

中部崛起：城市群强势发力 *

"全面落实科学发展观，促进中部地区崛起"，这声音越来越响亮。近日，记者用将近 10 天的时间，行走在湖北、河南、湖南三省，深感中部地区有一种奋力前行的务实精神。现在中部人不埋怨、不彷徨，正以昂扬的姿态，以追赶和超越的勇气，主动发力，迅速地投身一轮如火如荼的崛起新实践。

这两年，中部人说得最多的是"中部崛起是重振雄风的良好契机，我们必须挺直脊梁，不能再'东张西望'了"。如今，振奋了精神的中部人正全力以赴谋求新的跨越。记者发现，无论选择什么样的崛起战略，制定什么样的发展目标，中部六省都有一个共同的选择——强势打造城市群。武汉城市圈、中原城市群、长株潭一体化、昌九工业走廊、山西新型能源和工业基地、皖江经济带……一个个构想，正以一种澎湃的律动搅热中部。

培育战略支点中部发力城市群

[印象]

中部为什么选择推进城市群建设？发力城市群能否成为中部崛起的新引擎？采访中，记者一直在问。

专家称，在相当长的时间内，中部六省间不可能出现一个像上海、北京、广州这样的区域中心和发展引擎，换言之，中部崛起不可能期望单极突破。

---

* 原载《经济日报》2005 年 11 月 29 日，记者何振红、魏劲松、党涤寰、刘麟。

中部六省虽然具有相似的经济特征，但尚未形成一个经济区域，各自有着不同的经济联系方向。具体来说，山西省是京津冀经济圈的传统腹地，安徽省历来趋向于长三角，河南省雄踞中原，湖北省以武汉为中心自成区域，湖南省喊出的是"湖南向南"的口号，江西则把目光投向长三角、珠三角和福建。

湖南省市场经济研究会会长张萍研究员从区域分布的角度印证了这种观点。他说，虽然统称"中部"，但六省实际上分属不同的经济区域。比如，河南、山西处在黄河或陇海经济带上，湖南、湖北、安徽、江西处在长江经济带上，同时，河南、湖北、湖南又处在京广经济带上。这三大经济带由"双十字"结构连接在一起，又受不同的沿海经济中心的吸引，对中部省份的传递作用也有所不同。张萍直陈，在区域分布如此复杂的情况下，中部要崛起，六省必须尽快打造一个或多个城市群，形成多个战略支点，从而带动中部地区实现跨越式发展。

"一个比不过你，难道3个、9个还比不过你？"这是记者在中部听到的对这个观点的最通俗解释。

面对记者，中部人最爱讲的除了区位优势，就是城市群战略和规划，尽管有些城市群只是刚刚启动，但从他们的兴奋中，你似乎看到了中部突破地理概念、走向区域融合的美好明天。

出乎意料的是，中部各省发力城市群，不再像人们猜想的那样争龙头，而是把城市群内乃至省内或中部区域的协调发展放在首位。

武汉城市圈率领九鸟齐飞

[印象]

湖北崛起，关键在武汉。正因为如此，湖北省选择了武汉城市圈战略。

"天上九头鸟，地下湖北佬"，这是人们的"老说法"。如今，人们将"1+8"的9个城市称为湖北发展的九个领头，希望城市圈能率领九鸟齐飞。

所谓武汉城市圈，是指以武汉市为核心，以 100 千米为半径的城市群落，它包括武汉及湖北省内黄石、鄂州、孝感、黄冈、咸宁、仙桃、潜江、天门 8 个周边城市。

"在'中部崛起'口号提出之前就启动的武汉城市圈，如今进入了快车道"，湖北省政府秘书长李春明说："我们的近期目标是城市圈内实现基础设施、产业布局、区域市场、城乡建设一体化，2010 年，城市圈人均国内生产总值达到 1865 美元，城镇居民可支配收入为 11100 元，农民人均纯收入为 3800 元；远期目标是武汉城市圈成为我国内陆地区重要的经济增长极之一。"

"这将是一个分量非常重的经济圈，"中国科学院院士叶大年形象地说，"中国已经有公认的珠三角经济圈、长三角经济圈、环渤海经济圈，随着西部大开发，成渝经济圈正在形成。这四个经济圈构成一个大椭圆，椭圆的中心就是武汉。"

湖北省委、省政府十分重视武汉城市圈。去年 4 月下发了《关于加快推进武汉城市圈建设的若干意见》，3 个月后又召开了推进武汉城市圈建设工作会议。"这标志着武汉城市圈建设全面启动。"李春明称，经过一年多的实践和探索，武汉城市圈一体化已获得实质性推进。

咸宁市地处武汉南边，几年前记者从武汉到咸宁，走 107 国道需要近 4 个小时，现在沿京珠高速公路南下，不到 2 小时就可抵达。今年底，随着 7 条快速出口通道"南线"青菱至郑店高速公路通车，武汉到咸宁车程可再缩短半小时。

7 条快速出口通道，是武汉市缩短与周边城市的空间距离、打造"一小时城市圈"的一大举措。这项规划总投资 91 亿元，除咸宁之外，其他出口分别是孝感、红安、仙桃、鄂州、麻城、汉川等。

李春明说，在这个思想指导下，武汉市与城市圈内 8 市形成了良好的产业分工协作关系。据他透露，武烟集团已在孝感、咸宁、黄冈等地实施了兼并重组，年产规模由原来的 50 万箱迅速提升到 120 万箱；武钢在大冶、黄石建设了大型珠团矿生产基地；华新水泥斥资数亿元在武汉青山区建水泥和混凝土生产基地。

"构建武汉城市圈后，武汉与周边 8 市间的关系进一步密切，经过一年多的实践，城市圈内城市间的共识进一步增多。"

说起与武汉的市场对接，孝感市市长岳勇脸上充满了笑意："孝感市农产品商品量的 40% 在武汉，目前我们进入武汉的农产品及其加工产品达 60 多个品种，年销售量 160 万吨，销售额 30 亿元。"

武汉王家墩中央商务区被称为"武汉 CBD"，这里是武汉大力发展现代服务业的重要载体。据武汉市建设委员会副主任陈贤胜介绍，这里原是王家墩机场，因其不仅制约武汉市的发展也制约自身发展，武汉市聚集民间资本成立了"武汉王家墩中央商务区建设投资股份有限公司"：由其筹资 18 亿元将王家墩机场搬离武汉，并以置换的方式将腾出的近 4000 亩土地委托给王家墩商务区投资公司开发。该公司副总裁吴道缘告诉记者，德国展览集团看好武汉 CBD，他们不仅邀请武汉市领导在全球交通物流论坛上演讲，而且将武汉地图印上了他们的会刊，此前登上会刊的只有上海、北京、重庆三个直辖市。

"武汉 CBD 与武汉中国光谷、武汉现代制造业中心，共同打造武汉的'经济金三角'。"武汉王家墩商务区投资公司总裁韩晓生对武汉 CBD 的未来充满信心。

"20 年前机遇在深圳，10 年前机遇在上海，今天的机遇在武汉。"从湖北人这句充满自信和雄心的演绎中，你不仅看到了"九鸟齐飞"的希望，还看到了中部崛起的希望。

经济一体化长株潭"融城"提速

[印象]

以前到长沙，来去匆匆，几乎没留下什么特别印象。这次到长沙，徜徉在湘江风光带，流连在酒吧一条街，我们被这座城市四射的活力和丰厚的底蕴深深地吸引了。

如同长沙城的不事张扬一样；长株潭经济一体化虽然历经曲折却波澜不惊。但透过它，我们看到了湖南人的执著。这种执著是力量，更是希望。

"长株潭城市群区域规划公布了!"11月19日,一位媒体朋友从长沙打来电话,"这可是中国内陆第一个城市群一体化的规划!"兴奋之情溢于言表。

长株潭是长沙、株洲、湘潭的合称,三市同处湘江中游,呈"品"字形分布,长沙到株洲、湘潭两地不过40千米,株洲和湘潭之间不过10千米,具有天然的社会和经济联系。1982年12月,时任湖南省社科院经济所所长的张萍以提案的形式,首次提出建立长株潭经济区。此后,长株潭经历了启动-搁置-重新启动的过程。

我们非常理解朋友的兴奋,毕竟从一份提案到一体化整体规划的公布,长株潭一体化历经23年的曲折,规划的公布意味着长株潭一体化进程有了质的飞跃。

按照规划,长株潭在国家战略层面上的目标是用产业集群化推动区域经济一体化,提高湖南省的区域竞争力和整体实力,使之成为辐射与服务中南地区的经济引擎之一。

张萍教授将其归之为打造中部的"南引擎"。世界银行专家预言,这个"等腰三角形"将成为最具爆发力的城市群。

长株潭能否成为"南引擎",长沙是个关键。长沙市政府研究室信息处处长黄熊飞告诉记者,长沙市创下了中部的"四个第一":财政收入连续3年第一;城乡居民收入第一;居民消费率第一;虽然拥有9家五星级、9家四星级宾馆,长沙的宾馆入住率仍超过武汉,稳居中部第一。他认为,这"四个第一"是长沙的活力和底气所在。

湖南的粮食,广东的饼干,在产业链上处于低端的尴尬与苦涩,让湖南人看到了自己产业上的弱势。正因为如此,他们把"走向产业链的高端"和产业集群化当成重要手段,并力争把长株潭打造成为湖南省对外开放的窗口、招商引资的洼地和高新技术的孵化地。

在位于长沙河西麓谷大道668号的长沙国家高新区内,记者走进了中联重科那宽约200米的标准车间,车间里,无论是操作的工人,还是摆放的货品,一切都井然有序。据高新区管委会主任助理宋捷介绍,中联重科的车间面积将近10万平方米,号称"亚洲最大的车间"。

打破连续6年空缺、荣获2004年度国家技术发明奖一等奖的黄伯云,携着他的获奖技术发明高性能炭/炭航空制动材料的制备技术，入驻了高新区。宋捷透露，"他们在高新区买了 200 亩土地，准备扩建厂房。"

"短短 12 年，我们就再造了一个工业长沙。"国家级长沙经济技术开发区管委会主任文树勋的兴奋点在于工业。他告诉记者，经开区 7 平方千米的建成面积上集中了 271 亿元产值，单位面积产出近 39 亿元，税收产出 1.6 亿元，均全国领先。

长株潭特别是长沙工业的蓬勃发展，吸引了世界商界巨子的目光。10 月 18 日，全球最大的钢铁企业米塔尔钢铁公司在长沙举行庆典，宣布其斥资 3.38 亿美元收购了华菱管线 36.67% 的股份，成为仅次于华菱集团的第二大股东。

文树勋告诉记者，"像百事可乐、日本三井这样的世界 500 强企业已入驻园区，目前我们正在和 2 家世界 500 强企业洽谈入园事宜。"

华灯初上时分，湘江风光带分外妖娆，美得让人有些迷离。徜徉在川流不息的人群中，你的心灵轻松而又自由，"什么都可以想，什么也都可以不想。"同行的本地人告诉记者，这样的美景不仅只出现在长沙城区，按照规划，这条长 128 千米，集景观生态、产业生态、人文生态于一体的湘江生态经济带将贯穿三市。

中原城市群东引西进的平台

[印象]

在河南采访，有两件事印象最深：一件是今年两会前，他们联合中部六省政协进行调研，提出了一个关于中部崛起的提案。二是 10 月份，他们邀请了国家有关部委负责人、知名学者，举办了"中部崛起电视高端论坛"。

做两件事时，他们心里装着的是中部而不是河南，反映出他们对区域协调发展之路的清晰认识和坚定决心。

"今年河南的经济总量将突破万亿（元），成为我国第五个经济总量达到万亿（元）的省份！"当记者听到这个消息时，也着实吃了一惊：要知道，前四个过万亿（元）的省份全都集中在东部沿海。

这样的现实，让河南在实施中部崛起战略时深感重担在肩：中原崛起，不仅关系到河南而且关系到整个中国的经济社会发展和人民生活，是中国全面建设小康社会的一个重大举措。

河南这个庞大省份到底怎样选择自己的崛起路径呢？出人意料地，它同样把崛起希望寄托给了中原城市群。以郑州为中心，包括洛阳、开封、新乡、焦作、许昌、平顶山、漯河、济源等9市在内的城市群落，准备用十几年的时间，把中原城市群打造成河南对外开放、东引西进的主要平台，中西部地区经济发展的重要增长极，以带动中原崛起，促进中部崛起。

河南省委书记徐光春说，加快城镇化，必须统筹城乡发展，推进城乡一体化进程。要加快培育区域中心城市，突出发展中原城市群，加速提升郑州区域的中心城市地位，逐步形成以中原城市为核心、以直辖市为骨干、以中小城市为依托，合理布局、协调发展的城镇格局。

有人分析，郑州市不够大，没有能力辐射和带动中原城市群。对此，河南省省长李成玉认为：正因为河南没有在全国有影响的特大型城市，所以才选择整体推进，着力打造中原城市群。虽然郑州不大，但别忘了，中原城市群里还有洛阳呢，其经济总量也很有优势。"今年8月在长沙召开的'促进中部地区崛起座谈会'上，中原城市群被列在中部核心经济带的首位，突出了中原的地位。"

河南省发改委主任张大卫介绍：中原城市群按照分步实施的目标建设，"十一五"期间，建设以郑州为中心，东连开封、西接洛阳、北通新乡、南达许昌的"大十字"型基本架构，初步形成中原城市群的核心区。

省长李成玉将这种格局称为"金十字"，并提出优化推动郑汴一体化。10月25日下午2点，记者旁听了由河南省省长李成玉召集、省政府各职能部门一把手参加的"《中原城市群总体发展规划纲要》座谈会"。"不能再当口号喊了"，李成玉显得有些急迫，既然没有太多的异议，就必须加快中原城市群特别是郑汴一体化进程，形成整体连动态势。

省委、省政府提出，要做好核心区规划，依托郑汴洛城市工业走廊和新（乡）郑（州）漯（河）产业发展带，率先推动郑汴、郑洛、郑新、郑许间的空间发展和功能对接；要注重中原城市群内九市的城市基础设施建设、产业结构调整和产业转移的承接。

河南省政协主席范钦臣是记者在"印象"中提及的"两件事"的主要推动者之一。他告诉记者，郑汴一体化，随着郑东新区和汴西新区的建设，郑州和开封两市之间的边际距离有望缩短到 30 千米左右，往来车程仅需半个小时，大大短于中原其他城市之间的距离。

"城市之间有说不出口的竞争，有人担心在郑汴一体化进程中，郑州会与开封争夺资源"，曾担任过市级领导、省发改委主任、现任河南省政协民族宗教委员会主任的马连兴提醒，正因为如此，中原城市群必须坚持统一规划、资源共享、合理布局、连体互动。

"没有两个相同的模式"，河南人已达成这种共识，他们提出，中原城市群也好，郑汴一体化也罢，都必须在借鉴长三角、珠三角、京津冀乃至国外城市群建设经验的基础上，认清优势，创新发展。

发力城市群意在区域协调

[印象]

不评价，多干事。采访中，一旦涉及中部六省谁将成为中部的战略支点这样的话题，无论是省级领导，还是专家学者，抑或普通百姓，他们的回答惊人一致：地位是干出来的，不是说出来的。

与人们的猜测不同，在一个经济禀赋极为相似、经济实力相差很小的中部，共同强势发力城市群，目的不是为了一争高低，而是为了促进区域协调发展。这才是中部崛起的新希望。

走完三省，记者才知道，无论是武汉城市圈，还是中原城市群，抑或长株潭，其设想的提出都比较早。换言之，这几个圈的构建初衷，都不是应景之作。

湖北省政府秘书长李春明告诉记者，除了"基础设施、产业布局、区域市场、城乡建设一体化"之外，构建武汉城市圈还有一个重要的任务——社会发展一体化。他说，武汉城市圈刚一提出，就有人提出异议，认为武汉市与周边 8 市实力悬殊，这个圈实质上不是城市圈而是"城乡圈"。

其实，说话者不知，这恰好是湖北省谋略所在。

中共中央政治局委员、湖北省委书记俞正声曾明确提出，"依托全省发展武汉，发展武汉带动全省，尤其是带动武汉周边城市发展。"

在新公布的《长株潭城市群区域规划》中，长株潭在省域战略层面的目标是，通过三市经济一体化的协调发展，率先实现全面小康，并带动湖南省全面实现小康，对全省发挥积极影响和示范作用的区域。

中原城市群的概念，首次是出现在《河南省全面建设小康社会发展规划纲要》中。河南省委、省政府的意图十分明显：实施城市群带动战略，以促进整个中原地区的协调发展。

有人形象地说："给农业大省装上一个高速马达。"经过几十年的发展，中国已到了工业反哺农业、城市反哺农村的时候了，但是，真正实现反哺需要一座桥梁，而城市群就是这座桥梁。

在三省崛起战略选择上，记者看到的是"统筹"与"全面"的理念，这正是中部崛起的新希望。

一位学者的执著——张萍：二十多年的构想

这里，澎湃着崛起的豪情 *

河北人张萍 1949 年来到湖南长沙时，并没有想到他的命运会与长株潭紧紧地连在一起。张萍，曾任湖南省社科院副院长，1982 年 12 月，作为湖南省政协委员，他在湖南省政协四届六次会议上提交了一个提案，建议建立长株潭经济区。

今年 76 岁的张萍看起来只有 60 岁上下，白皙的皮肤光洁而有弹性，儒雅且不张扬，一看就是那种沉得下去、静得下来的学者。

采访在他的办公室里进行。湖南省社会科学院坐落在一个山脚下，张萍教授的办公室需要爬一段长长的陡坡。暗旧的走廊、斑驳的门和老式的桌柜显示着这里的历史。我们进去时，张教授正埋头在书堆里，他说他正在整理有关长株潭的资料，准备出一本个人文集。记者从那堆半人高的资料中随手抽出一个文件袋，上面写着"第二届长株潭论坛资料"，再抽出一本书，是《湖南长株潭经济年鉴》，看来，张教授此生真的与长株潭结缘不浅。

说起长株潭，张萍教授的话立马多了起来，犹如说起自家孩子，宠爱之情溢于言表。"这是一个十分稀缺的城市资源，长沙、株洲、湘潭三市呈'品'字分布，彼此相距最远 40 公里，最近 10 公里，实际上就是一个城市综合体。你知道，湖南有一个明显的不足，就是没有像广州、武汉那样的大城市，如果三市整合，其工农业总产值将跃居全国第十位左右，假以时日，长株潭将不在武汉三镇之下；如果三市整合，势必使湖南在全国区域经济分工中占据有利地势。你看武汉，不就是由汉口、武昌、汉阳三镇组成的吗？"

---

* 原载《经济日报》2005 年 11 月 29 日，记者何振红。

3 年前，记者采写区域经济专题报道时，曾在电话里听过这段话，但今天重听依然新鲜，原因就是张萍糅进了自己的情感。

"我的提案受到了普遍的重视，《湖南日报》刊发了提案的主要内容。1983 年，国家体改委在遴选'六五'计划重点课题时，将其纳入了国家的考虑范围之内。同年 9 月，我和省社科院经济所共同承担的《城市暨经济区——长株潭区域经济研究》，被正式纳入国家'六五'计划重点课题。"

这些过程，张萍教授肯定说过无数次，但他依然饱含激情，如数家珍："那可是一段畅快的日子，1984 年初，我与 10 多位同事一起花了 4 个多月的时间进行调研，形成了《关于建立长株潭经济区的方案》，同年 7 月，《方案》上交给省委、省政府。同年 11 月 10 日下午，省委常委会议专题研究了《关于建立长沙、株洲、湘潭经济区的问题》，并形成了会议纪要，确定成立长株潭经济区规划办公室。办公室由我主持工作。"

经过一段时间的沉寂，1995 年在湖南省第七次党代会期间，长株潭经济一体化被重新提起。抓住这个契机，1996 年 11 月，长株潭三市和湖南省社科院联合召开了"长株潭经济区发展研讨会"。1997 年，湖南省委、省政府决定重新启动长株潭一体化工作，并明确由省计委牵头编制长株潭一体化的交通、电力、金融、信息和环保等五项规划。两年后，湖南省召开长株潭经济一体化专题会议，决定将这五个规划付诸实施。

"从此，长株潭一体化进程驶上良性轨道。2001 年，湖南省在'总体规划启动、基础设施先行'的推进思路上，加上了'重大项目跟进'。首先提出的'湘江生态经济带'等四个大项目由世界银行资助。2003 年，《长株潭城市群区域规划》编制完成。"说到这些，张萍教授的眼神亮了很多。

行走在湘江风光带，张萍教授告诉记者，"这些年来，我一直没有停止过研究"。

值得期待的中部 *

近 10 天的采访结束后，记者有一个真切的感受：中部，十分值得期待。

说值得期待，首先是中部人的激情与信心。走在中部，不论是哪个省份，都能感到他们崛起的渴望以及敢于实践的激情。谈及中部的明天，无论经济总量的大小，无论地理位置的优劣，在中部崛起这一轮实践中，他们信心百倍。

说值得期待，在于中部人的坚定与执著。长株潭是我国第一个自觉地进行区域经济一体化实验的区域，从 1982 年至今，23 年的艰辛并未让湖南人却步。当区域经济受到广泛重视的今天，当区域合作成为发展动力的今天，湖南人不仅果敢地重新启动长株潭一体化，而且率先公布了中国内陆第一个区域总体规划长株潭城市群区域规划，走在了中部乃至全国的前列。

说值得期待，是中部人的清醒。中央提出："促进中部地区崛起"后，采访中记者发现，中部人很快就进入寻找崛起路径和快速推动实践上来了。这种清醒得益于一个知识：在这块如此广阔的土地上，在还没有一个像上海、北京那样的大城市来充当区域的核心增长极和辐射源时，中部崛起就不可能靠单极带动，必须培育多个增长支点。

中部最值得期待的，是他们不约而同地选择构建城市群作为崛起路径。城市群是什么？城市与城市之间的紧密连接，要形成这样的紧密连接，只有两条路径：一是打破多年形成的、以地方保护主义为特征的各种壁垒；二是形成基础设施、产业布局、区域市场、城乡建设乃至金融、电力、交通、通信等诸多方面的一体化合作。打破壁垒也好，一体化合作也罢，其实质就是

＊　本文为采访札记，记者何振红。

形成区域内协调发展的局面，而这恰恰是中央提出"促进中部地区崛起"的重要目标之一。中部人明白：只有合作，才能发挥区域整体发展优势，增强区域竞争力，中部才能真正崛起。

眼下，中部正处于一个良好的发展机遇期。我们相信，有了中部人的激情和信心，有了正确的思路和崛起路径，中部地区崛起的步伐会越来越快。

长株潭：中部未来大都市 *

从全球化角度看，以中心城市为核心的大城市群（圈）作为现代城市发展的一个新的空间单元，将成为 21 世纪国际竞争的基本单位。在经济全球化和区域经济一体化双重推动下，我国城市群发展势头正旺。我国东部"长三角""珠三角"城市群发展风头正劲，中部武汉城市群、"长株潭"城市群正奋起直追，过去单个城市之间的竞争正演变为区域性城市群之间的竞争。在世人惊奇的目光中，"长株潭"：一个崭新的中部未来的大都市区，经过多年孕育，如今正以逼人的气势，在三湘大地上展现雏形，拉开了三市经济一体化的序幕。

张萍，湖南省著名经济学家、中国区域经济研究中心副主任、研究员。正是他，率先提出"建立长株潭经济区"的构想。长沙，一个秋雨霏霏的日子里，本刊记者对张萍研究员进行了专访。

为什么要搞长株潭一体化？

张萍研究员说，建设城市群，将极大地促进区域经济向高层次发展，推动区域合作。区域合作说到底，就是区域经济一体化。

从不同的视角和侧重点看，城市群有不同的叫法，有的叫城市群，有的叫经济圈，有的叫经济协作区，有的叫城市带，叫法不一样，但是它们的本质内涵都一样，就是都是搞经济一体化，只是由于经济一体化有不同类型，而名称不同罢了。

他说，城市群实际上是城市化的高级阶段，这是经济发展的趋势，不论

---

* 原载《学习与实践》2002 年第 1 期。

是从国际范围看，还是从国内范围看，城市群、城市带都是最具活力的经济中心地带。

在我们中国，已经具有雏形的、城市化水平还没有那么高的是四大城市带：第一个是辽中南城市带，它有两个核心：沈阳和大连，是由两个城市群组成的，一个是以沈阳为核心组成的辽中城市群，包括沈阳、鞍山、抚顺、本溪、辽阳、铁岭等；另一个是以大连为核心的辽南城市群；共 2550 万人口。第二个是京津唐城市带，形成了双三角，北京、天津、唐山是一个三角，北京、天津、保定又是一个三角，还扩展到承德、张家口、秦皇岛。这个城市带 4000 多万人口，也是双核：北京和天津。北京和天津准备共同投资 90 多亿搞磁悬浮列车，从北京到天津只要 25 分钟，两个城市就像一个城市一样。第三个是珠江三角洲，双核是广州和深圳，3200 多万人口，如果加上香港、澳门人口还要多，那样香港就会成为主要核心。第四个是我国最大的城市带，在长江三角洲，以上海为龙头，还有南京和杭州。它包括上海和江苏沿江地区以及浙江城市化水平最高的那一部分，其中杭嘉湖（杭州、嘉兴、湖州）是一个城市群，苏锡常（苏州、无锡、常州）是一个城市群。长江三角洲城市带是由多个城市群组成的，共有 7300 万人口。这四个是由多核心的、多层次的城市群组成的城市化地带，这是完全形成雏形的四大城市群。

其他一些低级别的城市群，被国家计委列入国家城市规划的、称作城镇密集区的有七个。它们是包含长沙、株洲、湘潭的湘中长株潭城镇密集区，包括武汉、鄂州、黄石等的江汉平原城镇密集区，包括重庆、成都、绵阳、自贡等的重庆成都城镇密集区，包括郑州、洛阳、开封的中原地区城镇密集区，包括西安、宝鸡、咸阳的关中平原城镇密集区，包括厦门、漳州、泉州、福州的闽东南城镇密集区，包括哈尔滨、齐齐哈尔、大庆的东北松嫩平原城镇密集区。

长株潭是指长沙、株洲、湘潭。长沙、株洲、湘潭位于湖南省中腹地带，湘江中下游，三市辖 12 个县（市）162 个建制镇，面积 28245 平方千米，人口 1210 万人。长株潭地区自古以来就是我国南方的城镇密集地区之一，战国属楚，长沙时为王国都城，湘潭市历来为湘中重要的商业中心，株洲是新兴的铁路交通枢纽城市。

　　为什么要搞长株潭一体化？张萍研究员说他在 1984 年《关于建立长株潭经济区的方案》中强调了 4 点：①长株潭三市是沿着湘江下游自然形成的一个"品"字形城市群，两两相距 30～50 千米，较之大的中心城市同其卫星城镇的距离还要近得多。从历史和现实看，都有着不可分割的经济和社会联系，实际上是一个城市综合体。②三市是湖南省最发达的核心地带，三市联合可以形成能够带动全省经济发展的综合经济中心。同时，三市在加强为全省经济发展服务的过程中，才能得到更快的发展。③三市联合在全国经济网络中也具有重要的战略位置。三市地处江南腹地，四方交汇之处。从经济实力看，三市整合成一个整体，1983 年工农业总产值和总人口在全国中心城市中排第 9 位，城区工业总产值排第 11 位，叵形成强大的经济合力，对外既增强吸引力，又增强竞争力，既可以加快湖南省"四化"建设，又可以促进邻近省区经济的发展。④三市面临许多需要共同解决的重大的经济社会问题，诸如克服能源的限制，湘江水域污染的治理，城镇体系和重大项目的合理布局，现有工业的联合和技术改造，对外的经济技术合作等。

　　长株潭经济一体化的实现，必将产生深远影响。（为帮助读者清楚了解长株潭一体化，我们请湖南省计委谢振华先生提供了一组数字——编者注）谢先生介绍说，"九五"期间，三市作为湖南的优势地区，通过推进区域经济一体化，经济保持持续快速增长，对全省经济的龙头带动作用日益增强。一是综合经济实力明显增强。三市 GDP 总量从 1995 年的 635.1 亿元，增加到 2000 年的 1201.1 亿元，年均增长 11.7%，增速比全省高出 2 个百分点，全省经济增长的贡献率为 37.8%，占全省的比重由 1995 年 28.9% 提高到 2000 年的 32.5%，增加了 3.6 个百分点。二是产业结构调整取得重大进展。三市三次产业结构从 1995 年的 17.4∶44.4∶38.2 调整到 2000 年的 13.2∶44∶42.8，其中第一、二产业比重分别下降了 4.2 个和 0.4 个百分点，第三产业比重提高了 4.6 个百分点。特别是长沙市的产业结构从 1995 年的 14.2∶42.9∶42.9 调整到 2000 年的 11.6∶40.7∶47.7，完全实现了产业结构向"三、二、一"的格局的转变。三是固定投资大幅增长。"九五"期间，三市累计完成全社会固定资产投资 1260 亿元，占全省的 29.6%，与"八五"期间的投资比较，净增 820 亿元，为"八五"期间累计完成投资的 2.86 倍。四是对外开放成效显著。三市五年累计完成进出口总额 81.6 亿美

元，占全省的 83.3%，五年累计实际利用外资 18.2 亿美元，占全省
31.4%。五是财政收入增长较快。三市地方财政收入从 1995 年时的 31.4 亿
元，提高到 2000 年的 53.9 亿元，五年净增 22.5 亿元，累计完成地方财政
收入 227.8 亿元，年均增长 11.4%，增幅高出全省 1.8 个百分点。六是人民
生活水平明显提高。"九五"期间，长株潭三市城镇居民人均可支配收入分
别从 1995 年的 4616 元、5527 元和 4316 元，提高到 2000 年的 7990 元、
7275 元和 6000 元；农村居民人均纯收入分别从 1995 年的 1737 元、1677 元
和 1710 元，提高到 2000 年的 3005 元、2560 元和 2655 元，均大大高于全省
平均水平。

　　上述数字让我们看到长株潭三市在湖南的重要地位。那么，如何实现长
株潭经济一体化呢？张萍说，长株潭经济一体化的基本途径是：①联合。发
展多层次多形式的横向经济联合，组织各种经济网络；②规划。根据三市特
点，共同制定区域的总体发展战略，在条条块块规划的基础上，通过协调制
定出区域的中长期发展规划。在扬长避短，避免重复建设，充分发挥三市特
点和优势的基础上，形成综合优势，同时组装新的优势。③在三市的接合部
划出一块，联合建立经济技术开发区。他介绍说，对长株潭经济区经济一体
化的性质、组织形式和运行机制他都提出了具体意见。

　　为什么要搞经济一体化？他强调，经济一体化的实质就是要实现生产要
素，包括人、财、物、技术等，跨国家、跨地区流动的额外制度成本等于
零。生产要素的流动没有制度限制，没有人为限制，可以自由流动。经济一
体化的实质就在这里，通过生产要素的自由流动，优化生产要素的配置，生
产要素按照经济效益流动。哪里好就往哪里流，哪个部门需要就往哪里流，
这就促进了结构的调整达到资源的优化配置。

　　在一体化区域要素流动无边界，就不能搞地方保护，一体化就要打破这
些东西，不能有任何限制，要统一待遇，国际上叫国民待遇，城市群要统一
市民待遇。武汉到长沙有长沙市民待遇，长沙到武汉有武汉市民待遇，待遇
一样就是一体化了，差别待遇不是一体化。人、财、物、技术等的流动内部
无边界，一个待遇才能实现资源优化配置，哪里好就往哪里运动。这是最高
目标。

　　长株潭是搞有限的经济一体化，还是搞完全的经济一体化？张萍研究员

说，一种思路或指导原则是只搞经济一体化，发展模式是城市独联体，也就是行政独立，经济联合或联盟。1984 年他的建议《关于建立长株潭经济区的方案》中，就是这种只搞经济一体化的区域经济联合体的模式。从 1985 年元月至 1987 年 5 月，根据省委的决定，长株潭经济区规划办公室组织对《方案》的实施，就是按这一思路或发展模式推动长株潭经济一体化的。1999 年开始实施的五项规划启动，也基本是按这一思路、指导原则来推进的。已经制定的《长株潭经济一体化“十五”发展计划》，“把长株潭构筑成为现代化的网状城市群，使其成为带动湖南经济快速发展的核心增长极”，定位于未来 5 至 10 年长株潭经济一体化发展的战略目标。这是一个阶段性目标，不是终极目标。这种思路有它的局限性，难以适应经济全球化新形势下国内外日益激烈竞争的需要。

他说，第二种思路或指导原则是先经济一体化后行政一体化，也就是搞完全的经济一体化。这是 1996 年 11 月，他第一次把“构建大都市”作为长株潭经济一体化的长远或终极目标提出来。战略步骤分为三个阶段：一是用三年时间，作为经济一体化的全面启动和重点突破阶段；二是用五年时间，基本实现经济一体化；三是再用 5 年时间，完善经济一体化和相应的改革行政管理体制，建成新型大都市。城市是人才资源的聚集地和先进产业的聚集地，只有城市，才具有国际竞争的人力资源和产业基础，因而，在新世纪，国际竞争的基本单位定位于城市。如果在武汉和广州、重庆和上海之间这个江南腹地、四方交汇之处，长江沿岸经济带与东南沿海经济区的接合部，通过经济一体化的途径，组建一个同周边大都市既能竞争，又能在平等竞争的基础上建立新型合作关系的大长沙，一个区域级、超大型、组团式的中心城市，并相应形成一个区域性的城市经济圈，即更大规模的城市群体，这对三市、湖南、更大区域乃至全国都是一件大好事。

他介绍的第三种思路和指导原则是借鉴大都市区的体制模式，构建以长沙为核心，长株潭三市结合的复合型区域经济中心——长株潭大都市区，或称大长沙都市区。市场经济成熟的发达国家，在其发展过程中，由于城市化水平的提高，城市密集区的各个城市之间的边界区域，既分属于各个不同的行政区，又相互交错重叠、相互依赖。由于地方主义，形成一系列复杂的经济社会矛盾，需要统筹解决。适应这种要求，从 20 世纪 50 年代以来，西方发达国家对城市行政管理体制，进行了近半个世纪的探索和改革。通常的做法，是采取大都市区的组织结构和体制模式。即：既保留独立的城市自治政府，又组建大都市区的联合政府或联合政府性质的行政管理机构，实行双层次的行政管理体制。这种城市政府联合体性质的大都市区联合政府，在不同的国家也有不同的类型，有综合职能型的，也有专项职能或特殊职能型的。实践证明，比较成功的是那些具有专项职能或特殊职能型的大都市区行政组织结构和体制模式。其主要职能是协调各城市之间的矛盾，着重解决跨区界的公共服务和管理问题，如涉及大都市区的交通、环保、水利、治安、消防、卫生等问题，以及制定大都市区的战略规划等。

湖南省委、省政府对长株潭城市群的发展采取了什么样的政策措施？

针对这个问题，张萍研究员详细介绍了长株潭一体化发展过程。他说，从长株潭的实践看，城市之间搞经济一体化，需要上级政府来推动和协调。省里的态度和推动力度是左右长株潭城市群建设的关键因素。另一方面，三个城市对经济一体化的认识比较统一，位置摆得对，合作起来就很顺利了。

长株潭经济一体化搞了快20年了，从1982年提出设想，1984年完成的专项课题成果引起湖南省委重视。省里成立了两个机构启动一体化建设，省、市长联席会议为决策协调权力机构，下面常设的办事机构为长株潭协调办公室，三个城市的计委副主任参加1985年机构开始办公，边联合边规划，从10个三市都认为应该搞的项目起步，取得了一些进展。到了1987年，遇到了一些阻力，省里态度有了变化，一体化建设就暂停了。

到了1996年11月，长株潭三市市委、市政府和湖南省社会科学院联合在株洲市召开了"长株潭经济区发展研讨会"。会议引起省里决策者的高度重视。1997年3月，湖南省委、省政府主要领导主持召开了有三市党政主要负责人和省直有关部门领导参加的"长株潭座谈会"，正式确定了以长沙为中心，进一步突出长株潭城市群的作用，把长株潭建成湖南经济发展的核心增长极、现代化的网状城市群和高新技术产业密集区的战略目标。之后，成立了以省委副书记储波为组长、分管经济工作的副省长为副组长、三市领导参加的长株潭经济一体化协调领导小组，领导小组办公室设在湖南省计委，由省计委主任兼任办公室主任。时隔 10 年之后，由于省领导的重视，长株潭一体化再次启动。

最初的工作是由省计委牵头组织省直有关部门编制推进长株潭经济一体化的交通、电力、金融、信息和环保等五项专门规划。1999 年 2 月，省委书记杨正午、省长储波主持召开长株潭经济一体化专题座谈会议，会议认真研究讨论了这五项已经完成的规划，决定付诸实施。这样，长株潭城市群的发展实现了历史性的跨越。

近 3 年来，长株潭经济一体化根据 "总体规划起步、基础设施先行、重大项目跟进" 的指导思想，按照交通同环、电力同网、金融同城、信息共享、环境共治的目标，在五个规划的实施上取得了显著成效。长株潭在国内外的影响力和知名度也在不断扩大。国家 "十五" 城镇化专项规划已把长株潭城市群列入作为全国重点引导和培育的七大城镇密集区之一。世界银行把长株潭城市群列入其在华首批开展城市发展战略研究（CDS）的合作对象，这样长株潭城市群的整体概念和项目融资就能够得到世界银行等国际金融组织的支持。

规划方面，在完成五项规划后，目前还完成了 "十五" 长株潭经济一体化的专项规划、产业发展规划，由德国公司编制的湘江生态经济带概念性规划和岳麓山大学城概念性规划。目前正在进行的是由中国城市规划设计院牵头搞的长株潭城市群总体规划。

长株潭经济一体化重新启动的时间还不长，但已经取得显著的成效。主要原因就是管理制度安排上有突破。湖南省长株潭经济一体化协调领导小组及其下设在湖南省计委的协调办公室，这种组织结构虽说还不规范，也很不完善，没有形成稳定性的体制结构，但在实践中，它起到了大都市区联合政府的某些职能作用。特别是在区域战略性规划的编制，区域基础设施的建设，重大项目的跟进等方面，发挥了很突出和富有成效的作用。

从实践来看，经济一体化发展到一定程度，就必须根据它的要求，对管理体制作相应的改革。否则经济一体化的推进就会陷入停滞，甚至发生逆转。这是在实践中发现的最大问题。在我们国家，计划经济搞的时间比较长，管理体制还习惯于按条条块块的划分干预经济，按照经济一体化的要求改革管理体制，难度更大。当然，建设发展城市群，首先是要解放思想，转变观念。一体化的模式可以探讨、选择，一体化的趋势是不会变的。

长株潭经济一体化应当如何协调各个城市间的利益？

发展城市群一个非常重要的方面是要处理好城市群内各城市间的利益关系。张萍说，我们搞城市群就要统一市民待遇，差别待遇不能算作一体化，不能搞地方保护，一体化就要打破地方保护，统一市民待遇。不要一坐在一起，就各人谈各人的话，即便实现双赢，还有多赢和少赢之分，有时候少赢的一方即使能赢也不愿干。地方是一个利益主体，难就难在这个地方。各个城市对经济一体化的认识要比较统一，位置摆得对，合作起来就很顺利了。

最后，张萍研究员说：要实现经济一体化目标，最基本的有三条：第一条生产要素流动做到内部无边界，这是基础。第二条要按照经济一体化的要求建立新的规则、制度，共同的经济社会目标和中长期战略性规划，共同的经济社会政策，这个是核心。第三条，必须组建一个超地区的经济一体化的组织机构，没机构、没机制，就是空话。这是前提，这是条件。经济一体化越深入，它对权力机构的要求越高，权力就越需要扩大。没有这三条，就是纸上谈兵。

编者按

2007 年 10 月 23 日，湖南省社会科学院举办了一场"张萍教授学术报告会——谈治学方法和治学经验"。

"呼唤 21 世纪的张萍"，是湖南省社会科学院 2007 年的主体活动之一。湖南省社会科学院院长朱有志教授多次在全国性社科会议上强调："理论工作者要能够把自己的想法变为人家的说法，把自己的说法变成人家的做法，把自己的言论变成大众的舆论，用自己的思考影响领导的思想，让自己的文章进入政府的文件，用自己的发言促进社会的发展。"朱有志院长的工作目标很明确，就是要把湖南省社会科学院建设成省委省政府的"合格智库"。"呼唤 21 世纪的张萍"用意也很明确，就是用社会科学理论推动社会进步。

湖南呼唤张萍，时代呼唤张萍。

《钢铁是怎样炼成的》这本书影响了张萍教授一生。

而张萍教授的人生经历和治学感悟，也将影响我们的人生。

张萍是怎样炼成的 *

——听张萍教授讲述其人生体会和治学心得

1. 我要活得有价值

作为一个理论工作者，我认为要有一个正确的人生价值观，这是最根本的。

用通俗的话讲，就是人一辈子不能白活。不白活，就是要活得有价值。但是，没有白活或者活得有价值，对每个人来讲，又是不同的，甚至是相反的。

怎么活才有价值？这个价值的含义是多种多样的。因为，价值是人生的

---

* 原载《企业家天地》2007 年 12 月总第 320 期，记者周彩阳、谢辉整理。

追求，而人生的追求、价值观，又是五花八门、各式各样的。因此，不同的人对人生价值就有不同的理解。

比如说，曹操讲过的："人生几何，对酒当歌。"这就是一种价值，人生很短，我不能白活。追求金钱也是一种价值，我要成为富有的人，成为一个千万富翁。

所以，"没有白活"的内涵，是各式各样的，甚至是正反相背的。

2. 保尔的话我记了一辈子

1949 年 8 月 5 日，南京解放那天，我从北京南下，当时华北大学（中国人民大学前身）学生，因为革命需要决定到前方去，到大西北，到大江南。2000 多人分为两个大队，一个西北大队，一个南下大队。当时，我跟着人民解放军第四野战军 105 部政治部（也就是第 21 兵团），南下到了湖南。

在长沙，我们接收了国民党省训团（国民党的党校），在现在中南大学那个地方。抗战时期，那里是清华大学迁到湖南的旧址，我们去的时候，旁边还有个清华中学。

就当时的情况而言，湖南的教育在全国是办得比较好的。我比较了一下，像我的老家河北藁城县，当时一所中学都没有，最高学府就是初级师范。而当时的石门市（现在的石家庄），因京汉铁路的建成，已由一个小村庄变成了一个城市（人口大概有 10 多万），也只有一所初中，一所中专。而湖南，很多县级单位的中学就已经很有名了，基础教育很发达。

所以，当时中央决定在湖南办一所华中人民革命大学湖南分校，后来改成湖南人民革命大学，并一次在湖南招收知识青年 5000 名。

回到上面的话题。

我们大队到了武汉，就分成了两支，一部分去了广东。另一部分约六七百人则跟着兵团政治部到了湖南。我们大队大部分人，都被分到了湖南的各个地区，主要是湘西，留在长沙的还不到 30 人。

我被分配到了湖南革大。那时候，因为比较年轻，学历又不错，就分到了校团委当宣传委员（当时，就任宣传委员兼校俱乐部主任。后改成小文工团）。

因工作的需要，每周我都要去讲一次团课。因为讲课的需要，我经常读一些革命小说，如《青年近卫军》《钢铁是怎样炼成的》等。在这些小说中，对我感受最深、影响我一生的书，就是《钢铁是怎样炼成的》。读完这部闪耀着不可泯灭革命光辉的名著时，主人公保尔那种像燃烧的烈火永不熄灭的革命奋斗精神，深深地感染了我。

他曾有过一段深刻概括他革命精神或钢铁誓言的内心独白：

> 人最宝贵的是生命，生命对每个人只有一次，人的一生应当这样度过，回首往事，他不会因为虚度年华而悔恨，也不会因为生活庸俗而羞愧，临死的时候，他能够说：我的整个生活和全部精力都献给了世界上最壮丽的事业——为解放全人类而斗争。

这段话我记了一辈子。

当然，我们现在生活的这个时代和保尔的那个时代是大不相同了。拿我个人讲，我更没办法和保尔的那种献身精神相比。但是，这段话在我心灵上留下了很深刻的印记，一辈子没有忘记。

我经常想，如果我在临死的时候，也能给自己做一个这样的结论：不会因为虚度年华而悔恨，也不会因为生活庸俗而羞愧。就了无遗憾，心满意足了。

这种念头支配了我 50 多年。"小车不倒只管推"的精神，迄今仍支配着我的行动。

3. 50 多年来，我没休过完整的假期

我现在的思想是：只要我能干一天，我就要干一天，一直干到不能干了为止。

这就是我的价值观，它支配了我 50 多年，支配着我的有生之年。所以，我从事理论工作 50 多年来，可以说，除了"文化大革命"前期，除了我离开长沙的期间，我没有休过一个完整的假日，长假期间最多 3 天，双休日上午上班，下午休息。忙的时候，春节大年初一、中秋节八月十五也都在办公室上班。

现在，连服务员都已经习惯了：每一个双休日上午，都给我烧一壶开水放在办公室里，一直到现在，已经形成规律了。

4.50 年来，我都是靠吃安眠药才能睡觉

50 多年来，我总是感到时间不足、知识不足、学习不足。我越感到时间不足，就越一门心思地把精力放在学习上，一直到现在我对知识的追求仍然是如饥似渴。

每当拿到一本新书时，我就恨不得一下把它读完。并总是感到时间特别紧迫，大脑总是处于不停地思考的状态。睡觉在想，吃饭在想，走路也在想。几十年来，每晚我都是靠吃安眠药才能睡几个小时。

而一觉醒来，脑海里就有一个问题浮现：要思考。

在我的回忆录里，最后的结束语就是：在人生路上，我也有过不少的过失或错误，但从总的方面来说，在临死的时候，可以给自己做出这样一个结论了："回忆往事，不因虚度年华而悔恨！"

5.30 年后我才回家看望母亲

50 多年的学者生涯，如果说取得了一些成就，那完全得益于一个"学"字。

记得在 1981 年 2 月上旬，我第一次带着妻子和儿女，回到了阔别 30 多年的故乡，儿时的许多长者和一些学友早已不在人世了，年轻人也都不认得，我不禁想起"少小离家老大回，乡音无改鬓毛衰。儿童相见不相识，笑问客从何处来"的诗句，感慨万千！

30 多年前，当我离开家乡的时候，母亲正是中年，现在已是满头白发，到了暮年。看到久别的儿子，不禁老泪横流，我也不由自主地跪倒在老母的面前，失声痛哭。

但在拜见久别的父母之后，我就埋头在狭窄的土坯房里，边学习、边思考、边写作，继续写一篇未完成的文章。

一直到除夕的晚上，当我写完最后一个字的时候，看了看手表上的指针，已经是 22 点差 2 分，我才搁下笔来，到幼时好友的家里，喝了几杯除夕酒，聊了几十年来故乡发生的变化。

春节刚过，我就告别父母，先到北京停了几天，向《光明日报》编辑部交了"卷"后，就赶到秦皇岛市参加第一次全国商品流通改革的研讨会。

因此，人生一定要有一个正确的价值观，不虚度年华、不浪费光阴，这是最重要的。

6. 我把研究理论作为一生的追求

要想在科学领域有所成就，一定要有不畏劳苦、勇攀高峰的拼搏精神。

1951 年，我开始向教学生涯转变。1952 年 10 月，我转到学校第三部（财经部）任学习辅导员（协助部主任管理整个部的学习）。

1953 年春，学校（当时已更名为湖南行政学院，任务转为培训在职干部）党委决定从南下的青年干部中选拔 20 多人自己培养。我由财经部的学习辅导员，调院业务教研室经济学教研组，任教研组长和教员。

转到理论战线以后，我就把研究理论作为了一生的追求，并付诸行动。

那么，我要怎样去落实不虚度年华的目标呢？要怎样才能落实到我的事业中呢？这就要有一个具体的目标。就是说，我要在这个战线上有所作为。

那么，怎样才能做到有所作为呢？马克思在《资本论》1870 年法文版"序言"中有一段话："在科学上没有平坦大道，只有不畏劳苦，沿着陡峭的山路不断攀登，才有希望达到光辉的顶点"。这段话我记了 50 多年。

7. 为写好一篇文章，我几个月吃不下饭

在 50 多年的理论研究历程里，我最大的体会是：在一定程度上说，搞社会科学比搞自然科学还难。

因为，自然界虽在不断变化，但它具有较长时间的相对稳定性。而社会经济，时刻在变、年年在变、月月在变，处在一个急剧的变化当中。

另外，自然科学专业性很强，如果不具备一定的专业素养就很难懂。而社会科学则人人都容易懂，人人都可以讲出一套理论来。

比如，我们形成一个中央精神、省级精神，这得集中多少人的精神智慧啊！在它背后，又有多少人在刻苦研究。不仅有政府研究室，更有研究中心等在服务。如果你的建议，能够有所超越，这是多么的艰难啊！

理论研究也是这样，现在在经济界有多少理论研究者啊！如果你的某个观点，能超越已经达到的水平，哪怕是超越半步，都是非常可贵和艰难的。

然而，要超越这半步，必须要有几十个晚上睡不着觉，几十天吃不下饭的精神。有了这种精神，你才能超越这半步。

这些年来，我先后在《人民日报》发表过 1 篇文章，在《经济日报》发表过 2 篇文章，在《光明日报》发表过 4 篇文章，《经济研究》发表过 5 篇文章。可以说，这些文章在某一方面、某个观点上，都有突破，都有超越。我的体会是：一篇文章要写好，得几个月吃不下饭，睡不着觉。

这样真苦。

这种苦不是身体上的苦，而是思想上的苦。所以，要拼搏，要有拼搏精神，才能在科学道路上走得更远。

8. 在理论研究上我要学马克思和恩格斯那样拼搏

要做出成就，就必须努力，特别是后天努力。

马克思和恩格斯，就是通过坚持不懈的努力，才取得重大成就的。

马克思是有学历的。他先是在波恩大学学法学，后转到柏林大学学哲学。他早年是黑格尔左派。

他是什么时候接触经济的呢？是毕业后，他担任《莱茵报》主编的时候，由于感到自己经济知识的不足，而在工作过程中又必须面对大量经济问题。所以，他就研究经济了。

恩格斯是没学历的。恩格斯出生在德国的莱茵省。其父亲是一个工厂主，很有钱。但他非常专制，他希望恩格斯（其长子）将来成为一名商业家，中学还差一年毕业，就把恩格斯送到不来梅一家最大的贸易公司当办事员。

但恩格斯潜心向学。由于不来梅是当时的国际商港，各国的报纸都有。因此，在这个过程中，恩格斯靠自学，熟知了24种语言。

恩格斯早年也是黑格尔左派。在黑格尔左派当中，他认识了马克思，并结成了生死之交。

这种朋友是非常难得的。

马克思正式工作时间只有5年。任《莱茵报》主编2年，后因被作为黑格尔左派报纸，查封了。于是，马克思就开始发动工人运动。后来，马克思又创办了《新莱茵报》，结果3年后又被查封了。

这时，他就集中研究学问了。在大英博物馆一坐就是40年。40年，在他看书位置的水泥地板上都被踏出了一个足印。40年，他做的札记、笔记、心得写出三大本书。但他在有生之年，只整理出第一本，《资本论》第1卷。其余遗留下来的摘录、札记，都是恩格斯花了整整10年时间，整理出了《资本论》第2卷、第3卷。但恩格斯并没有把整理出来的第2卷、第3卷，写上自己的名字。

这是什么友谊？这种友谊非常伟大。

恩格斯靠兼作一部分房业，为马克思全家提供生活费用，至到《资本论》第一卷的出版，但也有很多的著作，《反杜林论》《社会主义从空想到科学的发展》《自然辩证法》《家庭、私有制和国家的起源》等都非常有名。其中，《家庭、私有制和国家的起源》是至今研究古代史的经典书籍。

这些是靠什么得来的？是靠拼搏得来的。

9. 大部分时间我都在自己努力

大家知道，世界首富比尔·盖茨，在哈佛大学只读了两年，大三的时候他就退学了。在刚进哈佛的时候，他主修的是法律，和他后来所做的软件行业是根本不沾边的。

出于对计算机的强烈热爱，再加上原有的基础。大二的时候他开始创业，开办计算机公司，并成了现在的世界首富。

有首歌《爱拼才会赢》这样唱道：三分天注定，七分靠打拼，打拼才能赢。在当前激烈的竞争中，在知识大爆炸的时代，我觉得应当是：二分靠天分，八分靠打拼。

"天分"指的就是人的脑袋部分，天生脑袋聪明。它决定了一个人的作为能达到的高度。但就算你再聪明，不坚持学习的话，还是一无所成，所以几十年来绝大部分时间我都在努力、坚持学习和拼搏。

10. 搞理论要有一个目的地

在科学的道路上，一定要有正确的治学理念。

正确的治学理念是什么呢？可以用两句话概括：一是坚持理论和实践的统一。二是防止理论与实践相背离。一句话概之，就是要把理论研究根植于实践的沃土，这就是正确的治学理念、治学思想。

一开始搞理论工作时，我就在思考这个问题。为什么搞理论？搞理论为什么？后来我找到了答案：那就是"要坚持理论与实践的统一"。

搞理论要有一个落脚点，要有一个归属和目的地。不能为发表文章而发表文章，为理论而理论。

这种治学理念，一直指导了我 50 多年。

11. 20 世纪 50 年代我熟读了马克思主义的所有译著

在开始搞教育工作的时候，我就在思考："我为什么搞教育？"当时，我熟读了马克思主义的所有译著。几乎刚刚翻译出来的书，我都通读完了。在讲课的过程中，我就引用他们的理论观点说，马克思是怎么讲的，列宁是怎么讲的，毛泽东是怎么讲的。

然后，我就问学员们，我讲得怎么样。他们说，张老师你讲得很好，知识很丰富，但怎么只有马克思讲的，而没有张萍讲的呢！

这话让我恍然大悟。我就深刻地反省：我为什么讲课？讲课是为什么？讲课是为了让别人能理解，让别人的知识有所提高。如果他们不懂，一切都是白搭。

搞理论研究工作也是如此，就是为了让别人明白，让别人能够掌握，并能够指导实践。

因此，之后在讲课和研究理论的过程中，我力求把深奥的知识、理论，用最直白、最通俗、最大众化的语言，把它表达出来。

这样，别人才能懂，才能掌握。

12. 20 世纪 50 年代至今，我讲课从不带讲稿

从 20 世纪 50 年代开始，我练就了一个本领：上课从不带讲稿。

当时我在省委党校任经济学教员，理论教员班学习期为一年，单课独讲，三个月只讲一门经济学，隔一天讲一次，上课一张纸条都不带，就这样连续讲了三个月。

到现在我还保留这个习惯。赵世荣同志任娄底地区专员时，他给我打电话说，张院长我们这里开工作会议，开两天，请你来给我们讲一天半，我用半天安排工作。我说行，就没带一张纸讲了一天半。

2000 年 3 月 24～25 日，我在韶峰集团干部学习会上，未带片纸讲了一天半，市场经济、国企改革、知识经济与企业发展战略等。离开时，集团公司的总经济师深有感触地说：张院长，听了你一天半的讲课，我真正懂得了三句话：一、什么是知识，二、什么是水平，三、什么是健康。

他们说懂得了这三句话，这对我来说是个很大的鼓励。

13. 我坚持以研究中国实际问题为中心的治学理念

20 世纪 50 年代，我在省委党校任经济学教员，当时中央党校有个办校方针是："以马克思主义为指导，研究中国实际问题为中心"。当时，我也读了很多毛主席的著作——《实践论》《矛盾论》，特别是《改造我们的学

习》，里面讲了要改进学风、改进党风。

毛主席在《改造我们的学习》一文中，就批评过"只懂希腊，不懂得中国"，经济学教授不能说明边币和法币的问题。这些话，对我的影响很深刻。所以"要坚持理论和实践统一"的治学理念，从 20 世纪 50 年代开始我就基本形成了。我们不能用教条式的态度对待马克思主义的理论，但也绝不能去照搬西方的经济学说。凡是对于解决我国改革开放和现代化建设中的实际问题有益的理论与学说，我们都应该去学习、去应用，但必须从中国的国情出发，从实际出发，不能照搬硬套。

14. 我坚持做实地调查

从 20 世纪 50 年代起，我就开始做实地调查了。1953 年，国家提出了过渡时期总路线：即在 10 ~ 15 年或者还多一些的时间内，基本上完成国家工业化及对农业、手工业、资本主义工商业的社会主义改造。也就是一个中心，两个翅膀。一个中心就是：工业化。两个翅膀就是：一个资本主义工商业改造；一个农业、手工业改造。

当时，最大的问题是 1955 年出现了两个改造高潮。农村合作化了，资本主义工商业改造也提前完成了。在这个背景下，我深入实践调查。

在调查中，我发现一个问题：即在改造过程中普遍存在政策不落实。这是当时面临的一个很大问题。对此，我就写了一本书：《工商业者的改造问题》，由湖南出版社出版。

后来，我又调查农村合作化的改造状况。1955 年搞合作化以后，因为田、地都变成集体的了。当时，有些农民就深感不适。由此，演变成了反资斗争，出现了批判富裕中农的倾向。这是个较大的偏差。针对这一现象，我又写了《农村两条道路的斗争》这本书。这是我写的第二本书。

这些书，都提出了应当纠正当时出现的一些"左"的倾向。

现在回过头看，当初我写的这些书：坚持了理论与实践统一的治学理念。这在当时有着肯定正确政策理论的实施，纠正当时的实践偏差的作用。

因此，要有一个正确的治学理念，研究问题要从实际中来，研究成果要回到实际中去。

15. 我的治学道路分"三部曲"

搞科研，要走一条正确的治学道路。20 世纪 80 ~ 90 年代，我承担了很多国家级课题和省级课题。

具体讲，我承担了国家的 3 个五年计划的重点课题，即"六五"的五年课题，"七五"的五年课题，"八五"的五年课题。

"六五"期间，我提出的长株潭区域经济一体化引起了国家经济体制改革委员会的注意。由此，我主持的《城市经济区——长株潭区域经济研究》课题，被列入了《中国经济体制改革的理论与实践》的专项研究课题及省软科学的重点课题。

"七五"期间，由我主持的《省际经济关系发展战略研究》，列入了国家"七五"社科规划重点课题，突出研究了"湘粤经济关系"。

"八五"期间，就是《湘鄂川黔桂五省边境区域开发》，这是个跨五省的重点课题项目。

这些重点成果的取得，都是我严格按照"理论与实践统一"的治学道路而实现的。

我的治学道路，概括起来就是三部曲：第一步，深入实际，调查研究；第二步，形成方案，进入决策；第三步，理论升华，形成体系。

16. 我们自己坐公交车研究长株潭一体化

长株潭一体化的研究，就是严格按照"三部曲"操作的。在作了理论和组织的准备工作之后，第一步，就是和课题组成员先后深入到三市的主要部门和基层单位，进行调查研究，掌握大量的第一手资料。

当时的条件非常艰苦，由于院里用车规定，院领导用车不得出长沙市。如果出了长沙市，就只能自己坐长途汽车、火车了。所以，当时我们都是自己坐公交车，自带脸盆、水桶，先是在湘潭做了三个星期的调查，然后在株洲做了三个星期的调查。

在这个基础上，进入第二步。经过反复研讨，向省委提出总体建议性的实施方案、战略研究和专项实施方案，并进入决策。同时，把这些成果汇集主编出版了《经济区理论与应用》一书。

但我并没有停留在这一步，还进一步进行了系统的理论思考，提出了建立"城市经济区学"学科的设想，并设计了它的框架，得到了国务院有关部门的赞同和支持。主编出版了《城市经济区学》专著，初步形成了城市经济学和区域经济学一个新的交叉学科的结构和理论体系。

17. 我的建议对湘粤经济发展有长远意义

《湘粤经济关系研究》也是按照"三部曲"操作的。20 世纪 80 年代，我们到广东实地调研，时间用了将近两个礼拜，形成了《关于广东作为综合改革实验区的考察与对策思考》的调研报告。

根据调查分析，我认为广东综合改革开放试验对湖南的发展会产生双重影响：有利有弊，利大于弊。应采取的对策方针是：因势利导，趋利避害。

提出了五条对策建议，其中具有长远意义的有：

一是建议以长株潭为核心，以衡阳和岳阳为南北两翼，逐步形成京广和湘江沿线的城市开放带和产业密集带，形成湖南自己实力比较雄厚的经济核心和内外辐射源基地，即后来在的"一点一线"。

二是建议建立以衡阳为中心，郴州、永州、冷水滩为次中心的湘南改革开放过渡实验区。

1988 年元月，我将报告呈交给省委省政府。经省政府采纳上报国务院。国务院于 5 月 11 日作了同意的批复，建立了湘南改革开放过渡试验区。

2007 年 5 月，省委书记张春贤和省长周强就到了湘南召开了市委书记、市长座谈会，讨论的话题就是湘南的大开放、大开发。

该项研究成果，不仅产生了较大的社会经济效果，在改革理论上也取得了重大突破。

一是在国内外第一次提出了改革过渡实验区的概念、区域、依据、功能及其意义。

二是第一次提出了过渡区改革必须从其作为沿海市场与内地市场衔接点这一区位特点出发，实行适应性的双向衔接的弹性政策和灵活措施，为国家和过渡性省区制定过渡区的政策措施提供了科学依据。

18. 我尽全力撮合湘粤经济关系

为了促进湘粤经济合作关系的全面发展，1988 年 5 月，我提出了《建立湘粤共同市场的建议方案》，呈报中共湖南省委、省政府领导。该年 6 月，课题组同广东省社科院经济研究所在长沙芙蓉宾馆，共同组织了"湘粤经济关系研讨两省对话会"，在时任湖南省委副书记刘正，省委常委、常务副省长陈邦柱的参加下，对《方案》进行了论证，足见他们对这次会议的重视程度。

会议结束后，熊清泉省长打电话向李鹏总理作了汇报，得到赞同。

1988年7月，在田纪云副总理的参加下，湘粤两省政府达成了一项关于广东每年对湘南开发投资3亿元、湖南每年供应广东3亿斤大米的协议。

但非常可惜的是，同年11月，当深圳只有3个月的储备粮时，湖南因为遭了水灾，供应3亿斤有困难，只能供应6000万斤。

由此，终止了"协议"，广东转向泰国定购了10亿斤大米，湖南失去了广东这个粮食大市场，两省经济关系在省级这个整体层面上出现了矛盾和摩擦。对于两省经济关系急剧出现的这种逆向变化，我感到十分焦急，往返于湘粤之间对各有关方面做了调查。在这个基础上，1990年10月上旬，我写出了《关于推进湘粤经济合作若干建议的报告》，先后向时任湖南省委副书记的孙文盛、省委书记熊清泉和省长陈邦柱作了汇报，得到赞同和采纳。

报告提出了10个方面的认识和建议。主要内容是建立湘粤长期稳定新型的经济合作关系。

1991年1月17~28日，省长陈邦柱、省委副书记孙文盛率湖南代表团访问了广东，我作为《报告方案》的建议者也参加了代表团。当广东省委省政府得知湖南派遣这样一个高层次代表团访粤时，采取了极为友好的态度。元月15日，派出省委常委方秘书长和刘维明副省长来长沙接代表团。

1月17日晨7时，当我们乘坐的火车缓缓驶入广州车站时，看到叶选平省长迎上前来，亲自到车站来迎接代表团。在车站用完"早茶"后，我们先到东莞、佛山、深圳、珠海和中山五市，顺德和番禺两县及两个镇、两村和18个企业进行了考察。

之后，在广州市同以叶选平省长为首的广东省政府领导，就两省建立长期稳定的经济合作关系问题进行了会谈。叶选平省长赞成湖南与广东建立长期稳定的经济合作关系，达成了意向性的协议。

19. 我的研究非常符合十七大精神

回过头看，到目前为止，我这些年的研究成果都是非常符合党的"十七大"精神的。"十七大"在区域经济上，强调超越行政区界，要形成经济圈、经济带。这是"十七大"的精神。而我的几个科研成果、项目，都是符合这一精神的。

长株潭是跨越三个行政市进行协调发展；湘粤关系是跨过两个省进行协

调发展；湘鄂川黔桂省际区域开发跨越了五个省进行协调发展。

可见，我从 20 世纪 80 年代初，开始做的是经济区域研究，都是符合市场经济规律，符合商品经济规律，符合区域经济发展规律的，这些我在 20 世纪 80 年代就做到了。

这证明我做的是超前性研究。因此，搞科研一定要走一条正确的治学道路。

20. 我参与了中国三次思想大交锋

什么是科学、严谨的治学态度，其核心的一句话就是：坚持真理，实事求是。

只有实事求是，才能坚持真理，才能做到科学态度。所以，在真理面前，我寸步不让。就算是要冒很大的政治风险，我也毫不畏惧、绝不放弃。

这在我参与的中国三次思想大交锋中，体现得尤为尽致。

改革开放以来，我国先后经过了三次思想大交锋。没有这三次思想大交锋，就没有三次思想大解放，就没有今天的中国，也就没有今天的成就，没有改革开放。

21. 只有实践才能检验真理

第一次思想大交锋，是从 1978 年 5 月开始的。"两个凡是"还是"改革开放"。

"两个凡是"① 一经提出，就得到了许多中央领导干部的反对。1978 年 5 月 11 日，《光明日报》发表了一篇评论员文章《实践是检验真理的唯一标准》，这篇文章的刊登就是针对"两个凡是"来的。5 月 12 日，《人民日报》和《解放军报》同时转载。

"实践是检验真理的唯一标准"，也由此得到了广大干部、群众的响应。真理标准的大讨论，为党的十一届三中全会做了思想和理论的准备。在会议上邓小平同志提出"解放思想，实事求是，团结一致向前看"的主题报告，开启了中国改革开放的新时代。

---

① 1977 年 2 月 7 日，经华国锋审阅同意，《人民日报》等"两报一刊"发表的《学好文件抓住纲》社论中提出的"凡是毛主席作的决策，我们都坚决拥护；凡是毛主席的指示，我们都始终不渝地遵循"。

22. 我提出了"社会主义商品经济也是市场经济"的观点

第二次思想大交锋,是争经济体制改革属性的问题。计划经济还是市场经济?

1982 年,我党召开了第十二届全国人民代表大会,这次代表大会给中国的经济改革指明了方向,即:贯彻计划经济为主,市场调节为辅的原则。

这在过去一味地搞计划经济的基础上,加上了市场调节为辅,这是中国经济体制改革的一大进步。

1984 年,在召开的十二届三中全会上,中共中央通过了一个《关于经济体制改革的决定》。这个决定对体制改革的目标又有了新提法:从总体上说是计划经济,但是,是有计划的商品经济。这在十二大的基础上,又向前迈进了一步。

从 1984 年开始,就如何理解"有计划的商品经济",在学术界分成了两派:一派是坚持有计划的商品经济就是计划经济。这是学术界主流派理解的观点。另一派是有计划的商品经济的落脚点是商品经济。现在的商品经济就是市场经济,可以说是有计划的市场经济,也可以说是计划指导下的市场经济。这是少数派的观点。

针对这一学术分歧,最早在《经济研究》、《光明日报》等权威报纸上发表文章的是三个人:

第一个是王珏(中央党校经济学教研部主任)。

第二个是吴敬琏(中国人民政治协商会议全国委员会常务委员兼经济委员会副主任)。

第三个是张萍(我的文章是 1988 年 5 月写成的,是一篇在衡阳市召开经济研讨会上的文章。第一次公开发表是在 1988 年《经济研究》第九期)。我是少数派。

我认为,市场经济并不是资本主义特有的,市场经济可以与资本主义私有制相结合,被资本主义利用,为资本主义服务。它也可以与社会主义公有制相结合,被社会主义利用,为社会主义服务。

它可以是无政府状态的市场经济,也可以是计划指导下的市场经济。它可以是资本主义国家进行干预的市场经济,也可以是社会主义国家宏观政策调控下的市场经济。

这个观点讲得很明确：社会主义商品经济也是市场经济。社会主义有计划的商品经济，实际上就是有计划的市场经济。

23. 为了真理，我站在风口浪尖

1987年11月，第一次全国市场经济讨论会在广东召开。我参加了这次会议。在大会上，我发表了"社会主义商品经济也是市场经济"这个观点。作为观点的提出这可能是全国的首次。

这是第一次争讨，当时还可以无顾虑地公开争论。可是，经过6次争讨以后，这就是禁区了。并且，6次争讨以后就提出了反对资产阶级自由化。什么是资产阶级自由化呢？即主张发展私人经济的就是自由化，主张搞市场经济的就是自由化。

与此同时，《人民日报》还列出了好几条自由化的表现，说要在全国调查打倒资产阶级自由化学说。

1988年9月，国家计委在山东淄博市召开了一个计划市场座谈会。它的对象是大城市的计委主任（主要是武汉、广州等大城市计委主任），并邀请了十多个知名经济学家。

两派经济学家，从一开始就争论起来。当时我就表达了我的这个观点，讲完观点后，反对派的一个人就上台了。他说，张萍同志你讲的观点是政治问题，是不能够也不允许讨论的。

我不同意，尽管帽子实在不小，但我毫不相让，据理力争。于是，我再次举手，发表第二次演讲。

我说我的观点是彻底的马克思主义的，不是自由化。我问市场经济是资本主义，证据在哪里？马克思、恩格斯、列宁、斯大林、毛泽东当中，哪一位领袖在哪一本书里面讲了，市场经济就是资本主义？

按照马克思历史唯物主义，划分社会制度的标准不是计划市场，而是看哪种所有制占主导地位。

24. 为了真理，我三天两地据理力争

1990年5月，中国社会科学院在杭州召开了一个经济秩序整顿研讨会。当时，政府在1990年全国人大报告当中，提出用三年时间进行经济秩序整顿。

时隔三天，国家计委又通知在青岛开一个经济秩序整顿座谈会。这次的对象是各个部委和大城市计委有关负责人，也约了几位经济学家。

我先到杭州，在"经济秩序整顿会议"上，和他们争计划经济是资本主义还是社会主义问题。争完后，我又赶紧赶到上海买火车票参加青岛的会议，又同各部委、计委等政府有关负责人，还是争论这个姓资姓社的问题。

时任国家财政部研究所所长说，张萍同志你的这种观点是不对的，这是政治问题。你知道最近陈云同志（时任中共中央纪律检查委员会第一书记）他做了个批示吗？我说我知道，陈云同志是怎么批的，还是以计划经济为主，市场调节为辅。

我说我来提个问题，党的十三大报告提出要建立一个国家调控市场，由市场来引导企业的运行机制。报告送给陈云同志审阅，陈云同志画了个圈，表示无异议，你还记不记得？

现在回过头看，可以这么说，我之所以在全国有知名度，就是在第二次思想大交锋中树立起来的。那时候，我可以说是站在一个风口浪尖上，坚持这种观点是冒了很大的政治风险的。

25. 社会主义适合发展市场经济

1990 年 3 月至 1991 年 5 月，上海《解放日报》连发了几篇评论员文章。一篇是《改革开放要有新思路》，另一篇是《做改革开放的领头羊》等，都是针对经济秩序整顿的，都是针对当时改革开放停止不前，甚至倒退来评论的。里面提到："不要一说市场经济就是资本主义，一说计划经济就是社会主义，不是那么回事。"

7 月，《人民日报》登了一个版的大文章，大幅标题是《坚持改革的社会主义方向》，里面就批评把市场经济说成不等于资本主义，计划经济不等于社会主义，这种观点是对社会主义的背叛。两派针锋相对。

同时，《光明日报》《求实》等也发表了类似的文章。

后来，我才知道当时中央一位领导派人去上海追查了，是谁组织写的这几篇文章。这一追查就查到了一位宣传部副部长。原来，这位副部长讲这都是邓小平同志与上海市委书记的谈话内容（小平同志讲的这些观点，当时都是不发表的）。

1990 年 2 月，邓小平同志开始南巡。在南巡过程中，邓小平同志发表了有关中国改革命运的关键性讲话。这是在十四大召开之前。他第一站到的是武昌，第二站广州，第三站深圳，第四站珠海，第五站上海。

这里还有一个细节，以前小平同志巡视时是不带记者的，这次南巡他带了一大批记者，电视台、报纸的都有。他讲完以后，对记者说，我讲的你们都录下来了吗？如果没有，我再讲一次。邓小平同志的讲话一经发表，立即掀起一个新的改革大潮，本打算 1992 年还搞一次经济秩序整顿的，也就此停止了。在党的"十四大"会议上，就正式明确了中国的改革是要建立社会主义市场经济体制。

这就是第二次思想大交锋。

第三次思想大交锋，是争论私营经济是祸水还是活水的问题。是 1995 年春天开始的，但问题面没有第二次交锋这么广，也没有第二次交锋这么激烈。

26. 我的任何文章，都出自我的手笔

科学态度不是墙上的芦苇，哪边人多就往哪边倒。要敢于坚持真理、纠正错误、改变自己的观点。要不断超越自我，要采取严谨的科学态度。

科学要实事求是，不能虚假。

无论提出什么观点，都要有根据。是别人的观点就是别人的观点，是我的观点就是我的观点，不要把别人的观点拿过来变成自己的观点。

我经常说的话是，"在创新性的观点上，不是你的就不要说是你的。"

现在我感到社会的学风不正。东拼西凑的观点文章较多，真正有独到见解的文章少。这是一个普遍现象。

因此，在学术研究的道路上，我们要采取严谨的科学态度，要舍得吃苦，舍得拼搏，这样才能求得真知真学。

我的任何文章出来，都是出自我的手笔。2007 年国庆期间，我就给自己定了个任务。我一年只写一篇文章，但必须是全国承认有创新见解的观点文章。

因此，科研人员一定要有严谨的治学态度。

27. 我记的读书笔记有厚厚十几本

理论研究者，必须要用科学的治学方法。

一个好的经济学家，至少是半个哲学家。

我很有这个体会，马克思首先是个哲学家，他曾是黑格尔的信徒。我在华北大学系统学的就是哲学。我之所以能把经济学得这么好，哲学作为世界观方法论发挥了很大的作用。

我学经济学是很刻苦的。1953 年，我在湖南行政学院任教员的时候，当时要想成为一个合格的教员是非常困难的，没学过也没人教，所以我只能自学。

当时，我就用保尔的精神激励自己拼命地去学。在一年多时间里，我夜以继日，如饥似渴地通读和精读了《资本论》等"马恩列斯"的所有经济论著，和将俄文译成中文的政治经济学教程 16 个分册，以及一些古典经济学著作、经济学说史与中外经济史。

仅读书笔记我就写了厚厚十几本。

28. 每晚路灯下，我看书到深夜

当时，由于用电有困难，晚上 10 点就把除路灯以外的灯全关掉了。

炎炎夏日的夜晚，学校的同事们三三两两地在门外坪里和草地上，有的聊天，有的拉胡琴，我仍在办公大楼一楼走廊微弱的灯光下，旁若无人、聚精会神地在读书，一边读，一边用手帕擦拭额头上流下的汗水，一直到深夜。

即将进入 21 世纪了，我们生存的这个新世纪，是世界从旧经济到新经济大转型的世纪，知识更新的周期越来越短，时代的车轮在飞速前进，谁要是不能坚持终身学习，谁就将被时代的洪流所淘汰。

这算是我对年轻人告诫的一句忠言吧！

29. 讲课我讲的都是原著

20 世纪"文革"后期，由于党校被解散了，下放的人很多，没教员，省"五七"干校就把我找去当（兼职）教员。我登台授课讲的是什么呢？我讲的是马克思主义三个组成部分：哲学、经济学、科学社会主义的原著。

我感觉讲这些原著非常有好处。这样可以在科研中做到求实，做到唯物主义态度。

真理是两点论、两分法，不能走极端，好多学者的观点粗略看讲得很有道理，但仔细推敲，就与实际相差十万八千里。

记得在 1959 年的时候，有个很有名气的学者，当时他发表了一篇文章：《规律是可以改造的》。我就写了一篇《论主观能动性与客观规律性》的文章，后来登报了，还得了一等奖。

为什么呢？偏激，只讲一端。两分法可以避免研究当中的偏差性，能够很好地把握这个度。这个度很重要，这就要有科学态度、科学方法了。因此，在理论研究上，要有科学的方法论。这个方法论就是马克思主义哲学，就是唯物主义辩证法，没有这个很难成为一个好的经济学家。

30. 离休了，我也要发挥余热

1996 年 5 月，也就是我 68 岁的时候，办理了离休手续。我想：在经济理论教研的岗位上，日夜攻读、刻苦钻研、深入调查、艰苦思考近 50 年，经历了两种不同经济体制的建立、形成和更替的历程，积累了理论、制度和改革实践等多方面的知识和经验，对于社会来说也应算是一种"财富"。

离休了，是离开了职位，但学者这个岗位可不能离啊！我决心以"小车不倒只管推"的精神，沿着已经走过的路走下去，为民族振兴、祖国富强"添砖加瓦"，以度余生，尽管这只是沧海中的一粟。

其实，这种想法，在 1993 年冬我就进行了思考。

因此，在这个过程中，经过半年多的筹备工作，1994 年 5 月，我主持成立了湖南省市场经济研究会和湖南市场经济研究中心。

为促进国有企业改革的深化，我发起，研究会和研究中心会同人民日报理论部、国家体改委、国家经贸委联合主办，于 1994 年 11 月 11 ~ 13 日，在长沙市召开了"全国社会主义市场经济与国有企业产权制度改革研讨会"。

对国有企业产权制度的改革，进行系统全面的探讨，这算是最早的一次全国性产权研讨会了。

为促进长株潭经济一体化的推进，2001 年 6 月，由我发起、同三市老同志原株洲市委书记程兴汉、原长沙市人大常委会主任陈香成、原湘潭市人大常委会主任谭景阳等，组建了长株潭经济研究会，创办了"长株潭经济论坛"，也是中国第一个城市群"论坛"。

上述这些学术活动，如果说对活跃我省、我国经济理论与实践探讨的学术空气发挥了重要的积极作用，在推进改革开放和经济发展等方面对人们有所启示，对我来说，也算是老有所为了。

张萍研究员区域经济学术思想
研讨会在长召开 *

2007 年 11 月 17 日，由省社科院举办的"张萍区域经济学术思想研讨会"在湖南宾馆举行。省委常委、省委宣传部部长蒋建国，省人大常委会副主任唐之享出席并讲话。省社会科学院院长、党组书记朱有志，副院长唐日新、秦国文，原副院长刘仕清，省委宣传部、省发改委、省政府经济研究信息中心、长株潭经济一体化办公室、省商务厅 WTO 处等单位领导赵应云、毛腾飞、贝兴亚、唐宇文、刘怀德、刘建华、姜衡舒，知名学者刘茂松、李松龄、刘解龙、刘友金、黄福华以及有关单位老同志陈香成、潘奇才、胡炳炀、向元望、李静、王道义等 40 余人与会。会议由省社科院党组成员、副厅级纪检员罗波阳主持。

蒋建国在讲话中充分肯定了张萍同志的治学态度与治学成果。他说，我跟张院长是忘年之交，我们认识非常早，接触多，我们对张院长的道德和文章非常敬佩。从张院长的治学我想到：凡是对这个时代做出贡献的学术思想有四个要点，一是高度负责，二是表述科学，三是结合实际，四是大众化的。我认为，张院长的治学、他的思想、他的研究，体现了对湖南经济发展、对湖南人民的高度责任感；他的表述一直是比较超前的，但是科学的，是按照马克思主义观点方法来研究和思考问题的；他为区域经济奋斗了很多年，讲得最早，现在慢慢成为大家的共识，终于到了大力推进和实施的时刻；他的很多思想和观点通俗易懂，现在把理论做得大家都懂是很不容易的，不仅是一个思想方法问题，也是一个水平问题。他认真专注于理论研

---

* 原载《湖南社会科学报》2007 年 12 月 8 日，记者田智。省委常委、省委宣传部部长蒋建国，省人大常委会副主任唐之享出席会议并讲话。

究，坚持把理论根植于实践的沃土，为湖南经济社会的发展乃至全国经济的发展做出了很大的贡献。

唐之享在讲话中高度评价了张萍同志为我省区域经济发展做出的突出贡献，并阐述了张萍区域经济思想的鲜明特点，一是他遵循了规律；二是依据规律从不协调中求协调，不均衡中求均衡；三是从规律中探索区域经济的发展之路。最后，他指出，张萍同志在治学上体现的实事求是、严谨治学的科学精神，执著追求、勇于创新的学术勇气值得大家学习。

朱有志在讲话中指出，此次活动是年初院党组确定的建设合格智库十大举措之"呼唤21世纪的张萍"系列活动之一，是为了充分发挥科研先锋模范的示范作用，培养和造就一批政治过硬、业务精通、德才兼备的优秀社科人才，把社科院建设成为省委、省政府的合格智库而举办的。他说，张萍同志坚持真理、秉持将理论根植于实践的沃土、献身于科研事业的事迹是非常感人的，其治学精神是非常值得大家学习的。最后，他说，张萍同志一生致力于"把自己的言论变成社会的舆论，使自己的谋划变为别人的规划，把自己的说法变成别人的做法，用自己的思考来改变领导的思想，让自己的文章进入上级的文件，用自己发言促进社会的发展"。他的这种使命感应该是每个社会科学研究工作者孜孜以求的。

与会学者一致认为，张萍同志是著名经济学家，他学识渊博，造诣精深，几十年来发表了大量的学术论著，出版专著14部，发表论文200多篇。他大胆创新，在理论及应用对策研究方面均有不少建树，在20世纪80年代，就提出了有计划商品经济实质上是国家宏观经济计划指导下的市场经济的观点。在区域经济研究上，他提出的决策建议和方案有四项进入了省委省政府的决策，其中一项经国务院的批准付诸实施，对湖南经济发展产生了深远的影响，特别是1982年他提出的把长沙、株洲、湘潭从经济上联结起来建立湖南综合经济中心及经济区的建议，经过二十多年的曲折发展，如今已成为湖南落实科学发展观的重大决策与战略部署。张萍同志在学术上取得丰硕成就的根本原因，是他始终坚持了理论与实践的统一，把理论研究根植于实践的沃土上。

省人大常委会副主任唐之享在张萍区域
经济学术思想研讨会上的讲话

同志们：

在贯彻落实十七大精神，谋划长株潭经济一体化发展蓝图的重要时期，举行张萍区域经济学术思想研讨会具有重要意义。

张萍同志为我省区域经济发展做出了突出贡献。从 20 世纪 80 年代以来，张萍同志在区域经济研究上提出的决策建议被省委省政府采纳的有 4 项，经过国务院批准付诸实施的，也就是进入国家决策的有 1 项。这包括 1982 年提出的长株潭一体化建议；1984 年提出的长株潭一体化方案；1988 年提出的建立湘南改革开放过渡试验区的建议，这些均被省委省政府采纳。1990 年提出的建立湘粤长期经济合作关系建议，被湘粤两省政府采纳。1992 年提出的加速大湘西大开发的建议又进入省委省政府的宏观决策，构成湖南省"放开南北两口，建设五区一廊，拓展三条通道，加速西线开发"区域总体战略的重要组成部分。其中关于建立湘南改革开放过渡试验区的建议经湖南省政府报国务院后，于 1988 年 5 月批准实施。

张萍同志的区域经济思想的特点鲜明。张萍同志的区域经济研究在为决策和实践的服务上取得了巨大成就。其区域经济思想，我认为主要有三方面。一是他遵循了市场经济规律和区域经济自身发展规律，超越行政区划来研究区域经济。二是他在区域经济发展的规律中来研究探索区域经济，从不协调中求协调，不均衡中求均衡。湖南与全国类似，也存在着东、中、西的梯度差异，湘东可以说是湖南东线、沿京广线的"一点一线"地区，是湖南比较发达的区域。张萍同志在 20 世纪 80 年代初提出了长株潭经济一体化和建设京广线城市开放带的建议，就旨在实现优势地区率先发展。10 年后，也就是 1992 年，张萍同志提出了加速西线即大湘西开发的建议，提出了以东带西、以西促东的方略，目的在于缩小我省东西差距，实现在不协调中达到协调，不均衡中达到均衡。于是，张萍同志从制度和体制改革是区域经济发展动力的规律性中来探索区域经济的发展之路。长株潭经济一体化就是要把三个经济中心整合成一个 $1+1+1>3$ 的综合型经济中心和经济发展增长极，这实质上是一个制度安排、体制改革和经济运行秩序调整的问题。

张萍同志在治学上体现的实事求是、严谨治学的科学精神，执著追求、勇于创新的学术勇气都值得大家学习。我认为张萍同志在治学上之所以取得以上成果，主要有三条基本经验。

（1）张萍同志从事教学研究工作 50 多年，特别是从 20 世纪 80 年代以来，他在研究工作上一直坚持理论与实践统一的方针，他研究的问题都是事关我省经济发展中全局的重大热点、难点问题。他有一句名言，"把理论研究根植于实践的沃土。"他文章的显著的特点，就是掌握材料具体周详，注重用事实说话，坚持实践检验真理的标准。张萍同志走出的这一条理论与实践紧密结合，理论为实践服务的路子值得大家学习。

（2）张萍同志数十年来执著地追求真理，勇于探索，敢于创新的坚毅精神让人感动。他从首次提出长株潭经济一体化的建议至今已 25 年了，在这 20 多年的时间里，从未间断过对长株潭一体化的研究，并随着长株潭一体化的推进，他仍不断深化自己的研究，现在尽管他已近八十高龄，但他仍然执著探索，活跃在学术的前沿，这种精神让我们感动。

（3）张萍同志作为老一辈的学者，他实事求是、严谨治学的科学态度值得我们学习和发扬。张萍同志在科研中一直保持实事求是的科学态度，在他认为，"实事"就是我们的研究必须立足于实际，立足于现实。"求是"就是要探求区域经济发展的规律性。

同志们，时代在发展，社会在前进，但我们需要一种精神的激励，思想的指导。我们今天学习张萍同志，就是要学习他追求真理、勇于探索、求真务实、锐意进取的精神；学习他把"理论研究根植于实践的沃土"的治学思想。努力推进社会全面进步，为把我国建设成为富强、民主、文明、和谐的社会主义现代化国家而努力奋斗。

湖南省社科院院长朱有志在张萍区域经济学术思想研讨会上的致辞 *

尊敬的蒋部长、唐主任、张院长、各位领导、各位朋友：

首先我代表湖南省社会科学院党组，代表湖南省社会科学院全体同志对各位莅临张萍同志区域经济学术思想研讨会表示衷心的感谢。

胡锦涛同志在党的十七大报告中指出："要鼓励社会科学界为党和人民事业发挥思想库作用"。早在年初，我们省社会科学院就提出要把湖南省社会科学院建设成为省委省政府的合格"智库"。为此，我们出台了十大举措，其中之一就是"呼唤 21 世纪的张萍"。根据这一部署，今天特举办"张萍区域经济学术思想研讨会"。我想，"呼唤 21 世纪的张萍"不仅仅是湖南省社会科学院的口号，也应当成为湖南省社会科学界的口号。社会科学界要为党和人民事业发挥思想库作用，这既是党中央的号召和要求，也是我们理论工作者的职责和愿望。在这方面，张萍同志给我们树立了光辉的榜样。前不久，我们院里还专门举办了学术研讨会，请张萍院长做了专题报告。我们又举办了青年演讲赛，专题讨论张萍院长的学术思想。我们还准备在《湖南社会科学报》等刊物刊发系列文章宣传张萍同志的学术思想。在这些活动中，我们提出要学习张萍同志对党和人民的事业忠诚，宣传张萍同志在经济领域为我们国家和我们省做出的巨大贡献。当然更重要的是，通过这个活动，贯彻落实十七大精神，让我们社会科学界成为党和人民事业的思想库，推动我们湖南经济社会的发展，我想这是本次学术研讨会的一个重要的指导思想和根本宗旨。

因为张萍院长的感人事迹，我体会了六句话向大家汇报：社会科学工作

---

* 根据录音整理。

者，最大的心愿和历史的使命就是"把自己的言论变成社会的舆论，使自己的谋划变为别人的规划，把自己的说法变成别人的做法，用自己的思考来改变领导的思想，让自己的文章进入上级的文件，用自己的发言促进社会的发展"。这些话我在今年全国社会科学院院长联席会议上向大家汇报过，大家认为，这符合我们的工作实际。这六句话，最初我是从老院长张萍同志那里得到的深刻启迪，是一种人生和学问的感悟，也是作为对社会科学工作者的职责和功能的感悟。

今天这个会议，既是一个学术研讨会，也是一个情感交流会。刚才同志们的发言，不仅对张院长的学术思想深表敬佩，也对张院长人品人格深为景仰。我认为，张萍同志是一位能够"把自己的言论变成社会的舆论，使自己的谋划变为别人的规划，把自己的说法变成别人的做法，用自己的思考来改变领导的思想，让自己的文章进入上级的文件，用自己的发言促进社会的发展"的这么一个受人敬重的、幸福的理论家。因此作为湖南省社会科学院的院长，我也像同志们刚才所表达的那样，对张萍同志致以崇高的敬意！对同志们今天参加这个会议并做生动而又深刻的精彩发言表示衷心的感谢！

张萍研究员区域经济学术思想研讨会综述 *

  2007 年 11 月 17 日，湖南省社会科学院主办的"张萍区域经济学术思想研讨会"在湖南宾馆举行。省委常委、省委宣传部部长蒋建国，省人大常委会副主任唐之享出席并讲话。会议由省社会科学院院党组成员、副厅级纪检员罗波阳研究员主持。省社会科学院院院长、党组书记朱有志，副院长唐日新、秦国文，原副院长刘仕清，省委宣传部副巡视员赵应云，省科委原副主任潘奇才，省发改委原副主任、现湘潭市市委常委、常务副市长毛腾飞，长株潭经济一体化办公室主任刘怀德、副主任刘建华，省政府经济研究信息中心巡视员贝兴亚、副主任唐宇文，长沙市人大原主任、长株潭研究会副会长陈香成，省商务厅世贸处处长姜衡舒等领导，知名学者刘茂松、李松龄、刘解龙、刘友金、黄福华及省社会科学院院的部分专家共 40 余人与会。大家就张萍的区域经济学术思想展开了深入的研讨。

  省委常委、省委宣传部部长蒋建国充分肯定了张萍同志的治学态度与治学成果。他说，张萍同志本着对学术高度负责、表述科学、结合实际、通俗易懂的态度，认真专注于理论研究，坚持把理论根植于实践的沃土，为湖南经济社会的发展乃至全国经济的发展做出了很大的贡献。张萍同志的为学功夫，套用启功先生的一副对联，即"行文简浅显，做事诚平恒"。

  省人大常委会副主任唐之享高度评价了张萍同志为湖南区域经济发展做出的突出贡献，他说，张萍区域经济思想的鲜明特点，一是他遵循了规律，二是依据规律从不协调中求协调，不均衡中求均衡，三是从规律中探索区域经济的发展之路。张萍同志在治学上体现的实事求是、严谨治学的科学精神，执著追求、勇于创新的学术勇气值得大家学习。

---

  * 原载《湖南社会科学报》2007 年 12 月 8 日，作者田智，湖南省社会科学院。

省社会科学院院院长朱有志说：此次活动是年初党组确定的建设合格智库十大举措之"呼唤21世纪的张萍"系列活动之一，是为了充分发挥科研先锋模范的示范作用，培养和造就一批政治过硬、业务精通、德才兼备的优秀社科人才，把社会科学院院建设成为省委、省政府的合格智库而举办的。他说，张萍的那种坚持真理、秉持将理论根植于实践的沃土、献身于科研事业的事迹是非常感人的，他的这种强烈的学术使命感应该是每个社会科学研究工作者孜孜以求的，其治学精神是非常值得大家学习的。我们要学习张萍同志对党和人民的事业的忠诚，学习张萍同志在经济研究领域做出的重大贡献。当然更重要的是，通过这个活动，贯彻落实党的十七大精神，让我们社会科学界成为党和人民事业的思想库，进而推动我们湖南经济社会的发展。

湖南经济学会会长、知名学者、湖南师范大学商学院刘茂松教授指出，张老师联系中国的实际，联系湖南的实际进行创新，提出推进长株潭一体化、建设湘南改革开放过渡试验区等思想，以及形成的对策建议对省委省政府的决策是起了重大作用。

省发改委原副主任、现湘潭市市委常委、常务副市长毛腾飞指出，张萍治学严谨，坚持真理、勇于创新。其治学、治教有以下几个显著的特点。

（1）大视野，他的研究探索，立足高远，总是能抓住国际国内大势，瞄准发展改革的重大问题，紧密结合国情、省情展开。

（2）大智慧，他的研究影响波及全国，扩散到海外，很多思想被省政府采纳，有的还被融入国家战略。

（3）大贡献。理论方面，张老第一次系统全面地对我国从计划经济到市场经济改革的特点、规律性和发展阶段，做出了理论概括和剖析。实践方面，一个是长株潭一体化，一个是湘粤合作。张老是倡导长株潭经济一体化的第一人，是实践"长株潭"经济区的第一人，也是开办城市群论坛第一人。

（4）大典范。一是治学的典范。张老注重创新，选题超前，注重求实，强调超越。二是做人的典范。50多年来，张老凭着"小车不倒只管推"的精神，靠着"不会因为虚度年华而悔恨，也不会因为生活庸俗而羞愧"的信念，甘于淡泊，疏于名利，潜心学问。

省科委原副主任潘奇才说，张老的思想启示我们：搞自然科学的和搞社会科学的要结合，共同推动经济社会发展。

知名学者、湖南大学李松龄教授指出，张老师善于抓住问题，抓住湖南省经济发展的大问题，用自己的一套概念和概念体系形成了长株潭经济一体化战略，有思想，有依据。

省社科院原副院长刘仕清研究员强调，张老的一生坚持理论联系实际这一根本指导思想，很值得我们社科院广大研究工作者学习。最突出的贡献是区域经济研究，也重视基础理论研究，更加重视实践研究。他的研究具有很强的科学性和实践的指导性，有两个特点：一是具有超前性、全局性；二是持续性、创新性。

省政府经济研究信息中心副主任唐宇文研究员指出，张教授是我们青年研究工作者的良师益友，他治学非常严谨，坚持实事求是，而且敢于创新，不断深化自己的观点。

长株潭经济一体化办公室刘怀德处长指出，张院长的学问做得很好，张院长的课也讲得好。现在长株潭经济一体化的进展顺利。

长沙理工大学经济学院院长刘解龙教授说，张院长是一位长者，是位智者，是一位寿者，也是一位仁者，更是一面旗帜。

省委宣传部副巡视员赵应云博士说，张老的学术境界、思想境界，包括他的人生境界，深深感动着我，深深教育着我，是我们努力的方向。

长沙市政府原副秘书长胡炳炀指出，张萍教授才高八斗、学富五车，其经济思想内涵丰富，思路独特，不唯上、不唯书，只唯实。有着解放思想的勇气、敢为人先的勇气、顽强探索的勇气、务实创新的勇气、独立思考的勇气、敢于争论的勇气、坚持真理的勇气。张萍教授之所以成绩显著，究其原因，一是学习，二是勤学，三是全学。

湖南科技大学商学院院长刘友金教授说，张老与一般学者不同的是，第一，他把区域经济理论非常好地和湖南的实践有机地结合起来，真正成为政府决策的科学依据。第二是，带出了一大批的学者和学生。第三能够坚持不断创新，80高龄还不断有新的思想。

省商务厅WTO处姜衡舒处长说，张院长实事求是、坚持真理、吃苦耐劳、坚忍不拔的研究精神很值得我们学习；其研究特点很鲜明，那就是与实践相结合、与时代精神相结合；他的为人，他的学风、工作作风，一直是我学习的榜样。

省社会科学院经济所原副所长李静说，张院长对科研执著严谨、敢于开拓创新，言传身教，不但自己出了许多科研成果，同时培养了一批批人才。

省社会科学院经济所王道义研究员认为，张萍区域经济理论的基本内涵：一是中心城市理论，二是城市联合体的理论，三是经济联合体的理论。其区域经济理论有四个主要亮点：一是建树早、提出早，二是理论与实践互动，三是多磨难而不倒，四是他为湖南省社会科学院研究工作的发展开辟了新路子，即要做省委、省政府的参谋，做企业的参谋。

长沙市人大原主任、长株潭研究会副会长陈香成指出，张院长是一个勤奋治学、知识渊博、勇于创新的专家；一个既有深厚理论根底，又有丰富实践经验，勇于开拓的好领导；是一个平易近人、待人诚恳、诲人不倦的好导师；是一个勤于研究、永不满足、不达目的誓不罢休、言传身教的好长者。

与会代表一致认为，张萍同志在学术上取得丰硕成果，其根本原因在于他始终坚持了理论与实践的统一，把理论研究根植于实践的沃土上。

"张萍区域经济学术思想"大家谈

原编者按：为落实党的十七大有关"鼓励社会科学界为党和人民事业发挥思想库作用"的精神，11 月 17 日，省社科院举办了"张萍研究员区域经济学术思想"研讨会，省委宣传部、省发改委、省政府经济研究信息中心等有关部门领导及省内部分知名学者 40 余人就张萍区域经济学术思想进行了深入讨论。限于篇幅，现摘登部分专家发言如下。[①]

湖南省优秀社会科学专家、湖南师范大学商学院 刘茂松教授

很荣幸参加张老师区域经济学术思想研讨会，1984 年底，我到省委讲师团就认识了张老师，可以说这 20 多年来，张老师对我的成长，对我的学术研究、学术思想的形成起了很大的作用。张老师对我们湖南省的经济发展是做了重大贡献的，还在中国经济体制改革由计划经济向市场经济重大转折的历史关头，张老师本着一种社会科学工作者的责任感，围绕湖南这样一个农业大省，怎样实现跨越式的发展进行了深入研究。所以这 20 多年来取得了非常重大的成就。张老师的学术思想很多，我看不仅仅是区域经济。张萍的区域经济思想是在计划经济向市场经济转轨的这样一个特定历史条件下提出来的，而且他同时面对的现实是：湖南作为一个农业大省怎样适应广东等沿海城市开放的这样一个形势，如何加快发展步伐。在这样一种情况下，我认为张老师引进了经济增长极、非均衡发展理论，引进了西方发展经济学和区域经济学等著名学者的思想，联系中国的实际，联系湖南的实际进行创新。当时广东开放对湖南影响太大了，当时提出湘南改革开放就是因为当时

---

① 根据录音整理，有删减。

广东的改革开放产生了强大的激化作用。这种激化作用把湖南的粮、米、油、人力、资本吸引到深圳、广东。在这样一种情况下，湖南会被掏空。那怎么办，这个形势十分严峻，这就需要我们社科理论界拿出一个思路，拿出一个战略，给省委省政府做参考，所以，在这样一种情况，张老师提出了两个重要建议，一个就是长株潭一体化，一个是湘南的改革开放试验区。我认为，这两个思想有内在逻辑联系。湘南的改革开放试验区，它既有接受广东辐射的意思，在当时更重要的是在湘南与广东接壤的地方进行先行的开放，通过开放，产生区域间的一种抗力，保持湖南生产要素不能盲目地、大量地、无序地流向广东，同时，要进行一种移植。怎样进行移植，不能光靠行政命令，必须要靠生产力的发展，靠经济的发展，靠制度的创新。所以这就有了湘南改革试验区的建议。湖南要实现跨越式发展，要培养自己的经济增长极，资源的配置不能撒胡椒面，计划经济体制下资源配置撒胡椒面，经济发展不起来，特别是在湖南这种欠发达的地区，所以随之产生了第二个思想：长株潭一体化，就是要培养经济增长极，要培植湖南现代经济中心。张老师区域经济的和市场经济的这些思想，以及形成的对策建议是有重大的指导作用和决策参考价值的，因此，我认为张老师对湖南省的发展和改革开放包括市场经济体制改革都做出了重要贡献，这是我的第一个感受。

　　我的第二个感受是：张老师的学术精神，探索的精神，用两个字来概括就是："坚持、坚持、再坚持！"我是非常敬佩的，这两个字对我们的影响是很大的，例如长株潭一体化，这 20 多年来，反反复复，升升浮浮，由于人们对这一重大决策的认识，有一个过程，还加之受到现行政治体制的约束，所以它有了这么一个反复的过程，但张老师在这个过程中，有一点让人很敬佩，那就是："坚持、坚持、再坚持！"所以坚持到今天，一片光明。为什么一片光明，是因为去年省委、省政府提出了新型工业化带动战略。带动，就是靠长株潭，长株潭还不够，还要将长株潭周边的 5 个市加进来，来一个"3＋5"，所以说一片光明，长株潭进入了省委、省政府的决策，进入了决议、规划。如果没有张老师这 20 多年的坚持，我想也可能达不到今天这个程度。

省发改委原副主任、现湘潭市市委常委、常务副市长　毛腾飞

今天这个会议很有意义，既把握了十七大提出的推动区域协调发展、走中国特色城镇化道路这个国家发展的大势，又紧密结合省情，跟随张萍老师的足迹，回顾我省区域发展的历程，展望湖南区域发展的明天！作为张老的学生，参加这样的会议，真是感慨万千！

张老 1949 年来到湖南，近 50 多年的教学、研究生涯，硕果累累，桃李满天下。张老的治学、治教，有以下几个特点。

（1）大视野。张老的研究探索，立足高远，总是能抓住国际国内大势，瞄准发展改革的重大问题，紧密结合国情、省情展开。从探索商品经济与市场经济的区别、联系，到宏观经济分层调控理论及职权划分的研究；从公有制实现形式的探索，到国有大中型企业改革、建立新体制框架的基础条件等研究；从区域协调发展到中部崛起背景下湖南发展战略。张老研究工作的轨迹，总是与我国发展改革的进程紧密相连。

（2）大智慧。作为一个大家，张老的研究无不闪烁着智慧的光芒，在吹响湖南加快发展的号角的同时，影响波及全国，扩散到海外；推动湘粤经济技术全面合作，打开了湖南对外开放的门户，化解了 80 年代末期两省以粮食为主题的经济摩擦，促进两省建立了长期稳定的经济合作，现在广东是我省最大的国内贸易伙伴和融资来源；提出建立湘南改革开放过渡试验区的建议，经省政府采纳报国务院批准付诸实施；建议对我省西线进行开发，得到国务院的高度肯定；提出湘鄂川黔桂省际边境区域开放开发构想，5 省均积极响应，列入国家社科规划"八五"重点课题，最终融入了国家的西部大开发战略。

（3）大贡献。理论方面，张老第一次系统全面地对我国从计划经济到市场经济改革的特点、规律性和发展阶段，做出了理论概括和剖析。实践方面，一个是长株潭，一个是湘粤合作，一个西线开发，都已成为或延伸成为国家战略。最值得称道的就是长株潭。经过这么多年的努力，长株潭已经进入了国家视野，形成了品牌效应。前几天，春贤书记说，提到长株潭，第一个应该铭记的是张萍！张老是倡导长株潭经济一体化第一人，1982 年就提出把长沙、株洲、湘潭在经济上联合起来，逐步形成湖南综合经济中心的建

议。张老也是实践长株潭经济区第一人，1985年元月至1986年秋，在省政府的领导和张老的主持下，长株潭经济区在高层协商、行业联合、基础布局、环境治理、组建企业集团等方面开展了有益的探索，取得了较大的进展和广泛的社会影响，在全国引起了很大的反响。张老是开办城市群论坛第一人，2001年，年过七旬的张老牵头组建长株潭经济研究会，创办我国第一个城市群论坛——长株潭经济论坛，借鉴"博鳌论坛"模式，打造一个非官方、非盈利、开放性的多方面、多层次、多领域讨论和共同探索的机制，搭建政府、专家、工商界、实际工作者平等对话、共同参与一体化的平台，也为党和政府的重大决策提供智力支持。至今"论坛"已举办四届，很多研究成果成为政府决策的重要参与，产生了很好的社会效益。

（4）大典范。一是治学的典范。张老注重创新，选题超前，研究中不受条条框框的束缚，善于把握住事物发展的趋势和规律，形成自己的观点。他好学，也善学，但绝不生搬硬套。他提出的长株潭经济一体化等构想，尽管曾受到非议，但二十几年之后回过头看，是完全正确的。张老注重求是。在实践中发现问题，把研究的成果应用于指导实践。他有一套治学三部曲：第一步，深入调查研究；第二步，形成方案进入决策；第三步，理论升华形成体系。张老强调超越，从少小离家到古稀之年，在浩如烟海的新知识面前，不断发起进攻，不断超越自己，80岁了，还有这么好的身体，这么清晰的思维，这么执著的精神！从张老身上，我们读懂了，什么是知识，什么是水平，什么是健康！时代潮流浩浩荡荡，谁要不坚持终身学习，没有股笃定的精神，真的就落后了，真的就垮掉了。二是做人的典范。50多年来，张老凭着"小车不倒只管推"的精神，凭着像保尔·柯察金那样"不会因为虚度年华而悔恨，也不会因为生活庸俗而羞愧"的信念，甘于奉献，淡泊名利，潜心学问，辛勤耕耘，捕捉加快湖南发展的机遇，建言献策，谋划三湘。作为一个学者，矢志不渝把自己的思考变成省委、省政府的决策，转化为对现实世界的推动，这是一种多么可贵的精神！一个外地人，几十年如一日，为湖南区域发展谋划、呼喊，把毕生的聪明才智全部奉献给湖南的发展和改革事业，张老这种活到老，学到老，生命不息，奋斗不止的精神，这种老当益壮，永不服老，充满活力的精气神，是我们每一个人的楷模，值得我们学习一辈子。

省政府经济研究信息中心副主任　唐宇文研究员

我今天参加这个研讨会，最大的一个感受是省社科院做了一件非常有意义的事情，就是宣传我们的经济学家和社会科学家。以前我们湖南在这方面的工作做得不够。社科院把宣传张萍院长的思想作为社科院的一项重要工作来抓，是一件非常有意义的事情。

借这个研讨会我谈三层意思。

（1）张教授的为人治学，非常耿直、坦率。我觉得张教授是我们青年研究工作者的良师益友，我与张教授认识已有 20 来年了，我是 1987 年从学校毕业到省计委经济研究中心工作，2000 年，省计委成立一个经济规划办公室，我在战略规划组工作，张教授是整个规划的指导专家，从那个时候开始，我经常倾听我们张教授的一些教诲，接受他的区域经济思想。张教授每次开专家研讨会也好，或其他一些评审会也好，他讲话非常坦率，非常耿直，张教授非常平易近人，他很乐意来跟你探讨问题，是我们年轻人的良师益友。尽管张教授已经 80 岁高龄，但对年轻人的指导是有增无减，我非常佩服尊敬张教授这一点。

（2）张教授治学非常严谨，他坚持实事求是。张教授敢于创新，不断深化自己的观点，这么多年来，他围绕每一个方向深化自己的建议，坚持自己实事求是的观点。如长株潭一体化的认识，20 世纪 80 年代就想出来了，这些年他对长株潭一体化的观点不断有深化，2003 年，我配合张教授到长沙市南城区做了近一个月时间的调研，我感觉到张教授一些想法在过去长株潭一体化的思想上有创新、有深化的，他深化在什么地方呢，就是对长株潭的布局有更科学的考虑，他提出了整个长沙市的南城区，应该向现代服务业发展，我感觉他的思想一步步地在深化、在创新，治学非常严谨，不是固定在自己过去的某一个观点，而且他的观点一直坚持实事求是的原则。

（3）作为一个青年经济工作研究者，要认真学习张萍教授区域经济学术思想，争取做一个湖南区域经济协调发展的促进者，张教授的思想是非常多元的，不光是区域经济研究这么一个方面。张教授在市场经济方面，包括工业化方面，包括区域经济外的方面都有许多非常好的思想。1982 年提出长株潭区域经济一体化，到 1988 年湘南改革过渡试验区，到 1992 年西线开发，在最近这几年对长株潭城市群及周边区域发展，包括对工业化战略路径的选择他的这些思想是一个很系统的组成，是一条主线，这一条主线，联系起来看的话，就是区域经济协调发展这样一个思想，是非常符合党的十七大精神的，区域经济怎么协调发展，他是有轻有重，比如最先讲长株潭，重点发展，后来面对广东的改革开放，提出湘南改革开放过渡试验区的设想，到了 20 世纪 90 年代西线这一块，他认为是比较重要的，他从重点发展、开放发展、协调发展的角度，提出比较早，每一步，走在时代的前面，引领了科学工作者，也推动了政府决策者的思想创新。

祝贺我们张教授：一是身体上多做加法，多做有益身体健康、休息休闲的事。二是具体工作上多做减法，尽量少做一些具体的操作的事情。二是在指导我们年轻工作者的方面多做加法，给我们更多的思想启迪，以便更好地发扬光大。

柳思维教授给张萍区域经济学术思想
研讨会的贺信

张萍区域经济学术思想研讨会：

张萍教授是省内外著名的经济学专家，他的名字，与长株潭一体化紧密相连；他的思想，启迪着主政者的思维；他的成果，影响着湖湘经济的发展；他的人生，闪烁着一位学者对天下百姓的赤子情怀。借此张萍教授学术思想研讨会召开之际，我谨代表湖南商学院学术委员会、湖南商学院贸易与经济发展研究院、湖南省市场学会，向张萍教授八十寿诞致以热烈的祝贺！祝张萍教授健康长寿！

作为从事经济学研究的后学者，我有幸于 20 世纪 80 年代调来长沙工作后结识了张萍教授，在多年的学术交往中，张萍教授的学术创新精神、一往无前的胆识、坚持真理的韧劲与毅力，深深感染和影响了我的成长。借此给张萍教授祝寿的机会，我要向张萍教授致以衷心的感谢和诚挚的敬意！

张萍教授的经济思想十分丰富，与时俱进的品质十分突出。他的学术研究成果给予我印象较深的是八个字，这就是"经世济民、务实求真"。

经世济民就是关注民生、服务国家。这是一种责任，也是一种胸怀！早在 20 世纪 80 年代初，国家提出在深圳、珠海、厦门、汕头四个沿海城市建立特区时，张萍教授就在思考湖南如何利用机遇加快发展的战略问题，率先提出了长株潭一体化发展的构想。这一构想的提出，充分反映了一位学者的眼光，充分体现了一位学者对时代发展脉搏的精确把握和对区域经济发展高度负责的情怀！

所谓务实求真就是脚踏实地，坚持真理，持之以恒。从 1982 年到 2007 年，25 年过去了，长株潭一体化从构想逐渐变成了现实，不论其间多少的起伏和波折，张萍教授始终如一地坚持着。这是一种对学问的执著，对真理的追求。更是一种中国优秀知识分子"达者兼济天下"的秉性,值得我们很好地学习和发扬。

特别值得称道的是张萍教授一生对学术创新的追求毅力,对经世济民的执著精神,尽管他已 80 高龄,但他仍然坚持在科研创新的第一线,仍然在为湖南经济的发展而殚精竭虑,仍然在为富民强省而负重前行。这种精神是我们经济学界的宝贵财富,也是我们与时俱进不断开创学术研究创新境界的动力,更是我们广大中青年学者的学习榜样!

莫道桑榆晚,为霞尚满天。最后,我再次向张萍教授经济学术思想研讨会表示祝贺,祝张萍教授健康长寿、学术之树常青!

湖南省人民政府参事

湖南商学院学术委员会主任　柳思维

湖南省市场学会会长

2007 年 11 月 16 日

省社会科学院举办"呼唤21世纪张萍"青年演讲比赛[*]

> 今天的湖南省社会科学院，不仅仅是滋养理论家的沃土，而且是培育演说家的摇篮；不仅仅是历练思想勇士的战场，也是书写学术人生的圣殿。
>
> ——摘自朱有志在"呼唤21世纪张萍"青年演讲比赛上的讲话

省社会科学院的年轻人现在正兴起一股"学习张萍，争当合格智库建设标兵"的热潮。日前，由院团委主办的"呼唤21世纪张萍"青年演讲比赛。省社会科学院院长、党组书记朱有志，副院长王晓天、唐日新、秦国文，党组成员、副厅级纪检员罗波阳，院长助理方向新，秘书长兼办公室主任贺培育，机关党委副书记张生滨，科研处处长刘云波，行政处处长张小舟等出席并担任评委。

张萍老院长全程列席了演讲比赛，对于年轻人的热情和强烈愿望，老院长用了两个"非常"来概括自己的心情，一个是"非常高兴"，一个是"非常激动"。他说，张萍不是一个个人，而是一个符号，是一个社会科学工作者应该具有的精神的符号。呼唤21世纪的张萍，归根到底就是呼唤这些演讲者所代表的年轻人能成为新世纪、新时代的张萍，成为社科事业发展的后起之秀和继承者。

院长朱有志代表院领导对此次活动的成功举办给予了充分的肯定，并对年轻人的培养寄予殷切希望。他说，年轻一代不仅要学习张院长做学问，也要学习张院长作演讲。没有精彩的演讲，再光辉的思想也没有办法深入人

* 原载《湖南社会科学报》2008年1月4日。

心。比赛中，年轻人的演讲代表省社会科学院表达了向张萍同志学习的心声，也表达了对社会科学工作认识的崇高境界。他说，今天的湖南省社科院，不仅仅是滋养理论家的沃土，而且是培育演说家的摇篮；不仅仅是历炼思想勇士的战场，也是书写学术人生的圣殿。只有全方位提高人才队伍质量，才能达到党中央和省委省政府的要求，才能真正达到思想库和智囊团的标准。

点评阶段，秘书长兼办公室主任贺培育作为一个见证了省社科院 30 年沧桑变迁的社科工作者对年轻人给予了高度评价。他认为这次比赛是代表着省社科院繁荣发展的精彩里程碑，主要体现为三个闪亮的标志：一是标志社科院的品牌意识空前强大，朱有志院长主张"呼唤 21 世纪的张萍"，就是在造品牌、树品牌、打品牌，把品牌意识推向了新的历史高峰。二是标志省社科院智库建设已经深入人心。所有参赛者的演讲里都贯穿着三个关键词，即"张萍"、"长株潭"和"智库"，三点连成一线。这种智库意识的强化是非常可喜可贺的，我们学习张萍、树立品牌的根本目的也就是为了建设合格智库。三是标志省社科院事业发展已经后继有人，比赛中所有年轻人的表现各具千秋、各有风采、可圈可点，不由得让人感到江山代有人才出，青年队伍的壮大和崛起，正是社科院的骄傲和希望所在。

肖琳子、蒋俊毅和李斌获得此次演讲比赛一等奖，其他选手分别荣获二等奖和三等奖。

献身科研事业　书写无悔人生 [*]

——听张萍同志学术报告的心得体会

　　"人的一生应当这样度过：回首往事，他不会因为虚度年华而悔恨，也不会因为生活庸俗而羞愧；临死的时候，他能够说：'我的整个生活和全部精力，都献给了世界上最壮丽的事业——为解放全人类而斗争'。"这是《钢铁是怎样炼成的》的主人公保尔·柯察金的内心独白，这段话被许多人奉为至理名言，激励着他们为心中的理想而不懈奋斗，这也是张萍教授最为欣赏的一段话，激励着他在科研道路上不断前行，勇攀高峰，成为一位优秀的经济学家，为湖南乃至全国的经济发展做出了伟大的贡献。

　　当我还是一名学生时，就听说了省社会科学院有一位张萍教授，他几十年如一日地坚持学术研究，并且取得了丰硕成果，他早在 1982 年就提出了长株潭经济一体化的建议，他积极开展为促进湖南乃至全国经济社会发展的各项研究工作，当时我的心中已满是敬佩。后来，我来到省社科院工作，终于见到了精神矍铄的张萍教授，时而看到他在办公楼一楼那间并不奢华的办公室里忙碌着，时而又听说他去哪个市哪个县开展调研工作，但是，我对张教授的了解却并不多。

　　通过听张萍教授的学术报告，看《张萍选集》，我对张教授的治学思想和科研生涯终于有了更多的了解和更深的认识。张教授认为，做学问，要有"六要"：一要树立正确的人生价值观；二要有不畏劳苦、攀登科学高峰的精神；三要有正确的治学理念；四要走一条正确的治学道路；五要有科学严谨的治学态度；六要有科学的治学方法。张教授提出的"六要"是他多年

---

　　*　肖琳子，湖南省社会科学院系统所。

治学经验的总结，对我们有着非常重要的指导意义。尤其是第三点，让我感触颇深，张教授认为所谓正确的治学理念，就是要坚持理论和实践的统一，防止理论和实践的背离，把理论研究根植于实践的沃土上。张教授用他的科研生涯为我们证明了，只有将理论与实践完美结合的研究成果才是有生命力的、有价值的，能将理论与实践完美结合的经济学家才能真正为经济的发展提供正确的建议、做出应有的贡献。

　　学术研究的道路不是平坦的，就像攀登一座险要的山峰，途中布满了荆棘，需要我们付出许多的汗水和辛劳。听张教授讲述他的科研历程，我才知道了他曾经无数个晚上秉烛夜读，曾经为了写出高质量高水平的研究报告寝食难安，曾经在回到阔别30多年的故乡时，顾不上与父母共叙离别之情，而伏案疾书，继续一片未完成的文章。"宝剑锋从磨砺出，梅花香自苦寒来"，每一位成功者的背后都有无数个动人的故事，而最终，所有的付出都转化成了智慧的结晶。

　　几十年如一日的研究更加需要的是一份执著。无疑，张教授能这么多年坚持研究离不开他对科研事业的执著，这份执著不仅表现在调查研究和撰写报告的过程中，而且体现在坚持让理论指导实践、让研究成果转化为实际行动的过程中。当我听到张教授讲述他25年来致力于长株潭经济一体化建设的点点滴滴时，当我听到他为湘粤经济合作关系的维系与发展而奔忙时，我真的深深地被他的执著所感动。

　　短短几分钟，区区两千字，实在无法抒发我心中的感慨，此刻，我的心中除了敬佩，还有着激动。我觉得张教授的人生过得非常充实、非常精彩，令人羡慕！人生于天地之间，是多么渺小，凭一己之力，也许无法改变什么，但如果能为历史的发展、人类的进步做出一点力所能及的贡献，这样的人生也算是无怨无悔了。尽管今天张萍教授的头上已经有着许多耀眼的光环，但是我想他无数个日夜的潜心研究也许并不是为了这些光环，而是因为心中对科研事业的那份执著、那份热爱，还有那份报效祖国、为社会主义建设事业而不懈奋斗的伟大情怀，也许这才是他前进的真正动力。

　　21世纪是一个充满着挑战与机遇的时代，中国经济的快速发展让世人瞩目，中华民族的伟大复兴需要我们的力量。而今的我们有着优越的生活条件与工作条件，我们应该更加勤奋地学习与工作，像张教授一样，全身心地投入科研工作，做一名优秀的、务实的科研工作者。

让我们一起努力吧，为实现我们的理想而奋斗，为湖南之崛起、中华之崛起而贡献出我们最大的力量！

梦想与腾飞*

——为张萍在实践中升华的理论梦想喝彩

在一次大学同学聚会时，我无意中看到一本名为《湖南尊品广告》的书。真巧，一翻开，恰好看到一篇文章——《半小时生活圈：三市融城新梦想》。我突然激动起来，因为意识到这是与我院张萍教授有关的文章。果然，文章开篇就写道：原湖南省社科院副院长张萍教授长期以来一直从事长株潭一体化的研究，从 1982 年至今，整整 25 个年头里，他不离不弃，推动着梦想一步步接近现实，他说，他和长株潭的半生缘已经前世注定，今生无悔。

看到这里，我无比兴奋地把同学拉过来，一边要她看，一边介绍张教授和他的"长株潭一体化"。我当时介绍的不多，但同学非常惊讶和感慨地说："早知道'长株潭一体化'，但没想到是你们社科院人的杰作，太伟大了！"

我的自豪感油然而生。

是啊，张教授"长株潭一体化"的梦想和这个梦想的最终腾飞，给我，给湖南省社科院带来了无尽的骄傲！

任何一个智者、伟人之成为智者、伟人，都有着崇高的梦想，周恩来年轻时的梦想是"为中华之崛起而读书"，青年毛泽东的梦想是"中流击水三千尺，自信人生二百年"……正是无数伟人贤哲有着崇高的梦想，我们的社会才充满着希望，历史的车轮才滚滚向前。

张萍的一个宏伟梦想就是"长株潭一体化"。

1982 年 12 月，湖南省政协四届六次会议上，张萍提出：把长沙、株

---

* 李斌，湖南省社会科学院历史所。

洲、湘潭在经济上联结起来，形成湖南的经济中心。

此后，为了这个梦想，他探索理论，"摸着石头过河"。1983 年冬和 1984 年春、夏，时任省社科院副院长兼经济研究所所长的张萍，与课题组的 10 多位同事，先后深入长株潭三市的主要部门和基层单位，进行调查研究。随后，他们向省委和省政府提出了决策建议性的总体方案和专项实施方案，受到了省委、省政府的高度重视。

"长株潭一体化"最初作为一个梦想提出，这个梦想虽然几经波折，但最终柳暗花明。

1985 年，省政府设立了长株潭经济区规划办公室，标志着长株潭经济一体化开始纳入政府工作日程。

1998 年，省委、省政府对推进长株潭经济一体化进行总体部署，大力推进长株潭经济一体化成为全省战略。

2000 年，长株潭三市编制了交通、电力、金融、信息、环保 5 个基础设施网络规划。

2003 年，在连接三市 480 平方千米的沿江带状区域内，建设了集沿江道路、防洪堤、高新技术产业园、大学城、大型旅游休闲设施、各类住宅区于一体的湘江生态经济带。

2005 年，完成了《长株潭城市群区域规划》。

2006 年 6 月 27 日 ~28 日，第一届长株潭三市党政领导联席会议在长沙举行。三市签署了区域合作框架协议以及工业、科技、环保合作协议。同年 8 月，省委书记、省人大常委会主任张春贤强调，要切实推进长株潭经济一体化取得实质性进展，加快打造湖南发展的核心增长极。

2007 年 11 月 11 日，张春贤在长沙就长株潭经济一体化进行专题调研。他表示，长株潭是全省发展的龙头，没有长株潭的发展就没有湖南省的发展。

长株潭在全省所占面积不足 1/7，所占人口不足 1/5，却创造了全省 1/3 的生产总值；GDP 年均增长 13.6%，对湖南经济贡献率达 41.3%。

由长沙、株洲、湘潭构成的"金三角"，正成为湖南发展的"经济引擎"，长株潭承载着湖南崛起的梦想与希望！

可以说，是张萍的一个梦想，成就了长株潭经济一体化今天蓄势腾飞的崭新局面。

这个梦想提出和实现的背后，是辛勤的耕耘，是智慧的结晶！

在我眼前，时常仍然浮现出 54 年前，他在微弱的路灯下，一边擦拭汗水，一边如饥似渴地精读《资本论》等经济论著的身影；浮现出 26 年前，除夕晚上，他埋头在狭窄的土坯房里思考写作的身影；浮现出他完成一篇篇佳作时，脸上疲惫却灿烂的笑容。

为实现梦想，他以苦作舟，以勤奋为桨，以勇气做伴；为实现梦想，他勇于创新，脚踏实地，"把理论根植于实践的沃土上"。

有梦想就有希望，有多大的梦想就有多大的希望。一个有活力有希望的社会必然是人人充满崇高梦想的社会，同样，一个有活力有希望的社科院必然是人人充满崇高梦想的社科院，并朝着梦想不懈地努力！

正如朱院长所说，张萍是一个符号。

——这个符号，来源于他的梦想。

我们呼唤更多如张萍般的符号。这是社科院由"求生存向谋发展"发展的必由之路，是社科院成为真正"智库"的必由之路！

坐　标 *

　　数学中有一个常见的专业术语——坐标，简单的两条有方向的直线在不经意之间彼此垂直相交，这普通的相交却让世间万物的物质质点懂得了自己的起点，更看到了前进的方向。如果把一个人成长的历程看成是变化、交织、包罗万象的复杂几何空间，人生坐标则为我们穿越迷雾，走向光明指明了方向。人的一生不仅需要坐标，事实上，一个人从呱呱坠地开始便在不断寻找属于自己的人生坐标。幼年时，父母的言行是我们的坐标；学生时代，恩师们呕心沥血的谆谆教诲是我们求知学习的坐标；值得庆幸的是，今天，刚走上科研工作岗位不久的我们，重新寻找到了新的人生坐标。以张萍教授为代表的老一辈科研工作者孜孜不倦、严谨治学、勇于创新的科研精神为我今后的人生轨迹铺垫了新的坐标。

　　正确的人生价值观和治学理念是这一方坐标的横纵两轴，奠定了我们寻求真理、改造世界的实践基础。张教授有一句"名言"："小车不倒只管推"，从他的这句话里我们可以深深体会到一位立志献身社会科学研究的老学者心灵深处的那种永不熄灭的拼搏精神。而支撑这种精神的背后却是他勇于探索真理、决心改造世界的崇高的人生价值观。有了这种信念，也就有了勇往直前的动力。张教授还有一句实话，他说，"从个人研究风格上来说，我就是喜欢'争'"。而我说，这一个"争"字，不仅是张教授长期以来实践经验的总结，更是所有社会科学工作者必须具有的一种治学理念。"真理越辩越明"，只有坚持真理，据理力争，才能把自己的观点变成他人的观念，才能把科学的理论变成科学的决策，才能把认识世界的真理升华为改造世界的工具，才能真正体现社会科学研究的全部价值。

---

　　*　蒋俊毅，湖南省社会科学院系统所。

　　科学的治学方法是在这方坐标指引下不断攀登科研高峰的重要途径。有了坐标轴，也就有了方向，但是要沿着正确的方向前进还需要寻找到前进的道路。在社会科学研究的征途上，张教授用一个"实"字完整地概括了他长期坚持的科学治学方法，也为我们在实际研究工作中指出了正确的道路。什么是"实"，张教授的成功经验从三个方面给了我们生动而全面的诠释。首先是在科研工作中要具有实事求是的科研精神，要从实际出发来思考问题和研究问题，书本得来终觉浅，绝知此事要躬行，只有从实际出发的研究才能真正解决问题，才能具有深刻的实践意义。其次是在科研工作中坚持理论与实践的辩证统一，理论要来自群众，来自实践，要是群众思维的提升和总结，反之，理论又要用来指导实践，这样，理论才会充实，实践才能拥有坚实的基础。最后，"实"突出强调社会科学研究要具有实际价值，这就要求我们在科学研究中把为决策服务和丰富理论结合起来。科研唯"实"，扎实学习，扎实工作，我们才能稳步前行。

　　严谨的治学态度是这方坐标的刻度。坐标不能没有刻度，缺少了刻度也就看不到脚下的起点，从而迷失前进的方向；缺少了刻度，也就无法度量一个人工作的价值，从而无法感受成功的喜悦。老一辈科研工作者用实际行动告诉了我们，用严谨的治学态度这个刻度度量一个人曾经走过的科研历程，才能清楚地认识到自己研究的真实价值。严谨的治学态度这方尺度更是科研工作者人品的尺度。学问来不得半点的虚假，更不能急功近利；它是一种不断累积的过程，需要养成踏实谨慎的治学态度，去读书，去思考，去实践，去提炼。唯有如此，方能揭开事物规律的神秘面纱，才能有所突破和创新。

　　"离休了，是离开了职位，但不能离开学者的岗位"，朴实无华的一句话，却是以张泙教授为代表的老一辈科研工作者们几十年如一日，辛勤工作，努力践行为民族振兴、祖国富强而奋斗的真实写照。斗转星移，时空转换，历史迎来了科学发展和和谐社会建设的崭新历史时期，我们坚信，沿着张老教授为代表的老一辈学者们奋斗的足迹，今天，我们严谨治学、修身储能，明天，我们必将接过前辈们神圣而光荣的接力棒，在建设社会科学院和发展社会科学的征途上挥洒青春，建功立业。面对神圣的事业，我们庄严地承诺，历史的重担我们挑！

遵从学者之治学态度 *

2002 年初来省社会科学院，我便时常见到一个精神矍铄的高个老头进出办公楼，按时上下班。我当时在想：这个学者似乎和别人不一样。后来，从同事的口中得知，这就是率先提出长株潭一体化并为此进行了长达 20 多年研究的张萍院长。再后来，早先熟识的长辈几次和我提起他在行政学院的同事张萍院长，我因此有幸得知更多关于张院长勤勉治学的优秀事迹。我开始明白，这个学者确实和别人不一样。及至今日，随着我院智库建设十大举措之学习张萍系列活动的陆续开展，听了张院长为我们所作的关于治学与研究的报告后，读了汇集张院长最重要科研成果的《张萍选集》后，我才清楚地知道，这个学者身上闪闪发光的"不一样"就是源自他严谨求真务实的治学态度。

说到严谨，记得俄国著名的马克思主义者普列汉诺夫曾经说过，"学者之所以成为学者，在于旁征博引"，中国社科院经济学家于光远也说过，"学者之所以成为学者在于咬文嚼字"。显然，"旁征博引"和"咬文嚼字"并不是本着松散的治学态度所能够做到的。那什么叫做治学呢？治学就是研究学问。研，就是要细细研磨；究，就是要追求源流。研究的意思就是细致地深入地探求事物的本质与根源。可见，学者之治学这几个字本身就包含了一种严谨的治学态度。张萍院长在 20 世纪 50 年代就着昏暗的楼道灯，精读几十本经济学著作，写下十几本厚厚的笔记的场景，透过他朴实的文字又重新鲜活在我眼前，时刻提醒着我，正是本着这样一丝不苟的治学态度，张院长才有了今天的学识渊博、造诣精深。

遵从学者们严谨的治学态度要求科研人员戒除浮躁。从事科研工作的年

---

* 何纯，湖南省社会科学院国际所。

轻人难免有时候抵不住诱惑、耐不住寂寞，产生一些走捷径的想法和急功近利的做法。其论文和科研成果常常出现东拼西凑多，独到见解少；改变角度多，观点创新少等问题。长此以往，终将蹉跎岁月，一无所获。因此，只有像张萍院长那样，本着严谨的治学态度，摒除人云亦云、不求甚解的陋习，我们才能为以后的科研工作打下牢固的基础，力求在社科研究的田野上耕耘出更多的精品力作。

求真是治学的根本，是治学态度最原始的体现。这里所说的求真是说科研人员要坚持真理、实事求是。张萍院长在《张萍文集》的代序中，结合他本人亲身经历的新中国成立后三次理论大争论指出"真理越辩越明"，在坚持我国经济体制改革的最终目标是"实现国家宏观计划指导下的市场体制或国家宏观调控下的市场经济"等论断时，甚至不怕被权威扣上有政治问题的帽子，这一点让我感触颇深。社会科学作为探求社会发展规律的一门科学，很多时候是无章可循的，一些人迫于学术权威或政治权威，对自己或他人的研究成果都抱着无所谓的态度，愿方则方，迫圆则圆。那这样的研究又有什么意义呢？另外，也有一些人认为，社会科学研究的结果没有对错，只要能自圆其说就可以了。在这种不负责任态度的引导下所取得的科研成果又怎么可能经得起实践的检验、经得起历史的检验呢？

张萍院长的务实态度是众所周知的。但我要强调的是他着力于将理论深植于实践的沃土，着力于使自己的研究紧扣湖南发展现实的务实性。长株潭一体化虽然历经了20多年从理论到实践漫长而曲折的进程，但对它的研究不仅实现了张萍院长本人作为理论家、政治家和实践家的完美结合，同时也拓展了我们湖南区域经济发展的广阔空间，其研究成果也对人们的社会生活产生了意义非凡的深远影响。与此相同的意思，朱院长也多次用更生动的语言强调过，说我们社会科学工作者的职责和使命就是要"把自己的言论变为社会的舆论，使自己的谋划变为别人的规划，把自己的说法变为别人的做法，用自己的思考来改变领导的思想，让自己的文章进入上级的文件，用自己的发言促进社会的发展"。两位院长用行动和语言对务实态度所做出的诠释使我受到了很大的启发。我这两年的科研工作很明显地经历了一个从在校学习期间重理论轻实践因而未知科研真正意义的迷茫彷徨到重回岗位耳濡目染因而明晰前进方向的过程。是我们社科院作为省委省政府智囊团思想库的战略定位，让我结合智库建设的要求与我的实际，深入思考了"我有什么"、"我会什么"、"我要研究什么"的未来发展问题。

记得那天报告会上，张萍院长用了一句简单却深沉因而豪迈的话总结了他的一生："回忆往事，不因为虚度年华而悔恨！"要将这种无比的自豪与骄傲据为己有，我们就要从现在开始，踏踏实实地遵从学者严谨求真务实的治学态度，争取成为智库建设的合格标兵，争取成为我院今天和明天的无数个张萍！

仰望星空　社科闪烁*

曾记得，小时候常听大人说"天上一颗星，地上一个人"，于是，一颗幼小的脑袋，在旷远的天幕前，不久便定格成一副眺望的姿态；到如今，每当夜深人静、伏案工作时，一瞥之间总不免被窗外美丽的夜空所吸引，于是，一颗寂静的心，在狭小的阳台间，顿时就演奏出一串跳跃的音符。

——仰望星空，我情不自已。

从事社会科学工作真"苦"。"书山有路勤为径，学海无涯苦作舟。"不苦苦研读，又怎能步入社会科学领域的堂奥？不苦思冥想，又怎能得到社会经济发展的良方？

从事社会科学工作真"累"。可以说社科工作者就做两件事，第一件，读书写文章，第二件，还是读书写文章，其中的单调枯燥不说，可要做好这两件事又谈何容易？青灯黄卷，笔耕不辍，呕心沥血，怎不累？

从事社会科学工作真"难"。"板凳要坐十年冷，文章不写一句空。"出成果难，出有影响的成果就更难。从豆块文章到皇皇巨著，能有几部千古流传？从莘莘学子到耄耋老人，能有几个成就辉煌？

从事社会科学工作真"穷"。普天之下广大社科工作者既没有名利可以双收的位子，也没有豪华舒适的车子、金碧辉煌的房子，对于他们来说，就揣着那点微薄的工资。

从事社科工作还真的"没用"。你看，社科工作者不发明电灯，不发明空调，不发明汽车，不发明电脑……这改造了的、发生巨大变化的世界似乎与社科工作无关。

社会科学工作的价值在哪里？我的作用在哪里？我活着的意义呢？夜空

*　周海燕，湖南省社会科学院产业所。

中哪一颗星会属于我呢？我一遍遍询问自己，一遍遍不停思索。远处的星星也一闪一闪的，好像在安慰我，不要急，慢慢来，你会想明白的，终于有一天我意识到了：

社科工作"苦"，但"苦中有乐"。只要你喜欢这项事业，只要你热爱它，用它充实你的生活，苦中自有乐趣。社科工作"累"，但"累也值得"。累了，总会有回报的，"天道酬勤"，"一分耕耘，一分收获"。社科工作"难"，明明知道"难"，可还是坚定信念，孜孜不倦地追求，真是"难能可贵"。社科工作"穷"，但"穷而不愁"，正如王勃所说"穷且愈坚，不坠青云之志"。社科工作真的"没用"吗？不，不可能！所谓的"没用"，其实就是庄子所说的"无用之用，乃为大用"。

远方的星星还在一闪一闪，而我的心已归于平静。我知道，我就是那颗星，那颗遥远的、平凡的星星，那千千万万颗平凡的星星当中的一颗星。

今夜里

我仰望星空

星空里

我看见社科在闪烁！

树立"学术人生"的精神*

　　作为一名敏锐的经济学家，早在改革开放之初，张萍院长就率先提出"长株潭一体化"的构想。从那以后的 24 年里，他通过各种方式，始终坚持着真理，最终守得云开见月明。从老院长的科研经历中，我们可以深刻感受到老一辈科研工作者的高风亮节，和他们身上强烈的社会责任感、注重调查分析的科学态度，更重要的是将生命与学术紧紧相连的宝贵精神。

　　我们经常会有这样的经历：就是和有名望的学者谈话时，不论和他讨论什么问题，即使和他最近的研究相距甚远，但他依然可以旁征博引，娓娓道来。在临时接到工作任务时，他们也总能得心应手，游刃有余。对于学术，对于生活，他们永远显得那么从容，那么优雅。很长的一段时间我对这个现象迷惑不已，后来我发现，他们介绍治学经验时都有一些共同之处：一是他们十分重视思想的积累，大多有一个所谓的"学术档案"，随时记下每天生活中的所思所想，哪怕是最细微的生活体验，他们也常常敝帚自珍。二是他们十分重视课题的积累。看报纸、上网，是他们每天必做的功课。不过他们不是为了娱乐，也不是为了消磨时间，而是带着学者的敏锐眼光去探究，去寻找新的研究课题。三是他们十分注重理论的积累。不管每天的工作多忙，他们总会抽出一定的时间来阅读书籍，并认真做读书笔记。其实，这些经验我们大都耳熟能详，甚至曾经尝试按照这些方法来安排自己的时间。但是，结果并不如我们期待的那样美好，最后做出成绩的很少，成名成家的更是凤毛麟角。是不是这些方法不管用，专家在忽悠我们呢？当然不是，仔细检查自己的实际情况，就会发现问题的根源仍在自身。

---

* 刘艳文，湖南省社会科学院社会学法学所。

我们很少有人能够把这些经验天天坚持下来，大多数时候是"三天打鱼，两天晒网"。这一切源于我们没有把学术当成是生活的一部分，没有一种"学术人生"的精神。

我们可能很少听到"学术人生"这个词，但一定常常听到"艺术人生"一词，中央电视台有一档节目名字就叫"艺术人生"。所谓"艺术人生"，我的理解就是艺术家将艺术的生命和自己的生命紧密地联系在一起，于是，艺术成了艺术家生命的表达。其实，真正的学者与艺术家在精神境界和生活方式上极为相似。他们往往善于捕捉日常生活中所体验到的东西，并将之纳入可能从事的每一项学术成果中。那些异彩纷呈的思想，要么是日常生活的"副产品"，要么是无意间听到的街谈巷议的片断，甚至可能是梦中所得。对这些真正的学者来说，生命即学术，学术就是生命，抛弃任何一个方面，都是不能忍受的。爱因斯坦曾说："要是没有志同道合者的亲切感情，要不是全神贯注于客观世界——那个在艺术和科学工作领域里永远达不到的对象，那么在我看来，生活就会是空虚的。"对于这些真正的学者来说，这种"学术人生"的精神既是最切身的动力，又是最深刻的目的；不但给整个学术创新过程以最深切的人文关怀，还能使人在自我和忘我的状态中享受最美好、最深刻的生命体验。这正是许多老一辈的学者对平常人看来枯燥乏味的学术生活却甘之如饴的真正秘密。与前辈们相比，我们这些刚刚走上学术道路的青年人常常容易给自己划圈圈，将生活与学术截然分开，结果我们常常感到自身的浮躁，感到自己坐不住，沉不下、静不了。因此，倘若我们想在学术上做出一点点成绩，就必须向前辈们学习，从现在开始树立"学术人生"精神，努力将自己的日常生活与工作、与学术联系在一起，统一在一起。

学术研究是一项十分艰苦的工作，需要耐得住"十年寒窗"的寂寞。周末，当别人在草地上享受明媚的阳光时，我们还要坐在屋子里埋头苦读；晚上，当别人已经进入甜美的梦乡，我们还要在电脑前写写画画。但是，我们也有特别的机会来设计一种与众不同的生活方式。我读过的一本社会学名著叫做《社会学的想象力》，其中有一段话令我印象尤为深刻：选择做一名学者，既是选择了职业，同时也是选择了一种生活方式；无论是否认识到这一点，在努力使治学臻于完美的历程中，治学者也塑造了自我。选择在社科院工作，意味着我们选择了学术之路。走在这条道路上，或许孤单常常如影随形，或许要牺牲一些普通人的乐趣，甚至会有"众人皆醉我独醒"的痛苦。但是当我们尝试将学术研究与个人生活协调起来时，在不断取得学术进步的同时，我们还将获得上天的神秘礼物：一种痛并快乐的独特体验，一种宁静的"内心的自由"，最重要的是，一个日臻完满的人生！

老当益壮，桑榆未晚*

——读《张萍文集》有感

　　近日喜获《张萍文集》一书，其内容丰富，读后受益匪浅。张萍同志作为老革命、老学者和老领导，其一生事迹、学术与人品在湖南省政界、学术界和经济界内均有口皆碑。纵观张萍同志一生的治学经历，我们可以充分体会到张萍同志作为有学术功底，有经济远见，有道德担当的学者，总能见常人之未见，发常人之未发，大勇、大仁与大智兼备。

　　史无前例的"文化大革命"结束后，几次大的思想争论——如"真理的标准"大讨论，"社会主义市场经济"的争论中，均能看到张萍同志先知先觉的身影。在当时不正常的政治气氛下，在大是大非面前，敢于为国为民直言是需要巨大勇气的，而张萍同志从来就不缺乏这样的勇气。

　　张萍同志不仅具备大勇，而且具备大仁。他在湖南省社会科学院任职期间，提出了一系列的关乎国计民生的战略设想，这些最后都进入了湖南省委省政府的决策，对建设第二故乡湖南功不可没。张萍同志首先提出的长株潭三市一体化的设想、湘粤经济合作的设想、湘西大开发的设想以及湘鄂川黔桂省际边境区域开发的设想都正在造福并且将继续造福湖南人民。

　　长株潭一体化是张萍同志最早提出，具备最大的经济与社会价值，但又是命运最坎坷的一个战略设想。这个战略设想，当初如果能够得到全省上下的全力支持，早日进入国家重点规划，中部地区早将诞生一个足以和上海、武汉、广州相匹敌的巨大城市中心，将对湖南和中部地区的早日崛起发挥巨大推动作用。然而，此建议被搁置 10 年之久，大好时光与契机浪费，令人扼腕叹息。由此足见张萍同志的战略思维的超前。

---

　　*　李寒秋，湖南省社会科学院国际。

张萍同志之所以具备人所不及的超前眼光，归根结底是因为他有学者的大智。只有站在理论和学问的巅峰，才能够有效地提出经世济民、泽及后世的方略。张萍同志五十年如一日，将理论与实际相结合，取得了丰硕的学术成果和经济社会效益，而这些都出自张萍同志炽热的为人民服务、为社会服务的学者情怀。张萍同志废寝忘食、上下求索、追求真理的刻苦精神令人钦佩，在当今学术空虚浮躁，学人急功近利的风气下，张萍同志的求真务实，严谨规范的学术风范值得青年学人学习和仿效。

张萍同志在其选集的自序中说道，虽然已经退休，但是他将继续从事自己的经济与社会领域的研究，并继续以"长株潭经济论坛"作为公共学术平台，为省委省政府的相关决策服务，可谓是"老骥伏枥，志在千里；烈士暮年，壮心不已"。古人谓立德、立功与立言为三不朽，张萍同志三不朽均当之无愧。

我辈青年学人，躬逢盛世。21世纪，党中央提出了"繁荣哲学社会科学"的方针，胡锦涛指出"科学包括自然科学与社会科学，两者犹如鸟之双翼，车之双轮，同等重要"。这对于广大社会科学工作者来说是千载难逢的机遇。每一个社会科学工作者都应该本着高度的政治责任感和历史使命感，将全部精力投入到学术与科研事业中去，以期为社会主义物质文明、精神文明、政治文明和生态文明的建设添砖加瓦，而无愧于这个中华民族全面复兴的伟大时代。

湖南省社会科学院在朱有志院长的领导下，推出了"呼唤21世纪的张萍"系列活动，期盼我院的青年学者都能以张萍同志为榜样，提笔能够写文章，开口可以作报告；下能入田间地头调查研究，上能登高堂讲座呼风唤雨。人人都有创新能力，事事都有创新空间，以学识服务于人民，造福于社会，为把湖南省社科院建设成为合格的新型智库而奋斗。

在院党组和朱院长的正确领导下，只要我辈青年学人个个奋勇争先，将我院建设成为省委省政府的合格智库目标指日可待。

增强职业的自豪感 *

2007 年 10 月 23 日，我在院图书馆报告厅听了老一辈科研工作者张萍关于"治学经验"的学术报告，受益匪浅。张院长已近八十高龄，可他的声音依然那么洪亮，思维依然那么敏捷，演讲依然那么富有激情，在台上一讲就是近两个小时，真难想象一位年近八十高龄的学者还能有那么充沛的精力做出那么精彩的报告。从他身上我真切感受到张院长坎坷而奋进的一生，感受到张院长对科研工作的高度责任感和忘我的科研精神。张院长一生著述颇丰，在经济领域提出了许多独到的见解，其中的许多理论（如大家所熟知的长株潭经济一体化）被省委、省政府采纳并形成重大决策付诸实践。他的科研业绩值得我们大力宣传，他的治学经验值得我们年青一代学习，他对科研的执著精神值得我们发扬。作为社科院的一名青年科研工作者，我以为，学习张萍，需要我们增强职业的自豪感！

身为社科人，我们要清醒地认识到自己的角色和定位。众所周知，社会科学院的定位是省委、省政府的"思想库""智囊团"，这一定位决定了我们工作的性质。我们的工作是为党和政府提供智力支持，为和谐社会的建设营造良好的精神家园。应当说，高校、党校、军事院校、社科院、党政部门的政研室、信息中心等社会科研大军都在直接或间接地充当党和政府的智库，每一路大军各有自己的特色和相应的定位。客观地讲，为党和政府做事，就是为人民做事；为人民做事，就是为社会做事。按照马克思主义观点，一切为了人民的事业都是崇高的事业。由此说来，我们的职业是崇高的！我们完全有理由为自己是省委、省政府的"思想库"、"智囊团"而感到自豪！有了职业的自豪感，就会有工作的热情；有了工作的热情，就会有

＊　李海兵，湖南省社会科学院哲学所。

创作的动力；有了创作的动力，就会有不断的理论创新；不断的理论创新，总有一天会进入党和政府的决策视野；一旦自己的思想理论被党和政府采纳，对我们科研工作者来说就得到了莫大的欣慰。在这方面，张院长为我们树立了良好的典范。我想，张院长当年如果没有强烈的职业自豪感，他就不会有忘我的科研敬业精神，当然也就不会有今天的"呼唤 21 世纪张萍"系列活动。

身为社科人，当做社科事。搞科研不是一朝一夕就能有所成就的，它最忌讳急功近利。"板凳要坐十年冷"，这句话对我们社会科研工作者来说，再恰当不过了。搞科研，需要博览群书，潜心研读，从这点上说，我们选择了社科院，意味着就选择了寂寞和清贫。论权力，我们没法与党政机关比；论金钱，我们没法与财政金融部门比；论人气，我们没法与高校党校比；论出行，我们没法与交通部门比，所有这一切，决定了我们的职业是一种需要耐得住寂寞，守得住清贫的职业。但是，我们决不能因此而否定自己职业的崇高性，更不能因此而降低自己职业的自豪感。相反，我们更要树立职业的自信心、增强职业的自豪感。我们没有党政部门领导那么繁多的应酬，也没有高校党校教授那么多的课，我们拥有充足的时间和相对的自由从事智力活动。我们可以从书斋中，从写作中，从社会调研中，从一切科研活动中感受到从事智库建设工作的快乐和幸福！党和政府需要我们，人民群众需要我们，社会需要我们。我们的职业能得到党和政府的肯定，赢得人民群众的赞许，这样的职业难道不值得自豪吗？让我们能为党和政府、能为人民群众、能为社会做贡献而高呼一声吧：我是幸福的，我是快乐的，我的职业是崇高的，所以我是自豪的！

现在的社科院已今非昔比，我们工作的重心已从求生存转向了谋发展。大家有目共睹：社科院的地位在不断提升，作用日益彰显。其生存发展之道我以为就在于我们处于一个机遇大于挑战的时代，在于我们社会科学工作有党和政府的大力支持，在于以朱院长为核心的院党组的坚强领导和做出"建设合格智库"的正确决策以及全院上下为建设合格智库而不懈地努力！诚然，合格智库的建设是一项长期而艰苦的工作。在这竞争日趋激烈的社会，我们更要清醒地认识到自己的不足，要有忧患意识，居安思危，加强理论学习，大兴调研之风。正如张院长告诫我们年轻一代时所说的一段话：

"我们生存的这个新世纪，是世界从旧经济到新经济大转型的世纪，知识更新的周期越来越短，时代的车轮在飞速前进，谁要是不能坚持终身学习，谁就将被时代的洪流所淘汰。"

张院长在总结自己 50 年的科研生涯时感叹"夕阳无限好，只是近黄昏"，在此我想对张院长说一句："最美不过夕阳红！"您的光辉业绩将激励着今天社会科学院的年轻一代，我们社会科学院为有您这么一位学者而感到自豪！再次向您致敬！

直面真理的快乐 *

　　离开大学校园时，我的硕士生导师语重心长地对我说，地方社科院的研究和我以往所擅长的数理计量分析差别很大，如果要尽快上手自己的工作，一定得在对策分析方面多下工夫。我当时还没完全领悟其间的真意，恭敬地敬了导师一杯酒，就这样，我在流火的七月告别了我心爱的校园和师长们。

　　从我跨入湖南社科院的那天开始，困惑一直如影随形，每天都在思考应该把自己研究工作的重点放在哪。张萍先生的"50 年治学经验"报告深深启发了我，老先生在报告中谈道，50 多年来，他在经济理论教研岗位上，日夜攻读、刻苦钻研、深入调查、艰苦思考，十多年前离休而不离开工作岗位，80 岁的老前辈仍然坚持每天到办公室工作，节假日从不间断。先生平和的谈话让我再次深刻体会到：一个战士至高的荣誉是战死疆场，而一个学者安息自己的书桌才是最伟岸的人格。

　　在具有中国特色的社会主义市场经济改革中，如何在理论与实践中，做到中国经济学国际化和西方经济学本土化呢？就这个问题，先生谈了治学中创新与务实，创新是理论工作者要有自己的见解和观点，要把研究的着力点放在事物发展的趋势和规律性，在真理面前寸步不让，这样才能对实践有指导作用。先生提出的长株潭一体化的理论和湖南加速西线开发的主张与构想就是在十几年后才得到认可，所以要相信实践是检验真理的标准，历史是最公正的。在务实方面，先生说，我们不能以教条的方式对待新的思想和理论，凡是对于解决我国改革开放和现代化建设问题的理论都可以借用，但必须从国情出发，从实际出发，把视野放在大地上，脚踏实地研究地面上的事物和规律，不能从理论到理论，那样会让理论变得空洞而玄乎。

---

　　* 　原载《湖南社会科学报》2008 年 1 月 4 日，作者肖卫，湖南省社会科学院经济所。

张萍先生的研究主要是以马克思主义的基本理论为指导的，对构建具有中国特色的市场经济理论有何启发呢？马克思主义经济学源于历史的逻辑和对人的终极关怀，它的实践品格是许多西方经济学流派所不能比拟的。国内外很多经济学家认为，经济学的任务只是解释世界，改造世界是政治家的事情。特别是张五常经常念叨：经济学范畴多，唯不问好与坏。今年8月，我随同朱有志院长前往双峰调查农村集体经济发展时，谈及了经济学与改造世界的问题。院长引用了一句马克思的著名论断：哲学家只用不同的方式解释世界，而问题在于改造世界。院长还补充道，资源配置就是改造世界，不能改造世界的经济学是空洞的理论，缺乏改造世界责任感的经济学家是没有历史责任感、社会责任感的丧德学者。得到前辈们的亲自教导，我明白与国际接轨的中国经济学也必须坚守中国的改革实践和对人的终极关怀！

张萍先生几十年来一直致力于中部地区的区域经济与城市群发展研究，并取得累累硕果。每当为前辈们的成果和精神所震撼时，总是情不自禁反问自己，我们该做什么？

如今随着中国市场经济改革的深入，全球经济一体化和区域经济合作化的进程加速，地方经济的发展面临着竞争与合作的两难选择，中国的经济理论也因此面临着国际化和本土化的两难选择，为此，必须善于争取和利用国际学术资源为中国经济学教育和研究服务，把中国经济学国际化和现代经济学本土化相结合。

当我问到先生治学的经验时，先生总结为三步走，第一步是深入调查研究，第二步是形成方案进入决策，第三步是理论升华形成体系。还有一点切不能忘，就是学海无涯，治学的过程要孜孜不倦地学习，如饥似渴地学习，不要因虚度年华而悔恨！

具有中国特色的市场经济改革与世界经济全球化进程加速，中国经济学研究的总体方向应该是：通过中国经济学国际化和现代西方经济学本土化相结合，最终实现为中国经济改革和发展提供科学的理论指导。

作为社会科学院的一个青年科研人员，在中国经济学前进的总体方向下，首先必须做到的是如何把前辈的研究成果批判继承，并纳入一个规范的分析框架。对张萍先生的学习也是如此，只有把先生关于城市群发展与区域经济发展的理论升华到一个更一般的、规范的理论体系，才是对先生最大的宽慰。只有这样先生才能放心地把接力棒交给年轻一代，让我们继续风雨兼程，一路前行！

每当受到启发，心底有如清澈溪水，激荡而明亮。尽管一个个困惑得以暂时释怀，新的迷惑又会重新萦绕，也许这就是学术人生。正如叔本华所说，人生就是一场苦难。人生就是痛苦，我们可以把痛苦转化为幸福。尼采说，欲望无边却无法满足，生命的本质就是痛苦。萨特说，存在是虚无的，现实是恶心的。他们道破了人生悲剧性的真相。他们的伟大不仅在于发现人生的真相，更在于面对真相的勇气，并从中探索积极的人生态度。尼采说："我们爱生命，并非因为我们习惯生命，而是因为我们习惯于爱。"对生命的爱，就是人生的魅力所在。苦中作乐，昂奋地面对挫折，不屈服于任何挑战，就是人生的精神武器，也是学术生涯的精神武器。学术人生观念理应如此，在迷惑和孤独中解放自我的灵魂，感受直面真理的快乐，寻找做天下文章的快乐！

也许我们一代人终生努力，未必能最终实现中国经济学和中国经济学家的时代，但是我们会不断向前辈们的伟大人格接近，向真理接近，哪怕是一点点，也将感到莫大的欣慰！

手捧鲜花载誉归 *

——访长株潭专家张萍

2009 年 9 月 11 日，在北京人民大会堂召开的全国离退休干部先进党支部先进个人表彰大会上，中共中央政治局常委、中央书记处书记、中华人民共和国副主席习近平接见了与会代表，合影留念，并作重要讲话。与会的湖南先进个人代表——张萍，81 岁，党员，离休前是湖南省社科院副院长，研究员，湖南省社科联主席团主席。要说起今天的长株潭，他是笔者不得不见的一个人。

9 月中旬，笔者去张萍办公室见他。这位湖南省长株潭城市群研究会的会长，为了长株潭离休后一直还执行坐班制。为了答疑，张萍首先告诉笔者，他自 1996 年以来，心思都倾注在长株潭，几乎没休一个完整的长短假。在他家的书柜上叠起老高的各种荣誉证书。1992 年获国家科技突出贡献的专家称号，享受国务院特殊津贴。2007 年获湖南省第六届十大杰出经济人物最高奖——特别贡献奖。2008 年获湖南省改革开放杰出贡献人物奖。

早在 1982 年 12 月 28 日，张萍就在湖南省政协第四届第六次全会上，作为"提案"提出了长株潭经济一体化综合改革的建议，当时在全国引起了强烈的反响。1983 年 9 月，国家体改委将这一建议列为国家"六五"时期"中国经济体制改革的理论与实践"重大项目之一，要求从操作层面做进一步研究。1984 年 11 月 10 日，中共湖南省委召开了常委会议，听取了张萍关于建立长株潭经济区建议方案的汇报，并一致认为这个建议是可行的。1985 年规划办公室开始挂牌运作，张萍兼主任，在分管省长的直接领导下主持日常工作。之后该工作到 1987 年下半年发生了重大曲折，一体化的改

---

* 原载《中国改革报》2009 年 9 月 29 日，作者余虹萱。

革停顿下来。

它是我国自觉地推进区域经济一体化综合改革试验的首创。张萍还提出了一些进入湖南省委省政府以至更高层次决策的建议。如 1990 年 10 月提出建立湘粤长期稳定经济合作关系的建议，1991 年省政府采纳和实施等。

长株潭经济一体化 1997 年在一个更高的起点上重新启动了。张萍先后主持搭建了 3 个平台。2001 年，他创办了"长株潭经济论坛"，组建了湖南省长株潭研究会和之后的研究中心。出版了三本文集，产生了广泛的社会影响，对提高长株潭知名度产生了重要的品牌效应。他出版的《长株潭城市群蓝皮书（年度发展报告）》，搭建起一个向国家展现"两型社会"建设改革试验区示范效应的平台。

2007 年 12 月 14 日，经国务院同意，国家发展改革委员会正式发文批准长株潭城市群为全国资源节约型和环境友好型社会建设综合配套改革试验区。不到一个月即 2008 年元月，他主编的以区域经济一体化和"两型社会"建设政策研究为主题的蓝皮书也出版了。注册了"两型社会"建设网，2009 年 3 月已全面开通，不仅为长株潭"两型社会"建设，也为全国落实资源节约和保护环境的基本国策搭建了一个广泛交流的网络信息平台。

"思考问题是很痛苦的事，长株潭在我脑子里，我总是给自己提问，自问自答，我思考问题经常睡不着。"这位老者像是对笔者道来，又像是自言自语。"给我一个支点，我就能够撬动地球。"望着这位慈祥的老人，笔者忽然想起古希腊数学家、力学家阿基米得的醒世恒言来。正午的阳光炙烤着大地，笔者起身告别。

张萍送笔者出来，停在他家门前的玉兰树下，他淡淡地说："如果上苍允许，我愿意在燃烧中度过余生。"

莫道桑榆晚　为霞尚满天 *

——湖南省社会科学院离休干部张萍先进事迹

他的名字与长株潭一体化紧密相连；他的思想启迪着主政者的思维；他的成果推动着湖湘经济的发展；他的人生闪烁着公共知识分子的赤子情怀；他迄今已有 1 项决策建议成为国家重要决策，4 项成为全省的重大发展战略；他 84 岁高龄仍坚持每天在办公室上班，如饥似渴地学习钻研；他离休后仍无微不至、不遗余力地关心青年、培养青年、关心单位的发展……他就是被誉为"具有保尔精神的社会科学研究专家"的湖南省社会科学院原副院长、我国著名区域经济学家——张萍研究员。

25 年执著坚守梦终圆：成就"长株潭一体化"

2007 年 12 月，长株潭城市群成为全国"两型社会"建设综合配套改革试验区，为湖南富民强省注入潺潺源头活水，而张萍是"长株潭"一体化概念的首倡者、实施方案的首席设计者和基本框架的主要研究者。1982 年12 月，在湖南省政协四届六次会议上，他向大会提交了"把长沙、株洲、湘潭在经济上联结起来，逐步形成湖南的综合经济中心建议"的提案，从此，长株潭一体化正式进入湖南决策层的视野，历经 1984 年正式向湖南省委、省政府提出《建立长株潭经济区方案》，1985 年受省委、省政府委托启动《方案》实施，1987 年后 10 多年的曲折，1997 年恢复性重启，2007 年升格为全国"两型社会"建设综合改革试验区，整整 25 年的艰苦探索与执著坚守，终于实现打造湖南乃至中部地区经济发展"超级引擎"的梦想，

---

* 原载红网《我身边的优秀共产党员》、《中国影响力人物大典》等。

成为湖南贯彻落实科学发展观的重大决策与战略部署，对全省经济发展产生了深远的影响。

16 载光荣离休不离岗：彰扬永不褪却的学术青春

1996 年，张萍同志光荣离休，但他离休不离岗，在离休以后的 14 年里，他做出了绝大多数同龄人甚至青年学人无法企及的漂亮成绩单：成立湖南省市场经济研究会，举办了 4 次全国性、高规格、高影响的研讨会，为我省的市场经济体制转轨与经济建设鼓与呼；组建长株潭经济研究会，创办了中国第一个城市群论坛——"长株潭经济论坛"，并成功举办了 7 届，现已成为全国权威品牌论坛，对长株潭一体化发挥了重要的促进作用；出版专业文集 6 部，对深化长株潭城市群理论研究起了重要作用；为湖南"两型社会"建设提了大量有价值的决策建议；创办了"两型社会建设网"，2008 年 10 月注册了国际国内论坛，2009 年 3 月全面开通；荣获了一系列显赫的专业荣誉：湖南省优秀理论工作者、享受国家特殊津贴专家、湖南省荣誉社会科学专家、第六届湖南十大杰出经济人物特别贡献奖、改革开放三十年湖南杰出贡献人物称号、文化强省建设有突出贡献的先进个人、湖南省人民政府第 3 届社会科学优秀成果二等奖，湖南省首届社科基金研究课题优秀成果一等奖等等。

80 岁高龄豪情澎湃不言者：诚奉"小车不倒只管推"

可以毫不夸张地说，张萍同志离休后几乎没有休息过一个完整假日，生活中唯一的休闲方式永远都是单调地每天坚持锻炼两小时！而他连这样做的理由也竟然还是为了工作，为了使自己有充沛的精力去工作！苏联小说《钢铁是怎样炼成的》的主人公保尔一直是支撑他不断进取的精神图腾。即使现在到了耄耋之年，他仍每天坚持上班，仍然孜孜不倦、如饥似渴地学习新知识。时任省人大常委会副主任唐之享这样评价张萍："现在尽管他已八十高龄，但他仍然执著探索，活跃在学术研究的前沿，坚持在科研创新的第一线，这种精神很让我们感动！"湖南著名经济学家柳思维教授也由衷地说："张萍同志从少小离家到耄耋之年，总是在浩如烟海的新知识面前不断发起进攻！如此敬业与专注的精神，能有几人做到？"

50 载光阴"争、实"二字当先：倍为探知治学之典范

张萍同志几十年来潜心研究区域经济，在理论及应用对策研究方面建树颇丰，迄今为止已出版《区域经济一体化政策研究》等专著 14 部，在《人民日报》、《经济研究》等报刊发表高质量论文 200 多篇。在 50 多年的学术生涯中，他始终坚持"争、实"二字当先。为坚持真理他"争是非"；为了突破前人，他"争创新权"；为了成果被采纳，他"争应用权"。在建言献策、谋划三湘的过程中，他始终注重具体周详掌握"一手材料"，注重用事实说话。湖南省社科院院长朱有志深情地说："张萍同志所取得的成绩是当代社科人致力于'将自己的想法变为别人的说法；将自己的说法变为人家的做法；将自己的言论变为社会的舆论；使自己的思考改变领导的思想；使自己的文章影响政府的文件；使自己的发言促进社会的发展'的心愿和使命感的集中体现。"

为全国探路是试验区的历史责任 *

——访湖南省长株潭城市群研究会会长张萍

2 月 8 日下午，在湖南省社会科学院见到 84 岁的张萍时，这位 30 年前首次提出"长株潭"区域发展概念的学界前辈告诉记者，工作 60 年，他没有度过一个完整的节假日，一直在为湖南的发展而谋划，而奔走鼓呼。30 年前，张萍为省政协委员，担任湖南省社会科学院副院长；至今，他还担任着长株潭城市群研究会会长。

谈到当初的"长株潭一体化"构想，老人就来了兴致，两眼放光，每一个时间点，每一个数字都如数家珍，无需翻查任何资料，让人惊叹这个老人惊人的记忆力。或许对他来说，这些数据已经融入了他的血液——1982 年，他因一份提案，让自己的命运与长株潭紧紧连在了一起，从此，在随后的 30 年里，这位睿智的老人通过各种方式，始终坚持着自己的梦想。"我不但是长株潭经济一体化的最早提出者，还是长株潭经济一体化的热情推动者。"他说。

从张萍提出初步构想到如今的全面建设，30 年过去，每一点进度都让老人欢呼雀跃。本该含饴弄孙的老人，现在将自己的时间安排得很"紧凑"：工作日必然回来上班，逢到长假也只休 3 天，工作 4 天。老人很在意自己的身体，听到称赞他身体硬朗，思维清晰，他便哈哈大笑，声音洪亮，向记者传授了一套自己的养生之道。

《深圳特区报》记者（下简称"记者"）：您于 1982 年首次提出长株潭经济一体化，是基于什么样的考虑？

张萍："长株潭"这个概念，是 1982 年 10 月召开的省政协第四届 6 次

---

* 原载《深圳特区报》2012 年 2 月 11 日。

全会上，我作为一个政协委员以提案的形式提出来的。主题就是把长株潭从经济上连接起来，形成湖南省的综合经济中心。区域经济发展有它自己的规律，从一个点开始，在线上展开，到面上扩散，再形成网络，长沙和株洲、湘潭距离很近，布局为等边三角形，这在全国来说是独一无二的，是一种稀缺的城市组合资源，我们要让三市联合。我们这么整合不单纯具有湖南的意义，而且对中国区域经济的发展具有重要意义。你看，打开地图，中国在长江以南这样一个腹地位置上，没有一个大都市，没有一个战略支撑地，长株潭城市群试验区的建设就崛起了一个战略支撑点。

记者： 那具体来讲，长株潭建设"两型社会"综合配套改革试验区，将给中国经济发展带来什么启示？

张萍： 一是加快经济发展方式的转变。以往强调"经济增长方式的转变"，主要看重"量的扩张"，导致传统工业的复制，不注重环境成本，不计较资源消耗，不讲节约，忽略和谐，长株潭城市群作为试验区，统一协调发展，厉行节约资源，减少污染，保护生态。从战略上考虑，"两型"试验区正是为长株潭转变经济发展方式打基础，为全国探路子、创经验，这是试验区的历史性责任。

二是加快推进新型工业化的步伐。传统工业化主要依靠资源、资本、劳动力投入，取得粗放型增长。新型工业化的内涵是科技含量高、资源消耗低、环境污染小、经济效益好、充分发挥人才优势，不走先污染后治理的传统老路。

三是加快大众消费模式的转变。现行消费模式下，资源浪费不可避免，"两型社会"建设，将加快推进形成"节约资源、环境友好"的新型消费模式，可以成为全国推广的样板。

记者： 您认为，长株潭"两型社会"建设的路子该怎么走？

张萍： 我提出三个阶段。第一是基础阶段。这个阶段是从2008年到2010年，在这3年当中，是打好基础，重点突破。第二个阶段是在"十二五"期间，这个阶段是纵深推进、凸显成效，抓好一些重点工程，并取得成效。第三个阶段是到2020年，试验区基本形成"两型社会"的体制机制，并且向下一个阶段发展。

记者： 建设"两型社会"，会不会影响到经济速度的发展呢？

张萍： 现在看来，是又快又好。按照我们原先的规划，到 2010 年，试验区的 GDP 要达到 3000 亿人民币，但是，出乎意料的是，到了 2010 年，实际统计的 GDP 达到 6176 亿人民币，人均达到了 49200 元，赶超了很多发达地区的人均水平。在此同时，试验区的人居环境得到了进一步的改善，经济发展模式变得更加平稳。

记者： 您认为，最初几年的试验取得这样的成效，最重要的是什么经验？

张萍： 首先强调的是"顶层设计"，设计的标准要高，设计要完善，并且要执行到位。试验区的总体方案、10 项专项改革方案、18 个示范片区规划方案等形成一个完整的方案规划体系，形成一个清晰的线路图。

记者： 对于试验区的未来发展，您个人有什么期望？

张萍： 我想说两个字：落实。目前，顶层设计已经非常完善，规范方案也都有了，关键的问题就是怎么落实。落实的核心是体制，如何在体制上取得突破很关键，体制的背后是利益，要改革就必然会动到利益，因此这是最关键的。

记者： 您对目前深圳的发展有什么建议？

张萍： 概括地说，是产业高端化、区域绿色化、功能智能化。

"试验区的历史责任是为全国探路"*

——专访长株潭城市群研究会会长张萍

记者：您是长株潭经济一体化发展构想的提出者和推动者，30 年前，您提出这个构想是基于怎样的背景和考虑？

张萍：提出这个构想主要基于三个方面，历史背景、区域经济发展的规律性和湖南省及长株潭地区的实际。

第一，从历史背景来看，以 1980 年设立深圳、珠海、汕头、厦门 4 个经济特区为标志，南部沿海已经优先启动改革开放。湖南和广东毗邻，受到的冲击力非常大。因为政策差异太大，且内陆交通不方便，投资者不愿来。这样内陆很难成熟，与沿海的差距会进一步拉大。我当时就思考，湖南面对这样大浪潮的冲击，应该如何应对。

第二，区域经济发展本身有一个规律性，就是点上聚集、线上展开、面上扩展。作为点上的城市，它是个聚焦点，也是个增长极，能够带动周边发展起来。经济发展首先在城市这个点上聚集，然后沿着交通线四面八方展开，再进一步向面上辐射，形成经济网络、市场网络，从不发达走向发达，国内外都是如此。而湖南恰恰没有一个像广州、武汉、成都、南京、沈阳这样能够带动发展和领头应对冲击的增长极、大都市。

第三，是湖南尤其是长株潭的实际。当时全国城市排名长沙在三十几位以后，1949 年我南下到湖南的时候，长沙人口才三十几万，城市规模很小，可以说还没有工业。当时只有两个小工厂，我专门做过调查，其中一家纺织厂，最多不超过 500 人，另一家机械厂是个作坊式的，不超过 100 人。而株洲是个小镇，只有 7000 多人口，湘潭是个县城。

＊　原载《时代周报》2012 年 11 月 19 日。

到 1982 年，因为实行"大三线建设"，沿海的大工业往内陆特别是中部、西部转移。苏联援助中国的 156 个大项目，有 3 个布局在株洲、湘潭，还有 50 多个配套的中等项目。株洲、湘潭也都改成了县级市，已经是国家的重工业基地。

但单依靠长沙，还是根本无法带动湖南全省。湖南一个很大的优势是长株潭这个区域。三个城市距离很近，我计算了当时的距离（当然现在只是十几千米了），长沙到湘潭 50 千米，长沙到株洲是 51 千米，呈等腰三角形布局，株洲和湘潭直接距离十几千米，交通绕了个弯，有 36 千米。株洲从过去湘潭的一个镇变成一个市，原本没有郊区，是 1958 年从长沙划了 28 个乡给株洲，湘潭划了 1 个乡。三个城市实际上是一个大的城市综合体，可以打破行政体制，整合资源，实行经济一体化，把它当作一个城市看待。

走这个路子，长株潭就基本上可与武汉、南京等城市称兄道弟了。

记者：您当初的设想是怎样的？

张萍：我不仅看到了当时的历史背景，还看到了几十年以后，长株潭经济一体化不仅仅具有湖南的意义，在全国也有重要的战略意义。从地理位置来说，东边有上海，西边是成都，北面有武汉、郑州，南边是广州，西南是贵阳、昆明，这中间就是长株潭，从长远看，它必然可以成为中国长江以南腹地的增长极。

我几十年前就已经提出这个观点，现在我再重新提出来，因为现在已经具备这个条件了。南北向的京珠高速、京广铁路早已开通，京广高铁也即将要开通，东西向从上海到云南的沪昆高速也早就开通了，两三年以后还要开通一个沪昆高铁。

沪昆高速经过长株潭中心，沪昆高铁的枢纽本来也定在长株潭中心。湖南省没同意，跟铁道部提意见，往北移动到长沙南。如果高铁站也放在长株潭中心，两个枢纽都在这，就会导致这里出现爆发式的发展，一下子把城市连在一起，就变成摊大饼了。

现在长株潭正在把中心区域 520 多平方千米的面积规划成生态"绿心"，不能布局污染项目、工业项目，通过植被和水体等自然要素，组成大面积公共开放空间，实现城市组团之间的过渡、缓冲与分隔，以防止城市"摊大饼"和"城市病"的发生。

今后长株潭将成为中国江南快速交通的一个枢纽。我原来刚来的时候，长沙的空港才一个很小的机场，但 2011 年已经达到 1300 万人次客流量，超过武汉的 1000 万人次和郑州的 600 万人次。

另外，信息化和工业化融合这是大家司空见惯的，我还提了全国一个最新的观点，要加快推进信息化和城市化全面融合，建设智能、绿色、低碳长株潭城市群。这已经得到省委书记周强的批示，他非常重视。

当今世界发展的趋势可以归结为"三化"，全球化、信息化、绿色化。核心是信息化，信息化本身会降低资源消耗，大大减少排放，会带动绿色化。信息化发展了，必然会使得世界城市网络体系重新组合，形成新的、多层次、多等级世界城市网络体系。

所以我重新提出，长株潭的目标，是要建设成为这个多层次、多等级的世界城市网络体系里，中国江南腹地经济网络、市场网络、信息网络的聚合点、支撑点、增长极。我把长株潭纳入世界体系，不只是中国体系。这就是长株潭的发展前景。

几十年前我就提出这个基本观点了，现在是逐步地梦想成真，不仅长株潭经济一体化梦想成真，长株潭发展前景也梦想成真。

记者：2011 年，长株潭三个产业比例分别是 6：57.3：36.7，第三产业比例低于全国平均水平，您如何看？

张萍：长株潭产业结构确实存在服务业滞后这个问题，但现在长株潭已经注意到这个问题了，特别是长沙正在加大发展服务业，规划服务业和先进制造业两条腿走路。今年 7 月，长沙获批国家现代服务业综合试点城市。株洲也很典型，云龙示范区已经投资 100 个亿建立游乐园、职教大学城等，发展文化、娱乐、旅游休闲等产业。

城市综合发展还是要靠服务业。工业化从低端到高端，一个标志是服务业占主导地位。服务业不占主导地位，说明工业化才到中期，还没到后期，现在广东、浙江等地也在升级，由低端制造业向服务制造业转变。不转变的话，老百姓得不到实惠。最能创造就业机会的是服务业，工业自动化、智能化程度越高要的劳动力越少，工业越低端，用的劳动力越多。富民还得靠第三产业。服务业发展程度高，可以提高老百姓收入、提供更多就业机会，还具有环保等优势。

记者：除了长株潭"两型社会"建设综合配套改革试验区，现在国内已经批准设立的试验区还有上海浦东新区综合配套改革试点、天津滨海新区、沈阳经济区等等，它们之间有什么共性、个性？

张萍：虽然每个试验示范区有各自具体的改革目标、要求，但共同的一点是，为全国探路，是试验区的历史责任。

记者：长株潭城市群要建设好"两型社会"，有哪些关键？

张萍：可以概括为6个字：落实、创新和前沿。

"落实"。长株潭"两型社会"试验区做得最好的是顶层设计，有完整的"两型社会"建设的区域规划体系和改革方案。尤其是，区域规划都进行了立法，已经上升到法律层面。但是，这些规划和方案还没有全面落实。如何让这些规划、方案落地、落到实处，这应该是最大的着力点。

"创新"。改革过程中，会不断遇到新问题，一定要坚持实际、坚持创新，不能停步，一停步就会落后。

"前沿"。长株潭经济一体化、"两型社会"建设，应该走在中国的最前沿，甚至是世界的最前沿。

长株潭崛起 *

长沙、株洲、湘潭，三座城市沿湘江呈"品"字形分布。从 1997 年开始推进经济一体化，到 2007 年获批成为全国资源节约型和环境友好型社会（以下称"两型社会"）建设综合配套改革试验区，湖南这个金三角区域正受到各方面的关注。

此后，长株潭三市，通过推进"两型社会"建设，调整和优化产业结构，进行综合改革创新，寻找到撬动经济、社会发展的新杠杆。

靠金三角经济圈长株潭先行试水，2011 年湖南省进一步强调，要加快推进以"新型工业化、农业现代化、新型城镇化、信息化和建设资源节约型、环境友好型社会"为主要内容的"四化两型"建设，并把它作为湖南未来 5 年发展的总战略。

调整产业结构

作为传统的农业大省和"有色金属之乡"，湖南省工业实力不强，工业结构中重化工业比重偏大。2011 年，湖南省委书记周强在长株潭城市群进行综合调研时提到，长株潭城市群在获批"两型社会"试验区之初，不少人感到一丝担忧，湖南的产业机构与"两型社会"的要求不适应，转型难度大。推进产业转型升级，成为建设"两型社会"的一个突出问题。

周强表示，必须坚持走新型工业化道路，把"两型"理念注入产业发展的每一个环节，加大技术改造和自主创新力度，着力推进传统产业"两

---

* 原载《时代周报》2012 年 11 月 19 日。

型"化、"两型"产业规模化、特色优势产业集群化。

株冶集团是一家大型老国企，近年来通过技术创新和技术改造，铅锌产品深加工率由 2005 年的 54.44% 提高到 74.24%，有价金属综合回收率由 73% 提高到 83% 以上。5 年间，株冶集团铅锌生产规模和营业收入分别增长 42.8% 和 83.4% 的情况下，外排废水总量减少 90%，外排重金属污染物减少 95%，二氧化硫减排约 60%。

除了改造提升传统产业，长株潭近年来还大力培育发展战略性新兴产业。南车株洲研究所有限公司 2010 年主营业务收入比 2005 年增长近 10 倍，达到 140 多亿元，自主研发生产的电动汽车占据了全国 1/5 的市场份额。中电 48 所建成拥有完全自主知识产权的太阳能电池示范生产线，在短短三年时间里，创造了湖南光伏产业从无到有、从小到大的奇迹，年销售收入从 2007 年的 1 亿元上升到 2010 年的 50 亿元。

另外，2011 年 9 月，湖南华强文化科技产业基地在株洲云龙示范区投资 50 亿元，占地 2000 亩的文化产业体验区——方特欢乐世界正式开园。到今年 8 月底，已接待游客近 100 万人次，收入超过 1.6 亿元，有效地整合了长株潭地区文化、科技、旅游、生态资源，为长株潭调整产业结构树立了一个新的标杆。

据长株潭"两型"办提供的数据显示，2011 年，长株潭三市产业结构由 2007 年的 9.2∶46.6∶44.2 调整为 6∶57.3∶36.7，拥有机械、食品、电子信息等 8 个千亿产业。"十一五"期间，湖南省高新技术产业增加值占全省 GDP 比重提高 5.7 个百分点，六大高耗能行业增加值占规模工业的比重下降 7.4 个百分点，万元 GDP 能耗下降 20.4%。

湖南省于 2010 年敲定的先进装备制造、新材料、文化创意、生物、新能源、电子信息和节能环保七大战略性新兴产业已经初具规模，2011 年更是实现增加值增长 31.1%，新技术产业增加值占规模工业增加值的比重达 33%。全省文化和创意产业增加值超过 1000 亿元，对经济增长的贡献率达 8%，居中部地区第一。长株潭城市群被列为全国新型工业化产业示范基地、工业化和信息化两化深度融合试验区、综合性高技术产业基地和"三网融合"试点地区。

治理湘江

"两型社会"之一即是环境友好型。湖南省长株潭城市群研究会会长、湖南"两型社会"建设研究中心主任张萍在接受时代周报采访时表示，这涉及整个湖南省的污染治理。在讨论"两型社会"建设规划方案时，张萍提出建议，"两型社会"建设的切入点应该是治理湘江。

湘江流经湖南 14 个市州中的 8 个，被称为湖南的母亲河。随着工业化、城镇化加快发展，湘江水质警报频频拉响，当地素有"50 年代淘米洗菜，60 年代洗衣灌溉，70 年代水质变坏"的说法。

张萍说："湖南是重化工业为主导的工业结构、经济结构，而且主要布局在湘江沿岸。湘江污染来源于岸上的重化工业，所以体现在水，根治在岸。抓住湘江污染治理，就抓住了湖南建设'两型社会'试验区的一个纲。"

张萍的建议被采纳了。2008 年 6 月，湖南省启动"千里湘江碧水行动"，开始全面开展湘江流域水污染综合整治行动，3 年时间投入 174 亿元，解决湘江水污染的突出问题。省委书记进一步提出"打造东方莱茵河"，将湘江治理上升到更高的战略角度。

3 年间，湘江流域"关、停、并、转"污染企业上千家，几近达到 1377 家的计划目标。国家"一五""二五"期间重点投资建设的老工业基地株洲清水塘地区，聚集了 152 家规模以上冶炼、化工、建材企业，工业性污染严重。2008 年以来，株洲关停污染企业 123 家，淘汰落后产能企业 79 家，工业废水实现 100% 达标排放，曾经"污名"远播的清水塘才开始"变清"。

"这个力度和成绩是非常大的，饮水源头和沿岸用水已经实现达标。株洲也从 10 大污染城市，变成园林城市。"张萍说。

长株潭实行治理污染和恢复、建立自然生态结合。除了大力度的"关、停、并、转"，还规划建设 118 千米的湘江绿色生态景观带、经济带。此外，长株潭还将以昭山为核心的长株潭三市接合部 520 多平方千米的森林绿地，规划为长株潭城市群生态绿心，并划分为禁止开发区、限制开发区、控制建设区，其中前两者占总面积 89%。湖南省人大为此启动地方立法，出台了关于昭山生态绿心保护的条例。

"污染整治一方面产生了很大的效果，另一方面也还有很艰难的路要走。"张萍说，"一般污染都好办，但重金属污染要20年才能恢复，重金属污染治理，不是短期能办到的。国家已经把治理湘江作为重金属污染治理的一个样板，发改委牵头，8个部委参与，国家成立了湘江重金属污染治理领导小组，重金属污染治理已经上升到国家战略。"

为了治理湘江重金属污染，湖南省计划"十二五"期间完成相关项目856个、总投资505亿元。今年8月份，湖南省印发了《〈湘江流域重金属污染治理实施方案〉工作方案（2012～2015年）》的通知。根据实施方案，湖南省将对尚不能实现稳定达标排放的企业分批下达限期治理任务，确保在2013年以前实现稳定达标排放。非法企业和不符合产业政策的企业由所在市和县（市、区）政府在2012年年底前依法关闭淘汰。通过关闭淘汰和整治整合等措施，涉重金属企业数量有望减少50%。

发展"又好又快"

短短几年时间，长株潭核心增长极作用已经显现。张萍列了一组数据：2007～2011年，长株潭三市GDP总量从3462亿元增长到8320.6亿元，占全省经济总量比重由37.9%上升到42.4%。三市经济增长速度年均超过14%，超过湖南省的12.8%和全国的9.2%。从横向上看，2007年，长株潭三市经济总量高于武汉320亿元，2011年，高于武汉1564亿元。长株潭城市群跻身全国十大城市群行列，核心增长极作用显著增强。

在交通方面，张萍说，长株潭是低碳、新能源交通试验示范城市，节能减排这个方面也是做得比较好的。2011年底，长株潭大概有1800辆新能源混合动力公共交通车辆开始运行。最典型的就是株洲，虽然数量不大，但也是因为本身这城市也小，627辆公共交通车辆全部新能源化，包括混合动力。长株潭公共交通，设计18条线路，现在基本开通。长沙的地铁再过两三年可以完成，长沙到株洲、湘潭轨道交通已经开工，2014年基本可以完成。

按照总体部署，2011～2015年，长株潭"两型社会"试验区将初步形成"两型"特色的产业结构、增长方式和消费模式。2016年至2020年，将完成"两型"社会建设综合配套改革的主要任务，形成"两型"社会体制机制和新型工业化、城市化的发展模式。"十二五"期间，是长株潭试验区改革建设的第二阶段，也是湖南加快转变发展方式的重要时期。

周强在2011年表示，长株潭试验区改革建设已经进入纵深推进阶段，必须以更大力气推进改革创新，深化重点领域和关键环节改革，着力在资源环境、土地管理、财税、投融资、行政管理改革等方面取得新突破，加快构建符合"两型社会"建设要求的体制机制。

决胜中部体现梯度推进*

　　据财经网微博《财经》专报透露，国务院副总理李克强昨日在视察中表示，很多发达国家都是沿海地区先发展起来，再沿内河而上。长江是黄金水道，东部发展起来了，长江流域、中部地区正在加快。下过围棋的人都知道金角银边之说，但决战之地还在中部。中国经济发展好比下一盘大棋，长江沿线发展至关重要。

　　李克强副总理一番话再次激发中部地区改革热情。著名经济学家周其仁曾以"一条金龙狂舞，满天星斗"形容中国经济现状，这条"金龙"指的就是长江。改革开放 30 年过去，遥看长江沿线，下游有上海这颗东方明珠，上游的重庆起起伏伏，中游的武汉虽号称九省通衢，经济发展仍与东部沿海不可同日而语。30 年来，中部作为人口资源大省，向沿海地区源源不断输血，而从东部地区自身来看，无论是 GDP 总量、城镇化率，以及基础设施建设，都与其自身资源禀赋不相匹配。至今京广线已开通高铁，而京九线还是弯弯曲曲一条老铁路。在中国新一届领导集体建立和执政之际，历史或许正掀开新的一页，中部地区的机遇之门已然开启。

中部地区将迎发展大机遇

　　中国社科院工业经济研究所研究员、中国区域经济学会副理事长兼秘书长陈耀在接受本报专访时就表示，现时中国经济发展已进入到新阶段，前 30 年在沿海地区的发展主要是靠外需的拉动，大进大出，通过沿海依靠国际市场的外需拉动经济，成为过去 30 年一个主流。2008 年金融危机

　　＊　原载《香港商报》2012 年 12 月 29 日。

以来，国际经济一直未有很好的复苏，外需疲弱则要扩大内需，李克强副总理一直在强调城镇化问题，中央经济工作会议也强调中国扩大内需的潜力在城镇化，决策层有意通过加快城镇化来扩大内需，增加投资需求和消费需求。通过加快城镇化这一推手来推动扩大内需战略，如此的大思路在空间上的转换来看，中部地区作为下一步的战略重心转移是有合理依据的。

陈耀进一步指出，中部地区的区位条件优越、交通便捷，"黄金水道"、京广高铁也已贯通，如此便会起到承东启西、贯穿南北的作用。从扩大内需方面来讲，中部地区在交通方面，在与各个城市的距离上是有优越性的。并且，中部省份自身市场很大，像河南是人口地域大省，武汉作为中部的中心城市，汇聚"九省通衢"，交通便利，内部市场强大，所以中国今后的未来，诚如之前强调的中国制造业在世界制造业中的地位，过去中心是在沿海，现在是中部地区，就是说中部地区会成为制造业的主要聚集区。区位交通的便利、内部市场的强大，还有幅员条件都能成为支撑中部的条件。

他表示，中部地区有一个概念被称为"中三角"（武汉、长沙、南昌），它在未来经济发展中潜在的能量是巨大的，而且能源原材料丰富，农业基础较好，是粮食产区，从这样的条件来看，未来的主战场是在中部，李克强用围棋"金角银边"来比喻是很形象且有一定韵味的，中国的发展先从沿海开始，当发展到一定的阶段时将战略重心转移到中部地区。

长株潭城市群概念的最早提出者、原湖南省社科院副院长、湖南长株潭城市群研究会会长张萍教授向本报表示，李克强副总理此说喻示着中部地区迎来一个大的发展机遇。中国经济的发展重心正逐渐从东部沿海地区向中部地区转移，这不仅是根据中国自身的特点而来，也从发达国家的发展过程得到验证。

"正如美国的经济也从东部起步，从纽约到华盛顿，然后到芝加哥，到五大湖城市带、底特律汽车城，从沿海向内陆，然后再向西部推进。虽然美国人口较中国少很多，但其地域特征跟中国十分相似。一个大国，从不发达到发达，从区域发展规律来讲，都有这么一个梯度推进的规律，即从沿海到内陆，再到西部的发展过程。"

　　张萍表示，过去我们以劳动密集型产业、轻型工业为主，带动了中国持续高速增长 30 年。从现在国际上发展和国内形势来看，随着劳动力成本日渐升高，那种低端的、劳动密集型的、以出口加工为导向的产业模式已无法持续。所以现在我们国家出现一种后进的状态。从中国经济发展历史看，以重工业发展为主线的苏联模式，主要分布在中部地区。中部地区纵贯南北，连接东西，处于交通枢纽的地带，有着发展重化工业良好的基础，所以中部的崛起，对国家的发展、实现小康的社会目标有着重要的战略意义。所以国家依然采取支持中部经济的策略，加大对中部地区的支持，对国家目前来讲，梯度转移已从东部到了中部，中部又处于中国交通枢纽位置，四通八达，承接产业优势明显。

　　"中国扩大内需最大的内需就是城镇化，而拓展内需最大的产业就是服务业，有研究表明，城镇化率每增加一个百分点，将带动一千三百万个就业岗位。城市化的发展一方面要依靠重工业支持，另一方面城镇化是农村人口向城市人口转移的过程，是农村产业向非农产业转移的过程，人口的增长需要扩大建筑，扩大基础设施建设的同时，大大提高群众的消费水平，消费水平的增长要靠城镇化，重工业的增长也要靠城镇化，所以我们加快城镇化的发展是扩大内需最大的潜力。"

　　张萍表示，城镇化的增长可能有比较快的 20 年的发展，中国现时正处于城镇化的中后期阶段，要达到城镇化的高级阶段即 70% 的城镇化率，估计需要 20 年时间，到 2030 年左右或者更长一点时间。这决定了中国的经济发展速度可能会比以前有所下降，但仍然会保持一个较高的发展速度。中国目前仍处在一个机遇期，这一基本面没有改变。原因就在于城镇化的带动。城镇化实现以后，中国的发展速度才会降下来。

须打破行政分割玻璃墙

　　中部地区迎来巨大机遇的同时，还存在哪些发展的障碍？对此张萍表示最根本的障碍还是体制问题。"我们的市场经济还很不成熟，市场机制的完善还需要 10～20 年的过程。现时行政分割体制便是区域经济进一步发展的阻碍，虽然过去计划经济时代条块分割的水泥墙打倒了，但是行政体制之间还存在着一种看不见却能触及到的玻璃墙的阻隔。为什么现时中国某些领域会出现严重的生产过剩？就在于我们现时的体制。每个行政区域都与 GDP 挂钩，自成体系，重复建设，造成整个国家产品过剩。所以要打破障碍需从体制上下工夫，要深化改革，加大改革力度，在进一步建立和完善市场经济体制方面要做出努力，我认为现在到了一个攻坚的时候了。"

把理论研究植根于实践的沃土 *

——访省社会科学院教授张萍

省社会科学院研究员、教授张萍是经济学界的著名学者。如果说他的学术成就能够在知识上启人心智，那么他的治学经验就更能使人受到教益。这位享受国家特殊津贴的专家在接受记者采访时，再三谦让后谈起了自己的治学之道："作为一名理论工作者，首先必须解决理论研究走什么路子的问题，是理论与实际相统一，还是理论与实际相分离，这是一个方针、方向和学风问题。我几十年就是沿着理论与实际相统一这条路走过来的。"从张教授那依然透着河北乡音的话语里，我分明听出了他集几十年理论研究之经验凝练而成的坚定与自信。

理论与实际相统一，说说容易，但要真正做到这一点却是很难的。张教授自从 1949 年南下到湖南工作后，便与经济研究结下了不解之缘，从此也把思想的触角伸向了社会实践的广阔天地。他认为，自己身居湖南，首先就要了解湖南的实际，为湖南的发展献计献策。他把自己走过的路子概括为"三部曲"：第一步，深入实际调查研究；第二步，拟订方案提供决策；第三步，理论升华形成体系。"三步"并作"一步"，就是理论为实际工作和科学决策服务。因而，在他的学术成果里，总是浸透着泥土的芬芳。特别是近十多年来，他在承担国家和省重点课题的研究中提出的关于建立长株潭经济区，充分发挥长株潭城市群体综合经济中心作用的建议；关于以湘南为前沿，以长株潭为重心，以衡阳和岳阳为南北两翼，形成京广和湘江流域城市开放带的建议；关于加强湘粤经济合作，充分利用广东、香港的建议；关于加强湖南省西线开发、开放的建议等，为形成"放开南北两口，拓宽三条

---

* 原载《湖南日报》1995 年 5 月 3 日，记者赵应云。

通道，建设五区一廊，加快西线开发"这一振兴湖南经济的总体战略，提供了思路。谈话间，张教授顺手从办公桌上递给我一摞厚重的著作，其中有《城市经济区学》、《经济区·理论与应用》、《湘粤经济关系研究》、《湖南西线开发战略与布局研究》、《省际经济关系发展战略研究》等。这些都是他艰苦探索和辛勤劳动的结晶。

张教授虽已从省社会科学院副院长的位置上退了下来，但他仍以极大的热情关注着我省的经济发展，至今还担任湖南省市场经济研究会会长、湖南市场经济研究中心主任等十余种社会职务。当谈到湖南日前和下一段怎样发展时，这位66岁的专家突然从座位上站起来，边说边把右手的拇指和食指岔开："发展是个系统工程，我认为关键的因素是八个字：观念、思路、政策、人才。"语言抑扬顿挫，连声调也提高了八度。随之，他对这八个字作了细致的解析。

关于观念问题。张教授认为，这几年湖南的变化很大，成绩也不小，但从全国来看，湖南还不能算是先进地区，与广东等沿海地区比，差距就更大。他说，当前最重要的，一是要进一步树立现代经济观念。现在有不少人口里讲的是市场经济，但其思维方法、工作方法还停留在计划经济的框架里，并没有真正弄清什么是市场经济、现代市场经济到底怎么搞的问题，所以上面很多很好的政策一到下面就被扭曲了。尽管从了解到熟悉市场经济需要一个过程，但一定要有缩短这个过程的紧迫感。二是要进一步树立现代产业观念。搞现代化建设，很多人以为只是指修工厂、建市场、出产品等物质的东西。其实，观念、管理、组织、技术的现代化，远比物质的现代化重要得多。但现在很多人都是用小生产观念、封闭观念来组织生产、领导生产，想问题不是高屋建瓴、总揽全局，讲解放思想也并不是从心灵深处去解决问题，而是容易受环境的影响，或者出于某种政治需要，这种观念状态不仅无助于经济发展，相反还会阻碍经济发展。因为观念跟不上，必然造成行动上的被动和落后。

关于思路问题。张教授说，"放开南北两口，拓宽三条通道，建设五区一廊，加速西线开发"这个整体发展思路是符合我省实际的，几年来的实践也证明它是正确的。但随着形势的发展和情况的变化，还需要从理论和实践上对这个思路进行再思考，使之进一步完善。比如放开南北两口的问题，就不能仅仅局限于南北这两个方位，而要实行全方位放开，否则就与全面开放和全面接轨的要求不协调。又如产业结构调整问题，目前省委、省政府通过大量的调查研究，提出把农业大省变为农业强省，这是非常正确的，但不能因此忽视如何把工业弱省变为工业大省、把财政穷省变为财政富省的问题。谈到农业问题，张教授既充满信心，又带着几分忧虑。他说，农业的发展进入了一个新的阶段，面临着一个新的选择，要靠改制、调整和提高相结合来支撑农业。目前，农业的经济组织形式很不适应市场经济的要求，存在小生产与大市场的矛盾。从根本上讲，小生产只能适应小市场，只有大生产才能适应大市场。目前农民虽已进入市场，但大多是以个体的形式进入市场的，由于缺乏规模和信息，因而无法进入大市场。农业生产经营要实现企业化，形成规模、难度虽然很大，但必须把它作为改革的方向。现在一些地方组织的"公司＋农户"这种方式就是一种企业化经营模式。土地规模要适当集中，形成企业农场，合作生产和经营，鼓励一部分农民向第三产业转移。通过这种改革，来调整农产品的结构和农业产业结构，使农产品优质化、多样化。同时，农村的"三化"要统一规划，先把工业化和城市化结合起来，然后促进农业生产专业化。谈到工业问题，张教授强调要下大力气加强支柱产业，改变门类齐全、规模小的局面，以带动其他产业的发展，形成规模优势。由于湖南的企业存在小、散、老的问题。所以要特别做好"三改"的文章，把改制、改组、改造紧紧扭在一起抓，加强企业管理，扭转重改轻管，以改代管的倾向。

关于政策和人才问题。张教授分析说，20 世纪 80 年代，改革基本上是自下而上进行的，进行单向突破，摸索前进。进入 90 年代，根据邓小平同志南方讲话和党的十四大精神，我们对改革的认识实现了一次飞跃，提出建立社会主义市场经济体制，这时的改革是自上而下进行的，实行整体推进。其中的关键在于配套，孤立地抓一个方面就会延缓改革的进程，甚至导致改革的失败。但目前很多政策不但不配套，而且在有些方面还发生摩擦和矛盾，部门利益和行业利益对整体改革的冲击很大。这些问题在我省的改革中也不同程度地存在着，有的还表现得比较突出。为此，必须加强政策研究，改变政策研究的整体水平不适应市场经济发展要求的状况。同时，要看到在调整部门利益、局部利益和行业利益时所遇到的阻力和矛盾，除了政策因素和体制因素外，一个很重要的方面就是人的因素。很多好的政策和思路实现不了，工作方法容易出现简单化的问题，从根本上说也是人的问题。现在最需要的是能够驾驭市场经济的高素质的人。在这方面，我们既要采取有效措施制止人才外流，又要按市场经济要求管理和使用好各类人才，特别要把培养德才兼备的优秀年轻干部和懂经营、会管理的优秀企业家的问题提到议事日程上来。

几个小时的采访不知不觉过去了，当我告别张教授走出社会科学院时，眼前顿觉豁然开朗，泥土的芳香亦沁人心脾。

"我没有时间老"*

——访省社会科学院原副院长张萍

采访湖南省社会科学院研究员张萍，是在他的办公室。起身迎接我们的张萍，挺拔的身躯，健朗、清癯而儒雅。他的身上，怎么也找不到 81 岁老人的痕迹，甚至连我事先预料的鹤发童颜或步履蹒跚都无一点点。

张老 1996 年 3 月从湖南省社科院副院长的岗位离休，时年 68 岁。他说："离休，只是换了一个人生舞台，并不影响我做想做的事，更能让我专注于我想做的事。"

离休后，张老担任湖南省长株潭城市群研究会会长、湖南省两型社会建设研究中心主任等职。他一刻也没闲着，忙于搭建"三个平台"。一是论坛。2001 年 6 月，张萍与同行们创办了长株潭经济论坛。这是中国第一个城市群论坛。至今，论坛已办了 6 届。二是蓝皮书。张萍组织编撰的《长株潭城市经济发展蓝皮书》，由社会科学文献出版社出版，一年一本，博得很高的评价。三是网站。张萍创办的"两型社会建设网"，2008 年 10 月注册了国际国内域名，2009 年 3 月全面开通。现在每天的点击率上万。

和张老交谈，感觉他的思维清晰活跃，言谈举止从容自若。遂问起他的养生"秘籍"。

张老说了两个字——锻炼。每天早晨四五点钟醒来，在床上做深呼吸，伸展四肢，时间 50 多分钟。每天傍晚下班，穿上运动鞋散步，快走 5000 米。晚上看电视到 10 点钟，看电视的时候也不闲着，按照中医穴位按摩头部和手部。接下来看报纸，用时一个半小时左右。然后，用热水烫脚，12 点左右上床睡觉。

＊　原载《七彩晚霞》，湖南人民出版社，2010，作者迟美桦。

张老的饮食简单、清淡。早餐一小块红薯，一个鸡蛋，半斤牛奶，一点水果。中餐，一小块红薯，一碗麦片粥，粥里放 10 个红枣。菜一荤两素，荤菜主要是鱼。喝一点低度酒，有利于午睡。晚餐一两面条，菜一般吃中午的剩菜，喝一杯酸奶。他自豪地说："除了视力不及年轻的时候，我的身体没有一样老年病，做事情也没有力不从心的感觉。"

聊着"张氏养生法"，话题慢慢地又回到了"长株潭"。张老说，长株潭是湖南的希望。做对长株潭发展有利的事情，感觉像做我自己家的事情一样，总想让它发展得好一些、快一些，总觉得有用不完的精力。

张老说："我没有时间老。"采访结束，我一直回味着这句话的含义。有的人年寿已高，但心力旺盛，老当益壮。孔子曰："其为人也，发愤忘食，乐以忘忧，不知老之将至。"的确如此。

图书在版编目（CIP）数据

张萍经济文选 / 张萍著 . —北京：社会科学文献出版社，
2013.6
ISBN 978 – 7 – 5097 – 4670 – 7

Ⅰ . ①张… Ⅱ . ①张… Ⅲ . ①中国经济 – 文集
Ⅳ . ①F12 – 53

中国版本图书馆 CIP 数据核字（2013）第 105019 号

张萍经济文选

著　　者／张　萍

出 版 人／谢寿光
出 版 者／社会科学文献出版社
地　　址／北京市西城区北三环中路甲 29 号院 3 号楼华龙大厦
邮政编码／100029

责任部门／皮书出版中心（010）59367127　　责任编辑／郭　峰
电子信箱／pishubu@ ssap. cn　　　　　　　责任校对／赵敬敏
项目统筹／邓泳红　郭　峰　　　　　　　　责任印制／岳　阳
经　　销／社会科学文献出版社市场营销中心（010）59367081　59367089
读者服务／读者服务中心（010）59367028

印　　装／三河市东方印刷有限公司
开　　本／787mm×1092mm　1/16　　　　　印　张／50.75
版　　次／2013 年 6 月第 1 版　　　　　　　彩插印张／2.5
印　　次／2013 年 6 月第 1 次印刷　　　　　字　数／820 千字
书　　号／ISBN 978 – 7 – 5097 – 4670 – 7
定　　价／198.00 元